Das goldene Zeitalter des italienischen Films
Die 1960er Jahre

Thomas Koebner und Irmbert Schenk

Das goldene Zeitalter des italienischen Films
Die 1960er Jahre

Herausgegeben von
Thomas Koebner und Irmbert Schenk

Redaktion
Michelle Koch

Bildnachweise:
Das Titelbild stammt aus dem Archiv von Nobert Grob; die Abbildungen 2–5 zum Beitrag von Thomas Koebner und die Abbildungen zum Beitrag von Marisa Buovolo stammen von der Deutschen Kinemathek, Berlin; die Abbildungen zum Beitrag von Ulrich Döge stammen von der Bibliothèque du film-Iconothèque, Paris; ale anderen Abbildungen sind Screenshots von DVD und VHS.

Das Werk einschließlich aller seiner Teile ist urheberrechtlich geschützt. Jede Verwertung, die nicht ausdrücklich vom Urheberrechtsgesetz zugelassen ist, bedarf der vorherigen Zustimmung des Verlages. Dies gilt insbesondere für Vervielfältigungen, Bearbeitungen, Übersetzungen, Mikroverfilmungen und die Einspeicherung und Verarbeitung in elektronischen Systemen.

Gesamtherstellung: Laupp & Göbel, Talstraße 14, 72147 Nehren
Umschlagentwurf: Thomas Scheer, Stuttgart, nach einer Idee von Carsten Bergemann.
Umschlagabbildung: Claudia Cardinale in Federico Fellinis *Otto e mezzo* (*Achteinhalb/8½*, I/F 1963), mit freundlicher Genehmigung von Norbert Grob.
© edition text + kritik in Richard Boorberg Verlag GmbH & Co KG, Levelingstraße 6a, 81673 München, München 2008
ISBN 978-3-88377-923-2

Inhalt

Thomas Koebner/Irmbert Schenk
Einleitung   9

Thomas Koebner
Danksagung   17

Italien und das italienische Kino in den 1960er Jahren

David Forgacs
Modernisierungsängste
Die italienische Gesellschaft und die Medien in den 1960er Jahren   21

Giorgio De Vincenti
Die Jahre des Vertrauens
Das „Engagement" im italienischen Kino der 1960er Jahre   39

Mariagrazia Fanchi
Das italienische Filmpublikum der 1960er Jahre   50

Über Michelangelo Antonioni

Irmbert Schenk
Antonionis radikaler ästhetischer Aufbruch
Zwischen Moderne und Postmoderne   67

Uta Felten
Träumer und Nomaden
Zum figuralen Muster der Suche im Film von Michelangelo Antonioni   90

Matthias Bauer
Die Erscheinung des Verschwindens
Michelangelo Antonioni, das romanhafte Abenteuer der Liebe und die Poetik des triangulären Begehrens   99

Inhalt

Karl Prümm
Antonioni auf Weltreise
Bilder-Bewegungen in *Blow Up* und *Zabriskie Point*   113

Über Federico Fellini

Thomas Koebner
Federico Fellini
Vom Schilderer des Sittenverfalls zum Propheten der neuen Jugend   131

Peter Bondanella
La Dolce Vita und die Folgen
Fellini und das Weltkino   156

Über Luchino Visconti

Hermann Kappelhoff
Die Sinnlichkeit einer anderen Zeit
Zur Frage des Erinnerungsbildes in Viscontis Historien   181

Veronica Pravadelli
Viscontis Stilwandel von *Rocco e i suoi fratelli* zu *Vaghe stelle dell'Orsa* ...
Zwischen Kunstkino und Populärkultur   202

Norbert Grob
Vom Zauber „vergegenwärtigter Vergangenheit"
Luchino Viscontis ästhetischer Realismus in *Il gattopardo*   214

Über Pier Paolo Pasolini

Bernhard Groß
Figur und Wahrnehmung
Zur Genealogie des Bildraums bei Pier Paolo Pasolini   227

Josef Rauscher
Pier Paolo Pasolinis mytho-mystische Realitätsversessenheit   241

Martin Zenck
Das Heilige, die Gewalt und die Musik in Pasolinis Filmen *Teorema* und *Medea*   257

Elisabeth Oy-Marra
Alte und neue Medien im Dialog: Malerei und Film in Pier Paolo Pasolinis *La ricotta*   268

Inhalt

Anita Trivelli
Zwischen Experiment und Nomadentum
Pasolini als Dokumentarfilmer in Indien und Palästina   **279**

Über Roberto Rossellini

Ulrich Döge
Fernsehen bildet!
Roberto Rossellinis europäische Sendungen am Beispiel von *La prise de pouvoir par Louis XIV*   **293**

Über weitere Regisseure: Francesco Rosi, Damiano Damiani, Pietro Germi, Dino Risi

Heinz-B. Heller
Francesco Rosi
Anfänge im Licht des Neorealismus   **315**

Hans Richard Brittnacher
Schmutzige Hände über der Stadt – Wie Filme erzählen, was alle verschweigen
Der Politthriller bei Francesco Rosi, Damiano Damiani und Pasquale Squitieri   **330**

Rada Bieberstein
Verbrechen aus Leidenschaft
Gesellschaftskritik in Pietro Germis sizilianischen Komödien der 1960er Jahre   **344**

Mariapia Comand
Dino Risi und die wunderbaren Lieder der Sirenen
Die Moderne und das Kino   **358**

Der Genrefilm

Pierre Sorlin
Die Genrefilme der 1960er Jahre
Kolossalfilm und Western   **371**

Roy Menarini
Die Farce   **392**

Inhalt

Francesco Pitassio
Tragische Zeremonien
Der italienische Horrorfilm: Genre und Darstellungsweise   402

Marcus Stiglegger
In den Farben der Nacht
Mario Bavas Stil zwischen *Gothic*-Horror und *Giallo*-Thriller   412

Giacomo Manzoli
Die Originalkopie
Die exemplarische Geschichte des Western all'italiana   427

Aspekte: Über Musik, Kostüm, Surrealismus und 1968

Peter Moormann
Nino Rota und Ennio Morricone –
Musik im italienischen Film der 1960er Jahre   447

Marisa Buovolo
Zwischen Mieder und Mini
Weiblichkeitsentwürfe im italienischen Film der 1960er Jahre   470

Volker Roloff
Zum Surrealismus in italienischen und französischen Filmen der 1960er Jahre
Die Ästhetik des Surrealen im Film   483

Giovanni Spagnoletti
1968 und das italienische Kino   494

Anhang

Irmbert Schenk
Kleine Chronik des italienischen Films in den 1960er Jahren   507

Autorinnen und Autoren   515

Namenregister   521

Einleitung

Das *goldene Zeitalter* des italienischen Films bezieht sich auch in diesem Buch vorrangig auf die Jahre 1960 bis 1964, Aufbruch und Blütezeit des neuen italienischen Autorenfilms, der explizit wie implizit neben der französischen Nouvelle Vague zur ästhetischen Orientierung des modernen Weltkinos wurde. Zugleich wollen wir die Bezeichnung aber auch breiter verstanden wissen, bezogen sowohl auf die zweite und dritte Generation jüngerer und junger Filmemacher wie auf das ganze Jahrzehnt und unter Einschluss des Genrekinos. Es ist gerade die außerordentliche Vielfalt dieser Kinematografie, die ihren Reichtum ausmacht. Ihr entspricht auch die kulturelle Bedeutung des Mediums in der italienischen Gesellschaft und seine anhaltende Popularität. Zwar erfährt auch in Italien der Kinobesuch starke Einbußen in den 1960er Jahren mit der raschen Expansion des Fernsehens; sie reichen aber bei Weitem nicht an das Ausmaß in anderen europäischen Ländern heran.

Anlass für die internationale Tagung, aus der dieser Band hervorgeht, war die Feststellung, dass die italienische Filmgeschichte in Deutschland weitgehend *terra incognita* ist. Dies gilt für die frühe italienische Filmgeschichte, den historischen Monumentalfilm oder die Melodramen des Divismus wie für das Kino des Faschismus, das nur unter dem unsinnig verkürzenden Schlagwort der „telefoni bianchi" abgehandelt wird. Aber es gilt erstaunlicherweise auch für den Neorealismus, eine der ästhetisch einflussreichsten Bewegungen der Filmgeschichte. War er noch in den 1950er Jahren auch in der Bundesrepublik (wie übrigens auch – anhaltender – in der DDR) Angelpunkt der Neuentwicklung von Filmkritik und Filmgeschichtsschreibung nach 1945, so ist er in der Folge zunehmend in Vergessenheit geraten, sodass in Deutschland außer den Aufsatzbänden des Hanser-Verlags zu einzelnen Regisseuren aus jüngerer Zeit allenfalls einige wenige Dissertationen (auch wiederum zu einzelnen Autoren) vorliegen. Eine Gesamtdarstellung fehlt (seit 1958) völlig. Dass das Interesse am Neorealismus als filmästhetische Orientierung verloren ging, ist sicher ein verständlicher historischer Vorgang, der mit dem Aufkommen neuer filmischer Ausdrucksweisen und der damit verbundenen Festlegung der Filmpublizistik zu tun hat. Die neuen Ausdrucksweisen, die in der Folge den Kanon der filmästhetischen Debatten in der Bundesrepublik bestimmen, sind vor allem die der Nouvelle Vague, deren

Einleitung

politique des auteurs und ein schlecht verdauter Strukturalismus. Für den manifest realistischen Flügel muss das britische Free Cinema herhalten. Beide genannten Filmbewegungen werden sozusagen als film- und weltanschauliche Entitäten wahrgenommen, wogegen merkwürdigerweise die Entwicklung des italienischen Kinos ab 1959 nur parzelliert, also auf einzelne Filmemacher und Filme ausgesondert, gesehen wird. Eine Zusammenschau wird dem italienischen Kino verweigert. Zwar verkennt man die pragmatischen Gründe nicht, z. B. dass es sich in Italien bei den Regisseuren zunächst weder um Newcomer noch um eine relativ homogene Gruppe handelt, die sich um ein Diskussionszentrum wie die *Cahiers du cinéma* versammelt und sich in Manifesten äußert. Auch lässt man die Tatsache nicht außer Acht, dass Italien allgemein ohnehin nicht im Fokus der deutschen Wahrnehmung steht und das italienische Kino zudem kaum auf den Jungen Deutschen Film beziehbar ist. Gleichwohl bleibt das mangelnde Interesse der deutschen Filmwissenschaft und Filmgeschichtsschreibung zu beklagen. Dies auszugleichen ist also ein dringendes Desideratum, um der Bedeutung des neuen italienischen Films um 1960 gerecht zu werden, d. h. seine reichen Folgen in der Filmgeschichte wahrzunehmen. Wobei der italienischen Entwicklung eine Besonderheit zukommt, die einmalig ist: die ästhetische Ausformung sozusagen in die Höhe *und* in die Breite, also einmal in Autorenfilme wie *L'avventura* (*Die mit der Liebe spielen*, I 1960, R: Michelangelo Antonioni), *La dolce vita* (*Das süße Leben*, I/F 1960, R: Federico Fellini) und *Rocco e i suoi fratelli* (*Rocco und seine Brüder*, I/F 1960, R: Luchino Visconti), um mit 1959/60 nur einen Jahrgang zu nennen, und zum anderen in das Genrekino der 1960er Jahre, vom Historienfilm zur Komik, vom Horror zum Italo-Western.

Die Verbindung dieser Bewegung im Bereich des Mediums Film/Kino mit den gesellschaftlichen und kulturellen Formationsprozessen Italiens ist ebenso intensiv wie latent (und nach wie vor kaum zulänglich erforscht). Der Abschnitt der italienischen Geschichte von 1959 bis 1964 kann als eine der entschiedensten Perioden forcierter Modernisierungsprozesse in zentralen gesellschaftlichen Bereichen beschrieben werden; üblich ist dafür auch der Begriff der *Transformation* oder *Transition*, wobei diese außerordentliche Dynamik zugleich voller alter und neuer Widersprüche steckt. Zugespitzt gesagt findet erst in diesem Zeitraum der endgültige Übergang zur Industriegesellschaft statt als Transformation einer in großen Teilen noch agrarisch und am Latifundienbesitz orientierten zu einer neuen, eindeutig industriell konturierten Gesellschaft. Sozialstrukturell drückt sich das in einem starken Rückgang der landwirtschaftlichen zugunsten der industriellen Tätigkeit und einem noch größeren Zuwachs des Dienstleistungssektors aus. Verkörperung dieser Prozesse in der Erfahrungswelt der Menschen sind die Landflucht vor allem innerhalb des Südens (aber auch in Mittel- und Norditalien) sowie die in diesem Zeitraum besonders extreme Existenz- und Arbeitsmigration vom Süden in die norditalienischen Industriezentren und nach Mittel-

Einleitung

und Nordeuropa wie nach Übersee – mit dem Ergebnis explosiv expandierender Großstädte wie z. B. Mailand bei völlig unzureichender Infrastruktur und gleichzeitig enormen Zuwachsraten industrieller Produktion. Ein anderes Resultat sind die Verschiebungen und Verwerfungen der sozialen Klassenzusammensetzungen sowohl aufseiten der herrschenden wie aufseiten der niederen sozialen Klassen. Das Ganze geschieht ökonomisch auf der Grundlage des *miracolo* oder *boom italiano*, des von 1958 bis 1963 dauernden italienischen Wirtschaftswunders, das eine allgemeine Verbesserung der Lebensverhältnisse (bis zur Rezession 1964) bringt.

Politisch ist diese Zeit geprägt durch eine vorsichtige Auflösung des Herrschaftsmonopols der *Democrazia Cristiana* durch eine Öffnung nach links, die zunächst als Programm der „apertura a sinistra" und dann schließlich – nach dem Risiko eines massiven Rechtsrucks gerade 1960 – de facto als Centrosinistra-, also Mitte-Links-Regierung Ende 1963 mit direkter Beteiligung der Sozialisten in Erscheinung tritt. Sie löst als katholisch-sozialistisches Mehrheitsbündnis die alten sakrosankten Blockbildungen ab (was dann zehn Jahre später im *Compromesso storico*, dem historischen Kompromiss der Kommunistischen Partei in gewisser Weise eine Fortsetzung findet). Damit geht die (seit dem Ausschluss der aus der Resistenza hervorgegangenen Linksparteien aus der Regierung 1948) katholisch-konservative und äußerst repressiv durchgesetzte politische Ära weitgehender ideologischer Stagnation der 1950er Jahre zu Ende. Die Reformversuche des Centrosinistra als Unternehmungen der generellen Modernisierung des Landes greifen häufig überfällige, schon bei der Gründung der Republik verankerte Leitlinien auf, scheitern aber oft aufgrund nicht auflösbarer politischer und sozialer Konflikte. Das gilt für die Landreform oder für die Reform der staatlichen Verwaltung ebenso wie z. B. für den schulischen Bildungsbereich, wo erst Anfang der 1960er Jahre die achtjährige statt der fünfjährigen Schulpflicht eingeführt wird (bei weiterhin bestehender großer Analphabetenrate: 1960 beispielsweise sendet das einzige Fernsehprogramm, die staatliche RAI, täglich eine Stunde Alphabetisierungsunterricht).

Weitere in das Alltagsleben einschneidende Reformen bedürfen zu ihrer Realisierung noch zusätzlicher politischer und sozialer Kämpfe, wie sie dann in der Zuspitzung der studentischen Unruhen ab 1968 und vor allem in den großen Arbeitskämpfen 1969 mit dem sogenannten *Heißen Herbst* ihren Ausdruck erfahren. Sie finden ihren Niederschlag nicht nur konkret in der „scala mobile" und dem „statuto dei lavoratori", in denen die Arbeitslöhne an die Lebenshaltungskosten gekoppelt und die Arbeiterrechte (vor allem bezüglich Mitbestimmung und Streik) festgeschrieben werden, sondern auch z. B. in der Psychiatriereform oder im Ehescheidungsgesetz von 1971 (das erst nach einem Referendum 1974 in Kraft gesetzt werden kann).

Doch wäre es unzulänglich, wenn man im Hinblick auf diese enorme gesellschaftliche und kulturelle Dynamik der Modernisierung nicht auch auf die tief-

Einleitung

gehenden inliegenden Widersprüche der italienischen Entwicklung hinweisen würde. Zentrales Problem der italienischen Formationsprozesse ist ihre gravierende Ungleichzeitigkeit. Damit verbunden ist vor allem die Zuspitzung der traditionellen und fundamentalen Widersprüche Italiens im Nord-Süd-Verhältnis oder in der sogenannten *Südfrage*: halb-feudale Verhältnisse mit einem alten Wertesystem im Süden und Industriegesellschaft und Verstädterung im Norden mit modern-aufgeklärtem Selbst- und Weltverständnis. Beide prallen in diesem Zeitabschnitt geradezu körperlich durch die gewaltige Migration von Süd nach Nord und vom Land in die Städte aufeinander. Dort werden z. B. aus Bauern unvermittelt Industriearbeiter, die ländliche Lebenswelt wird mit der großstädtischen konfrontiert. Dies sind hier stark abgekürzt beschriebene Konfliktlagen, die vor dem Hintergrund eines ineffizienten Staatsapparates und eines antiquierten Bildungssystems ausgetragen werden. Und angesprochen sind damit auch Widersprüche, die nicht nur auf den verschiedenen Makroebenen, sondern natürlich auch im Inneren, im psychischen Apparat der Menschen ausgehandelt werden müssen. Die Frage, ob und wie das neue Kino nicht nur die Dynamik, sondern auch die Widersprüche aufgreift, soll nicht in dieser Einführung, sondern in einzelnen Abhandlungen des Bandes beantwortet werden.

Dass der Film selbst durch seine gestalterischen Mittel Teil eines kulturellen Modernisierungsdiskurses sein kann, steht außer Frage. Den Beweis dafür liefern eben jene Autorenfilme, die das italienische Kino im Aufbruch um 1960 hervorgebracht hat. Auch wenn der Neorealismus als Bewegung in seiner originär realistischen Implikation, nämlich der Verankerung in der Aktualität und sozialen Wirklichkeit, schon mit dem Ende der aus der Resistenza hervorgegangenen „Volksfront"-Regierung nach den Wahlen 1948 (und damit der praktikablen Perspektive einer anderen Gesellschaft) entscheidend geschwächt war, so ziehen sich seine Filme und Ausläufer doch noch über einen längeren Zeitraum hinweg durch die italienische Filmgeschichte, um schließlich ab 1960 in einer zweiten Welle eine neue, differenzierte realistische Orientierung auferstehen zu lassen. Neben den Filmen der „Altmeister" Roberto Rossellini, Luchino Visconti, Vittorio De Sica und Cesare Zavattini gilt dies in den 1950er Jahren z. B. für Arbeiten von Regisseuren wie Carlo Lizzani, Pietro Germi, Francesco Rosi, Francesco Maselli, Valerio Zurlini. Die Debatten um den Neorealismus oder den „Verrat" am Neorealismus nehmen einen Großteil der filmtheoretischen Diskussionen des Jahrzehnts in Italien ein, wobei eine vorwiegend links orientierte Film- und Kulturkritik beispielsweise die neuen Filme Rossellinis hart angreift (der dann durch André Bazin und die *Cahiers du cinéma* „gerettet" wird). Kritisiert werden aber durchaus auch Fellini und Antonioni, sogar Visconti wegen ihrer „mangelhaften" Orientierung an der Wirklichkeit.

Allgemeines filmhistorisches Kennzeichen der 1950er Jahre ist allerdings die Versprengung der Aktivitäten in viele Einzellinien ohne identifizierbare ästheti-

Einleitung

sche oder ideologische Ausrichtung, wobei zudem Filme „mittleren Niveaus" fehlen. Einen bevorzugten Zuspruch der Zuschauer erfährt die Commedia all'italiana. Die Zuschauerzahlen wie die Zahl der produzierten Filme nehmen in der zweiten Hälfte des Jahrzehnts leicht ab, die wirtschaftliche Verfassung der Filmproduktion bleibt weiterhin labil, mit eher kleinen Budgets und der Verteilung der Gesamtproduktion auf relativ viele kleine Firmen (was im Prinzip auch noch für die 1960er Jahre gilt).

Die Spielzeit 1959/60 bestätigt die Hegemonie des Trios Antonioni-Fellini-Visconti mit ihren drei oben schon genannten Filmen. Als Leitfiguren des ganzen folgenden Jahrzehnts können die beiden erstgenannten betrachtet werden – mit sehr unterschiedlichen inhaltlichen und formalen Profilen. Zur Bezeichnung der Neuigkeit dieser Filme entsteht vereinzelt die Rede vom *miracolo cinematografico italiano* oder der *nouvelle vague italiana*. Während Antonioni und Fellini zum Konzept eines erweiterten Realismus (im Fall Fellinis sogar zu einem zweiten Sur-Realismus) vordringen, scheint Visconti mit *Rocco e i suoi fratelli* vorerst zu einer strengen Revitalisierung neorealistischer Verfahrensweisen in der Schilderung der Lebensbedingungen einer süditalienischen Emigrantenfamilie in Mailand zurückzukehren. Dieser unmittelbare Aktualitätsbezug kontrastiert zweifellos zu seinen Geschichtsdarstellungen in *Senso* (*Sehnsucht*, I 1954) und in *Il gattopardo* (*Der Leopard*, I 1963), befördert aber eine Welle der Wirklichkeitsauseinandersetzung in den 1960er Jahren, die man als zweiten Neorealismus bezeichnen könnte. Bei aller Unterschiedlichkeit der Schauplätze, Handlungen und sozialen Milieus ließe sich für diese Filme in Erinnerung an Diskussionen der Frühzeit des Neorealismus vielleicht der Begriff eines „neuen anthropomorphen Kinos" (Lino Miccichè) als Ausdruck der Folgen der gesellschaftlichen „Transition" verwenden.

Es kann als eine Parallele zu den aufkommenden politischen Diskussionen wie als Folge der neuen Realismusvorstellungen gelten, dass sich in den Jahren ab 1960 eine größere Zahl von Filmen wieder mit Faschismus, Krieg und Widerstand beschäftigt. Den Anfang dazu macht erstaunlicherweise Rossellini 1959 mit seinem *Il generale della rovere* (*Der falsche General*, I/F 1959), ehe er sich nach wenigen weiteren Filmversuchen dem Fernsehen zuwendet. Dazu gesellen sich im gleichen Zeitraum Filme, die gravierende gesellschaftliche Problemfelder wie Machtmissbrauch und Korruption behandeln (Francesco Rosi, Damiano Damiani, Elio Petri), zu ergänzen durch Arbeiten, die fast ethnografisch regionale Lebensverhältnisse schildern (Vittorio De Seta, Ermanno Olmi). Modernisierung apostrophieren mittelbar nicht zuletzt auch Filme, die als skandalös verfolgt werden, weil sie katholische Normen der Sexualmoral karikieren (Marco Ferreri). Und ein enger Wirklichkeitsbezug charakterisiert auch Teile der Commedia all'italiana (Dino Risi, Pietro Germi, Luigi Comencini). Dazu kommen Regisseure, die in diesem Zeitraum debütieren oder bekannt werden.

Einleitung

Der Älteste von ihnen ist Pier Paolo Pasolini, der zunächst seine im Subproletariat der römischen Vorstädte handelnden Romane als Vorlage nimmt, um sie später mythologisch-existenziell zu verallgemeinern. Ihm assistiert Bernardo Bertolucci bei *Accattone* (*Accattone – Wer nie sein Brot mit Tränen aß*, I 1961), der dann bereits als 22-Jähriger seinen ersten eigenen Spielfilm dreht. Wie sie beschäftigen sich auch Paolo und Vittorio Taviani, Lina Wertmüller und Marco Bellocchio immer mit Themen aus der Gegenwart oder der jüngsten Geschichte.

Doch soll die Nennung von Namen und Tendenzen hier nur als Stichwortgeber für die Lektüre der einzelnen Beiträge in diesem Band fungieren. Die Liste der Regisseure, die den Aufbruch des italienischen Kinos in die 1960er Jahre bewirken, ist dabei durchaus noch nicht vollständig. Aufgeführt sind allenfalls die Namen der Serie A. Zu ergänzen wäre die Serie B, die Publikumsfilme, die den Reichtum einer handwerklich-künstlerisch hoch entwickelten Filmkultur wie der italienischen in diesem Zeitraum ausmachen: das Genre-Kino. Hier knüpft das italienische Kino an zwei alte Traditionslinien an: den monumentalen Historienfilm und die Komik, die beide bereits die Filmwirtschaft der 1950er Jahre trugen, wobei die Komik oft in farcenhaft parodistischer Einkleidung daherkommt. Außerhalb des Kanons üblicher filmhistorischer Betrachtung liegt der Horrorfilm, der gerade in den 1960er Jahren eine Blütezeit erlebt (Mario Bava). Kraft seiner unglaublichen Expansion ab 1964 in den Kanon aufgenommen ist dagegen der Italo-Western, der sozusagen als nationales Rewriting eines fremden Genres für den internationalen Markt entsteht und sich explosionsartig mit unzähligen Produktionen über zehn Jahre ausbreitet (Sergio Leone, Sergio Corbucci). An ihm lässt sich gut das Dilemma des Modernisierungsdiskurses darlegen, soll er doch zum bevorzugten Genre der Protestierenden während der Studentenbewegung gehört haben. Zweifellos beschleunigt er formal den biederen US-Western gewaltig, stellt inhaltlich dessen Moralkodices zuweilen auf den Kopf. Aber hat denn das zumeist vordergründige Revolutions- und Gerechtigkeitspathos der Filme tatsächlich mit den studentischen Protestinhalten zu tun? Oder ist es nicht vielmehr das energetische Element der hypomanen Fantasie des allmächtigen Rächers der Armen und Ausgebeuteten, das Zuschauer ans Genre gebunden hat?

Womit wir zu der Frage zurückkommen, wie denn der filmische Aufbruch der 1960er Jahre mit der Modernisierung der italienischen Gesellschaft (und ihren Widersprüchen) zusammenhängt. Fraglos befördert die Innovation der Filmform die ästhetische Modernisierung, gewissermaßen die Heimholung der Moderne in die „Filmsprache" (um diesen unglücklichen Begriff hier einmal zu verwenden). Fellinis *La dolce vita* handelt global von der Medialisierung der Gesellschaft, konkret aber von deren Verwerfungen für die Menschen und ihrer traditionellen Sinn- und Werteorientierung. Antonionis luzides Aufzeigen *moderner* Gesellschaften konkretisiert sich erst in seiner Analyse der „Krankheit

Einleitung

der Gefühle" der Menschen, ihrer Unfähigkeit zu befriedigenden Beziehungen miteinander, und Viscontis *Rocco e i suoi fratelli* schildert fast naturalistisch die zerstörerischen Auswirkungen der soziopolitischen Umschichtungen bei den davon unmittelbar Betroffenen. Kennzeichen für diese Haupttendenz ist, dass eine übergroße Zahl der Filmemacher und Filme um 1960 Abschied von der filmischen Evasion nimmt, sich also der Wirklichkeit von Gesellschaft und Geschichte zuwendet, mithin realistische Filme macht. Sie wollen sich ihrem Selbstverständnis und ihrer Wirkungsintention zufolge in der realen gesellschaftlichen Bewegung verorten, ohne deren Bewegungsgesetze schon festschreiben zu können und in der Regel auch nicht mehr in einem engen parteipolitisch-ideologischen Sinn. Dies ist eines der auffälligsten Charakteristika dieses Aufbruchs einer nationalen Filmkultur. Und darin liegt auch ihre immanente Modernisierungsleistung.

Wenn oben die Rede davon war, dass die italienische Filmgeschichte in Deutschland noch weitgehend *terra incognita* ist, dann hoffen die Herausgeber, dass dieser Band als ein erster Anstoß zu einem besseren Verständnis sowohl der italienischen Kinematografie wie der italienischen Kultur und Gesellschaft beiträgt und dass ihm weitere Ausarbeitungen zum Thema folgen mögen.

Thomas Koebner / Irmbert Schenk

Danksagung

Das internationale Symposium zum „Italienischen Film der sechziger Jahre", das an der Universität Mainz, Filmwissenschaft, vom 6. bis 8. März 2006 stattfand, wurde dankenswerterweise von folgenden Institutionen unterstützt:
- Zentrum für interkulturelle Studien der Universität Mainz
- Interdisziplinärer Arbeitskreis Medienwissenschaften der Universität Mainz
- Studium Generale der Universität Mainz
- Sondermittel für Kongresse der Universität Mainz
- Freunde der Universität Mainz
- Ministerium für Wissenschaft, Weiterbildung, Forschung und Kultur des Landes Rheinland-Pfalz
- Netzwerk Filmwissenschaft e.V.
- Universität Bremen
- Italienisches Kulturinstitut Frankfurt am Main (unter Leitung von Dr. Di Pretoro)
- Deutscher Akademischer Austauschdienst
- Frankfurt Airport
- Sprachtechnische Einrichtung für Forschung und Lehre in Germersheim

Michelle Koch hat die Tagung aufs Vorzüglichste vorbereitet und organisiert, beim Ablauf assistiert von Anaïs Hennemeyer, Julia von Lucadou und nicht zuletzt Carsten Bergemann, der auch Flyer und Plakat in effektvollem Blau entworfen hat. Sie hat ferner als Redakteurin geholfen, die druckfertige Fassung aller Beiträge herzustellen. Ihr sei besonderer Dank ausgesprochen. Marc Höhnle und Fokko Sprenger haben unsere Tagung als Dolmetscher unterstützt. Die nicht einfachen Übersetzungen der Beiträge aus dem Italienischen und Englischen leisteten Rada Bieberstein und André Feldhaus.

Das Mainzer Symposium wurde – das sollte nicht geheim bleiben – zu Ehren von Irmbert Schenk ausgerichtet, dem Kenner des italienischen Kinos und Freund vieler Fachkollegen auch in Italien, die seinem Ruf folgten und in großer Zahl die Alpen überschritten (oder überflogen).

Thomas Koebner   Mainz/München, im Februar 2008

**Italien und das italienische Kino
in den 1960er Jahren**

David Forgacs

Modernisierungsängste

Die italienische Gesellschaft und die Medien in den 1960er Jahren

Die 1960er Jahre werden inzwischen als Wendepunkt in der Geschichte des modernen Italien betrachtet. Sie sind als das Jahrzehnt der „großen Veränderung" beschrieben worden, einer Veränderung hin zu einer fortgeschrittenen industrialisierten Ökonomie, einer säkulareren Gesellschaft und einer modernen Konsumkultur.[1] Die Dekade begann mitten im Wirtschaftswunder (1958 bis 1963) und endete während des Ausbruchs der kollektiven Aktionen an Universitäten und in Fabriken (1967 bis 1972). Massenhafte Abwanderung ließ Landstriche veröden und Italiens größte Städte weiter wachsen. Schon 1964 hatten die ländlichen Teile des Landes drei Millionen weniger Einwohner als 1954, was bei vorher acht Millionen Einwohnern einer Verringerung um 30 Prozent entspricht. „Ausgehend von den ärmsten Hügel- und Berggegenden", schrieb Guido Crainz, „zogen die Ströme von Migranten bald auch in die Bereiche der fortschrittlicheren Landwirtschaft und markierten damit das Ende (oder den Anfang vom Ende) der verschiedenen ländlichen Welten, aus denen das Land besteht."[2] Die ländlichen Gebiete wiederum veränderten sich ebenfalls: Die Dörfer hatten weniger Einwohner, bekamen aber Fernsehen, asphaltierte Straßen und Autos. Zusätzlich zu den Migrationsbewegungen wurden die Menschen noch auf zwei andere Weisen mobiler: Sie reisten häufiger als zuvor, per Roller oder per Auto, einige von ihnen mit dem Flugzeug, und wurden gleichzeitig „virtuell" mobiler durch das vom Fernsehen ermöglichte wiederholte Sehen und Hören der Bilder und Töne von anderen Orten.[3]

Obwohl die meisten Italiener nominell Katholiken blieben, wurde die Präsenz der Kirche in der Gesellschaft entschieden geschwächt, die Zahl der Kirchenbesuche ging stark zurück, religiöser Glaube und Gottesdienstbesuch wurden für viele Menschen mehr zu einer Privatsache. Was die Ära der kollektiven Aktionen betrifft, so bezogen sie sich vor allem auf akute politische Konflikte, diese führten aber mit dem Beginn der 1970er Jahre auch zu einer Erweiterung der allgemeinen demokratischen Beteiligung und Beratung am Arbeitsplatz, in Schulen und neuen Basisgruppen.

David Forgacs

Die Zahlen und Fakten bestätigen die Betrachtungsweise der 1960er Jahre als Periode beträchtlicher Veränderungen. Zwischen 1955 und 1970 wechselten in Italien über 24 Millionen Menschen ihren Wohnort, was annähernd der Hälfte der jeweiligen ansässigen Bevölkerung entspricht. 15 Millionen bewegten sich innerhalb der Regionen Nord- und Zentralitaliens, fünf Millionen innerhalb des Südens, drei Millionen aus dem Süden in den Norden, eine Million aus dem Norden in den Süden. Darüber hinaus gab es bedeutende Abwanderungen ins Ausland: in den frühen 1960er Jahren fast 400.000 Menschen jährlich.[4] 1960 gab es auf Italiens Straßen weniger als zwei Millionen Autos, was einem Fahrzeug pro 25 Einwohner entspricht; 1970 gab es zehn Millionen Autos beziehungsweise ein Auto pro fünf Einwohner. Die Anzahl von Flugpassagieren stieg von 1,45 Millionen im Jahr 1960, in dem Roms neuer internationaler Flughafen Fiumicino offiziell eröffnet wurde, auf acht Millionen im Jahr 1970.[5] Die 1960er Jahre waren auch die Zeit des schnellsten Zuwachses an privat benutzten TV-Geräten. Obwohl mit der regelmäßigen Übertragung eines Fernsehprogramms bereits 1954 begonnen worden war, hatte es drei weitere Jahre gebraucht, um eine landesweite Empfangsmöglichkeit zu erreichen. Zudem war der Preis von Fernsehgeräten anfangs hoch, und die privaten Besitzer solcher Geräte kamen in der ersten Phase des Sendebetriebs aus Familien mit höherem Einkommen, wie es bei den Radiobesitzern 40 Jahre zuvor ebenfalls gewesen war. Die Olympischen Spiele von 1960 in Rom gaben dem Verkauf von Fernsehgeräten einen entscheidenden Antrieb, ähnlich wie die Krönung von Königin Elizabeth II. 1953 in Großbritannien. Zwischen 1960 und 1971 stieg die Zahl der privaten Fernsehnutzungslizenzen (abbonamenti) in Italien um über 500 Prozent; der Zuwachs in den 1970er Jahren betrug lediglich 30 Prozent und in den 1980er Jahren weniger als zehn Prozent.[6]

So beredt diese Statistiken sind, so wichtig ist es, von ihnen nicht zu einer Betrachtung der 1960er Jahre als einmaligem Jahrzehnt des „Fortschritts" und der „Modernisierung" verleitet zu werden, um zwei Konzepte zu nennen, die zur damaligen Zeit eine verbreitete Verwendung fanden. In Wirklichkeit war das Jahrzehnt nur eine Stufe – wenn auch eine wichtige Stufe – in einem weitaus längeren Prozess des Übergangs, der viele Jahre zu seiner Entfaltung brauchte, starke soziale Konflikte und Widersprüche in sich barg und zahlreiche negative Folgen hatte. Diese Folgen wurden insbesondere spürbar für Industriearbeiter, von denen viele lange Arbeitstage unter ungesunden oder unsicheren Bedingungen verbrachten, für ältere Dorfbewohner, die zusehen mussten, wie Arbeitsplätze in der Landwirtschaft verschwanden und soziale Gefüge aufgrund der Emigration zerbrachen, und für viele Frauen, die bei Tätigkeiten gleicher Wertigkeit durchschnittlich weniger als die Männer verdienten und die nun begannen, in Kleinfamilien neue Formen der Unterprivilegiertheit zu erfahren, als unbezahlte Hausfrauen oder mit der Doppelbelastung von bezahlter Werktätigkeit und der Führung des Haushalts.

Die italienische Gesellschaft und die Medien

Darüber hinaus hatten die Veränderungen negativen Einfluss auf die Umwelt und ihre Bewohner, da unangemessene Bauvorschriften und Sicherheitsvorkehrungen es habgierigen Spekulanten erlaubten, urbane Landschaften in unansehnliche und manchmal gefährliche Wohngebiete zu verwandeln (für den Fall von Neapel unvergesslich festgehalten in Francesco Rosis Film *Le mani sulla città / Hände über der Stadt*, I/F 1963) und die es großen Firmen ermöglichten, unsichere Fabriken zu betreiben. Das dramatischste Resultat mangelhafter Regulierung auf diesem Gebiet war der furchtbare nächtliche Erdrutsch vom 9. Oktober 1963 am Vajont-Damm in Friuli. Der Damm, ursprünglich errichtet durch die Elektrizitätsgesellschaft SADE (Società Adriatica di Elettricità) war kurz vor dem Unglück von ENEL (Ente Nazionale per l'Energia Elettrica) übernommen worden. Der Erdrutsch verursachte eine plötzliche Flutwelle, die innerhalb eines Zeitraums von etwa 40 Sekunden die Dörfer der tiefer gelegenen Täler überschwemmte und 1.910 Menschen tötete.

Ähnliche Widersprüche und negative Folgen wurden auch im öffentlichen Sektor, in der Organisation von Arbeitsprozessen und in der Politik sichtbar. Zwar gab es beim privaten Verbrauch in den 1960er Jahren große Zuwächse sowie – nach der Niedriglohnwirtschaft der 1950er Jahre – einen generellen Anstieg bei den Einkommen und dem durchschnittlichen Lebensstandard. Aber die öffentlichen Ausgaben im Sozialbereich waren, wie schon in den 1950er Jahren, immer noch eng begrenzt, was dem Land den Charakter eines nicht entwickelten Wohlfahrtsstaats gab. Industrielle Produktion im großen Stil – z. B. bei Fiat Mirafiori, der Fabrik in den Vororten von Turin, die 1939 als Nachfolger der früheren Lingotto-Fabrik eröffnet worden war – war in den 1960ern immer noch entlang Ford'scher Förderbänder organisiert. In anderen Worten: Der Arbeitsprozess war noch nicht zentralisiert, flexibilisiert oder extensiv automatisiert worden, wie er es nach 1980 wurde. Das politische System wurde trotz des Eintritts der Sozialisten in die Regierungskoalition immer noch von den Christdemokraten dominiert, einer Partei, die außerordentlich lange an der Macht war (sie stand allen Nachkriegsregierungen von 1945 bis 1991 vor) und sich durch eine deutliche Ablehnung institutioneller Reformen auszeichnete. Es wurden Forderungen nach politischer Veränderung laut, aber die entsprechenden Instanzen waren unwillig oder unfähig, ihnen nachzukommen, was – im Verbund mit dem Ford'schen System in den Fabriken und der politischen Radikalisierung aufseiten der Arbeiterschaft – die Forderungen in den späten 1960er Jahren eskalieren ließ und zu gewaltsamen Auseinandersetzungen führte.

Das Paradigma der „Modernisierung" als Erklärungsmuster dafür, was in den 1960er Jahren in Italien geschah, muss nach dem bisher Gesagten kritisch hinterfragt werden. Der Begriff selbst ist ein Vermächtnis der Sozialwissenschaft jener Zeit, und er begründete in gewissem Sinn ihr narzisstisches Selbstbild. Er spiegelt das Vertrauen der damaligen Eliten in den universellen Nutzen eines bestimmten Fortschrittsmodells. In „The Stages of Economic Growth", erschienen 1960, stellte Walt Whitman Rostow die Modernisierung als eine Reihe von Stufen dar, auf denen sich Gesellschaften von „traditionellen" zu „modernen" entwickeln, und von denen die fünfte und letzte Stufe die des Massenkonsums ist.[7] Rostow, der später ein politischer Berater der Präsidenten Kennedy und Johnson und ein überzeugter Befürworter eines langfristigen militärischen Einsatzes in Vietnam wurde, identifizierte diese „Stufen" mit dem amerikanischen Modell und präsentierte dieses als wünschenswert für alle Gesellschaften der Erde, um sie in den tugendhaften Kreis des kapitalistischen Wachstums zu ziehen und sie nicht dem Einfluss des Kommunismus auszusetzen. Seine Argumentation löste entschiedene Kritik von Vertretern der Dependenztheorie und von Ökonomen wie André Gunder Frank aus und ist heute weitgehend diskreditiert.[8] Sogar diejenigen, die nicht den linken Standpunkt der Dependenztheorie vertreten, erkennen die Tatsache an, dass verschiedene Gesellschaften verschiedene ökonomische Traditionen und Strukturen haben und dass verschiedene Wege zu einer nachhaltigen Entwicklung existieren. Ebenso wurde das von Rostow verwendete Konzept der „traditionellen Gesellschaft" von Sozialwissenschaftlern wie von Wirtschaftswissenschaftlern bezweifelt. Gareth Stedman Jones drückte seine Kritik daran folgendermaßen aus:

> Der Historiker sollte es unterlassen, die Geschichte, die er nicht kennt, als ‚traditionelle Gesellschaft' zu bezeichnen. Diese schlechte Angewohnheit, so scheint es mir, ist eine der vielen unerfreulichen Folgewirkungen von soziologischen Theorien der Modernisierung.[9]

Ich würde jedoch vorschlagen, anstatt das Konzept der Modernisierung insgesamt fallen zu lassen, einzelne Elemente daraus zu retten, da sie für die Beschreibung einiger wichtiger Aspekte der Entwicklung moderner europäischer Gesellschaften seit dem späten 15. Jahrhundert nützlich sind. Die zentralen Elemente der Modernisierungsthese in dieser Form haben vielen sozialtheoretischen Schriften zugrunde gelegen, die seit den 1980er Jahren veröffentlicht wurden und sich mit dem Konzept von Modernisierung befassten, das auf Marx und Weber sowie den jüngeren Schriften von Habermas basierte.[10] Modernisierung wird üblicherweise als das Ergebnis dreier miteinander verknüpfter Entwicklungen gesehen. Auf dem Gebiet der Wirtschaft meint dies den Übergang vom Feudalismus zum Kapitalismus, das Aufkommen von Lohnverträgen, die Industrialisierung und das Wachsen marktwirtschaftlicher Strukturen. In der Politik sind es der Übergang von absolutistischen Staaten zu Nationalstaaten, begleitet von der Bildung nationaler Armeen und Polizeikräften, die ein Monopol auf die rechtmäßige Ausübung von Gewalt auf dem Staatsgebiet besitzen, sowie normaler, jedoch nicht notwendigerweise liberal-parlamentarischer Formen der

Die italienische Gesellschaft und die Medien

Demokratie. In der Verwaltung schließlich meint Modernisierung das Wachsen moderner zentralistischer Bürokratien und die geschäftlichen Rationalisierungen in privaten Firmen. Von diesem Modell der Modernisierung ausgehend kann Italiens Modernisierungsprozess als ein sich über einen langen Zeitraum hinziehender Vorgang gesehen werden, beginnend mit der Vereinigung 1859 bis 1861 und sich fortsetzend in der liberalen Ära (1861–1922), dem Faschismus (1922 bis 1943) und in der Zeit der Republik (seit 1946).

Innerhalb dieser Kette von Entwicklungen stellten die 1960er Jahre tatsächlich eine bedeutende Stufe dar. Das Jahrzehnt sah eine entscheidende Bewegung weg vom Land. Es markierte eine wichtige Phase in der Konsolidierung eines industriellen Kapitalismus und in der Entwicklung des italienischen Nationalstaates, der nach dem Vertrag von Rom (1957) der neuen europäischen Wirtschaftsgemeinschaft beitrat. Die 1960er Jahre waren wohl außerdem, zumindest zum Ende des Jahrzehnts, eine Zeit, in der eine wirkliche Erweiterung und Festigung der italienischen Demokratie stattfand. Wenn Faschismus, wie Barrington Moore es Mitte der 1960er Jahre formulierte, eine Stufe der „repressiven Modernisierung" gewesen war, in der die Wirtschaft und die öffentlichen Verwaltungen begonnen hatten, typische Formen einer industrialisierten kapitalistischen Gesellschaft anzunehmen, aber ohne den politischen Rahmen demokratischer Verhältnisse,[11] so hatte die frühe Phase der Republik die Einführung von Strukturen einer modernen, pluralistischen Demokratie erlebt (mehrere Volksparteien, ein Zweikammerparlament etc.), einer Demokratie allerdings, die durch ernsthafte Unregelmäßigkeiten eingeschränkt wurde. Zu diesen zählt die Einführung der sogenannten *legge truffa* (Betrugs-Gesetz), einer Änderung des Wahlrechts, die im März 1953 von der Mitte-Rechts-Koalition im Parlament verabschiedet wurde und die festschrieb, dass eine Partei oder Koalition mit mehr als 50 Prozent der Stimmen eine Zweidrittelmehrheit der Sitze im Parlament erhalten sollte. Das Gesetz wurde nach den Parlamentswahlen vom Juni 1953 wieder aufgehoben, nach heftigem Protest der linken Parteien und nachdem die Regierungskoalition die 50-Prozent-Marke nicht erreicht hatte. Es kam darüber hinaus in den frühen 1950er Jahren zu gravierenden Beschneidungen der Bürgerrechte, inklusive harter Repressionen gegen soziale Proteste und der Zensur von Medien. Es sollte bis zu den Reformen der 1960er und 1970er Jahre dauern, unter ihnen jene, die durch die Geschehnisse von 1968 und der Folgejahre hervorgebracht wurden, bis es zu einer relativen Verbreitung und Konsolidierung der italienischen Demokratie kam.

Die technische Entwicklung von Massenkommunikationsmitteln spielte in Italiens Modernisierungsprozess eine wichtige Rolle. Hier eine Anzahl von Entwicklungsstufen bis zu den 1960er Jahren: Die ersten massenhaft verbreiteten, landesweiten Tageszeitungen gab es in den 1870er Jahren, die ersten Projektionen von Filmen 1896, Rundfunkübertragung ab 1924, Tonfilme und moderne, mit Fotos illustrierte Wochenzeitungen (*rotocalchi*) in den 1930er Jahren und

David Forgacs

Fernsehen ab 1954. All diese Massenmedien machten die Gesellschaft für ihre Mitglieder sichtbarer, sie waren Mittel, mit denen Werte und Ideen kommuniziert und, in einigen Fällen, infrage gestellt wurden.

Innerhalb dieser langen Folge von Entwicklungen waren die 1960er Jahre eine Zeit des Übergangs und, einmal mehr, eine Zeit voller widersprüchlicher Tendenzen. Die Produktion von Büchern und die Zahl ihrer Leserschaft nahmen rapide zu (die Produktion stieg von 7.000 Titeln im Jahr 1963 auf über 19.000 im Jahr 1970), da die Verlage begannen, neue Formate und Vertriebsformen einzuführen, wie den Verkauf von Taschenbüchern an neuen Kiosken (*edicole*) und Tankstellen. Der Mailänder Verlag Mondadori vertrieb 1965, im Jahr der Einführung seiner neuen niedrigpreisigen Taschenbücher, der Oscar-Reihe, acht Millionen Bücher an neuen Kiosken.[12] Zur gleichen Zeit gab es daneben immer noch viele einzelne unabhängige kleine und mittlere Firmen und, gegen Ende des Jahrzehnts, eine Zunahme von Verlagen der Alternativ- und Gegenkultur. Die Hochphase der Fusionen, die die Übernahme kleinerer Buch- und Magazinverlage durch Konglomerate wie Rizzoli und Mondadori mit einschließen, begann nicht vor den späten 1970er und den 1980er Jahren. Zeitungen blieben unter der Kontrolle der großen Besitzerfamilien, wie etwa bei der Familie Crespi mit *Il Corriere della Sera* und der Familie Agnelli, den Eigentümern von Fiat, mit *La Stampa*. Trotzdem fanden in den späten 1960ern Teile des zuvor in Wochenzeitungen wie *L'Espresso* entwickelten Radikalismus ihren Weg in die Tagespresse, und die Gewerkschaft der Journalisten FNSI (Federazione Nazionale della Stampa Italiana) stellte radikale Forderungen nach größerer Kontrolle sowohl über ihre Stories als auch über die Ernennung von Redakteuren.

Was das Fernsehen betrifft, befand sich Italien in den 1960er Jahren trotz der häufig von Kultur-Kommentatoren jener Zeit gezogenen Verbindungslinie zwischen italienischem Fernsehen und der Entstehung einer „amerikanisierten" Konsumkultur in der, wie Umberto Eco es rückblickend aus der Sicht der frühen 1980er Jahre nannte, „paläotelevisionären" Ära.[13] Die Fernsehausstrahlung bestand aus einem öffentlichen Monopol – RAI (Radiotelevisione Italiana) – mit nur zwei Programmen (RAI 2 war 1961 eingeführt worden) in Schwarz-Weiß, mit einem noch starken Ethos der Verbreitung von qualitativ hochwertigen „kulturellen" Inhalten wie Bildungsprogrammen und Adaptionen klassischer Romane (*sceneggiati*).[14] RAI begann erst 1977 mit der regelmäßigen Ausstrahlung von Farbfernsehprogrammen (in der Bundesrepublik Deutschland und im Vereinigten Königreich waren diese bereits ein Jahrzehnt früher, 1967, gestartet), und erst 1979 wurde ein drittes Programm eingeführt, anfangs mit regionalem Aufgabenbereich. Zu dieser Zeit begannen sich die neuen Privatsender auszubreiten, und in den frühen 1980er Jahren begann auch die RAI, dem populären Programmstil der Privaten nachzueifern, was in Ecos „neotelevisionärer" Ära in von leichter Unterhaltung dominierten Sendeplänen mündete. Daher gehören

Die italienische Gesellschaft und die Medien

Federico Fellinis *La dolce vita* (*Das süße Leben*, I/F 1960).

die 1960er Jahre, vor dem Hintergrund einer längeren italienischen Mediengeschichte und rückblickend aus einer späteren Ära mit Multikanal-Fernsehen und der digitalen Annäherung von einst getrennten Medienzweigen, im Wesentlichen zu einer alten mediengeschichtlichen Ära, die technologisch und markttechnisch noch stark zwischen Printmedien, Rundfunk und Kino unterschied und sich im Rundfunkbereich durch das starke Ethos auszeichnete, im Auftrag und Dienst der Öffentlichkeit zu handeln. Die neue Ära, die nach Meinung mancher Mediengeschichtsforscher weitere umfangreiche Veränderungen mit sich brachte, sowohl im Medienangebot als auch in der Art und Weise, in der die Menschen Medienprodukte konsumierten, sollte erst um 1980 beginnen.

Diese Betrachtung der Geschichte von Massenkommunikation über einen längeren Zeitabschnitt hinweg hilft uns dabei, die 1960er Jahre akkurater innerhalb der Entwicklungsgeschichte des Mediensystems einzuordnen. Die Unterschiede zwischen der Ära, zu der die 1960er Jahre gehörten, und der Zeit nach 1980 mögen hier in Verbindung mit der Idee eines Wandels von der Moderne zur Postmoderne gebracht werden. Gianni Vattimo verteidigt als Einleitung zu seinem Buch „Una società trasparente" (der Text war ursprünglich ein in den frühen 1980er Jahren in *Lotta Continua* veröffentlichtes Interview) die Idee der Postmoderne gegen die Sichtweise, sie sei lediglich ein modischer, aber bedeutungsloser Ausdruck.[15] Vattimo argumentiert, die „Postmoderne" bezeichne all das, was nach der Moderne komme und über sie hinausgehe. Moderne gilt ihm als historische und kulturelle Phase, in der Neuerung und Fortschritt als unbezweifelbar gut betrachtet werden. Modernität gerät laut Vattimo dann in die Krise, wenn die positive Wertung von Neuerung und geschichtlichem Fortschritt beginnt, infrage gestellt zu werden. Wie andere, die über die Politik der Postmoderne geschrieben haben, bewertet Vattimo diese Infragestellung als positiven Prozess, der bedeutete, dass verschiedene Gruppen von Menschen (beispielsweise Frauen, schwarze Menschen und sexuelle Minderheiten) in die Lage versetzt wurden, ihre eigenen Ansprüche zu formulieren und diese nicht länger denen der alten kollektiven Subjekte der Moderne („Mann", Arbeiterklasse, Bürger des Nationalstaates) unterordnen oder eine Plattform miteinander teilen zu müssen. Es fand dadurch eine Fragmentierung einer einzigen „Geschichte" in viele verschiedene „Geschichten" statt. Vattimo glaubte, dass die neuen Formen von Massenmedien mit ihren zahlreichen Fenstern und Perspektiven auf das Reale eng mit der Heranbildung einer postmodernen Welt verbunden waren. Natürlich hatte sich in den 1960er Jahren nicht jedermann als „modern" betrachtet oder als jemand, der auf einer Welle der Modernisierung reitet. Aber es gab dennoch einen weitverbreiteten Glauben an die Möglichkeit eines Wandels durch Fortschritt, an ein Vorwärtsschreiten der Geschichte und an kollektive Bewegungen, und es gab andere vorherrschende soziale Haltungen als jene, die nach 1980 zum Vorschein kamen. In diesem Sinne scheint Vattimos Analyse eine wirkliche Veränderung zwischen den beiden Zeitabschnitten zu beschreiben. Gegen Ende des 20. Jahrhunderts gab es einen weitreichenden Skeptizismus gegenüber jedweder Möglichkeit von umfassender und grundlegender Veränderung in der Gesellschaft, gleich ob diese Veränderung durch Wissenschaft und Technologie eine modernisierte Form des Kapitalismus oder kollektive revolutionäre Aktion bewirken würde.

Es ist das Kino, mehr als jedes andere Medium, das die Widersprüchlichkeit der 1960er Jahre als Periode einer Modernisierung festhält, die teilweise noch in bestehenden Traditionen und Paradigmen verfangen bleibt. Dies erweist sich als zutreffend, gleich ob man die Organisationsform der Filmindustrie betrachtet, ihre Gesamtproduktion, viele (jedoch nicht alle) einzelne Filme oder das Verhalten der Zuschauerschaft. Die 1960er Jahre waren das Jahrzehnt, in dem in Italien pro Jahr mehr Filme produziert wurden als in den Vereinigten Staaten, mehr als je zuvor oder danach in der Geschichte des Landes. Die italienische Filmindustrie profitierte von der Rezession der US-Filmproduktion und von günstigen Bedingungen für italienische Produktionen, wie einem inzwischen gut etablierten System von internationalen Koproduktionen, staatlichen Fördermitteln und einem immer noch großen Kinopublikum. Tatsächlich lag in den frühen 1960er Jahren vermutlich eine Überproduktion an Filmen vor – Italien brachte 1961 200 Produktionen oder Koproduktionen hervor, 265 im Jahr 1963 und 244 im Jahr 1964, verglichen mit 131, 121 und 141 in den USA in den gleichen Jahren. Überproduktion bestand in dem Sinne, dass mehr Filme auf den heimischen Markt kamen, als dieser erfolgreich aufnehmen konnte, und dass nicht genügend viele von ihnen im Ausland erfolgreich waren. Diese Tatsache und die starke Rezession von 1964 zum Ende der Wirtschaftswunderzeit führten zu einem vorübergehenden Einbruch der Produktion (205 Filme im Jahr 1965), doch war diese 1967 wieder auf ihrem hohen Niveau angelangt (mit 280 Filmen) und setzte sich noch bis in die Mitte der 1970er Jahre hinein in vergleichbarem Umfang fort.[16] Diese Bedingungen erlaubten ein Florieren sowohl des populären Genrekinos –

Die italienische Gesellschaft und die Medien

Komödien, Thriller, Horror, Romanzen, Historienfilme, Western – als auch eines autorenbasierten Qualitätskinos. Letzteres umfasste Filme von Regisseuren mit etablierten Namen wie Roberto Rossellini, Luchino Visconti, Federico Fellini und Michelangelo Antonioni, die ihre Karrieren als Regisseure in den 1940er und den frühen 1950er Jahren begonnen hatten, aber auch Werke von jungen und neuen Talenten wie Pier Paolo Pasolini, Bernardo Bertolucci, Gillo Pontecorvo, Liliana Cavani, Marco Ferreri, Marco Bellocchio und Lina Wertmüller.

Die 1960er Jahre waren auch das Jahrzehnt, in dem die italienische Spielfilmproduktion großenteils zum Farbfilm überging. Farbfilm war bereits bei einigen Spielfilmen vor 1960 zum Einsatz gekommen, so bei Viscontis filmischem Meilenstein *Senso* (*Sehnsucht*, I 1954), und auch bei einigen nicht fiktionalen Filmwerken (Vittorio De Seta drehte alle seine Dokumentationen der 1950er Jahre über Sizilien und Sardinien in Farbe), aber erst in der zweiten Hälfte der 1960er Jahre wurde der Farbfilm zum Standard in der italienischen Filmindustrie. Die meisten Regisseure drehten in diesen Jahren ihre ersten Farbfilme: Antonionis *Il deserto rosso* (*Die rote Wüste*, I/F 1964), Fellinis *Giulietta degli spiriti* (*Julia und die Geister*, I/F 1965), Pasolinis *Teorema* (*Teorema – Geometrie der Liebe*, I 1968), Bertoluccis *La strategia del ragno* (*Die Strategie der Spinne*, I 1970) und *Il conformista* (*Der große Irrtum*, I/F/BRD 1970) entstanden in diesem Zeitraum. Die Farbe wurde von den meisten Produzenten sowohl als Zeichen von Modernität als auch der technischen und ästhetischen Überlegenheit des kinematografischen Bildes im Vergleich zum Fernsehbild empfunden, das, wie bereits erwähnt, in Italien bis zur zweiten Hälfte der 1970er Jahre schwarz-weiß blieb.[17]

Die Tatsache, dass innovative Filme wie Fellinis *La dolce vita* (*Das süße Leben*, I/F 1960), Viscontis *Rocco e i suoi fratelli* (*Rocco und seine Brüder*, I/F 1960) und Antonionis *L'avventura* (*Die mit der Liebe spielen*, I/F 1960) in jeweils unterschiedlichen Ausmaßen sowohl in Italien als auch im Ausland kommerziell erfolgreich waren, half dabei, während der 1960er Jahre Investitionen in das Qualitätskino anzuregen. Doch trotz dieser Tatsache arbeiteten die meisten Produzenten innerhalb bereits bestehender Muster weiter und waren nicht gewillt, echte Risiken einzugehen. *La battaglia di Algeri* (*Schlacht um Algier*, ALG/I 1966) unter der Regie von Pontecorvo, der 1966 in Venedig den Goldenen Löwen gewann, wurde von einer kleinen algerischen Produktionsgesellschaft namens Casbah Films und einer improvisierten italienischen Produktionsfirma koproduziert, Igor Film, die von Pontecorvos Produzenten Antonio Musu ins Leben gerufen worden war. Pontecorvo war es nicht gelungen, eine große italienische Firma für das Projekt zu gewinnen, obwohl sein Vorgängerfilm *Kapò* (YU/F/I 1961) im Jahr 1961 eine Oscar-Nominierung für den besten ausländischen Film erhalten hatte. Er bot das algerische Filmprojekt Rizzoli an, die es ablehnten. Die wenigen finanzkräftigen Produktionsgesellschaften – Titanus, Rizzoli, De Laurentiis, Ponti – waren manchmal bereit, innovative Projekte zu unterstützen,

David Forgacs

da sie im Gegenzug eine Einkommensgarantie durch konventionellere Filme besaßen, aber im internationalen Vergleich war keine dieser Firmen allzu groß, was die Zahlen der pro Jahr produzierten Filme anging, und insgesamt gab es im Produktionssektor immer noch ein hohes Maß an Zersplitterung und Unbeständigkeit, mit vielen kleinen und kurzlebigen Firmen und einem Mangel an regelmäßiger Filmfinanzierung. Das Genrekino, welches auf der Wiederholung bekannter und bewährter Muster und auf erwartbaren Publikumsreaktionen aufbaute, blieb bis zur Krise der mittleren 1970er Jahre das ökonomische Rückgrat der Industrie. Der Film als das populärste Medium Italiens wurde weiter begleitet von Parallelmedien wie Hochglanzmagazinen, Radio und Fernsehen sowie einer florierenden Kultur des Prominententratschs und des Starkults.

In der komplexen Beziehung zwischen dem älteren audiovisuellen Medium Kino und dem jüngeren Medium Fernsehen lassen sich manche der besonderen Eigenschaften der 1960er Jahre besonders gut erkennen. Das Fernsehen wurde in Italien zu diesem Zeitpunkt nicht als direkter Rivale des Kinos betrachtet, im Gegensatz zu den USA, wo das nach dem Zweiten Weltkrieg eingeführte Fernsehen schon in den 1950er Jahren als ernsthafte Konkurrenz wahrgenommen wurde und die Filmindustrie beim Versuch, das Publikum zu halten, fieberhaft mit der Entwicklung neuer Formate begann (bessere Farbprozessierung, größere Leinwände, CinemaScope, Cinerama). In Italien blieben die Besucherzahlen von Kinos trotz der großen Beliebtheit bestimmter Fernsehprogramme wie Quizshows oder Übertragungen von Sportereignissen bis zu den frühen 1970er Jahren relativ stabil. Das Kino der frühen 1960er Jahre nahm das Fernsehen in seine Repräsentation des täglichen Lebens mit auf. Die Fernseh-Crew und das Interview spielen eine prominente Rolle in dem Fresco, das der in der zweiten Jahreshälfte 1959 gedrehte und im Januar 1960 erschienene Film *La dolce vita* darstellt, einem Fresco des neuen, massenmedialen Italien. Das Fernsehgerät als solches taucht auch in zahlreichen Filmen der frühen 1960er Jahre auf, entweder in Bars oder Restaurants, wie jenem in der sizilianischen Stadt in *L'avventura*, in dem sich die Menschenmenge versammelt, um einen Blick auf das Starlet Gloria Perkins (Dorothy De Poliolo) zu erhaschen, oder in Privatwohnungen, wo sie Symbole häuslichen Wohlstands oder aufwärts gerichteter sozialer Mobilität sind: Der Boxpromoter Duilio (Roger Hanin) hat in *Rocco e i suoi fratelli* ein Gerät in seinem Appartement, so wie der junge Aktienhändler Pietro (Alain Delon) in Antonionis *L'eclisse* (Liebe 1962, I/F 1962). Die Inhalte der frühen Fernsehprogramme – Nachrichten, Varieté-Shows, Serien, politische Debatten – unterschieden sich, abgesehen von der relativ seltenen Ausstrahlung älterer Filme, vom Kino. Die Art und Weise und die Orte des Fernsehkonsums waren ebenfalls andere als die des Kinos, zumindest nach den ersten Jahren (als das Fernsehen noch neu war, installierten einige Kinobetreiber im Kinosaal ein Fernsehgerät, sodass die Zuschauer vor oder zwischen den Filmen die populären Quizshows sehen konnten).

Die italienische Gesellschaft und die Medien

In den 1960er Jahren wurde Fernsehen in Italien üblicherweise zu Hause oder in der Bar geschaut, und seine Zuschauer schenkten bestimmten Momenten oder Programmteilen ihre sporadische, aber manchmal intensive Aufmerksamkeit, im Gegensatz zu der kontinuierlichen Aufmerksamkeit, mit der sie einen Film im Kino betrachteten. Der Trend zur Freizeitgestaltung im eigenen Heim (Fernsehen und Abende zu Hause), der sich in den 1950er Jahren in den USA und in den 1960er Jahren in vorstädtischen Bereichen Nordeuropas etablierte, trat in Italien nicht vor den späten 1970er Jahren zutage, als er zeitlich mit der ersten Sendeerlaubnis für private Fernsehsender (1976) ebenso zusammenfiel wie mit anderen Faktoren, die das Zuhausebleiben förderten, wie steigenden Benzinkosten, knappen Budgets und, in einigen Städten, von Terrorismus geschürter Angst vor dem Ausgehen. In den 1960er Jahren dagegen war der Kinobesuch in Italien noch eine Aktivität der Massen. Durchschnittlich 2,25 Millionen Menschen pro Tag gingen 1955 in die Kinos (es war das Jahr mit dem höchsten in Italien jemals erreichten Ergebnis beim Kinobesuch, mit 816 Millionen verkauften Karten), 1961 waren es zwei Millionen und 1969 1,5 Millionen. Der starke Rückgang an Kinobesuchern, der im Vereinigten Königreich und in anderen Teilen Europas zwischen den 1950er Jahren und dem Ende der 1960er Jahre verzeichnet wurde, betraf Italien bis zur zweiten Hälfte der 1970er Jahre nicht im gleichen Maße (siehe Tabellen 1 und 2).

Verkaufte Kinokarten pro Jahr (in Millionen) in sechs Ländern 1954–94[18]

	1954[1]	1964	1974	1984	1994
Italien	800,7	683,0	544,4	131,6	98,2
Frankreich	382,8	275,8	179,4	190,8	126,3
UK	1.275,8	357,0	134,2	70,7	124,4
BRD	735,6	320,4	136,2	112,1	132,8
USA	2.600,0	2.165,0	920,6	1.056,1	1.210,0
Japan	670,0	511,1	185,0	155,1	123,0

[1] USA 1953, Japan 1952.

Prozentuale Veränderungen beim Kinokartenverkauf in sechs Ländern nach Jahrzehnten[19]

	1954[1]/64	1964/74	1974/84	1984/94[2]
Italien	−14,7	−20,3	−75,8	−25,4
Frankreich	−27,9	−34,9	+ 6,4	−33,8
UK	−72,0	−62,4	−47,3	+75,9
BRD	−56,4	−87,1	−17,7	+18,5
USA	−16,7	−57,5	+14,7	+14,6
Japan	−23,7	−63,8	−16,2	−20,7

[1] USA 1953, Japan 1952.
[2] USA 1991, Japan 1993.

David Forgacs

Als der Rückgang von Kinobesuchen in Italien eintrat, war er dramatisch. 1985 war die durchschnittliche Besucherzahl bei täglich 337.000 angelangt. Erhebungen zufolge besuchten 1973 14,5 Prozent der Befragten mehr als einmal pro Woche ein Kino, 1986 besuchten es lediglich 3,5 Prozent einmal in der Woche, während 73 Prozent in den vorausgehenden sechs Monaten überhaupt nicht in einem Kino gewesen waren.[20] Mit anderen Worten: Das Kino blieb während der 1960er Jahre im Zentrum des sozialen Lebens und der Erholung der Italiener, wogegen der Kinobesuch in den 1980er Jahren weitgehend zusammenbrach und dem Fernsehkonsum Platz machte. Dies bedeutet natürlich nicht, dass der Konsum von *Filmen* ebenfalls zusammenbrach. Vielmehr verschob sich ab den späten 1970er Jahren das Betrachten von Filmen zum größten Teil von Kinosälen auf Fernsehgeräte und somit vom primären (Filmtheater) zum sekundären (Fernsehen und Video) Vertriebsfenster der Filmindustrie. Das Fernsehen sollte in der Tat eine bedeutende Rolle bei der Rettung der italienischen Filmindustrie nach der Krise Mitte der 1970er Jahre spielen, in seiner Funktion als Produzent neuer Filme und als Vertriebsmedium, aber das ist eine andere Geschichte.

Die 1960er Jahre waren auch die Zeit, in der Intellektuelle und Medienpraktiker die Unterschiede zwischen Kino und Fernsehen zu reflektieren begannen. Marshall McLuhan unterschied 1964 Kino als ein „heißes", „hoch aufgelöstes" Medium vom Fernsehen als „kühlem Niedrigdruck"-Medium, das eine multisensorische Partizipation erforderte, in die häusliche Umgebung eintrat und eher einfache „Persönlichkeiten" als „Stars" besaß.[21] In Italien versuchten die ersten Medienanalytiker, die Fernsehen als Gegenstand von Untersuchungen ernst nahmen – Giovanni Cesareo, Ivano Cipriani, Umberto Eco –, die besonderen Eigenschaften des Mediums und seine Unterschiede zum Kino zu definieren.

Unter denjenigen, die einige der interessantesten Dinge über die Beziehung zwischen Kino und Fernsehen in den 1960er Jahren zu sagen hatten, waren die, die professionell mit dem Kino verbunden waren. Roberto Rossellini ist nach wie vor der einzige Filmemacher, der vollständig zum Fernsehen übersiedelte. Während der letzten zwölfeinhalb Jahre seines Arbeitslebens, von 1964 bis 1977, bestand fast sein gesamtes Werk als Regisseur aus Filmen für das Fernsehen. Sein Engagement für dieses Medium war geprägt von seinem wachsenden Interesse am bewegten Bild als Lehrmedium und von seiner zunehmenden Entfremdung vom kommerziellen Kino als überteurer und technisch schwerfälliger Traumfabrik. Schon 1958, als er zusammen mit Jean Renoir von André Bazin interviewt wurde und als beide Regisseure Filme für das Fernsehen vorbereiteten (Rossellini schnitt gerade an dem Material, das er im Jahr zuvor in Indien gedreht hatte), sagte er: „Modern society and modern art have been destructive of man; but television is an aid to his rediscovery" („Die moderne Gesellschaft und die moderne Kunst haben eine zerstörerische Wirkung auf den Menschen, aber das

Die italienische Gesellschaft und die Medien

Fernsehen ist eine Hilfe zu seiner Wiederentdeckung").[22] Cesare Zavattini, Drehbuchautor für die meisten Filme unter der Regie von Vittorio De Sica zwischen 1943 und 1960, schreibt in einem auf den 15. Oktober 1960 datierten Tagebucheintrag, dass der Zuschauerraum als Raum für den Konsum von Filmbildern immer mehr von der politischen Realität abgeschnitten worden sei. Sogar die von der Betrachtung eines äußerst verstörenden Films wie Alain Resnais' Dokumentation über Auschwitz *Nuit et brouillard* (*Nacht und Nebel*, F 1955) beim Zuschauer ausgelöste Empörung schien, so die Beobachtung Zavattinis, zu verpuffen, sobald er oder sie das Kino verließ und auf die Straße trat. Die einzige Möglichkeit, dies zu überwinden, war nach seiner Überlegung, Kinos und die Praxis der Eintrittsgelder (die den Zuschauern eine Lizenz dafür verschaffte, die Welt für ein oder zwei Stunden zu vergessen) abzuschaffen und Filme stattdessen kostenlos und direkt auf Straßen, an Gebäuden oder an den Himmel zu projizieren. Was das Fernsehen betrifft, so beschreibt Zavattini es im gleichen Tagebucheintrag als trojanisches Pferd, das den häuslichen Raum erobert habe und früher oder später die Politiker, die es benutzten, dazu zwingen werde, offen zu sprechen und nicht undurchsichtig oder elliptisch, wie sie es derzeit täten.

> Es ist wahr, dass momentan die politischen Führer ängstlich bei der Wahl der Themen sind, über die sie sprechen. Aber dies wird sich allmählich ändern, bis es kein Thema mehr gibt, über das nicht geredet werden kann, und innerhalb eines Zeitraums von wenigen Monaten wird sich unser Horizont um viele Jahre erweitern. Jene, die zur Zeit an der Ästhetik des Fernsehens arbeiten, werden diesen Prozess der Loslösung beachten müssen, der nicht kurzlebig ist, sondern diesem außerordentlichen Ausdrucksmittel zugrunde liegt.[23]

Am Ende der 1960er Jahre war unter Cineasten von solchem Optimismus in Bezug auf das Fernsehen wenig übrig geblieben. Rossellini blieb ein Einzelfall, von Kritikern missverstanden oder verspottet, und Zavattini richtete den Fokus seiner Unterstützung am Ende des Jahrzehnts nicht mehr auf das Fernsehen, sondern auf das unabhängige Kino und die freie Wochenschau (*cinegiornale libero*). Das italienische Fernsehen, das seit seinen Anfängen von der dominierenden Partei, der Democrazia Cristiana (DC), politisch kontrolliert worden war, wurde mehr und mehr von der Politik bestimmt, wenn auch nicht immer in sofort offensichtlicher Weise. Ettore Bernabei war von 1961 bis 1975 Generaldirektor der RAI, also in den Jahren von der „Öffnung zur Linken" (die in der ersten Koalition zwischen DC und Sozialisten mündete) und der Ära der kollektiven politischen Aktion, in der sich auch einige RAI-Journalisten radikalisierten. Bernabei war für die Einführung eines Systems der „balancierten" politischen Kontrolle verantwortlich, die für einen gewissen Spielraum an politischem Pluralismus unter der Obhut der DC sorgte. Er lehnte ein 1968 von Gino Martinoli,

David Forgacs

Salvatore Bruno und Giuseppe De Rita erstelltes Gutachten ab, das die Modernisierung der RAI durch weniger politische Steuerung und eine größere Orientierung am Markt vorschlug.[24] Ein im Jahr 1975, am Ende von Bernabeis Amtszeit, erlassenes Gesetz übertrug die Kontrolle über die RAI von der Regierung auf eine parlamentarische Kommission, aber was dies im Endeffekt bedeutete, war die Aufteilung der Kontrolle innerhalb der großen politischen Parteien. Das Gesetz verringerte die Politisierung des Fernsehens nicht; es veränderte nur ihre Form. In diesem Zusammenhang war es für Intellektuelle und Kulturschaffende nicht schwierig, einen tiefen Zynismus gegenüber dem Fernsehen zu entwickeln. Ein extremes Beispiel war Pasolinis swiftianischer „höflicher Vorschlag" in einem Artikel aus dem Oktober 1975, das Fernsehen abzuschaffen. Als Begründung verglich er die Mittelschule, die eine Art kulturelles Basishandwerkszeug für alle jungen Leute bereitstellte, von denen die meisten keine gut bezahlten oder zufrieden stellenden Jobs erhalten würden, mit dem Fernsehen, das unrealisierbare Konsumwünsche fördere und eine Illusion von Freiheit und Wohlbefinden innerhalb einer ungleichen Gesellschaft erzeuge.[25]

La dolce vita und einige andere Filme der frühen 1960er Jahre, wie Antonionis *La notte (Die Nacht, I/F 1961)* oder *Il deserto rosso (Die rote Wüste, I/F 1964)*, sind als Reflektionen der dunkleren Seite eines modernisierten Italiens gesehen worden, die durch die Instabilität sozialer Gefüge, Entfremdung, industrielle Umweltverschmutzung und krisenhafte zwischenmenschliche Beziehungen charakterisiert ist. Ebenso sind einige der großen Leinwandkomödien der frühen 1960er Jahre wie *Divorzio all'italiana (Scheidung auf italienisch,* I 1961, R: Pietro Germi), *Il sorpasso (Verliebt in scharfe Kurven,* I 1962, R: Dino Risi) und *Il boom* (I 1963, R: Vittorio De Sica) als Barometer von Veränderungen gedeutet worden, die zu jener Zeit auf dem Gebiet der Moralvorstellungen und der sozialen Einstellungen stattfanden: Einstellungen zu Arbeit, Habgier, Konsumgütern, Geld, Geschlechterrollen, Sexualität, selbst zur neuen Vormachtstellung des Autos im Leben der Menschen.[26] Aber sind diese Arten der Deutung von Beziehungen zwischen Filmen und der Gesellschaft wirklich aufschlussreich? Man mag argumentieren, dass Spielfilme nicht so sehr die bestehenden sozialen Realitäten spiegeln oder registrieren, sondern vielmehr bestimmte Elemente der Welt um sie herum brechen und vergrößern sowie neue Sichtweisen und Interpretationen dieser Welt anbieten, die dann in die Art einfließen, in der Menschen die soziale Wirklichkeit sehen und verstehen. Wenn diese Argumentation stimmt, sollten wir vorschlagen, dass das italienische Kino der 1960er Jahre eine normative Rolle einnahm, die die Wahrnehmung und Urteilsbildung dadurch formte, dass sie Kategorien, Stereotypen und Interpretationsmodelle bildete.

Was die Beziehung des Kinos zu historischen öffentlichen Ereignissen jener Zeit betrifft, so wurde oft festgestellt, dass es diese im Gegensatz zum Fernsehen, dem Radio oder der Presse nicht nur nachinterpretiert, sondern ihnen ten-

Die italienische Gesellschaft und die Medien

denziell zeitlich eher hinterherhinkt, als dass es sie „einfängt", sobald sie geschehen. Dieser Zeitabstand ist teilweise das Ergebnis der – verglichen mit Fernsehnachrichten oder -dokumentationen – langen Entwicklungs- und Produktionszeiten von Spielfilmen, aber er beruht auch auf der Tatsache, dass fiktionale Filme oftmals komplexe Vermittlungen und Ausarbeitungen von Geschehnissen enthalten. Die Filme über die Studentenproteste und die Gegenkultur der Zeit um 1968 z. B. wurden nicht 1968 produziert, sondern später, in einigen Fällen viele Jahre später, so wie die meisten Filme über den Terrorismus der 1970er Jahre. Und sogar wenn man auf der Ansicht besteht, dass eine direkte, wenn auch zeitlich verzögerte Beziehung zwischen diesen Filmen und der italienischen Gesellschaft existiert, ist eine solche Beziehung in Genrefilmen – wie Monumental- und Horrorfilmen oder Western – nicht offensichtlich. Wenn von einem Film wie Sergio Leones *Per un pugno di dollari* (*Für eine Handvoll Dollar*, I/E/BRD 1964) gesagt wird, er gehöre zu der Welt seines Erscheinungsjahres 1964, so tut er dies nicht im Sinne der in ihm dargestellten Welt, die den amerikanischen Westen des frühen 20. Jahrhunderts abbildet, sondern er gehört zu einem bestimmten Moment in der Geschichte des Kinos, einem Moment, in dem ein italienischer Regisseur die Klischees eines so gut wie todgeweihten amerikanischen Genres so recycelt, dass eine neue Spielart des Kinos entsteht. Und doch weisen einige der sogenannten Western all'italiana oder Spaghetti-Western, die in den späten 1960er Jahren produziert wurden – wie etwa *Requiescant* (*Kill and Pray*, I/BRD 1967, R: Carlo Lizzani) –, einen indirekten, symbolisch herbeigeführten Bezug zur Welt der 1960er Jahre auf. Die mexikanischen Dorfbewohner, die sich im Widerstand gegen die amerikanischen Plünderer befinden, stehen für Völker überall auf der Welt, die sich neokolonialer Herrschaft oder militärisch unterstützten Regimes – Vietnam, Angola, Mozambique, Bolivien, Guatemala – widersetzen, oder für eine selbst organisierte Arbeiterbewegung im Kampf gegen den Kapitalismus.

Bei der Annäherung an die Frage der Modernität im Verhältnis zum Kino hat Giorgio De Vincenti eine nützliche Unterscheidung zwischen zwei unterschiedlichen Anwendungsgebieten von möglichen Konzepten gemacht.[27] Das erste ist ein soziologisches Konzept, das einen Cluster von Prozessen benennt – Industrialisierung, Urbanisierung, Bürokratisierung, Entstehung der „Massengesellschaft" –, die einen *sozialen Kontext für das Kino* als Set von Technologien, Institutionen und kulturellen Bräuchen von Lumière bis zur Gegenwart entstehen lassen. Das zweite ist Modernität *im Kino* als ein Set ästhetischer und stilistischer Charakteristika von bestimmten Filmen und Zeitabschnitten, Charakteristika, die mit Sicherheit nicht vom gesamten Kino geteilt werden. Der letztgenannte dieser beiden Wege, um eine Beziehung zwischen Kino und Modernität herzustellen, ist in der kritischen Tradition der *Cahiers du Cinéma* und anderer Filmjournale der 1950er und 1960er Jahre verwurzelt, die als erste

David Forgacs

die Idee der Moderne als einer geschichtlichen Phase oder ästhetischen Richtung innerhalb des Kinos artikulierten. Ein Film von Antonioni oder Resnais ist stilistisch gesehen modern – in seiner Erzählweise, der Art des Schnitts, dem Blick auf Figuren und Landschaften – wogegen es eine zur selben Zeit produzierte Commedia all'italiana oder ein B-Thriller nicht ist. Trotzdem teilen sich die letztgenannten Filme mit dem gesamten Kino die Tatsache, dass sie Beispiele für eine Kunst der Moderne sind, indem sie sich einer Technologie bedienen, die auf Bewegung und Schnelligkeit basiert, und städtische Schauplätze nutzen. Sie sind Massenprodukte, konsumiert von einem Massenpublikum, und jeder einzelne Film wird, zumindest in Bezug auf seine Marktfähigkeit, schnell obsolet und durch neue Filme ersetzt. De Vincentis Differenzierung erlaubt es uns, ein ästhetisch modernes Kino von einem generelleren Konzept von Modernität zu unterscheiden, in dem das Kino als Ganzes enthalten ist. Es ist Modernität im letztgemeinten Sinn, die ich – mit ihren inneren Spannungen und Widersprüchen – in diesem Beitrag zu beschreiben versucht habe.

---

[1] Der Ausdruck „grande trasformazione" wurde von Silvio Lanaro in seiner *Storia della Repubblica italiana. Dalla fine della guerra agli anni novanta* für den Abschnitt benutzt, der sich mit den Jahren 1958 bis 1963 beschäftigt. Vgl. Silvio Lanaro, *Storia della Repubblica italiana. Dalla fine della guerra agli anni novanta*, Venedig 1992, S. 221 und passim.

[2] („Iniziando dalle aree più povere della collina e della montagna i flussi coinvolgono rapidamente anche le aree di agricoltura avanzata, segnando la fine [o l'inizio della fine] dei diversi mondi rurali che compongono il paese.") Vgl. Guido Crainz, *Storia del miracolo italiano. Culture, identità, trasformazioni fra anni cinquanta e sessanta*, Rom 1996, S. 87.

[3] Ernesto Galli della Loggia drückte es folgendermaßen aus, als er Mitte der 1970er Jahre schrieb: „Italien wurde kleiner, und so wie sich das Gefühl für den Raum veränderte, taten es seine Maße." („L'Italia si rimpicciolì e mentre cambiava il senso dello spazio cambiava anche la sua misura".) Vgl. Ernesto Galli della Loggia, „Ideologie, classi e costume", in: *L'Italia contemporanea 1945–1975*, hrsg. von Valerio Castronovo, Turin 1976, S. 416. Renato Porro schrieb 1986: „Das Resultat (...) der neuen kulturellen Moden und der entstehenden Verhaltensmodelle, der Art und Weisen, die immer größer werdende Menge von Freizeit zu nutzen, des zeitgleichen (oder zumindest fast zeitgleichen) Konsums von Fernsehnachrichten usw. scheint die endgültige Überwindung der Gemeinschaft zu sein, in der man als einzigem oder hauptsächlichem Bezugspunkt lebt." („Il risultato [...] delle nuove mode culturali, dei modelli comportamentali emergenti, dei modi di trascorrere un tempo libero sempre più disponibile, della fruizione in tempo reale [o quasi] dell'informazione televisiva, ecc. – appare il definitivo superamento della comunità di appartenenza come unico o prevalente referente"). Vgl. Renato

Die italienische Gesellschaft und die Medien

Porro, „I consumi culturali in Italia. Note per una riconsiderazione", in: *Lo spettacolo del consumo. Televisione e cultura di massa nella legittimazione sociale*, hrsg. von Mario Morcellini, Mailand 1986, S. 113. Für eine generelle Diskussion der Rolle der Massenmedien (insbesondere von Radio und Fernsehen) bei einer Veränderung der Raumwahrnehmung des Menschen vgl.: Joshua Meyrowitz, *No Sense of Place: The Impact of Electronic Media on Social Behaviour*, New York 1985.

4 Crainz, *Storia del miracolo italiano* (s. Anm. 2), S. 84. Vgl. auch die Tabellen zur Migrationsbewegung im Anhang von: Paul Ginsborg, *A History of Contemporary Italy: Society and Politics 1943–1988*, Harmondsworth 1990.

5 ISTAT (Istituto Nazionale di Statistica), *Sommario di statistiche storiche 1926–85*, Rom 1986, S. 49 und Guido Crainz, *Il paese mancato. Dal miracolo economico agli anni ottanta*, Rom 2003, S. 16f.

6 Vgl. *Gli abbonamenti alle radiodiffusioni nel 1981*, Rom: Rai Radiotelevisione italiana, 1982, Serie annuali.

7 Walt Whitman Rostow, *The Stages of Economic Growth: A Non-Communist Manifesto*, Cambridge 1960.

8 Vgl. Paul A. Baran/Eric J. Hobsbawm, „The Stages of Economic Growth", in: *Kyklos: International Review for Social Sciences* 14/2 (1961), S. 234–242, und André Gunder Frank, *Sociology of Development and Underdevelopment of Sociology*, London 1971, S. 18–27.

9 Gareth Stedman Jones, „Class expression versus social control? A critique of recent trends in the history of ‚leisure'", in: *Languages of Class: Studies in English Working-Class History 1832–1982*, Cambridge 1983, S. 85 (ursprünglich erschienen in: *History Workshop* 4 [1977]. Deutsche Übersetzung durch den Übersetzer dieses Textes.)

10 Vgl. als Auswahl der verschiedenen Diskussionen des Themas: Marshall Berman, *All That is Solid Melts into Air: The Experience of Modernity*, New York 1982; Derek Sayer, *Capitalism and Modernity: An Excursus on Marx and Weber*, London 1990; Scott Lash, *Another Modernity: A Difficult Rationality*, Oxford 1999. Vgl. auch Jürgen Habermas, *The Philosophical Discourse of Modernity: Twelve Lectures*, Cambridge 1987, übers. von Frederick Lawrence.

11 Barrington Moore, Jr., *Social Origins of Dictatorship and Democracy: Lord and Peasant in the Making of the Modern World*, Boston 1967.

12 Albertina Vittoria, „Organizzazione e istituti della cultura", in: *Storia dell'Italia repubblicana, II. La trasformazione dell'Italia: sviluppo e squilibri, 2. Istituzioni, movimenti, culture*, hrsg. von Francesco Barbagallo, Turin 1995, S. 698f.

13 Umberto Eco, „A guide to the Neo-Television of the 1980s", in: *Culture and Conflict in Postwar Italy: Essays on Mass and Popular Culture*, hrsg. von Zygmunt G. Baranski und Robert Lumley, Basingstoke 1990, S. 245–255. Der Aufsatz erschien ursprünglich in italienischer Sprache in *L'Espresso* vom 30. Januar 1983.

14 Zu den 1960er Jahren als Epoche des „bildenden und nationalen" Fernsehens vgl. Peppino Ortoleva, „Linguaggi culturali via etere", in: *Fare gli italiani. Scuola e cultura nell'Italia contemporanea*, hrsg. von Simonetta Soldani und Gabriele Turi, Bd. 2: *Una società di massa*, Bologna 1993, S. 441–488.

15 Gianni Vattimo, „The Postmodern: A Transparent Society?", in: *The Transparent Society*, hrsg. von ders., übersetzt von David Webb, Cambridge 1992.

16 Lino Micciché, *Il cinema italiano degli anni '60*, 2. Aufl., Venedig 1976, S. 49; *European Cinema Yearbook: a statistical analysis*, Mailand 1995; Patrick Robertson, *The Guinness Book of Media Facts and Figures*, hrsg. von ders., 5. Aufl., Enfield 1993, S. 16f.

[17] Über den Wechsel zum Farbfernsehen vgl. Gian Piero Brunetta, „Il cinema legge la società italiana", in: *Identità italiana e identità europea nel cinema italiano dal 1945 al miracolo economico*, hrsg. von Gian Piero Brunetta, Turin 1996, S. 825.

[18] Erarbeitet aus Michel Gyory/Gabriele Glas, *Statistics of the Film Industry in Europe*, Brüssel 1992, und MEDIA Salles, *European Cinema Yearbook*, 1995.

[19] Ebenda.

[20] *Il cinema e il suo pubblico*, Rom: Institut Doxa 1973; *Il pubblico del cinema*, Rom: Intermatrix 1986.

[21] Marshall McLuhan, *Understanding Media: The Extensions of Man*, New York 1964, Kapitel 2.

[22] André Bazin, „Cinéma et television. Un entretien d'André Bazin avec Jean Renoir et Roberto Rossellini", in: *France Observateur*, 4. Juli 1958, S. 16–18; übersetzt als „Cinema and Television: Jean Renoir and Roberto Rossellini interviewed by André Bazin", in: Roberto Rossellini, *My Method: Writings and Interviews*, hrsg. von Adriano Aprà, übersetzt von Annapaola Cancogni, New York 1992, S. 24.

[23] Cesare Zavattini, *Diario cinematografico* (1979), in: *Opere. Cinema*, hrsg. von Valentina Fortichiari und Mino Argentieri, Mailand 2002, S. 471 f. (Deutsche Übersetzung durch den Übersetzer dieses Textes.)

[24] Vgl. Aldo Grasso, *Storia della televisione italiana*, neue erw. Aufl., Mailand 2000, S. xxvi–xviii. Ein Auszug des Berichts ist wiedergegeben in: *Il gigante nano. Il sistema radiotelevisivo in Italia: dal monopolio al satellite*, hrsg. von Carlo Macchitella, Turin 1985, S. 64–67.

[25] Pier Paolo Pasolini, „Due modeste proposte per eliminare la criminalità in Italia", in: *Lettere luterane*, 3. Aufl., Turin 1976, S. 165–171. Der Artikel erschien ursprünglich in: *Il Corriere della Sera* vom 18. Oktober 1975.

[26] Zum Auto im Kino jener Zeit vgl. den Abschnitt „L'automobile" in: Mirco Melancos, „Il motivo del viaggio nel cinema italiano (1945–1965)", in: Brunetta, *Identità italiana e identità europea nel cinema italiano* (s. Anm. 17), S. 248–265.

[27] Giorgio De Vincenti, *Il concetto di modernità nel cinema*, Parma 1993.

Giorgio De Vincenti

Die Jahre des Vertrauens

Das „Engagement" im italienischen Kino der 1960er Jahre

Dieser Band gibt mir die Möglichkeit, über die Entwicklung meines Landes in sehr wichtigen Jahren, den 1960er Jahren, nachzudenken, in denen wir in Italien eine Phase des Fortschritts finden, der seinesgleichen weder in den vorhergehenden noch in den folgenden Jahren hatte. Es ist ein Kontext, in dem die Rolle der Intellektuellen als bedeutend für die Entwicklungsdynamik des Landes erachtet wird, auch wenn diese Bedeutung im Laufe des Jahrzehnts einen wichtigen Einschnitt erfuhr. Das, was als „Wirtschaftsboom" bezeichnet wird, und seine Rückbildung folgen nämlich einer eigenständigen und unvorhergesehenen wirtschaftlichen Bahn, die die Notwendigkeit des Entwerfens von Projekten, die eigentliche Arbeit der Intellektuellen, entwertet. Der intellektuelle rote Faden, der sich durch diese und die folgenden 1970er Jahre zieht, ist politischer Natur: Er besteht in der Suche der kommunistischen Linken nach dem Konsens im demokratischen System (die Eroberung dessen, was als „produktive Mittelschicht" bezeichnet wird) und in der Öffnung der bewussteren Teile der Democrazia Cristiana nach links. Dieser rote Faden ist schweren Zerreißproben ausgesetzt: dem Verlust von Menschenleben, den „bleiernen Jahren" (*anni di piombo*), der Ermordung von Aldo Moro und später dem Craxismus und Berlusconismus.

Die 1960er Jahre zeichnen sich auch durch eine *Freude am Debattieren* auf allen Ebenen aus, vor allem in der ersten Hälfte des Jahrzehnts. Es wird in Italien in diesen Jahren viel diskutiert. Die Diskussionen gelten einer Vielfalt miteinander verbundener Themen: Wirtschaft, Rolle des Staates und seiner Apparate, Politik, Kultur, Recht und die Beachtung des Rechts, Religion und die Rolle der Kirche. Die Debatten schließen die *Beziehung zur Vergangenheit* (mit einem neuen historischen Bewusstsein für die zwei faschistischen Jahrzehnte) ebenso ein wie die *Beziehung zur Gegenwart und zur Zukunft* (die Suche nach einem italienischen Weg zum Kapitalismus und die Öffnung zur internationalen Dimension der Probleme). Es ist eine Debatte, die aus dem Vertrauen in die

Giorgio De Vincenti

Möglichkeiten und Fähigkeiten des Landes entsteht (auf allen Ebenen – wirtschaftlich, politisch und kulturell) und die auch die tiefen Widersprüche reflektiert, die das Italien jener Jahre prägt.

In der Bourgeoisie trifft man auf eine junge, intellektuelle Schicht, die gebildet, unternehmungslustig und sensibel gegenüber der stattfindenden Modernisierung des Landes ist und die – bei günstiger Arbeitsmarktsituation – auch ein neues Bürgerbewusstsein fördert. Diesem neuen Bewusstsein stellt sich eine fortdauernde Kultur des Privilegs und der Rendite entgegen, die ihr konkretes Antlitz in der strikten Verteidigung der ererbten Vorrechte findet, wie sie sich in einem Bürgertum herausgebildet haben, dem es an Traditionen und einer echten Identität fehlt, dem „ungebildetsten Bürgertum Europas", wie Pasolini Orson Welles in dem Film *La ricotta* (*Der Weichkäse*, I 1962) sagen lässt. So entstehen die Kapitalflucht ins Ausland und die Steuerhinterziehungen, zwei Phänomene, die dazu führen, dass das Land im entscheidenden Moment des Wachstums nicht die strukturell notwendigen Investitionen tätigen kann, um das Wachstum zu festigen. Dies hat desaströse Konsequenzen für die italienische Wirtschaft und Kultur, Konsequenzen, die in den zwei Folgejahrzehnten sichtbar werden mit der Energiekrise, der *stagflation* (Stagnation-Inflation) und vor allem dem sogenannten „Rückfluss" ab Anfang der 1980er Jahre. Dies führt zum Rückzug aus dem politischen Engagement des aktivsten Teils der Zivilgesellschaft, insbesondere der „produktiven Mittelschicht", die aus dem Wirtschaftswunder hervorgegangen und Protagonist der Wahlerfolge der Linken Mitte der 1970er Jahre ist; ein Rückzug, der zu großen Teilen dem Sieg der nationalen wie internationalen Reaktion über Projekte wie der „nationalen Solidarität", des „historischen Kompromisses" und des „Eurokommunismus" geschuldet ist, wie sie von den politisch avanciertesten politischen Fraktionen des Landes vorgeschlagen oder akzeptiert worden waren. Die daraus resultierende Niederlage wird durch die Ermordung Aldo Moros festgeschrieben und führt in wenigen Jahren zur Rückbildung des demokratischen Geistes im Land.

Die fehlende Achtung vor den Regeln (Steuerhinterziehung und Kapitalflucht), die von der Regierung und vom Parlament gedeckt wird, wurde als Teil der Entwicklung verstanden. Sie war jedoch in Wirklichkeit ein paradoxer Widerspruch selbst zur postulierten neoliberalen Wirtschaft und zeigt die Unzulänglichkeit der italienischen Bourgeoisie sogar noch in Bezug auf den heraufbeschworenen Liberalismus, der nämlich durchaus die strenge Befolgung von Regeln einfordert. Das Ergebnis ist das Paradox eines Sozialstaates, der es nicht schafft, die Dienstleistungen zu erbringen, die für die eigene Gesellschaft nötig sind. Dieses Problem musste die Arbeiterklasse schultern, die mit der Gewerkschaftsbewegung, der intellektuellen Schicht und den Jungen das Bewusstsein des Landes im stattfindenden Modernisierungsprozess repräsentiert. Die gesellschaftliche Auseinandersetzung wurde durch die Forderung nach dem „Recht

Das „Engagement" im italienischen Kino

auf Wohlstand" bestimmt. Der Widerspruch von Alt und Neu charakterisiert auch die kulturellen Traditionen, die in Italien aufeinandertreffen. Die katholische Kirche findet in Papst Johannes XXIII. und im Zweiten Ökumenischen Vatikanischen Konzil den Protagonisten und das Instrument für diese dann sogenannte „Saison des Dialoges", mit der – leider nicht definitiv – die historische Abschottung des italienischen Episkopats und des Integralismus überwunden und eine neue Sozialpolitik der Kirche begonnen wird. Die Kommunistische Partei, die zehn Jahre zuvor in die Opposition gehen musste, erlebt eine Zeit intensiver Überarbeitung ihrer Strategien, die für den Konsens innerhalb des demokratischen Systems und gleichzeitig zur Erhaltung des Rechtebewusstseins der weniger besitzenden Klassen erforderlich sind. Das Centrosinistra ist gekennzeichnet durch die Suche nach einem italienischen Weg des Kapitalismus, in dem der Wirtschaftsliberalismus dank des Zusammentreffens von Traditionen der Arbeiterbewegung und der sozialen Komponente der katholischen Tradition gemildert wird, wobei die Kraft der Gewerkschaft für die Durchführung dieser Politik der Regierung entscheidend ist.

Auf der kulturellen Ebene lässt sich in diesem Jahrzehnt eine Reihe von innovativen Elementen festhalten: Die Versorgung mit Schuleinrichtungen nimmt zu, die italienische Kultur öffnet sich der europäischen Synthese von *Strukturalismus* und *Phänomenologie* und führt die *Kritik des Historismus* fort, der sie während der ersten Hälfte des Jahrhunderts charakterisiert hatte. Hier einige Beispiele: Im Bereich der Literatur sei – im Zeichen der neuen Aufmerksamkeit gegenüber dem Werk eines Autors wie Carlo Emilio Gadda und der klarsichtig metalinguistischen Produktion eines Italo Calvino – die Aktivität der Zeitschrift *Officina* in der zweiten Hälfte der 1950er Jahre genannt (1955 bis 1959; mit Leonetti, Pasolini, Roversi, Fortini), die versucht, das Engagement des Intellektuellen in der Tradition Gramscis mit dem Experimentellen bei Roland Barthes und Lucien Goldmann zusammenzubringen. Dazu gehört auch die nachfolgende Aktivität der „Gruppo '63" (Anceschi, Sanguinetti, Eco), die noch expliziter experimentell und offen für die Impulse ist, die von jenseits der Alpen kommen, insbesondere für den modernen Roman (man bedenke, dass „Ulysses" von James Joyce erst 1960 ins Italienische übersetzt wird) und für die Verflechtung von Linguistik und Literatur, wie sie außer von Gadda auch von Autoren wie Alain Robbe-Grillet, Nathalie Sarraute, Michel Butor, Claude Mauriac und der Nouvelle Critique (Barthes, Genette, Starobinski) vertreten wird. Das Interesse an der Saussure'schen Linguistik dringt in die Philosophie ein, z. B. durch Galvano Della Volpe; Tullio De Mauro übersetzt „Cours", und die intellektuellen Werke des Epistemologen Emilio Garroni nehmen ihren Anfang, die einen wichtigen neuen Weg für die Studien zur Ästhetik aufzeigen, indem sie auf originelle und produktive Weise die „Kritik der Urteilskraft" von Immanuel Kant neu interpretieren und die Ästhetik zu einem Hauptfeld der epistemologischen Proble-

Giorgio De Vincenti

matik machen; Umberto Eco ist aktiv, und die Studien von Edgar Morin, neben denen von Roland Barthes, finden ihren Platz im neuen epistemologischen Tableau, das sich gerade definiert; zu diesem Tableau gehören auch die Forschungen des Anthropologen Ernesto De Martino, der sich nicht weit entfernt von der strukturalistischen Perspektive von Claude Lévy-Strauss positioniert; Teil der kulturellen Neuerung des Landes in jenen Jahren ist ferner die wichtige Revolution auf dem Gebiet der Psychiatrie, die zur Schließung der psychiatrischen Kliniken und zum Aufbau von alternativen medizinischen Behandlungsformen führt. Der bekannteste Protagonist dieser Revolution ist Franco Basaglia, doch gab es auch andere von nicht minderer Bedeutung, wobei diese Entwicklung den Überlegungen der Engländer Laing und Cooper, des Amerikaners Szasz und der Franzosen Foucault und Lacan nicht fernlag. Aufgrund der gegebenen Kürze spreche ich nicht über die Veränderungen in den bildenden Künsten, der Musik und in den Verlagen, wobei Letztere wichtige philosophische und geisteswissenschaftliche europäische und amerikanische Texte in Übersetzungen herausbringen.

All dies wird von einer intellektuellen Schicht unternommen, die nach dem Ende des Zweiten Weltkriegs die Aufgabe hat, einen Beitrag zu dem Projekt der Transformation der italienischen Gesellschaft zu leisten. Doch kommen aus anderen Bereichen weitere Impulse. Es sind die populäre Kultur und der Warenmarkt, die das Jahrzehnt kennzeichnen und die Populärkultur tiefgehend verändern, indem sie den Konsum und die Wünsche transformieren – teilweise in Übereinstimmung mit den Veränderungen in anderen entwickelten Ländern. Während der 1960er Jahre steigt in Italien mit dem Nationaleinkommen auch die Zahl jener Menschen exponentiell, die sich Dienstleistungen und Güter leisten können, die es zuvor nicht gab oder die nur den Vermögenden vorbehalten waren. Dazu gehören z. B. der Fernseher, der Kühlschrank und das Auto, die miteinander wetteifern, die Wirtschaft Italiens und den Lebensstil der Italiener zu verändern. Zu den Dienstleistungen gehören der telefonische Selbstwähldienst, das neue Radiosystem oder die *autostrada del sole*, die von Norden bis tief in den Süden vollendet wird und die das nationale Territorium neu beschreibt, indem sie völlig neue wirtschaftliche und kulturelle Interaktionen erlaubt. Der neue Markt ist auf die Schnelligkeit und Engmaschigkeit der Information und Kommunikation, die Verbreitung des Konsums und die Aufwertung der Freizeit ausgerichtet, sozusagen als zusätzliche Ressource mit produktivem Charakter und noch mehr als geeigneter Raum für den zentralisierten (regierungsbestimmten) Aufbau von Kulturmodellen und von politischer Affirmation (Kino, Fernsehen, Theater).

Dies sind die notwendigen Parameter für unseren Diskurs über das „Engagement" des Kinos der 1960er Jahre: erstens die Präsenz von gegensätzlichen innovativen und reaktionären Kräften in Politik und Wirtschaft; zweitens der Unterschied zwischen der Kultur der intellektuellen Schichten und der auf der Ebene der Massen verbreiteten Kultur.

Das „Engagement" im italienischen Kino

Die Konsequenzen sind von vornherein absehbar. Auf der einen Seite finden wir die *anni di piombo* als extremen Versuch, den Aufstieg der Linken in die Regierung zu verhindern, in dem sich Kräfte unterschiedlichen Ursprungs vereinen: die extreme faschistische Rechte, der rückschrittliche Konservativismus, der sich ohne Skrupel in einigen Schichten des Staatsapparates eingenistet hat, sowie der Fanatismus von einigen Grenzgängern der Arbeiter- und der Studentenbewegung. Jede hat die verschwiegene oder ausgesprochene Einwilligung des jeweils zugehörigen Flügels, nämlich der reaktionären Rechten im Parlament (auch innerhalb der DC) bzw. gewisser extremer Teile der Gewerkschaftsbewegung. Auf der anderen Seite steht das während der 1960er Jahre wachsende Unbehagen der Intellektuellen und der fortlaufende Verlust ihrer Funktion im Hinblick auf ein mögliches Gesellschaftsprojekt, das einer „Gesellschaft der Kommunikation" weicht, deren Entstehung und Verwaltung größtenteils von der Democrazia Cristiana und katholischen Kreisen kontrolliert wird (von 1961 bis 1974 ist der Generaldirektor der RAI: Ettore Bernabei, Mitglied von Opus Dei).

Das Kino

In diesen Jahren übernimmt das italienische Kino eine wichtige Aufgabe als gesellschaftlicher Spiegel, es zeichnet Veränderungen auf und stimuliert sie zugleich. Die reinen Formen von „Eskapismus" sind selten. Die Lehre des *neorealismo* lebt weiter, offenkundig oder unterschwellig, zumindest was die Idee eines sozial und politisch engagierten Kinos betrifft. Auch eines der großen „Tiefengenres"[1], das in jener Zeit aufkommt, der Western all'italiana, ist auf seine Weise politisch. Dieses allgemeine „Engagement" des Kinos wirkt in mehrere Richtungen:
1. Zur Themenauswahl des Kinos gehören die alten und vor allem die neuen sozialen Typen und die Werte, die sie bedingen; die Geschichte des Landes; die Veränderungen in der jüngsten Geschichte; es verleibt sich sozusagen ein und erzeugt zugleich die Zeichen und Entwürfe eines Landes während tiefgehender Veränderungen.
2. Die Politik der Produktion und des Vertriebs spielt eine Rolle. Große Firmen sorgen für den Erhalt der Qualität der Produkte und ermutigen nicht selten das junge Autorenkino. (Erwähnt sei die zweigleisige Politik der „Titanus" von Goffredo Lombardo in der ersten Hälfte des Jahrzehnts, aber auch die Rolle von Alfredo Bini, dem Produzenten der Filme von P. P. Pasolini, oder die von Franco Cristaldi und seiner „Vides".) Der Vertrieb von anderen gehaltvollen Filmen durch kleine Verleiher reagiert auf die Nachfrage eines immer größer werdenden Publikums, das oft aus den Kinoclubs kommt, was auch zur Geburt der ersten Essay-Kinos führt.

3. Das gesamte Umfeld des Kinos wird diskutiert: legislative Aspekte (neues Kinogesetz); alternativer Vertrieb (neben den Kinoclubs und den Essay-Kinos werden Festivals wie das in Pesaro gegründet, das seine Inspiration im neuen internationalen Kino findet, wobei Kritik und Theorie mit einbezogen sind); die Verbreitung von kritischen Ideen (neue Zeitschriften, neue Verlage).
4. Unter den technischen Aspekten seien vor allem die italienischen Patente der Camozza Presse erwähnt, die überall hin exportiert werden und den Schnitt der Arbeitskopie am Schneidetisch revolutionieren, sowie das Stativ Cartoni. Nicht zu vergessen sind auch die italienischen Labors für Filmentwicklung und Druck, deren Kreativität in jenen Jahren weltweit bekannt ist.

Was die Praxis betrifft, so zeichnet dieses Jahrzehnt ein großer Unterschied zwischen den Praktiken eines „naturalisierten Kinos" (*cinema naturalizzato*) und eines „stilistisch ausgeprägten Kinos" aus. Diese Unterscheidung, die sich z. B. auch in der Schrift von Pasolini „Il cinema di poesia" von 1965 findet (wenn auch mit einer anderen Terminologie), ist für den „politischen" und „engagierten" Aspekt wesentlich. Mit dem Begriff „naturalisiertes Kino" wird ein klassisches Kino bezeichnet, das nach den Anforderungen erzählerischer Wahrheitstreue und Plausibilität strukturiert ist. Im „stilistisch ausgeprägten Kino" spielt der besondere „Sprachgebrauch" eine Rolle, mit dem der Autor in Erscheinung tritt. In Italien haben sowohl das naturalisierte als auch das stilistisch ausgeprägte Kino einen gemeinsamen Ursprung: den Neorealismus – allerdings mit bedeutsamen Unterschieden. Im „naturalisierten" Kino wirkt sich der Neorealismus auf die moralische und thematische Lektion der „engagierten Botschaft" aus. Im „stilistisch ausgeprägten" Kino wirkt der Neorealismus vielmehr in seiner „radikal formalen" Lektion, zurückführbar auf die Lehrmeister Rossellini (oft über die internationalen Nouvelles Vagues) und Antonioni, der diese formale Lehre des Neorealismus ins Extreme führt und daraus schlechthin *das* Problem des Kinos macht.

Es kommt natürlich auch vor, dass im naturalisierten Kino die formale Suche nicht fehlt und dass die Botschaft des Engagements im stilistisch ausgeprägten Kino zu finden ist. Das Kriterium, das die Unterscheidung der beiden Arten erlaubt, ist die Dominanz des einen oder des anderen Aspekts (naturalistisch und stilistisch). Welche der beiden Arten dominiert, ist für den Zuschauer jener Jahre eindeutig.

Auch heute ist diese Eindeutigkeit nachzuvollziehen, vergleicht man *I mostri* (*15 From Rome*, I/F 1963) von Dino Risi, der ein riesiger Publikumserfolg war, und *Il deserto rosso* (*Die rote Wüste*, I/F 1964) von Michelangelo Antonioni, der in Venedig den Goldenen Löwen erhielt und zu den Filmen gehört, die Pasolini als Beispiele für das Kino der „Poesie" anführt. Wenn wir uns fragen, welcher der beiden Filme damals mehr über das Italien jener Jahre aussagt, welcher

Das „Engagement" im italienischen Kino

„engagierter" ist, so ist die Antwort nicht einfach, zumindest was das Spiel mit dem moralischen „Unbehagen" jener Jahre betrifft. Fragt man hingegen, welche Rolle die „Form" in den beiden Filmen spielt, so ist die Antwort eindeutiger und führt im Film von Risi zum Schauspieler (in diesem Fall Gassman und Tognazzi) als Ort der formalen Suche. Im Film von Antonioni dagegen wird man sich auf die stilistischen Merkmale der Einstellung, ihre Kadrierung und Länge, auf die Farbe, den Point-of-view, die Kamerabewegungen, den Ton und den Schnitt beziehen. Fragt man schließlich nach dem Horizont der Alternativen, den die beiden Filme im Hinblick auf das behandelte Unbehagen erschließen, wird ein zweiter, wichtiger Unterschied deutlich. Im Falle von *I mostri* finden wir eine *Kritik bar jeden alternativen Horizonts*, wie es die Norm für die italienische Komödie ist, da sie sich vollständig auf den Plot, die typisierten Figuren, ihre Ticks und ihr Ambiente konzentriert. Eine alternative Perspektive ist hier per Definition ausgeschlossen. Wenn überhaupt, dann bleibt sie der Möglichkeit überlassen, dass der Zuschauer die dargebotenen menschlichen und sozialen Modelle nicht aushält. Die „Bösartigkeit" der italienischen Komödie verfährt kritisch, sie klagt an und verurteilt. Ihr Urteil ist ohne Berufungsrecht, da sich der Diskurs ausschließlich innerhalb der Dynamiken des Verhaltens, der Umgebung, der Zeit des Plots entfaltet. Die einzige Hoffnung, die dem Zuschauer bleibt, ist jene sehr katholische (und italienische!) der Vergebung. Man weiß jedoch, dass die Sünder, denen vergeben wurde, für gewöhnlich (und gern) wieder sündigen. Das Modell der Kritik in der italienischen Komödie ist somit konservativ und auf seine Weise sogar nostalgisch.

Bei *Il deserto rosso* verhält es sich anders. Die „Poetik" des Films spielt mit einer *Ambivalenz*, die einen breiten Horizont an Möglichkeiten eröffnet: nämlich die Möglichkeit, den Text auch über die Erzählung, über den Kontext, in dem der Film angesiedelt ist, hinaus zu interpretieren. Es ist die Möglichkeit des Kinos als Sprache, als Mittel der Formgebung, als Neukonstruktion der Welt, um die Begrifflichkeit der russischen Formalisten anzudeuten, deren Kritik und Theorie in jenen Jahren in die italienische Film- und Literaturkritik eindringen. Die Eröffnung der Möglichkeit, die Welt neu zu planen, wodurch Kunst definiert wird, und die Tatsache, dass ein Film wie *Il deserto rosso* diese Eröffnung feiert (auf die einzig kohärente Weise: durch die Form), implizieren bereits unendlich viele Möglichkeiten.

Zum „naturalisierten Kino" gehören neben der italienischen Komödie auch andere Genres und Subgenres, die miteinander und mit der Komödie in unterschiedlichen Beziehungen stehen. Allen voran das historische Genre, das vorwiegend in der ersten Hälfte des Jahrzehnts eine große Anzahl von Filmtiteln liefert.[2] Nicht zu vergessen ist, dass auf dem Filmfestival von Venedig 1959 *Il generale della rovere* (*Der falsche General*, I/F 1959) von Rossellini und *La grande guerra* (*Man nannte es den großen Krieg*, I/F 1959) von Monicelli gemeinsam aus-

Giorgio De Vincenti

gezeichnet werden. Das Glück des Genres in jener Zeit ist auch auf die breite antifaschistische Auflehnung gegen die Regierung Tambroni von 1960 zurückzuführen, dem Versuch der Rechten, das Centrosinistra zu Fall zu bringen, ebenso wie auf das große Bedürfnis, mit der schwierigen jüngsten Vergangenheit endlich abzuschließen und ihr einen Platz in der Geschichte zuzuweisen. Es ist das Bedürfnis zu historisieren, die Dinge der Erinnerung anheimzugeben, etwas aus der Entfernung zu erinnern, das diesen Filmbereich charakterisiert und hierin liegt der wesentliche Unterschied zwischen den Widerstandsfilmen jener Jahre und den Filmen des frühen *neorealismo*.

Bereits in der zweiten Hälfte des Jahrzehnts wird die Geschichte auch schon durch eine mythologische und metaphorische Linse betrachtet: Als ein Beispiel für alle sei *La caduta degli dei* (*Die Verdammten*, I/CH/BRD 1969) von Visconti genannt. In dieser Zeit wächst der Erfolg des Kinos des „zivilen Engagements", das auch die 1970er Jahre auszeichnen wird (man denke an Damiano Damiani), wobei dessen politische Ausprägung noch deutlicher hervortritt: Das „politische italienische" Kino entsteht (man denke an Elio Petri). Im Bereich des engagierten „naturalisierten" Kinos muss ein großes Feld für die filmischen Adaptionen literarischer Werke reserviert werden, die sehr zahlreich sind und sich in den meisten Fällen auf zeitgenössische italienische Literatur beziehen. Es soll lediglich darauf verwiesen werden, dass der am häufigsten „adaptierte" Schriftsteller Alberto Moravia ist, gefolgt von Carlo Cassola und Emilio Salgari. In der zweiten Hälfte des Jahrzehnts setzt der Filmerfolg von Leonardo Sciascias Romanen ein, der das gesamte Kino des Engagements bis in die 1990er Jahre hinein begleitet.

Zudem muss wenigstens auf eines der sogenannten Tiefengenres[3] verwiesen werden, den Western all'italiana, für den die Opposition „naturalisiert vs. stilistisch ausgeprägt" jedoch wenig zutreffend ist.[4] Der Western all'italiana explodiert 1964 mit Sergio Leones[5] *Per un pugno di dollari* (*Für eine Handvoll Dollar*, I/E/BRD 1964). Die Geschichte des Genres, geprägt von 400 Filmen, dauert bis in die Mitte des 1970er Jahre. Rund 20 dieser Filme sind von guter Qualität, einige sind von bekannten Mythen wie der Odyssee, Oedipus, der Orestie von Aischylos und der Kreuzigung Christi inspiriert. Der „Spaghetti-Western", wie er in Amerika genannt wird, ist mit seinen gewalttätigen Geschichten, die oft vom Widerstand der Unterjochten gegen ungerechte und grausame Herren handeln, bestens geeignet, die Stimmungen der 1968er einzufangen. Abgesehen von der Überarbeitung von Mythen, vor allem bei Leone, und von der Parodie, die in den 1970er Jahren stärker wird, ist der politische Aspekt wohl die wahre Besonderheit dieses Genres.

Was das „stilistisch ausgeprägte" Kino betrifft, so werden dort im technisch-stilistischen Sinne die Formen der Moderne angewandt. Es sind Formen, die mit der Beziehung zwischen der Kamera und den Dingen, also zwischen Subjekt und Welt spielen. Sie hinterfragen unsere Existenz inmitten der Dinge und die

Das „Engagement" im italienischen Kino

Beschaffenheit dieses Seins, das Heidegger'sche *Dasein*. Die Formen der Moderne sind in dieser Periode vielfältig. Im Folgenden nenne ich nur drei, die für das Thema des „Engagements" relevant sind. Die erste ist Rossellinis Entscheidung, an einer großen Fernseh-Enzyklopädie zu arbeiten. Nach seiner Erfahrung in Indien (aus der auch eine Fernsehserie entsteht), löst sich Rossellini von „seinem" Neorealismus durch eine Folge von fünf Filmen, die das Ende jener Erfahrung bestimmen. Er beginnt einen „didaktischen" Arbeitsabschnitt, der mit *L'età del ferro* (*The Iron Age*, I 1964) deutlich hervortritt und von *La prise de pouvoir par Louis XIV* (*Die Machtergreifung Ludwigs des XIV.*, F 1966), von *Atti degli Apostoli* (*Die Geschichte der Apostel*, I 1968) und von *La lotta dell'uomo per la sua sopravvivenza* (*Fight for Survival*, I/F/Rumänien/Ägypten, 1970) und *Socrate* (*Socrates*, I/E/F 1971) fortgesetzt wird. Danach sind Pascal und Augustinus an der Reihe. Seine Absicht ist die Auseinandersetzung mit Gegenständen der Kultur, die in einem meta-linguistischen Spiel überdacht werden, das so weit geht, das Kino gegen das Medium des Fernsehens einzutauschen. Das Ziel stimmt überein mit dem von Pasolini als Dokumentarfilmer: der Widerstand gegen die neue Barbarei einer „Gesellschaft der Kommunikation", die unfähig ist, Werte zu kommunizieren.

Die zweite Form der Modernität wird vom „Kino des spontanen Sujets" nach Cesare Zavattini repräsentiert, das in diesen Jahren und vor allem um 1968 extreme Darstellungsformen erfährt. Von 1961 ist der Film *L'italiane e l'amore* (*Die Italienerin und die Liebe*, I/F 1961), von 1963 *I misteri di Roma* (*Mysteries of Rome*, I 1963) und *Cinegiornale della pace*. Dann kommen die „freien Kinowochenschauen" (*cinegiornali liberi*), die Gegeninformationen sozusagen „live" verbreiten als militante Alternative zu den Informationsapparaten der Bourgeoisie (Radio, Fernsehen, Presse). Erwähnt sei z. B. das cinegiornale libero *Apollon*. *Apollon: una fabbrica occupata* (*Apollon: An Unoccupied Factory*, I 1969) von Ugo Gregoretti, während *Nessuno o tutti* (*Keiner oder alle*, I 1975) von Agosti, Bellocchio, Petraglia und Rulli nicht zur Reihe der cinegiornali zählt, jedoch der Absicht Zavattinis entspricht.

Die dritte Form der Moderne wird repräsentiert durch das Kino jener, die als die „Söhne" bezeichnet werden, um sie von den großen „Vätern" der zwei vorangegangenen Jahrzehnte zu unterscheiden: Bertolucci und Bellocchio, Olmi, die Brüder Taviani, De Seta, Gregoretti, Baldi und verschiedene andere. (Pasolini nimmt eine Zwischenposition ein.) Es ist ein Autorenkino, in dem jedoch das filmische Auge die Welt interpretiert, indem es sich selbst radikal zur Diskussion stellt und relativiert, eben als Mittel zur Interpretation der Wirklichkeit: eine heterogene und komplexe Wirklichkeit, zusammengesetzt aus Zeitchronik und Geschichte, aus rohem Material und Mythen, aus linguistischen und kulturellen Tiefenschichten nicht weniger als aus der augenscheinlichen Einfachheit des Alltäglichen.

Giorgio De Vincenti

In diesen drei Formen ist das Kino der Moderne durch die Offenheit seiner Texte gekennzeichnet, die häufig als Fragmente präsentiert werden oder wie das Produkt eines „Reise-" oder „Entdeckungskinos", eines essayartigen und kritischen Kinos des linguistischen und existenziellen Experiments. Es ist also ein Kino des „Zweifels"; umso „engagierter", als es die Fähigkeit besitzt, das Spiel mit dem Wissen über das bereits Bekannte hinauszutragen und zur Entdeckung neuer, weniger offensichtlicher, schwierigerer, aber auch vielversprechenderer Wege auf der Suche nach Werten, nach der Planung des Projekts Welt und Gesellschaft einzuladen.

Es bleibt zu fragen, welchen Platz Fellini und noch mehr Visconti, die gemeinsam mit Antonioni zu den erfolgreichsten Autoren zumindest der ersten Hälfte des Jahrzehnts zählen, in dem hier dargelegten Diskurs einnehmen könnten. Bei Fellini ist es nicht schwer, in der Mise en abyme von *Otto e mezzo* (*Achteinhalb* / *8 ½*, I/F 1963) ein Motiv zu entdecken, auf das von den Wissenschaftlern bereits breit hingewiesen wurde: die Moderne im technischen Sinn, als Befragung des Kinos und der Möglichkeit seiner Erzählung. Die kulturelle Bedeutung Fellinis allerdings ist in jenen Jahren anderswo zu suchen, nämlich darin, dass er Fragen aufwirft, die tief in der italienischen Kultur verankert sind, allen voran die Frage nach den Folgen des Katholizismus (und der katholischen Erziehung) in der neuen Dimension der italienischen Gesellschaft – auf der Ebene persönlicher Lebensgeschichten und somit auf der Ebene einer inneren Geschichte, die damals, anders als die theologische oder philosophische Ebene, von vielen geteilt wird. Wenn er von *Otto e mezzo* und *Giulietta degli spiriti* (*Julia und die Geister*, I/F 1965) zu *Toby Dammit* (Teil aus dem Omnibusfilm *Histoires extraordinaires* / *Außergewöhnliche Geschichten*, I/F 1968) und *Satyricon* (*Fellinis Satyricon*, I/F 1969) weitergeht, dann lässt sich in diesem Übergang ohne Schwierigkeit ein tiefes Unbehagen gegenüber der Möglichkeit wahrnehmen, ein Reales zu dechiffrieren, das den Kategorien unserer Tradition entflieht.

Viscontis Werk der aktualisierenden Neubetrachtung des Mythos (*Rocco e i suoi fratelli* / *Rocco und seine Brüder*, I/F 1960; *Vaghe stelle dell'Orsa* / *Sandra – Die Triebhafte*, F/I 1965; *La caduta degli dei*) hat auch die Funktion, den besonderen Umständen und Zufällen der nationalen und europäischen Geschichte und den Veränderungen der italienischen Sitten einen universellen Charakter zu verleihen. Seine literarischen Adaptionen (*Lo straniero* / *Der Fremde*, I/F/ALG 1967; *Morte a Venezia* / *Tod in Venedig*, I/F 1971) stehen im Dienste einer punktuellen kritischen Bearbeitung, die den Ausgangstext in kulturelles Material umformt, das kritisch neu gelesen werden muss. Er stellt dabei Übereinstimmungen heraus, vor allem aber eine tiefere Bedeutung für das aktuelle Nachdenken über den Zustand des Menschen und der Gesellschaft. Die beiden Autoren bestätigen die Vielfalt des Kinos jener Jahre und seine Fähigkeit, besonders des „modernen" Kinos, die Karten neu zu mischen, die Horizonte der filmischen

Das „Engagement" im italienischen Kino

Diskurse neu zu definieren und den Filmen die Frage nach der Unerschöpflichkeit des „Realen" durch das „Virtuelle" zu stellen.

Die Lebendigkeit des italienischen Kinos der 1960er Jahre ist untrennbar mit seinem „Engagement" verbunden, am Prozess der Neudefinition von sozialen und kulturellen, religiösen und zivilen Werten (in verschiedenen Formen und Graden) teilzunehmen. Es ist jener Prozess der Neudefinition, der die Basis für das politische und soziale Projekt einer Gesellschaft bildet. Dieses Projekt widersteht jedoch nur so lange, wie das Vertrauen in die Möglichkeit besteht, die Veränderungen durch die Achtung des Rechts und der Solidarität herbeizuführen. Wenn dieses Vertrauen abnimmt, werden die Räume für das Projekt enger, und damit nimmt auch die Anerkennung für die Funktion der Intellektuellen und ihres „Engagements" ab.

---

[1] Der von mehreren unserer italienischen Autoren benutzte Begriff des Tiefengenres, „genere di profondità", geht auf Vittorio Spinazzola zurück und meint Genrefilme, die von vornherein auf eine breitere und billigere Marktauswertung außerhalb und neben den Erstaufführungskinos zielen, wird aber häufig auch synonym für das Genrekino insgesamt benutzt (Anm. der Herausgeber). Vgl. Vittorio Spinazzola, *Cinema e pubblico*, Mailand 1974.

[2] Z. B. *La lunga notte del '43* (Die lange Nacht von '43, I/F 1960, R: F. Vancini), *Kapò* (YU/F/I 1961, R: G. Pontecorvo), *Era notte a Roma* (Es war Nacht in Rom, I/F 1960, R: R. Rossellini), *Il gobbo* (Der Bucklige von Rom, I/F 1960, R: C. Lizzani), *Tutti a casa* (Der Weg zurück, I/F 1960, R: L. Comencini), *La ciociara* (... Und dennoch leben sie, I/F 1960, R: V. De Sica), *Tiro al piccione* (Pigeon Shot, I 1962, R: G. Montaldo), *Un giorno da leoni* (A Day for Lionhearts, I 1961, R: N. Loy), *Le quattro giornate di Napoli* (Die vier Tage von Neapel, I 1962, R: N. Loy), *Il terrorista* (The Terrorist, I/F 1963, R: G. De Bosio), *La ragazza di Bube* (Bebo's Girl, I/F 1963, R: L. Comencini), *Italiani brava gente* (Attack and Retreat, I/SU 1965, R: G. De Santis).

[3] Der Peplum-Film wird hier übergangen, der in der zweiten Hälfte der 1950er Jahre aufkommt und gut zehn Jahre besteht, um dann in den populären Geschmack des Western all'italiana überzugehen. Die Regisseure beider Genres sind nicht aus Zufall oft dieselben. Auch die Produktionsformel ist sehr ähnlich, die auf geringen oder sehr geringen Kosten basiert sowie der Wiederverwendung (beim Peplum) von Bühnenbildern und Kostümen der italienisch-amerikanischen Koproduktionen, die in Rom gedreht wurden (der bekannteste, aber nicht erste Fall ist *Ben Hur*, USA 1959, von William Wyler).

[4] Ein möglicher Diskurs beträfe die formalen und thematischen Modelle dieser Genres (das historisch-mythologische Genre und den Western aus Hollywood).

[5] Bereits Autor von zwei gut gemachten Peplum-Filmen.

Mariagrazia Fanchi

Das italienische Filmpublikum der 1960er Jahre

Produktion und Vertrieb von Filmen stehen in Italien zu Beginn der 1960er Jahre unter einem guten Stern. Das Aufkommen der Runaway Productions während der 1950er Jahre, der Zufluss von Kapital aus Hollywood und der direkte und fortlaufende Kontakt mit der Produktionsweise der Studios gestatten dem italienischen Kino ein Wachstum, das unter vielen Gesichtspunkten einzigartig ist. Dies geht so weit, dass 1958 Eitel Monaco, der Präsident der ANICA, bekannt geben kann, dass „Italien jetzt unter den europäischen Ländern in der Filmbranche das industriell fortgeschrittenste und am besten ausgestattete Land ist".[1] Das Vertriebssystem ist weitestgehend stabil, und auch wenn die Zahl der verkauften Tickets und der Vorführtage kontinuierlich abnimmt, so handelt es sich doch nur um einen leichten Rückgang, vergleicht man ihn mit der Krise der Filmindustrie einiger anderer europäischer Nationen[2] und der apokalyptischen Vorschau zu Beginn der 1950er Jahre, die ein vorzeitiges Ende der Kinoindustrie zugunsten des Fernsehens prophezeit hatte.

Diese Daten weisen gemeinsam mit den sehr ermutigenden Kasseneinnahmen der einheimischen Filme (eigene Produktionen und vor allem Koproduktionen[3]) zu Beginn der 1960er Jahre auf einen allgemeinen Optimismus hin und lassen, abgesehen von einigen kritischen zeitgenössischen Kommentaren (von Ferraù[4] bis zu Solaroli[5]), für die Zukunft des italienischen Kinos Wohlstand und die zunehmende Ausweitung der Autonomie gegenüber Hollywood voraussagen. Die in jenen Jahren in den Fachzeitschriften heiß diskutierten Themen der Zensur, des neuen Filmgesetzes und der Berechtigung des Autorenfilms im Verhältnis zur „Massenproduktion" tragen zusätzlich dazu bei, die Zeichen einer tiefgreifenden Veränderung nicht wahrzunehmen, die das Kino und seine Beziehung zu den Zuschauern betrifft.[6]

Die Szenerie

Betrachtet man die nationale Filmindustrie aus der Nähe, zeigt sie einige kleine, aber tiefe Risse. Der Rückgang der Besucherzahlen wurde bereits angesprochen. Es ist wahr, dass zwischen 1959 und 1969 im Durchschnitt jährlich nicht mehr

Das italienische Filmpublikum

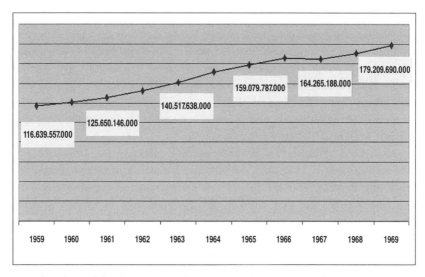

Ausgaben (in Lire) für das Kino in Italien von 1959 bis 1969 (vgl. hierzu: SIAE, *Lo spettacolo in Italia. Annuario statistico anno 1969*, Rom 1970).

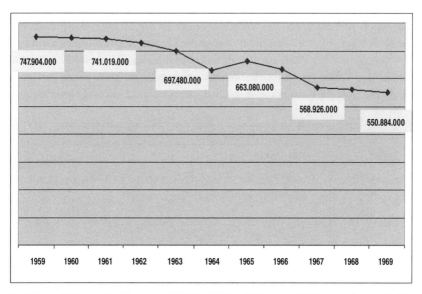

Das Filmpublikum in Italien von 1959 bis 1969 (vgl. hierzu: SIAE, *Lo spettacolo in Italia. Annuario statistico anno 1969*, Rom 1970).

als drei Prozent der Zuschauer dem Kino den Rücken kehren und dass dieser Rückgang durch eine fortlaufende Anhebung des Ticketpreises aufgewogen wird, der sich zum Ende des Jahrzehnts mehr als verdoppelt hat, wodurch eine kontinuierliche Steigerung der Einnahmen gesichert wird. Trotzdem bleibt das Wegbleiben der Zuschauer eine Kostante. Einzig die Jahre 1965 und 1966 verzeichnen eine Erholung, wozu auch die beiden Filme von Sergio Leone beitragen, *Per un pugno di dollari* (*Für eine Handvoll Dollar*, I/E/BRD 1964) und *Per qualche dollaro in più* (*Für ein paar Dollar mehr*, I/E/BRD/Monaco 1965), die das vorteilhafte Genre des Western all'italiana[7] eröffnen. Sonst nehmen die Zuschauerzahlen weiterhin ab, und innerhalb von zehn Jahren werden fast zweihundert Millionen Tickets weniger verkauft.

Auch das Abspielsystem weist die Symptome einer schleichenden Krise auf. Wie die Einnahmen, so ist auch das Netz der Kinosäle von keinem drastischen Rückgang bedroht, aber die Schwächen des nationalen Vertriebssystems, das sich hauptsächlich auf den Norden, das Zentrum und die großen urbanen Gebiete erstreckt, treten zutage. Dieses Ungleichgewicht zwischen Stadt und Land kann nicht einmal die Eröffnung von Hunderten neuer Kinos in der Provinz, im Süden und auf den Inseln während der Nachkriegszeit und in den 1950er Jahren[8] aufheben.[9] Es macht sich in dem Moment wieder bemerkbar, als die Vermehrung der Kinosäle erstmals zum Stillstand kommt: In der Saison 1960–1961 schließen zunächst die Kinos in der süditalienischen Provinz.[10]

Beunruhigender noch als die zurückgehenden Zuschauerzahlen und die (chronischen) Schwächen des Vertriebssystems ist die Identität des Publikums, das die Kinos verlässt. Es sind die Besucher der kleinen Kinos, die verschwinden; das Wegbleiben des Publikums in den Erstaufführungskinos wäre den Produzenten und Verleihern mit Sicherheit aufgefallen. Es ist dieses zuerst genannte Publikum, von der Kinoindustrie sträflich vernachlässigt, wie im Folgenden aus-

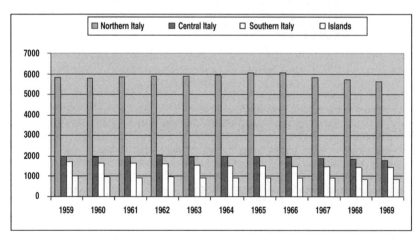

Der Vertrieb in den Kinosälen in Italien nach geografischen Großgebieten von 1959 bis 1969 (vgl. hierzu: SIAE, *Lo spettacolo in Italia. Annuario statistico anno 1969*, Rom 1970).

Das italienische Filmpublikum

geführt werden wird, das in diesen Jahren teilweise von den Initiativen der katholischen Welt aufgefangen wird.[11] Das Fortbleiben gerade dieser Zuschauer schwächt die „Popularität" des Kinos auf unwiederbringliche Weise und schwächt die Chancen des Kinos, seine Position in dem sich verändernden Panorama des Kultur- und Medienkonsums zu halten.

Fragen des Dekors: das weibliche Publikum

Als Erstes verlassen die *Frauen* in jenen Jahren die Kinos. Bereits Ende der 1950er Jahre sinkt die Zahl der weiblichen Zuschauer. Eine Umfrage der DOXA 1960 belegt, dass 67 Prozent der 20 Millionen erwachsenen Zuschauer, die die Kinos verlassen, Frauen sind, und dass der Prozentsatz des weiblichen Publikums, das die Kinos nicht mehr besucht, in nur zwei Jahren um sieben Prozent gestiegen ist, was gut 1,5 Millionen Zuschauerinnen gleichkommt.[12]

In der Mitte der 1960er Jahre scheint die „Vermännlichung" des Publikums ein nicht umkehrbares Faktum. 1965 sind nur 22 Prozent aller Zuschauer, die regelmäßig ins Kino gehen, Frauen, und diese Zahl wird geringer, wenn man die Provinz und die ländlichen Gebiete Süditaliens hinzurechnet.[13] Diese Flucht aus den Kinos nimmt lediglich in den größeren urbanen Zentren ab, wo die Frauen emanzipierter sind und mehr Kinos zur Verfügung stehen, die für eine „wahre Dame" geeignet sind. In den 1960er Jahren ist das Problem von Dekor und Ausstattung ausschlaggebend für die Formen und Gewohnheiten des Konsums von erwachsenen Frauen, wie viele biografische Erzählungen und Erinnerungen von Zuschauern jener Jahre belegen.[14] Für die jungen Frauen, die in jenen Jahren in

	Spring 1958			Spring 1960		
	Men	Women	Total	Men	Women	Total
	over 15 years (million people)			*over 15 years (million people)*		
Don't go to cinema	7,6	10,7	18,3	8,2	12,0	20,2
Go to cinema: Once a month Twice or three a month Once a week Twice or three a week	1,4 2,4 3,6 2,5	1,5 2,1 2,9 1,0	2,9 4,5 6,5 3,5	1,5 3,1 2,2 2,0	1,6 2,5 1,3 0,6	3,1 5,6 3,5 2,6

Die Identität des erwachsenen Kinopublikums 1958 und 1960 (vgl. hierzu: „Frequenza al cinema e pubblicità cinematografica", in: *Bollettino della DOXA* 23, 28. Dezember 1960).

Mailand leben, bringt z. B. der Übergang in das Erwachsenenalter durch die Verlobung eine Neudefinition der Räumlichkeiten für den Filmgenuss mit sich, die den Besuch von Kinos am Stadtrand ausschließt, an deren Stelle die Kinos im Stadtzentrum treten, in die sie von ihren Verlobten begleitet werden und wo man sich in die ersten Reihen setzt, da die hinteren Reihen „nur für die wenig seriösen Mädchen sind".[15] Kehrt man zur Statistik zurück, verwundert es also nicht, dass die Mehrzahl der weiblichen Zuschauer, die noch ins Kino gehen, in jenen Jahren die Erstaufführungskinos bevorzugen.[16] Es ist auch nicht verwunderlich, dass zum Ende des Jahrzehnts fast alle Besucherinnen des Kinos verheiratet sind, bei klarem Übergewicht von ledigen männlichen Zuschauern.[17]

Auf paradoxe Weise scheint es, dass – gerade als der Prozess der Befreiung der Frau in Italien in Gang gekommen ist – das Kino, das daran in den Jahren zuvor maßgebend beteiligt war, von dieser Bühne verschwindet und die italienischen Frauen fatalerweise auf die weniger „risikoreichen" (und stärker überwachten) Formen der häuslichen Unterhaltung verweist. Einen Beleg hierfür liefern die Angaben über die Fernseh- und Radionutzung in diesem Jahrzehnt, aus denen das Profil einer deutlich weiblichen Nutzung hervorgeht, insbesondere bezogen auf das Publikum unter 39 Jahren mit Wohnsitz im Zentrum und im Süden Italiens.[18]

Neue Statussymbole und verschiedene Formen der sozialen Aufwertung: das Publikum des Südens

In der Tat sind es in den 1960er Jahren gerade und vor allem Familien in den ländlichen Gegenden Süditaliens und der Inseln, die in den Kauf eines Fernsehers investieren. Auch wenn der Norden die höchste Zahl an Rundfunkabonnenten verzeichnet, so steigt die Zahl der Fernsehzuschauer besonders schnell in den wirtschaftlich schwächsten Gebieten des Landes.[19] Wie Antonio Ciampi in der Einführung zum statistischen Jahrbuch „Spettacolo in Italia" erläutert, sind die Ausgaben für mediale Unterhaltung – trotz der deutlich geringeren Einkommen im Vergleich zum Norden – in den Gebieten des Zentrums und des Südens (proportional gesehen) höher und konzentriert auf die neuen „maschinellen und häuslichen" Unterhaltungsformen.

Bereits in einer 1958 durchgeführten Studie zu den elektrischen Haushaltsgeräten in Italien wurde festgestellt, dass die Familien im Zentrum und im Süden des Landes den Kauf von Fernsehgeräten, gegebenenfalls auf Raten,[20] dem eines Kühlschranks oder einer Waschmaschine bevorzugten. Im folgenden Jahr zeigte eine Bestandsaufnahme der Telefonnutzung, dass im Süden und auf den Inseln die Rundfunkabonnements zehnmal höher waren als die der privaten Telefonanschlüsse, der nationale Mittelwert lag bei eins zu vier.[21] In Süditalien stellt der Fernseher also ein Gut dar, das am meisten begehrt wird und des-

Das italienische Filmpublikum

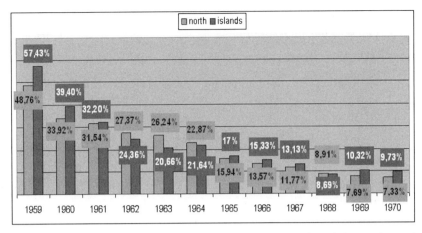

Der prozentuale Anstieg der jährlichen Abos für den Privatgebrauch im Norden und auf den Inseln von 1959 bis 1970 (vgl. hierzu: Rai. *Gli abbonamenti alle radiodiffusioni nel 1970*, Torino 1971).

sen Kauf, wie an verschiedenen Stellen auch theoretisch ausgeführt wird, ganz die Bedeutung einer sozialen Befreiung hat.[22] Es dient dazu, wenigstens auf der symbolischen Ebene, das zu realisieren, was der Vanoni-Plan zur Wiederbelebung der nationalen Wirtschaft nicht geschafft hatte: den Reichtum gleichmäßig zwischen den Regionen Italiens zu verteilen.[23]

Da die Gebühr für den Zugang zur Übermittlung von Fernsehsendungen gering ist,[24] verhält sich die Kurve der Zunahme der Fernsehabonnements im Süden in den 1960er Jahren umgekehrt proportional zu der der Kinobesuche. Die Kinos werden fatalerweise aus drei Gründen verlassen: wegen der Verpflichtung zur Ratenzahlung für das Fernsehgerät, der Schwäche des Abspielsystems in Süd-italien und, nicht zuletzt, der sinkenden Qualität der Filme, die in diese Kinos der unteren Saalkategorien gelangen. (Zur Erinnerung: In der ersten

	Italy	Northern Italy	Central Italy	Southern Italy and Islands
Television	9,40%	9,50%	12,40%	7,50%
Only television	*3,90%*	*3,20%*	*5,60%*	*3,90%*
Refrigerator	11,40%	15,00%	10,60%	7,10%
Washing machine	2,90%	3,80%	1,80%	2,20%

Die prozentuale Verbreitung von Fernsehern und anderen elektronischen Haushaltsgeräten in den italienischen Familien 1958 (vgl. hierzu: „La diffusione dei televisori, dei frigoriferi e dei lavabiancheria elettrici", in: *Bollettino della DOXA* 21, 1958).

55

Hälfte der 1960er Jahre besuchten zwei Drittel der Zuschauer im Süden Kinos der vierten oder fünften Kategorie![25])

Das Verschwinden des „mittleren Films": das kleinbürgerliche Publikum

Der Qualitätsverlust des Filmangebots für den Vertrieb in den populären Kinos verstimmt auch einen anderen und umfangreichen Teil des Kinopublikums. Dies sind die Zuschauer der Mittelschicht und der unteren Mittelschicht, die üblicherweise nicht die Erstaufführungskinos besuchen und die sich nun in den Kinos der Provinz oder der Vorstädte immer öfter mit schlechten Filmen konfrontiert sehen, die für wenig Geld und in kurzer Zeit produziert wurden und über die zudem oft das negative Urteil der katholischen Kirche verhängt wird. Das ist die andere Seite eines Produktionssystems, das sich in diesen Jahren der Herstellung von Kolossalfilmen, auch von Autoren, rühmt, die mithilfe ausländischen Kapitals hergestellt werden und in den Premierekinos Hunderte Millionen Lire einnehmen.[26]

Wenn man die Untersuchungen und Dokumente zum Konsumverhalten und zum Zuschauerprofil in dieser Zeit noch einmal betrachtet, dann findet man einige Hinweise auf die zunehmende Verschlechterung des Verhältnisses zwischen Kino und Mittelklasse – vor allem den Rückgang der Besucher in den Kinos der „dritten Kategorie", die die bevorzugte Art von Kinosaal des Zuschauers aus der Mittelschicht bilden.[27] Sodann belegt das prozentuale Wachstum der Zuschauer aus den unteren Schichten (ungelernte Arbeiter, Arbeitslose etc.) und die weitgehende Stabilität des bürgerlichen Publikums den Rückgang der Besucher der mittleren Schichten.[28] Schließlich ist der massive Rückgang der weiblichen Zuschauer gerade aus den mittleren Schichten zu nennen,[29] auf denen die Vorschriften der Etikette am stärksten lasten und auf die die Qualitätsminderung des Programmangebots im Ganzen und der Filme im Einzelnen besonders abschreckend wirkt.

Die Filme, die in den 1960er Jahren in den Kinos der dritten (oder einer niedrigeren) Kategorie vertrieben werden, sind nicht nur weit vom Geschmack des „mittleren" Publikums entfernt, sondern werden auch oft vom Katholischen Filmzentrum (Centro Cattolico Cinematografico) schlecht bewertet. Das Katholische Filmzentrum steht der Ente dello Spettacolo vor und beurteilt auf den Seiten der Zeitschrift *Rivista del Cinematografo* für die katholische Welt den ästhetischen und vor allem moralischen Wert der Filme. Nimmt man die italienische Produktion der Jahre 1956 bis 1960, so steigt die Zahl der Filme, die mit „nicht empfehlenswert" oder „ausgeschlossen" von der Kommission des Zentrums markiert werden, von 16,64 Prozent auf 60,59 Prozent.[30] In den folgenden Jahren sollte die Kritik der Kirche etwas schwächer werden, insbesondere nach dem Zweiten Vatikanischen Konzil und dem Erlass der *Inter Mirifica* (im Dezember 1963), die den Moment einer außergewöhnlichen Öffnung gegen-

Das italienische Filmpublikum

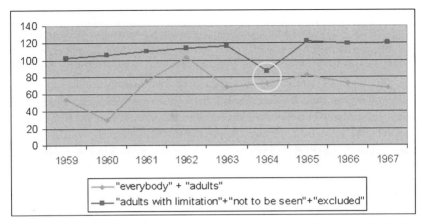

Die Bewertung italienischer Filme (Produktionen und Koproduktionen) durch das Katholische Filmzentrum/Centro Cattolico Cinematografico von 1959 bis 1967 (vgl. hierzu: Centro Cattolico Cinematografico, *Segnalazioni cinematografiche*, anni 1959–1967).

über den Massenmedien bezeichnen. Dennoch bleibt die Zahl der als ungeeignet bewerteten Filme, vor allem unter den nationalen Produktionen und Koproduktionen, viel höher als die jener Filme, die mit „für alle" oder „für erwachsenes Publikum" gekennzeichnet sind.[31]

Im Vergleich dazu bietet das Fernsehen ein gutes fiktionales Programm an. Gezeigt werden Filme und Fernsehinszenierungen, die nach den Listen der Titel zu urteilen auch nicht zu alt sind,[32] die die Schwächen des Kinoangebotes wieder wettmachen und auf lange Sicht den Kinobesuch ersetzen. Für eine Vorstellung des Umfangs der Fähigkeiten des Fernsehens, die vom Kino im Stich gelassenen Bedürfnisse zu sammeln und zu befriedigen, muss man bedenken, dass sich innerhalb eines Jahrzehnts das Fernsehen dermaßen kapillar über das nationale Territorium ausbreitet, dass 1970 60,4 Prozent aller italienischen Familien ein Fernsehgerät besitzen.[33] Man bedenke auch, dass die Programme, die vom „mittleren Publikum" zu Beginn der 1970er Jahre am meisten geschätzt werden, neben der Revue und dem Variété der Film und das „Fernsehspiel" sind.[34]

Konsum der Generationen: das junge Publikum

Es existiert eine vierte Front, an der das italienische Kino dramatisch die Möglichkeit verliert, seine soziale Rolle neu zu definieren und eine neue und hervorragende Position im Bereich des Konsums und im Leben des Landes zu finden.[35] Wie David Forgacs,[36] Fausto Colombo[37] und andere kritische Beobachter

Mariagrazia Fanchi

der Geschichte der italienischen Kulturindustrie hervorgehoben haben, verzeichnen die 1950er Jahre die Geburt eines *generationenbestimmten Medienkonsums*, der eng mit dem schwierigen Prozess der Definition (und Redefinition) jugendlicher Identität verflochten ist. In diesem Prozess nimmt das Kino sofort eine wichtige Rolle als distinktive Erfahrung ein, die den Abstand zur älteren Generation markieren hilft, die sich, wie beschrieben, immer zahlreicher dem Fernsehen zuwendet. Wenn also die jüngeren Zuschauer fortfahren, ins Kino zu gehen (es gibt nur einen leichten Rückgang der Kinobesuche, vor allem der sogenannten „starken Konsumenten") und, vor allem, ins Kino als wesentliche kulturelle und symbolische Erfahrung zu investieren, so ergibt sich doch eine schrittweise Ablösung zwischen den von ihnen geäußerten Bedürfnissen und den Formen des filmischen Angebots.

Auf der einen Seite lässt das bereits konstatierte Verschwinden der „mittleren" Produktionen das junge Publikum nicht unberührt, da es größtenteils die billigeren Kinos besucht. Auf der anderen Seite finden wir die Kurzsichtigkeit der Produzenten, die unfähig sind, das große Potenzial, das diese Publikumsschicht für die Zukunft des Kinos mitbringt, zu erkennen. Ihre Investitionsstrategie bezieht sich irreparabel nur auf „Kurzzeiteffekte", eingeengt auf das, was Ernesto Laura als „den konkreten Zuschauer" bezeichnet, was letztlich der wohlhabendere Zuschauer ist, der der höheren Mittelschicht angehört und die Premierenkinos bevorzugt.[38] Es ist ein privilegierter Ansprechpartner, der viel zählt in den Jahresabschlussbilanzen, der aber zahlenmäßig nur einen – zudem kleinen – Teil des Publikums ausmacht. (Um nur zwei Daten zu nennen: Er macht 1965 17 Prozent[39] des gesamten Publikums aus und 1972 13 Prozent[40].)

Der junge Zuschauer wird nur wenig beachtet, allenfalls als Adressat von B-Filmen, die oft durch eine grobe Genreklassifizierung aus Filmen abgeleitet werden, die in den Erstaufführungskinos erfolgreich sind.[41] Trotzdem findet der junge Zuschauer einige „geschützte Bereiche", in denen er sich anderen Kinematografien und Werken nähern kann, die nach einer „alternativen" Logik, bezogen auf das Massenkino, ausgesucht sind. Eine Erhebung aus der Mitte der

	Northern Area	Central Area	Southern Area/ Islands	Main cities	Other cities
Catholic	298/467	16/25	4/6	26,40%	73,60%
Lay/Left	23/52	27/48	11/16	41,20%	58,80%
Others	24/48	8/19	4/7	29,90%	70,10%
Total	345/567	51/92	19/29		

Die Verbreitung der Kinoclubs in Italien 1966 (vgl. hierzu: F. Rositi, „I cineclub in Italia. Ricerca con referendum postale [aprile–giugno 1965]", in: *IKON. Cinema, televisione, iconografia* 57 [April–Juni 1966]).

Das italienische Filmpublikum

1960er Jahre zeigt, dass in Italien zwischen 700 und 800 Kinoklubs aktiv sind, die sich vornehmlich im Norden und in den Städten der Provinz befinden und die nicht mehr nur von Studenten, sondern auch von einer steigenden Zahl von Schülern und Arbeitern besucht werden.[42] Dies ist zweifellos ein Nischenphänomen, das in den 1960er Jahren zudem bereits an Bedeutung abnimmt,[43] doch macht es zugleich das Maß (auch aufgrund der Nutzungszahlen) der Erwartung und Geltung deutlich, die das Kino für die jüngeren Generationen hat.

Allerdings ist dies noch viel zu wenig: wenig, um die Zuschauer ans Kino zu binden, wenig, um eine breite und allumfassende Kinokultur zu etablieren, wenig, um dem Kino seine populären Wertigkeit zurückzugeben. Diese mehr oder weniger kompetente, aber sicher kinobegeisterte Generation des jungen Publikums, die nichtsdestotrotz auch in die schlecht ausgestatteten Kinos geht und sich oft wenig ansprechende Filme ansieht, wird zehn Jahre später nicht mehr ins Kino gehen.[44]

Dabei sieht man am Horizont bereits den neuen „Feind", die „Film-Kassette" und die „Movie-Box". Dabei neigt sich das goldene Zeitalter des italienischen Films dem Ende zu und gibt den Kinomarkt wieder an Hollywood zurück. Während der Kinosektor zu wanken beginnt und auf die andere Seite des Ozeans blickt, auf „die konzentrierten Säle und die Kinos kleiner Dimension" (die in Italien erst drei Jahrzehnte später realisiert werden), erlöschen die letzten Lichter dieses unter vielen Gesichtspunkten einzigartigen Jahrzehnts, in dem das italienischen Kino unbewusst sein wohl wichtigstes Spiel gespielt hat. Es hat die Partie verloren.

---

[1] E. Monaco, *Aspetti reali dell'industria cinematografica in Italia*, zitiert nach: B. Corsi, *Con qualche dollaro in meno. Storia economica del cinema italiano*, Rom 2001, S. 66. Zum Wachstum der italienischen Filmindustrie in der Nachkriegszeit siehe: L. Quaglietti, „Il cinema italiano del dopoguerra: leggi, produzione, distribuzione, esercizio", in: *Quaderno informativo della X Mostra Internazionale del Nuovo Cinema* 58 (1974).

[2] In seinem Kommentar zu den Filmeinnahmen des vorangegangen Jahrzehnts meint Antonio Ciampi 1970 zur Frage, wie signifikant der Rückgang der zahlenden Kinozuschauer in Italien sei, ein Rückgang von 32,8 Prozent zwischen 1955 und 1969: „In anderen europäischen und außereuropäischen Ländern ist der Rückgang noch stärker gewesen, der wie in England bis zu 90 Prozent erreichte". Vgl. A. Ciampi, „Premessa", in: SIAE, *Lo Spettacolo in Italia. Annuario statistico 1969*, Rom 1970, S. III.

[3] In der Saison 1961–1962 betrug der Marktanteil der italienischen Filme und der Koproduktionen 52,8 Prozent. Vgl. „Borsa Film", in: *Giornale dello Spettacolo* 255 vom 31. 8. 1963.

Mariagrazia Fanchi

[4] Breits 1961 klagt Ferraù den progressiven Verlust des *mittleren italienischen Kinos* an: Auch wenn eine fortlaufend steigende Zahl von italienischen Filmen in die Liste der Kassenschlager eingehe, so werde die Zahl der Filme auf den letzten Rängen immer größer, mit verheerenden wirtschaftlichen Ergebnissen. Vgl. Corsi, *Con qualche dollaro in meno* (s. Anm. 1), S. 73 f.

[5] Am 23. Juni 1960 wird in der Abgeordnetenkammer die positive Entwicklung des italienischen Films auf dem Markt und seine Fähigkeit, den Geschmack des Publikums zu treffen, angesprochen. Libero Solaroli bemerkt jedoch dazu, dass es zwar wahr ist, dass das italienische Kino 36 Prozent des Marktes gewonnen hat, dass es aber ebenso wahr ist, dass nur ein Teil der Gewinne (in den besten Fällen 70 Prozent, in den schlechtesten 30 Prozent) in die Taschen der italienischen Produzenten fließt. Vgl. L. Solaroli, „72 milioni di spettatori perduti dal cinema in Italia in 4 anni", in: *Filmcritica* 101 (September 1960), S. 616–619.

[6] Für ein detailliertes Bild der Lage des italienischen Kinos von Ende der 1950er und den frühen 1960er Jahren siehe: *Storia del cinema italiano. Vol. X, 1960–1964*, hrsg. von Giorgio De Vincenti, Venedig 2001.

[7] 1965 nimmt *Per un pugno di dollari* (Für eine Handvoll Dollar, I/E/BRD 1964) den vierten Platz in der Rangliste der meistgesehenen Filme mit einer Einnahme von 600 Millionen Lire ein. Ein Jahr später übersteigt *Per qualche dollaro in più* (Für ein paar Dollar mehr, I/E/BRD/Monaco 1965) die Einnahmen von einer Milliarde Lire und nimmt den zweiten Platz unter den meistgesehenen Filmen der Saison gleich hinter *Thunderball* (James Bond 007 – Feuerball, GB 1965) ein. Vgl. „Borsa Film", in: *Giornale dello Spettacolo* 29 (3 September 1966), S. 7.

[8] Zwischen 1938 und 1951 steigt die Zahl der Kinos in Süditalien um 266,5 Prozent und auf den Inseln um 233,5 Prozent an. Vgl. SIAE, *Lo spettacolo in Italia. Annuario Statistico. Anno 1950*, Rom 1951. Betrachtet man zwischen 1950 und 1960 nur die Daten für Sizilien und Sardinien, steigt dort die Zahl der Kinos um 184,1 Prozent an. Vgl. SIAE, *Lo spettacolo in Italia. Annuario Statistico. Anno 1960*, Rom 1961. Zu den Kriterien der Bestandsaufnahme von Kinos während der 1950er Jahre, siehe L. Quaglietti, *Storia economico-politica del cinema italiano. 1945–1980*, Rom 1980, S. 253 f.

[9] In der Lombardei zählt man zu Beginn der 1960er Jahre ein Kino auf 3.600 Personen, in Sizilien sind es 7.250 Personen auf ein Kino. Für weitere Informationen siehe das bereits zitierte Jahrbuch der SIAE von 1960 (s. Anm. 8).

[10] 1960 ist die Zahl der aktiven Kinos in den Hauptstädten der Provinz prozentual gesehen sogar höher als 1950; 24,25 Prozent im Vergleich zu 23,38 Prozent. Zudem funktioniert die Mehrzahl der Kinos in der Provinz nur gelegentlich. Im Jahr 1960 arbeitet fast die Hälfte aller Kinos in Gemeinden mit weniger als 5.000 Einwohnern nur zehn Tage im Monat. Vgl. SIAE, *Lo spettacolo in Italia. Annuario Statistico. Anno 1960* (s. Anm. 8).

[11] Während der 1960er Jahre steigt die Zahl der kirchlichen Gemeindekinos so weit an, dass sie 1966 35 Prozent der Abspielstätten ausmachen. Neue Säle werden vor allem in der Provinz eröffnet, oftmals dort, wo die kommerziellen Kinos schließen. Zum Netz der katholischen Spielstätten gehören auch einige hundert Säle, die nur 16mm-Filme projizieren, 1960 sind es 723, mehr als doppelt so viele sind es zu Beginn der 1970er Jahre; sie können sich auf einen sehr umfangreichen Filmkatalog beziehen (größtenteils der San Paolo Film), basierend auf der Reduktion von 35mm-Filmen. Zur Beziehung zwischen Kino und Kirche im Italien jener Jahre siehe: Gian Piero Brunetta, *Storia del cinema italiano. Dal miracolo economico agli anni Novanta. 1960–1993*, 2. Aufl., Rom 1993. Verwiesen sei auch auf die Arbeit *Cinema italiano e Chiesa*, hrsg. von Ente dello Spettacolo (derzeit in Druck).

Das italienische Filmpublikum

[12] „Frequenza al cinema e pubblicità cinematografica", in: *Bollettino della DOXA* 23 (28. Dezember 1960). Siehe auch die Ergebnisse der Untersuchung CO.DI.S, *Il cinema e il suo pubblico. Indagine statistica e ricerca motivazione sulla validità pubblicitaria del mezzo cinematografico*, 1961.

[13] Eine Zusammenfassung der Ergebnisse der Untersuchung, die in zwei Phasen im Frühling und Herbst 1965 durchgeführt wurde, siehe: U. Rossi, „Radiografia del pubblico medio", in: *Filmcritica* 181 (September 1967), S. 447–454.

[14] Das Institut für Kommunikationswissenschaft und Theater und Film (Dipartimento di Scienze della Comunicazione e dello Spettacolo) der Università Cattolica Mailand hat Mitte der 1990er Jahre mit dem Sammeln von Zuschauerbiografien begonnen. Bezüglich der Publikationen dieser heute auf mehrere hundert Zeugnisse angewachsenen Sammlung siehe: F. Casetti/M. Fanchi, *Esperienze mediali: media e mondo di vita negli anni '50 e negli anni '90*, Quaderni del Centro Studi San Salvador, Venedig 1996; M. Fanchi, *Identità mediatiche. Televisione e cinema nelle storie di vita di due generazioni di spettatori*, Mailand 2002; *Le età della tv. Indagine su quattro generazioni di spettatori italiani*, hrsg. von P. Aroldi und F. Colombo, Mailand 2003.

[15] Fanchi, *Identità mediatiche* (s. Anm. 14).

[16] „Ricerca sugli spettatori delle sale cinematografiche dei circuiti OPUS e SIPRA", in: *Bollettino della DOXA* 6 (15. April 1966), S. 55–68.

[17] „(...) in den weniger wohlhabenden Schichten zählen die Frauen, die am häufigsten ins Kino gehen, zur Gruppe der ‚Hausfrauen', sie sehen den Film fast ausschließlich in Begleitung ihrer Ehemänner. (...). Die Mehrzahl der Kinobesucher in Italien ist ledig oder verheiratet ohne Kinder (...). Dies bezieht sich auf die Männer, da für den weiblichen Bereich erneut eine prekäre Situation der italienischen Frau zu verzeichnen ist. Diesbezüglich scheint es eine radikale Veränderung zu geben, da uns die Daten zeigen, dass verheiratete Frauen häufiger das Kino besuchen als unverheiratete." Vgl. Rossi, *Radiografia del pubblico medio* (s. Anm. 13), S. 449–452.

[18] Die Daten sind entnommen aus *Barometro della pubblicità televisiva*, einer fortlaufenden Erhebung, die seit 1960 vom Servizio Opinioni Rai durchgeführt wird, auf der Basis eines Panels von 1.000 Fernsehnutzern. Siehe auch „Tempo dedicato alla TV", in: *Bollettino della DOXA* 16 (30. August 1961).

[19] Während der 1960er Jahre stieg der Zahl der privaten Abos auf den Inseln durchschnittlich um 22,49 Prozent, im Vergleich zu 21,32 Prozent des Nordens. Dies beweist sowohl die verspätete Verbreitung des Mediums (Ende der 1950er Jahre fehlt das Fernsehgerät fast völlig in den süditalienischen Gebieten), die eben in diesen Jahren beschleunigt wird, sei es als Kennzeichen der hohen sozialen Erwartungen in Bezug auf den kleinen Bildschirm. Vgl. *Rai. Gli abbonamenti alle radiodiffusioni nel 1970*, Turin 1971). Diese schnelle Verbreitung des Fernsehens in den südlichen Gebieten wird von der katholischen Welt mit Interesse und Besorgnis verfolgt. 1962 organisiert die ACEC, die Assoziation, die alle Gemeindekinos vereint, eine Konferenz zu diesem Thema. Vgl. M. A., „Gli audiovisivi nel sud", in: *Rivista del Cinematografo* 6 (1962), S. 170f.

[20] Zur Beschleunigung der Verbreitung des Fernsehens und zur Garantie, dass alle sozialen Schichten erreicht, trägt mit Sicherheit auch die Möglichkeit bei, das Gerät mittels Raten zu kaufen. Eine im Herbst 1962 durchgeführte Umfrage belegt, dass 52 Prozent aller Familien, die einen Fernseher besitzen, diesen mit Ratenzahlung erworben haben, wobei das Fernsehgerät unter den dauerhaften Gebrauchsgütern das am meisten per Raten gekaufte Gut ist. (Es folgen das Motorrad, das Auto, der Kühlschrank, die Waschmaschine und an letzter Stelle

die Eigentumswohnung.) Die Untersuchung zeigt auch, dass die Ratenzahlung vor allem in den kleinen urbanen Zentren, in Süditalien und auf den Inseln verbreitet war. Vgl. A. Elia, „Gli acquisti a rate", in: *La misura dei mercati e dell'opinione pubblica* vom 6. 12. 1962.

[21] Vgl. „Utenti ed apparecchi telefonici", in: *Studi di mercato* (Juli 1959).

[22] Aa. Vv., *I giovani e lo spettacolo*, Mailand 1962.

[23] In den 1960er Jahren wird das Fernsehen zum „Spektakel der Armen, das das Erbe des Zirkus, der volkstümlichen Literatur, des Schauspiels auf dem Dorfplatz, des Konzertes, der Zeitung" weiterführt. Vgl. G. B. Cavallaro, „Altre cinque opinioni sui guai del cinema italiano", in: *Rivista del Cinematografo* 8 (August 1963), hier S. 302.

[24] In einem Kommentar Ende der 1960er Jahre bezüglich des Anstiegs der Ausgaben für Radio und Fernsehen (aus der die erhöhten Ausgaben für die Bevölkerung des Südens und der Inseln hervorgeht) wird klargestellt, „daß die häusliche Unterhaltung, nämlich das Fernsehen, fast kostenlos oder zumindest sehr preiswert ist". Vgl. SIAE, *Lo Spettacolo in Italia. Annuario statistico 1969*, Rom 1969, S. 278.

[25] „Frequenza al cinema e pubblicità cinematografica" (s. Anm. 12).

[26] V. Spinazzola, *Cinema e pubblico. Lo spettacolo filmico in Italia 1945–1965*, Rom 1985.

[27] Rossi, *Radiografia del pubblico medio* (s. Anm. 13), S. 449–452.

[28] Es gilt zu klären, dass trotz des Rückgangs des Konsums 1972 die untere Mittelschicht immer noch 28 Prozent des Publikums ausmacht, das die Kinos besucht. Siehe: DOXA, Demoskopea, *Il cinema e il suo pubblico*, Torino 1973. Zu kritischen Beobachtungen siehe E. Celli/E. Calzavara/L. Bonfigli, „Il consumo dello spettacolo di massa in Italia", in: *Cinema Sessanta* 106 (November–Dezember 1975), S. 4–19.

[29] Rossi, *Radiografia del pubblico medio* (s. Anm. 13), S. 449–452.

[30] P. E. Baragli, „Sulla moralità degli spettacoli in Italia", in: *Rivista del Cinematografo* 4–5 (März–April 1961), S. 112–115.

[31] Wie die Grafik zeigt, erreicht die Linie der schlechten Bewertungen (sie beziehen sich auf die Filme mit den Markierungen „mit Vorbehalt und für ein erwachsenes Publikum", „nicht empfehlenswert", „ausgeschlossen") 1964 einen negativen Höhepunkt, also gleich nach dem Dekret des Konzils. Bezüglich eines Kommentars zu dem vom Konzil verabschiedeten Dokument über die Massenmedien siehe: A. Petrucci, „Il Concilio e il cinema", in: *Bianco e Nero* 12 (Dezember 1963), S. 1–12. Siehe auch *Cinema e Chiesa. I documenti del magistero*, hrsg. von D. Viganò, Cantalupa 2002, eine Arbeit, welche die wichtigsten Dokumente der katholischen Kirche zum Kino versammelt.

[32] Eine Teilaufzählung ist zu finden bei: *Borsa Film* vom August 1964. Vgl. „Film alla televisione negli ultimi cinque anni", in: *Giornale dello Spettacolo* 270 (1. August 1964), S. 2 f. Für eine detailliertere Analyse zur Rolle des Filmes im italienischen Fernsehen siehe die Periodika *Servizio Opinioni* Rai.

[33] 1959 betragen die Abonnements für die private Fernsehnutzung 1.474.966, 1969 sind es 8.933.757 (Zahlen entnommen aus *Rai. Gli abbonamenti alle radiodiffusioni nel 1970* (s. Anm. 19).

[34] Ebenda.

[35] U. Rossi, „Una grande occasione perduta", in: *Prima della rivoluzione. Schermi italiani 1960–1969*, hrsg. von C. Salizzato, Venedig 1989, S. 319–324.

[36] D. Forgacs, *L'industrializzazione della cultura italiana (1880–1990)*, Bologna 1992.

[37] F. Colombo, *La cultura sottile. Media e industria culturale in Italia dall'ottocento agli anni novanta*, Mailand 1998.

Das italienische Filmpublikum

[38] „Da den italienischen Produktionsformen festes Kapital fehlt (...), leben sie von Film zu Film. Ein oder zwei Filme produzieren sie zusammen, dann warten sie das Urteil der Kinokasse ab und mit den Einnahmen machen sie den nächsten Film und immer so weiter." Vgl. E.G. Laura, „Lo spettatore astratto americano e lo spettatore concreto italiano", in: *Rivista del Cinematografo* 12 (Dezember 1964), S. 561.

[39] Rossi, *Radiografia del pubblico medio* (s. Anm. 13), S. 151.

[40] Celli/Calzavara/Bonfigli, „Il consumo dello spettacolo di massa in Italia" (s. Anm. 28), S. 11.

[41] Eine exemplarische Analyse der Produktionsprozesse der Genres, die den sogenannten „Tiefen"konsum speisen, ist zu finden bei: R. Menarini, *La parodia nel cinema italiano*, Bologna 2001.

[42] F. Rositi, „I cineclub in Italia. Ricerca con referendum postale (aprile–giugno 1965)", in: *IKON. Cinema, televisione, iconografia* 57 (April–Juni 1966) S. 29–89.

[43] Die zunehmende Erschöpfung dieser Vereinsaktivitäten wird analysiert in: Brunetta, *Storia del cinema italiano* (s. Anm. 11), S. 58–68. Zur Krise der katholischen Vereinigungen siehe außerdem D. Viganò, *Un cinema ogni campanile. Chiesa e cinema nella diocesi di Milano*, Mailand 1997. Zum Stand der „alternativen" Kinos und des kommerziellen Kino in den 1960er und 1970er Jahren siehe Aa.Vv., *L'altro schermo. Libro bianco sui cineclub, le sale d'essai e i punti di diffusione cinematografica alternativa*, Venedig 1978.

[44] DOXA, *Il pubblico del cinema. Indagine sulle caratteristiche, abitudini, motivazioni ed aspettative del pubblico*, 1977.

Über Michelangelo Antonioni

Irmbert Schenk

Antonionis radikaler ästhetischer Aufbruch
Zwischen Moderne und Postmoderne

I

Vieles spricht auf den ersten Blick dafür, Antonioni als einen der wenigen Vertreter der ästhetischen Moderne im Bereich von Film und Kino zu bezeichnen. In jedem Fall steht er für Modernität in der Filmgeschichte nach 1950. Und wie kein anderer der etablierten Regisseure steht er mit seinen Filmen ab 1960 im italienischen Kino für einen „Aufbruch in neue Dimensionen".

Bezüglich der Themen und Milieus grenzt er sich selbst vom Neorealismus ab, indem er jenem, als historisch angemessen, die Frage nach dem Verhältnis Person – Gesellschaft, Person – Umwelt zuschreibt und sich selbst, historisch fortschreitend, den Blick ins „Innere der Personen", deren „Krankheit der Gefühle", wobei er (leider) das von französischen Kritikern geprägte Wort des „inneren Neorealismus"[1] aufgreift. Ausgehend von einer kritischen Vorstellung des Verlustes von Identität und Moral der Menschen in der modernen Gesellschaft untersuchen die Filme von *Cronaca di un amore* (*Chronik einer Liebe*, I 1950) bis *Il deserto rosso* (*Die rote Wüste*, I/F 1964) unterschiedliche Etappen und Bezirke dieses „Verlustes". Als programmatischer Hintergrund fungiert die Vorstellung der Nicht-Adäquatheit („alte Mythen, alte Konventionen") der menschlichen Seele gegenüber der dynamischen Bewegung von Technik und Wissenschaft und ihren gesellschaftlichen Folgen.

Die zugrunde liegende Denkform erscheint bei einer ersten Betrachtung bestimmt durch Kausalität und Finalität, einen linearen Ursache-Wirkungs-Zusammenhang. Bei aller analytisch-rationalen Klarsichtigkeit dieser Bestandsaufnahmen entstehen jedoch nicht theoretische Pamphlete mithilfe von Filmtechnik, sondern Filme, deren ästhetische Erscheinung qua sinnlich-vorbewusster Wirkung (und erst anschließender Reflexion) auch die Analysebefunde zum Zuschauer bringt. Und zwar mit Mitteln, die für das große Kino (mit seiner paradoxerweise ästhetik-theoretisch prämodernen Orientierung) geradezu puristisch sind, vor allem im Verzicht auf die übliche Redundanz der vorbeugenden Sinnenlenkung für die visuelle Wahrnehmung des Zuschauers, z. B.

Irmbert Schenk

durch musikalische Untermalung,[2] erklärenden Dialog, eingeschliffene Kamera- und Schnitt-Techniken oder den konventionellen Umgang mit Zeit und Rhythmus.

Ich möchte nun noch darüber hinaus die Behauptung aufstellen, Antonioni sei der Konstatierung zentraler Fragen der Befindlichkeit von Menschen in seiner Gesellschaft um einige Jahre voraus, behandle sie, noch ehe sie in die theoretische Diskussion gelangen oder gar Zeitgeist-Themen des Kinos werden. Feststellbar ist, dass in die ästhetische Struktur der Filme von Antonioni schon lange vor der Zuwendung zur Frage nach der Möglichkeit des Menschen, äußere und innere Realität zu erkennen (wie sie in *Blow Up/Blow-Up*, GB/I/USA 1966, Thema wird), gewissermaßen Widerhaken sowohl gegen die kausale Denkfigur (den „rationalen Diskurs der Moderne") wie gegen die linear-projektive Identifikation des Zuschauers eingebaut sind. Dies wird besonders deutlich im Fallenlassen nicht nur vieler angefangener Nebenhandlungen, sondern selbst der Haupthandlung, z. B. in und ab *L'avventura* (*Die mit der Liebe spielen*, I/F 1960); also dem, was Umberto Eco bereits 1962 als „offene Erzählstruktur"[3] deklariert: die Verweigerung einer linearen Handlungsgeschichte, wodurch dem Zuschauer Rätsel in Form kleiner Nebengeschichten aufgegeben werden, die jedoch gar keiner Antwort harren und daher auch dergestalt irritieren, dass bloß mediengewohnte Projektion von Identifikationsansprüchen nicht mehr befriedigt wird.

Üblicherweise wird die Tetralogie von *L'avventura* bis *Il deserto rosso* unter den inhaltsbezogenen Stichwörtern der „Entfremdung" (des Menschen zum Menschen und zu sich selbst) abgehandelt, wobei die Formgestalt dem Inhalt meist zugeordnet wird. Mir scheint hingegen, dass die Ebenen von Form und Inhalt in diesen Filmen eine weit größere, widersprüchliche Eigenständigkeit besitzen als gemeinhin angenommen, woraus resultieren würde, dass ihr Zusammenhang, die ästhetische Struktur des Films, besonders komplex ist, dass vielleicht sogar diese nicht auflösbare Komplexität selbst in der Art einer sinnlich erfahrbaren Metapher den Filmsinn ausmacht.

Das Aneinander-vorbei-Reden und -Sehen der Mehrzahl der Personen in *La notte* (*Die Nacht*, I/F 1961) oder *Il deserto rosso* lässt sich noch umstandslos auf die „Kommunikationsunfähigkeit" der Menschen beziehen, ihre gleichwohl rastlose Suche nach Objekten auf die „Identitätsproblematik". All dies ist in Film-Bilder und -Töne mit wenig Redundanz und zuweilen ungewöhnlichen Vordergrund-Hintergrund-Einstellungen, Kameraachsen und Zeitdehnungen eingelassen und wäre im Einzelnen zu untersuchen. Wie steht es aber, um die Argumentation abzukürzen, z. B. mit der Schlusssequenz von *L'eclisse* (*Liebe 1962*, I/F 1962), wo nur noch ebenso wirkliche wie zufällige römische Straßen, Gebäude und Menschen (in der EUR)[4] gezeigt werden, wo also nicht nur eine Handlungsgeschichte verloren geht, sondern gewissermaßen jede Filmhandlung

Antonionis radikaler ästhetischer Aufbruch

im Sinne von Anthropozentrierung und Zeitbegreifen gewohnter Erzählweise des fiktionalen Films. Ist hier vielleicht nicht nur die Film-Erzählung, sondern auch die Anerkenntnis der Berechtigung einer „Meta-Erzählung", der kausalen und finalen Konstruktionsprinzipien von Geschichte und Existenz, verloren gegangen? Jean-François Lyotard spricht 1979 in seinem „La condition postmoderne" vom „Zerfall der großen Erzählungen", die ihre Glaubwürdigkeit verloren hätten.[5] Wenn man solche Kategorien nicht vorrangig als Epochenbegriffe, sondern als geeignetes Mittel zur besseren Beschreibung komplexer Sachverhalte verwendet, scheint mir, dass Antonioni bereits hier und zunehmend deutlicher *postmoderne* Verweise auf die Fragwürdigkeit von Sinnkonstitution und Zeitlinearität präsentiert, mithin also den eigenen aufklärerisch-analytischen Impuls des skeptischen Rationalisten bezüglich seiner Dialektik oder Ambivalenz hinterleuchtet.

Ein Prozess, der in *Blow Up* und *Zabriskie Point* (USA 1970) in unterschiedlichen Facetten weitergeführt wird, seinen Höhepunkt aber in *Professione: reporter* (*Beruf: Reporter*, I/E/F 1975) findet. Dieser Film knüpft thematisch an *Il grido* (Der Schrei, I 1957) und in der Erzählstruktur (angefangene und abgebrochene Krimi-Geschichte) an *L'avventura* an. Anders als der noch auf individuelle Psychologie und Biografie gerichtete Suizid von *Il grido* verliert sich jedoch die suizidale Finalität des Reporters im zeitgleichen Überall der vielen Schauplätze zwischen Afrika und London. Zeit wird hier gewissermaßen verräumlicht. Die Filmhandlung entsteht dabei mehr durch das Hintereinandersetzen von Einstellungen als durch die Ablauflogik üblicher Montage. Der Beliebigkeit der Räume und der Horizontalität des Zeitvektors in ihnen entsprechen auch die Indifferenz der dargestellten Gefühle bzw. die unauflösbare Vermischung von Gefühl und Handlungsrationalität und folglich die Vielfalt der möglichen Deutungen.

Diese von mir beschriebene Entwicklung der Argumentation macht auch die Generationsfolge des Protagonistenpaares in *Professione: reporter* deutlich, die zugleich zur historischen Abfolge der Sicht von Geschichte wird: Der ältere Mann David Locke (Jack Nicholson) sucht zwar nicht mehr – wie Aldo in *Il grido* – nach Befriedigung und Glück (befriedigenden Objektbeziehungen, also Liebe), aber noch nach Sinn, mithin nach Vergangenheit und Zukunft; die junge Frau dagegen, die nur das „Mädchen" ohne Namen ist, lebt nur in der Gegenwart, in den Bewegungen des Augenblicks und seinen möglichen Befriedigungen[6]. Die sieben Minuten lange Schlusssequenz (als kameratechnisch höchst kunstvoll gemachte Plansequenz) vermittelt dem Zuschauer nur am Rande und indirekt den Tod des Protagonisten, schweift dafür auf dem südspanischen Platz mit seiner lähmenden Zeitlosigkeit und der Zufälligkeit des dort Geschehenden umher.

Irmbert Schenk

II

Der sonst sparsam mit theoretischen Äußerungen umgehende Filmemacher hat 1960 in einer Presseerklärung nach der Uraufführung in Cannes angesichts der verständnislosen Zuschauerreaktion auf *L'avventura* behauptet, dass Gefühl und Moral der Menschen der „nachkopernikanischen Zeit" mit der Entwicklung von Technik und Wissenschaft nicht Schritt gehalten hätten; 1961 in einer Diskussion in der römischen Filmhochschule findet er dafür dann einen Generalnenner mit dem Begriff „Krankheit der Gefühle"[7]. Hier wie auch noch im ersten Werkabschnitt der Tetralogie (in der ausnahmslos Frauen neue Gefühle probieren) bleibt sein „bewusstes Denken" durchaus in der Spur des Historismus oder der „Logik der Moderne" bezogen auf die Entwicklung der Gesellschaft und der Menschen. Infrage steht im ersten Anlauf weniger die kausale und finale Teleologie der Geschichte, sondern die Modulationsfähigkeit des Menschen ihr gegenüber. Ihre Untersuchung nimmt Antonioni mit seinem „inneren Realismus" auf. Dabei gerät aber zwangsläufig die menschliche Natur selbst immer stärker zum Gegenstand dieser Untersuchung, weniger im Segment der Triebnatur, sondern dem der äußeren Natur, ihren Vergesellschaftungsformen und Kommunikationsfunktionen – oder, um genauer zu sein: Gegenstand wird die Konventionsform der inneren Natur: die „zweite innere Natur"[8].

Seine Vorstellung des „vereinzelten Einzelnen" (Marx, auch mit dem Begriff der „Monade") oder von „Entfremdung" ist nicht am Begriff der Arbeit festgemacht, sondern an der Wahrnehmung der Kommunikationsformen und -inhalte der Menschen (die in seinen italienischen Filmen aus sozial privilegierten und historisch fortgeschrittenen Klassen und Schichten Mittel- und vor allem Norditaliens kommen). Daraus folgert er den Solipsismus des Bewusstseins, die von den anderen geschiedene Subjektivität des Einzelnen – woraus nicht zufällig sowohl die Konstatierung der Unmöglichkeit glücklicher Beziehungen zwischen Menschen und der Identitätslosigkeit subjektiver Individualität wie die Infragestellung der Wahrnehmungs- und Erkenntnisfähigkeit des Menschen folgen. Die „Helden" Antonionis entstehen sowohl aus ihrer zunehmenden Fremdheit zur Außenwelt wie der zur eigenen Innenwelt. Seine Argumentationssphäre sind die „Zwänge zweiter innerer Natur", in denen die „Bearbeitung ‚eigener Natur'"[9] nur noch in Formen der „Krankheit der Gefühle" möglich ist. In Entsprechung zur Verfahrensweise Antonionis, sozusagen auf der „äußeren Seite" der Triebnatur zu bleiben, entstehen die schlagwortartigen Zusammenfassungen seiner Themen in der Sekundärliteratur wie z. B. Kommunikationsunfähigkeit, Langeweile, Einsamkeit, Pessimismus, Verzweiflung, Entfremdung, Selbstentfremdung, Verdinglichung oder der Hinweis, in seinen Filmen sei die Natur nicht mehr natürlich, seien Menschen und Dinge versteinert[10].

Antonionis radikaler ästhetischer Aufbruch

Wenn die offene Erzählstruktur ab *L'avventura* zunehmend Ausdruck für die Komplexität und Kontingenz von moderner Geschichte und Gesellschaft wird, dann entspricht die visuelle Struktur mit ihrer strengen ästhetischen Reduktion auf das an der Oberfläche Wahrnehmbare dem gerade beschriebenen Bezug auf die zweite Natur: Antonioni zeigt die sichtbare „Oberfläche der Welt", gibt dem Film die „Integrität des Bildes" wieder, die seit dem Aufkommen des Tonfilms infrage stand.[11] Die Wirkungsfunktion der offenen Erzählstruktur liegt in diesem Zusammenhang darin, dass der Zuschauer gezwungen wird, *alles* Sichtbare (und nicht nur Partikel zum Zweck der Handlungsauflösung) wahrzunehmen. Den radikalsten und filmhistorisch auffälligsten Ausdruck findet diese Verfahrensweise in der sechsminütigen, schon oben erwähnten Schlusssequenz von *L'eclisse*, wo in einer Art Mini-Dokumentarfilm über die Stadtlandschaft und die Menschen des römischen EUR-Viertels die Spiel-Filmhandlung vollständig verlassen wird. Der Zuschauer, dem Antonioni durch Irritation der Erwartungskonvention viel Wahrnehmungsarbeit abverlangt, kann nicht nur nicht umhin zu sehen, was *da* ist, sondern ebenso, „die Zufälligkeit des realen Lebens"[12] wahrzunehmen.

Die Verknüpfung dieser beiden Verfahrensweisen ist übrigens auch Antonionis Anliegen in der literarischen Kurzform der Geschichten des Bändchens „Quel Bowling Sul Tevere", wo ein kurzer Text den Titel hat „Einfach nur zusammensein" und vom Autor anschließend so charakterisiert wird: „Dies war der Anfang eines Films. Oder besser, es war der ganze Film."[13] Womit Antonioni noch ein weiteres dramaturgisches Element der Filme verdeutlicht: selbst dramatische Momente noch zu „entdramatisieren"[14]. Schließlich wird der Oberflächenbezug des Blicks geradezu zum Gestaltungsprinzip von Antonionis über dreieinhalbstündigem Dokumentarfilm über China, *Chung Kuo, Cina* (*Antonionis China*, I 1972). So gut wie jede Sequenz mit neuem Handlungsort wird dem Zuschauer am Anfang lange ohne Kommentar, nur mit Bild und O-Geräuschen präsentiert: Er soll – wie der Filmemacher – die „fremde" Welt zuerst sehen und hören, sich der „sinnlichen Präsenz"[15] der Bilder und Geräusche aussetzen, bevor er sie in seine Denkordnungen eingliedert. Der Gegensatz von Fremdem und Eigenem, dem Blick des Italieners Antonioni, wird zuweilen sogar ironisch betont, z. B. in der Beobachtung der Nudeln in der Restaurantszene oder der Kinder im Kindergarten.

III

Es ist sicher nicht zweifelhaft, dass mit der Rede von der „Abdankung des Subjekts und der Verabschiedung der Natur", dem „Schwinden des Ich und dem Sterben der Natur"[16] oder der „Post-histoire" historische Prozesse beschrieben werden – unabhängig vom apodiktischen Charakter der meisten diesbezügli-

Irmbert Schenk

Steve Cochran in *Il grido* (Der Schrei, I 1957)

chen Äußerungen. Das Faszinierende an Antonioni scheint mir zu sein, dass er solche Prozesse – *ante litteras*, vor ihrer Theoretisierung – erfasst und filmästhetisch adäquat umsetzt, um damit dann selbst normbildend auf die Filmgeschichte zu wirken. Faszinierend auch insofern, als diese fortschreitende Ausarbeitung von Filmform und Filmsinn als historischer Entwicklungsprozess ohne Ende und Finalität durch das Werk hindurch entfaltet wird – mit unterschiedlicher Geschwindigkeit und widersprüchlichen Etappen, aber doch außerordentlich konsistent und kohärent. Diese Ausarbeitung der filmisch präsentierten Vorstellungen des Verlaufs von großer (und kleiner, auch filmisch erzählter) Geschichte soll im Folgenden streiflichtartig in Verbindung mit Antonionis Darstellungen von äußerer Natur der Landschaft und innerer Natur des Menschen untersucht werden. Die Zusammenschau dieser zentralen Elemente von Bedeutungsfaktoren soll Antonionis Stellenwert als *Modernisierer* der Filmgeschichte belegen.

In *Il grido* verliert Aldo (der einzige proletarische Protagonist Antonionis) seinen Lebenssinn, ausgelöst von einer im Film explizierten Trennung.[17] Er bewegt sich in einer dramaturgischen Vorwärts-Rückwärts-Bewegung vom Ort des Verlustes in die Poebene hinaus zur Mündung und dann wieder zurück zum (wahrscheinlichen) Selbstmord am gleichen Ort. Der Zwangsläufigkeit dieser Existenzweise entspricht die Darstellung der Landschaft, einer flachen, grauen Poebene mit Fluss- und Straßenbändern nach Nirgendwo (ähnlich, wenn auch lyrischer, hat Antonioni diese Landschaft schon in seinem ersten Dokumentarfilm, *Gente del Po* (*People of the Po Valley*, wörtlich: „Leute vom Po", I 1943–1947), geschildert. Das Besondere der Naturdarstellung in *Il grido* liegt in der zwar kalten aber doch noch onomatopoetischen Fotografie, durch die Landschaft (durchaus noch im romantischen Sinn von Dramaturgie) atmosphärischer Ausdruck für das Innere der Filmfigur wird, während sie später zunehmend selbst- und widerständig, als eigenständige Entität losgelöst von den Menschen erscheint.[18] Allerdings wird sie auch hier schon „undramatisch" dargestellt: Aldos Schicksal ist so unabänderlich wie die Endlosigkeit der Ebene und die Langsamkeit des Flusses. Trotzdem oder gerade deshalb ist Aldo *in* dieser Landschaft, fast könnte man meinen, in sie setze er seine letzte, existenzialistisch bereits verlorene Hoffnung – als einer „natura naturans" gegen Einsamkeit und Verzweiflung, wie bei seinen Frauenbekanntschaften entlang dem Fluss.

Ich habe oben zur Beschreibung zentraler Entwicklungstendenzen in Antonionis Werk die Parameter *Moderne* und *Postmoderne* verwendet und behaupte hier, dass zur Beleuchtung der neuartigen Geschichts- und Identitätssicht Antonionis schon *Il grido* wichtige Indizien liefert, obwohl er vor dem Abschnitt des entschiedenen ästhetischen Aufbruchs bei Antonioni um 1960 liegt und sich dabei auch durch seinen (neo)realistischen Habitus von seinen anderen Spielfilmen der 1950er Jahre unterscheidet. In Aldos ziellosem und weitgehend sprachlosem Weg den Po hinab und hinauf, der dann aber doch kreisförmig am Ausgangspunkt und seinem Tod ankommt, sind existenzialistische Motive im Sinn von Camus' Argumentation in „Der Fremde" und „Der Mythos des Sisyphos" erkennbar. Sartres frühe (und bezogen auf Camus' spätere Argumentation) hellsichtige Exegese des Romans, er sei „geschrieben in Bezug auf das Absurde und gegen das Absurde"[19], könnte auch auf *Il grido* übertragen werden: Wie Meursault streift Aldo einsam umher, sich verlierend im Geschehenlassen von Handlungen und Gedanken (Camus' „actes gratuits"), die gerade noch das materielle Überleben

Irmbert Schenk

sichern, die Suche nach Liebe und Sicherheit aber scheitern lassen, bis Tod und/oder Selbstmord die einzige und letzte Wahl werden. Aldo ist für die Außenwelt buchstäblich ein Fremder und für sich selbst ein Verlorener ohne Fähigkeit zur Kommunikation, dessen Kraft zur Revolte im letzten Akt endgültig verlischt. Apostrophiert wird hier die Absurdität, die Sinnlosigkeit der Existenz in der Ermangelung jeglicher Kohärenz. Zwar werden bei Antonioni die Motive noch lebensgeschichtlich-psychologisch angeführt, trotzdem erscheinen der Verlauf der Handlung und die Einbettung in die Landschaft als Bedeutung zunehmend verselbstständigt; zwar verschwindet noch nicht das Subjekt (wie bei Camus), aber trotzdem wird es gleichsam zum Objekt von Ereignissen, deren Sinnzusammenhang sich dem Protagonisten wie dem Zuschauer immer weniger erschließt. So wie auch die Begebenheiten drum herum keine Bedeutung für ihn haben, zufällig sind. Roland Barthes beschreibt dies 1980 in seiner berühmten, kurz vor seinem Tod in Bologna gehaltenen Rede „Cher Antonioni" so:

> In *Il grido* ist der starke Sinn des Werks, wenn man so sagen kann, die Ungewissheit eben dieses Sinns: die Ruhelosigkeit eines Mannes, der nirgendwo seine Identität bestätigen kann und die Zweideutigkeit des Schlusses (Selbstmord oder Unfall) veranlassen den Zuschauer dazu, am Sinn der Botschaft zu zweifeln.[20]

Diese Existenzsicht ist zugleich schon Geschichtssicht: Ihr Verlauf dreht sich im Kreis und wird schließlich bedeutungslos.[21]

IV

Als *L'avventura* 1960 als erster Film von Michelangelo Antonionis sogenannter Tetralogie (vier unabhängig voneinander zwischen 1960 und 1964 gedrehten Filmen)[22] auf dem Festival in Cannes uraufgeführt wurde, ging er in Hohn und Spott der Zuschauer unter. Fast zeitgleich dreht Fellini *La dolce vita* (*Das süße Leben*, I/F 1960, der die Goldene Palme in Cannes erhält) und Visconti *Rocco e i suoi fratelli* (*Rocco und seine Brüder*, I/F 1960), die beide in Italien anders als *L'avventura* hohe Einspielergebnisse erzielen. Auch *Les quatre cents coups* (*Sie küßten und sie schlugen ihn*, F 1959, R: François Truffaut), *À bout de souffle* (*Außer Atem*, F 1960, R: Jean-Luc Godard), *Hiroshima mon amour* (F/JAP 1959, R: Alain Resnais), *Jungfrukällan* (*Die Jungfrauenquelle*, S 1960, R: Ingmar Bergman) oder *Viridiana* (MEX/E 1961, R: Luis Buñuel) entstehen im gleichen Zeitrahmen, womit der europäische Autoren- und Erzählfilm um 1960 umschrieben sein soll. Bei so viel Konkurrenz mag es verwegen scheinen, *L'avventura* und Antonionis drei Folgefilmen die entschiedenste Einbringung von Modernität ins große Kino zuschreiben zu wollen.[23]

Umberto Eco nimmt in „Das offene Kunstwerk" (1962) *L'avventura* als Beispiel für den endlichen (gegenüber Literatur und Theater verspäteten) Einzug der modernen Erzählkunst in das Massenmedium Film/Kino, die er als „Auflösung der Handlung (im Sinne eines Setzens von eindeutigen Zusammenhängen zwischen den Ereignissen [...])"[24] beschreibt. „Unwesentliche und sinnlose" Handlungssegmente und Erlebnisse können, anders betrachtet, „zu Elementen einer expliziten Aussage über die Welt" werden. In seiner Poetik unterscheidet Eco klassisch zwischen Handlung und Aktion. Auch dann, wenn die Handlung noch eindeutig sein sollte, kann die Aktion die „Tönung von tausend Mehrdeutigkeiten annehmen und für tausend Deutungsmöglichkeiten offenstehen": „Bei einem Film wie *L'avventura* fragt man sich in vielen Augenblicken, ob er nicht das Ergebnis einer Live-Sendung hätte sein können"[25] – Eco behandelt in diesem Kapitel die Fernseh-Live-Sendung. „Doch ist hier sogleich ein Irrtum aufzuklären: das Leben in seiner Unmittelbarkeit hat nicht Offenheit, sondern *Zufälligkeit*." Allerdings gilt für Antonioni: „Die Offenheit von *L'avventura* ist das Ergebnis einer Montage, die die ‚zufällige' Zufälligkeit bewusst ausgeschaltet hat, um allein die Elemente einer ‚gewollten' Zufälligkeit einzuführen."[26]

In *L'avventura* verschwindet eine der Protagonistinnen des Films ungeklärt, sie – und damit die Haupthandlung – geht auch dramaturgisch verloren und wird schließlich vergessen, ja das „Verschwinden des Verschwindens" bildet die unsichere Basis einer neuen Beziehung ihrer alten Freunde. Der Verlust der Kontinuität in der Narration wird zum Schlüssel der Aktion, der Zufällig- und Brüchigkeit der neuen Liebes-Beziehung. *La notte*, am konventionellsten erzählt unter den vier Filmen, handelt von der ebenso unausweichlichen wie zufälligen Leere der Gefühle. Dem Sterben der Gefühle oder dem Verlust der Fähigkeit zu befriedigenden Objektbeziehungen gelten auch die Zeichen gegenwärtiger Wirklichkeit in *L'eclisse* und *Il deserto rosso*. Auffällig ist, dass in allen Filmen Frauen (gespielt von Monica Vitti und, in *La notte*, zusätzlich von Jeanne Moreau) im Zentrum stehen, nur sie sind in der Lage, ihre eigene und die allgemeinen Krisen der Gefühle und Beziehungen wahrzunehmen und eine wie immer geartete Reaktion zu versuchen.

In der Darstellung der äolischen Inseln und der innersizilianischen Landschaften in *L'avventura* wird nicht nur – wie bei den Plätzen der Kleinstädte – auf das Archaische verwiesen, sondern darüber hinaus auf die historische Eigen- und Widerständigkeit der Natur. Die materiell saturierten Menschen nähern sich dieser Landschaft, ohne deren Natur zu beachten, und beuten sie für den Luxus ihrer Kreuzfahrt aus. Als Anna verschwunden ist, werden sie bei ihrer Suche plötzlich mit dieser rohen Naturlandschaft konfrontiert. So wie sie den alten Hirten nicht verstehen, finden sie auch kein Verhältnis zu dieser Natur. Sie ist gleichsam stärker als die Menschen, weil eins mit sich selbst.[27]

Irmbert Schenk

Die (vorwiegend anorganische) harte, karge Natur wird hier zum Gegenbild der Beziehungs- und Identitätsschwäche der Menschen, sie stellt das „vom Menschen Ungemachte", „das vom Stoffwechsel mit ihm weithin Unbetroffene"[28] dar. Die „erhabene Gleichgültigkeit" (Rilke) der Natur steht dem umfassendem Verlust an Kohärenz und Sinn bei den Menschen entgegen. Von dort nimmt Antonionis Umschreibung der Geschichts- und Subjektlosigkeit qua natürlicher Landschaft ihren Ausgang (wozu noch viele Stadtlandschaften kommen). Wir finden sie ähnlich konzentriert wieder in der afrikanischen (*Professione: reporter*) und US-amerikanischen Wüste (*Zabriskie Point*). Von vergleichbaren Verwendungen im späteren europäischen Film (Wim Wenders, Bernardo Bertolucci) unterscheidet sich Antonionis Darstellung dadurch, dass sie sich der romantischen Vorstellung von Natur verweigert, durch sie der Last der Moderne entfliehen und das Glück der Kindheit respektive Unschuld erlangen zu können. „Natur-" und „Geschichtslosigkeit" werden beim Spurensucher Antonioni nicht remystifiziert (wobei *Il deserto rosso* und *Zabriskie Point* allerdings Re-Mystifikationen in Traumvisionen sozusagen zitieren). Auch die Entfremdung von Natur wird allenfalls durch den Tod aufgelöst.

Bei der Suche nach der in den Filmen präsentierten Vorstellung vom Ablauf der Geschichte steht natürlich ihre Erzählstruktur zuerst im Blickfeld. Wenn Anna in *L'avventura* verschwindet, dann kann man in einer herkömmlichen Erzählung auf ihr Wiedererscheinen oder zumindest die Aufklärung ihres Verschwindens hoffen. Bei Antonioni geht ihre Geschichte aber verloren, verschwindet hinter neuen Geschichten und Beziehungen, die sich anbahnen, ohne ihrerseits das Versprechen eines ausgeführten oder gar glücklichen Endes zu geben. Im offenen Ende von *L'eclisse* geht mit dem Spielfilm auch die Anthropozentrierung verloren. Hier bleibt nicht nur die neue Beziehungsgeschichte von Claudia offen, nachdem zu Beginn des Films eine frühere zu Ende ging, sondern eröffnet wird hier zugleich der Verzicht auf menschliche Protagonisten als Verkörperung erzählter Geschichten zugunsten von dokumentarischer Abbildung der Alltagswelt, deren Verlaufslogik autonom, sozusagen filmnarrationsfrei und zufällig ist. Der Verzicht aufs filmische Personal und ihre Handlungsgeschichten räumt den Platz frei für die Kontingenz der äußeren Welt, der Welt im Allgemeinen. Auch wenn ich den Schluss für nicht zutreffend halte, so sei hierzu doch die (sehr) plastische Beschreibung von Thomas Christen zum „narrativen Programm" Antonionis wiedergegeben:

> Eine Ursprungsidee verliert ihre Bedeutung, die Erzählhierarchie gerät durcheinander, Erzählstränge, die zunächst wichtig scheinen, gehen verloren oder entwickeln sich nicht weiter, Nebensächliches wird bedeutsam, wichtige Fragen bleiben offen, Kausalketten zerfallen, eine narrative Trümmerlandschaft entsteht, die den Blick auf anderes lenkt – inhaltlich auf die ‚Krankheit der Gefühle' der Protagonisten oder auf Fragen der formalen Umsetzung: die Form schluckt den Inhalt.[29]

Antonionis radikaler ästhetischer Aufbruch

Alain Delon und Monica Vitti in *L'eclisse* (*Liebe 1962*, I/F 1962).

Auffällig in *L'eclisse* ist außerdem die filmische Präsentation des linearen Zeiterlebens, in dem der „moderne" Zeit-Rhythmus verinnerlicht ist. Als Schlüsselszene dafür kann die Börsenszene gelten (die für die gesamte Lebensorganisation des männlichen Protagonisten steht). Vittoria setzt dem Widerstand entgegen, muss aber lernen, sich diesen übermächtigen Verhältnissen auch in ihrem Wunsch nach Liebe anzupassen. Die motorische Dynamik des modernen Lebens ist hier zum Index der „Wüste", der Verkümmerung der Natur des Menschen als Gattungswesen geworden.

Irmbert Schenk

In den bisher genannten Filmen bewegen sich die Personen immer noch „realitätsgerecht" in der äußeren Welt, immer auf der Suche nach befriedigenden Objektbeziehungen und immer ohne dauerhaften Erfolg, d. h. ohne Sicherheit sowohl über die Beziehung wie letztlich über die eigene Identität. *Il deserto rosso* zeichnet darüber hinaus noch eine andere Dimension der Störung auf, die Zerstörung des eigenen Leibes, der Gesundheit. Anders als die Protagonistinnen in den drei anderen Filmen der Tetralogie ist Giuliana nämlich manifest psychisch und psychosomatisch krank (mit Suizidversuch und Aufenthalt in einer psychiatrischen Klinik). Hier erscheint also eine zusätzliche Dimension der Zerstörung der menschlichen Identität und Beziehungsfähigkeit, deren psychodynamischer Bewegungsmotor umfassende „Angst" ist. Giuliana steht, empfindsamer als die anderen, schizoid in Angst gespalten zwischen den verdrängten Bedürfnissen ihrer „ersten" inneren Natur und der verdrängungsverursachenden gesellschaftlichen Konvention. Wobei auch in diesem Film wieder einer Frau die entwickeltere Sensibilität der Wahrnehmung und des Versuchs der (Ver-)Änderung zugeschrieben wird, während die Männer unbeweglich in ihren Konventionen verharren.

Wie später noch einmal in *Zabriskie Point* taucht in *Il deserto rosso* erstmalig ein Gegenbild zu dieser Zerstörung auf. Giuliana erzählt ihrem Sohn, als dieser mit dem Resultat der Vermehrung ihrer Angst eine Lähmung seiner Beine simuliert, eine Geschichte von einem glücklichen Mädchen auf einer Art Südseeinsel. Auf die Tonspur mit ihrer Erzählung (später ergänzt von einem geheimnisvollen liedartigen Ton, den das Mädchen hört) wird durchgängig die Bild-Sequenz einer Traumvision vom „Paradies" montiert. (Das *primitive* Glück

Monica Vitti in *Il deserto rosso* (*Die rote Wüste*, I/F 1964).

in heiler Natur hat allerdings den kleinen Mangel, dass das Mädchen „allein" ist, sich „aus Angst"[30] von den Menschen abgesondert hat, und dass selbst das vorbeifahrende Schiff ohne Menschen ist ...). Die Darstellung dieser Gegenvision geschieht in reinen Farben entgegen dem beängstigenden Gebrauch von technisch-synthetischen, abstrakt geometrisch voneinander abgetrennten oder Mischfarben im restlichen Film. Die Farben der Vision sind sozusagen die guten, die des Glücks, die anderen die schlechten, die der Angst. Diese Farbdramaturgie entspricht Antonionis vorab zur Arbeit mit Farbfilm gemachter Erklärung von 1961, in die Farben eingreifen zu wollen, den Film zu malen, „wie man ein Bild malt"[31]; oder wie er später zur Farbe im „Forschungsfilm"[32] *Il mistero di Oberwald* (*Das Geheimnis von Oberwald*, I/BRD 1981) erinnernd gesagt hat: „Ich würde immer noch machen, was ich zu Zeiten von *Deserto rosso* einen ‚Gewaltangriff auf die Realität' nannte"[33].

V

In dem auf *L'avventura* folgenden *La notte* erscheinen Erzählstruktur und Handlungsgeschichte weniger radikal zugespitzt. Lidias Gang durch die Straßen Mailands, zuerst in der Innenstadt, dann in der ihr von früher bekannten und jetzt doch fremden Welt der proletarischen Vorstädte (Sesto San Giovanni mit der Breda-Fabrik) dient nicht mehr der Spiegelung und Festigung ihrer Biografie und Identität wie noch das Turin für Clelia in *Le amiche* (*Die Freundinnen*, I 1955), sondern wird Ausdruck ihrer Fremdheit in einer Objektwelt, von der sie ebenso geschieden ist wie von der Befriedigung ihrer Bedürfnisse erster Natur. Wilfried Berghahn hat dies bereits in seiner schönen Kritik nach der Erstaufführung bei den Berliner Filmfestspielen 1961 (Goldener Bär bei großer Irritation des Publikums) wahrgenommen:

> Offensichtlich dient die mailänder Stadtlandschaft als Äquivalent für Lidias innere Verfassung, und dennoch ist sie nicht seelische Landschaft (...). Antonioni sucht keine Atmosphäre, er setzt seinem Objektiv keine psychischen Filter auf, sondern umstellt gerade im Gegenteil Lidias Innenwelt mit bestürzend realen Gegenständen, deren nackte Dinglichkeit jeden Identifikationsversuch abprallen lässt. Bei Fellini sind Ich und Welt eins; jede Figur steht vor dem ihr zugehörigen Hintergrund. Bei Antonioni herrscht strenges Gegenüber. (...) Die Dinge wirken in ihrer Undefiniertheit schockierend. Es ist, als würden sie zum ersten Mal gesehen.[34]

Berghahn bemerkt auch das Neue der Erzählstruktur (in *La notte*, das einen Zeitraum von 18 Stunden behandelt, würden „keine Vorgeschichten"[35] dargestellt) und Antonionis Anbindung der Zuschauerwahrnehmung an das gegen-

Irmbert Schenk

Marcello Mastroianni und Jeanne Moreau in *La notte* (*Die Nacht*, I/F 1961).

wärtige Sichtbare der äußeren Erscheinung: „Alles in diesem Film erscheint als Oberfläche. Kaum eine Spur von Intrigue, keine Geheimniskrämerei dramatisiert den Ablauf."[36]

Das Scheitern des Versuchs der Rekonstruktion von Biografie und Identität verdeutlicht vor allem die Schlusssequenz im Park der Mailänder Industriellenvilla. Hier wird am Ende der Nacht die lieblich gezeichnete Natur des Parks in die Stadt hineingeholt als Untergrund für eine Szene, in der die Leere der Beziehung zwischen Giovanni und Lidia endgültig verdeutlicht wird, indem ihr, fast sarkastisch, nur noch die Form reduzierter männlicher Sexualität übrig gelassen wird. Sieht man den Film von diesem Ende her, dann wird die Sinnlosigkeit der vorgängigen Kommunikationsversuche ebenso deutlich wie die Brüchigkeit der (Re-)Konstruktionen von Identität und Geschichtsverlauf.

Blow Up zeichnet eine merkwürdige Zweideutigkeit bezüglich Modernisierung aus. Auf der einen Seite ist Antonioni (in diesem dank der MGM-Werbung größten Publikumserfolg) unverkennbar von der (verglichen mit Italien) „modernen Modernität" des Swinging London der 1960er Jahre fasziniert. Sozusagen in der Mitte von Faszination und Unbehagen wird die Konzentration auf die Oberfläche des Sichtbaren schon in der personalen Anordnung des Films mehrfach zugespitzt: Die (jetzt erstmals seit *Il grido* wieder männliche) Hauptfigur Thomas ist von Beruf Mode- und Werbefotograf, gut im Geschäft und pragmatisch entscheidungsfähig im Jetzt einer Situation ohne Last von Vergangenheit; die Welt sieht er allerdings nur noch durch den Sucher der Kamera. Dabei hat Thomas keinerlei tiefergehende Beziehung mehr zu anderen Menschen, was ihn auch nicht (mehr) bekümmert. Was ihn bekümmert, ist vielmehr der gänzlich unerwartete (und auch für den Zuschauer unbeantwortete) Zweifel, dass die Objektivität der physikalischen Reproduktion von Wirklichkeit mit Hilfe der Fototechnik infrage stehen könnte. Angerührt ist hier über die Dimension der solipsistischen Erkenntnis hinaus die der Wahrnehmung allgemein und der Ingebrauchnahme von Technik bei der Wahrheitsfindung. Die Fototechnik dient der verbesserten Aneignung von Wirklichkeit, aber sie verursacht auch die prinzipiellen Zweifel an der Wahrnehmbarkeit von Wirklichkeit (wenn nicht an der Existenz von „Wirklichkeit" selbst)[37]. Ein Vorgang, der sich beim Reporter David Locke und seinen Afrika-Dokumentationen in *Professione: reporter* zehn Jahre später wiederholen wird. Auffällig an *Blow Up* ist, dass sich das diesbezügliche Geschehen (oder Nicht-Geschehen im üblichen Handlungssinn) im äußeren Rahmen eines üppig wachsenden Londoner Parks abspielt. Der städtisch-dynamische Protagonist ignoriert diese in die Stadt hineingenommene organische Natur völlig, für den Zuschauer kann dagegen durch die filmische Darstellung eine Empfindung entstehen, als ob diese Natur, im Gegensatz zu den Menschen und ihrer Technik, in sich bewegt und für sich auch frei von Zweifel sei: Die Bäume bewegen sich, das Grün hat Kraft und

Nuancen, und auf der Tonspur sind nur O-Geräusche zu hören: Wind, Vogelgezwitscher, Blätterrauschen – als ob die Natur atmete: Natur also als in sich Sinn tragende Entität – im Gegensatz zur Kontingenz der Geschichte des Menschen und seiner Hervorbringungen.

Diese Empfindung wird im nächsten, erneut im Ausland (USA) gedrehten Film Antonionis, *Zabriskie Point*, wieder aufgenommen, ebenfalls widersprüchlich und ambivalent (z. B. im Gebrauch der modernen Fortbewegungsmittel Auto und Flugzeug). Der in Breitwandformat gedrehte Film ist im dauernden Kampf mit dem Hollywood-Studio-System und der indirekten US-Zensur entstanden und in Italien zu Ende geschnitten. Ohne auf die explizit politische Einbettung des Films einzugehen: Die südkalifornische Landschaft einschließlich der Wüste des Death Valley erlaubt Mark und Daria „Leben" auf einer kurzen Flucht aus der wüsten Stadtlandschaft von Los Angeles in die (fast) unberührte Naturlandschaft der Wüste, ins außerhistorische Hier und Jetzt, außerhalb der Zwänge der linearen Zeit, der Konvention und der gesellschaftlichen Repression – und damit auch die Erfüllung ihrer Bedürfnisse erster Natur. „Zabriskie Point" ist sowohl ein Aussichtspunkt oberhalb des „Tal des Todes" (Death Valley) wie ein „mythischer Ort der Indianer"[38]. Das In-eins-Sein mit Natur ohne Entfremdung wird in einer Traumvision überhöht mit dem Love-in vieler sich umarmender Paare, das – bei Antonioni doppelt ungewöhnlich – mit Musik von Pink Floyd unterlegt ist. In dieser Zeichnung von Glück und Unschuld, von Rückkehr in den Ursprung, der Aufhebung des kultur- und biografiebedingten „Verdrängten" schwingt zweifelsohne ein Stück Romantisierung, „Remythisierung der Natur und des Leibes"[39] aus alternativen Bewegungen der Zeit mit. In der auffälligen Zuwendung zur Natur schlägt sich jedoch weniger die ökologische Dimension des „Zurück zur Natur" oder der Versöhnung von Mensch und Natur bzw. Umwelt nieder, wie sie in den 1980er und 1990er Jahren häufig geworden ist, als vielmehr die oben beschriebene „Einsicht in die Kontingenz"[40] der Welt. Natur fungiert hier sowohl als Synonym für Glück und wie als Inbegriff des „Zufalls" (Nietzsche). Sie verbleibt auffällig ungeschichtlich; als Gegenfolie zur unerträglichen Geschichtlichkeit der menschlichen Existenz vertritt sie das „Andere der Vernunft"[41], wie in der heutigen Kritik an Rationalismus und Anti-Natur der Moderne gesagt werden könnte.

Dieser Überhöhung von Natur folgt im Film jedoch, wie Alberto Moravia in seiner schönen Interpretation mit Bezug auf das Freud'sche Eros-Thanatos-Paar deutlich macht,[42] die für Mark vernichtende Rückholung in Geschichte und Gesellschaft. Ergänzt wird sie – in einer für Antonioni einmaligen Dramatisierung – durch die halluzinatorische Schlussapokalypse der großen Explosion, in der die Villa des Grundstücksspekulanten, aber vielleicht auch alles zerstört wird ...

VI

Am Schluss dieses Streifzugs durch Antonionis Filme sei noch einmal der Bogen von *Il grido* zu *Professione: reporter* aufgenommen. *Professione: reporter* beginnt in einer Landschaft, die gleichzeitig für absolute Horizontalität, unendliche Weite und Leere, nicht endende Zeitdehnung und Zeitlosigkeit bei gleißendem und alles versengendem Licht steht: der Wüste (deren Lage später dem Tschad zugeordnet wird).[43] Dort fasst David Locke, der eigentlich Guerillakämpfer für das Fernsehen interviewen soll, den spontanen Entschluss, die Identität eines gerade im Nachbarzimmer des Wüstenhotels verstorbenen, ihm unbekannten Mannes anzunehmen. Es sind dann dessen Verstrickungen und Termine als Waffenhändler, die seinen weiteren Weg bestimmen. Die Aufgabe seiner nominellen Identität und die Übernahme einer Zufallsidentität führen ihn schließlich über London, München und Barcelona in den Tod im Hotel *de la Gloria* auf einem lethargisch in der Nachmittagshitze erstarrten südspanischen Dorfplatz, der wieder an Wüste erinnert. Leere der äußeren Natur, Sinnleere von Biografie und Abscheu vor der erzwungenen Identität „zweiter Natur" paraphrasieren die Sinnlosigkeit der Existenz und die Zufälligkeit des Geschichtsprozesses, der ihr vorgeblich Struktur geben soll. Sie kulminieren in Lockes Tod durch einen Mord, der dem Waffenhändler Robertson gilt.

Nicht nur die erzähltechnische Beliebigkeit des Nebeneinander von Schauplätzen in *Professione: reporter*, sondern auch deren äußerlich nicht erkennbare Kreisbewegung von Afrika über Nord- und Mitteleuropa in die Lethargie und Menschenlosigkeit südspanischer Plätze – wie schon bei den Plätzen Siziliens in *L'avventura*, dort aber noch als etwas den norditalienischen Protagonisten Fremdes – regt die Empfindung archaischer Räume und Zeitvorstellungen an. Darin erscheint, was Mircea Eliade für den „vorgeschichtlichen" primitiven Menschen in archaischen Gesellschaften beschreibt: Der Versuch der „Vernichtung der konkreten Zeit", „die Weigerung, eine Erinnerung an die Vergangenheit zu bewahren",[44] die „Zurückweisung der profanen, kontinuierlichen Zeit"[45]. David Lockes „anti-moderner" Versuch der Aufgabe seiner bürgerlichen Identität und der Entwertung der Kontinuität von (Lebens-)Zeit kann – wie schon bei Mark in *Zabriskie Point* – vom Zuschauer als Konsequenz aus der Einsicht in den „Schrecken der Geschichte" (des aufgeklärten 20. Jahrhunderts *und* der eigenen Lebensgeschichte) nachgespürt werden.[46] Der innerlich noch *moderne* Mensch Locke will zwar nicht mehr „Schöpfer der Geschichte"[47] sein, bleibt aber ambivalent noch in der Vorstellung der (Hegel'schen) historischen Notwendigkeit. Daraus folgt die Zwangsläufigkeit seines Todes, die jedoch nicht mehr in die existenzialistische Heroisierung der Verzweiflung als letztem Freiheitsakt, wie noch beim (vermutlichen) Selbstmord in *Il grido*, eingebettet wird. Die Plansequenz verlässt so den Protagonisten und die Handlungsstory, um auf dem Platz

Irmbert Schenk

Jack Nicholson in *Professione: reporter* (*Beruf: Reporter*, I/E/F 1975).

vor der Arena in der Kontingenz der Ereignisse zu kreisen, während der Tod eintritt. Wie schon in *Il grido* bestärkt die Ungewissheit der Zuschauer über den Tod – hier wird der wahrscheinliche Mord nicht gezeigt, gilt aber ohnehin einem anderen, dort bleibt die Frage nach Selbstmord oder Unfall offen – die Wahrnehmung des Todes als (existenzialistisch-postmodernes) Fazit der Sinnlosigkeit von Existenz und Geschichte. Erzeugt wird eine Art horizontaler Polysemie des Herumstreifens in der Welt, vom Leben in den Tod, beim Fehlen eines Zusammenhangs. Oder um noch einmal im Rückblick auf *Il grido* Sartres Aufsatz über Camus' „Der Fremde" zu zitieren: „Der Tod, der unreduzierbare Pluralismus der Wahrheiten und der Wesen, die Unerkennbarkeit des Wirklichen, der Zufall – das sind die Pole des Absurden."[48]

Darin findet filmästhetisch buchstäblich „die Entzauberung respektive der Tod des Subjekts" statt, die „Verabschiedung der Subjektzentrierung" der Moderne[49] – wobei der gesamte Film allerdings auch diesem Moment keine Eindeutigkeit gibt, vielmehr eine tiefliegende inhärente Ambivalenz (und somit unterschiedliche Gefühle und Interpretationen beim Zuschauer) eröffnet. Übrigens weist *Professione: reporter* schon in der Anfangssequenz in der Wüste auf filmästhetisch Neues hin, indem die im Fiktionskino tradierte Aufnahmenorm der subjektiven Kamera unvermittelt verlassen, damit dem Zuschauer die gewohnte Anbindung seiner Augen an die Blickperspektive des Protagonisten verweigert wird.[50]

Antonionis radikaler ästhetischer Aufbruch

Antonioni deutet auch selbst bereits früh, nämlich 1961, einen solchen komplexen Zusammenhang von Form und Inhalt an, wenn er beschreibt, wie er von Film zu Film mehr die „normalen und konventionellen Techniken und Erzählweisen des Films" verlassen, die Personen in „scheinbar zweitrangigen Augenblicken" (d. h. nach dem eigentlichen „Dreh") mit der Kamera weiterverfolgt oder die „logischen Erzählknoten" entfernt hat. Er begründet diese „Arbeit der Entäußerung" mit den Sätzen:

> Die Wahrheit unseres täglichen Lebens ist nicht mechanisch, konventionell oder artifiziell, wie es uns im allgemeinen die Geschichten, wie sie im Film gebaut sind, erzählen. Der Ablauf des Lebens ist nicht ausgleichbar. Es ist ein Ablauf, der sich bald überstürzt, bald langsam verläuft, der jetzt stagniert, jetzt dagegen durcheinanderwirbelt.[51]

Wenig später zitiert er Lukrez, der gesagt habe, „nichts ähnele sich selbst in dieser Welt, in der nichts beständig sei. Beständig sei nur eine geheime Kraft, die jedes Ding umkehre".[52]

Ich hoffe, dass dieser Streifzug durch die Filme von Michelangelo Antonioni meine Behauptung, dass er wie kaum ein anderer für die Modernität der Filmgeschichte nach 1960 stehe, belegen konnte. Ich habe zum einen zu zeigen versucht, wie seine Darstellung der Beziehung des Menschen zur Natur zusammenfällt mit seiner Darstellung der Beziehung der Menschen zueinander und zu sich selbst: So wie jene äußerlich, „zweite Natur" ist, ist es auch diese. Der Mensch ist sich seiner inneren Natur fremd als einer verinnerlichten zweiten Natur der Moderne. Antonioni bringt diesen Befund in eine auf das Wesentliche des Sichtbarmachens komprimierte Filmform, ohne dabei ins Abstrakte von bebilderten Pamphleten zu fallen. Für die Filmgeschichte ist er in diesen komplexen thematischen Bezügen normbildend.[53]

Zum anderen ist diese Darstellung eingebettet in ein prozessuales Gewebe von Filmform und Filmsinn, das immer deutlicher die Frage der subjektzentrierten Sinnhaftigkeit respektive der Kontingenz von Geschichte stellt. Ohne selbst puristisch einen Paradigmenwechsel vorzunehmen, spürt Antonioni (unter Einschluss der Ambivalenz und der Mehrdeutigkeit des zugrunde liegenden Lebensgefühls) das zentrale Paradigma der *Post-Moderne* im Erfahrungszusammenhang der Menschen auf. Im Gegensatz zur oft manierierten Selbsthypostasierung vieler postmodernen Programmatiken und Philosopheme bleibt Antonioni auf dem Boden der Erlebniswirklichkeit in der Darstellung der Ungewissheit menschlicher Existenz.[54] In der frühen *filmischen* Mitteilung dieses Gespürs wirkt er – mehr als die meisten Regisseure seiner Zeit – normbildend für die Geschichte der Filmästhetik.

Nüchtern und luzid ist seine Filmkunst auch deshalb, weil sie – um mit Adorno zu reden – „nicht Utopie sein darf", „um nicht Utopie an Schein und Trost zu verraten", also dem „Schein von Versöhnung"[55] unversöhnlich absagt.

Irmbert Schenk

1. Michelangelo Antonioni, „Die Krankheit der Gefühle", in: *Der Film. Manifeste, Gespräche, Dokumente*, hrsg. von Theodor Kotulla, Bd. 2, München 1964, S. 83–110, hier S. 85 und S. 97.
2. Die strikte Ablehnung des traditionellen Gebrauchs von Musik im Film stellt die entschiedenste Stellungnahme in Antonionis theoretischen Äußerungen zum Film dar. Vgl. z. B. Kotulla, *Der Film* (s. Anm. 1), S. 105 ff., oder das schriftliche Interview mit Pierre Billard, in: *Wie sie filmen*, hrsg. von Ulrich Gregor, Gütersloh 1966, S. 85 f.
3. Umberto Eco, *Das offene Kunstwerk*, Frankfurt/M. 1977, S. 202 ff.; Peter Wuss, *Die Tiefenstruktur des Filmkunstwerks*, Berlin/Ost 1990, 2. Aufl., S. 135 ff., knüpft an Eco an, beschwert jedoch seinen interessanten Ansatz über den Tiefenstruktur-Begriff durch eine kognitions- und informationstheoretisch orientierte, in der Tendenz positivistisch auf das Auffinden statistischer Regelhaftigkeit gerichtete Argumentation.
4. EUR (Esposizione Universale di Roma), das 1938 für die im Jahr 1942 geplante Weltausstellung begonnene und erst nach 1951 allmählich fertiggestellte moderne Stadtviertel zwischen Rom und dem Meer.
5. Jean-François Lyotard, *Das postmoderne Wissen. Ein Bericht*, Wien 1986 (= edition Passagen, 7), S. 54 und S. 112 f.
6. Das Mädchen wird von Maria Schneider dargestellt, die eine vergleichbare Rolle bereits zwei Jahre zuvor in Bertoluccis *Ultimo tango a Parigi* (*Der letzte Tango in Paris*, I/F 1972) gespielt hat.
7. Antonioni, „Die Krankheit der Gefühle" (s. Anm. 1), S. 96 f.
8. Klaus Horn, „Emanzipation aus der Perspektive einer zu entwickelnden Kritischen Theorie des Subjekts", in: *Emanzipation*, hrsg. von Martin Greiffenhagen, Hamburg 1973, S. 287.
9. Ebenda, S. 287.
10. Ich fasse Bezeichnungen eines guten Antonioni-Kenners, Guido Aristarco, zusammen (der bezüglich Antonioni vom Saulus (bei *Il grido*) zum Paulus wurde und übrigens beim späteren Werk immer wieder interessante Querverweise zu Musils „Mann ohne Eigenschaften" macht, was auch für meine Argumentation hier von Interesse ist). Vgl. Guido Aristarco, *Su Antonioni*, Rom 1988, S. 18 und passim.
11. Seymour Chatman, „Le innovazioni narrative di Michelangelo Antonioni", in: *Michelangelo Antonioni. Identificazione di un autore*, hrsg. von Giorgio Tinazzi, Bd. 2, Parma 1985, S. 19 f.
12. Ebenda, S. 29.
13. Michelangelo Antonioni, *Bowling am Tiber. Erzählungen* (1983), München 1992 S. 116.
14. Aristarco, *Su Antonioni* (s. Anm. 10), S. 12.
15. Wilfried Berghahn, „*Die Nacht. La Notte*", in: *Filmkritik* 8/61 (August 1961), S. 396.
16. Hartmut Böhme, *Natur und Subjekt*, Frankfurt/M. 1988, S. 7.
17. Der Verweis von *Il grido* zu Viscontis *Ossessione* (*Von Liebe besessen*, I 1943) ist üblich; er kann m. E. aber nur vorrangig für inhaltliche Aspekte und für die Landschaft und weniger für die Film-Form gelten. Antonioni selbst betont bezüglich *Ossessione* die Gleichzeitigkeit seines Films *Gente del Po*.
18. Dem entspricht auch der Gebrauch von Musik in *Il grido*, die zwar schon außerordentlich sparsam und tonal ungewöhnlich eingesetzt wird (kleines Orchester am Anfang und am Schluss und dazwischen wenige Piano-Passagen), aber doch noch die herkömmliche Funktion der atmosphärischen Stimmungsuntermalung erfüllt (die Musik ist, wie fast immer, von Giovanni Fusco geschrieben).

[19] Jean-Paul Sartre, „Explication de L'Étranger", in: *Cahiers du Sud* 253 (Februar 1943); erneut in: *Situation I*, Paris 1947; zit. nach J.-P. Sartre, *Der Mensch und die Dinge. Aufsätze zur Literatur 1938–1946*, Reinbek 1978, S. 89.

[20] Roland Barthes, „Cher Antonioni", in: *Cahiers du cinéma* 311 (Mai 1980). Deutsch zitiert nach: Roland Barthes „Weisheit des Künstlers, in: *Michelangelo Antonioni*, hrsg. von Peter W. Jansen und Wolfram Schütte, München/Wien 1984, S. 65–70, hier S. 67; anders übersetzt auch in: *Michelangelo Antonioni. Sämtliche Filme*, hrsg. von Seymour Chatman und Paul Duncan, Köln u. a. 2004, S. 49.

[21] Die Bedeutung von Albert Camus – „Der Fremde" z. b. erscheint italienisch erstmalig schon 1947 – für die intellektuellen und öffentlichen Diskurse in Italien in den 1950er Jahren ist enorm; Antonioni, mit der französischen Kultur gut vertraut, nennt Camus mehrfach in Interviews, ohne allerdings einen direkten Einfluss anzuführen.

[22] *L'avventura* (*Die mit der Liebe spielen*, I/F 1960), *La notte* (*Die Nacht*, I/F 1961), *L'eclisse* (*Liebe 1962*, I/F 1962), *Il deserto rosso* (*Die rote Wüste*, I/F 1964).

[23] Geoffrey Nowell-Smith z. B. argumentiert unter Verweis auf die Geschichte der Malerei: „It is hard to overstate the importance of *L'avventura* when it came out in 1960. If the new cinemas in general represented a break with the academicism of the studio film comparable to that in painting begun with Courbet and consummated by the Impressionists, then Antonioni was like Cézanne, offering a vision of space, bodies and surfaces that was a revolution within a revolution, and one for which the world was not, and perhaps still is not, prepared." Vgl. Geoffrey Nowell-Smith, *L'avventura*, 2. Aufl., London 2002, S. 12.

[24] Eco, *Das offene Kunstwerk*, (siehe Anm. 3), S. 200 f.

[25] Ebenda, S. 203.

[26] Ebenda.

[27] Interessant im Zusammenhang meiner Interpretation der späteren Antonioni-Filme ist – über die differenzierte Bestimmung von Antonionis Verhältnis zum Neorealismus hinaus – eine Beobachtung, die Leonardo Quaresima zur Beziehung von Person-Landschaft resp. Mensch-Umwelt bereits in zentralen Sequenzen von *Cronaca di un amore* (*Chronik einer Liebe*, I 1950) macht: „Die Landschaft erscheint resistent, intransitiv. Zwischen der Physiognomie der Landschaft und der der Personen im Film gibt es keine wechselseitige Ergänzung." Vgl. Leonardo Quaresima, „Da *Cronaca di un amore* a *Amore in città*: Antonioni e il neorealismo", in: *Michelangelo Antonioni. Identificazione di un autore*, hrsg. von Comune di Ferrara – Ufficio Cinema, Parma 1983, S. 46.

[28] Ernst Bloch, „Das Prinzip Hoffnung", in: ders., *Gesamtausgabe*, Bd. 5, S. 814 (zit. n. d. seitengleichen Werkausgabe Edition Suhrkamp, Frankfurt/M. 1977).

[29] Thomas Christen, „Kein Ende. Nirgends. Die Dramaturgie des Fragmentarischen", in: *du* 11 (November 1995), S. 64.

[30] „Mit den Erwachsenen zusammenzusein, langweilte sie, sie machten ihr Angst. Die gleichaltrigen Kinder gefielen ihr nicht, weil sie Erwachsensein spielten, und so war sie immer allein, zwischen den Kormoranen, den Möwen und den wilden Kaninchen." Vgl. Michelangelo Antonioni, *Il deserto rosso*, hrsg. von Carlo di Carlo, Bologna 1978, (= *nuc cinema* 8), dt. Übers.: Hamburg 1965, S. 125.

[31] Antonioni, „Die Krankheit der Gefühle" (s. Anm. 1), S. 108 f.

[32] Guido Aristarco, „Struttura epifanica e onda di probabilità", in: *Michelangelo Antonioni*, hrsg. von Giorgio Tinazzi (s. Anm. 11), S. 66.

[33] Michelangelo Antonioni zitiert nach: Claudia Lenssen, „Kommentierte Filmographie", in: *Michelangelo Antonioni*, hrsg. von Peter W. Jansen und Wolfram Schütte (s. Anm. 20), S. 75–234, hier S. 214.

[34] Berghahn, *„Die Nacht"* (s. Anm. 15), S. 395.
[35] Ebenda, S. 393.
[36] Ebenda, S. 394.
[37] Aus der letzten Szene (des fingierten Tennisspiels) ließe sich leicht ein „Die Welt" resp. „die Wirklichkeit als Imagination" resp. „Einbildung" machen – wenn es denn bei Antonioni um solche monolineare Deutung, um Ein-Deutigkeit ginge ... Am verwirrendsten für solcherlei Exegese ist etwas früher der Blick auf eine (im filmischen Bild) physisch präsente Leiche, die die „ganze" Filmargumentation von der entgegengesetzten Seite her aufzuheben scheint.
[38] Lenssen, „Kommentierte Filmographie" (s. Anm. 20), S. 181.
[39] Böhme, *Natur und Subjekt* (s. Anm. 16), S. 9.
[40] Brockhaus Enzyklopädie (Der Große Brockhaus), Bd. 15: Moe-Nor, 19. Aufl., Mannheim 1991, S. 373.
[41] Vgl. den Titel der Kant-Untersuchung von Hartmut Böhme/Gernot Böhme, *Das Andere der Vernunft*, Frankfurt/M. 1983.
[42] Alberto Moravia, „Auch die Kunst Antonionis ist explodiert" in: Michelangelo Antonioni, *Zabriskie Point*, Frankfurt/M. 1985, S. 86 ff.
[43] Gedreht ist *Professione: reporter* bei Illizi in der algerischen Sahara. Die folgende Bemerkung könnte vielleicht mehr als nur aphoristische Bedeutung im Zusammenhang meiner Argumentation haben: Im französischen Kolonial-Nordafrika (Algerien, Tunesien) sind geboren bzw. haben wichtige Abschnitte ihres Lebens verbracht: Albert Camus, Michel Foucault, Jean-François Lyotard, Jacques Derrida, Pierre Bourdieu.
[44] Mircea Eliade, *Kosmos und Geschichte*, Reinbek 1966, S. 73.
[45] Ebenda, S. 7.
[46] Der von einigen Autoren im Hinblick auf die Aufgabe der sozialen Identität gemachte Verweis auf Pirandello (insbes. den Roman „Il fu Mattia Pascal" und einige Novellen) erscheint mir fragwürdig, da dort die Abwendung von der Moderne aus der Perspektive ihres Aufkommens und hier aus der ihres möglichen Endes geschieht; zu Pirandello vgl. z. B. Irmbert Schenk, *Pirandello – Versuch einer Neuinterpretation*, Frankfurt/M. 1983.
[47] Eliade, *Kosmos und Geschichte* (s. Anm. 44), S. 114.
[48] Sartre, *Der Mensch und die Dinge* (s. Anm. 19), S. 76.
[49] Zum historischen Hintergrund solcher Schlagwörter vgl. die Aufsätze von Hans Robert Jauß, *Studien zum Epochenwandel der ästhetischen Moderne*, 2. Aufl., Frankfurt/M. 1990, v. a. S. 6–22 und S. 119–156.
[50] Vgl. dazu die Analyse dieser Szene in: Seymour Chatman, *Coming to Terms. The Rhetoric of Narrative in Fiction and Film*, Ithaca/London 1990, S. 52 f.
[51] Antonioni, „Die Krankheit der Gefühle" (s. Anm. 1), S. 85 f. und S. 89.
[52] Ebenda, S. 103.
[53] Wobei „Norm" nicht als materielles Substrat mit Sanktionsgewalt (etwa im Sinne von Schulenbildung), sondern als eine Art innerer Messlatte zu verstehen ist, an der man nicht umhin kann, sich – ggf. auch *ex negativo* – zu orientieren. Prozessual vergleichbar mit dem Kino von Luis Buñuel, das dabei sozusagen ein anderes Ende einer solch normativen Skala verkörpern würde, die kinematografische Repräsentanz der primären Triebnatur.
[54] Im Verlauf des Textes sollte deutlich geworden sein, dass ich den plakativ-epochalen Begriff der „Postmoderne" meide zugunsten der Bedeutung als Bestimmung eines umfassend neuen Lebensgefühls und veränderter Lebensformen. In diesem kommt dann auch der Ambivalenz im Sinne Zygmunt Baumans eine wichtige Rolle zu („Wenn die Moderne es mit der Erzeugung von Ordnung zu tun hat,

dann ist Ambivalenz der Abfall der Moderne." – „Das Andere des modernen Intellekts ist Polysemie, kognitive Dissonanz, polyvalente Definitionen, Kontingenz, einander überschneidende Bedeutungen in der Welt der sauberen Klassifikationen und Schubladen." Vgl. Zygmunt Bauman, *Moderne und Ambivalenz. Das Ende der Eindeutigkeit*, Hamburg 2005, S. 34 und S. 23. Weshalb *Postmoderne* auch problemlos als Weiterschreibung, „Redigierung" (Lyotard) der Moderne verstanden werden darf – oder in Baumans kritisch-diskursivem Gebrauch seit 2000 als „Flüchtige Moderne" („liquid modernity").

55 Theodor W. Adorno, *Ästhetische Theorie*, 2. Aufl., Frankfurt/M. 1974, S. 55.

Uta Felten

Träumer und Nomaden

Zum figuralen Muster der Suche im Film von Michelangelo Antonioni

> *Meine Filme sind immer Werke der Suche*
> Michelangelo Antonioni

„Fuga, vagabondaggio, sostituzione nell'irreale: quante volte si ripete questo motivo nelle opere di Antonioni"[1] – Fliehen und Flüchten, Herumirren, Suchen und Vagabundieren, Entgleiten der Handlung ins Irreale und Traumanaloge sind – das hat bereits die zeitgenössische Antonioni-Rezeption konstatiert – zentrale Motive und Narrationsmuster im Kino von Michelangelo Antonioni. In seiner 1960 erschienen Besprechung von *L'avventura* (*Die mit der Liebe spielen*, I/F 1960) bemerkt Alberto Moravia in diesem Zusammenhang:

> *L'avventura* ist ein Film, der insgesamt gedreht wurde, als ob er ein Traum wäre. Die Personen agieren in der Tat ohne erkennbare Ursachen, außerhalb jeder Psychologie, eben wie Traumpersonen. (...) Sie treten auf und gehen ab nach einem schlichten Verhaltensschema (...) Antonioni hat uns die die tieferen Ursachen nicht mitteilen wollen oder können. (...) Es fehlt (...) die Beschreibung der Gesellschaft, aus der die Inhumanität der Personen unmittelbar entsteht.[2]

Während für Alberto Moravia eben jene Traumanalogie des Kinos von Antonioni sowie seine Verweigerung kausaler, soziologischer oder psychologischer Erklärungsmuster noch ein Defizit darstellt, das er nicht als willentliche Absage an sinnkonstituierende Diskurse zu benennen weiß, wird die wahrnehmungsästhetisch orientierte Kinoforschung von Roland Barthes und Gilles Deleuze genau in jenen Merkmalen die radikale Diskurserneuerung des modernen italienischen Kinos erkennen. Welche sind mögliche Beschreibungskategorien für das moderne Kino von Michelangelo Antonioni? Wie kann man die ästhetischen Erneuerungen der modernen Filmsprache Antonionis aus einer epistemologischen, einer wahrnehmungsästhetischen und einer anthropologischen

Perspektive verorten? Das sind die Fragen, die wir im Folgenden am Beispiel ausgewählter Filme Antonionis verfolgen wollen.

Begriffe wie Riss und Umbruch sind in der Forschung zu Recht oft bemüht worden, um sich einer Definition des modernen Kinos anzunähern. In der aktuellen Medientheorie bei Gilles Deleuze und Michel Foucault fungiert der Begriff der „rupture", der Begriff des Risses, nicht nur als Schlüsseltheorem für die Ästhetik des modernen Kino, sondern auch als Generator einer *ré-écriture*, einer Umcodierung des Labyrinth-Mythos und als Beschreibung eines epistemolgischen Umbruchs, so z. B. in Michel Foucaults bekanntem Essay „Der Faden ist gerissen":

> Ariadne war es müde, auf Theseus Wiederkehr aus dem Labyrinth zu warten (...) Ariadne hat sich erhängt. (...) Der Faden ist gerissen und Theseus kommt nicht wieder. Er rennt und rast, taumelt und tanzt durch Gänge, Tunnel, Keller, Höhlen, Kreuzwege, Abgründe, Blitze und Donner. Er bewegt sich nicht in der gelehrten Geometrie des wohlzentrierten Labyrinths – sondern treibt einen abschüssigen Steilhang entlang. Er geht nicht der Stätte seiner Erprobung entgegen, wo der Sieg ihm Rückkehr verspricht – sondern fröhlich nähert er sich dem Monster. (...) Und er nähert sich ihm nicht, um diese Unform von der Erde zu tilgen, sondern um sich in ihrem Chaos zu verlieren (...). Der berühmte und so fest gedachte Faden ist zerrissen (...).[3]

Foucaults Essay liest sich wie eine Beschreibung der Antiheldinnen und Antihelden im Kino von Antonioni, die sich allesamt auf einem Abenteuer ohne Rückkehr befinden, sich willentlich im Chaos eines Labyrinths ohne Ausgang verlieren. Man könnte Foucaults Artikel auch als Replik auf die letzte Sequenz aus Pasolinis Film *Teorema* (*Teorema – Geometrie der Liebe*, I 1968), jener negativen Replik auf figurale Muster der Suche und der Erlösung, lesen, in der wir in der Schlusssequenz sehen, wie eine der Hauptfiguren schreiend, nackt einen Steilhang heruntertreibt, sich in einem entropischen Raum verliert.

Nicht zufällig operiert auch Gilles Deleuze in seinen philosophischen Schriften über das moderne Kino[4] mit den Begriffen des Kreises und des Risses. Kann doch, so Gilles Deleuze, das moderne Kino in einer ersten Annäherung als Lockerung des senso-motorischen Bandes verstanden werden, die im Riss des Bandes gipfelt. Jene Lockerung schafft, so Deleuze, Raum für Spazierengehen oder Herumirren, für einen Bummel, eine Ballade, für Ereignisse, die kaum mit jenen zu tun haben, auf die sie hinauslaufen[5], und bewirkt eine „Zunahme rein optischer Situationen". Es entsteht ein Kino, das als Schule des Sehens und nicht mehr als traditionelles Aktionskino angelegt ist: „C'est un cinéma de voyant, non plus d'action."[6]

Die Substitution des traditionellen Aktionskinos durch das Kino des Sehens hat wahrnehmungsästhetische Konsequenzen in Bezug auf unsere Rolle als

Zuschauer: Kehrt sich doch, so Deleuze, die Identifikation des Zuschauers mit der des Protagonisten um: „Die Figur wird selbst gewissermaßen zum Zuschauer."[7] Damit werden wir zu Voyeuren zweiter Ordnung, zu Sehenden von Protagonisten, die ihrerseits als Sehende fungieren, deren Vagabundieren, deren Ausgeliefertsein in optischen Dramen wir beobachten.

Am Beispiel von Antonionis Film *La notte* (*Die Nacht*, I/F 1961) lässt sich die nomadische Konstitution der Protagonisten des modernen italienischen Kinos als Suchende sowie ihre wahrnehmungsästhetische Funktionalisierung als Sehfilter besonders gut aufzeigen: Wirkt doch Lidia, die Protagonistin aus *La notte*, bei ihren scheinbar endlosen Spaziergängen durch die urbane Wüste Mailands wie eine Traumwandlerin, eine Nomadin ohne Ziel, deren Wege wir mitverfolgen, ohne zu wissen, ob wir ihrem Blick trauen können, ohne zu wissen, ob das, was sie sieht, noch der „realtà", einer objektiven Wahrnehmung, entspricht oder ob wir uns schon inmitten einer halluzinatorischen Vision befinden.

„C'è qualcosa terribile nella realtà" – „la realtà ci sfugge"[8] („Es liegt etwas Schreckliches in der Realität" – „die Realität entzieht sich") hat Antonioni vielerorts in seinen Selbstkommentaren bemerkt und damit implizit auf wahrnehmungsästhetische Theoreme von Pascal Bonitzer, Roland Barthes und Edgar Morin rekurriert, die das „Verhextsein", die permanente Ansteckung des Bildes durch das Imaginäre, die irreduzible ontologische Ambivalenz des Bildes immer wieder betont haben: „L'imaginaire ensorcelle l'image parce que celle-ci est déjà sorcière en puissance. Il prolifère sur l'image comme son cancer naturel."[9] – „Das Imaginäre verhext das Bild, weil dieses selbst schon der Hexerei verschrieben ist. Es wuchert im Bild wie dessen natürliches Krebsgeschwür."

Jeanne Moreau in *La notte* (*Die Nacht*, I/F 1961).

Zum figuralen Muster der Suche im Film

Monica Vitti und Gabriele Ferzetti in *L'avventura* (*Die mit der Liebe spielen*, I/F 1960).

Im Gegensatz zu Alberto Moravia, für den Antonionis Absage an psychologische und soziologische Erklärungsmuster aller Art noch ein Defizit darstellt, benennt Deleuze jene Absage an sinnkonstituierende Diskurse mit dem Begriff des Risses des senso-motorischen Bandes. Antonionis Filme zeigen eine Präferenz für unergründbare Protagonisten, deren Gestik und Motorik sich nicht mehr einem decodierbaren Affekt zuordnen lassen. Lidia, die Protagonistin aus *La notte*, ist eine prototypische Nomadin im Zeichen einer negativen Anthropologie, deren Handlung sich nicht mehr auf der Basis traditioneller Erklärungsmuster entschlüsseln lässt. Damit ist nicht nur der Konnex von Motorik und Affekt, das sogenannte senso-motorische Band der Protagonisten des modernen italienischen Kinos vom Riss affiziert, sondern auch die traditionelle Filmsprache, das visuelle Bild, selbst:

> Das Zerreißen des senso-motorischen Bandes affiziert nicht nur den Sprechakt (...) Ebenfalls affiziert er das visuelle Bild, das nun beliebige Räume freigibt, nämlich die für das moderne Kino charakteristischen leeren oder abgetrennten Räume.[10]

Michelangelo Antonioni zeigt in allen seinen Filmen eine Präferenz für figurale Muster der Suche, für labyrinthische, von Lücken und Rissen zersetzte Räume, lässt mit Vorliebe seine Figuren in urbanen und natürlichen Wüsten herumkreisen, hetzen, irren, plötzlich verharren, überraschende Richtungswechsel, scheinbar unmotivierte Vorwärts- und Rückwärtsbewegungen produzieren.

Der Verzicht auf klassisch-lineare Erzählmuster, der Rekurs auf strukturelle Muster des Labyrinthischen, die Lust am Elliptischen, an den Figuren des Kreisens und Wiederholens zeigt sich schon in *L'avventura*, der bei seiner Uraufführung 1960 bei den Filmfestspielen in Cannes beim Premierenpublikum auf Unverständnis stieß, von den zeitgenössischen Künstlern und Filmemachern hingegen als Diskurserneuerung und Beginn des modernen Kinos gefeiert wurde.[11] Als „giallo al rovescio", als willentliche Verkehrung des traditionellen Kriminalfilms und „l'art de l'interstice"[12] hat die avancierte zeitgenössische Theorie den Film gelesen, während die konservative Kritik in der willentlichen Disparatio einer der Hauptfiguren des Films und der antilinearen, labyrinthischen Filmsprache nur ein Defizit zu erkennen vermochte. Antonionis Rekurs auf Strukturen und Denkfiguren des Labyrinthischen manifestiert sich in *L'avventura* in doppelter Hinsicht: Da ist zunächst das konjekturale, das kriminalistische Labyrinth, das mit seinem figuralen Muster, der kriminalistischen Spurensuche als *générateur* der Handlung fungiert: Drei der italienischen Bourgeoisie angehörige Paare begeben sich auf einen Segelausflug auf die äolische Vulkaninsel Lisca Bianca bei Panarea. Im Anschluss an ein kurzes Streitgespräch zwischen Anna und Sandro verschwindet Anna spurlos. Nach einer kriminalistischen Spurensuche gibt der Großteil der Gruppe die Suche auf. Zurück bleiben Sandro und Annas Freundin Claudia. Das Ziel ihrer Suche entgleitet zunehmend. Die beiden werden zu Gefangenen eines selbst errichteten Labyrinths der Begierde, die den virtuell anwesenden Blicken der Verschwundenen ausgesetzt ist und sich im Gefängnis einer virtuellen Dreiecksanordnung bewegt, die nicht überwunden werden kann.

Pascal Bonitzer hat die von der Disparatio Annas zerfressene filmische Struktur auf eine überzeugende Formel gebracht:

> *L'avventura* ist vorgeblich die Geschichte eines Verschwindens, dessen Bedeutung und Ausgang nach und nach verblassen, bis die eigentliche Form und Struktur der Handlung auf gefährliche Weise belastet und beeinträchtigt sind; was also in Wirklichkeit verschwindet, ist das Verschwinden von Anna (was jedoch nicht bedeutet, dass sie wiederkommt).[13]

Mit anderen Worten: Das vermutete Labyrinth der kriminalistischen Spurensuche nach der verschwundenen Anna zu Beginn von *L'avventura* transformiert sich zum „labirinto del desiderio", zum Labyrinth einer Begierde, die in der Struktur eines Verbots gefangen bleibt, deren mögliche Überwindung bis zur letzten Einstellung aufgespart wird, die in einer scheinbar erlösenden Geste der Berührung gipfelt: Claudia läuft davon, hinaus auf eine weite Terrasse. Im Morgenlicht sieht man ihr verstörtes Gesicht, das in einer Großaufnahme kadriert wird. Sandro folgt ihr, setzt sich auf eine Bank. Claudia nähert sich, bleibt hinter der Bank stehen. Abrupt in eine Naheinstellung überspringend, sieht man ihre zögernde Hand, die sich langsam auf Sandros Hinterkopf legt.[14]

Zum figuralen Muster der Suche im Film

Kulminieren die labyrinthischen Narrationsmuster der amourösen Suche in den frühen Filmen Antonionis der 1960er Jahre noch in solchen scheinbar erlösenden, doch letztlich ambivalenten Gesten, so wuchern in den Filmen der späten 1960er und frühen 1970er Jahre die Strukturen eines permanenten Kreisens, das kein Ziel, kein Zentrum mehr kennt, sich im reinen Zirkulieren zu gefallen scheint.

Besonders deutlich lässt sich diese Verschiebung von einem amourös motivierten Strukturmuster der Suche zu einem wahrnehmungsästhetisch motivierten Problem der Suche am Beispiel von *Blow Up* (*Blow-Up*, GB/I/USA 1966) und *Zabriskie Point* (USA 1970) zeigen: Kann doch die Geschichte des Fotografen und Voyeurs Thomas aus *Blow Up*, der im Park ein vermeintliches Liebespaar fotografiert und in der Vergrößerung, im Blow-up des fotografischen Bildes zu Hause glaubt, einen Mord entdeckt zu haben, als Parabel über die irreduzible Mehrdeutigkeit des filmischen und des fotografischen Bildes gelesen werden, über die überall lauernde Ansteckung des Bildes durch das Imaginäre, das im Bild wuchert, wie dessen natürliches Krebsgeschwür. Antonioni selbst hat in einem seiner Essays das Problem der Polyvalenz der visuellen Wahrnehmung, das Verschwinden der „realtà" auf eine Formel gebracht, die er nicht zufällig in der Schlusssequenz seines gemeinsam mit Wim Wenders gedrehten Films *Al di là delle nuvole* (*Jenseits der Wolken*, I/F/BRD 1995) seinem Alter Ego, der Figur des Regisseurs und Fotografen in den Mund legt:

> Wir wissen, dass sich hinter jedem offenbarten Bild der Wirklichkeit ein anderes verbirgt, das der Wirklichkeit möglicherweise mehr entspricht und hinter diesem wieder ein anderes und hinter diesem wieder ein anderes und so weiter bis zu jenem wahren geheimnisvollen absoluten Bild der Wirklichkeit, dass niemand jemals zu sehen bekommt oder vielleicht bis zur Auflösung eines jeden wie auch immer gearteten Bildes und einer jeden wie auch immer gearteten Wirklichkeit. Dann hätte das abstrakte Kino seine Existenzberechtigung.[15]

Die Skepsis gegenüber der möglichen Existenz einer „realtà assoluta" wird vor allem in den Filmen der späten 1960er und frühen 1970er Jahre zunehmend deutlich. In diesem Zusammenhang kann die berühmte Schlusssequenz aus *Zabriskie Point* als willentliche Auflösung und Zersetzung der Realität und damit als Einlösung des geforderten Desiderats nach einem „cinema astratto" gelesen werden. Mit anderen Worten: Die visuelle Halluzination, die Wunschvorstellung der tagträumenden Protagonistin Daria, die mit der Beharrlichkeit ihres Blicks die Villa ihres Chefs zu sprengen weiß, ersetzt die gewöhnliche Realität, bringt sie zum Verschwinden.

Das ist ein Beispiel für jene von Roland Barthes konstatierte Gefährlichkeit des beharrlichen Blicks bei Antonioni,[16] der so lange hinschaut, bis die etablierten Sehordnungen sich wie von selbst auflösen und die Grenze zwischen dem Realen und dem Imaginären zerfließt.

Als ein letztes paradigmatisches Beispiel des dezentrierten labyrinthischen Diskurses bei Antonioni und als Ausblick auf die zunehmende Dezentralisierung des labyrinthischen Musters der Suche beim späten Michelangelo Antonioni bietet sich der Film *Professione: reporter* (Beruf: Reporter, I/E/F 1975) an. Die filmische Handlung unterläuft die Muster eines linearen Handlungsverlaufs und lässt sich als komplexe labyrinthische Struktur beschreiben, die – wie schon in *L'avventura* – auf der Überlagerung des kriminalistischen Labyrinthmodells mit dem „labirinto del desiderio", dem Labyrinth der erotischen Begierde, basiert. Auch hier fungiert das kriminalistische Labyrinth als Motor der Handlung: Nach einer gescheiterten Wüstenexkursion findet der englische Reporter seinen toten Zimmernachbarn im Hotel. Kurz entschlossen vollzieht er einen spektakulären Identitätswechsel, tauscht das Foto des Toten gegen sein eigenes Passfoto aus, nimmt dessen Notizbuch an sich und meldet sich an der Rezeption als tot. Es beginnt eine labyrinthische Reise durch Spanien in der Maskerade des Toten nach den Koordinaten von dessen Notizbucheintragungen, die zu dubiosen Treffen mit afrikanischen Rebellen verpflichten und ständig neue Fluchtbewegungen produzieren. Im „Carmen labyrintheum des Parque Guell" in Barcelona trifft der Maskierte auf eine namenlose Schöne mit ariadnischen Qualitäten, die ihm bei seinen Fluchtversuchen behilflich ist und auf der Ebene der Handlung den Übergang vom kriminalistischen zum amourösen Labyrinth generiert.

Doch weder das kriminalistische noch das amouröse Labyrinth führen in ein Zentrum. Der Maskierte, der inzwischen nicht nur von einer afrikanischen Regierung, sondern auch von Ehefrau und Exkollegen verfolgt wird, wird schließlich in seinem Hotelzimmer erschossen aufgefunden, seine Identität kann nicht rekonstruiert werden. Traditionelle Deutungsmuster des Labyrinths als Initiations- und Erlösungsmodell werden hier ganz im Sinne der Foucault'schen *re-écriture* des Mythos unterlaufen: Antonionis Protagonist ist kein thesianischer Heros, sondern – mit den Worten von Foucault: „der Maskierte, der Verkleidete, der endlos Wiederholte. Der berühmte so fest gedachte Faden ist zerrissen."[17] Statt einer traditionellen Denkfigur des Labyrinths als Erkenntnis- oder Erlösungsmodell bietet uns Antonioni einen „sguardo in abisso"[18] und transformiert das Labyrinth zu einer Denkfigur mit abysmatischer Funktion, zu einer Autothematisierung des filmästhetischen Diskurses. Aus epistemologischer Perspektive lassen sich die labyrinthischen Irrungen und Wirrungen des Protagonisten als Spiegelung der Denkfigur des nomadischen Raums im Sinne von Deleuze lesen: „(...) l'espace nomade est lisse, seulement marqué par des "traits„ qui s'effacent et se déplacent avec le trajet."[19] („[...] der nomadische Raum ist glatt, nur durch 'Merkmale, markiert, die während der Fahrt verblassen und sich

Zum figuralen Muster der Suche im Film

verlagern.") Dass der epistemologischen Denkfigur des Nomaden eine antilineare, dezentrierte filmische *écriture*, ein „l'art de l'interstice", eine filmische Kunst des Zwischenraums, entspricht, versteht sich von selbst.

Der scheinbar identitätslose Anti-Heroe aus *Professione: reporter* erweist sich damit als filmische Antwort auf jenen Foucault'schen „Theseus", der eben nicht aus seinen labyrinthischen Irrungen erlöst werden will, sondern sich willentlich im Chaos verliert: „Der Faden ist gerissen und Theseus kommt nicht wieder. Er rennt und rast, taumelt und tanzt durch Gänge, Tunnel, Keller, Höhlen, Kreuzwege, Abgründe (...)."[20] Riss des Ariadne-Fadens, Verlust des Zentrums und Selbstreferenzialität des labyrinthischen Diskurses – das sind dominante Denkfiguren im Kino von Michelangelo Antonioni, die ganz im Sinne von Derrida eben nicht nur als nostalgischer Abschied von Ursprung, Zentrum und Präsenz verstanden werden können, sondern als radikale Bejahung eines Spiels ohne Zentrum, das tätigen Deutungen offen ist.[21]

---

[1] Piero Amerio, „Antonioni: appunti per una psicologia dell'irrelevant", in: *Michelangelo Antonioni*, hrsg. von Carlo di Carlo, Rom 1964, S. 48–59, S. 48.

[2] „*L'avventura* è un film girato tutto quanto come se fosso un sogno. I personaggi infatti vi agiscono senza cause apparenti, fuori di ogni psicologia, come, appunto, i personaggi dei sogni. Essi entrano ed escono secondo una tecnica di pura condotta (...). Antonioni non ha voluto o potuto indicarcene le cause profonde. (...) Manca (...) la descrizione della società da cui nasce direttamente la disumanità dei personaggi." Vgl. Alberto Moravia, „Gli amori impossibili", in: *L'Espresso* vom 6.11.1960.

[3] Michel Foucault, „Der Ariadne-Faden ist gerissen", in: Gilles Deleuze/Michel Foucault, *Der Faden ist gerissen*, Berlin 1977, S. 2. Vgl. Michel Foucault, „Ariane s'est pendue", in: *Dits et écrits I, 1954–1969*, Paris 1994, S. 795: „Lasse d'attendre que Thésée remonte du Labyrinthe (...) Ariane vient de se pendre. (...) Thésée, amarre rompue, ne revient pas. Corridors, tunnels, caves et cavernes, fourches, abîmes, éclairs sombres, tonnerres d'en dessous: il s'avance, boite, danse, bondit. Dans la savante géométrie du Labyrinthe habilement centré? (...) Non (...) il va joyeusement vers le monstre sans identité (...). Et il va vers lui, non pour effacer de la terre cette forme insupportable, mais pour se perdre avec elle dans son extrême distorsion. (...) Le fil célèbre a été rompu (...)".

[4] Gilles Deleuze, *L'image-temps. Cinéma 2*, Paris 1985.

[5] Gilles Deleuze, *Das Zeit-Bild. Kino 2*, Frankfurt/M. 1997, S. 21.

[6] Deleuze, *L'image-temps* (s. Anm. 4), S. 9. Vgl. auch Deleuze, *Das Zeit-Bild* (s. Anm. 5), S. 21.

[7] Deleuze, *Das Zeit-Bild* (s. Anm. 5), S. 13.

[8] Michelangelo Antonioni zitiert nach: Lino Micciché, *Filmologia e filologia. Studi sul cinema italiano*, Venedig 2002, S. 137.

[9] Edgar Morin, *Le cinéma ou l'homme imaginaire. Essai d'anthropologie*, Paris 1956, S. 83 f.
[10] Deleuze, *Das Zeit-Bild* (s. Anm. 5), S. 311. „La rupture du lien sensori-moteur (...) affecte aussi l'image visuelle, qui révèle maintenant les espaces quelconques, espaces vides ou déconnectés caractéristiques du cinéma moderne." Vgl. Deleuze, *L'image-temps* (s. Anm. 4), S. 317.
[11] Vgl. Claudia Lenssen, „Kommentierte Filmografie", in: *Michelangelo Antonioni*, hrsg. von Peter W. Jansen und Wolfram Schütte, München/Wien 1984, S. 75–234, hier S. 134.
[12] Vgl. Roland Barthes, „Cher Antonioni...", in: ders., *Œuvres complètes*, Bd. V, Paris 1995, S. 900–905, hier S. 903 f.
[13] Pascal Bonitzer zitiert nach: Seymour Chatman/Guido Fink, *L'avventura*, New Brunswick 1989, S. 210.
[14] Lenssen, „Kommentierte Filmografie" (s. Anm. 11), S. 130.
[15] „Noi sappiamo che sotto l'immagine rivelata ce n'è un'altra più fedele alla realtà, e sotto quest'altra un'altra ancora, e di nuovo un'altra sotto quest'ultima. Fino alla vera immagine di quella realtà, assoluta, misteriosa, che nessuno vedrà mai. O forse fino alla scomposizione di qualsiasi immagine, di qualsiasi realtà. Il cinema astratto avrebbe dunque una sua ragione di essere." Michelangelo Antonioni zitiert nach: Giorgio Tinazzi, *Michelangelo Antonioni*, Mailand 2002, S. 7.
[16] Vgl. Barthes, „Cher Antonioni..." (s. Anm. 12), S. 903 f.
[17] Foucault, „Der Ariadne-Faden ist gerissen" (s. Anm. 3), S. 7.
[18] Zur Selbstthematisierung des Blicks in *Professione: reporter* vgl. die Analysen von Lorenzo Cuccu und Lino Miccichè: Lorenzo Cuccu, *Antonioni. Il discorso dello sguardo*, Pisa 1990; Lino Miccichè, „Sguardi in abisso", in: ders., *Filmologia e filologia. Studi sul cinema italiano*, Venedig 2002, S. 127–149.
[19] Gilles Deleuze, *Milles plateaux*, Paris 1980, S. 472–474. (Dt. Übers. des Herausgebers).
[20] Foucault, „Der Ariadne-Faden ist gerissen" (s. Anm. 3), S. 7.
[21] Vgl. Jacques Derrida, *Écriture et différence*, Paris 1967.

Matthias Bauer

Die Erscheinung des Verschwindens

Michelangelo Antonioni, das romanhafte Abenteuer der Liebe und die Poetik des triangulären Begehrens

I Das Problem

In zwei Filmen von Michelangelo Antonioni verschwinden Frauen plötzlich von der Bildfläche, ohne dass ihr Verschwinden geklärt wird. Dennoch haben die beiden Fälle scheinbar nichts miteinander zu tun. In *L'avventura* (*Die mit der Liebe spielen*, I/F 1960) markiert das Verschwinden von Anna (Lea Massari) den Wendepunkt in der Beziehung zwischen Claudia (Monica Vitti) und Sandro (Gabriele Ferzetti), von deren Verlauf wiederum alles andere abhängt in diesem Film. Erzählt wird, wie sich zwei Menschen auf der Suche nach einem dritten finden, warum sie einander erneut zu verlieren drohen und weshalb es dazu wahrscheinlich doch nicht kommt. Die Geschichte funktioniert so, wie sie erzählt wird, nur, weil Anna zugleich spurlos verschwunden bleibt und doch permanent anwesend ist im Bewusstsein der Zuschauer wie im Bewusstsein von Claudia und Sandro. *L'avventura* ist eine Meditation über das trianguläre Begehren, über die Vermittlerrolle des (abwesenden) Dritten und die Unmöglichkeit der Vereinbarkeit von Eindeutigkeit und Zweisamkeit. Genau daher rührt womöglich auch der Eindruck, dass gerade dieser Film besonders „romanhaft" sei.[1] Denn wenn René Girard Recht hat, besteht das Spezifikum des modernen Romans darin, dass er das trianguläre Begehren in Szene und damit jenen Diskurs in Gang gesetzt hat, der endlos hin- und herläuft zwischen Romantik und Melancholie.[2]

Nichts davon bestimmt, oberflächlich betrachtet, die letzte Szene in *Blow Up* (*Blow-Up*, GB/I/USA 1966), die mit Patricia (Sarah Miles) gedreht wurde. Die Hauptfigur dieses Films, der von David Hemmings gespielte Fotograf Thomas, betritt ein Haus, in dem sich Patricia gerade dem gemeinsamen Freund, einem Maler, hingibt. Thomas blickt den beiden zu, ohne eine (Er-)Regung zu zeigen. Wenig später sucht Patricia Thomas in seiner Wohnung auf, sprunghaft und unbestimmbar in dem, was sie vielleicht sagen will. Danach gibt es keine Patricia mehr. Was immer Antonioni mit der Figur vorgehabt haben mag – es war

Matthias Bauer

vermutlich die Schauspielerin, die für sich entschieden hatte, das Set zu verlassen. In „Serves Me Right", dem 1994 erstmals veröffentlichten zweiten Teil ihrer dreibändigen Memoiren, schildert Sarah Miles, wie es angeblich dazu kam:

> If I was to muster courage to bare my soul and act from a place of truth, and if I had to open my legs to a complete stranger, than I had a right to know what my relationship to that stranger was. I was still unsure of who *I* was, let alone anyone else, as during a take David Hemmings entered the bedroom. Right at the point when I'm meant to ask him with my eyes only to stay and watch while I climax, I suddenly called out, ‚Cut!'[3]

Und als Antonioni diesen Angriff auf seine Autorität mit der Bemerkung quittierte, es spiele überhaupt keine Rolle, ob Miles wisse, in welcher Beziehung Patricia zu ihrem Liebhaber oder zu Thomas stehe, raffte die empörte Aktrice ihre Kleider zusammen und verschwand.

> Having no script, Antonioni could write me out of his head with no problem. He could easily replace me with some model girl, because that's all he really wanted. In the finished film, if you notice I'm suddenly no more, that's because I did my own bit of scriptwriting.[4]

Selbst wenn man Miles' Darstellung für voreingenommen hält und Antonionis Auffassung teilt, dass die Schauspieler in einem Film nicht Subjekte der Handlung, sondern lediglich Objekte der Bildgestaltung sind,[5] kann man den Zitaten zwei aufschlussreiche Informationen entnehmen: Erstens ist auch in dieser Szene wieder das trianguläre Begehren am Werk, das schon den Diskurs in *L'avventura* bestimmt. (Eine weitere Verbindung zwischen den beiden Filmen besteht darin, dass in *Blow Up* ein Mann verschwindet, der allem Anschein nach Opfer eines Gewaltverbrechens geworden ist – eine Möglichkeit, die auch in Annas Fall nicht ausgeschlossen werden kann.)

Zu bedenken ist zweitens die Parallele, die zwischen Miles' Verärgerung und der jener Zuschauer besteht, die anlässlich der Uraufführung von *L'avventura* in Cannes nicht hinnehmen wollten, dass ihnen dieser Film jede vernünftige Erklärung für Annas Verschwinden vorenthält.[6] Es ist wichtig, genau herauszuarbeiten, worin diese Parallele besteht. Denn während das Verschwinden in *Blow Up* die Folge einer individuellen Empörung ist,[7] war es in Cannes die Ursache einer kollektiven Empörung. Tatsächlich haben an *L'avventura* zahlreiche Kritiker bemängelt, dass der Film Fragen aufwerfe, die er nicht beantworte.[8] Offenbar wurde dies als Verstoß gegen die Spielregeln empfunden, von denen die Kritiker meinten, dass sie ein Regisseur unbedingt befolgen müsse. An *Blow Up* hingegen hat – von den eingefleischten Miles-Fans einmal abgesehen – kaum jemand

Die Erscheinung des Verschwindens

bemerkt, geschweige denn beanstandet, dass die Figur der Patricia im Verlauf der Handlung verschwindet.

Gleichwohl ist offensichtlich, dass Miles' Aufbegehren das gleiche Motiv wie der Kritik an *L'avventura* zugrunde liegt und dass dieses Motiv die Kehrseite des Begehrens nach einer ausreichenden Motivation all dessen darstellt, was in einem Film geschieht oder nicht geschieht. Diese Erwartung, dass eine Handlung folgerichtig entfaltet wird und der Zusammenhang der Szenenfolge keine Frage unbeantwortet lässt, die das Drama aufwirft, lässt sich bis auf Aristoteles (384 bis 322 v. Chr.) und seine „Poetik" zurückführen. In diesem Schlüsseltext der abendländischen Kulturgeschichte wird die Erlebnis- und Erkenntnisfunktion aller Bühnen- und Erzählkunst auf die Entwicklung einer Fabel zurückgeführt, die aus der unübersichtlichen Welt der Realhistorie eine überschaubare Geschichte mit Anfang, Mitte und Ende macht, die in sich schlüssig verfasst ist und damit genau das auszeichnet, was der alltäglichen Erfahrung fehlt. „Fabelhaft" an Drama und Epos ist genau diese Differenz zur Lebenswelt.[9]

Von daher verdient der Umstand besondere Beachtung, dass *L'avventura* 1960 als ein Affront der Erwartungen empfunden wurde, die seit Aristoteles an das Geschichten-Erzählen gestellt werden, und zugleich so auffällig oft als „romanhaft" eingestuft worden ist. Nicht weniger merkwürdig ist der Umstand, dass diese Erwartungen 1966 zwar noch von Sarah Miles geteilt wurden, in der Rezeption von *Blow Up* aber keine nennenswerte Rolle mehr gespielt haben. Das gilt selbst dann, wenn man weder die Figur der Patricia noch ihr Verschwinden für bedeutsam hält. Denn in der Tat wird an *Blow Up* auch sonst all das gerühmt, was sozusagen antiaristotelisch ist[10] – vor allem die nachdrückliche Verlagerung des filmischen Diskurses von der Ebene der Fabelkomposition auf die Ebene der Bildkomposition. Wenn Antonioni in *Blow Up* überhaupt irgendetwas folgerichtig entfaltet, so ist es die Unmöglichkeit, der Manipulation der Wirklichkeit durch die Manipulation von Bildern auf die Spur zu kommen. Grundsätzlich infrage gestellt wird in diesem Film die Indexikalität und Ikonizität der Fotografie und damit die Kausalität und Rationalität aller Abbildtheorien von Kunst und Wirklichkeit.[11]

Wie aber vollzieht sich diese Verlagerung von der Fabel- zur Bildkomposition respektive von der Aktion zur Reflexion? Thomas hat in einem Park heimlich ein Paar fotografiert. Der Aufforderung, der Frau den Film auszuhändigen, widersetzt er sich. Als er die Aufnahmen in seinem Atelier entwickelt und vergrößert, scheinen sich auf den Bildern Hinweise auf ein Verbrechen abzuzeichnen. Antonioni nimmt diesen Krimi-Plot zum Anlass, eine Paradoxie hervorzuheben: Was im Still zunächst nur undeutlich zu erkennen ist, nämlich der Hint auf ein Verbrechen, kann zwar vergrößert werden, verliert dabei jedoch an Schärfe. Vollends unklar wird, was das Bild eigentlich zeigt oder beweist, wenn man als Zuschauer die Erwartung hegt, das indizierte Verbrechen werde im

Matthias Bauer

David Hemmings in *Blow Up* (*Blow-Up*, GB/I/USA 1966).

Verlauf des Films aufgeklärt. Stattdessen verschiebt Antonioni das *Mystery* von der Ebene der Handlung auf die Ebene der Wahrnehmung. Gerade weil das Rätsel nicht gelöst wird, beginnen sich die Zuschauer früher oder später Gedanken über den ikonischen Gehalt der kompromittierenden Fotos zu machen: Existiert das Verbrechen womöglich nur in der Einbildung des Fotografen, ist es vielleicht bloß ein Medieneffekt der Bild-Vergrößerung und Projektion oder hat es wirklich stattgefunden im Rahmen des filmischen Geschehens, von dem die Zuschauer wiederum wissen, dass es fingiert und gestellt, täuschend echt montiert und doch nur inszeniert ist?

Für welche Position man sich auch entscheidet – *Blow Up* ist das perfekte Negativ der aristotelischen Idee von der Kunst als Anschauungsmodell, denn was immer die Zuschauer aus den Film-Bildern schließen, muss als ihre Konfabulation zu einem Foto-Roman eingestuft werden, der sich selbst widerlegt und aufhebt. Folgerichtig schließt der Film mit einer Szene, die sich mit den Mitteln der Synästhesie an die Imagination der Zuschauer wendet. So wie diese Szene noch einmal Antonionis ironisches Verhältnis zur Abbildtheorie unterstreicht, belegt ihre Schilderung durch Sarah Miles den Humor der Schauspielerin:

> I heard through the grapevine that Antonioni was shooting the final scene of his film in a nearby park and that it was a tennis match with painted trees and no ball. My curiosity got the better of me, and I went to have a secret snoop. Lo and behold, there were the two tennis players balletically miming their game. So intrigued was I that I crept a bit closer. The trees had indeed been painted, and the whole effect was pretty arty stuff. I chuckled myself and dared to come right up to the camera. Antonioni saw me. ‚Hello, Sarah.'

Die Erscheinung des Verschwindens

‚Hello, Michelangelo', I said sheepishly. ‚What's all this about?' I indicated the trees and miming tennis players. Antonioni looked me straight in the eye and shrugged. ‚It's for the critics.'
I was amused. My attitude towards this man spun right round. Suddenly I was filled with respect, for he had finally come clean … or was he saying what he believed I'd like to hear?[12]

Der Witz dieser Anekdote liegt natürlich darin, dass Antonioni womöglich nicht nur Sarah Miles gesagt hat, was sie hören wollte, sondern auch den Kritikern zugleich zeigt und vorenthält, was sie zu sehen wünschen, nämlich die Bewegung des Balls, der zwischen den Spielern „hin- und herfliegt" und einmal sogar jenseits des Zauns, der den Court vom übrigen Gelände trennt, landet, sodass ihn der Fotograf, der das Match beobachtet und in dieser Hinsicht die Zuschauer vertritt, ins Spielfeld zurückwerfen muss. Im Clou der Darstellung steckt somit ein Hinweis (*clue*), der ahnen lässt, worum sich Antonionis Poetik eigentlich dreht – nämlich um die kointentionale Inszenierung sowohl des filmischen Diskurses als auch der Skripte, die den Spielplan der gesellschaftlichen Konstruktion von Wirklichkeit bestimmen. Was im Handeln intersubjektiv ratifiziert wird, ist in dem Sinne „real", dass es weder dem bloß subjektiv Imaginären noch dem objektiv Irrealen zugewiesen werden kann. So wie der Ball in der kointentionalen Inszenierung des Tennisspiels, an dem die Zuschauer beteiligt sind, zu „existieren" beginnt, tritt der Film durch synästhetisch erzeugte Sensationen aus dem abgetrennten Bezirk der reinen Illusion heraus und wird zu einem kulturellen Artefakt, der innerhalb der Lebenswelt bestimmte soziale oder politische, psychologische und physiologische Funktionen erfüllt.

Unter dieser Voraussetzung kann man vermuten: Auch das ungewisse Abenteuer der Liebe, von dem *L'avventura* erzählt, bedarf wie das Tennismatch in *Blow Up* einer Betrachtungsweise, die man – komplementär zum Begriff der Szenografie – als Phaneroskopie bezeichnen kann. Gemeint ist damit zunächst, dass im Bewusstsein des Zuschauers etwas in Erscheinung tritt und auslegungsrelevant wird, was, streng genommen, kein Gegenstand der sinnlichen Wahrnehmung ist, weil es sich um das Produkt einer Einbildung handelt.[13] Diese Einbildung ist jedoch keineswegs willkürlich, sondern durch den szenografischen Diskurs und seine kointentionale Inszenierung motiviert und strukturiert.

II Das Phaneron (die eingebildete Erscheinung)

Spezifisch an Antonioni ist nicht unbedingt, dass in seinen Filmen ein Wechselspiel von Mise en scène und Imagination stattfindet. Schließlich handelt es sich bei diesem Wechselspiel um ein allgemeines Charakteristikum der Kino-Kunst.

Matthias Bauer

Typisch für Antonioni ist, dass er die Aufmerksamkeit der Zuschauer so ausdrücklich darauf lenkt, was im Regelfall stillschweigend vorausgesetzt wird und einfach geschieht. Denn damit wird der Film – ohne dazu auf die Logik sprachlicher Begriffe rekurrieren zu müssen – zu einem Medium der Reflexion, in dem auf einer Metaebene noch einmal das *trianguläre Begehren* in Erscheinung tritt, das bereits die Basisinteraktion der Protagonisten bestimmt: Da alles, was in einem Film geschieht, letztlich in Bezug auf den Zuschauer geschieht, der von diesem Geschehen ausgeschlossen ist, kommt dem Zuschauer eigentlich immer der Part zu, den Ball aufzunehmen, den ihm der Regisseur zuspielt, und – wie der Fotograf Thomas – zurückzuwerfen ins Feld der Inszenierung. Jeder Film begehrt die Aufmerksamkeit des Zuschauers, und jeder Film erfährt diese Aufmerksamkeit in dem Maße, in dem er sie zu erregen vermag.[14] Insofern erhält der Begriff der *Phaneroskopie*, der zunächst nur die reflexive Einstellung auf all das bedeutet, was einem Bewusstsein zum Gegenstand werden kann, im Falle von *Blow Up* eine zusätzliche Bedeutung: Das aus den griechischen Worten für „Erscheinung" – „phaneron" – und für „Betrachtung" – „skopie" – gebildete Kompositum lässt in seiner Mitte Eros, die Kraft der Vermittlung, hervortreten. In ähnlicher Weise wird das trianguläre Begehren bei Antonioni aus der Sphäre des Sexus, in der die unbewussten Triebe agieren, in die Sphäre der Poetik gehoben, in der es darauf ankommt, das Vorstellungs- und Einfühlungsvermögen zu stimulieren und in die Reflexion zu treiben. Die Begierde wird zur Neugierde, die Neugier zur Wissbegier.

Nebenbei bemerkt ergibt sich aus diesen gesteigerten Ansprüchen an die ästhetische Sublimation des Eros auch die Fallhöhe des Geschehens. Nicht immer ist es Antonioni gelungen, den Absturz zu verhindern. Sein Langfilm *Identificazione di una donna* (*Identifikation einer Frau*, I/F 1982) und der Kurzfilm *Eros* (USA/I/HK/VCh/F/Luxemburg/GB 2004) veranschaulichen diese Gefahr. Das ändert allerdings nichts daran, dass Antonionis gesamtes Schaffen ein Problembewusstsein für das Begehren – vor allem in seiner triangulären Konfiguration – erkennen lässt, und dass in diesem Zusammenhang das Erscheinen und Verschwinden der Frau zu einem metaphysischen Datum wird. Als Datum fällt es in die Sinne, als metaphysisch muss dieses Datum oder Zeichenereignis gelten, weil die Abwesenheit der Frau ein Bewusstseinsmoment darstellt, das als Rätsel – also als kognitives Problem – empfunden wird und in dieser Form – das heißt: als Phaneron – während des gesamten Wahrnehmungs- und Deutungsvorgangs gegenwärtig bleibt.[15]

Wenn man in diesem Sinne von einer Metaphysik des Verschwindens spricht und behauptet, dass sie in *L'avventura* zur Erscheinung gelangt, handelt es sich gleichwohl um eine ironische Wendung. Denn zum einen ist die Metaphysik nicht von der Physis der Körper zu trennen, die dem Begriff zur Anschauung verhelfen. Annas Verschwinden markiert im Film eine paradoxe Leerstelle: Ihr

Die Erscheinung des Verschwindens

Körper fehlt, doch der Gedanke an ihre Person beherrscht, hemmt und ängstigt Claudia und Sandro. Die Lücke, die Anna in der Figurenkonstellation von *L'avventura* hinterlässt, ist als Movens der Handlung ständig präsent und bildet insofern ein Phaneron, das zum Phantasma wird: Erst verdrängt Claudia ihre Empfindungen für Sandro,[16] dann fürchtet sie Annas Wiederkehr und bildet sich schließlich sogar ein, die Rückkehr der Rivalin sei der Grund für Sandros Abwesenheit. Panisch durcheilt sie ein weitläufiges Gebäude und entdeckt, was sie unwillkürlich als Untreue ihr selbst gegenüber empfinden muss: Sandro liegt in den Armen einer Frau, deren Erscheinung auf den ersten Blick an Anna erinnert. Zum anderen liegt die Ironie dieser Wiederkehr, die keine ist, auch darin, dass Sandros „Seitensprung" durch die Hemmung bedingt ist, die er Claudia gegenüber empfindet. Auch er meint nämlich offenbar, in dem Augenblick einen Verrat an Anna begangen zu haben, in dem aus der Suche nach ihr ein Vorwand dafür geworden ist, sich auf eine Affäre mit Claudia einzulassen. Sandro agiert zunächst Anna und dann Claudia gegenüber so, als ob er das Begehren jeweils auf eine andere Frau ablenken könnte; die Triebabfuhr, die er sich durch das Techtelmechtel mit einem Starlet zu verschaffen sucht, ist eine durch den Gefühlsstau bedingte Übersprungshandlung, die – dämonisch, wie Eros verfährt – zur eigentlichen Liebesprobe für ihn und Claudia wird.

Tatsächlich vergegenwärtigt nicht erst die Schlusssequenz von *L'avventura* die Dämonie des Eros, dessen Macht die Betroffenen als Überwältigung erleben: Nicht ich habe gewählt, sondern das Schicksal hat mich dazu auserkoren, in dieser Aventure gerade diese Rolle zu spielen – die Rolle des glücklich oder des unglücklich Verliebten, des intimen Partners oder des ausgeschlossenen Dritten. Gleichzeitig gilt: Weil die Dämonie des Eros als Katastrophe erfahren wird, kann man im Verlauf von *L'avventura* Zeichen der Hoffnung sehen. In der Geste, mit der Claudia im letzten Bild des Films Sandro berührt, liegt, mit Nietzsche zu reden, ihr *amor fati*: Dies ist der Partner, den das Schicksal für mich bestimmt hat, und ich bejahe es, indem ich ihn trotz allem, was passiert ist, liebe.

In gewisser Weise wird durch die doppelte Wendung, die das Liebesabenteuer zum Schluss nimmt – scheinbarer Verlust und vorsichtige Wiederannäherung – sogar das Verschwinden von Anna gerechtfertigt. Jedenfalls scheint die eigentliche Funktion dieser Figur darin zu liegen, einen Kontakt zwischen Claudia und Sandro herzustellen, einen erotischen Rapport. In diesem Sinne ist ihr ungeklärtes Verschwinden nur die Kehrseite der gleichermaßen unerklärlichen Epiphanie des Liebesgottes, dessen Vermittlertätigkeit von Zeit zu Zeit erfordert, dass er leibhaftig in Erscheinung tritt. Sieht man die Figur der Anna rein funktional unter dem Gesichtspunkt, den sie innerhalb der erotischen Dramaturgie des triangulären Begehrens spielt, kommt ihr die Rolle eines Katalysators zu, der die neue Bindung zwar auslöst, in der Verbindung selbst aber nicht enthalten sein kann. Die unerbittliche Alchemie der Gefühle merzt den Vermittler aus. Das aber heißt: Es ist nur konsequent, dass eine Figur, die ihre Aufgabe erfüllt hat, verschwindet und verschwunden bleibt. Nicht verschwunden ist damit die Dämonie des Eros, die der Film ausspielt, indem er Anna von einer dramatischen Person in ein Phaneron verwandelt. In dieser „Rolle" kann die abwesende Dritte das Verlangen, das sie zunächst stimuliert hat, fixieren und an den Schuldkomplex binden, an dem sich Sandro und Claudia gleichsam „abarbeiten".

Entscheidend für die Interpretation von *L'avventura* ist, dass dieser Schuldkomplex keineswegs die moralische Botschaft des Films ausmacht, aber auch nicht nur ein melodramatisches Mittel der Konfliktsteigerung darstellt. Vielmehr besteht die Pointe der Geschichte darin, dass die naheliegende Idee einer Entschuldigung von Claudia und Sandro zunehmend irrelevant wird. Als Claudia Sandros vermeintliche Untreue ihr gegenüber entdeckt, und Sandro aufgrund dieser Entdeckung befürchten muss, Claudia verloren zu haben, ist ihre Beziehung für die Zuschauer, die sich auf das von Antonioni inszenierte Wechselspiel der Gefühle eingelassen haben, längst zu einer Tatsache geworden, von der sie wünschen, dass sie unabänderlich sein möge.

Mit anderen Worten: Die Figurenführung und die Zuschauerlenkung sind in *L'avventura* so aufeinander abgestellt, dass sich der klammheimliche Wunsch der beiden Protagonisten, zusammenzukommen und zusammenzubleiben, den Zuschauern in dem Maße vermittelt, in dem sie – wie Claudia und Sandro – gegen die Gesetze der aristotelischen Fabelkomposition zu hoffen beginnen, dass Anna nicht wieder auftaucht. In diesem Sinne kann das Ende des Films zugleich offen und romanhaft sein. Entscheidend nämlich ist, dass der Kreis, der sich mit Annas Rückkehr schließen würde, keine Abrundung erfährt. Die geschlossene Form von Drama und Epos, die sich aus der aristotelischen „Poetik" ergibt, hätte das verlangt. Der Roman hingegen ist auf die endlose Fortsetzung des Begehrens angelegt, aber auch auf die Möglichkeit einer Erfüllung, die zwar nicht ewig währt, aber doch den Augenblick übersteht. Anders als in der antiken Tragödie, in der die rückwärts gewandte Erkenntnis oder Wiedererkennung (Anagnorisis) mit dem Umschlag (Peripetie) von Glück in Unglück zusammenfällt, richtet sich der Blick der Zuschauer mit den beiden Liebenden am Ende von *L'avventura* nach vorne. Antonioni selbst hat diese Sicht der Dinge bekräftigt, als er in einem Interview erklärte: „Die Frau wird den Mann bestimmt nicht verlassen."[17]

Rückt man diese Interpretation in den Kontext der metaphysischen Betrachtungen, die der Regisseur zum Eros als einer Kraft angestellt hat, die keine Rücksicht auf die Idee der Gerechtigkeit nimmt,[18] wird deutlich, was das Verschwinden des schlechten Gewissens, das Anna „verkörpert", ideengeschichtlich und kulturhistorisch bedeutet. Zum Verschwinden gebracht wird der Schuldkomplex, dessen Gegenstück die Eifersucht des ausgeschlossenen Dritten darstellt. Am Horizont des Bildes, mit dem *L'avventura* schließt, ist der Vulkan Ätna zu sehen.

Die Erscheinung des Verschwindens

Monica Vitti und Gabriele Ferzetti in *L'avventura* (*Die mit der Liebe spielen*, I/F 1960).

Darin liegt nicht nur ein Hinweis auf die Kraft des Eros, darin zeigt sich auch, dass bereits dieser Film von Antonioni nicht durch die Fabel-, sondern durch die Bildkomposition zusammengehalten wird. Denn die eine der Liparischen Inseln, auf der Anna verschwunden ist, besteht aus Lavagestein. Symbolisiert dieser Schauplatz die erkaltete Leidenschaft, die auch den letzten Dialog von Anna und Sandro bestimmt, liegt die sinnbildliche Funktion der letzten, stummen Einstellung, in deren Fluchtpunkt ein nach wie vor aktiver Vulkan liegt, auf der Hand.

III Das Paradoxon

Nicht weniger evident sind, phaneroskopisch betrachtet, die gleichfalls wortlosen Stimmungsbilder am Ende von *L'eclisse* (*Liebe 1962*, I/F 1962). Man kann in ihnen Verbindungsglieder zwischen der Bildkomposition in *L'avventura* und in *Blow Up* sehen. Denn einerseits runden diese Aufnahmen auf eine Weise, die sich kaum in Begriffe fassen lässt, die elegische Behandlung des Liebesthemas in der Trilogie ab, zu der *L'avventura*, *La notte* (*Die Nacht*, I/F 1961) und *L'eclisse* gehören; andererseits verlieren diese Aufnahmen gerade dadurch, dass sie sich der Konsekutivität einer Handlungsfolge entziehen, die Eindeutigkeit, die ihnen als indexikalischen oder ikonischen Zeichen zukäme. Jedenfalls spüren die Zuschauer, die das Geschehen bis zu diesem Zeitpunkt der Erzählung verfolgt haben, dass diese Aufnahmen auf etwas verweisen, das den Dingen, die sie zeigen, fehlt. In der Erinnerung daran, dass der Ort, an dem die Aufnahmen gedreht wurden, im Film zuvor der Schauplatz erotischer Begegnungen war, wird an ihm das Verschwinden zur Erscheinung.

Es wäre allerdings ein Missverständnis, wollte man den Schluss von *L'eclisse* allegorisch auffassen und z. B. auf den Topos vom *horror vacui* beziehen, der angeblich hinter allem erotischen Verlangen lauert. Eher könnte man sagen, dass der Film die Impulssemiotik des triangulären Begehrens verstärkt, indem er das Motiv der unerfüllten Sehnsucht, das die Figureninteraktion bestimmt, im Bewusstsein der Zuschauer präsent und virulent hält. In dieser Hinsicht stellt der Schluss von *L'eclisse* das synästhetische Pendant zum Ende von *Blow Up* dar. So wie die Zuschauer dort den Ball zu sehen meinen, der das dynamische Objekt von Proxemik und Tonspur bildet, wirken die letzten Einstellungen hier wie ein optisches Echo der begehrlichen Blicke, die sich Vittoria (Monica Vitti) und Piero (Alain Delon) zugeworfen haben. Was bleibt, ist das Empfinden für einen Mangel, ist das Verlangen, das Antonioni niemals losgelassen hat.

Es mag Interpreten geben, die in der Inszenierung des Eros nicht mehr als eine Überempfindlichkeit oder Voreingenommenheit Antonionis sehen. Unter dem Gesichtspunkt der Phaneroskopie, die Filmen ganz einfach deshalb angemessen ist, weil ihre Bedeutung aus dem Zusammenspiel der bewegten Bilder mit den Vorstellungen resultiert, die sie im Bewusstsein der Zuschauer erzeugen, hat der Eros jedoch auch insofern eine katalysatorische Funktion erfüllt, als Antonioni von ihm dazu getrieben worden ist, eine neue Form der Bild- und Filmkomposition zu entwickeln, die in ästhetischer wie in ethischer Hinsicht Epoche gemacht hat. Belegen lässt sich diese Behauptung unter anderem daran, dass die antiaristotelische Dramaturgie, die bei *L'avventura* noch auf erheblichen Widerstand stieß, *Blow Up* zum cineastischen Ereignis gemacht hat. Insofern nämlich jede Poetik auch eine moralische Dimension besitzt, lässt sich dieser Einstellungswandel nur erklären, wenn man ihn zugleich auf die Auflösung der tragischen Fabel und die Auflösung des Schuldkomplexes bezieht, der an die (Denk-)Figur des ausgeschlossenen Dritten gekoppelt ist. Das bedeutet nicht etwa, dass die, die mit der Liebe spielen, jedweder Verantwortung enthoben wären. Eher schon könnte man sagen, dass es um ein neues Verhältnis zu der kulturellen Tradition geht, aus der die Menschen ihre Skripte und Verhaltensmodelle beziehen. „Heute wird ein neuer Mensch geboren", hat Antonioni mit Bezug auf *L'avventura* gesagt.

> (...) dieser Mensch findet auf seinen Schultern sofort ein schweres Gepäck von Gefühlen, die als alt und überholt zu definieren nicht einmal exakt ist; sie sind eher ungeeignet; sie bedingen, ohne zu helfen, sie stehen im Weg, ohne einen Schluß, eine Lösung anzubieten. Und doch scheint es, daß es dem Menschen nicht gelingt, dieses Gepäck abzuwerfen. Er handelt, liebt, haßt, leidet nach dem Impuls von Kräften und moralischen Mythen, die heute, am Vorabend der Landung auf dem Mond, nicht mehr jene der Zeiten Homers sein dürften; und doch sind sie es.[19]

Die Erscheinung des Verschwindens

L'avventura hält dieses Dilemma, ohne ins Pathos der Tragödie zu fallen, fest, vor allem im Schlussbild des Films. Dieses Schlussbild entspricht Antonionis Credo:

> Natürlich will ich keine Lösung anbieten, noch kann ich es; ich wäre sonst ein Moralist; mein Film ist weder Denunziation noch Predigt; er ist eine Erzählung in Bildern, von der ich mir wünschte, man möge aus ihr nicht das Entstehen eines falschen Gefühls herauslesen, sondern vielmehr die Art und Weise, in der die Gefühle heute fehlgreifen.[20]

In diesem Bekenntnis zu einer Erzählung in Bildern, bei der es nicht auf die Moral der Geschichte, sondern auf die Kritik der Gefühle ankommt, präzisiert Antonioni sein Verhältnis zur Tradition. Insofern auch seine Filme Anschauungsmodelle für die Empfindungen sein sollen, die das Handeln der Menschen prägen, stimmt er mit der Leitidee der aristotelischen *Poetik* durchaus überein. Insofern diese Schlussfolgerungen jedoch durch eine Diskursformation lanciert werden, die nicht mehr fabelhaft, sondern romanhaft ist, geht Antonioni auf Distanz zur mythopoetischen Dramaturgie,[21] ohne dass sich seine eigene Position auf eine griffige Formel bringen lässt.

> Denn dies ist der springende Punkt: unsere Handlungen, unsere Gesten, unsere Worte sind nichts anderes als die Konsequenzen unserer persönlichen Haltung gegenüber den Dingen dieser Welt. Aus diesem Grund scheint es mir heutzutage wichtiger, zu versuchen, auch literarisches, auch figuratives Kino zu machen. (Ich rede natürlich in einem Paradoxon: weil ich nämlich absolut nicht glaube, daß es ein literarisches oder ein figuratives Kino gibt. Es gibt das Kino, das in sich die Erfahrungen aller anderen Künste einschließt und sich ihrer nach Gutdünken bedient.)[22]

Genau aus diesem Grund trifft die Charakterisierung von *L'avventura* als „romanhaft" den Kern des Problems. Der Film ist kein Roman, aber doch insofern wie ein Roman, als dieser literarische Proteus seinerseits alle anderen Künste einschließt und dabei vom geschlossenen zum offenen Kunstwerk tendiert. Der Weg führt vom Mythos zur epistemologischen Metapher einer Welt, die nicht mehr als in sich abgeschlossenes, teleologisch determiniertes Geschehen, sondern als kontingentes Feld interpretativer Möglichkeiten verstanden wird;[23] der Weg führt vom Drama, das primär Handlung ist und daher den Darstellungsmodus des Schauspiels privilegiert, zum Schaubild oder „display", das – wie die letzte Einstellung in *L'avventura* – zwar ebenfalls im Dienst der Veranschaulichung steht, dabei aber weniger vom ikonischen Charakter der Handlungsnachahmung (Imitation) als von der Meditation und Reflexion der symbolischen Bezüge lebt, die aus dem Schauplatz des Geschehens eine Bewusstseinsszene machen. Insofern der Nachvollzug dieser Bezüge über die

Matthias Bauer

Erfassung des Filmbildes (image) hinausgeht und Antonionis Szenografie vom Zuschauer eine phaneroskopische Einstellung auf das verlangt, was im Film durch Abwesenheit glänzt, ist die Erscheinung des Verschwindens 1960 ein cineastisches Ereignis gewesen und die Uraufführung von *L'avventura* am 17. Mai diesen Jahres ein metaphysisches Datum, an dem man – gemeinsam mit wenigen anderen, zeitnahen Ereignissen[24] – die Entstehung einer neuen Art, Geschichten zu erzählen, festmachen kann.

---

[1] So sah Guido Aristarco 1961 im neuen Roman, den Flaubert, Proust, Gide und Joyce geschaffen hätten, das literarische Vorbild von Antonionis Filmkunst (vgl. *Michelangelo Antonioni. Der Regisseur und seine Filme*, hrsg. von Pierre Leprohon, Frankfurt/M. 1964, S. 137). Schon 1958 hatte Fabio Carpi darauf hingewiesen, dass die Personen- und Wirklichkeitsdarstellung bei Antonioni den „Wesenszügen des modernen Romans" entspreche (vgl. ebenda, S. 142), während Leprohon in seinem 1961 erstmals publizierten Buch mit Bezug auf *L'avventura* (*Die mit der Liebe spielen*, I/F 1960) ausdrücklich von einem „Film-Roman" sprach (vgl. ebenda, S. 60). Antonioni selbst hat zwar betont – „Einen Film drehen heißt nicht, einen Roman schreiben" – (vgl. ebenda, S. 74), diese Aussage bezieht sich aber nicht auf die Bedeutungsgestalt, sondern auf die Herstellung eines Films. Tatsächlich bezeichnet der Regisseur seinen Film *L'avventura* an anderer Stelle als eine „Erzählung in Bildern" (vgl. ebenda, S. 79).

[2] Vgl. René Girard, *Deceit, desire and the novel: self and other in literary structure*, Baltimore 1969.

[3] Sarah Miles, *Serves me right*, London 1994, S. 231 f.

[4] Ebenda, S. 233.

[5] „Der Regisseur schuldet dem Schauspieler keinerlei Erklärung, außer einer allgemeinen Bemerkung über die Rolle und den Film", hatte Antonioni bereits im Februar 1961 dem *L'Express* erklärt. „Es ist gefährlich auf Einzelheiten einzugehen. Gewisse Fälle bringen unbedingt Regisseur und Schauspieler gegeneinander auf. Der Regisseur darf sich nicht bloßstellen, indem er seine eigenen Absichten enthüllt. (...) Der Schauspieler gehört zu den Bildelementen." Vgl. *Michelangelo Antonioni* (s. Anm. 1), S. 85.

[6] Vgl. Thomas Koebner: „*Die mit der Liebe spielen/Das Abenteuer*", in: *Filmklassiker. Beschreibungen und Kommentare*, hrsg. von ders., Bd. 2 (1946–1962), 5., überarb. und erw. Aufl., Stuttgart 2006, S. 461–467, insbesondere S. 465.

[7] Vgl. Miles, *Serves me right* (s. Anm. 3), S. 231: „How humilating it all was, this acting lark!"

[8] Vgl. Claudia Lenssen, „Kommentierte Filmografie", in: *Michelangelo Antonioni*, hrsg. von Peter W. Jansen und Wolfram Schütte, München/Wien 1984, S. 75–234, hier S. 134.

[9] Die Bestimmung der Fabel als Nachahmung einer einzigen, ganzen und folgerichtigen Handlung findet sich im 8. Abschnitt der *Poetik*. Vgl. Aristoteles, *Poetik*, Griechisch/Deutsch, übers. und hrsg. von Manfred Fuhrmann, Stuttgart 1991, S. 27 f.

Die Erscheinung des Verschwindens

10 Der Ausdruck „antiaristotelisch" ist vorläufig zu verstehen und wird später relativiert.

11 Unter diesem Gesichtspunkt muss man auch die Mode-Fotografie sehen, die ausschließlich Pseudo-Events dokumentiert. Antonioni zeigt in allen Einzelheiten, wie sich die Models in Pose werfen, wie sich insbesondere Veruschka in lasziven Stellungen ablichten lässt, als ihr Thomas mit der Kamera zu Leibe rückt. Entscheidend ist, dass es in dieser Szene trotz der körperlichen Nähe von Frau und Mann zwar einen gewissen Voyeurismus und damit einen sexuellen Subtext, aber keine erotische Intimität gibt. Entsprechend cool wird das Shooting beendet, als Thomas „im Kasten hat", was er braucht. Übernimmt man die Sicht von Sarah Miles, treibt Antonioni in dieser Szene seine eigene Auffassung vom Schauspieler als willenloses Objekt ins Extrem.

12 Miles, *Serves me right* (s. Anm. 3), S. 233.

13 Geprägt wurde der Begriff von Charles Sanders Peirce, in dessen Wissenschaftssystem die Phaneroskopie in etwa die Rolle der Phänomenologie spielt und insofern die Voraussetzung der Allgemeinen Semiotik bildet, als Zeichen einerseits in die Sinne fallen und andererseits Vorstellungen erzeugen müssen, um Bedeutung zu erlangen. Bedeutsam kann etwas nämlich immer nur für ein Bewusstsein sein – also insofern es Vorstellung ist.

14 *Blow Up* veranschaulicht, so gesehen, mit filmischen Mitteln, was etwa zur gleichen Zeit, als der Film entstand, Susan Sontag in ihrem Essay „Against Interpretation" (1964) auf die Formel brachte: „Statt einer Hermeneutik brauchen wir eine Erotik der Kunst." Vgl. Susan Sontag, *Kunst und Antikunst. 24 literarische Analysen*, Hamburg 1968, S. 18.

15 Darin unterscheidet sich das Verschwinden Annas in *L'avventura* deutlich vom Verschwinden Janes (Vanessa Redgrave) in *Blow Up*. Nachdem Thomas die Bilder entwendet worden sind, hat Jane keine Veranlassung mehr, in das Geschehen einzugreifen und ihre verführerischen Reize auszuspielen. Ihr Verschwinden ist auf der Ebene der Figurenpsychologie hinreichend motiviert und insofern kein kognitives Problem für den Zuschauer. Umgekehrt kann man die Empörung des Publikums in Cannes als Beleg dafür verstehen, dass es Antonioni in *L'avventura* gelungen ist, die abwesende Frau im Bewusstsein der Zuschauer präsent zu halten. In diesem Sinne unterstreicht diese Empörung die Relevanz der phaneroskopischen Lesart wie die Irrelevanz der aristotelischen Dramaturgie.

16 Bezeichnend hierfür ist die Szene am Anfang des Films, als Claudia auf Anna wartet, die in Sandros Wohnung gegangen ist. Zwar ist auch Claudia versucht, das Haus zu betreten, dann aber zieht sie die offen stehende Tür von außen zu und respektiert damit die Intimität und Exklusivität der beiden anderen.

17 Michelangelo Antonioni zitiert nach: Martin Schaub, „Sisyphus", in: *Michelangelo Antonioni* (s. Anm. 8), S. 34.

18 „Wir wären nicht erotisch, das heißt am Eros erkrankt, wenn Eros selbst gesund wäre. Wenn ich gesund sage, soll das gerecht heißen, dem Maß und den Lebensbedingungen des Menschen angemessen." Vgl. *Michelangelo Antonioni* (s. Anm. 1), S. 80.

19 Michelangelo Antonioni, „Die Krankheit der Gefühle", in: *Der Film. Manifeste, Gespräche, Dokumente*, Bd. 2: 1945 bis heute, hrsg. von Theodor Kotulla, München 1964, S. 83–110, hier S. 96.

20 Michelangelo Antonioni zitiert nach: ebenda, S. 96.

21 Belegen lässt sich dies unter anderem an der Bemerkung: „Kritisch zu wissen, wie es der Protagonist von *L'avventura* weiß, daß der erotische (An-)Trieb, dem er unterliegt, vulgär und überflüssig ist, genügt nicht und nützt nichts. Es bricht der

Matthias Bauer

Mythos zusammen, daß es genüge zu wissen, sich kritisch zu kennen, sich in allen Verzweigungen und Verwicklungen zu analysieren." Vgl. Michelangelo Antonioni zitiert nach: ebenda, S. 97. Infrage gestellt wird damit der Mythos der Selbsterkenntnis, bekräftigt wird hingegen die (dämonische) Macht des Eros, die stärker ist als der kritisch-analytische Verstand.

[22] Michelangelo Antonioni zitiert nach: ebenda, S. 90.

[23] Vgl. hierzu Umberto Eco, *Das offene Kunstwerk*, übers. von Günter Memmert, Frankfurt/M. 1977 (Erstausgabe als *Opera aperta*, Mailand 1962), S. 154 und 164f.

[24] Zu denken wäre hier einerseits an einen Film wie *À bout de souffle* (*Außer Atem*, F 1960, Uraufführung am 16. März 1960), andererseits aber auch an die italienische Erstausgabe von *Opera aperta* 1962. Innerhalb dieses Zeitraums von zwei Jahren entstanden allein in Italien die folgenden, ebenfalls Epoche machenden Filme: *Rocco e i suoi fratelli* (*Rocco und seine Brüder*, I/F 1960) von Luchino Visconti, *Accattone* (*Accattone – Wer nie sein Brot mit Tränen aß*, I 1961) von Pier Paolo Pasolini, *La notte* (*Die Nacht*, I/F 1961) und *L'eclisse* (*Liebe 1962*, I/F 1962) von Antonioni sowie – last but not least – *Otto e mezzo* (*Achteinhalb/8½*, I/F 1963) von Federico Fellini.

Karl Prümm

Antonioni auf Weltreise

Bilder-Bewegungen in *Blow Up* und *Zabriskie Point*

Das Motiv der Reise durchzieht das gesamte Werk von Michelangelo Antonioni auf faszinierend vielfältige Weise. Hinter all seinen Filmen scheint eine Grundfigur auf, die sehr deutlich auszumachen ist, weil sie alle filmischen Elemente bestimmt und durchdringt. Mit seinem Blick auf die Welt der Erscheinungen, durch seinen unverwechselbaren Umgang mit Raum und Zeit gibt sich Antonioni immer wieder als Reisender zu erkennen. Diese Grundfiguration all seiner Inszenierungen bedarf noch einer weiteren Spezifizierung: Antonioni erscheint stets als der einsame Reisende, der das Unvertraute allein mit seiner Subjektivität zu bewältigen sucht. Er verharrt lange, schaut genau hin, lässt die Landschaften und die Dinge kontemplativ auf sich wirken. Das momenthaft Eindrückliche, die Unmittelbarkeit der Wahrnehmung, das sich zufällig Ergebende sind ihm wichtiger als die vorgedachten, die vorgeplanten Reiserouten. Die „empfindsame Reise" (*sentimental journey*), wie sie Laurence Sterne im 18. Jahrhundert entwickelt hat, ist das Grundmuster des Kinos von Antonioni.

Seine Filme bilden zum zweiten Reisen ab, folgen den Bewegungen von Figuren, die sich ziellos treiben lassen, denen die Wirklichkeit „entgleitet" (Karsten Witte),[1] die selbst in denen ihnen vertrauten Welten wie Fremde und Entwurzelte agieren. In *Il grido* (*Der Schrei*, I 1957) und *Il deserto rosso* (*Die rote Wüste*, I/F 1964) verlassen die Protagonisten ihre ureigenen Orte, ihre Lebenssphäre überhaupt nicht, und dennoch führt sie ihre Reise in die Fremde. In *La notte* (*Die Nacht*, I/F 1961) endet die Reise durch eine lange Nacht im Morgengrauen und in der Ausweglosigkeit des Ehepaares. *L'eclisse* (*Liebe 1962*, I/F 1962) zeigt beständige Wanderbewegungen vom Zentrum der großen Stadt in die wüste, noch weitgehend ungestaltete Peripherie, Reisen, in denen das Befremden stetig gesteigert wird. Nahezu alle Filme Antonionis ließen sich so als Reisefilme definieren.

Nicht zufällig gleicht daher auch die Filmografie Antonionis einer Reisebewegung, nimmt sich aus wie eine systematische und konsequente Erschließung der Welt. Mit *Gente del Po* (*People of the Po Valley*, I 1943–1947) versichert sich Antonioni seines Ursprungs und seines Geburtsorts Ferrara. Sein erster Spielfilm *Cronaca di un amore* (*Chronik einer Liebe*, I 1950) überschreitet das gewohnte Terrain und beschwört gleichzeitig den Ausgangspunkt, denn die Figuren pendeln zwischen Mailand und Ferrara. Das am Horizont liegende Ferrara bezeichnet auch die Grenzen des Bildraums von *Il grido*. Man könnte den Eindruck gewinnen, Antonioni sei zumindest in seinem Frühwerk ein begeisterter Regionalist, ein heimattreuer filmischer Erzähler, der immer wieder zu seinen Ursprüngen zurückkehrt. *L'avventura* (*Die mit der Liebe spielen*, I/F 1960) und *La notte* vollziehen dann doch den Auszug aus der Provinz nach Rom, beginnen mit der Erkundung der urbanen und der industriellen Zentren. Seit der zweiten Hälfte der 1960er Jahre lässt sich dann bei der Wahl der Schauplätze eine immer mutigere Reisebewegung erkennen. Mit seinen Referenzpunkten und mit seinen Ansprüchen überschreitet Antonioni immer entschiedener die Grenzen Italiens, inszeniert in London *Blow Up* (*Blow-Up*, GB/I/USA 1966) und in Kalifornien *Zabriskie Point* (USA 1970), dreht einen Dokumentarfilm in China (*Chung Kuo, Cina/Antonionis China*, I 1972). *Professione: reporter* (*Beruf: Reporter*, I/E/F 1975) schließlich durchstreift mit dem ruhelosen Helden von Afrika aus ganz Europa.

Sofort stellt sich aber ein Unbehagen ein, dass diese veräußernde, auf die Reisemotivik fixierte Sicht in keiner Weise dem Kino von Antonioni entspreche. Denn Antonioni ist ja alles anderes als ein Dokumentarist von Landschaften, ihm kommt es am allerwenigsten darauf an, reizvolle Kulissen und exotische Hintergründe abzuschöpfen. Antonioni verwandelt sich vielmehr die konkreten Räume an, transformiert sie zu seinem Bild, schafft sich seine eigenen Landschaften. *Il grido* verschärft den für das Podelta typischen Winternebel, über den Antonioni so eindrücklich als das seine Kindheit und Jugend bestimmende Element geschrieben hat, zu einer horizontlosen Welt ohne Ausblick und ohne Ausgang: *No exit*. Unüberschaubar sind die Bildräume, nicht vorhersehbar die Wege zwischen den verstreuten, vereinzelten Behausungen, die geheimen Windungen folgen. Dämme und Deiche schieben sich dazwischen. Es gibt kein Entrinnen aus dieser verschlossenen Nebelwelt, in der die Figuren wie Monaden in einem beziehungslosen Nebeneinander leben. Die Träume von der Ferne, die Auswanderungspapiere für Venezuela, werden achtlos weggeworfen. Aldo, der Held des Films, kehrt am Ende nach seiner ziellosen Odyssee zu jenem Ort zurück, den er mit dem Erlebnis einer vermeintlich erfüllten Liebe zu Irma verbindet, um sich in den Tod zu stürzen. „Heimat" erweist sich in *Il grido* als schreckliche Fixierung auf Illusion und Selbsttäuschung.

Die realen Räume verwandelt Antonioni in narrative Landschaften, denen die Figuren unmittelbar zugeordnet werden. Die Räume fungieren dabei nicht im traditionellen Sinn als „Seelenlandschaften", hier wird nicht das Innere nach außen gekehrt. Die Räume definieren vielmehr die Figuren in einer Totalität, die unabweisbar ist, zwingen die Figuren dazu, sich jenseits aller Verhüllungen und Verstellungen zu offenbaren. Die Felseninsel in *L'avventura* ist ein solcher Ort einer demaskierenden Eigentlichkeit. Dieser bizarre Raum mit seinen

Bilder-Bewegungen in *Blow Up* und *Zabriskie Point*

schroffen Oberflächen, steil abfallenden Hängen, mit den Felskanten, die die Sicht versperren und plötzliche Abgründe eröffnen, diese extreme Szenerie verhindert die Normalität, den aufrechten Gang, die zielgerichtete Beherrschung des Raums. Stattdessen gibt es nur das langsame Ertasten, das halb gebrochene Anlehnen an die bedrückenden Felswände, das Sichabstützen und Sichanschmiegen, das die Figuren ihrer Selbstmächtigkeit und ihrer zivilisatorischen Routinen beraubt. Die Felseninsel wird daher zum labyrinthisch-unbezwingbaren Raum, zum Raum des Verschwindens und Vergessens, zur Wildnis, aber auch zu einem Raum, der die Wünsche und das Begehren in hemmungsloser Radikalität enthüllt. Als ein Medium des Zeigens und des Offenbarens sind die Landschaften in den Filmen Antonionis stets angelegt.

Es ist durchaus konsequent, dass Antonioni um 1965, nach dem Abschluss von *Il deserto rosso*, mit seinen Filmplänen über Italien hinausstrebte. Dieser Film hatte die konkrete Landschaft seines Heimatlandes ohnehin weit hinter sich gelassen. Er radikalisiert das Industrierevier um Ravenna zu einer Science-Fiction-Szenerie, zum Albtraum einer restlos industrialisierten Welt, aus der alles Organische ausgetrieben ist. Es gibt kein Gras, keinen Baum, nichts Gewachsenes, kein Grün. Gerade der Farbfilm liefert Antonioni die Möglichkeit, eine Welt ohne Natur mit letzter Konsequenz zu entwerfen, alles Sichtbare ist „gemacht", ist im Farbspektrum von Braun, Gelb und Rot angesiedelt. Von der Vergangenheit bleiben nur öde Trümmer – beispielsweise die verlassene Fischerhütte am Flussufer, in die sich die Paare wie Wiedergänger der bürgerlichen Gesellschaft zurückziehen, um ihre realitätsvergessenen pubertären Spiele zu betreiben. Es mildert die Radikalität dieses Zukunftsbildes nicht, dass es als die überscharfe, übersensible Wahrnehmung einer Kranken materialisiert wird. Von dieser Albtraumlandschaft führt zunächst kein Weg mehr zurück in die konkrete Wirklichkeit Italiens.

Seit Beginn der 1960er Jahre ist Antonioni bereits ein weltweit gefragter Intellektueller. 1961 reist er nach Indien und wird von der Ministerpräsidentin Indira Ghandi zu einem Gespräch empfangen. In dieser Zeit gelangt Antonioni zu der Überzeugung, dass die Logik seines Werks eine Verlagerung seiner Geschichten an andere, an fremde Orte notwendig macht. Er verlässt daher als Filmemacher Italien und geht in die Brennpunkte des aktuellen Geschehens. Als weltweit agierender Erzähler nimmt Antonioni im internationalen Kino fortan eine singuläre Position ein, als ein Aufspürer, ein Beobachter, dessen Wahrnehmung, dessen Blick überall geachtet wird. Von einer Globalisierung seiner Filme nach 1965 könnte man sprechen, als Akt einer sehr bewussten und kontrollierten Grenzüberschreitung, als Anspruch auf eine neue Universalität. Globalisierung wird im Französischen als *Mondialisation* bezeichnet. Dies erscheint als ein sehr treffender Terminus, um die Erzähloperationen Antonionis in der zweiten Hälfte der 1960er Jahre zu bezeichnen, für das Erreichen einer neuen „Welthaltigkeit" seiner Filme, für ihre weltweite Registratur und ihre Suche nach den repräsentativen, den treffenden Orten und Geschichten. Antonioni wird so zum Weltchronisten der 1960er Jahre.

Im Nachhinein gewinnt man den Eindruck, Antonioni habe seine Reiseroute konsequent gewählt und nicht auf die Zufälle der Produktionskonstellationen reagiert. Die Erkundungsfahrt führt ihn zunächst nach London, in die Hauptstadt der Popkultur und der neuen Jugendbewegung, ins viel beschworene *Swinging London*, um dann ein neues Zentrum anzusteuern: die Vereinigten Staaten und Kalifornien, der Aufbruch der Studenten, die gewalttätigen Auseinandersetzungen mit Staat und Polizei, rassistische Unruhen, die Gefahr einer autoritären Überformung der Demokratie. Diese Entdeckungsreisen in die Zentren der 1960er Jahre bedeuten aber keine Flucht aus den vertrauten und erstarrten Verhältnissen, kein voraussetzungsloses Eintauchen in neue, unbekannte Abenteuer. Antonioni nimmt seine entscheidenden Prägungen mit, seine ausgereifte filmische Poetik, seine erprobten Erzählverfahren und Bildprogramme, die er aber in den fremden Kontexten nicht einfach reinszeniert.[2] Er stellt diese Poetik vielmehr zur Disposition, überprüft ihre Anwendbarkeit und passt sie den neuen Anforderungen an. Dies gilt es im Folgenden zu zeigen.

Die Periode der Weltreisen lässt sich in Antonionis Filmografie klar begrenzen. Sie reicht von den Dreharbeiten zu *Blow Up*, die im April 1966 beginnen, bis zu seiner Rückkehr nach Italien im Jahre 1978, um dort wieder Filme zu drehen. *Professione: reporter* war bereits ein Metafilm der Reise mit einem Helden, der in seiner zwanghaften Bewegung an keinem Ort länger verweilen konnte und der die Notwendigkeit zur Anpassung, die jedem Reisenden abverlangt wird, zu einem Wechsel seiner Identität radikalisierte. 1972 erreichte die Weltreise Antonionis ihren extremsten Punkt. Er dreht in der Volksrepublik China einen Dokumentarfilm und erfüllt damit einen offiziellen Auftrag der chinesischen Regierung. *Chung kuo, Cina* kann ohne Übertreibung als ein Scheitern der Poetik Antonionis bezeichnet werden. Schon die unterschiedlichen Längen dieser Auftragsarbeit signalisieren die enormen Schwierigkeiten, in die Antonioni geriet. Der 16mm-Dokumentarfilm umfasst in der Originalversion 220 Minuten, in der im Westen gezeigten Kinofassung bleiben davon nur 128 Minuten übrig. Antonioni gelangt hier mit seinen Grundüberzeugungen und Grundstrategien an eine deutliche Grenze. Sein China-Film wirkt wie ein Test. Gerade das negative Resultat lässt die wesentlichen Elemente von Antonionis Kino fast schon in Überschärfe hervortreten. Seine Bilder leben, beziehen ihre Energie und ihre Suggestion aus der Gewissheit, dass unter ihrer Oberfläche eine tiefere Schicht, eine Eigentlichkeit verborgen ist. Diese Tiefe manifestiert sich jedoch ausschließlich an der Oberfläche, als zeichenhafter Verweis auf das Eigentliche. Folglich ist der Zuschauer zu einem beständigen *Abscannen* dieser Oberflächen, zu einer niemals zur Ruhe kommen-

Bilder-Bewegungen in *Blow Up* und *Zabriskie Point*

den Such- und Dechiffrierbewegung aufgefordert. Diese abtastende Enträtselung der Bildoberflächen gibt den Filmen Antonionis ihr ganz eigenes Pathos, ihre Dynamik und Eindringlichkeit.[3] Im Falle von *Chung kuo, Cina* prallt dieser forschende und enthüllende Blick jedoch an den Bildern einer fremden Kultur ab, die einer ganz anderen Tradition des Verhüllens verpflichtet ist. Die Oberfläche gibt hier eben nicht ihre „ungeahnten Geheimnisse" preis, sie entzieht sich der „dokumentarischen Darstellung" und ihrer enthüllenden Funktion, sie wird undurchdringlich.[4] Dennoch hält Antonioni auch nach der Erfahrung dieses Films an seiner Grundüberzeugung fest. Nachdrücklich bekennt er sich zur enthüllenden Kraft der kinematografischen Bilder, zum Prinzip der Sichtbarkeit und wehrt jeden Einwand ab, sein Film könne gar nicht die chinesische Revolution zeigen, da sie zwar eine „mentale, moralische und materielle Angelegenheit" sei, die jedoch an der Oberfläche des Sichtbaren nicht greifbar sei. Antonioni tritt, um sein Sichtbarkeitspostulat einzulösen, die Flucht in den Off-Kommentar an, der den Bildern den verborgenen Sinn hinzufügt – so beispielsweise die Differenz der Gegenwart zum feudalistischen vorrevolutionären China, die nur als Off-Erklärung plausibel gemacht, gegen das Nicht-Sichtbare behauptet werden kann. Nur der Vorspann von *Chung kuo, Cina* lässt etwas von dem rein bildhaften Diskurs erahnen, den Antonioni sich für den ganzen Film erhofft hatte. Die lächelnden Gesichter der jungen Mädchen, herausgegriffen aus der Menge auf dem belebten Platz in Peking, agieren mit ihren Blicken offen mit der Kamera, beginnen ein Spiel, das viel verspricht, das sich jedoch im Laufe des Films schnell verliert.

Die beiden Filme der 1960er Jahre *Blow Up* und *Zabriskie Point*, die sich ebenso fremden Wirklichkeiten aussetzen, signalisieren jedoch alles andere als ein Scheitern. Sie bewahren trotz ihrer unverkennbaren dokumentarischen Färbung zwei entscheidende Grundprinzipien des Kinos von Antonioni: die Erzählung und das Figurative. Antonioni ist ohne Zweifel ein starker, ein leidenschaftlicher Erzähler. Alle seine im hohen Grade experimentellen Filme bleiben, auch wenn sie bis an die Grenze der narrativen Möglichkeiten gehen, stets dem Erzählerischen verhaftet – im Gegensatz zu Jean-Luc Godard, der die Erzählung abstoßen, aus seinen Filmen verbannen möchte, der seine antinarrativen Affekte nicht verbirgt. 1959 äußerte sich Antonioni zu seinen dokumentarischen Anfängen, zu seinem Projekt *Gente del Po*, das sich über vier Jahre (1943–47) erstreckte:

> (...) ich erinnere mich sehr gut daran, wie leid es mir tat, dem Material keine erzählende Entwicklung geben oder daraus einen Film mit Handlungsfaden machen zu können (...) Mir erschient es genauer, statt von einem dokumentarischen Einfluß in meinen Filmen, von einer erzählenden Tendenz in meinen Dokumentarfilmen zu sprechen.[5]

Karl Prümm

Die literarischen Erzählungen, gesammelt im Band „Bowling am Tiber", geben einen Eindruck von der Erzählleidenschaft, ja Erzählbesessenheit Antonionis. Zugleich sind diese Texte Metaerzählungen, Reflexionen über das Erzählen wie auch eine Werkstatt des Erzählens. Motive, Stoffe, Figuren und Situationen werden zwischen den Medien Literatur und Film in einem vergleichenden Verfahren abgewogen, ausprobiert, übertragen und verworfen. Diese ungewöhnlichen Notate und Arbeitsjournale machen Antonioni als einen beinahe konstruktivistischen Erzähler kenntlich, der das Filmemachen auf das Schreiben projiziert, der die Geschichten mit den Landschaften und den Orten verknüpft, sie gegenseitig durchdringt und der schließlich – nicht anders als in seinen Filmen – aus dem Beiläufigen, aus den scheinbar bedeutungslosen Momenten, aus Gesten und Lichtstimmungen heraus erzählt. Auch innerhalb der einzelnen Texte finden immer wieder Medienwechsel statt, Umschriften und Übertragungen zwischen den Medien. Selbstdistanziert blickt der Erzählende gleich zu Beginn des Textes „In Grenznähe" auf das Verfahren seiner Erzählung:

> Was ich erzählen will, ist einer jener Abende. Er ist mir in Erinnerung geblieben wie ein Film, die Art von Film, wie ich sie immer machen wollte und nie konnte, nicht ein Ablauf von Fakten sondern von Momenten, die die geheimen Spannungen in diesen Fakten anzeigen, so wie die Blüten die eines Baumes vor Augen führen. Ich erzähle diesen Abend, weil es ein von unsichtbaren Blicken kontrollierter Abend war. Kurz, eine nicht zum Ausdruck gekommene Tragödie. Die Personen einer Tragödie, die Orte, die Luft, die dort geatmet wird, sind manchmal fesselnder als die Tragödie selbst, ebenso die Momente, die ihr vorausgehen und ihr folgen, wenn die Handlung stillsteht und die Rede verstummt.[6]

Die vermeintlich uneinholbare Vision des Filmischen ist in Wirklichkeit die verdichtete Beschreibung, die Essenz von Antonionis Filmen. Treffender könnte die Charakteristik nicht sein: Jene Verlagerung vom Geschehen, vom „Ablauf", von der Ereigniskette, den „Fakten" hin auf das Angedeutete und Verborgene, auf die toten Momente, auf die unscheinbaren Gesten und die leeren Blicke, auf das Bedeutungslose, in das dann doch durch den entdeckenden, den dechiffrierenden Blick des Zuschauers Sinn und Bedeutung einströmt. Das „Zufällige" erhält dann seine besondere Expressivität, einen sehr genau bezeichneten Ort in der Erzählung. Ganz banale Vorgänge wie das Öffnen einer Tür, das Übertreten einer Schwelle, der Blick in einen leeren Hausflur werden urplötzlich, jenseits aller narrativen Verwertbarkeiten oder gar Botschaften, hoch bedeutsam. Claudia öffnet in *L'avventura* die Tür zu dem Haus, in dem Anna gerade mit Sandro zusammen ist. Die Ausgeschlossene, die Wartende spricht, noch selber unbewusst, ihr Begehren, ihren Anspruch auf Sandro aus.

Bilder-Bewegungen in *Blow Up* und *Zabriskie Point*

Diese Verlagerungen haben eine Entsprechung in den Bildstrategien Antonionis, in den stark formalisierten Oberflächen, die durch ihre Formakzentuierung oder durch überraschende Verschiebungen in der Komposition zu sprechen beginnen. John Berger geht von einer „Handschrift" Antonionis aus, die seit seinen dokumentarischen Anfängen ausgeprägt sei und sich nicht verändert habe, von seinem „charakteristischen Stil, seine Einstellungen zu kadrieren – als läge der Brennpunkt dessen, was ihn wirklich interessiert, *neben* dem Gezeigten; der Protagonist steht nie im Zentrum, denn die Mitte ist ein Ort, den wir nicht verstehen und dessen Umrisse noch nicht klar zu erkennen sind"[7].

Dieses zu Beginn der 1960er Jahre ausformulierte Erzähl- und Stilsystem erfährt nun auf der Weltreise bedeutsame Modifikationen. Die Verschiebungen und Verlagerungen funktionieren nun anders. In *Blow Up*, der ersten Station, sind fingierte Kontingenz und inszeniertes Dokument die alles beherrschenden Prinzipien. Die hier gezeigten Zufallskonstellationen der Metropole London, die Passanten, die Verkehrsströme, die Hippie-Horden, die Anti-Atomdemonstration, das Pop-Konzert – all dies sind nachgestellte Beobachtungen, sind Antonionis Bild der Stadt, das auf allen Ebenen konsequent konstruiert und ausgeführt wird. Nicht das Vorgefundene wird dokumentarisch abgeschöpft, sondern das Vorgefundene und Gesehene wird in ein extrem beherrschtes, pseudo-dokumentarisches Bild verwandelt. Das beginnt bei der Architektur, bei der genau markierten Grenze zwischen den alten, engen Gassen der City, in denen sich die erfolgreichen Künstler und Fotografen angesiedelt haben und den gesichtslosen Hochhäusern und Wohnblocks der Vorstädte. Der Trödelladen, in dem Thomas den Propeller ersteht, ist genau auf dieser Grenze zwischen Alt und Neu angesiedelt. Antonioni artikuliert deutlich seinen Protest gegen dieses Umschlagen der traditionellen Bestände in eine gesichtslose Moderne, gegen das Verramschen der schönen alten Dinge, der Büsten, Bilder und Figuren, die nun das gestylte Interieur des Fotografen zieren. Der greise Verkäufer des Antiquitätenladens, der mit seinem Inventar zu verschmelzen scheint, gibt dem dynamisch-modischen Thomas zu verstehen: „Das ist nichts für sie. Lauter altes Zeug." Und die jugendliche Besitzerin ist der Altertümer müde, will nach Australien auswandern.

Bei aller spielerischen Ironie schaut Antonioni scharf auf die bewegte Stadt London, verbirgt jedoch seine Zeichensetzung im inszenierten Dokument, in der scheinbar neutral nachvollzogenen Alltäglichkeit, im streng eingehaltenen, linearen Tagesablauf des gehetzten Fotografen Thomas. Und gerade durch das bloß intentionslose Zeigen erhält alles seine vorgezeichnete Bedeutung. Der Zufall ist das Resultat einer raffiniert durchkalkulierten Dramaturgie.

Geradezu überpointiert ist ebenso das Prinzip des Figurativen – auch in diesem Punkt bleibt Antonioni seinen Grundsätzen treu. Thomas ist überdeutlich als Figuration der Stadt und der Moderne angelegt. Wie kaum eine andere Figur Antonionis ist Thomas auf Transparenz hin inszeniert. Alles wird offen darge-

119

boten: sein Egoismus, seine Selbstverliebtheit, sein Machotum, seine Frauenverachtung und seine Erniedrigungssucht. Thomas ist eine vollkommen geheimnislose Figur, fast schon eine Allegorie der extrovertierten Stadt und der entfesselten Moderne, der sich treiben lassenden, reflexionslosen Gegenwart.

Das eigentliche Faszinosum, Figuren mit einem Geheimnis und einer Aura, das sind und bleiben bei Antonioni die Frauen. Vanessa Redgrave verkörpert in *Blow Up* eine namenlose Schönheit, die rätselhaft auftaucht und auf magische Weise verschwindet und die nur ihr wunderbar anziehendes Bild zurücklässt, ihren leeren und undefiniert traurigen Blick, den der Zuschauer in Besitz nehmen und ausfüllen kann. Von einem geheimnisvollen Schleier umflort ist auch Patricia, die Frau des mit Thomas lose und unverbindlich befreundeten Malers (gespielt von Sarah Miles), die vom Fotografen auf unergründliche Weise angezogen wird. Er messe Frauenrollen stets eine große Bedeutung bei, bekannte Antonioni in einem Interview, weil Frauen ein „feinerer Filter der Realität" seien und folglich durch ihre intensive Beobachtung jene „allgemeinere geistige Lage", die er mit seinen Filmen aufspüren wolle, viel besser zu erfassen sei[8].

Fingierte Kontingenz, inszeniertes Dokument und figurative Erzählung sind in *Zabriskie Point* deutlicher voneinander getrennt. Aus den mit *Blow Up* durchaus vergleichbaren Inszenierungen des Alltags und der dramatischen Ereignisse, aus der ebenso zeichenhaft konstruierten Stadt führt Antonioni die beiden Protagonisten Mark und Daria in einen ganz anderen Raum und in eine ganz andere Erzählform, die man ein Märchen oder besser eine Legende nennen könnte. Beide sind in ihrer beinahe schon religiös zu bezeichnenden kompromisslosen Reinheit füreinander bestimmt, sie suchen und sie finden sich. Sie lösen sich in einer streng durchgeführten Analogie von ihren ursprünglichen Lebenszusammenhängen und Kontexten, deren bedrückende Negativität klar herausgearbeitet wird. Dies gilt sowohl für die fanatisierte Szene der revoltierenden Studenten, in der die Kamera in der ingeniösen Eingangssequenz verschreckt, rat- und orientierungslos umherirrt – eine Vorwegnahme der unreglementierten, unmittelbar reagierenden, „unschuldigen" Kamera von *Breaking the Waves* (DÄN/S/F/NL/Norwegen/Island 1996) – wie auch für die Hierarchie eines Konzerns, der die kalifornische Wüste vermarkten und touristisch erschließen möchte. In einem kurzen Moment leben sie, an einem Ort außerhalb von Zeit und Geschichte, die Utopien der Revolte aus, vereinigen Spiel und Ernst, Geist und Körper in einem zur Kosmogonie erweiterten Akt.

Von der gesteigerten Welt- und Realitätshaftigkeit dieser Reisefilme war schon die Rede. 1958 äußerte Antonioni im Rückblick auf die neorealistischen Anfänge Folgendes:

> Als die Realität nach dem Kriege so brennend und unmittelbar auftrat, lenkte der Neorealismus die Aufmerksamkeit auf die Beziehungen zwischen den Menschen

Bilder-Bewegungen in *Blow Up* und *Zabriskie Point*

und der Wirklichkeit. Gerade diese Beziehung war wichtig, und sie schuf einen Situationsfilm. Heute dagegen, wo die Realität so oder so in normale Bahnen gelangt ist, scheint es mir weit interessanter zu prüfen, was in den Menschen von ihren vergangenen Erfahrungen geblieben ist.[9]

Die 1960er Jahre, so kann man nun aus seinen Reisefilmen schließen, konfrontierten Antonioni mit einer neuen Realitätsmächtigkeit, mit brennenden Problemen und bedrängenden Ereignissen. In keiner anderen Phase seiner Filmografie hat Antonioni in einem solchen Maße Realitätsphänomene so unmittelbar und direkt in seine Filme aufgenommen, Realien quasi einmontiert wie in *Blow Up* und *Zabriskie Point*, als kopiere er die *Assemblage*-Techniken der zeitgenössischen bildenden Kunst. Die Figur des Thomas in *Blow Up* kann gar als Verschlüsselung einer realen Person, des Modefotografen David Bailey gelesen werden. Der Begleitjazz von Herbie Hancock ist der unmittelbar eingespielte Sound der Zeit, die erfolgreiche Rockband Yardbirds hat einen Auftritt, der fast einen ganzen Song umfasst. Pink Floyd, die schon damals eine kultische Verehrung genossen, prägen mit ihrer Musik sehr direkt *Zabriskie Point*, werden zu Akteuren der Zeit und des Films. Dokumentarisches Material findet in *Zabriskie Point* direkte und unverschlüsselte Verwendung. Drastische Bilder werden als Realitätsfragmente in den Diskurs eingebaut: prügelnde Polizisten, blutüberströmte Demonstranten. Zeichen von tödlicher Gewalt, Blutspuren werden beinahe schon in der Manier von Reality-TV mit einer Handkamera in den Blick genommen. Fremde Wirklichkeitsbilder gewährt Antonioni Einlass in seinen Film, der so eine Rohheit des Realen, eine Direktheit des Wirklichen erhält, wie sie für Antonioni gänzlich untypisch sind. Hier spricht ein entgeisterter Reisender, ein zutiefst erschrockener Augenzeuge, der deutlich Partei ergreift.

Im populären Urteil, das in zahlreiche Filmlexika eingegangen ist, figuriert *Blow Up* als ein „mitreißendes Porträt des *Swinging London*". Antonioni, so heißt es immer wieder, sei tief eingetaucht in die Weltstadt der *Pop Art*, habe sich treiben lassen von ihrem Tempo. Diese fast schon zu Standardformeln geronnenen Sätze verkennen die Radikalität der Zeitkritik, die Antonioni hier eigentlich unübersehbar artikuliert, seine Gesten der Distanz zu den Verklärungsbildern der Zeit und der Stadt London. Antonioni offenbart sich auch hier als ein scharfer Beobachter und als ein unbestechlicher Chronist. *Blow Up* wird eingerahmt durch ein zeittypisches Motiv, massiver kann der Aktualitätsrekurs nicht betont werden. Der Trupp von lärmenden, hysterisch schreienden, clownesk maskierten und geschminkten Hippies, der am Schluss des Films auf einem Jeep in das Bild fährt, knüpft zyklisch an die Anfangssequenz an, in der exakt die gleiche Hippiegruppe auf dem gleichen Gefährt in einen verlassenen Platz wie auf eine leere Bühne einbiegt und in die Stadt ausschwärmt, sie in Besitz nimmt. Mit dieser überdeutlichen Rahmung ist das Happening mit einem geschickten Kunst-

Karl Prümm

Blow Up (*Blow-Up*, GB/I/USA 1966) von Michelangelo Antonioni.

griff als Dauermodus der 1960er Jahre bestimmt. Noch mitten im Fluss der Ereignisse eröffnet der befremdende Blick des Reisenden eine Erkenntnis der Epoche, nimmt quasi das Resümee eines Historiografen vorweg. Das Happening wird so als überdrehte, enervierende, allgegenwärtige Theatralisierung des Alltags enttarnt, als selbstverliebte und selbstbezügliche Hysterie, als Dauergetöse und Scheinvitalismus. Der ewige Karneval hat jede Spur von Protest, Aufbruch und Lebensfreude eingebüßt. Nichts als sterile Langeweile drückt er aus.

Die explizite Zeitkritik vermeidet aber gleichzeitig konsequent den kulturkritischen Gestus und das anklagende Räsonnement. Antonioni gelingt dies, indem er die Kritik in die Struktur des Films, in den Modus des Erzählens verlagert. *Blow Up* ist wie kein anderer Film Antonionis durch Motorik, Hektik und Hyperaktivität geprägt. Nirgendwo anders sind Tempo und Schnittfrequenz so übersteigert, vom Antonioni-typischen „langsamen Erzählen" ist er weit entfernt. Eine extreme Fragmentierung der Sinneseindrücke ist der Effekt einer unruhigen Kamera und einer beschleunigten Montage. Das Sichtbare und das Hörbare zerfallen in Momente und Impulse. Nur der penibel beachtete lineare Ablauf der Zeit ordnet die Geschehnisse und die Dinge, überlagert und kaschiert die absolute Diskontinuität. *Blow Up* ist auch deshalb ein radikales Erzählexperiment, weil hier das Prinzip der Kontingenz ohne jede Einschränkung zur Anwendung gelangt. Handlungsbögen oder kausale Verknüpfungen werden dem Zuschauer nicht angeboten, Zufälle stehen unverbunden nebeneinander, Bewegungen überkreuzen sich, ohne dass sinnhafte Gebilde oder gar „Ganzheiten", eine Totalität entstehen. Jähe Wendungen und Brüche kennzeichnen alle Figuren. Sogar der dramatische Kern des Films, der nicht wahrgenommene,

Bilder-Bewegungen in *Blow Up* und *Zabriskie Point*

aber fotografisch dokumentierte Mord, der die Zersplitterung aufzuheben und die Fragmente zu einem geschlossenen, rekonstruierbaren Geschehen zu vereinigen scheint, löst sich am Ende doch wieder in eine Phantasmagorie auf.

Antonioni aktualisiert in *Blow Up* die Kritik an der industriellen Moderne, wie sie in der Literatur um 1900 ebenso außerhalb der traditionellen narrativen Formen vorgebracht wurde. Im fingierten Brief und im Selbstbekenntnis des Lord Chandos hat Hugo von Hofmannsthal 1902 das Auseinandertreten von Wahrnehmung und Erklärungsform, von Sehen und Sprache in einer Weise zugespitzt, die durchaus Analogien zu *Blow Up* eröffnet:

> Mein Geist zwang mich, alle Dinge, die in einem solchen Gespräch vorkamen, in einer unheimlichen Nähe zu sehen: so wie ich einmal in einem Vergrößerungsglas ein Stück von der Haut meines kleinen Fingers gesehen hatte, das einem Blachfeld mit Furchen und Höhlen glich, so ging es mir nun mit den Menschen und ihren Handlungen. Es gelang mir nicht mehr, sie mit dem vereinfachenden Blick der Gewohnheit zu erfassen. Es zerfiel mir alles in Teile, die Teile wieder in Teile, und nichts mehr ließ sich mit einem Begriff umspannen. Die einzelnen Worte schwammen um mich; sie gerannen zu Augen, die mich anstarrten und in die ich wieder hineinstarren muß: Wirbel sind sie, in die hinabzusehen mich schwindelt, die sich unaufhaltsam drehen und durch die hindurch man ins Leere kommt.[10]

An einen weiteren Befund der Zeitkritik um 1900 knüpft Antonioni in *Blow Up* an. Hier arbeitet er die absolute Indifferenz als ein typisches Kennzeichen der großstädtischen Moderne so scharf heraus, als würde er Bezug nehmen auf Georg Simmel und dessen Essay „Die Großstädte und das Geistesleben" (1903). Die „Lebensform" der Metropolen hat Simmel in diesem prägnanten Text als ein „Gebilde von höchster Unpersönlichkeit" gekennzeichnet. Die Oberfläche des Alltagslebens als Folge rasch wechselnder und extrem gegensätzlicher „Nervenreize" führe bei den Bewohnern dieser Städte zu einem „Reizschutz", zur Ausbildung einer „Blasiertheit", die am Ende die Sinne abstumpfe, die „Unterschiede der Dinge", ihren „Wert" und ihre „Bedeutung" nivelliere, sodass schließlich alles in einer „matten und grauen Tönung" erscheine.[11] Die Fotografie ist in *Blow Up* das Medium, das jenes für die großstädtische Moderne typische Verhältnis zu den Dingen und Erscheinungen sichtbar macht, es materialisiert. Allen seinen „Modellen" begegnet Thomas mit derselben professionellen Gleichgültigkeit. Ob er nun die Streuner und die Trinker im Nachtasyl mit versteckter Kamera aufnimmt, die maskenhaft erstarrten Models posieren lässt oder ein Liebespaar in einem Park fotografiert – eine absolute Indifferenz gegenüber dem Abgebildeten prägt sein fotografisches Handeln. Nivelliert werden zugleich die spezifischen Ausprägungen der Fotografie, die Thomas für sich adaptiert und zur bloßen Geste veräußerlicht. Mit der engagierten Sozialfotografie der 1930er

Jahre, die er bei seiner „teilnehmenden Beobachtung" im Asyl nachahmt, hat er nichts mehr gemein, denn er will keineswegs den Betrachter aufrütteln oder auf das verdrängte Elend aufmerksam machen. Ihm geht es nur um die voyeuristische Enthüllung elender nackter Körper, die er schamlos ausstellt, um die Bildsensation. Ebenso fehlt ihm das Sensorium für die exzentrische Schönheit der Modells und für das abstrakte Spiel der Formen, wie es bei so erfinderischen Modefotografen wie Richard Avedon oder Irving Penn zum Ausdruck kommt. Und erst recht ist er unempfindlich für die atmosphärischen Momente der Großstadtrealität, die in den Fotografien von Brassai, William Klein oder Henri Cartier-Bresson festgehalten sind. Die Leidenschaft des Blicks ist in den Bildern von Thomas erkaltet, und der von Emotionen und Ethos entblößte fotografische Akt wird zur bizarren Verrenkung des Fotografen, gewinnt komische Züge. Erst als Thomas ganz zufällig die Entdeckung macht, dass er unbewusst in die Zone des eigentlich Nicht-Darstellbaren vorgedrungen ist, dass er den Augenblick des Todes fotografiert hat, verlässt er die Position einer blasierten, neutralen Registratur, wird zu einem Beteiligten und verwandelt sich in einen leidenschaftlich Suchenden. In der zentralen, durch den Titel bereits bezeichneten Sequenz dringt er mit der Lupe, mit der klassischen Entdeckeroptik der frühen Fotografie, in das Einzelbild ein, bläst es zu einer solchen Größe auf, dass die Ganzheit aufgelöst wird und die einzelnen Bildpunkte wie Pixel erscheinen, entwickelt aus dem zerfallenen Einzelbild eine ganze Abfolge von Bildern, extrapoliert ein Geschehen und verwandelt die Fotografie schließlich in ein Zeitbild, in die Dokumentation der Zeit. Nun scheitert aber der spät erwachte Entdecker, der zum Pioniergeist der Fotografie zurückgekehrte Erforscher des Sichtbaren an der Blasiertheit seiner Umgebung. Niemand glaubt ihm, keiner nimmt seinen Entdeckergestus ernst und so endet die Fotoexpedition kläglich in den Exzessen einer Drogenparty. Die nur kurz aufflackernde Empathie, die mitfühlende Wahrnehmung des anderen, das aktive Interesse am Realen werden im Rausch und im Schlaf erstickt.

Man kann *Blow Up* aber auch als radikalisierte Selbstreflexion deuten. Der Reisende stellt in der Konfrontation mit dem Fremden die eigenen Grundüberzeugungen infrage. Antonionis Filme vor Antritt der Weltreise gingen von einem verborgenen, durch kontemplatives und eindringliches Schauen aber erkennbaren, von einem in den Bildern latent anwesenden Sinn aus. Diese Grundüberzeugung wird nun nachhaltig erschüttert. Eine „Eigentlichkeit", eine „Wahrheit" des Bildes ist in *Blow Up* nicht mehr auszumachen, Wahrnehmung und fotografisches Bild können nicht mehr zur Deckung gebracht werden. Letztlich kann der Zuschauer nicht mehr unterscheiden, ob die aus dem Einzelbild extrapolierte Bildreihe noch eine Referenz zum Wirklichen behaupten kann oder ob das Imaginäre, das Phantasma des Fotografen, sein Begehren, das Außerordentliche, den Augenblick des Todes zu entdecken, das fotografische

Bilder-Bewegungen in *Blow Up* und *Zabriskie Point*

Bild überlagern. Wie in einer Schleife holt der Film in seinem Schlussbild die in ihm selbst explizierte Negation des fotografischen Bildes als Abbild des Wirklichen ein. Thomas, in der Weiteinstellung ohnehin zum Winzling geworden, wird vom Grün des Hintergrunds verschluckt, wird quasi übermalt[12] und verschwindet im Unsichtbaren. Der Film, der auf einem fotografischen Akt basiert, löscht sich selbst aus. Zurück bleibt ein Bild der Leere.

Bei aller karikaturistischen Verzerrung enthält das Porträt des Fotografen Thomas durchaus auch Elemente eines Selbstbildnisses. Letztlich tut Thomas nichts anderes als sein Erfinder und Erzähler Antonioni: Er fotografiert Frauen, ist vom Bild der Frauen wie magisch angezogen. Zu Beginn des ersten Spielfilms von Michelangelo Antonioni *Cronaca di un amore* (*Chronik einer Liebe*, I 1950), also am Anfangspunkt seines Erzählens, wird eine ganze Kollektion von Frauenporträts aufgeblättert. *Blow Up* ist somit auch eine Erinnerung an die eigenen Grundimpulse, an die eigenen Bildinteressen.

Nicht minder radikal in Intention und Form ist *Zabriskie Point*, das Ergebnis der USA-Erkundung. Auch dieser Film verbirgt die Heterogenität seiner Struktur nicht, zerfällt in zwei Teile, in zwei Grundelemente. Das Wirklichkeitsmaterial wird einerseits dokumentarisch zugespitzt, in seinem rohen Urzustand belassen, als sei dies ein *Found-Footage*-Film. Die Oberfläche des amerikanischen Alltags wird mit den Augen des europäischen Intellektuellen erfasst. Überdimensionale Reklamen, Konsumbefehle werden als Terror gigantischer und verdichteter Zeichen ins Bild gebracht, Wirklichkeitssimulationen werden zur Schau gestellt. All dies erinnert an die Fotografien von Jean Baudrillard, der mit gleichem Erschrecken seit den 1980er Jahren das Vordringen von *Trompe-l'œil*-Effekten auf Häuserwänden und in übermächtigen Reklame-Installationen registriert hat.[13] In diese Alltagsdokumentation fügt Antonioni dann die eigentliche Geschichte ein, die er in einem zeichenlosen Raum, in einer Eremitage, im entleerten Bild der kalifornischen Wüste inszeniert.

Hart stehen in *Zabriskie Point* die Welten nebeneinander: die abgehobenen politischen Diskurse der Studenten, der Jagd- und Verfolgungseifer der Polizei, der dynamische Kapitalismus, der noch die letzten Brachen erobern möchte, und die Naivität der amerikanischen Durchschnittsfamilie. Neben der dokumentarisch akzentuierten Anschauung des Reisenden dringen aber auch Vorstellungsbilder, filmische Versatzstücke in das Gesamttableau ein. Antonioni übernimmt ganz unverkennbar den Blick des europäischen Immigranten Alfred Hitchcock auf die neue Welt. Das Flugzeug, das die einsame Autofahrerin verfolgt, erinnert an die virtuosen Flugmanöver von *North by Northwest* (*Der unsichtbare Dritte*, USA 1959), die ebenso durch die Wüstenszenerie eine besondere Dramatik erhalten. Die in den Fels gehauene Villa ähnelt auffällig dem Rückzugsort der Gangster am Mount Rushmore aus dem gleichen Film, wo es schließlich zum Showdown kommt. Ganze Handlungselemente Hitchcocks werden transferiert. Wie in *Psy-*

Karl Prümm

cho (USA 1960) ignoriert eine Sekretärin ihre Dienstanweisungen und begibt sich fluchtartig auf eine Reise.

Zwei Sequenzen ragen jedoch aus dieser polaren Struktur noch einmal heraus, fallen geradezu heraus, weil sie einer anderen Kategorie des Bildes angehören. Auch im Hinblick auf das gesamte Œuvre Antonionis markieren diese Sequenzen einen äußersten Punkt. An keiner anderen Stelle hat er sich in seinen Bildexpeditionen an einen solchen Ort vorgewagt, an dem nicht nur alle Kausalitäten des Erzählens, sondern alle Parameter von Kadre und Hors Champ, Vergangenheit und Gegenwart, Raum und Zeit, die ein Bild konstituieren, aufgehoben sind. Den Liebesakt des jungen Paars, das füreinander bestimmt ist, weitet Antonioni zu einer *unio mystica*, zu einer utopischen Vision der Sexualität. Dieses traumhafte Bild schüttelt alle traditionellen Definitionen und Konnotationen von Sexualität wie Macht, Unterdrückung und Gewalt ab. Dieses Bild überschreitet die Grenzen. Das Animalische der Sexualität wird renaturiert, die Vereinzelung des Sexualaktes aufgebrochen, in eine universelle, den Bildausschnitt transzendierende Simultaneität eingebunden. Die Sexualität wird entzivilisiert, mit einer „erdhaften" Ursprünglichkeit gezeichnet, ist selbstverständlicher Bestandteil der Natur, eines undefinierbaren Raums. Das sind ohne Zweifel hochriskante Bildmanöver, die auch nicht mehr auf ein Verstehen im traditionellen Sinne ausgerichtet sind.

Jenseits aller vertrauten Bildsysteme und jenseits aller eingeübten Bildlektüren ist die Schlusssequenz angesiedelt, jene Explosion am Ende, die längst legendär geworden und dennoch so schwer zu entziffern ist. Auf den ersten Blick ist die Sequenz ein Exzess der Zerstörung, ein 15-fach wiederholter Knall – inszeniert nach allen Regeln der Kunst und der Tricktechnik. Aber alle Regeln der Kunst übersteigt diese Sequenz. Keine Explosion gleicht der anderen. Damit entzieht sich Antonioni der Klassifizierung, denn weder handelt es sich um eine kausal gefügte Bilderkette noch um eine Bilderreihe, die einer inneren Ordnung

Zabriskie Point (USA 1970) von Michelangelo Antonioni.

Bilder-Bewegungen in *Blow Up* und *Zabriskie Point*

oder einer erkennbaren Systematik gehorcht. Eine Rede, die dieser eigenen Bilderwelt nahe kommen will, muss sich ebenso in neue Dimensionen vorwagen. Alberto Moravia nimmt diese Herausforderung an. Er spricht von einem „Endfluch, der den Film durch einen heftigen moralischen Ausbruch über die Erzähldauer hinausschleudert"[14].

„Auch die Kunst Antonionis ist explodiert", überschreibt Moravia seinen Text. Damit bezeichnet er sehr treffend die Risiko-, ja die Abenteuerbereitschaft des Reisenden, der auch nicht davor zurückscheute, sich dem Fremden kompromisslos auszusetzen – bis hin zur Gefährdung, ja zur Zerstörung der eigenen filmischen Poetik.

---

[1] In seinem Nachwort zum Erzählband „Bowling am Tiber" spricht Karsten Witte von der kinematografischen Bewegung des „Entgleitens", mit der Antonioni alle seine Protagonisten zeichne und so eine „Vergegenwärtigung der Verzweiflung" in seine Filme einschreibe: „Die Menschen vor der Kamera haben sich nicht mehr in der Hand. In wessen Hand sie liegen, ist unzweifelhaft. Denn der Regisseur entzog sie auch der Kompassion, die das Publikum für sie hätte empfinden können." Vgl. Michelangelo Antonioni, *Bowling am Tiber. Erzählungen. Mit einem Nachwort von Karsten Witte*, München 1992, S. 125.

[2] Es ist bezeichnend, dass Antonioni bei seinen Reisefilmen mit italienischen Kameraleuten zusammengearbeitet hat. Er wollte also sehr bewusst die vertrauten Blickweisen mitnehmen und gegenüber fremden Lokalitäten und Kulturen erproben.

[3] Vgl. dazu Bernhard Kock, *Michelangelo Antonionis Bilderwelt. Eine phänomenologische Studie*, München 1994, S. 42: „Die Zurücknahme der Narration, die gewollte Zufälligkeit der Bewegung des Handlungs-Antriebs stärkt den Blick auf das Bild, macht es zum Ausgangspunkt von Antonionis Arbeit. Das Visuelle gewinnt die entscheidende Kraft gegenüber der Erzählung, die Sprache der Bilder wird zum Mittelpunkt der Narration."

[4] In einem frühen Text aus dem Jahre 1937 hat Antonioni die enthüllende Kraft des dokumentarischen Blicks gepriesen: „Jeder Blick auf unser Leben und unsere Umwelt kann durch das Mittel der dokumentarischen Darstellung ungeahnte Geheimnisse enthüllen. Die Wirklichkeit, die nackte Realität in ihrer intimsten Gestalt. Deshalb ist es die Aufgabe eines Regisseurs, einen konstanten und engen Kontakt mit dieser Wirklichkeit aufrecht zu erhalten; ein Dokumentarfilm ist kein Phantasieprodukt, keine Erfindung, sondern Darstellung, Interpretation und Inwertsetzung realer Zustände." Michelangelo Antonioni zitiert nach: Carlo di Carlo, „Vom Po zum Ganges. Die Dokumentarfilme: Eine Lebenslinie", in: *du* 11 (November 1995), S. 24.

[5] Antonioni zitiert nach: Claudia Lenssen, „Kommentierte Filmografie", in: *Michelangelo Antonioni*, hrsg. von Peter W. Jansen und Wolfram Schütte, München/Wien 1984, S. 79.

[6] Michelangelo Antonioni, „In Grenznähe", in: ders., *Bowling am Tiber* (s. Anm. 1), S. 69.

Karl Prümm

[7] John Berger über die Nebel von Ferrara, in: *du* 11 (s. Anm. 4), S. 14.
[8] Vgl. Roger Baussinot, „Gespräch mit Michelangelo Antonioni", in: *FilmKritik 10* (1962), S. 450.
[9] Antonioni zitiert nach: Claudia Lenssen, „Kommentierte Filmografie" (s. Anm. 6), S. 135.
[10] Hugo von Hofmannsthal, „Ein Brief" (1902), in: *Ausgewählte Werke in zwei Bänden*, 2. Bd., hrsg. von Rudolf Hirsch, Frankfurt/M. 1957, S. 342f.
[11] Georg Simmel, „Die Großstädte und das Geistesleben" (1903), in: ders., *Das Individuum und die Freiheit. Essais*, Berlin 1984, S. 196.
[12] Es ist interessant, dass Antonioni sich selbst auch als Maler betätigt und verschiedene Techniken miteinander kombiniert hat. Um 1980 begann er mit einer Serie von Landschaftsbildern, wobei er Aquarelle oder Collagen fotografiert und vergrößert hat. Vgl. dazu: Alberto Boatto, „Der erweiterte Blick. Der Maler hinter der Kamera", in: *du* 11 (s. Anm. 4), S. 44.
[13] Jean Baudrillard, *Fotografien 1985–1998*, hrsg. von Peter Weibel, Graz 1999.
[14] Alberto Moravia, „Auch die Kunst Antonionis ist explodiert", in: Michelangelo Antonioni, *Zabriskie Point*, Frankfurt/M. 1985, S. 93.

Über Federico Fellini

Thomas Koebner

Federico Fellini

Vom Schilderer des Sittenverfalls zum Propheten der neuen Jugend

I

Es ist außerordentlich schwierig, den *Sujet- und Stilwandel* in der künstlerischen Tätigkeit ausreichend zu erklären, da hier viele Faktoren hereinspielen. Was den Übergang von einem alten etwa zu einem neuen Kunstverständnis bedingt, kann wohl nur mit aller Vorsicht geklärt werden. Natürlich sind manchmal offenkundige Verschiebungen des Geschmacks oder der (langfristig anzusetzenden) Mentalität im Publikum daran schuld, dass Kunstproduktion sich wandeln muss, um die veränderten Erwartungen des Publikums nicht zu verfehlen. Kunstgeschichte beharrt indes oft darauf, dass die besondere Güte von Werken auch darin bestehe, dass sie sich *vom Wandel der modisch vergänglichen Interessen des Tages weitgehend frei* hielten. Im Extremfall wird von einem verkannten Genie gesprochen, das sich gegen die Korruption des Kunstbetriebes und die Ignoranz der Käufer im weitesten Sinne nicht durchsetzen könne – daher werde ihm der Erfolg meist erst nach dem Tod zuteil (van Gogh ist ein dafür immer wieder zitiertes Beispiel, für einen Künstler, der gewissermaßen seiner Zeit vorausläuft: eine eigentlich paradoxe Vorstellung).

In diesem Zusammenhang drängt sich förmlich die Einteilung der sozialen Persönlichkeiten auf, die David Riesman, der amerikanische Soziologe schon 1950 in seinem weithin gelesenen Buch „Die einsame Masse" („The Lonely Crowd", 1950, dt. Reinbek 1958) vorgeschlagen hat. Riesman unterscheidet *innengeleitete*, *außengeleitete* und *traditionsgeleitete* Persönlichkeitstypen. Auf die Kunstgeschichte angewandt, die Filmgeschichte eingeschlossen, ließe sich also von einer innengeleiteten Kunstschöpfung reden, die sich der subjektiven, eigenen Entscheidung eines Künstlers als eines relativ autonomen Individuums verdankt. Einen solchen Status wird man in der Filmgeschichte durchaus Personen wie Alfred Hitchcock oder auch Federico Fellini zumessen – ungeachtet der Tatsache, dass sie natürlich mit einem kreativen Team zusammengearbeitet

Thomas Koebner

haben, mit Drehbuchautoren und Kameraleuten, mit Ausstattern und Schauspielern, ist das Vorwalten einer einheitlichen Perspektive in den Filmen so auffällig, dass man nicht geneigt ist, von einem Gemeinschaftswerk zu sprechen.

Eine im Gegensatz dazu *außengeleitete* Produktion ließe sich dadurch kennzeichnen, dass sie sich gleichsam den im Publikum aktuell geltenden Normen klaglos unterwirft, also in der Konzeption sich nicht am „Ausdruckswillen" eines Autors orientiert, sondern an der im Augenblick begünstigten Agenda, die sich durch das Zusammenspiel von Verteilungsapparat und mehr oder weniger präzise ausgekundschafteten Publikumspräferenzen ergeben. Der Kunstproduzent ist der Knecht, die Neigung des Publikums Herr in diesem Produktionsverfahren. Natürlich kommt es dabei zu Wiederholungen und rascher Stereotypenbildung, wenn ein Modell einmal auf das starke Interesse der Zuschauer gestoßen ist (wobei es oft aufschlussreiche Missverständnisse zu geben scheint, viele wirkliche Interessen des Publikums auch unter vorgeschobenen Erklärungen oder eben im Halbbewussten der Rezipienten zu finden sind).

Traditionsgeleitete Kunstproduktion richtet sich schließlich nach überlieferten Vorbildern aus, Vorbildern, die man nicht stumpf repetieren will, sondern denen es auf die je eigene Weise gleichzukommen gilt: Mit einer gewissen Einschränkung ist auch hier ein Autoren-Standpunkt auszumachen, der allerdings durch seine konservative Haltung, das Vorherrschen der Retrospektive, des Rückblicks auf ganz bestimmte Wertordnungen charakterisiert ist. Auch der traditionsgeleiteten Kunstproduktion kann es widerfahren, in Opposition zum vorherrschenden Breitengeschmack zu geraten – und daher manchmal eine geistesaristokratische Attitüde zu entwickeln, die diese Kunst bewusst dem Zugriff der „Massen" vorenthalten will.

Als unverzichtbare Eigenschaft, um zum ersten Typus zurückzukehren, gilt der *innengeleiteten* Kunstproduktion die kritische Spannung zur jeweils eigenen Epoche: Dem Autor im weitesten Sinne wird ein ständiger Kampf um seine eigene Unabhängigkeit zugemutet, ein Kampf, der ihn in die Isolation oder auch in die ökonomische Krise hineintreiben kann. Dabei mag der innengeleitete Autor bisweilen von Erfolgen, dem kräftigen Respons einer großen Gemeinde, verwöhnt werden. Nur strebt er nicht willfährig danach, den Erfolg in Ewigkeit zu prolongieren und die Rezeptur einer Produktion starr zu repetieren, die einmal den Durchbruch erreicht hat. Die Unterwerfung unter die Marktregeln könnte dem Autor als moralische und ästhetische Selbstverleugnung erscheinen, als Verzicht auf den eigenen Weg. Das unterscheidet ihn merklich von der geschmeidigen Anpassungswilligkeit, dem bedenkenlosen Konformismus der außengeleiteten Kunstproduktion.

Der Nutzen einer solchen an Riesman angelehnten Typologie des künstlerischen Schaffens scheint gerade bei der Rekonstruktion einer vergangenen Kunstgeschichte von Vorteil zu sein. Vielleicht muss man sich gegen den Verdacht weh-

Vom Schilderer des Sittenverfalls zum Propheten der neuen Jugend

ren, die Theorie vom Originalgenie wieder aufleben zu lassen – denn könnte die Kategorie vom innengeleiteten Kunstproduzenten nichts anderes als ein etwas technischer Ausdruck für dieses Phänomen sein? Nun wäre es sicherlich verstiegen, die gesamte Kunstgeschichte auf die Attraktionszentren unterschiedlicher Originalgenies zu reduzieren: Die *Geschichte der zeittypischen Klischees* würde dadurch vernachlässigt werden, die jeweils auffällige, für den Zeitgenossen jedenfalls auffällige Sichtbarkeit der außengeleiteten und traditionsgeleiteten Kunstproduktion. Es wäre ebenso verwegen, dem Originalgenie nur eine Art von Inspiration zuzumessen, die von „oben" kommt – auch in die aufgezwungene oder selbstgewählte Einsamkeit, so heißt es nicht nur bei Theodor W. Adorno, nimmt der Mensch die ihn prägende und umgebende Gesellschaft mit. Der innengeleitete Kunstproduzent ist daher am besten als Idealtypus zu verstehen, der in der Praxis unterschiedliche Mischungen eingehen muss und vom Vorhandensein eines Marktes oder eines Publikums gar nicht absehen kann, auch wenn er nicht gebannt auf deren Signale achtet, um auf sie in unterwürfiger Weise antworten zu wollen.

II

Auch der Versuch, *kunstgeschichtliche Perioden nach politischen Daten zu ordnen*, ist heikel. Oft lassen sich eher Phasenverschiebungen beobachten, der kulturelle Prozess läuft dem politischen voraus (ein viel zitiertes Beispiel ist der Aufstieg bürgerlicher Werte und Gleichheitsideen vor Beginn der Französischen Revolution im ausgehenden 18. Jahrhundert): So könnte man, auf die italienischen Verhältnisse gemünzt, auch davon sprechen, dass die Filme der ausgehenden 1950er und beginnenden 1960er Jahre *nicht mehr die Aufspaltung in christliche und kommunistische Quoten erlaubten*, mehr noch: das Gewicht christlicher oder auch linker Einsprüche abschwächten. Fellinis Werdegang ist ein klassisches Beispiel für diesen Wechsel der ideologischen Beurteilung: Während *La strada* (*La strada – Das Lied der Straße*, I 1954) das Gefallen der katholischen Kritik hervorrief und die Missachtung der Linken, setzte bei *La dolce vita* (*Das süße Leben*, I/F 1960) genau das Gegenteil ein: Die katholische Kritik polemisierte gegen den Film (z. B. trug Anita Ekberg ein Priestergewand – durchaus provozierend für katholische Orthodoxie), während die Linke eher ein ungeschöntes Bild der bürgerlichen Dekadenz geschildert sah. So haben die Filme der ersten 1960er Jahre die allmähliche Annäherung zwischen der Democrazia Cristiana und der sozialistischen und kommunistischen Parteien auf der anderen Seite vorbereitet, indem sie sich einem bestimmten Zuordnungsraster zwischen Don Camillo hier und Peppone dort entzogen (um Giovanni Guareschis Paradefiguren als Symbole des Parteien-Gegensatzes zu zitieren), das noch in den frühen 1950er Jahren seine Geltung gehabt haben mochte.

Thomas Koebner

Ein weiterer Grund für die Wandlung des künstlerischen Geschmacks oder des „Stilwillens" in der Kunstgeschichte mag die oft zu beobachtende *Sättigung oder Erschöpfung eines bestimmten Kunstideals* sein: Beides tritt ein durch zu häufige Verwendung, durch die Beobachtung, dass ein bestimmtes Prinzip des Erzählens oder Darstellens plötzlich durch „neue Wirklichkeiten" nicht mehr abgedeckt wird, so dass man eine Art Umdenken vollziehen muss. In der theoretischen Diskussion der Kunst wird häufig die Orientierung auf das jeweils als neu Erkannte als radikale Abkehr von einem bestimmten Zeichensystem, einem „Paradigma" konstruiert, in ungerechtfertigter Übertreibung ein kontradiktorischer Welt- und Kunstentwurf mit neuen Regeln verlangt. Bei gelassener Betrachtung ist zu beobachten, dass sich eher alte und neue Regeln mischen, *dass es fließende Übergänge gibt, die sich von einer programmatischen Polarisierung in Alt und Neu gar nicht richtig erfassen lassen.*

Ein spannendes Exempel für diesen Wandlungsprozess ist die Entwicklung neorealistischer Tendenzen im Film. Zweifellos hat das italienische Kino der 1950er Jahre durch die Verschränkung dörflicher Milieus und Komödienkonstellationen eine Art *neorealismo rosa* geschaffen, der weder streng aufklärerischen noch sozialrevolutionären Forderungen entsprach. Dennoch ist auffällig, dass zumindest zwei der Klassiker des italienischen Kinos, um sie erst einmal nach ihrer Eigenbestimmtheit so zu definieren, nämlich Antonioni und Fellini, sich den Schicksalen der sozialen Randfiguren, der Ausgestoßenen und Unbehausten, der „Lebensversager" mit großer Beharrlichkeit gewidmet haben – es sei nur an Antonionis trostlosen Arbeiter Aldo aus *Il grido* (*Der Schrei*, I 1957) erinnert oder an Fellinis Zampanó und Gelsomina, Cabiria und Augusto (aus *Il bidone / Die Schwindler*, I/F 1955). Offenbar muss man beiden Regisseuren zugestehen, in erstaunlichem Maße „innengeleitet" zu sein – wenngleich Fellinis Straßenartisten, Huren und kleine Diebe aus amerikanischer Perspektive als Protagonisten von Menschheitsparabeln melodramatischen Charakters mit der Verleihung etlicher Oscars gefeiert wurden. Fellinis Treue zu Helden, oft naiver Prägung, die unter die Räder gerieten, ohne sich selbst heraushelfen zu können, Opfer im Grunde, und zu den Milieus der Armen ließ ihn, unbeirrt durch immer verführerische Anerkennung, sein Werk als Variationen „herzergreifender" Teilnahme am Schicksal der Verlierer fortsetzen.

III

Mit *La dolce vita* (1960) scheint nun Fellini eine Epochenschwelle zu markieren: eine Schwelle anderer Art als den vergleichsweise breiten Übergang zwischen der tragischen Ernsthaftigkeit der frühen neorealistischen Filme in der Kriegs- und unmittelbaren Nachkriegszeit und dem von Filmkritikern als Verflachung

Vom Schilderer des Sittenverfalls zum Propheten der neuen Jugend

gekennzeichneten Aufschwung populärer komödiantischer Genres in den 1950er Jahren. Man könnte, zunächst sehr impressionistisch formuliert, *den wichtigen Produktionen des neuen Jahrzehnts attackierende Satire und Unerbittlichkeit des Blicks für Missverhältnisse, ein neues politisches Bewusstsein für moralische und ökonomische Korruption, ferner den Sinn für die Vergänglichkeit alter und überholter Lebenswelten* zuschreiben. Schiller, der bei der Auseinandersetzung mit den Möglichkeiten der Satire eine scherzende und eine strafende Spielart unterschied, darf als hilfreicher Begriffsspender zurate gezogen werden: Während das italienische Kino in den 1950er Jahren mit wenigen Ausnahmen eher den scherzenden Spielarten gewogen war, setzte sich in den 1960er Jahren wieder das Interesse an strafenden, an analytischen Perspektiven durch, an Einmischung in die Konflikte, die die Gesellschaft bewegen.

Doch wirkt *La dolce vita* auf den ersten Blick nicht in allen Teilen als Beispiel für strafende Satire: Ein schwacher Held, Marcello (Marcello Mastroianni), durch seinen Beruf als Skandalreporter und Journalist zu einer Art Beobachtungsposition gezwungen, die er allerdings immer wieder gerne aufgibt, um sich in das Gewühl zu werfen, wird nicht nur Zeuge, sondern ist auch mitgerissener Teil einer Gesellschaft, die sich vom mutmaßlichen Ekel vor der eigenen Leere zu ständigen Vergnügungen treiben lässt – es müssen nicht einmal Exzesse sein. Eine merkwürdige Kreisbewegung bestimmt die Schicksalslinien der Figuren: Zumal Marcello fast immer dort ankommt, wo er einmal schon gewesen ist, eine Entwicklung ist nicht auszumachen, nicht einmal in dem ewigen Streit mit seiner Freundin, die er lieber los wäre, wozu ihm allerdings Entschiedenheit und Kraft fehlen. Nun ist es vermutlich in der europäischen Literatur seit deren Auseinandersetzung mit dem ritualisierten Dasein einer parasitären Aristokratie im 18. Jahrhundert nicht schwierig und auch nicht unvertraut, einer sorgenfreien und nur im Genuss lebenden „Leisure Class" die Leviten zu lesen. Dass übermäßiger Reichtum die mumifizieren kann, die es nicht mehr nötig haben, durch Arbeit oder Liebe ihr Leben zu bestimmen, ist keine neue Erfahrung: Die Beschreibung eines Weltekels, der unter Genusssucht verdeckt wird, gehört zu den Registern der Dekadenzkritik (wobei die Wahrnehmung des Weltekels schon eine Art Introversion und Selbsterforschung voraussetzt, die durch das Leben im Überfluss nicht gerade herbeigezwungen wird). So fügt sich Fellini in diese Tradition ein: *La dolce vita*, so meint er wiederholt, konstatiere einen Zustand gesellschaftlichen Verfalls, eine *Endzeit*, in der alles ins Wanken gerät. Diese reiche Klasse, die Zeit und Geld hat, sich dem süßen Leben zu ergeben, erregt bei ihrer Suche nach Lust einen Sinn fürs Pikante, gesteht also ein, auf den *provozierenden Tabubruch*, das Schamlose, das Anomale, das Verbotene, das Unanständige versessen zu sein: Maddalena, die in einem großen offenen amerikanischen Wagen fährt und die Abkunft aus der Upperclass nicht verleugnet, strebt eine Nacht mit Marcello an, die ausgerechnet in der armseligen Absteige

Thomas Koebner

einer Prostituierten stattfinden soll, in einem Neubau, in dem das Grundwasser nach oben steigt, sodass die beiden, die sich auf ihr Stell-dich-ein in einem vermutlich viel benutzten Bett freuen, erst über schmale Bohlen gehen müssen. Schmutz und Elend der architektonischen sozialen Kellerregion sind offenbar willkommene Stimulanzien. Auch der plötzliche Akt Marcellos mit der Amerikanerin in der Adelsvilla scheint durch mysteriöse Riten und das Halbdunkel begünstigt zu sein, durch das riskante Nebenher in einem von Menschen nächtlich durchgeisterten Gebäude.

IV

Das Phänomen der Via Veneto wird allerdings weniger durch die Libertinage der alten und neuen Reichen bestimmt. Es kommt, und das ist das eigentlich Bemerkenswerte an Fellinis Schilderung der Verhältnisse, zu einer Trossbildung. Dieser Garten der Lüste ist vor allem von Nachahmern, Mitmachern, Nutznießern bevölkert: von ehrgeizigen jungen Schauspielern oder Sängerinnen, von der homosexuellen Gemeinde, die durch diese Sogwirkung der Glückssucher in den allgemeinen Reigen hineingewirbelt werden. Zum großen Teil sind es wenige Leitfiguren, die ihre Moral den Bedürfnissen der Triebe und den Chancen der Promiskuität anpassen, ohne Rücksicht auf öffentliche Kontrollinstanzen nehmen zu wollen. In ihrem Schlepptau aber finden sich all die, die sich in dieser Massenbewegung entweder geschützt fühlen oder Teilprostitution als notwendige Assimilation verstehen, die einem irgendwann erlaubt, in die Star-Sphäre vorzustoßen.

Besonders die Orgien-Szene als große vorletzte Sequenz oder Episode des Films *La dolce vita* macht dies deutlich: Die Erniedrigung der jungen Frau, die Marcello in einer Art sadistischem Ritual quält und demütigt, gilt nicht einem Mitglied der oberen Gesellschaft, sondern einer armen Provinzlerin, die, eine Traumkarriere im Kopf, nach Rom gekommen ist und sich nicht zu wehren weiß, weil sie glaubt, zu ihrem Vorteil das Spiel richtig mitzuspielen: Mit ihrer demütigen Einwilligung geht ihre Würde verloren. Ihr gegenüber die junge Ehefrau aus der „besseren Gesellschaft", die sich zu einem Striptease befeuern lässt, weil sie glaubt, auch in einer erotischen Konkurrenz bestehen zu müssen. Der Kitzel der Selbstentkleidung vor Zuschauern scheint ihr beinahe als Zwang zu gelten, um einem neuen, freizügigen Weiblichkeits-Konzept zu entsprechen, das Begehrenswürdigkeit noch eher als eigene Begehrlichkeit in den Vordergrund rückt, Frauen als willfährige Attraktionen für den allgemeinen (und nicht nur männlichen) Triebhaushalt zur Verfügung stellt.

Wenn die übernächtigte Truppe der Orgienzuschauer dann im Morgengrauen aufbricht, um zum Strand hinunterzuwandern und dort dem von

Vom Schilderer des Sittenverfalls zum Propheten der neuen Jugend

La dolce vita (*Das süße Leben*, I/F 1960) von Federico Fellini.

Fischern an Land gezogenen ungeheuren Fisch mit seinem riesigen Auge begegnet, dem stummen Untier, dessen Symbolik vielfach sein kann, betont Fellini das *pittoresk „Unreine"* dieser durch die hohen Bäume an die Meeresgrenze hinab lichternden Schar und ihrer müden Mattigkeit, insbesondere die des Protagonisten Marcello – der er die *Epiphanie des Reinen* gegenüberstellt: nicht nur durch den Schauplatz, die archaisch bedeutsame Meeresgrenze, die Kühle eines anbrechenden Sommermorgens, sondern auch in Gestalt des jungen Mädchens Paola, die Marcello Zeichen macht, da ein Flüsschen, das sich ins Meer ergießt, beide voneinander trennt und das Donnern der sich brechenden Wogen die akustische Verständigung verhindert. Marcello erkennt Paola offenbar nicht wieder: das junge Mädchen in der Trattoria, auf deren Veranda er wieder einmal den fruchtlosen Versuch wagte, ein ernsthafter Schriftsteller zu sein, und sie ihn umtänzelte, bis er ihr versprach, ihr das Schreibmaschineschreiben beizubringen. Paola erinnert sich an ihn, ihre Gestik imitiert das Schreibmaschineschreiben, aber in ihrem jungen ernsthaften und reinen Gesicht spiegelt sich die Erkenntnis, dass er sie längst vergessen habe. Aufgefordert von irgendeiner Gespielin der vergangenen Nacht, erhebt sich Marcello und wankt mit der Truppe der Bacchanten wieder zurück, um erneut in den Kreislauf von Erwartung und Enttäuschung einzutauchen.

V

Wie wichtig Fellini diese *existenzielle Formel: von der Erwartung zur Enttäuschung* zur nächsten Erwartung zur nächsten Enttäuschung gewesen ist, wie der Kreislauf der Versagungen seine Erzählung definiert, zeigt sich an mehreren vorangegangenen Episoden und Szenen: Sylvia (Anita Ekberg), der große amerikani-

Thomas Koebner

sche Star, erregt Marcellos Instinkte aufs Äußerste. Als es endlich zu einer Vereinigung zu kommen scheint, beide stehen im Wasser des Brunnens Fontana di Trevi und beugen sich unter die Kaskaden, die sie überfluten können, als ihrer beider Münder sich einander nähern, als es endlich zum befreienden Kuss kommen soll, bricht der Fluss des Wassers ab, die Stimmung kippt: Ein kalter, grauer Morgen kriecht herauf, die beiden Körper trennen sich voneinander, zwei Fremde, ohne dass es zu der verheißenen oder erwünschten Vereinigung gekommen wäre. Selten in der Filmgeschichte ist ein in mehrere Phasen gegliedertes erotisches Vorspiel so detailliert erzählt worden bis zu dem mythischen Eintauchen in die Flut als Zeichen einer besonders inständig begehrten innigen Vereinigung bei zum Teil aufgelöster Erdenschwere – selten auch der Schock der Unterbrechung, der Verweigerung des hochgetriebenen Begehrens drastischer vor Augen geführt worden als in dieser Szene des Films.

Auch die Episode, in der Marcellos Vater in die Stadt kommt, gehorcht demselben Ablaufschema, als gäbe es ein kurzes Finish zum Ziel, worauf kurz davor die Illusion vom greifbar nahen Glück zerbricht: Durch den Flirt mit einer jungen Frau erhitzt, durch die Atmosphäre der Lustbarkeiten und einen kuppelnden Sohn befeuert, traut sich der Vater die wilde Begegnung mit einer jungen

Marcello Mastroianni und Anita Ekberg in *La dolce vita* (*Das süße Leben*, I/F 1960).

Vom Schilderer des Sittenverfalls zum Propheten der neuen Jugend

Frau zu – wenn nicht das stotternde Herz ihm einen Strich durch die Rechnung machen würde, sodass er matt und beinahe krank am Schluss nur noch zum Bahnhof will, um mit dem nächstbesten Zug wieder zurück in die Provinz, zurück in die Beschaulichkeit seines vertrauten Lebens zu fliehen.

Fellini hat in Interviews davon gesprochen, dass er seine Figuren mit „christlichem Erbarmen" betrachte, da sie ein „ungeheures Heilsverlangen" vorantreibe, ein *Warten auf Wunder*, die nicht eintreten werden.[1] Am sinnfälligsten offenbart sich dieses Heilsverlangen in der Episode von der falschen Erscheinung Mariae: Zwei Kinder haben angeblich die Mutter Gottes gesehen. (Es ist sehr bald klar, dass sie von ihren Erziehern gesteuert werden und die Theophanie des Heiligen ein übler Betrügertrick ist.) Es kommen indes viele Menschen zusammen. Als schließlich die Kinder aus Verlegenheit einen Ort bezeichnen, auf dem ein kleiner Baum wächst, wird das Gewächs von der heilwütigen Masse regelrecht zerrissen – wieder am frühen Morgen, der Tageszeit der Ernüchterung und der Entsagung, liegt ein sterbendes Kind auf dem Boden. Der Segen ist ausgeblieben. Wie sich indes unter den Scheinwerfern der Bildjournalisten im Rund, das von Übertragungswagen und Neugierigen gesäumt wird, religiöse Inbrunst zur Massenekstase steigert, zum ungeheuren Lärm all derer, die in verschiedener Weise nach Hilfe schreien, dokumentiert die Bedürftigkeit vieler Menschen nach einem Trost von oben. Fellini zeigt nicht im Einzelnen, so noch in *Le notti di Cabiria* (*Die Nächte der Cabiria*, I/F 1957), wie das Leben der Armen aussieht, die in solcher Weise Zuspruch bei den religiösen Instanzen erhoffen – er zeigt den Hunger nach einer kaum konkret vorstellbaren Rettung aus dem Elend, die Seelenpein vieler Menschen, die am Ende wieder einmal betrogen und enttäuscht von dannen ziehen, unter ihnen auch Marcellos Freundin Emma.

VI

In dieses „Fresko" (Bonicelli[2]), das einige Betrachter sogar zu einem prophetischen Vergleich mit „Satyricon", dem Gesellschaftspanorama des antik römischen Autors Petronius Arbiter verlockt hat, ragt die düstere Figur des einsamen Intellektuellen Steiner (Alain Cuny) herein, der in einem Anfall von Weltekel oder Zukunftsangst nicht nur sich, sondern sogar seine beiden Kinder umbringt – während seine Frau nicht im Hause ist. Dieser Mann – der sich dadurch einführt, dass er Bachs „Toccata und Fuge in d-Moll" spielt und offenbar die Schauer des Ungeheuerlichen in diesen Orgel-Tönen zu verspüren scheint, dann aber, nachdem wir ihn als Gastgeber einer intellektuellen oder pseudo-intellektuellen Runde von Klugschwätzern erlebt haben, zum grausigen Täter wird – ist außerordentlich schwer einzuschätzen. Der vergrübelte

Thomas Koebner

Intellektuelle von franziskanischer Strenge, der auf einem Tonband Naturlaute sammelt, stellt eben keine positive Gegenfigur zur Laszivität des süßen Lebens dar. Der Umstand, dass er am Ende zum Mörder und Selbstmörder wird, raubt diesem Mann auch die Aura des Vorbilds oder des geistigen Führers – Marcello hat dies offenbar eine Zeit lang in ihm gesehen. Eine Vaterfigur von moralischer Autorität und überlegener Intelligenz entpuppt sich als radikaler Negativist, als eine Art Naphta (die flammend fanatische Jesuitenfigur aus Thomas Manns „Zauberberg", 1922, der sich am Ende selbst umbringt). Das tragische und zugleich verwerfliche Ende dieses Unerbittlichen lässt Marcellos Anpassung an die Verführung der Welt, an die Lüste der Müßiggänger geradezu als bessere, zumindest lebensfreundlichere Existenzweise erscheinen. Der Heilige der asketischen Verneinung wandelt sich zum bluttriefenden Schreckbild: Ein Nachfolger kleineren Formats findet sich noch in Fellinis nächstem Film *Otto e mezzo* (*Achteinhalb / 8 ½*, I 1963) in der Gestalt des intellektuellen Beraters von Guido Anselmi, der am Schluss geradezu emphatisch das Scheitern des Filmprojekts feiert: Denn besser sei es, dass nichts entstünde, ein erquickendes Schweigen im Lärm der allseitigen Geschäftigkeit.

Man mag aus deutscher Perspektive bei solch kunstfeindlicher Argumentation an Theodor W. Adornos übertriebene Strenge denken, der nur noch die Literatur gelten lassen wollte, die dem Schweigen entgegeneilt – und darunter verstand er Kafka und Beckett. Doch intellektuelle Bilderstürmerei ist in den 1950er Jahren in Europa weit verbreitet – gerade da, wo es um die Durchsetzung politischer Dogmen ging, also sowohl auf der radikal kirchlichen als auch auf der radikal linksrevolutionären, kommunistischen Seite wurde ihr, der Kunst, nur die Aufgabe einer dienstbaren Magd zugesprochen, die sich den Kommandos einer Partei und deren Vorstellung von Kulturproduktion fügen muss. Zugleich aber ist die Entzauberung des Intellektuellen Steiner ein Votum für das antidogmatische „schwache Denken", dass sich von terroristischer Kategorisierung der Welt frei hält.[3]

VII

1963 fordert der französische Schriftsteller und Ästhetiker Roger Garaudy einen „réalisme sans rivages", einen Realismus ohne Ufer – und zwar stellt er diese Forderung an die kommunistische Partei, die bis dahin fast die gesamte Moderne als Ausdruck dekadenter Bürgerlichkeit abgelehnt hat. Garaudy fordert also, dass man Picasso, Saint-John Perse oder Kafka in den Kanon der modernen Klassik aufnehme. Er wiederholt diesen Appell noch einmal 1968: Damit hat Garaudy (wie ähnlich Louis Aragon) in der französischen Szene für ein Kunstverständnis geworben, das auf der Seite der dogmatischen Linken immer noch infiziert zu

Vom Schilderer des Sittenverfalls zum Propheten der neuen Jugend

sein schien von den sturen Denk- und Schaffensverboten des spätestens unter Stalin geprägten sozialistischen Realismus. Nun gibt es ohnehin die merkwürdigsten Verkreuzungen in den jeweiligen Avantgarden der Künste: Während etwa in Deutschland in den 1950er Jahren die abstrakte Kunst beinahe ungeteilte Zustimmung der avancierten Kritik fand, ebenso wie die Zwölftonmusik Schönbergs und die daran anschließende postserielle Kompositionsweise, mussten sich die Verfechter eines als konservativ erscheinenden Abbildrealismus in der Malerei oder der Tonalität in der Musik in Nischen einmauern und wurden oft als Sektierer einer historisch für überholt erklärten, sogar als feindlich stigmatisierten alten Kunstübung verhöhnt, die allenfalls noch in der Unterhaltungsindustrie Geltung beanspruchte oder als Erbschaft des „Dritten Reichs" besonders verwerflich erschien. Es kam hinzu, dass die fortgeschrittene Schaffensweise nicht das Interesse des breiten Publikums fand, das seine populärere Vorstellung von Kunst als Nachahmung des realen Lebens eher im Film, zum großen Teil auch in der Literatur verwirklicht sah. Dass sich eine so kapitalintensive Kunstproduktion wie der Film von den vergleichsweise konservativen Erwartungen des großen Publikums lösen könnte, war kaum zu erwarten – unter diesem Aspekt rücken die ästhetischen Konzepte der europäischen Konservativen, der Kommunisten und der sogenannten einfachen Leute relativ eng zusammen.

Dennoch wagte auch die Filmkunst einen Übergang zu einem stark erweiterten Realismus, der mit der Doktrin der herkömmlichen, vergleichsweise einfachen Wirklichkeitsabbildung brach. Das wichtigste Kennzeichen dieses erweiterten Realismus, man könnte ohne Weiteres von einem *zweiten Surrealismus* sprechen, liegt in der *Eingemeindung der subjektiven Halluzinationen und Träume einer Figur in die imaginäre Welt eines Films*. Unbewusst produzierte Bilder und Vorstellungen, rätselhafte Fantasien wurden mit derselben Konkretheit in Filmbilder umgesetzt wie Wahrnehmungen eines von dem Film unabhängigen äußeren Daseins. Auf diese Weise konnten in Filmen, ähnlich wie in tiefenpsychologischer Analyse, das Verborgene und Verbotene, das Verschobene und Verdrängte als verstörende Splitter einer sonst geheim gehaltenen Welt an die Oberfläche dringen.

Ein europaweites Phänomen: Diese ästhetische Revolte, die sich aus den Zwängen einer allzu eng verstandenen Darstellungs-Lizenz befreien will, greift bei wichtigen, interessanterweise *nicht mehr jungen* Regisseuren um sich – denn sowohl das britische Free Cinema, wenn man diesen Sammelbegriff überhaupt verwenden möchte für eine Gruppe von Regisseuren wie Karel Reisz, Tony Richardson, Lindsay Anderson und andere, als auch die Nouvelle Vague beharren darauf, das zu zeigen, was selbst einem objektiven oder neutralen dritten Beobachter als Szene vor Augen tritt. Bei allen Experimenten mit subjektiven Einstellungen interessiert sich das Kino des Jean-Luc Godard eher für demonstrative Arrangements und wie zufällig festgehaltene Beobachtungen, die sich in ein ungewöhnliches Montagegerüst einfügen, als für die Träume, die Innenwelt

Thomas Koebner

der Figuren. Roman Polanski stellt in dieser Generation eine Ausnahme dar. Er hat sich bereits in seinen Kurzfilmen einer surrealen „Wahrhaftigkeit" verschrieben, die etwa in *Repulsion* (*Ekel*, GB 1965) Vollkommenheit gewinnt: in der Visualisierung der Angst-Vorstellungen einer mit der Welt zerfallenen irren jungen Frau. Sowohl die Seelenerforschung der Filme Ingmar Bergmans (man denke an *Tystnaden / Das Schweigen*, S 1963, *Persona*, S 1966 oder *Vargtimmen / Die Stunde des Wolfes*, S 1967) als auch die traumartigen Spielanlagen von Alain Resnais (vor allem in *L'Année dernière à Marienbad / Letztes Jahr in Marienbad*, F 1961) lassen die gleichsam vulkanischen Eruptionen des „Es" zu. Luis Buñuel musste diese Gleichberechtigung der inneren und äußeren Bilder nicht erst erkämpfen – er setzte diesen Stil auch in seinem Spätwerk durch (man denke etwa an *Le Charme discret de la bourgeoisie / Der diskrete Charme der Bourgeoisie*, F 1972). In Italien ist es vor allem Fellini, der sich auf diesen „réalisme sans rivages" einlässt.

VIII

Es ist für diesen „Stilwandel" also auch die Chance verantwortlich, dem eingeschränkten Realismus-Verständnis der Nachkriegszeit zu entkommen und in der Gestaltung der eigenen Kunstübung anders und ein anderer zu werden, nicht nur der lebensgeschichtliche Umstand, dass Fellini den Arzt und Analytiker Ernst Bernhard (1896 bis 1965) traf, einen Berliner Emigranten, der sich vor der Judenverfolgung der Nazis 1936 in Rom, in Mussolinis Italien, wie so manche anderen Emigranten in Sicherheit bringen konnte: eine offenbar von Fellini sehr hoch geschätzte Beziehung, da Bernhard ihn darin bestärkte, Träume und Visionen so ernst zu nehmen wie „äußere" Konfrontationen mit der Realität: als Entdeckung einer anderen Realität. Der ästhetische Sprung fand statt in der für Fellini kritischen Zeit zwischen *La dolce vita* und *Otto e mezzo* (1963), als die Last des äußeren Erfolges die Furcht vor einem nächstfolgenden Versagen geradezu heraufbeschwor: Der erste Film, ein großes soziales Panorama, eine Stationen-Reise, die verschiedene Lebensstile vorführt und sie duldsam-skeptisch als Narreteien nach demselben Muster zur Kenntnis nimmt (mit Ausnahme des auch von der Dramaturgie am Ende geopferten Steiner), eine Kamera, die den Ereignissen hinterhereilt wie ein unbelehrbarer neugieriger Reporter, ein aufdringlicher Paparazzo – während der zweite Film gleich mit einem suggestiven Traum beginnt, der den Kern der Befindlichkeit des Regisseurs Guido Anselmi enthüllt: das Eingesperrtsein, die Angst vor dem Ersticken, die in der ersten großen Vision dazu führt, dass er aus dem Auto, das in einem Stau steckt, entfliegen kann und erst am Strand von den Mitarbeitern seines Filmteams auf Geheiß des Produzenten wieder zur Erde zurückgeholt wird. Auffällig, dass man das Gesicht der Hauptfigur (Marcello Mastroianni) auch in den ersten Szenen

Vom Schilderer des Sittenverfalls zum Propheten der neuen Jugend

Marcello Mastroianni in *Otto e mezzo* (*Achteinhalb/8 ½*, I/F 1963).

nach dem Erwachen nicht zu sehen bekommt, als seien die Ärzte des Kurhotels, die sich um ihn kümmern, Leute, die ihn wegen seines Projekts ansprechen, Personal einer im Hell-Dunkel versinkenden „Twilight Zone" – erst im Spiegel des Badezimmers sieht die Figur sich selbst, womit auch das Publikum den Helden von Angesicht zu Angesicht identifizieren kann, nachdem es zuvor schon in dessen „geheime" Existenznot eingeweiht worden war.

Einige Zuschauer hielten es für ziemlich wagemutig, dass ein Regisseur Film, die Kunst für „kollektive" Ausdrucksimpulse, nun als *„intimes Tagebuch"* gebraucht und sich in so unverhohlener Weise selbst bespiegelt – wenngleich nicht in der Glorie, sondern in der Krise. Doch solche Krisen voller Selbstzweifel, in denen man nicht weiß, wie es weitergehen soll und ob einen nicht alle guten Geister verlassen haben, gehören zum Bestand der conditio humana. Guido Anselmi erlebt ein Fiasko, er zweifelt an seinen Fähigkeiten, er verirrt sich im Netz der Gefühle und Verbindungen, er holt seine Geliebte an den Kurort, dann trifft auch seine Frau ein, er kann sich nicht genug Rechenschaft darüber geben, wem denn wie viel Liebe oder Zuneigung zu gewähren sei, bleibt schwankend in seinem Urteil, schwankend in seiner Leidenschaft: ein eher passiver, unsicherer Kandidat, der sich nicht entscheiden kann. Folgerichtig kann er sein Filmprojekt auch nicht vollenden.

Thomas Koebner

Höhepunkt der befürchteten, vielleicht nur eingebildeten *öffentlichen Demütigung* ist die Pressekonferenz, bei der ihm Hohn und Spott der Journalisten zusetzen (eine Fellini in der Zwischenzeit neben all dem Lob, das er national und international erfahren hat, durchaus vertraute aggressive Reaktion). Da er sich von allen im Stich gelassen, genauer: von nichts ausreichend gehalten fühlt, verkriecht er sich unter dem Tisch und begeht mit einer geliehenen Pistole Selbstmord. Spätestens von dieser Wendung der Geschichte an weiß man als Zuschauer eigentlich nicht, in welcher Wirklichkeitssphäre man sich weiter bewegt, denn der Tote ist in der nächsten Szene wieder quicklebendig und hat sogar die Möglichkeit, am Schluss in einem großen Zirkusreigen alle miteinander zu versöhnen, die Toten (z. B. seinen toten Vater), die Figuren seiner Jugendzeit (z. B. Saraghina, die in ihm zum ersten Mal Schrecken und Lockung der Sexualität wachgerufen hat), die Geliebte und die Ehefrau: ein Bild der umfassenden Versöhnung, an der alle teilhaben – das aber nur kurz weilt, denn bald stürzt gleichsam die Nacht herein. Der für Fellini in all seinen künftigen Filmen so wichtige Wind – das Geräusch evoziert die Empfindungen von Kälte, von Ungeschütztheit, von Angst – pfeift über die jetzt fast leere Arena, nur noch die kleine Musikkapelle ist sichtbar, und als Letzter verschwindet hinter einem Vorhang der junge Flötenspieler, der Guido Anselmi selbst sein soll.

Sowohl im Kurhotel als auch später bei der Inszenierung des Reigens hofiert Anselmi den Männern der Kirche, kniet nieder, küsst den Ring. Dennoch hat man nicht den Eindruck, dass im Ganzen ein frommer Film entstanden sei – eher im Gegenteil: Auf die Verzückung des Jungen durch die Saraghina folgt sofort die Strafe durch die Brüder des Konvents, in dem der Kleine groß gezogen wird. Die herbe, strenge Mutter scheint diesem Bußritual fraglos und mitleidlos zuzustimmen. Wenn er später vor allem die Frauen, aber nicht nur sie, in Weiß gekleidet und im Geschwindschritt den Strand entlangkommen sieht, spricht der Film selbst eine Art Heiligung der Vergangenheit aus, mit der der Held seinen Frieden machen will.

IX

Zwei auffällige Visionen rücken seine Erinnerungen ins Archaische oder Mythologische: Die Kindheitssequenz gemahnt eher an ein Leben in einem antiken großen römischen Haus, das Baden im riesigen Weinkessel, die langen Treppen, die riesigen Räume und Betten, einzelne Dekorteile, die Präsenz der archaischen vier Elemente (Wasser, Feuer, Wind und Erde): das riesige höhlenartige Haus der Kindheit. Hier tritt nicht irgendeine Vierzimmerwohnung in einem Stadtteil Riminis ins Gedächtnis, sondern eine fantastische überlebensgroße Szenerie. Auch die zweite, unter diesem Aspekt bemerkenswerte Sequenz

Vom Schilderer des Sittenverfalls zum Propheten der neuen Jugend

findet in überdimensionierten Räumen statt, die für Fellinis Architekturvisionen in späteren Filmen so charakteristisch sind: Die *Harems-Fantasie* ereignet sich in einer Umwelt, die sich kein Innenarchitekt für das gemütliche Beisammensein einer Familie oder eines Verführers mit seinen Geliebten ausgedacht hätte. Kein Schmuck, kein Schnörkel, kein samtiger Wandbehang, keine Teppiche, keine Gobelins, keine Nippsachen, keine Tischchen oder üppige Fauteuils. Nur karge Linien dominieren. Fast könnte man von aufgeräumten Ruinenstätten sprechen, in denen nur noch die Wände und Durchbrüche stehen, ohne Türen, ohne Vorhänge, eigentlich kalte und unbehaust wirkende Orte, die Guido oder Fellini mit zahlreichen Figuren bevölkern. Den Gehorsam der Frauen kann Guido an diesem fantastischen Ort nur mit der Peitsche erzwingen. Solches Machogehabe, das mit Kutschermanieren die von ihm in irgendeiner Weise abhängigen oder ihm hörigen Frauen domestiziert, lässt eher auf das Gegenteil schließen: auf Furcht vor der Begegnung mit Frauen, auf Frustrationen aller Arten, Verklemmungen und Minderwertigkeitsgefühle in der realen Jugend, die durch solche Herrenposen etwas naiv ausgeglichen werden.

Übrigens hat Fellini in vielen Interviews nicht gezögert, zumal mit dem Blick auf die sexuelle Befreiung unter den Hippies, von der Katastrophe zwischen Männern und Frauen in früheren Jahrzehnten zu sprechen, die unter der Familienmoral der katholischen Kirche zu leiden hatten: Die Bordell-Fantasien, die bereits im nächsten Film *Giulietta degli spiriti* (*Julia und die Geister*, I/F 1965) um sich greifen, und beinahe in keinem Film mehr fehlen (besonders akzentuiert in *Roma / Fellinis Roma*, I/F 1972, *Il Casanova / Fellinis Casanova*, I/USA 1976 oder *La città delle donne / Fellinis Stadt der Frauen*, I/F 1980) lassen neben allen grotesken und erschreckend hässlichen Figuren auch immer die üppige Schöne auftreten, die wenigstens äußerlich die plakative Weiblichkeitsutopie Fellinis preisgibt, die sich ebenso aus der Betrachtung seiner zahlreichen Karikaturen erschließt.

X

In dem Kurzfilm *Le tentazioni del Dottor Antonio* (*Die Versuchung des Doktor Antonio*, in *Boccaccio '70*, I/F 1962), einem Omnibusfilm, in dem sich neben Fellinis Beitrag noch Filme von Luchino Visconti und Vittorio De Sica finden, ist die sexuelle Erregung das Ärgernis, die von diesem üppigen Körper ausgeht: Anita Ekberg ist auf einer riesigen Plakatwand in räkelnder Pose auf einem Sofa abgebildet, sie hält ein großes Glas Milch in der Hand – denn gerade für Milch soll sie werben –, und nimmt in diesem Fall einen älteren Herrn aus einer Wohnung gegenüber völlig gefangen: Dr. Antonio gebärdet sich nach außen hin als Moralapostel – während in einer magischen Nacht, in der Anita vom Plakat herabsteigt und mit ihm durch die leere Stadt schweift (wie einst in *La dolce vita* mit Marcello), das traurig Begehrende des Dr. Antonio demonstrativ zutage tritt. Durchaus komisch gebrochen, wenn er als kleines Männlein an das nackte Dekolleté der riesigen Anita gepresst wird und in Wurmgröße dort eben nicht viel ausrichten kann. *Le tentazioni del Dottor Antonio*, eine Variante der christlichen Ikonologie von der Versuchung des heiligen Antonius, entlarvt die sittenstrenge Entrüstung als phrasenhaftes Gezeter, hinter dem sich die Furcht vor dem eigenen Verführtwerden verbirgt. Sie entlarvt aber auch, in einer Linie mit der Bildargumentation von *Otto e mezzo*, die Legende vom stolzen italienischen Mann, dem potenziellen Hahn im Korbe, der sich angeblich mit pfauenhaftem Stolz und unerschütterlichem Selbstbewusstsein durch die Welt bewegt. Genau das Gegenteil sei der Fall.

Der Spott über angeblich sittenstrenge Heuchler mag das Ergebnis einer unerbittlichen Selbstprüfung des „innengeleiteten" Autors Fellini zu verdanken sein. Gleichzeitig demonstrieren diese Filme, die mit großer Selbstverständlichkeit ins Traumhafte und Fantastische ausgreifen, um unter der Außenansicht der Dinge innere Beweggründe, Wünsche und Ängste zu erschließen, gewissermaßen genderpolitisch betrachtet, einen für die Muttergesellschaft Italiens auffälligen Männlichkeitswahn. Die „Politik" dieser Filme Fellinis gibt sich eben nicht mit der ironischen Rekonstruktion der Lügen zufrieden, sie schaut unter die Oberfläche, wodurch die Fassade sowohl lächerlich als auch unheimlich werden kann. Die Instanz, die für die strenge Dressur der Sinne und Gefühle sorgt, in der sich gesellschaftliche Kontrolle und Obhut verdichten, mag man symbolisch im Kopf des Menschen verorten. Die Köpfe, seien sie nun abgeschlagen oder nur abgelöste Bestandteile riesenhafter Skulpturen, geistern von nun an durch das fantastische Universum Fellinis. In *Toby Dammit* (Teil aus dem Omnibusfilm *Histoires extraordinaires / Außergewöhnliche Geschichten*, I/F 1968, nach Erzählungen von Edgar Allan Poe) wird dem Helden tatsächlich der Kopf abgerissen, in *Satyricon* (*Fellinis Satyricon*, I/F 1969) erleben zwei junge Protagonisten, wie ein riesiger Kopf eine Straße entlanggeschoben wird, die förmlich eng wirkt im Verhältnis zum Monumentalen des Hauptes, ein ähnliches Bild findet sich in *La città delle donne*: Die offenbar auch im Italienischen geläufige Formulierung „den Kopf verlieren" kann verwandelt werden zur Deutung „den alten Kopf verlieren", das Sinnbild der imposanten Herrschererscheinung, Inbegriff des unerbittlichen Über-Ichs, das auf das Leben und Treiben der Untertanen mit starrem, meist strafendem oder zumindest strengem Blick sieht. In *Amarcord* (*Amarcord*, I/F 1973) wird nach diesem Topos der große Kopf des Diktators Mussolini als symbolisches Schema des alles sehenden „Big Brother" (der Beiname des absoluten Herrschers in George Orwells Schreck-Utopie „1984") im öffentlichen Festaufzug dem gehorsamen Volk präsentiert. Wie weit der überlebensgroße Kopf an Bildüberlieferungen vom Auge Gottes anknüpft, sollte noch genauer untersucht werden.

XI Vom Schilderer des Sittenverfalls zum Propheten der neuen Jugend

Giulietta degli spiriti ergänzt insofern *Otto e mezzo*, als an die Stelle der männlichen eine weibliche Perspektive tritt. Giulietta (Giulietta Masina), mit ihrem Mann in gehobenen bürgerlichen Verhältnissen lebend, in einem schönen Haus mit gepflegtem, allzu aufgeräumtem Garten, entdeckt eines Tages eine merkwürdige Nachbarin, Susy (Sandra Milo). Deren Haus enthält Komponenten eines üppigfarbigen, luxuriösen Vergnügungstempels. Über dem breiten Bett ein Spiegel, vom Schlafzimmer aus führt eine Art Rutsche in ein Schwimmbecken hinab (bei Anhängern der Schule C. G. Jungs, vielleicht auch der von Sigmund Freud, wird sich sofort die Assoziation an einen Geburtskanal einstellen) – der Kanal, wenn man der Bildanalyse der Tiefenpsychologie folgen will, ermöglicht im Grunde genommen eine Art Wiederkehr in den Mutterleib, die, soweit Analytiker sich darin einig sind, als die höchste Glücksvorstellung für Erdenkinder gelten könnte, vermutlich nicht nur für Erdenkinder männlichen Geschlechts. Susy ist Fürsprecherin und Akteurin einer hedonistischen Lebensweise: Selbst ungebunden zieht sie junge Frauen und Männer an ihren „Hof", die sich alle durch geheimnisvoll umwitterte Laszivität auszeichnen – jedenfalls aus der Perspektive der braven und bürgerlicher Moral unterworfenen Giulietta.

Was aber findet sie zu Hause vor, wenn sie das mysteriöse Lustrevier nebenan meidet? Den Snobismus einer bourgeoisen Damen-Gesellschaft, der sich in die-

Giulietta degli spiriti (Julia und die Geister, I/F 1965).

Thomas Koebner

sem Film in oft grotesken Kostümen, vor allem üppigen Hutkreationen ausprägt. Wer diese voluminösen Dinge auf dem Kopf trägt, ist zu natürlichen Bewegungen, zu einer Arbeit, die den Körper fordert, überhaupt nicht imstande: Nur ein eleganter oder gestelzt wirkender Manierismus in Haltung und Gestik ist möglich, Allüren und Paranoia wohlversorgter Müßiggängerinnen. Ähnlich wie Guido ist auch Giulietta eine schwache und passive Heldenfigur. Ihr widerfährt überdies das bürgerliche Drama, dass ihr untreuer Mann sie eines Tages verlässt, um mit einer jüngeren Frau zusammenzuleben. Giuliettas Fluchtbewegungen, die sie in das Haus der Nachbarin führten, lassen sie auch an Séancen teilnehmen (das Phänomen der Séance, der Zwiesprache mit „abgelebten" Wesen, ist für Fellini in den 1960er Jahren nicht unwichtig, bereits in *La dolce vita* findet eine Art Geisterbeschwörung im Adelspalast statt): ein Teil ihrer Anstrengung, über das mit Vernunft und Alltagswissen deutbare Dasein hinauszudringen.

Auch für Giulietta, wie zuvor für Guido, dringen Erinnerungen aus der Kindheit in das Gedächtnis zurück, mit solcher Vehemenz, dass sie darüber die Tageswahrnehmung vergisst. Zeitweise durchmischen sich die Wiedergänger von einst mit den Realien von heute zu einem ununterscheidbaren Gemisch der Erscheinungen. Wenn Fellini in Kommentaren zu *Otto e mezzo* bereits andeutete, dass er den eingeübten Ängsten des Katholizismus entkommen wolle, so gilt das noch schärfer für *Giulietta degli spiriti*: Eine wichtige Kindheitserinnerung besteht darin, dass Giulietta bei einer Schulvorführung auf einen Marterrost gefesselt wird, an dem rote Tücher emporzüngeln, um Flammen darzustellen: Sie soll also einer Märtyrerin gleichen, die vormals bei lebendigem Leib verbrannt wurde. Ein aufklärerischer älterer Mann unterbricht dieses grauenhafte Spiel und rettet sie aus dieser Albtraum-Inszenierung. Er wird zum väterlichen Mahner in den Fantasien der Giulietta und bleibt es, als er schon dem Gespenstertross angehört. Das suggestive Bild, das Fellini für dieses Ensemble der aus dem Gedächtnis wieder Auferstandenen findet: Auf einem Wagen, der eine Art Lumpengefährt zu sein scheint, vereint, ziehen sie langsam dahin, man könnte auch sagen mit der Gelassenheit eines schweren Schiffs, eines „fliegenden Holländers".

XII

Entfremdet sich bereits in *Giulietta degli spiriti* die vertraute Welt, etwa in der opulenten Farbenpracht und dem Geflimmer der geheimen Wollustgesellschaft im Nebenhaus oder durch das Auftreten der Figuren von einst im Raum von heute, so radikalisiert sich diese Verfremdung einer verlässlichen Umwelt noch in dem Kurzfilm *Toby Dammit*: Der englische Star (Terence Stamp), der in Italien in einem religiösen Western den wiedergekehrten Jesus spielen soll, ist infolge Veranlagung oder dauerhaft eingenommener halluzinogener Drogen ein

Vom Schilderer des Sittenverfalls zum Propheten der neuen Jugend

wirklicher Traumwandler. Bereits der erste Gang durch den Flughafen und die Menge der Wartenden, die auf ihn, als einen offenbar berühmten Mann, reagieren, wird vom Kameramann Giuseppe Rotunno in ein leuchtendes Orange-Gelb getaucht, gleichsam monochrom eingefärbt. Diese Farbe bleibt übrigens bis fast zum Schluss Merkmal dieser kurzen und letzten Reise des Toby Dammit durch eine visionäre Sphäre, in der er beispielsweise ein Mädchen mit einem Ball spielen sieht, dessen eines Auge ständig von blonden Haaren verhängt ist: Er selbst identifiziert sie als Teufel, der ihn zum Schluss holen will. Schon die Pressekonferenz hat etwas Irrlichterndes an sich, umso mehr die Feier, bei der ihm ein Filmpreis verliehen werden soll: Sowohl die Bühne, die man über einen langen japanischen Steg erreicht, als auch das Publikum sind vage in einen eigentlich nicht orientierbaren Raum hineinversetzt. Der mittlerweile fast vollständig betrunkene Held erlebt die Annäherung von Personen, die wie vor einen Spiegel vor ihn treten oder sich plötzlich als die Frauen offenbaren, auf die er sein Leben lang gewartet habe. Natürlich wird die Vorstellung des trunkenen Genies zu einer Posse. Er entflieht der Zeremonie und springt in den für ihn bereitgestellten Ferrari, mit dem er wie ein Wahnsinniger durch das nächtliche Rom fährt. Gerade diese letzte Sequenz der Fahrt ist ein Beispiel dafür, dass Fellini auch ausgeprägte Action-Sequenzen raffiniert inszenieren konnte. Beim ständigen Wechsel zwischen dem laut röhrenden Motor und der Stille findet Toby Dammit nicht wirklich zurück in die Welt, die ihn und andere umgibt, vielmehr nur auf Inseln des Realen, die ihn dann wieder in seine rauschhafte Fahrt entlassen. Dieses Rennen endet, als er eine zusammengebrochene Brücke mit Anlauf überwinden will, da er auf dem anderen Bruchstück wieder das Mädchen mit dem Ball spielen sieht. Er gibt also Gas, schießt mit dem Auto voran – und wir hören im Halbdunkel nur das Surren eines Drahtseils. Bei der Näherfahrt sieht man eine rote Stelle auf der Straße und den abgeschnittenen Kopf Tobys auf dem Boden liegen, auf den der weiße Ball des Teufelsmädchens zurollt. Der Schock dieser Einstellungen wird durch Ironie kaum entkräftet. Ein Aufbruch, Ausbruch ohne Wiederkehr.

XIII

Von einer ins diffus Unbekannte entrückten Welt, wie sie in *Toby Dammit* immerhin noch begründet scheint durch den alkoholischen Taumel oder Drogentrip der Hauptfigur, ist es nur ein kurzer Schritt bis zur Erfindung einer völlig unbekannten, aus einzelnen überlieferten Monumenten rekonstruierten Welt: der Antike in *Satyricon*, nach dem fragmentarischen Reiseroman des Petronius Arbiter, der – wie Fellini in einem Interview bekennt – schon in seiner Jugend zu seinen Lieblingsbüchern gehörte. Zwei junge muskulöse Männer, die

Thomas Koebner

als Studenten gelten – der eine von ihnen, Encolpius, sieht übrigens physiognomisch und im leicht hysterischen Verhalten (wenn man es denn überhaupt so beschreiben kann) Toby Dammit auffallend ähnlich, auch in der merkwürdigen Androgynität des Gesichts – wandern durch verschiedene Gesellschaften, finden sich unversehens an verschiedenen Orten, treffen auch gelegentlich Figuren wieder, z. B. den Philosophen Eumolpus (wie immer von dem zynisch souverän wirkenden Schauspieler Salvo Randone verkörpert). Am Ende geht die Reise für den einen unglücklich aus, er erliegt nach einem Zweikampf mit einem geldgierigen Ruderer, für den anderen glücklich, er verlässt mit einem Schiff die Gestade und lernt weitere Länder und Städte kennen. Das Fragmenthafte der Erzählung wird stärker noch, als es in *La dolce vita* zu beobachten war oder in *Otto e mezzo* und *Giulietta degli spiriti*, nun regelrecht durch Risse in der Montage markiert, Abbrüche, Sprünge, die deutlich machen, dass es sich eben nicht um eine kontinuierliche Geschichte handelt, sondern um Teile, um Reste eines für immer verlorenen Ganzen. Zum Schluss wird dieses Konzept der Zersplitterung dadurch verdeutlicht, dass alle Figuren auf einem Fresko auftauchen, das ein zerstörtes Mauerwerk bedeckt, bei dem Verbindungssteine fehlen, sodass man kein vollständiges Gemälde mehr betrachten kann.

Einmal wird Encolpius durch das Labyrinth des Minotaurus gehetzt, der sich am Schluss überraschenderweise als Freund deklariert – genau genommen spielt der ganze Film in Labyrinthen, beginnend bei den Thermen, in denen sich die beiden Helden begegnen, um eines Lustknaben willen miteinander zu ringen, dann in der grandiosen Riesenarchitektur der Subura, eines Wohngebildes von den Ausmaßen eines babylonischen Turms, nur von innen gesehen, also aus der Hofperspektive. In dieses Gebäude sind Tausende von Kammern eingegraben, in denen die den Helden und seinen Knaben begleitende Kamera allerlei Frauen beobachtet, die sich offensichtlich den flanierenden Männern anbieten: wieder eine der Bordell-Fantasien, die in Fellinis Filmen seit den 1960er Jahren in unterschiedlicher Gestalt wiederkehren. Auffällig ist auch, dass nach dem farbenfrohen Gastmahl des freigelassenen reichen Mannes Trimalchio, dessen Haus in ähnlicher Weise eine Brutstätte der verschiedenen Geschlechtermagnetismen zu sein scheint, Encolpius eine spezifische Leidensgeschichte erfährt. Er verliert seine Potenz, als er in einem öffentlichen Ritual eine wild begehrende Frau beschlafen soll. Erst eine voluminöse Zauberin, eine Variante der Magna Mater, der großen Mutter, kann ihm endlich wieder seine männliche Kraft schenken. Bis dahin muss er Passagen der öffentlichen Demütigung erleiden. Sowohl die eher erschreckenden oder einschüchternden Bilder der angeblich verführerischen Frauen in der Subura als auch die vom Helden ständig beklagte „Depotenzierung" lassen wiederum erkennen, dass Fellini erneut die satirische Verspottung eines gesellschaftlich in den 1960er Jahren immer noch, gerade noch lebendigen Männlichkeitskultes im Sinne hatte. (Die Idolisierung des allzeit

Vom Schilderer des Sittenverfalls zum Propheten der neuen Jugend

bereiten Mannes mag in Italien drastischer ausgefallen sein als in anderen, mitteleuropäischen und angelsächsischen Ländern.) Auch dieser Held Encolpius ist schwach, passiv, ein Getriebener, kein Treibender, ein Unfertiger – ausdrücklich muss ihm eine üppige Mutterfigur wieder dazu verhelfen, sich als Mann zu fühlen. War es bei *I vitelloni* (*Die Müßiggänger*, I/F 1953) noch die allgemeine Abhängigkeit von der Familie, so konkretisiert sich in der Leidensdiagnose des italienischen Mannes nach Fellini von Film zu Film immer deutlicher die Abhängigkeit des Sohnes von seiner Mutter: Fellini kann sich später, ein erster Kommentar dazu ist übrigens anlässlich des Films *Giulietta degli spiriti* nachzulesen, bis zur Metapher durchringen, dass *der italienische Mann gleichsam nicht zu Ende geboren worden*, die Nabelschnur noch nicht durchtrennt worden sei, weshalb er immer verantwortungslos, spielerisch, unbestimmt und ausweichend den Forderungen des Lebens entgegentrete. Die klarste Bildsprache für diesen labilen Seelenzustand finden die späten Filme *Casanova* und *La città delle donne*.

Das auffälligste Dekadenz-Phänomen in den Filmen Fellinis in den 1960er Jahren ist die *Krankheit der Erotik*, das Sichverfehlen von Erwartung und Erfüllung, die *Demütigung des männlichen Helden*, der im wörtlichen Sinne oft im Staub kriecht – oder sich für ein verwirktes Leben, in *Otto e mezzo* in mehrfachem Sinn auch für ein misslungenes Projekt, bei dem er als Täuscher und Betrüger identifiziert zu werden fürchtet, den eigenen Tod herbeiwünscht: als Strafe und als Flucht. Einerseits vermitteln diese Figuren- und Fabelkonstruktionen die Ergebnisse einer unnachgiebigen Selbstergründung Fellinis, andererseits glaubt er in diesem von ihm gefundenen Schicksal auch das Schicksal eines ganzen Typus wiederzufinden, der zugegeben schwierigen Konstruktion des von seiner Mutter besetzten, unfreien italienischen Mannes. Das eigene Dilemma wird als allgemeines oder zumindest kollektiv verbreitetes Dilemma verstanden. Man muss diesem Film also ein Doppelantlitz zusprechen: das der Psychologie eines Einzelfalls und der Pathologie eines spezifischen Sozialcharakters.

XIV

Ich möchte diese Feststellung durch eine zweite ergänzen: Es scheint so, als habe Fellini in der Zeit, in der Politthriller sich mit der Unglücksgeschichte der italienischen Nachkriegsgesellschaft beschäftigen, in der Sozialsatiren eklatante Missstände in der Verfassung und der Verfassungswirklichkeit Italiens aufdecken, eine Wendung nach innen vollzogen, als würde er der realen Misere den Rücken kehren. Ich würde jedoch behaupten, dass Fellini, in anderer Weise als Antonioni, wenn man an dessen Filme *Blow Up* (*Blow-Up*, GB/I/USA 1966) oder *Zabriskie Point* (*Zabriskie Point*, USA 1970) denkt, geradezu osmotisch den großen Kulturenumbruch der 1960er Jahre in sein filmisches Werk eindringen lässt.

Thomas Koebner

Offensichtlich hat sich Fellini von der *Jugendbewegung der 1960er Jahre* nachdrücklich beeindrucken lassen. In *La dolce vita* ist davon nicht die Spur zu erkennen. Die Jungen hüpfen als Miniaturausgaben der Älteren umher, es ist kein qualitativer Sprung zu erwarten, wenn sie an Jahren zulegen. Aber bereits in *Giulietta degli spiriti* ist in der ausgeprägten Lust an dem farbigen psychedelischen Theater der Susy im Nebenhaus etwas von der *Revolte der Gegenkultur* zu verspüren, die man damals noch vornehmlich mit „Blumenkindern", mit Hippies in Verbindung brachte: also Aussteigern, die nicht mehr bereit waren, sich ins strenge puritanische Karrieremodell einzufügen, das ihre Eltern ihnen vorgaben, und zugleich in der Befreiung der Sexualität aus ihren kirchlichen und bürgerlichen Fesseln mit einem Grundprinzip der Leistungsgesellschaft brachen, nämlich mit dem Aufschub des Glücks: da zunächst Arbeit zu leisten sei, um dieses ferne Ziel einmal zu erreichen. In linksrevolutionärer Interpretation hieß das parallel seit Beginn der 1920er Jahre immer wiederholt: erst die Revolution, dann die Liebe.

Mit der drakonischen Gesetzgebung, die Leistung identisch setzt mit Sublimierung der Triebe, wollten die Zivilisationsflüchtlinge in den USA, aber bald auch in den europäischen Staaten, nichts mehr zu tun haben: Sei es, dass dieser äußere Druck immer stärker als Deformation der natürlichen Triebe verstanden wurde, sei es, dass die Selbstausbeutung um ferner Ziele wegen als Versäumnis des alltäglichen Lebens verstanden wurde, sei es, dass die einsetzende Gesellschaftskritik gegen die kapitalistische Ordnung und ihre produzierte Ungleichheit zu erkennen meinte, dass die Regeln der Ausbeutung einen reduzierten Krieg im Kampf um die besten Plätze und einen offenen Krieg – wie etwa dem in Vietnam – zur notwendigen Folge zu haben schienen. Im kommunistischen Osten weniger sichtbar, dennoch nach allen Zeugenberichten bemerklich: der innere wie äußere Aufstand gegen die gewalttätige autoritative Ordnung des Staates. Für Fellini trat in dieser neuen Jugend ein freierer und natürlicherer Mensch auf, der gleichsam eine Antithese bildete gegen den von der katholischen Kultur (soweit dies für Italien gilt) mit eingepfropftem Sündenbewusstsein verängstigten, in seiner Vitalität verkürzten, man könnte beinahe meinen: kastrierten Mann der alten Epoche.

XV

Satyricon feiert diesen Triumph der Jugend: Die Wahl zweier junger Männer ist zwar durch das Buch des Petronius vorgegeben, doch umspielt Fellini nachdrücklich den Gegensatz zwischen Alter und Jugend. Das erotische Trio der zwei leichtsinnigen jungen Männer mit der schönen exotischen Sklavin in der leeren Villa des würdigen Ehepaars, das sich durch Selbstmord auf dem Platz vor der Villa Stunden zuvor der schäbigen Welt entzogen hat, ist dafür ein Beispiel: Das Alte

Vom Schilderer des Sittenverfalls zum Propheten der neuen Jugend

stirbt, das Junge lebt und lebt weiter. Immer wieder muss und will Fellini diesen Kontrast hervorheben: Wenn der alte Lichas (Alain Cuny mit einem starr blickenden Auge) wie zur Verhöhnung feierlicher Hochzeitsrituale den jungen Encolpius zum Bräutigam wählt und er sich selbst als Braut kostümiert, betont diese Groteske der Genderverschränkung die Unvereinbarkeit zwischen den Alten und den Jungen. Zur eindrucksvollen symbolischen Szene vertieft sich dieses Plädoyer für die neue Generation am Schluss des Films (anknüpfend an die literarische Vorlage): Der reich gewordene Philosoph Eumolpus hinterlässt sein riesiges Erbe nur denen, die bereit sind, seinen Leichnam zu verzehren. Nur alte, selbst schon ergraute Männer sind zu solch kannibalischem Akt imstande und willens, auf diese Art und Weise noch mehr Geld und Güter an sich zu raffen. Fellinis Inszenierungsweise verschärft den *Widerspruch zwischen den Generationen*: Während die Alten im Abendlicht um den Katafalk, auf dem die Leiche liegt, herumsitzen und behaglich kauen, sich unverdrossen selbst der ekelhaftesten Mahlzeit hingeben, wenn dadurch Gewinn zu erreichen ist, sind die Jungen spielerisch und locker, vor allem ein Schwarzafrikaner, der lacht und tanzt angesichts dieses fürchterlichen und lächerlichen Eindrucks. Die Unbeschwertheit der Jungen, die vor blauem Himmel zum Schiff zurückkehren, um in die Ferne aufzubrechen, ist bezwingend und ansteckend – sie lösen sich vom alten Kontinent der Werte, und der

Satyricon (*Fellinis Satyricon*, I/F 1969).

Thomas Koebner

Regisseur gibt ihnen nachdrücklich Recht. Sie feiern das Natürliche, das unbeschwerte Freiheitliche, weil sie die Beharrungskräfte des Alten losgeworden sind.

In seinen Kommentaren zu *Satyricon* hebt Fellini, zusätzlich zum Lob, das er für die Revolte der Jungen ausspricht, die diese Gesellschaft einfach ignorieren, das Wilde an ihnen hervor.[4] Er vergleicht sie mit Raubtieren, auch im Blick auf ihre Unbefangenheit – und er definiert Leben als schrecklich, schön und leidenschaftlich, als „faszinierendes Geheimnis"[5] und als Abenteuer, jedenfalls als Bruch mit der Werteordnung der Vergangenheit, als zukunftsoffene „innere Wiedergeburt"[6]. Die Katastrophe, bemerkt Fellini, der Untergang, stimuliere dazu, auf den nächsten Morgen zu hoffen. Die Endzeit wird in den dekadenten Bräuchen, im Sittenspiegel der Fantasie-Antike von *Satyricon* energischer beschworen als in der eher schildernden Gelassenheit von *La dolce vita*: Die Subura als Hort der Armen, die ihren Körper feilbieten, aber auch als Hort der Familien, die in engsten Räumen zusammenleben, wird am Ende der Sequenz von einem Erdbeben erschüttert. Nach dem ersten Rütteln und Donnern beginnt es von oben herab zu rieseln, bis schließlich die Mauern auseinandergesprengt werden. Man könnte in literarischer Bildtradition von einer alttestamentarischen Zertrümmerung reden (Samsons Zerstörung des fremden Tempels), in filmhistorischer Tradition denkt man eher an die Katastrophen-Szenarien des frühen italienischen Films, der sich vor 1914 mit Vorliebe dem Untergang von Pompeji durch den Ausbruch des Vesuv gewidmet hat. Entschiedener als in dem Film von 1960 präzisiert Fellini in dem Film von 1969 das Verderbliche und Widernatürliche, das Hässliche und Ordinäre – etwa in der Theaterszene, die bei Petronius nicht erwähnt wird, in der Fellini theaterhistorisch vermutlich korrekt einen Schauspieler auf die Bühne führt, der sein Publikum vor allem durch die Kunst des Furzens und authentischer Amputationen erfreuen will. Der Umstand, dass diese verkommene Welt in „Scherben, Splitter und Staub"[7] versinkt, ist zugleich zu deuten als Warnprophetie für die aktuellen Zeitläufe.

XVI

Eigenartig bleibt indes, dass Fellini, der zwar Jean-Paul Sartre unterstützt, wenn er behauptet, der Pariser Maiaufstand der Studenten 1968 sei eines der großen Ereignisse unserer Geschichte, immer noch die Jungen als Rückkehrer zur Natur versteht und ihre gleichgültige Unempfindlichkeit dem alten Treiben gegenüber betont, als hätte er fast eine postmoderne Generation im Sinn – jedoch das heftige politische Engagement der „68er", das in den 1970er Jahren in Italien zur Begründung der Brigate Rosse und eines nicht ungefährlichen Terrorismus führte, völlig außer Acht lässt. So erweisen sich diese Jungen in *Satyricon* eben doch primär als Projektionen des Regisseurs, als Wunschbilder eines Zeitanalytikers, der vor allem den Bruch mit dem Sublimierungszwang der Kultur feiert.

Vom Schilderer des Sittenverfalls zum Propheten der neuen Jugend

Dass die katholische Kirche den Film zunächst verboten hat, ist nicht weiter erstaunlich. Der Missetäter Zampanó in *La strada* erfährt zum Schluss, als nichts mehr gutzumachen ist, eine Art Zerknirschung unter dem Sternenhimmel. Encolpius, noch zu seinen Lebzeiten und in der Kraft der Jugend, frohlockt, dass er den Netzen der alten perversen Welt entkommen kann: ein Weg ins Freie. Fellinis Enthusiasmus für diese Jugend dauert an und gipfelt in den beinahe plakativen Bekenntnissen zu den „sinnlichen, friedlichen Hippies"[8] auf der Spanischen Treppe und anderswo in *Roma* (1972).

So kann das Resümee der Filme Fellinis in den 1960er Jahren überraschend positiv lauten: Am Ende des Jahrzehnts steht der Regisseur *wie ein triumphierender Kultur-Revolutionär im Sinne von Jean-Jacques Rousseau* da: Die Ketten der verfallenen Welt sind zerbrochen, der Aufbruch kann zugleich *Rückkehr zur Natur* bedeuten und zu einem unergründlichen Leben, das von keiner überlieferten Doktrin gouvernantenhaft gemaßregelt wird. Der alternde Regisseur nimmt gleichsam an der siegesgewissen Euphorie der Jugend teil, und sieht sich, wie durch eine Art Jungbrunnen getaucht, an ihrer Seite, voller Zuversicht. „We Shall Overcome." Die Krise scheint überwunden, die noch durch *La dolce vita* und erst recht durch *Otto e mezzo* hindurch wittert. Die imaginäre Versöhnung am Schluss von *Otto e mezzo* scheint durch eine realere in *Satyricon* ersetzt zu werden. Die Diagnose der Entfremdung weicht einer Wiederentdeckung des „Elan vital". Spielten die Episoden in *La dolce vita* gewissermaßen noch auf der Grenze zwischen gestern und heute, so hat sich der Erwartungshorizont in Fellinis Filmen gegen Ende des Jahrzehnts verschoben: Die Geschichte in einem antiken Raum, der weitgehend erfunden ist, spielt tatsächlich auf der Grenze zwischen heute und morgen.

---

[1] Vgl. Federico Fellini, *La dolce vita, Drehbuch und Interviews*, hrsg. von Christan Strich, Zürich 1974, S. 195.
[2] Ebenda, S. 202.
[3] Tullio Kezich in seiner immer noch ergiebigen Fellini-Biografie, erwähnt dieses Plädoyer für das „schwache Denken" beiläufig. Vgl. Tullio Kezich, *Fellini. Eine Biografie*, (it. 1987), Zürich 1989, S. 420 f. Dort heißt es unter anderem, dass *La dolce vita* den „vorläufigen Sieg des Ichs über das Über-Ich" darstelle.
[4] Vgl. Federico Fellini, *Satyricon*, hrsg. von Christian Strich, Zürich, 1983, S. 11.
[5] Ebenda, S. 12.
[6] Ebenda, S. 240.
[7] Ebenda, S. 12.
[8] Federico Fellini, *Roma*, Zürich 1972, S. 208.

Peter Bondanella

La dolce vita und die Folgen

Fellini und das Weltkino

Nach den internationalen Erfolgen von *La strada* (*La strada – Das Lied der Straße*, I 1954) und *Le notti di Cabiria* (*Die Nächte der Cabiria*, I/F 1957), die beide einen Oscar für den besten fremdsprachigen Film gewannen, ganz zu schweigen von einer Vielzahl weiterer internationaler Preise, war Federico Fellinis Ruf als einer der brillantesten europäischen Regisseure, der auch Erfolge an der Kinokasse liefern konnte, fest etabliert. Doch der Aufruhr und die moralisierenden Proteste, die die ersten Vorführungen von *La dolce vita* (*Das süße Leben*, I/F 1960) in Italien begleiteten, offenbarten, dass sich die politischen oder kulturellen Zugehörigkeiten derer geändert hatten, die Fellini angriffen oder verteidigten. Vor *La dolce vita* waren italienische Katholiken und französische existenzialistische Filmkritiker Fellinis Befürworter, während ihn die italienischen Marxisten angriffen. Mit *La dolce vita* wurde Fellini zum Angriffsziel entrüsteter rechter Moralisten und der katholischen Kirche, die seinen Film als pornografisch und Beleidigung der besten italienischen Traditionen empfanden, während die Marxisten seinen Film als eine mutige Sezierung der bürgerlichen Dekadenz und moralischen Verdorbenheit sahen und Fellini deshalb verteidigten.

La dolce vita repräsentiert mehr als nur einen bedeutenden Schritt in der Entwicklung von Fellinis Filmstil. Wie bestimmte Filme in Amerika, so z.B. *Gone With the Wind* (*Vom Winde verweht*, USA 1939), *Casablanca* (USA 1942) oder *The Godfather* (*Der Pate*, USA 1972), transzendierte auch *La dolce vita* seine Bedeutung als Kunstwerk und wurde als Zeichen für wichtige Veränderungen in der italienischen und europäischen Gesellschaft betrachtet. Im Jahr 1960 erhielt der Film den Großen Preis der Jury auf dem Filmfestival von Cannes, einstimmig von einer Jury verliehen, der unter anderem der französische Kriminalautor Georges Simenon und der amerikanische Schriftsteller Henry Miller angehörten. Sein kommerzieller Erfolg stand für den Triumph des ernsthaften Kunstfilms an den Kinokassen. Obwohl relativ kostspielig produziert (600,000,000 Lire), spielte *La dolce vita* innerhalb weniger Jahre 2,200,000,000 Lire ein, wobei damals die Kinokarten in Italien nur zwischen 500 und 1,000 Lire kosteten. Für mehr als zwei Jahrzehnte hielt er den europäischen Rekord als einnahmenstärkster Film.

Fellini und das Weltkino

Weitreichende soziale und ökonomische Veränderungen in Italien bahnten den Weg für die Rezeption des Films. Während der Film im Jahr 1958 vorbereitet und 1959 gedreht wurde, befand sich Italien in der Mitte dessen, was im Nachhinein als „Wirtschaftswunder" bezeichnet wurde. Italien schaffte in dieser Zeit den Sprung von einem fast unterentwickelten Land in eine Ära von rasendem und unvergleichlichem wirtschaftlichem Wachstum, das besonders durch den drastisch angestiegenen Export von Verbrauchsgütern wie Vespa-Motorrollern, Fiat-Autos, Necchi-Nähmaschinen, Olivetti-Schreibmaschinen und Haushaltsgeräten befördert wurde. Während der Lebensstandard der Italiener rapide anstieg, zog eine große Zahl von Süditalienern aus den verarmten Regionen des Mezzogiorno in die Industriegebiete Norditaliens und anderer europäischer Länder, besonders der Schweiz und Deutschlands. Eines der unmittelbarsten Ergebnisse dieser neuen sozialen Mobilität war das schlagartig zurückgehende Interesse an religiösen Gefühlen in Italien. *La dolce vita* wurde, ähnlich wie *La strada* einige Jahre zuvor, zum Schlachtfeld zwischen der Linken und der Rechten. Während der Konflikt um den früheren Film vornehmlich zwischen Filmfans und Filmkritikern ausgetragen wurde, wurde *La dolce vita* eine *cause célèbre*, die einen weitreichenden Einfluss auf die italienische Kultur hatte und für einige Zeit ein großes Thema in der nationalen Presse war. Viele konservative Gegner riefen zur Zensur des Films auf, denn sie hielten ihn für einen Angriff auf die italienische Kultur. Andere schlugen sogar vor, Fellini für „die Beleidigung oder Verspottung des katholischen Glaubens" (als Straftat im damaligen Strafgesetzbuch geführt) zu verhaften. Linke Befürworter sahen die Darstellung des dekadenten Lebensstils (das so bezeichnete „süße Leben" des Titels) als treffende Beschreibung der Verwahrlosung der oberen Mittelklasse und der Aristokratie, auch wenn Fellini nichts ferner lag als eine marxistische Anprangerung des Klassenkonflikts.

Die Aufnahmen von *La dolce vita* begannen am 16. März 1959. Die erste Szene, in der Sylvia auf einer spiralförmigen Treppe den Petersdom hinaufsteigt, wurde in Halle 14 von Cinecittà gedreht. Gleich darauf folgte vom 1. bis zum 3. April Sylvias weltbekanntes Bad im Trevi-Brunnen (dieses Mal im richtigen Brunnen und nicht in einer Studiorekonstruktion). Fellini und sein brillanter Set-Designer Piero Gherardi (der zu Recht den Oscar für die besten Kostüme bekam und für das beste Set-Design nominiert war) wechselten zwischen wahren Schauplätzen (dem Erbe des italienischen Neorealismus, einer entscheidenden Phase in der italienischen Filmgeschichte, zu der Fellini maßgeblich als Drehbuchautor beitrug) und atemberaubenden Studionachbauten. So wurde die berühmte Via Veneto in Halle 5 (die seit Fellinis Tod im Jahr 1993 seinen Namen trägt, da sein Werk stark mit ihr identifiziert wird) nachgebaut, ebenso wie die Treppe des Petersdoms. Dem Zuschauer mag es nicht auffallen, doch ist die Straße im Film völlig flach, während die echte Via Veneto einen relativ steilen Hügel hinaufführt. Andere Drehorte wie das Schloss außerhalb Roms, wo sich die weltfremde Aristokratie trifft, war ein echter Palast in Bassano di Sutri, welcher der Familie Odescalchi, einer der ältesten Adelsfamilien Roms, gehörte. Die Dreharbeiten wurden am 27. August 1959 beendet, und der Film wurde am 3. Februar 1960 in Rom uraufgeführt und zwei Tage später in Mailand gezeigt.

In dieser Zeit war Rom auch als „das Hollywood am Tiber" bekannt und mit Produktionen wie William Wylers *Ben Hur* (USA 1959), der elf Oscars gewann, oder Joseph L. Mankiewicz' *Cleopatra* (GB/USA/CH 1963) – Dutzende weniger bekannte Filme nicht zu vergessen – lag der Brennpunkt des internationalen Kinos ebenso sehr in der Ewigen Stadt wie in Los Angeles. Klatschkolumnen und Berichte, die mit der schlechtesten Art von Prominenten-Journalismus in Verbindung gebracht werden, wuchsen in Rom zu einer richtigen Industrie heran, die ihr Zentrum in der Via Veneto hatte, wo amerikanische und europäische Schauspielerinnen und Schauspieler hingingen, um zu sehen und gesehen zu werden. Fotos in Boulevardblättern wurden die beliebteste Form, diese römische Art des Personenkults um Filmstars festzuhalten, und das Phänomen der *Paparazzi* entstand gleichzeitig. Fellinis *La dolce vita* hat diesen Geist des Sensationsjournalismus eingefangen, und der Name eines der Fotografen im Film (Walter Paparazzo) ist der Ursprung des Wortes „Paparazzi". Eine Reihe von bekannten Sequenzen im Film (ein Striptease in einem römischen Restaurant, Anita Ekbergs Bad im Trevi-Brunnen) wurden tatsächlich von Paparazzi wie Pierluigi Praturlon und Tazio Secchiaroli fotografiert. Nach dem internationalen Erfolg von *La dolce vita* erlebte die Welt von Via Veneto, so wie sie von den Paparazzi und Skandalzeitschriften dokumentiert wurde, den Höhepunkt ihrer Bekanntheit durch die Liebesaffäre zwischen Elizabeth Taylor und Richard Burton während der Dreharbeiten von *Cleopatra* in Rom 1962.

Die Produktion von *La dolce vita* war so komplex und beanspruchte so große Investitionen, dass sie als Aufwand für einen „Kolossal-Kunstfilm" bezeichnet werden muss: 175 Minuten Laufzeit, achtzig verschiedene Schauplätze und Hunderte von Schauspielern. Das italienische Skript enthält vier volle Seiten mit Schauspielernamen in über 120 verschiedenen Sprechrollen und das Drehbuch 104 einzelne Szenen. *La dolce vita* vermeidet die traditionelle Erzählung und setzt stattdessen auf die Kraft der Bilder, um die Aufmerksamkeit des Zuschauers auf diese lange Reise zu schicken, welche als eine moderne Fassung von Dantes „Göttlicher Komödie" bezeichnet werden kann, in der Marcello Rubini (ein Journalist mit ernsten schriftstellerischen Ambitionen, gespielt von Marcello Mastroianni) durch die urbane Landschaft Roms wandert. So kann die Gesamtstruktur von *La dolce vita*, ebenso wie die von *La strada*, als ein *pikareskes Abenteuer* beschrieben werden, wo die Reise durch provinzielle Städte und Dörfer Italiens in die Salons, Clubs und Hotels der glitzernden Hauptstadt des Landes auf dem Höhepunkt des Wirtschaftswunders verlegt wurde.

Fellini und das Weltkino

Fellini wählte Anita Ekberg (Miss Schweden 1951) für die Rolle von Sylvia, nicht wegen ihrer schauspielerischen Fähigkeiten, die sie zuvor sicherlich nicht unter Beweis gestellt hatte, sondern wegen ihrer spezifischen Personifizierung der nordischen Schönheit, welche die Italiener für gewöhnlich mit Hollywood-Schauspielerinnen verbanden. Fellini hielt sie dazu an, auf der Pressekonferenz des Films zu gestehen, dass ihr „Talent" ihr Busen war. Sie war der Inbegriff dessen, was Italiener als *maggiorata* („Busenwunder") bezeichneten, was im Trend des damaligen Kinos lag und Stars wie Sophia Loren, Sylvia Koscina, Gina Lollobrigida und Silvana Mangano hervorbrachte. So war Anita Ekberg durch den Trevi-Brunnen gewatet, noch bevor Fellini *La dolce vita* drehte: Sie wurde vom Paparazzo Pierluigi Praturlon fotografiert, der die Bilder für eine beträchtliche Summe verkaufte. Doch Fellinis künstlerische Variante des Ereignisses, die in eisigem Wasser in einer Nacht gedreht wurde, und nicht an einem heißen Augustabend, als das Originalfoto geschossen wurde, imitierte nicht einfach nur das Leben. Paradoxerweise steht Sylvia, das blonde Busenwunder und das letzte Symbol für Sexappeal im Sinne der *maggiorate* der späten 1950er Jahre, für Unschuld und Reinheit, ebenso wie Paola, der kleine Engel aus Umbrien, dessen Lächeln den Film beendet.

Fellini präsentiert seine Fantasiewelt *ohne* moralische Urteile. Seine römische Metapher für die zeitgenössische Welt der Prominenz, der Öffentlichkeit, der Filmstars und der glamourösen Lebensstile der „Reichen und Berühmten" präsentiert er mit einer amüsierten Distanz. Der Regisseur positioniert sich als Mittäter, nicht als Richter. Fellini ist letztlich ein großes *komisches* Genie, und Komödie ist immer eine Kunstform der Akzeptanz. Selbst wenn es den Anschein hat, dass Fellini einen Zustand oder eine Figur für ihr moralisches Versagen anprangert, so wird er, bevor das „Urteil" gesprochen ist, auch zum Zeugen für die Verteidigung. Genau das geschieht in seinem Porträt von Marcello Rubini in *La dolce vita*.

Was mit dieser würdelosen Welt der Via Veneto in Fellinis Film aussöhnt, ist Poesie: dynamische Bilder, die paradoxerweise so voller Leben sind, dass sie jeden Eindruck der Sinnlosigkeit, der Verdorbenheit und Verzweiflung überwinden. Einige Jahre nach dem internationalen Erfolg von *La dolce vita*, im Jahr 1965, sagte Fellini zu Robert Richardson (und das Gleiche an anderer Stelle zu Lillian Ross) vom *New Yorker*:

> Filme haben die Phase der Erzählung überwunden und kommen der Poesie immer näher. Ich versuche, meine Arbeit von gewissen Konstruktionen zu befreien – eine Geschichte mit Anfang, Höhepunkt, Ende. Es sollte mehr wie ein Gedicht sein, mit Metrum und Kadenz.[1]

Mit *La dolce vita* versuchte Fellini, ein der Moderne verpflichtetes Verständnis von filmischer Erzählung zu schaffen, welches er selbst mit Picassos kubistischer Revolution verglich, die die moderne Kunst von einer repräsentativen in eine abstrakte künstlerische Ausdrucksform verwandelte.

Peter Bondanella

> So sagte ich, lasst uns Episoden erfinden, lasst uns jetzt nicht an Logik und Erzählung denken. Wir müssen eine Skulptur schaffen, sie zerbrechen und ihre Einzelteile wieder zusammensetzen. Besser noch, versuchen wir sie im Stile Picassos zu zerlegen. Das Kino ist Erzählung nach dem Verständnis des 19. Jahrhunderts: lasst uns etwas anderes machen.[2]

La strada hat das traditionelle Verständnis der realistischen Darstellungsweise der Realität mit realistischen Helden überwunden. Das Bild sollte von nun an wichtiger sein als die Erzählung, in Umkehrung der Hollywood-Tradition, sich auf die Geschichte zu verlassen. *La dolce vita* ist die Fortführung von Fellinis Suche nach einem neuen und für das 20. Jahrhundert zeitgemäßen filmischen Ausdruck, nach einem poetischen Kino, dem Vorbild von Picassos abstrakter Zerlegung des Realismus folgend.

Anders als die traditionelle Filmerzählung, welche darauf zielt, Geschichten mit einem Anfang, einer Mitte und einem Ende zu erzählen, wollte Fellini einen Film um viele Sequenzen herum konstruieren, die jeweils von Schlüsselbildern dominiert wurden, ähnlich wie man ein Gedicht aufbauen würde. Solche Schlüsselbilder würden auf modernistische Art und Weise objektive Verknüpfungsmöglichkeiten für verschiedene Themen und Ideen bieten, die den Regisseur interessierten. Angeblich hatte Fellini in Erwähnung gezogen, den Film *2000 Jahre nach Jesus Christus* oder vielleicht *Babylon 2000* zu nennen. Ob diese apokryphischen Titel je wirklich in Betracht gezogen wurden oder nicht, sie verdeutlichen, dass Fellini in *La dolce vita* eine zeitgenössische Welt zeigen wollte, die von traditionellen Werten und Symbolen, besonders von denen des Christentums, losgelöst und jedes dominanten kulturellen Mittelpunktes beraubt ist. Fellinis Rom ist eine Welt der Public Relations, der Pressekonferenzen, der Paparazzi, der leeren religiösen Riten, der bedeutungslosen intellektuellen Debatten und der unbefriedigenden Liebesaffären, doch Fellini klagt nicht nur die Dekadenz und Verdorbenheit vor seinen Augen an. Er ist vielmehr an der Möglichkeit einer Wiedergeburt interessiert, die eine solche Situation einem Künstler bietet. Wie er einst sagte:

> Ich glaube, dass Dekadenz unabdingbar für eine Wiedergeburt ist. (...) Deshalb bin ich glücklich, in einer Zeit zu leben, in der sich alles verändert. Es ist eine wundervolle Zeit, aus dem einfachen Grund, dass eine ganze Reihe von Ideologien, Konzepten und Konzeptionen zusammenbrechen. (...) Ich sehe es nicht als ein Zeichen für den Untergang der Zivilisation. Im Gegenteil, es ist ein Zeichen des Lebens.[3]

Die Energie von *La dolce vita* entspringt nicht aus dem überdrüssigen Marcello oder der schönen, aber oberflächlichen Sylvia. Die wahre Energie von *La dolce*

Fellini und das Weltkino

vita liegt in der Kamera des Regisseurs, denn Fellini wandelt dieses Fresko der Dekadenz in ein lebendiges Porträt um, das den Zuschauer lockt, ohne ihn in die Welt, die schnell an ihm oder ihr vorbeizieht, hineinzuziehen. Fellini macht dieses Wunder auf mehrere Arten und Weisen wahr. Zunächst wimmelt jede Sequenz von *La dolce vita* nur so von Figuren, und fast jede hat ein ungewöhnliches oder interessantes Gesicht, ein Hinweis auf die vielen Stunden, welche Fellini bei den Vorbereitungen für jeden seiner Filme damit verbrachte, unzählige Ordner mit Aufnahmen von Schauspielern und Amateuren durchzusehen, deren Äußeres ihm aus irgendeinem Grund auffiel. Die Darsteller von Fellini sind ein Querschnitt durch die Menschheit, wie er im Werk keines anderen Regisseurs wiederzufinden ist. Gekonnt choreografiert er diese manchmal grotesken Figuren, und ihre Bewegungen werden meisterhaft von der Kamera eingefangen. Fellini benutzte nicht wie die meisten Regisseure damals die übliche Linse, mit der man Breitbildaufnahmen (50 mm) machte, um die Verzerrungen im Bildhintergrund während der schnellen Bewegung in Kamerafahrten zu vermeiden. Er wies seinen Kameramann Otello Martelli an, 75-, 100- oder 150-mm-Linsen, also Objektive mit längeren Brennweiten (geeignet für Tele-Aufnahmen) zu benutzen. Martelli hatte Einwände, aber wie er selbst Jahre später zugab, war Fellinis Idee genial. Der besondere visuelle Stil, der für *La dolce vita* entstand, hatte zum Ergebnis, dass die Figuren in einem fresko-ähnlichen Kontext hervorgehoben wurden und die Umgebung leicht verzerrt war.[4] Ein zusätzlicher, besonderer visueller Reiz waren die außergewöhnlichen Sets von Gherardi. Wie Gherardi bezeugte, gingen er und Fellini durch ein Ritual, das sich während der gesamten Produktion von *La dolce vita* wiederholte: Zuerst suchten sie nach einem realen Drehort in Rom oder in seiner Umgebung, aber für gewöhnlich lehnte Fellini die „Realität" ab und bevorzugte einen künstlich im Studio nachgebauten Drehort.[5] Dies gilt nicht nur für den berühmten Nachbau der Via Veneto, sondern auch für die Bäder von Caracalla oder die Treppe des Petersdoms. Wenn sich Fellini realer Drehorte bediente –, z. B. bei der Szene im Trevi-Brunnen oder der Sequenz im Schloss von Bassano di Sutri – so waren diese Orte bereits „fellinesk" genug und mussten nicht mehr durch die Fantasie des Meisters bearbeitet werden.

Zweifelsohne ist die Welt, die er in *La dolce vita* vorführt, eine Welt ohne Gott. Fellinis letztes Wort spiegelt sich nicht in dem Bild des Monsterfisches (ein traditionelles Symbol des Christentums, einst lebendig, doch nun so tot wie das Tier selbst) oder dem des überdrüssigen Marcello (eine verlorene Seele inmitten einer dantesken *Hölle* falscher Werte und erloschener Illusionen). *La dolce vita* endet mit einer Nahaufnahme von Paolas bezauberndem Lächeln, einem Bild der Reinheit und Unschuld, das der Verdorbenheit gegenübersteht (nicht unbedingt in triumphierender Weise). Wie *La strada*, so endet auch *La dolce vita* mit einer poetischen Note der Ambiguität.

Peter Bondanella

Fellinis Kino als ein Vorrat für Gesichter, Bilder und Sequenzen: Martin Scorsese, Lina Wertmüller, Peter Greenaway, Giuseppe Tornatore, Joel Schumacher und Bob Fosse

Nach dem großen internationalen Durchbruch von *La strada* und *Le notti di Cabiria* folgte schnell der unglaubliche Erfolg von *La dolce vita*, danach die noch beeindruckendere künstlerische Anerkennung von *Otto e mezzo* (*Achteinhalb / 8½*, I/F 1963). Die Generation von Filmemachern, die in den Jahren der frühen Karriere von Fellini künstlerisch heranreifte, wandte sich seinen besten Filmen zu, um auf eine Vielzahl von Weisen nach Inspiration zu suchen, und sogar das amerikanische Musiktheater war damals von Fellini beeinflusst. Wie meine folgenden kurzen Ausführungen verdeutlichen werden, erregte hierbei nicht *La dolce vita* die meiste Aufmerksamkeit, sondern *I vitelloni* (*Die Müßiggänger*, I/F 1953), *La strada* und *Le notti di Cabiria* und besonders *Otto e mezzo*.

Fellini lieferte oft anderen Regisseuren Schlüsselbilder oder -sequenzen, die für sehr unterschiedliche künstlerische Visionen ausschlaggebend waren. Sein metafilmisches Nach-Sinnen über die Natur der künstlerischen Kreativität in *Otto e mezzo* führte zu einer Reihe wichtiger persönlicher Imitationen des Themas. Ein letzter und interessanter Aspekt von Fellinis Einfluss auf das amerikanische Musiktheater ist in drei wichtigen Musicals zu finden – „Sweet Charity", „All That Jazz" und „Nine" –, doch stünde eine nähere Beschäftigung mit diesem Aspekt außerhalb unseres Themas.

Der Einfluss von Fellinis Filmen auf bestimmte Sequenzen oder Situationen in unterschiedlichen Filmen spiegelt sich in den Werken einer Reihe von Regis-

Marcello Mastroianni in *Otto e mezzo* (*Achteinhalb / 8½*, I/F 1963).

Fellini und das Weltkino

seuren, die auf diese Weise Fellini ihre Hommage bezeugt haben. Chronologisch betrachtet war Fellinis erster kommerzieller Erfolg, *I vitelloni*, eine bitter-süße Geschichte von fünf Junggesellen aus einem Küstenort in der Provinz (der Rimini nicht unähnlich war, obwohl der Film nicht in Fellinis Heimatstadt gedreht wurde), die sich weigern, erwachsen zu werden. Dieses wundervolle, satirische Porträt von ausgewachsenen Kindern, die zu Hause bei ihren Eltern leben, aber nie einer seriösen Beschäftigung nachgehen oder sich der Verantwortung des Erwachsenendaseins stellen, fand schon früh in Italien ein Echo: Lina Wertmüllers *I basilischi* (*Die Basilisken*, I 1963). Dieser Film spielt in Süditalien und zeigt nicht *vitelloni* (ein italienisches Wort, das außerhalb von Fellinis Region nicht sehr bekannt war, aber nach seinem Film populär wurde), sondern *lucertoloni*. Wie *lucertole* (Eidechsen) sonnen sich Wertmüllers Taugenichtse auf den metaphorischen Hügeln der Stadt. Ganz wie Fellinis Moraldo, der einzige *vitellone*, der fähig scheint, aus dieser Lethargie der Provinz auszubrechen, sieht Antonio (Antonio Petruzzi) Rom zum ersten Mal auf einer kurzen Reise, auf der er zwei seiner Tanten begleitet. Zurück in der Provinzstadt schwindet die Energie, die Antonio in der Ewigen Stadt aufgesaugt hatte, er verschiebt die Abreise aus seiner Heimatstadt Tag um Tag. Ungerechterweise von einigen Kritikern als ein Remake von *I vitelloni* bezeichnet, ist *I basilischi* eine politische Interpretation des provinziellen Italien, die Fellinis Vorbild nie geboten hätte. Wertmüllers Eröffnungssequenz hätte aus einer Anthologie von Fellinis frühen Filmen stammen können: Die Stadt, samt der Mitglieder der lokalen Kommunistischen Partei, schläft in der Sonne wie Eidechsen, auf die der Filmtitel verweist. Und doch hat eine maßgebliche Veränderung in der Perspektive stattgefunden, die in eine feministische Richtung deutet und auf Wertmüllers zukünftige politische Komödien verweist. Der filmische Erzähler ist eine Frau, und die stärksten Filmfiguren sind Frauen. Wertmüllers Vision der italienischen Provinz ist viel dunkler als die von Fellini, denn sie bezieht auch Klassenkonflikte mit ein, erinnert an die schlechten Zeiten während des Faschismus und an wirtschaftliche Entbehrungen.

Nach den eigenen Aussagen von Martin Scorsese in seinem ausführlichen, vier Stunden dauernden dokumentarischen Liebesbrief an das italienische Kino, *Il mio viaggio in Italia* (*Meine italienische Reise*, I/USA 2002), verdankt *Mean Streets* (*Hexenkessel*, USA 1973) seine Erzählstruktur und einige wichtige narrative Elemente *I vitelloni*. Beide Filme gehören zu dem, was amerikanische Kritiker als Coming-of-Age-Filme (Filme, die das Erwachsenwerden dokumentieren) bezeichnen. Fellinis Film folgt fünf Nichtsnutzen durch ihre provinzielle Stadt an der italienischen Adriaküste. Seinen jungen „Erwachsenen" der 1950er Jahre fehlen jedoch das Gewalttätige, das Profane, die Wut, das Unmoralische und die enge Verbindung mit der Unterwelt, die Scorseses Bürger von Little Italy charakterisieren. Der nostalgische Blick von Fellini auf seine Jugend vermeidet auch die Anspielungen auf den italienisch-amerikanischen Katholizismus und die

Peter Bondanella

besondere Schwere der katholischen Schuld, die Scorseses Filme als Kunstwerke eines Mannes definieren, der einst ein Priesterseminar besuchte und Geistlicher werden wollte. Zudem zeigt sich Fellini in seiner Arbeit nicht als Filmfan. Fellinis Kino steht mehr in der Schuld der italienischen Kultur (Varieté-Shows, Zeichentrickfilme und seine eigenen fantastischen Träume) als in der der Kinogeschichte. Beide Filme bedienen sich jedoch eines erzählenden Kommentars, und Scorsese mag sich für die Strategie, die Stimme des Regisseurs und der Figur im Erzähler zu mischen, Fellinis Arbeit, nicht nur bei *I vitelloni*, sondern auch bei *Roma* (*Fellinis Roma*, I/F 1972) und *Amarcord* (I/F 1973), zum Vorbild genommen haben. Scorseses Verwendung des römischen Katholizismus als Quelle für seinen visuellen Stil kann durchaus wieder von Fellini beeinflusst gewesen sein, dessen gesamtes Schaffen ein katholisches Bewusstsein, wenn auch nicht das eines praktizierenden Katholiken, reflektiert. Die Bemerkungen, die Scorsese in seinem Dokumentarfilm über das italienische Kino zu Fellinis Werk macht, weisen darauf hin, dass er wichtige Dinge von Filmen wie *La strada* oder *Le notti di Cabiria* gelernt hat – Filme, die religiöse, katholische Konzepte in einem welt-lichen Kontext verwenden, ähnlich wie Scorsese in *Mean Streets*.

Ein überraschender Einfluss von Fellini auf Scorsese entspringt der Figur des Zampanò aus *La strada*. In der Einführung der jüngst erschienenen Criterion DVD-Ausgabe dieses Filmes bemerkt Scorsese, dass sein Entwurf des brutalen Boxers Jake La Motta, gespielt von Robert De Niro in *Raging Bull* (*Wie ein wilder Stier*, USA 1980), direkt von diesem persönlichsten aller Fellini-Filme über die Unfähigkeit des Menschen, seine fundamentalsten Gefühle zu kontrollieren oder zu kommunizieren, beeinflusst war. Der brutale Muskelmann, der verantwortlich für Gelsominas Tod ist, hat große Ähnlichkeit mit dem italo-amerikanischen Boxer, der sich nur nicht-verbal, mit seinen Fäusten, statt mit Gefühlen oder Worten, ausdrücken kann.

Wenige Filme, die in der Schuld von Fellinis frühem Werk stehen, zeigen so viel von seiner Präsenz wie *Mean Streets*, der sich von *I vitelloni* ein neues Konzept der Erzählstruktur, den Kommentar der Erzählung und sogar den katholischen Symbolismus ausleiht. Die meisten Regisseure sind erfreut, wenn sie Sequenzen aus Fellinis Arbeit für sich in einem neuen kreativen Zusammenhang verwenden können. Ein hervorragendes Beispiel für Fellinis Einfluss sind *Otto e mezzo* und *Roma* auf Wertmüllers Meisterwerk *Pasqualino Settebellezze* (*Sieben Schönheiten*, I 1975), eine tragisch-komische Vision des europäischen Holocaust. Lina Wertmüller wird sich sicherlich von *Romas* denkwürdiger Sequenz der Varieté-Show im Jovinelli-Theater inspiriert haben lassen: für jenes Gefühl der derben Komödie in jenem unvergesslichen Porträt der Zuschauer in der Sequenz, in der Concettina (Elena Fiore) von den englischen Sanktionen gegen Italien im Abessinischen Krieg singt. Das wohl kühnste Bild von *Pasqualino Settebellezze* – die Versammlung im Todeslager, wo die Insassen von Nebel umgeben sind –

Fellini und das Weltkino

lehnt sich in seiner Set-Gestaltung stark an eine Albtraumversion der Badesequenz aus *Otto e mezzo* (und weiter an Vorstellungen von Dantes „Inferno") an. Eine derartige Versetzung von Fellinis Ideen in einen ganz anderen Kontext ist nicht ungewöhnlich. Keine zwei Regisseure könnten in ihrer Persönlichkeit, ihrem künstlerischen Verständnis oder Stil verschiedener sein als Federico Fellini und Peter Greenaway. Dennoch besteht kein Zweifel, dass viele der statischen Tableaus in Greenaways *The Cook, The Thief, His Wife and Her Lover* (*Der Koch, der Dieb, seine Frau und ihr Liebhaber*, F 1989) gewissen Szenen aus *Satyricon* (*Fellinis Satyricon*, I/F 1969) ähnlich sind. Diese Technik, die Kamera entlang einer Reihe von grotesken Figuren oder Situationen zu fahren, kann nur aus dem Meisterwerk über das klassische Rom stammen. Die Arbeit von Greenaway wurde als eine Parabel auf Margaret Thatchers Großbritannien interpretiert. *Satyricon* hat keine moderne politische Entsprechung. (Solcher Symbolismus ist nur in *Prova d'orchestra / Orchesterprobe*, I/BRD 1978, zu finden, der sich direkt auf die Atmosphäre in Italien nach der Ermordung von Aldo Moro bezieht.) Doch Fellinis Adaption der römischen Erzählung von Petronius beabsichtigt, den Verfall der gegenwärtigen Kultur im Vergleich zum alten Rom zu kommentieren und Gedanken über die Möglichkeit einer radikalen Veränderung anzuregen, wenn am Ende des Films der überlebende pikareske Held entscheidet, auf der Suche nach neuen Abenteuern davonzusegeln. Greenaways Interesse an Fellinis Arbeit ist trotz aller Unterschiede in ihrer Sicht auf die Welt auch in neueren Filmen zu finden, so z. B. in *8 ½ Women* (GB/NL/Luxemburg/BRD 1999), einem Film, von dem der Regisseur behauptet, eine komische Parade von achteinhalb Archetypen männlicher sexueller Fantasien, verkörpert in unterschiedlichen Frauen, zu präsentieren. Eine von ihnen, die sogenannte „Halb-Frau", trägt den Namen Giulietta und ist eine eher unfreundliche Referenz zu Fellinis Ehefrau. Der Film erzählt die Geschichte von einem Geschäftsmann namens Philip, der achteinhalb Pachinko-Spielhallen in Tokio erbt. Er kehrt in sein Schloss in Genf zurück und schläft mit seinem Sohn Story. Dieser zeigt ihm Fellinis *Otto e mezzo* und überredet seinen Vater dazu, den Familienbesitz in ein Bordell zu verwandeln. Fellini wurde oft beschuldigt, zu ausgefallene Ideen zu haben, aber selten haben seine Filme solche grotesken und depressiven Perspektiven auf die menschliche Sexualität eröffnet. Greenaways Kino scheint von zu viel Zorn und Intellektualismus motiviert zu sein – Eigenschaften, denen Fellini selten nachgab. Sicherlich würde jedoch Fellini Greenaway in dem zustimmen, was Story zu seinem Vater Philip sagt, nachdem sie *Otto e mezzo* (insbesondere die Harem-Sequenz, in der Guido Anselmi versucht, die Frauen in seinem Leben zu kontrollieren) gesehen haben: Alle Regisseure machen Filme, um ihre sexuellen Fantasien zu befriedigen.

Es überrascht sicherlich nicht, Verweise auf das Kino von Fellini in Filmen über sexuelle Fantasien zu finden, und viele weitere Korrespondenzen werden wir entdecken, wenn wir Filme untersuchen, die auf Fellinis Verständnis von

Peter Bondanella

künstlerischer Kreativität in *Otto e mezzo* Bezug nehmen. Ein überraschendes Beispiel dafür, dass Fellinis unvergleichbare Filmbilder an Orten wiederkehren, die weit entfernt von ihrer Quelle liegen, ist Joel Schumachers Publikumserfolg *Falling Down* (F/USA 1993) mit Michael Douglas. *Falling Down* zeigt, als Parabel über den Zorn der weißen Männer der frühen 1990er Jahre, einen Angestellten der Mittelschicht, der Amok läuft. Schumacher traf einen sensiblen Nerv im Amerika der frühen 1990er Jahre, da Männer, ähnlich wie die Figur von Douglas, nach jahrelanger Loyalität gegenüber ihrem Arbeitgeber entlassen wurden. Den verbreiteten Ärger und Zorn, welche diese Menschen zu Recht empfanden, wenn sie als überflüssig bezeichnet wurden, fand in diesem Film seinen Ausdruck. Und doch ist die brillante Anfangssequenz von *Falling Down* eine fast haargenaue Kopie von Fellinis Anfangssequenz in *Otto e mezzo*. Anstatt eines Traums über eine künstlerische Blockade, dem Guido entkommt – eine Tatsache, die dem Zuschauer verspricht, dass die Regisseur-Figur es am Ende doch schaffen wird, seinen künstlerischen Ideen den richtigen Ausdruck zu geben –, taucht die Figur von Douglas aus einem Verkehrsstau auf und streift durch Los Angeles, seinen paranoiden Vorstellungen folgend. Dieser Jedermann wird auf seiner Reise in eine Schlägerei in einem koreanischen Laden verwickelt, stellt sich einer Latinogang, trifft den neo-nazistischen Besitzer eines Waffenladens und stößt auf Imbissangestellte, die ihm sagen, dass es zu spät zum Frühstücken sei.

Einer der bekanntesten zeitgenössischen italienischen *Auteurs*, Giuseppe Tornatore, steht in seinen beiden Filmen *Nuovo Cinema Paradiso* (*Cinema Paradiso*, I/F 1988) und *L'uomo delle stelle* (*Der Mann, der die Sterne macht*, I 1995) stark in Fellinis Schuld. Eine wichtige Szene in *Nuovo Cinema Paradiso* ist einem Publikum gewidmet, das Fellinis archetypische Fabel auf das Erwachsenwerden, *I vitelloni*, ansieht, denn das Erwachsenwerden ist auch das zentrale Thema in *Nuovo Cinema Paradiso*. Wenn sich sagen lässt, dass ein Regisseur den nostalgischen Ton eines anderen imitieren kann, so hat Tornatore in seinem Schaffen sehr deutlich etwas von der Nostalgie Fellinis für die Vergangenheit, für die kleinen Städte, für das Erwachsenwerden eingebracht. Zudem können einige der grotesken Figuren, die Giancaldos Kino besuchen, nur von ähnlichen Figuren in Fellinis Gesichterwelt inspiriert worden sein. Weiterhin bezeugen die Mutter aus *Amarcord* (Pupella Maggio) und der komische Star aus *Lo sceicco bianco* (*Die bittere Liebe*, I 1952) und *I vitelloni*, Leopoldo Trieste, die beide in *Nuovo Cinema Paradiso* vorkommen, den Einfluss von Fellini. *Nuovo Cinema Paradiso* spiegelt einen Gemütszustand oder ein Gefühl, das möglicherweise zum Teil durch eine Begegnung mit Fellinis Filmen erworben wurde. Auch *L'uomo delle stelle* verbildlicht, wie die Kraft von Fellinis Symbolen und Gesichtern den Film inspiriert hat. Unter dem Vorwand, nach neuen schauspielerischen Talenten zu suchen, fährt Joe Morelli (Sergio Castellitto) durch ganz Sizilien, obwohl er eigentlich genau die Art von Schwindler ist, wie sie Fellini in *Il bidone* (*Die Schwindler*, I/F 1955) unsterblich

Fellini und das Weltkino

machte. Sein eigenartiger Wohnwagen, vollgestopft mit Kameras und Mikrofonen, ruft sogleich den Wagen von Zampanò aus *La strada* ins Gedächtnis, während Beata (Tiziana Lodato), das Mädchen, das wahnsinnig wird und ihr Leben in einem Irrenhaus beendet, auf die Figur von Gelsomina verweist. Besonders fellinesk an diesem Film ist die Menge von unglaublich interessanten Gesichtern, die Joe trifft und fotografiert. Joe Morelli führt seine Kunden mit Screentests, die nie in einer wahren Schauspielkarriere enden werden, hinters Licht. Trotzdem erinnern die Auftritte dieser einfachen Menschen – Polizisten, die Dante-Poesie vortragen, drei kriminelle Brüder, die davon überzeugt sind, ihr kriminelles Leben hinter sich zu lassen und im Kino zu arbeiten, und viele andere – an jene Menschen aus *Block-notes di un regista* (*Fellini: A Director's Notebook*, I 1969), die verzweifelt versuchen, ihrem Leben Dramatik zu verleihen, und natürlich an alle ähnlich grotesken Gesichter aus Filmen wie *Satyricon*, *Roma* und *Amarcord*.

Ein Beispiel, das besonders deutlich zeigt, bis zu welchen Extremen Fellinis Verehrer gehen, ist Bob Fosses *Sweet Charity* (USA 1969), ein Film, der nicht nur in der Schuld von *Le notti di Cabiria* steht, sondern ein wahrhaftes Hollywood-Remake des italienischen Originals ist. Die Musical-Komödie wurde erstmals 1966 am Broadway aufgeführt, wo noch Bob Fosses Frau Gwen Verdon mitspielte – eine weitere Parallele zu Fellini, der oft seiner Frau Hauptrollen gab. Das Musical war ein unglaublicher Erfolg und brachte einige bekannte Lieder hervor wie z. B. „Big Spender", „I Love to Cry at Weddings", „There's Gotta Be Something Better Than This" und Charitys bekanntes Titellied „If My Friends Could See Me Now". Fosses Rückgriff auf Fellinis Original ging sogar so weit, dass er, obwohl Neil Simon das Buch geschrieben hatte, welches von Cy Coleman musikalisch umgesetzt wurde, die Namen von Fellini, Tullio Pinelli und Ennio Flaiano im Programm gleich nach seinem eigenen setzte. Dieselbe Namensfolge wurde auch auf den Abspann der Filmadaption des Musicals übertragen. *Sweet Charity* ist eine Kopie von Fellinis Film, wie sie sonst kein Regisseur gewagt hat, aber Fosses Talent und Energie sind so angemessen, dass das Ergebnis sowohl Originalität als auch Treue gegenüber dem Werk des Maestro vorweist – in allen Dingen, auf die es ankommt: lebendige Bilder, Gefühl, Energie und ein Verständnis von Bewegung und Erregung, wie sie so typisch für Fellinis Filme der späten 1950er und der 1960er Jahre sind, wie z. B. *La dolce vita*.

Fellinis *Otto e mezzo* und die Darstellung künstlerischer Kreativität bei Paul Mazursky, François Truffaut, Bob Fosse, Woody Allen und Spike Jonze

Die einflussreiche Theaterstück-Trilogie von Luigi Pirandello – „Sechs Personen suchen einen Autor" (1921), „Jeder nach seiner Art" (1924) und „Heute Abend wird aus dem Stegreif gespielt" (1930) – hat seinen Namen zu einem

Peter Bondanella

Synonym für eine bestimmte Art des dramatischen Diskurses gemacht: selbstreflexives Theater, Theater im Theater oder das, was als Meta-Theater bezeichnet wird. Fellinis Filme boten für viele Regisseure einen Vorrat an Bildern und Sequenzen, die sie imitierten und in eine völlig andere künstlerische Struktur einbauten. Ein Meisterwerk, insbesondere *Otto e mezzo*, hat eine Vielzahl sehr unterschiedlicher Regisseure zu einer besonders Fellini'schen Weise des kinematografischen Diskurses bewegt: Kino im Kino, Meta-Kino oder selbstreflexives Kino. Genau so, wie sich früher oder später jeder italienische Schriftsteller, der ein Epos, eine Kurzgeschichte oder ein Liebesgedicht schreiben will, gezwungen sieht, sich mit den „drei Kronen aus Florenz" auseinanderzusetzen: Dante, Boccaccio oder Petrarca, müssen sich zeitgenössische Regisseure mit Fellinis einzigartiger Darstellung der Krise eines Künstlers beschäftigen.

Paul Mazurskys *Alex in Wonderland* (USA 1970) zeigt einen verwirrten Filmregisseur, gespielt von Donald Sutherland, der von Fellinis Beispiel fasziniert ist. Sein Dilemma bei der Produktion eines Films wird mit einem Zitat aus Lewis Carrolls „Alice im Wunderland" unterstrichen: Als die Raupe sie fragt, wer sie sei, sagt Alice, dass sie es nicht wisse und ihre Identität mehrmals am Tag wechsle. Der Filmregisseur Alex hat wohl dasselbe Problem. Der Regisseur Paul Mazursky selbst spielt im Film einen oberflächlichen Produzenten, der Alex zu einer Serie lächerlicher Filme überreden will: zu einer zeitgenössischen Version von Mark Twains „Huckleberry Finn", um über Rassismus, Faschismus und Revolution in Amerika zu reflektieren, zu einem Western und zu einem Film über ein Mädchen, dem eine Herztransplantation bevorsteht. Alex will seiner künstlerischen Vision treu bleiben, von der er behauptet, sie sei von Fellinis *Otto e mezzo* inspiriert. Er kauft sogar ein Haus mit Zinsen zu $8\frac{1}{2}$ Prozent. Fellini selbst tritt für einen kurzen Moment auf: Er schneidet gerade *I Clowns* (*Die Clowns*, I/F/BRD 1971) und Alex' plötzliches Auftauchen im Schneideraum nervt ihn beträchtlich. Wie genau Alex Rom, Via Veneto und Cinecittà erreicht, wird im Film nicht näher erklärt: Wahrscheinlich imitiert Mazursky die fantastischen Sprünge zwischen Realität und Fantasie ganz im Stil Fellinis. In der besten Sequenz des Films erklärt Alex, dass Fellinis *Otto e mezzo* „ein Film über das Leben ist", und findet sich plötzlich auf einem italienischen Set wieder, umgeben von fellinesken Kardinälen, Figuren, die wie Guido Anselmi gekleidet sind, und einem Mann, der Fellini gleicht. Alex selbst ist ein Kardinal. Sogar seine Mutter erscheint, reitet auf einem Pferd aus *Giulietta degli spiriti* (*Julia und die Geister*, I/F 1965) und erklärt ihrem verwunderten Sohn: „Herr Fellini ruft: Ich sollte nicht kommen?" Sie verabschiedet sich mit den mahnenden Worten: „Streite nicht mit Fellini" – kein schlechter mütterlicher Rat. Am Ende des Films, nachdem Alex mit einer Dosis LSD versucht hat, ein Thema für seinen nächsten Film zu finden (vielleicht auch eine Imitation von Fellinis bekanntem Experiment mit LSD), besucht er eine Schulaufführung seiner Tochter (in

Wirklichkeit Mazurskys Tochter). Dort entstehen einige fellineske Situationen, z. B. mit einer Gruppe von Clowns, Hare-Krishna-Anhängern und sogar einer Gruppe von Guido-Anselmi-Imitatoren.

François Truffauts *La nuit américaine* (*Die amerikanische Nacht*, F/I 1973) ist chronologisch betrachtet die zweite große Film-Hommage an *Otto e mezzo*. Fellini geht von einem Science-Fiction-Film, der nie gedreht wird, zu seinem eigenen Film über, der vor den Augen der Zuschauer entsteht und dessen Inhalt eben ein Film ist, der nie gedreht wird (eine Parallele zu Pirandellos *„Sechs Personen"*). Truffaut spielt einen französischen Regisseur namens Ferrand, der einen schlechten Film, *Je vous présente Paméla*, dreht. In diesem Prozess wiederholt Ferrand viele der bekannten Szenen aus Fellinis Vorbild – er zeigt der Produktionsfirma die Aufnahmen des Tages, er schlägt sich mit den Problemen der Produzenten, der Crew und der Schauspieler herum, er gibt eine Pressekonferenz und engagiert sogar eine von Fellinis Schauspielerinnen, Valentina Cortese, für die Rolle einer alten Schauspielerin namens Séverine, die den anderen die Show stielt. Séverine vergisst immer wieder ihre Dialoge. Sie beschwert sich, dass sie, als sie für Fellini arbeitete, nur Nummern aufsagen musste und in der Postproduktion synchronisiert wurde. Aber Ferrand besteht auf Originalton. Im ganzen Film besteht er darauf, dass alles wie wirklich ist, aber alles in diesem Film scheint künstlich, außer Truffauts Liebe für die technische Seite des Filmemachens.

Pauline Kael schrieb einst über Truffauts Fellini-ähnlichen Film, dass er den Filmfan preist, den *cinéphile* der französischen Kultur, der lieber einen Film ansieht, auch einen schlechten, als etwas anderes zu tun. Truffauts Vorbild, *Otto e mezzo*, scheint vor Rückblenden zu bersten, die Guidos künstlerischen Prozess mit Szenen aus seiner Kindheit erklären. In Truffauts Rückblenden sieht man nur einen Traum in drei Etappen in Schwarz-Weiß: Ferrand als kleinen Jungen, der glamouröse Werbefotos von Orson Welles' *Citizen Kane* (USA 1941) aus dem Schaukasten eines Kinos stiehlt. Trotz Truffauts bittersüßer Hymne auf die persönlichen Beziehungen zwischen Regisseur, Drehbuchautor, Crew und Schauspieler trennt ihn nichts so stark von Fellini wie sein *cinéphiler* Enthusiasmus für alles, was mit Film in Verbindung steht. Ferrand träumt anfangs davon, Filme wie *Citizen Kane* zu machen, gibt sich jedoch mit viel weniger, nämlich einer zweitklassigen romantischen Komödie, zufrieden, um zu Geld zu kommen, ähnlich wie Truffauts *La nuit américaine* viel weniger zur Reflexion über das Filmemachen beiträgt als sein Vorbild. Aber beide, Truffaut und Fellini, liebten es, Filme zu machen. Fellini jedoch (trotz seiner Behauptung, dass er kein Intellektueller sei) kam Pirandello gleich und übertraf ihn durch die Tiefe seines meta-kinematografischen Diskurses über die Natur des künstlerischen Schaffens. Truffauts Verständnis von künstlerischer Kreativität bezieht sich lediglich auf bestimmte Momente am Set, die Beziehungen zwischen den beteiligten Personen beschreiben.

Peter Bondanella

Bob Fosses *All That Jazz* (USA 1979), wie auch *Sweet Charity*, vermeidet jenen Intellektualismus, dem Fellinis Bewunderer nur all zu oft unterliegen. Bei neun Nominierungen gewann der Film vier Oscars. *All That Jazz*, wie *Sweet Charity*, strahlt eine lebensbejahende Energie aus, die Fosse sowohl an *La dolce vita* als auch an *Otto e mezzo* fasziniert haben muss. Fellinis meta-kinematografischer Diskurs über die künstlerische Kreativität spielt in der hektischen Pressekonferenz gegen Ende des Films mit dem Gedanken des Todes. Fosse stellt sich in der nur spärlich verfremdeten Figur von Joe Gideon dar, eines Mannes abhängig von Sex, Drogen, Alkohol und, vor allem anderen, seiner Kunst. Joe ist ebenso von dem Gedanken des Todes besessen.

Ganz wie Fellinis Figur des Regisseurs Guido Anselmi versucht auch Gideon verzweifelt, seinen Film zu beenden – eine Hommage an den amerikanischen Komiker Lenny Bruce, *The Standup*. Fosse hat tatsächlich einen ähnlichen Film namens *Lenny* (USA 1974) gedreht. Gleichzeitig versucht Gideon, ein neues komisches Musical am Broadway auf die Beine zu stellen. Von Fellini war immer vermutet worden, dass er eine Affäre mit Sandra Milo gehabt habe, welche seine Geliebte Carla in *Otto e mezzo* spielt. Fosse kopiert diese Geschichte, geht aber noch weiter, indem er nicht eine, sondern zwei seiner ehemaligen Geliebten in den Film einbaut. Anne Reiking spielt Katie, Gideons Geliebte, während Jessica Lange Angelique spielt, Gideons geheimnisvolle Gesprächspartnerin seiner unterbewussten Gedanken. Angelique ist eindeutig eine von Fellini inspirierte Figur. Ihre fantastischen Kostüme entstehen aus Anregungen in Fellinis *Giulietta degli spiriti*. Hingegen führt die Art, wie Fosse die Frau benutzt, um den Tod zu personifizieren, zu Fellinis *Toby Dammit* (Teil aus dem Omnibusfilm *Histoires extraordinaires / Außergewöhnliche Geschichten*, I/F 1968) zurück, wo eine ähnliche Figur ein teuflisches junges Mädchen ist, das einen britischen Schauspieler in den Tod treibt. In beiden Filmen, *All That Jazz* und *Toby Dammit*, fordert eine verführerische Figur den männlichen Protagonisten zu selbstzerstörerischem Verhalten auf. So wie Fellinis Guido mit Leichtigkeit zwischen seiner Gegenwart, in der er versucht einen Science-Fiction-Film zu Ende zu drehen, seinen Erinnerungen aus der Vergangenheit und seinen Fantasien (meist in die Zukunft gerichtet) hin und her gleitet, so bewegt sich Gideon vor und zurück zwischen Tanzproben und dem Schnitt seines Films, um Angelique in unterbewussten Unterhaltungen und Fantasien einzubeziehen.

Zum Zerbrechen verdammt erleidet Joe Gideon letztendlich einen körperlichen Zusammenbruch und wird ins Krankenhaus gebracht. Hier bezieht sich Fosse auf jenen Wirrwarr, der Vaudeville und Varieté-Shows auszeichnet, von dem Fellini immer so fasziniert war. In seinem Krankenhausbett träumt Gideon, dass er sein Leben filmt, ganz wie Guido Anselmi sein eigenes Leben mit dem zu drehenden Film vermischt. In vier als „Krankenhaus-Halluzinationen" betitelten Sequenzen sieht Gideon von seinem Bett aus, wie ein anderer Joe

Fellini und das Weltkino

Gideon – der Regisseur der Halluzinationen – vier verschiedene Tanzinterpretationen von Gideons Leben filmt. Nicht ungewöhnlich für choreografische Halluzinationen ist, dass die vier Sequenzen Tanz, Gesang und die drei wichtigsten Frauen in Gideons Leben zeigen: seine Exfrau Audrey (Leland Palmer), seine derzeitige Geliebte Katie und seine Tochter Michelle (Erzsebet Foldi). Diese Tanzszenen können durchaus von Fosses Re-Interpretation der wichtigen Screentest-Szenen in *Otto e mezzo* inspiriert worden sein. Eine der Aufnahmen heißt „Alte Freunde" und zeigt zehn Showgirls – Fellinis geliebte Soubretten –, die mit Straußenfedern geschmückt tanzen, so wie man es mit Jacqueline Bonbon (Yvonne Casadei) assoziiert, der alternden Soubrette in der Haremssequenz aus *Otto e mezzo*. Zwei brillante Tanznummern zeigen die Quelle der Kreativität von Fosse. Die erste ist ein erotischer Tanz, den Fosse aus einer sonst banalen Geschichte, die seine Mitarbeiter ihm vorschlagen, sowie den chaotischen Proben der Nummern, die zuvor im Film gezeigt werden, entwickelt. Mit dieser Hymne an die Sexualität schafft Fosse wie durch Magie einen großartigen Moment des Musikfilms – die Parodie auf eine Tanznummer über eine Fluglinie mit dem Namen Air Erotica. Die Sexualität ist der Kern der kreativen Fantasien von Fosses Joe Gideon, ganz wie bei Fellinis Guido.

Fellini hat seinen Film über das Mysterium des Todes, *Die Reise des Giuseppe Mastorna*, nie vollendet. Aber *All That Jazz* kann durchaus als Fosses *Mastorna* bezeichnet werden. Der Film endet mit einer Feier der künstlerischen Kreativität, nicht unähnlich dem Ende von *Otto e mezzo*. Betitelt „Der Große Schluss", bedient sich diese Tanznummer der bekannten Broadway-Melodie von „Bye Bye Love" (jetzt als „Bye Bye Life" gesungen), um einen mitreißenden Schluss zu inszenieren, mit dem Fosse offensichtlich auf das bezaubernde Ende von Fellinis Meisterwerk Bezug nimmt. Jedermann aus Fosses Leben ist in einem Saal versammelt, in dessen Mitte ein Operationstisch steht. Der Rhythmus der Musik gleicht dem des Herzschlags eines sterbenden Patienten. Die Tänzer tragen eng anliegende Anzüge mit daraufgemalten Arterien. Wo Fellinis Filmschluss die Feier des Lebens durch die Kunst unterstreicht, ist Fosses aufwendiger Tanz der Triumph der Kunst über den Tod – zweifelsohne ein Fellini'scher Gedanke. Die wohl offensichtlichste Hommage an Fellini in *All That Jazz* war es, als Kameramann Giuseppe Rotunno zu nehmen (der auch oft mit Lina Wertmüller zusammenarbeitete). Für Fosse spiegelt Rotunnos Fotografie eine felleneske Qualität wider.

Es wäre falsch anzunehmen, dass ein Regisseur mit einem so vergeistigten komischen Stil wie Woody Allen eine Interpretation von Fellinis *Otto e mezzo* liefert, die dem Überschwang und der Energie von Bob Fosses Hymne auf die Kreativität im Tanz nahekäme. Und doch hat Allens *Stardust Memories* (USA 1980) einen ganz eigenen minimalistischen Charme. Während Fosse Rotunno dazu benutzt, eine Art felleneskes Bild zu erzielen, so zieht Allen einen Veteran

Peter Bondanella

Otto e mezzo (Achteinhalb / 8 ½, I/F 1963) von Federico Fellini.

der Kamera, Gordon Willis, heran, um liebevoll jene Bilder in das Gedächtnis zu rufen, die das Genie Otello Martelli, Fellinis Kameramann in *La dolce vita*, oder Gianni di Venanzo, Fellinis Kameramann in *Otto e mezzo*, schufen. Woody Allen benutzt *Otto e mezzo* in *Stardust Memories* auf ähnliche Weise wie Bob Fosse *Le notti di Cabiria* in *Sweet Charity* anwendete. Allen kopiert sein Vorbild virtuos bis ins kleinste Detail. *Stardust Memories* verwendet die narrative Struktur, die *Otto e mezzo* zugrunde liegt, um einen Film über einen anderen Filmregisseur zu machen – Sandy Bates (gespielt von Woody Allen), der gerade wie Fellinis Guido eine künstlerische Schaffenskrise durchlebt. Bates will die komischen Filme hinter sich lassen, um ernste Filme über grundlegende menschliche Probleme zu drehen, und wird dabei ständig dafür kritisiert, dass er sein komisches Talent verleugne (eine Kritik, die Woody Allen oft zu hören bekam). Allen macht die Beziehung zwischen Fellini und seinen eigenen Filmen in einer Szene sehr deutlich: Bates ist eingeladen worden, über seinen Film zu sprechen. Einer der Schauspieler aus Bates' Film, Tony Roberts, spielt sich selbst und erscheint gemeinsam mit Bates auf der Bühne, um den Film zu diskutieren. Auf die Publikumsfrage, ob eine Szene eine Hommage an Vincent Prices Horrorfilm *The House of Wax* ist, antwortet Roberts: „Eine Hommage? Nicht wirklich. Wir haben nur seine Idee geklaut." Fosse und Allen haben Ideen für ihre Filme ganz unverblümt von Fellini entlehnt, aber in ihrem persönlichen Prozess verwandeln sie die Idee in etwas Anderes und Originelles.

Der brillante Anfang von *Stardust Memories* versetzt das Publikum direkt in seinen meta-kinematografischen, Fellini'schen Diskurs. Die Anfangssequenz ist eine Umarbeitung von Fellinis bekanntem Eröffnungsstau in *Otto e mezzo*, dieselbe

Fellini und das Weltkino

Szene, mit der Joel Schumacher *Falling Down* beginnt. In einer zunächst lautlosen Szene wird das Ticken einer Uhr immer stärker, während Sandy Bates in einem Zugabteil sitzt und auf eine Reihe von unangenehm schweigsamen, unglücklichen und grotesken Leuten starrt, die ihn ebenfalls anstarren. Auf dem Gleis nebenan steht ein Zug voller glücklicher Menschen, die das Leben genießen, darunter auch Sharon Stone in ihrem ersten Film, die Bates einen Luftkuss durch das Fenster schickt. Bates versucht zu fliehen, wie Guido versucht hat, dem erstickenden Auto im Stau zu entkommen, doch er schafft es nicht. Er kann nur gegen die Tür schlagen, erfolglos die Notbremse ziehen und sehen, wie der Zug ins Glück ohne ihn abfährt. Wie auch in Guidos Fluchtfantasie, die am Strand endet, als sein Produzent ihn in die Realität des Arztzimmers zurückholt, so findet sich Bates in der nächsten Szene an einem Strand wieder, der einer Müllhalde gleicht, auf der die Zugpassagiere umherspazieren. Die Szene wird unterbrochen und das Publikum begreift plötzlich, dass es eine Szene aus einem von Sandy Bates' tragischen Filmen gesehen hat, genau die Art von Film, für die er kritisiert wird.

Wie Fellini setzt auch Allen Massenszenen, Pressekonferenzen und Frage-und-Antwort-Sitzungen gekonnt ein, um das Gefühl des Protagonisten zu verdeutlichen, gefangen zu sein. Gesicht um Gesicht dringt in Bates' subjektiven Gesichtskreis ein, wahnsinnige Fragen über Kunst und sein Privatleben stellend und so eine klaustrophobische Atmosphäre schaffend. Wie Fellinis Guido, so hat auch Allens Sandy Bates Probleme mit den Frauen. Er ist leidenschaftlich verliebt in die neurotische Dorrie (Charlotte Rampling), fühlt sich von der eher häuslichen Isabel (Marie-Christine Barrault) angezogen und trifft sich mit einem attraktivem Mädchen namens Daisy (Jessica Harper) im Hotel Stardust,

Marcello Mastroianni in *Otto e mezzo* (*Achteinhalb/8½*, I/F 1963).

Peter Bondanella

wo die Tagung zu seinen Filmen abgehalten wird. Allen benutzt auch die für *Otto e mezzo* so typischen abrupten Schnitte von der gegenwärtigen „Realität" zu Erinnerungen oder in die Fantasie. Z. B. sieht man in einer Rückblende Sandy Bates als kleinen Jungen: Damals schon war er ein frühreifer Magier und Showman, dessen Bestimmung es war, im Kino zu arbeiten. Genau wie Guidos Geliebte Carla erscheint Isabel unerwartet im Hotel Stardust.

Sandy Bates ist beunruhigt über den Einfluss, den die Produzenten auf seine Kreativität haben, ganz wie es Guido Anselmi ist. In dem Film, den er drehen möchte, landen am Ende alle Figuren auf der Müllhalde, aber die Studioleute wollen sie im „Jazzhimmel" wiederfinden, jener Art von glücklichem Hollywood-Ende, die Bates zu hassen beginnt. Beide Schlüsse erinnern aber, indem alle Beteiligten erneut versammelt werden, an die letzte Sequenz von *Otto e mezzo*. Ein weiterer Bezug zu Fellini erklärt wohl auch die Anwesenheit von Allens Bahnwaggon, denn in Fellinis alternativer Schluss-Sequenz von *Otto e mezzo* waren die Figuren in einem Waggon versammelt.

Nach einer Reihe von komischen Abenteuern – z. B. als Bates einen Außerirdischen nach dem Sinn des Lebens fragt – lässt Isabel Bates im Hotel zurück und besteigt einen Zug, um nach Hause zu fahren. In der Hoffnung, sie davon abhalten zu können, ihn zu verlassen, sagt ihr Bates, dass er sich ein neues Ende für den Film ausgedacht hat: Alle sind im Zug (wie das alternative Ende von *Otto e mezzo*), aber sie sind nicht unglücklich wie die Menschen in dem Zug, mit dem *Stardust Memories* beginnt. Isabel und Bates küssen sich und der Zug fährt los – jetzt wird klar, dass dies der glückliche Zug ist, der Bates am Anfang der Geschichte hinter sich gelassen hat. Ein Publikum beginnt zu klatschen, und uns wird plötzlich bewusst, dass wir in das Hotel zurückversetzt worden sind, in dem das Publikum einen Film von Sandy Bates sieht. Isabel, Daisy und Dorrie sind da, und es zeigt sich, dass sie Schauspielerinnen in verschiedenen von Bates' Filmen sind. Wir erkennen nun, dass das Meiste, was wir bis jetzt gesehen haben, ein Film im Film war.

Fellinis Geniestreich in *Otto e mezzo*, ähnlich dem Pirandellos in „Sechs Personen", war es, einen Film über die Unmöglichkeit des Filmemachens zu drehen. Die Darstellung dieser Unmöglichkeit hat eine völlig neue Art geschaffen, Filme über künstlerische Kreativität zu drehen. Woody Allen erreicht ein ähnliches Wunder in *Stardust Memories*. Aber der Schluss der einzelnen Filme bleibt völlig unterschiedlich und spiegelt die Persönlichkeit des jeweiligen Regisseurs. Der extrovertierte Fellini lässt *Otto e mezzo* mit einer atemberaubenden Feier enden. Die Figur des Regisseurs Guido Anselmi entwickelt sich zurück zu einem Kind, das mit einer Gruppe von musizierenden Musikanten marschiert und dann aus dem Bild verschwindet, nur die Ursprungsquelle des Kinos, das Licht, zurücklassend, bis schließlich die Leinwand schwarz wird und der Abspann folgt. Allen, der introvertierte Intellektuelle, schließt seinen Film mit

Fellini und das Weltkino

Sandy Bates ab, der allein im Kino auf die leere Leinwand starrt, nachdem das Publikum gegangen ist. Die Kamera blendet ab ins Schwarze, nur die Kinolichter an der Decke brennen ... und doch scheinen sie wie Sterne am Himmel zu leuchten. Ein Meister des italienischen Kinos ist in seinen Bildern, Ideen und seiner Erzähltechnik von einem Meister des amerikanischen Kinos, der sich selbst als Fellinis Bewunderer bezeichnet, geplündert worden. Fellinis *Otto e mezzo* ist das weitaus bedeutendere Werk, und zwar wegen seiner paradoxerweise stark kontrollierten Darstellung der Subjektivität hinter einer Fassade, die er selbst als „la bella confusione/schöne Verwirrung" bezeichnete; letzteres war einer der möglichen Titel für den Film, den er schließlich verwarf. 40 Jahre nach seiner Premiere scheint *Otto e mezzo* nicht konfus, sondern als ein fast nach klassischen Regeln organisierter moderner Text, der uns heute so vertraut erscheint wie er damals verwirrend war.

Spike Jonzes *Adaptation (Adaption*, USA 2002), basierend auf einem hervorragendem Drehbuch von Charlie Kaufman, verschiebt den Fellini'schen Diskurs über das Filmemachen und die künstlerische Kreativität weg vom Regisseur, hin zum Drehbuchautor. Erfolglos für einen Oscar, einen Golden Globe und einen Writers Guild of America Award for Best Screenplay nominiert, bekam der Film dennoch Auszeichnungen von den Filmkritikern in New York, Toronto und Chicago. Jonze und Kaufman sind zurzeit eines der originellsten Hollywoodteams. Vor *Adaptation* produzierten sie gemeinsam einen anderen erfolgreichen Film: *Being John Malkovich* (USA 1999). Kaufman bezieht sich direkt auf Fellinis *Otto e mezzo*: Fellinis Film handelt von der Unmöglichkeit, einen Film zu machen, während Kaufmans Drehbuch sich mit der Unmöglichkeit befasst, ein Buch von Susan Orlean mit dem Titel „The Orchid Thief" in ein Drehbuch umzuwandeln. Kaufman schreibt sich selbst in das Drehbuch hinein und erfindet einen Zwillingsbruder, Donald Kaufman – beide Rollen werden von Nicholas Cage gespielt. Charlie leidet an einer künstlerischen Blockade, während Donald nur ein Drehbuch schreiben möchte, um Geld zu verdienen. Kaufman, der Drehbuchautor, setzt seine kreative Wahl dramatisch um, indem er sich in Gegensatz zu seinem fiktiven Bruder bringt. Jonze und Kaufman spielen auch mit ihrem Publikum, indem sie reale Personen wie John Malkovich, Jonze, John Cusack und Catherine Keener sich selbst spielen lassen, während andere wirklich existierende Menschen wie Charlie Kaufman, John Laroche oder die Buchautorin Susan Orlean von Schauspielern dargestellt werden. Eine sehr interessante Figur ist Robert McKee – ein Guru des Drehbuchschreibens, der für Menschen wie David Seminare gibt und Autor eines bekannten Handbuchs für angehende Drehbuchautoren ist. Dieses Buch gibt es wirklich und es heißt „Story: Substance, Structure, Style and The Principles of Screenwriting" (1997). Im Film bezieht sich das Wort Adaption nicht nur auf die Verwandlung eines Buchs in ein Drehbuch, sondern es beschreibt auch den Darwin'schen Prozess, wie sich Blumen, z. B. Orchideen, anpassen, um zu überleben. Ein noch wichtigerer Aspekt des Films ist die Anpassung des Herzens an die Leidenschaft.

Am stärksten fellinesk ist in *Adaptation* die Beziehung zwischen Charlie (einer wahren Person) und Donald (einer nicht existenten Person, die Charles Kaufman erfindet, um die Geschichte seines Films zu komplizieren). Donald folgt den technischen Anweisungen von Robert McKee aufs Wort, was ihm letztlich einen Millionenvertrag für einen Horrorfilm verschafft. Im Gegensatz zu Charlie, der nach Originalität sucht, weiß Donald, was er will – einen lukrativen Vertrag für einen rein kommerziellen Film:

> McKee sagt, wir müssen uns bewusst sein, dass wir alle in Genres schreiben, so dass wir innerhalb dieses Genres etwas Originelles finden müssen. Wusstest du, dass es kein neues Genre gibt, seit Fellini die *mockumentary* erfunden hat? Mein Genre ist der Thriller, was ist deines?

Donalds Verweis auf Fellinis „mockumentary" bezieht sich auf all jene Fellini-Filme, die vorgeblich Aspekte seines Lebens als Fiktion erzählen wie *Otto e mezzo*, oder auf Pseudo-Dokumentarfilme oder „mockumentaries" wie z. B. *Block-notes di un regista*, *I clowns*, *Fellinis Roma* und *Intervista* (*Fellinis Intervista*, I 1987). Charlie will, wie auch Guido Anselmi, etwas Originelles schreiben, doch ist er in den Ansprüchen der Industrie gefangen, die die Marktfähigkeit des Produkts verlangt, und anders als sein Bruder Donald ist Charlie nicht fähig, Kompromisse einzugehen.

Die Entstehung von *Adaptation* ist fast genau so wie die von *Otto e mezzo*. Der echte Charlie Kaufman erhielt die Aufgabe, das echte Buch von Susan Orlean, „The Orchid Thief", zu adaptieren. Es war ihm jedoch unmöglich, es in ein Drehbuch zu verwandeln, auch wenn ihm der wahre Protagonist, der Orchideendieb John Laroche (Chris Cooper), sehr sympathisch ist. So hat der wahre Charlie Kaufman, wie auch der wahre Fellini, beschlossen, ein Drehbuch zu schreiben, das von der Unmöglichkeit, ein Drehbuch zu schreiben, handelt – genau wie Fellini sich entschloss, einen Film zu drehen über die Unmöglichkeit, einen Science-Fiction-Film zu drehen. Kaufman gestaltet die Situation, die er bei Fellini aufgreift, jedoch noch komplizierter, indem er den fiktiven Donald Kaufman (er ist sogar im Abspann als Co-Drehbuchautor gelistet, obwohl er gar nicht existiert) erfindet und ihn als Gegenstück zu Charlie entwickelt, als eine Art Alter Ego, das eine andere Art des Drehbuchschreibens repräsentiert, eine, die nur an Geld interessiert ist. Das Leben beginnt, die Kunst in Kaufmans Welt zu kopieren, ähnlich wie die Thriller-Geschichte seines Bruders Donald am Ende des Films wahr zu werden scheint.

Jeder Diskurs über die Natur des Kinos wird fast unausweichlich zum selbstreflexiven, Fellini'schen Diskurs über das Meta-Kino geraten. Die Basis für ein ganzes Filmgenre geschaffen zu haben – die „mockumentary", will man die Definition von *Adaptation* übernehmen –, ist nur einer der vielen wesentlichen Beiträge von Federico Fellini zur Kunst des 20. Jahrhunderts.

[1] „Movies now have gone past the phase of prose narrative and are coming nearer and nearer to poetry. I am trying to free my work from certain constructions – a story with a beginning, a development, an ending. It should be more like a poem with meter and cadence." Robert Richardson, „Waste Lands. The Breakdown of Order", in: *The New Yorker* vom 30.10.1965, S. 66, zitiert nach: *Federico Fellini, Essays in Criticism*, hrsg. von Peter Bondanella, New York 1978, S. 104.
[2] Fellini zitiert nach: Tullio Kezich, *Il dolce cinema*, Mailand 1978, S. 25.
[3] Federico Fellini, *Fellini on Fellini*, London 1976, S. 157.
[4] Martelli bespricht dies in: *L'avventurosa storia del cinema italiano raccontata dal suoi protagonisti 1960–1969*, hrsg. von Franca Faldini und Goffredo Fofi, Mailand 1981, S. 10 f.
[5] Vgl. Gherardis Kommentar in: Ebenda, S. 12.

Über Luchino Visconti

Hermann Kappelhoff

Die Sinnlichkeit einer anderen Zeit

Zur Frage des Erinnerungsbildes in Viscontis Historien

Viscontis spätere Historienfilme – *Il gattopardo* (*Der Leopard*, I/F 1963), *La caduta degli dei* (*Die Verdammten*, I/CH/BRD 1969) und *Ludwig* (*Ludwig II*, I/F/BRD 1972) – gelten zweifelsfrei als hohe Kunst des Kinos. Dabei standen sie in der zeitgenössischen Diskussion durchaus in einem zweifelhaften Ruf. Beides hat seinen Grund in ein- und derselben Gegebenheit, die sich heute auf den ersten Blick erschließt: der Virtuosität der Mise en scène, der Ausstattungskunst und der Schauspielführung. In der zeitgenössischen Diskussion wurde diese Virtuosität als Symptom eines überkommenen Kunstverständnisses und mangelnder gesellschaftspolitischer Durchdringung gewertet. Jenseits dieser Debatten um das Verhältnis von Kunst und Politik begründet sich in ihr eine ästhetische Dignität, die fragloser denn je erscheint.

Doch drängt sich die Frage auf, ob sich in einer solchen rein ästhetischen Wertung nicht eine Sichtweise auf die Filme Viscontis fortsetzt, die bereits die zeitgenössische Rezeption geprägt hat – wenn sich auch die Vorzeichen der Bewertungen geändert haben. Hier wie dort erscheinen die Filme in ihrem politischen Anspruch verkürzt. So als gründe ihr Blick auf die geschichtliche Welt Europas in einem rein ästhetizistischen Interesse an einer vergangenen, verfallenen Schönheit, dem die politische Intention des Autors äußerlich bleibt. Als herausragende Klassiker europäischer Filmkunst scheinen Viscontis Historiendramen selbst nur noch von historischem Interesse zu sein.

In der zeitgenössischen Diskussion verband sich mit der Virtuosität des Regisseurs eine Reihe von Attributen, die vor dem Hintergrund filmischer Realismuskonzepte mit gesellschaftspolitischer Intention höchst ambivalent erschienen. Da war zum einen das Etikett des Pessimismus, zum anderen das des Manierismus. Schließlich galt die Kritik dem dramaturgischen Prinzip mythologischer Überhöhung der dargestellten sozialen Welten. Die erste dieser Zuschreibungen betraf den elegischen Ton, den Umstand, dass diese Filme alle eine Welt im Moment ihres Verschwindens erfassen. Sie seien von einer Trauer durchdrungen, die der hohen Kultur vergangener Zeiten gelte, ohne den Optimismus des Morgens, der Jugend, des Kommenden. Ihrer elegischen Weltsicht fehle es an klar konturierter politischer Analyse. Eng damit verwoben war die zweite Zuschreibung. Sie zielte auf die dominante Stellung, die dem Dekor, der Ausstattung und der Mise en scène in der Inszenierungsweise Viscontis zukam. Im Dekorativismus seiner Filme manifestiere sich ein manieristischer Stilwille, der sich mit der pessimistischen Weltsicht des Autors zu einem dekadenten Ästhetizismus verbindet. Die Schönheit der Filme sei die üppige Pracht des Verfalls. Der dritte Vorbehalt schließlich betraf die eigentümliche Dramaturgie, Viscontis Vorliebe für familiäre Beziehungskosmen die, angesiedelt im Hochadel oder unter den absolut Reichen, auf eine mythische Überhöhung der dargestellten sozialen Beziehungen abzielten. Indem sie die sozialen und politischen Konflikte in den familiären Konstellationen spiegelten, folgten seine Filme den Strategien melodramatischer Vereinfachung. Im Schicksal der ganz und gar Ungleichen, der alten und neuen Adelsgeschlechter finde die geschichtliche Welt ihr Gleichnis.

Die pessimistische Weltsicht, der ästhetizistische Manierismus und die mythische Überhöhung: Man kann diese Attribute – freilich nicht in der negativen Bewertung – bis in die jüngste Literatur verfolgen.[1] Für die zeitgenössische Diskussion aber stellten sie eine Zumutung dar. Denn anders als die Filme der jüngeren Regisseure, Antonioni und Fellini, wurden Viscontis spätere Arbeiten auf der Folie neorealistischer Programmatik wahrgenommen. Visconti war der alternde Neorealist, der in seinem Spätwerk einem morbiden Ästhetizismus, einer nihilistischen Weltverneinung huldigte, die man dem Künstler, ob seiner fraglosen Würde, freundlich nachsah. Dabei waren die jugendlichen Zeitgenossen in Italien, Frankreich, Deutschland oder New Hollywood kaum weniger formversessen. Nur wurde dort die Form filmischer Darstellung als ästhetisches Konzept verstanden und diskutiert, während sie bei Visconti schlicht als Weltsicht des Autors, als seine elegische Rede über die Welt und den Lauf der Geschichte gelesen wurde. Aber Viscontis Historienfilme entfalten kinematografische Bildräume, die nicht weniger als Konzeptionen einer spezifischen Bildlichkeit zu begreifen sind, wie die Bildräume der Filme Antonionis oder Pasolinis.

Genau besehen weisen alle drei genannten Zuschreibungen zunächst und vor allem auf eine filmische Inszenierungsweise hin. Sie erhält aus der Dominanz von Schauspielführung und Raumgebung ihr spezifisches Gepräge. Die genannten Zuschreibungen betreffen denn auch alle Ausstattungsfilme Viscontis, gleichviel ob sie wie *Senso* (*Sehnsucht*, I 1954) die Mitte oder wie *Il gattopardo* die Höhe des Œuvres oder wie *Ludwig* tatsächlich das Spätwerk bezeichnen. Dass sich diese Zuschreibungen vor allem mit den Historienfilmen verbinden, deutet darauf hin, dass es einen Zusammenhang gibt zwischen der Frage nach dem Verhältnis der Gegenwart zur Geschichte und den Möglichkeiten des Kinos, ein kollektiv gültiges Erinnerungsbild hervorzubringen. Jedenfalls gehen die folgenden Überlegungen von der These aus, dass Visconti in seinen Filmen

Zur Frage des Erinnerungsbildes in Viscontis Historien

diesen Zusammenhang erkundet. Seine Historienfilme implizieren in ihrer poetischen Ordnung ein spezifisches Verständnis der ästhetischen Möglichkeit des Kinos, sich auf Geschichte zu beziehen – und damit ein spezifisches Verständnis politischer Filmkunst.

So stellt sich zunächst die Frage nach den spezifischen kinematografischen Darstellungsformen, die in diesen Filmen entwickelt sind. Welches poetische Konzept des Kinos liegt ihnen zugrunde? Auf der Grundlage der analytischen Rekonstruktion einer den Filmen impliziten poetischen Konzeption des kinematografischen Bildraums ist die Frage nach dem Verhältnis der Filme zur Geschichte, Gesellschaft, zur Politik erneut zu stellen.

Mit Blick auf die zeitgenössischen Vorstellungen eines filmischen Realismus schien diese Frage immer schon beantwortet. Die Filme repräsentieren einen (höchst partikularen, individuellen) Blick auf die geschichtliche Welt, dem sich die filmische Inszenierungsweise als akzidentielle Zutat, individueller Stil, historistische Detailgenauigkeit und manieristische Dekoration hinzufügte.

Im Folgenden möchte ich nun versuchen, diese Perspektive umzukehren. Setzt man nämlich keinen vorgängigen Repräsentationsmodus des filmischen Bildes voraus, sondern begreift die Inszenierungsweise selbst als Entwurf einer spezifischen Modalität ästhetischer Erfahrung, d. h. als Entwurf einer spezifischen Bildform, dann bleibt zunächst offen, auf welche Weise sich Filme überhaupt auf Geschichte beziehen, wie sie diese diskutieren, reflektieren und repräsentieren. Entlang der genannten Vorbehalte möchte ich im Folgenden eine filmanalytische Perspektive skizzieren, in der diese Umkehrung vollzogen wird. Dabei will ich mich zum einen auf den ersten Film der sogenannten „Deutschlandtrilogie" konzentrieren: *La caduta degli dei*. Der Film stellt im Werk Viscontis, entsprechend seinem Sujet, den äußersten Punkt der Möglichkeit dar, das Kino als Medium historischer Erinnerung zu entwerfen. Zum anderen möchte ich mich auf den Film *Senso* ausführlicher beziehen. Lässt sich an diesem Film doch der Entwurf eines Wahrnehmungsdispositivs beschreiben, das grundlegend bleibt für alle späteren Historienfilme.

Pessimismus

> Pessimismus, nein. Denn mein Pessimismus ist lediglich einer des Intellekts und nie einer des Willens. Je mehr Intellekt sich des Pessimismus bedient, um den Wahrheiten des Lebens auf den Grund zu kommen, umso mehr rüstet sich meiner Meinung nach der Wille mit revolutionärem Optimismus.[2]

Visconti formuliert diese Sätze 1960 in einem Interview anlässlich seines Films *Rocco e i suoi fratelli* (*Rocco und seine Brüder*, I/F 1960). Er fährt fort:

Hermann Kappelhoff

> Ich glaube deshalb, mit Rocco nicht nur ein Teilbild gegeben zu haben, sondern ein Bild, angesichts dessen alle, sofern sie nur guten Willens sind, übereinstimmen können: im Verurteilen dessen, was der Verurteilung wert ist, und im Aufgreifen von Hoffnungen, von Bestrebungen, deren sich kein freier Mensch entschlagen kann.[3]

Wenn sich etwas im Werk Viscontis als kaum miteinander vereinbar darstellt, dann diese Sätze und der Film *La caduta degli dei*. Man wird in dem Film über den Niedergang einer deutschen Industriellendynastie schwerlich einen Moment der Hoffnungen des freien Menschen dargestellt finden. Im Gegenteil: Die einzige Figur, die geeignet wäre, diese zu verkörpern, wird am Ende als das High-End-Produkt der großen Umschmelzung aller Liebes-, Freundschafts- und Familienbande vom Schauplatz dieses Prozesses weggeführt: Gunther, der Enkel des Industriepatriarchen, ein gebildeter, musisch begabter junger Mann. Von Ende her betrachtet (man sieht – eine Reminiszenz an den Beginn des Films – das zur Weißglut getriebene Feuer der Hochöfen) scheinen alle Verbrechen in dieser Familiensaga keinen anderen Zweck gehabt zu haben, als die Figur bürgerlicher Menschenfreundlichkeit in eine Figur glühenden Hasses und des reinsten Nihilismus umzuschmelzen. Und doch unterscheidet sich diese Figur in der Anlage keineswegs von der des Rocco, auf die sich Viscontis Rede vom Pessimismus bezieht.

Hier wie dort meint der Pessimismus keineswegs die Weltsicht des Autors, sondern bezeichnet eine ästhetische Strategie. Sie zielt auf einen Figurentypus ab, der weder die moralische Haltung des Autors, noch anderer, real möglicher Personen artikuliert, noch als Allegorie eine solche Haltung repräsentiert. Die Rede vom Pessimismus bezieht sich auf das Konstruktionsprinzip selbst, auf die Figur als „ein Bild", das nicht mit der Nachbildung realer Menschen vergleichbar ist: „ein Bild, angesichts dessen alle, sofern sie nur guten Willens sind, übereinstimmen können, im Verurteilen, in der Hoffnung, in der Bestrebungen freier Menschen". Die Figur tritt dem Zuschauer als ein Bild gegenüber, das von diesem moralisches Bewusstsein als seine Antwort einfordert. Sie ist nicht Ausdruck, sondern ein Medium der Bildung moralischen Bewusstseins. Der Pessimismus weist auf eine inszenatorische Strategie, mit der die Figuren gegen die Intentionalität des Autors abgedichtet werden.

Insofern ist die Figur bei Visconti niemals ablösbar von Gestaltung des filmischen Bildraums. In *La caduta degli dei* ist dies ein Haus, der Familiensitz der von Essenbecks. Die Villa präsentiert sich als Interieur der verwüsteten Zwischenmenschlichkeit, aus der alle Bestrebungen freier Menschen gewichen sind. Doch stellt sich auf der Ebene der Raumgestaltung die gleiche Frage noch einmal: Auf welche Erfahrungsdimension zielt der Film in seinen ästhetischen Verfahren, will man die Inszenierung des Hauses nicht einfach als tiefschwarze Allegorie des Untergangs einer Nation verstehen, die mit zahllosen Versatzstücken

Zur Frage des Erinnerungsbildes in Viscontis Historien

europäischen Bildungsguts verziert ist. Diese Frage weist auf das zweite Attribut, die mythische Überhöhung.

Die mythische Übersteigerung der dargestellten Welt

Zu den Versatzstücken gehören die Verweise auf die Oper Wagners, den Ring der Nibelungen, auf Shakespeares Königsdramen und auf das epische Werk Thomas Manns. Verweise, die in der zeitgenössischen Diskussion als Symptome eines unzeitgemäßen Kunstverständnisses angeführt wurden. Bezeichneten sie doch gleichsam die Vorbilder. Und wirklich scheint *La caduta degli dei* der Paradefall jener poetischen Logik zu sein, die Thomas Mann an Wagner erläutert hat: Die Verschränkung von mythologischem und psychologischem Bildmaterial in einer hermetischen Kunstwelt, in der die Menschen und ihre Konflikte in Überlebensgröße erscheinen. „Vergrößerung der Konflikte? Das ist die Aufgabe der Kunst. Das wesentliche ist, dass die Konflikte reale sind."[4] Mit dieser Bemerkung wendet sich Visconti gegen die Maßstäbe eines Realismusverständnisses, das er nicht teilte.

Doch ist damit nicht automatisch Monumentalität und Masseninszenierung verbunden, wie die zeitgenössische Kritik suggeriert. Genauer betrachtet erweist sich *La caduta degli dei* über weite Strecken als ein Kammerspiel individueller Leidenschaften, als ein Familiendrama, auf das ebenso gut der Titel eines späteren Films passen würde: *Gruppo di famiglia in un interno* (*Gewalt und Leidenschaft*, I/F 1974). Bei aller Monumentalität des Sujets fehlt dem Film über weite Strecken, metaphorisch gesprochen, das Breitwandformat. Er kennt weder die schwelgerische Landschaftsdarstellung noch die monumentalen Schlachtengemälde, die großen ikonografischen Themen von *Senso* und *Il gattopardo*; er kennt weder den offenen Zeithorizont, die epische Weite dieser Filme, noch die sich immer wieder öffnenden Raumfluchten in den Villen der Gräfin Serpieri und in den Palästen des Fürsten von Salinas. Die Sequenz, die das Gemetzel an der SA darstellt, bildet in ihrer monumentalen Inszenierung eine bedeutsame Ausnahme.

Obwohl mit dem Schauplatz, der Villa, Weitläufigkeit bedeutet ist, bleibt ihre räumliche Anordnung ohne sinnlich fassbare Darstellung. Zeit und Raum wirken in *La caduta degli dei* eigentümlich gestaucht, verengt, komprimiert. Die Villa der Essenbecks erscheint als ein hermetisch geschlossener Kosmos, dessen innerer Aufbau einer höchst abstrakten Logik folgt.

Man kann die Irrealität der Zeitstruktur und der Raumbildung tatsächlich als ein mythologisierendes Verfahren betrachten; jedenfalls ist evident, dass der Film das Familiendrama als eine mythologische Figuration entwirft, in der Geschichte und Politik psychologisch ausgelegt werden.

Doch ist dieses keineswegs gleichbedeutend mit der Überhöhung eines psychologischen Familiendramas zu einem allegorischen Bild der Geschichte. Der

Hermann Kappelhoff

Film zielt vielmehr darauf ab, das Politische nicht direkt (wenn das denn überhaupt ginge), sondern in seinen psychischen Effekten, individuierten Kräften und Wirkungen greifbar werden zu lassen. In einem Interview sagt Visconti über *Rocco e i suoi fratelli*:

> Wie man sieht, bin ich zu gesellschaftlichen und sogar politischen Schlüssen gekommen, während ich den ganzen Film hindurch nur den Weg der psychologischen Untersuchung und der getreuen Rekonstruktion eines menschlichen Dramas durchlaufen habe.[5]

Diese „Rekonstruktion des menschlichen Dramas" vollzieht *La caduta degli dei* in der Konstruktion des Bildraums. Das streng begrenzte, abstrakt-allegorisch anmutende Interieur, das doch eine detailgenaue Rekonstruktion der Villa deutscher Industriebarone in den 1930er Jahren darstellt, etabliert die Binnenperspektive. Es stellt die Innenwelt der Industriellenfamilie einem absoluten Außen der Politik, der Geschichte, der Gesellschaft gegenüber.

Die Realität der Geschichte ist nur im zerstörerischen Effekt, den Veränderungen dieses höchst artifiziellen Innenraums greifbar. Sie ist durch ein Außen bezeichnet, das die Familienszene stört, das in seinen Agenten – das Gestapokommando, Aschenbach – in dieses Interieur eindringt wie ein Virus in einen Organismus. In der Welt dieses Films ist die Geschichte etwas, das den Schauplatz verändert, ohne dass man es recht greifen könnte. Eine Lichtverschiebung, ein disharmonischer Zoom, ein schroffer Farbwechsel – zunächst sind diese kaum merklich, am Ende stellen sie sich als eine schleichend sich vollziehende Verwüstung dar. Die Geschichte, das ist die Dauer dieser Veränderung; eine Zeit, die sich ablöst vom Verlauf der Handlung, die greifbar wird in dem nach und nach sich eintrübenden Licht, dem Wechsel der Farben, dem sich leerenden Tisch.

Tatsächlich markieren die wenigen Außenaufnahmen (ein Stahlwerk, eine Straße in Oberhausen, ein Mietshaus) des Films die geschichtliche Realität, das Politische als die von Außen einwirkende Kraft. Die Inszenierung dieses Außens gipfelt in der monumental inszenierten Vernichtung der SA-Truppen. Wie ein Zwischenspiel eingeschoben teilt die Sequenz den Film in zwei ineinander sich spiegelnde Hälften. Auf solche monadischen Spiegelungen zielt Deleuze, wenn er mit Blick auf Viscontis Historien von Zeitkristallen spricht.[6] Dieses Kristallbild ist nicht mehr auf der Ebene der erzählten Handlung, als filmischer Text oder als Handlungsraum, zu begreifen. Es realisiert sich allein im Akt seiner Wahrnehmung durch die Zuschauer. Auf die Verschränkung von historischer und ästhetischer Realität im Wahrnehmungsraum des Zuschauers weist das dritte Attribut, das man mit den späteren Filmen Viscontis immer wieder verknüpft findet: das des Manierismus.

Zur Frage des Erinnerungsbildes in Viscontis Historien

Der Manierismus

Explizit taucht diese Zuschreibung zum ersten Mal bei *Senso* auf. Der Film aus dem Jahr 1954, der sowohl im Sujet wie in der Inszenierungsweise vielfältige Bezüge zur Oper unterhält, macht schlagend klar, dass Visconti auf der Bühne des Theaters mindestens ebenso zu Hause war wie auf dem Filmset. Auf die Frage, ob er mit seiner Inszenierungsweise nicht doch einen ästhetizistischen Manierismus verfolge, der so gar nicht zum Programm des Neorealismus passe? Ob man nicht dann, wenn man Manierismus positiv wende, im Sinne des Raffinement der Dekoration verstehe, diesem Etikett eine gewisse Berechtigung zugestehen müsse, antwortet Visconti mit einem entschiedenen: Nein. „*Senso* ist jedenfalls ein realistischer Film. (...) Ich habe versucht, totalen Realismus zu machen und dem Film dabei doch diese Spur von italienischem Melodrama zu geben."[7] Er führt weiter aus, dass der Anspruch des Neorealismus wesentlich ein inhaltlicher, wenn man so will ein politischer sei, der sich durchaus in ganz unterschiedlichen Inszenierungsweisen, Genres und Gattungen verwirklichen kann. Visconti versteht hier den Anspruch des Realismus als eine politische Forderung, nicht als ästhetische Kategorie. Er meint nichts anderes als den Anspruch der Kunst auf gesellschaftliche Wahrheit. Ihm als Opern-, Theater- und Filmregisseur musste daran gelegen sein, dass jede Kunst, jede Gattung, jedes Genre den Anspruch auf zeitgemäßen Realismus auf die ihr gemäße Weise zu erfüllen vermag. Realismus – in dieser Perspektive – stellt sich stets nur vermittelt durch die Logik der je spezifischen Formgesetzlichkeit, vermittelt durch das ästhetische Konzept dem Anspruch gesellschaftlicher Wahrheit. Diesem Realismusideal ist die Kunst in allen Ausprägungen gleich nah. Der Komponist Hans Werner Henze hat dieses Realismusideal Viscontis wie folgt beschrieben:

> Das Schwarze auf der Leinwand scheint schwärzer, tödlicher, das Weiße greller und härter, die Schatten reden. Jedes Detail ist der Aktion notwendig zugeordnet. Hier liegen die beiden ersten wesentlichen Merkmale eines Stils, der nur zu einem (fast unwesentlichen) Teil mit dem neorealismo identifiziert werden kann: Es ist von Anfang an deutliche Sprache eines Künstlers, dessen harten lateinischen Rabenaugen nichts entgeht von dem, was an Umwelt, Licht und Landschaft den Menschen, das Objekt seines Wirkens, umgibt, ihn formt, ihn verschönt und verstellt; es ist die Gabe, das Wahre in allen Fällen, auch in den ganz widerwärtigen, durch Wahrheitsliebe, die in seinem Metier Genauigkeit heißt, schön zu machen, dem Wahren eine wilde, zerstörerische Schönheit zu geben.[8]

„Wahrheitsliebe, die im Metier der Filmregie Genauigkeit" heißt: Das scheint zunächst den Vorstellungen von mythologisierender Überhöhung und manieristischem Formalismus zu widersprechen. Doch bezieht sich diese Genauigkeit

Hermann Kappelhoff

bei Visconti vor allem auf die Inszenierung einer Dingwelt, die in jedem Detail das Begehren, die Sinnlichkeit, die Art des Wünschens und Empfindens ihrer Bewohner artikuliert. Henze fährt fort und benennt als zweites Merkmal der Kunst Viscontis:

> (...) eine bestimmte melodramatische Attitüde: ein opernhaftes Vorgehen, ein stilistisches Manöver, das unzweifelhaft von der Technik des lyrischen 19. Jahrhunderts abzuleiten ist. Man findet dies in den Dialogen, die fast immer, bei allem Realismus, etwas von gesungenen concertati der Oper haben, und auch in den sehr zeichnerischen, choreographischen Massenszenen; sie atmen das Klima des Teatro alla Scala (...).[9]

In dieser Perspektive wird ein Gestaltungsprinzip deutlich, das man bereits in *La terra trema* (*Die Erde bebt*, I 1948) finden kann – jenem Film also, der ob seiner mundartsprechenden Laienschauspieler, die sich selbst als die Bewohner eines sizilianischen Dorfes darstellten, ein Leitbild des neorealistischen Films wurde: Der Film ist geprägt durch eine Schauspielführung, die in ihrer choreografischen Strenge und ihrer Dialoggestaltung noch die Sprache der Fischer und die alltäglichste Geste theatralisch übersetzt, überhöht, übersteigert. Jede Begegnung, jede Handlung, jeder Gesang ist szenisch streng gefasst, sodass sich die Bewohner des Fischerdorfes tatsächlich wie *dramatis personae* an verschieden Orten ihres Dorfes selbst in Szene setzen, als bewegten sie sich durch die unterschiedlichen Dekorationen der Akte eines Dramas. Die Kamera agiert keineswegs neutral vorführend, zeigend. Sie artikuliert vielmehr ein eigensinniges, sinnliches Erleben der Orte und Landschaften, der besonderen Erlebenswelt dieser Menschen, ihren verletzten Stolz, ihre Euphorie, ihre Verliebtheit, ihre Niedergeschlagenheit und ihre unendliche Angst. Die Straßen, der Hafen, die Berge, das Meer, sie erscheinen wie die Strophen eines Gesangs von den freudigen und traurigen Tagen und von den bangen Stunden größter Verzweiflung. Man mag darin einen Widerspruch zur neorealistischen Poetik, zur emphatischen Betonung des Dialekts, des Laienschauspiels und der Realität des sizilianischen Ortes sehen – aber es stimmt durchaus, wenn man sagte, Visconti habe die Realität im Grunde wie die Kulisse einer Opernbühne aufgefasst.[10]

Es ist gerade nicht die objektive Welt der Dinge und Menschen, wie sie sich dem allgemeinen Verständnis, dem Common Sense der Sensibilität darstellt. Es ist die physisch-sinnliche Erfahrungswelt eines je einzelnen Menschen, die Sinnlichkeit und Sinnenform eines menschlichen Individuums, die in den Bildräumen seiner Filme Gestalt gewinnt. Es liegt deshalb nahe, Viscontis Filme auf die Theorie des Filmmelodramas, auf den Modus des Exzess und den hyperbolischen Ausdruck zu beziehen.[11] Doch sollte man nicht vorschnell vom italienischen „Melodramma" auf die Theorie des Filmmelodramas schließen. Bei Vis-

Zur Frage des Erinnerungsbildes in Viscontis Historien

conti jedenfalls ist der Dekor, die Inszenierung der Räume, keineswegs unmittelbar Ausdruck des Gefühls der Figuren. Die Einrichtung der Dinge, die Rauminszenierung verhält sich mit Blick auf die Figuren beschreibend, intellektuell erschließend, nicht atmosphärisch expressiv. Die Sinnlichkeit, die sich in diesen Bildräumen entfaltet, ist immer bezogen auf einen gesellschaftlich-geschichtlichen Grund. Dem Zuschauer stellt sich diese Sinnlichkeit im ersten Blick als die „Schönheit der Dinge und Menschen" einer ihm ganz und gar fremden Welt dar; eine Schönheit, die sich ihm mehr und mehr als das eherne Gesetz der Welt erschließt, in welcher die Figuren des Films eingeschlossen und gefangen sind.[12] Diese poetische Logik zeigt sich am deutlichsten dort, wo die Melodramatik der Oper selbst zum Thema wird, in dem Film *Senso*.

Der kinematografische Bildraum als monadische Spiegelung der Geschichte

Kein Gegensatz scheint größer als der zwischen diesen Filmen, *La terra trema* und *Senso*. Und doch sind die Filme gerade in ihrer politischen Intention eng miteinander verbunden. Sowohl der Titel „Senso" als auch der Schluss des Films, die Hinrichtung Leutnant Mahlers, sind Visconti nach eigenem Bekunden aufgezwungen worden. Er wollte kein Liebesmelodrama, sondern einen Film, der „Custozza" heißen sollte und der im Bild der schweren Niederlage während des italienischen Befreiungskriegs ein Verhältnis zu den verpassten Möglichkeiten der Geschichte Europas eröffnen will. In Viscontis Version gelten die letzten Tränen des Films, gilt das Pathos der verpassten Chance dieser anderen Geschichte.

Senso beginnt mit einer berühmten Opernszene aus Verdis „Trovatore". Für die ersten zwei Minuten sehen wir die Sänger auf der Bühne so, als würde der Bühnenraum tatsächlich den Handlungsraum des Films bezeichnen. Wenn der Vorspann mit den Namen Alida Valli und Farley Granger über die Bühnenszene eingeblendet wird, bezieht man die Namen zunächst auf die Opernfiguren und erwartet tatsächlich ein „Melodramma" in Verdi'scher Manier, erwartet die große Ausstattung und das hohe Pathos einer ganz und gar artifiziellen Darstellungsform. Und doch lässt sich an der berühmten Anfangssequenz von *Senso* eine räumliche Figuration, eine Konstruktionsweise des kinematografischen Bildraums begreifen, an der sich die poetische Logik des Historienfilms bei Visconti aufzeigen lässt. Hans Werner Henze beschreibt diesen Anfang in dem bereits zitierten Essay zu Visconti:

> *Senso* (...), worin der melodramatische Ton am bewußtesten durchgehalten wird, beginnt mit einer Szene im Teatro la Fenice, während einer Vorstellung des Troubadour. Die Kamera, die eine Zeitlang direkt auf den entfernten Bühnenausschnitt

gerichtet war, schwenkt in die Galerie, wo das venezianische Volk auf den Stehplätzen zusammengedrängt hockt, und wandert von dort in das Parkett der österreichischen Besatzungsoffiziere in ihren weißen Uniformen, von dort in die Loge der Familie Serpieri, in der gerade der Stadtkommandant und sein Adjutant zu Gast sind. Hier beginnt die hasserfüllte, unmögliche Liebesaffäre, in dieser kordialen Atmosphäre, unter höflichen Verbeugungen, die vom Verrat wissen, zu denen die im rückwärtigen Murano-Spiegel sichtbaren düsteren Mauern des Operndekors und die ins Gespräch eindringenden revolutionären Klängen der Verdischen Freiheitsmusik, einem neuen Italien zugehörig, einen äußerst intensiven Kontrast bilden.[13]

Henze beschreibt das spiegelnde Ineinander von Bühnendarstellung und filmischer Handlung als eine Raumkonstruktion, deren gegensätzliche Teile durch den Gesang der Verdioper verbunden werden.

In der ersten Einstellung wird mit der Bühne die klassische Form eines repräsentierenden Raums eingeführt; ein Raum, der alles, was er in sich einschließt, zur symbolischen Realität erhebt. Durch die geschlossene Bildkomposition der frontalen Kadrierung des Bühnenraums ist dieser Raum identisch mit dem der filmischen Einstellung. Erst mit dem Schwenk auf das Publikum wird dieser Raum als Bühne identifizierbar. Während hier die perspektivische Tiefe durch die Bauten betont ist, erscheint der Zuschauerraum, die aufmerksame Menschenmenge, eingelassen in den Dekor, als ein eher flächiges Bild. Die schwenkende Kamera verwischt die geometrische Perspektivierung und die Tiefe des architektonischen Raums. Es entsteht eine in sich fließende Impression schauender, zuhörender Menschen, eingefasst und gegliedert von den ornamentalen Rahmungen und Aufteilungen des historischen Dekors.

Einerseits haben wir ein Bild, in dem das Prinzip des Volkes als eine Versammlung der Hörenden und Zuschauenden sich dargestellt findet; andererseits wird dieses Bild über die Blickachsen mit seinem Off, dem Bühnenraum dergestalt verbunden, dass ein drittes entsteht, ein klar definierter Handlungsraum: Die Impression der versammelten Menschen und das Bild der Bühnenhandlung erweisen sich als Teil der diegetischen Welt des Films: eine historische Aufführung der Verdioper „Il Trovatore" in La Fenice, dem berühmten Opernhaus Venedigs im Jahr 1866. Bis zu dem sich öffnenden schweifenden Blick der Kamera über die voll besetzten Logen, die aufmerksamen Gesichter hat es diesen Handlungsraum nicht gegeben. Henze beschreibt den Fortgang der Szene wie folgt:

> Das Gefühl der Unruhe, der Bedrohung, bricht dann am Schluß des Aktes zu der berühmten Cabaletta des Tenors aus „Di quella pira l'orrendo fuoco", wenn die Rufe laut werden ‚viva l'Italia, viva Verdi', und von der Galerie herab grün-weiß-rote Flugblätter wehen, deren Licht und Frische wie ein Regen in die wohlige Salonluft der Unterdrücker eindringt.[14]

Zur Frage des Erinnerungsbildes in Viscontis Historien

Bei genauerer Analyse des Prologs, der knapp 15 Minuten dauert, zeigt sich, dass die räumliche Spiegelungskonstruktion zwischen Opern- und Filmhandlung ein höchst komplexes Gefüge darstellt, das auf der Ebene der Musik, des Gesangs unauflösbar miteinander verschränkt ist.

Den Ausgang bildet die Teilung des kinematografischen Bildraums in zwei verschiedene Dimensionen, die einen grundlegend anderen Realitätsstatus haben. Aus dieser ersten Teilung des Bildes – Zuschauerimpression und dargestelltem Bühnengeschehen – entwickelt Visconti das Grundprinzip der Raumbildung des Films. Es besteht im Wesentlichen aus Spiegelungen, die in den einzelnen Details intensiv verschränkt werden, sodass sie sich in immer neuen Brechungen auffalten.

Wenn die Kamera, während Manricos „Cabaletta", dem Filmzuschauer zum ersten Mal die „andere Seite" der Bühne, den Zuschauerraum der Oper zeigt, geschieht dies aus der Sicht des Prozeniums. Es entsteht der Eindruck, als wende sich der Sänger an das Publikum in den Rängen, als forderte er es auf, mit dem „Blut der Österreicher das Feuer in seinem Inneren zu löschen". Wenn im Moment seines „hohen C" die Kamera mit einer Einstellung aus der Sicht des Olymps antwortet, rücken Manricos Mannen auf die Bühne und fordern zum Kampf auf. Im Gegenzug sieht man, wie die Freiheitskämpfer ihren revolutionären Coup vorbereiten. Die Teilung Bühnenraum-Leinwandbild, Opernsänger-Opernhörer ist als Spiegelung zwischen der Oper Verdis und einem fiktiven politischen Ereignis während der Verdi-Zeit inszeniert. Diese Spiegelung selbst, die Spiegelung zwischen der Kunst und gesellschaftlicher Realität, ist das Thema des Films. Jedenfalls beschreibt der Bildraum des Films weit mehr als nur den Ort einer fiktiven historischen Handlung.

Während der ersten Minuten des Vorspanns hörten wir das Duett „L'onda de suoni mistici" („Die Klänge himmlischer Musik"). Leonora und Manrico besingen ihre Liebe. Abrupt unterbricht der Auftritt eines Gefolgsmanns von Manrico die Harmonie. Der Feind habe einen Scheiterhaufen für eine Zigeunerin errichtet. Durch ein Fenster im hinteren Bühnendekor sieht man rot flackerndes Licht. Mit exaltiert theatralischem Aufschrei bekennt Manrico, dass die Zigeunerin seine Mutter sei. Ein Text wird über die Szene geblendet, der über die politische Lage Italiens zur Zeit der Filmhandlung informiert. Manrico tritt zur Vorderbühne, zieht sein Schwert, hält es hoch und schmettert die Cabaletta: „Ich war schon ihr Sohn, bevor ich dich liebte, deine Qual kann mich nicht zurückhalten. O unglückliche Mutter, ich eile, dich zu retten oder wenigstens mit dir zu sterben."

Mit den aus Rängen herabfallenden farbigen Flugblättern springt das „Gefühl der Unruhe und Bedrohung" buchstäblich auf die andere Seite über: Der Affekt wechselt die Gestalt, aus dem Gesang wird eine politische Aktion. Was zuvor, im Arrangement eines flächigen Leinwandbildes, die Impression einer sich sammelnden und versammelnden Gesellschaft war, wird jetzt zum

Hermann Kappelhoff

Handlungsraum im emphatischen Sinne. Verwandelt sich doch der Gesang im Zuschauerraum in eine politische Aktion. An die Stelle der Impression eines passiven Publikums, ist die Aktion des sich artikulierenden Volkes getreten: „Viva Italia, Viva Verdi."

Diese Aktion durchschlägt die kruden Verstrickungen des Bühnengeschehens und erhellt sie mit einem Schlag durch eine kristallklare Deutung: „Viva Italia, O unglückliche Mutter, ich eile, dich zu retten oder wenigstens mit dir zu sterben."

In der Spiegelkonstruktion des Films entsteht eine Figuration, die nicht mehr auf der Ebene der Handlung, die nicht mehr als Handlungsraum zu fassen ist. Denn die Antwort des Publikums ist nicht einfach ein fiktives historisches Geschehen, das sich in der Operhandlung gespiegelt findet; sie wird in dieser Spiegelung selbst symbolische Form, zu einem Coup de théâtre, einem hochartifiziellen Bild des Freiheitsstrebens. Umgekehrt tritt in dieser Spiegelung die Oper Verdis selbst als ein reales Objekt hervor: als ein Artefakt, in dem sich das ‚Bestreben freier Menschen' historisch real vergegenständlicht hat, von dem das fiktive Ereignis erzählt.

In den wechselseitigen Spiegelungen ist die räumliche Figuration insgesamt zu einem kinematografischen Bild eines Freiheitsgefühls geworden, das in Verdis Oper zu einem Artefakt, zu einem historischen Objekt geworden ist.

Die Möglichkeit des filmischen „Erinnerungsbilds"[15] gründet bei Visconti also keineswegs auf der Illusion des (imitierenden, kostümierenden) Dekors, gleichviel ob es sich um die pompös-plakative Bühnendekoration oder um das differenzierte, detailgenaue Art-Design handelt, mit der eine historische Opernvorführung des Jahres 1866 in La Fenice beschrieben wird. Die filmische Inszenierung präpariert vielmehr die Oper selbst als ein objektgewordenes, vergangenes Gefühl heraus. Die Inszenierung der Realität des Ästhetischen als einer zeitlichen Transformation der historischen Realität bezeichnet das grundlegende Axiom der Poetik des Historienfilms bei Visconti.

Die „getreue Rekonstruktion eines menschlichen Dramas", Politik in der Binnenperspektive des individuellen Gefühls

Die Cabaletta wird als ein in Form von Musik vorliegendes „Gefühl" einer vergangenen Zeit für den gegenwärtigen Kinozuschauer in Szene gesetzt. Vom Verrat an diesem Gefühl handelt dann die leidenschaftliche Affäre der Gräfin Livia Serpieri zu dem österreichischen Leutnant Mahler. Auch diese Spiegelung geht unmittelbar aus der beschriebenen räumlichen Figuration hervor. Der zweite Teil der Sequenz spielt in der Loge des venezianischen Adels und der österreichischen Generalität.

Zur Frage des Erinnerungsbildes in Viscontis Historien

Die Gräfin, Livia Serpieri bittet darum, Leutnant Mahler kennenzulernen. Sie will ihren Cousin Ussoni schützen, der sich während des Tumults mit dem österreichischen Offizier angelegt hat. Livia stellt sich vor einen Spiegel – an zwei der drei Wände der Loge befinden sich Spiegel –, legt ihr Tuch ab, zupft ihr Haar, öffnet ein wenig ihren Ausschnitt. Im Spiegel ist der hinter ihr aufgehende Vorhang zu sehen. Bühne und Loge sind zu einer räumlichen Figuration verbunden. Ihr Kommentar, mit dem sie ihr Desinteresse am gerade beginnenden vierten Akt der Oper bekundet, eröffnet das Filmmelodrama als weibliche Intrige zur Rettung des italienischen Freiheitskämpfers: „*Der Troubadour* ist mir durchaus bekannt. Und außerdem die Österreicher lieben die Musik, während wir Italiener aus ganz anderen Gründen das Theater besuchen, nicht wahr?"

Ein Schnitt, eine Totale zeigt das Bühnenbild des vierten Akts. Leonora steht auf einem Treppenabsatz vor einer düsteren Festung. Ruiz tritt auf, verkündet, dass Manrico in den Kerkern der Festung gefangen gehalten wird. Leonoras Gesang erzählt von dem Entschluss, Manrico befreien zu wollen. Ein erneuter Schnitt verbindet diesen Gesang mit dem Auftritt Franz Mahlers in der Loge. Eine Nahaufnahme zeigt ihn im Türrahmen: das Bild eines Schönlings. Einen kurzen Moment folgt ihm die Kamera, hält aber am gerahmten Spiegel inne, den Mahler zügig passiert, um gleich darauf neben Livia im Spiegelbild zu erscheinen. Beide sind nun von hinten im Spiegel zu sehen: Zwischen ihnen sehen wir die Leonora auf der Bühne, so als seien ihr Gesang und ihre Erscheinung selbst wiederum eine Reflexion der dem Filmzuschauer abgewandten Gesichter.

Von vornherein löst die Kamera den Raum in eine Folge von gerahmten und gespiegelten Bildern auf, in der das Geschehen auf der Bühne und Loge in vielfältigen Brechungen und Reflexen ineinander verschränkt wird. Ein Umschnitt zeigt das Paar von vorne in der Loge, Leonoras Gesang kommentiert ihr Gespräch. Eine dritte Perspektive rückt beide dergestalt ins Bild, dass man ihre Gesichter und zugleich im Hintergrund die Sängerin sieht, so als sei nun die Loge zu einem Teil der Bühne geworden.

Als Livia langsam begreift, dass der österreichische Offizier sich keinesfalls mit ihrem Vetter duellieren, dass er vielmehr für dessen Verhaftung sorgen wird, sieht man noch einmal eine Totale der Bühne: Leonora, in Untersicht, beschwört die Erinnerungen. Und während die Sängerin den Boten ermahnt („doch ach, erzähle ihm nicht von den Qualen meines Herzens"), sieht man, wie Livia unruhig wird, den zuvor freigelegten Ausschnitt mir ihrem Schleier verdeckt und sich zum Gehen anschickt. Es ist, als singe Leonora von den kommenden Qualen der Gräfin Serpieri, hin- und hergerissen zwischen der Liebe zu dem österreichischen Leutnant und der Treue zu ihrem Cousin, dem italienischen Freiheitskämpfer. Sie will, sie muss ihn retten – so wie Leonora ihren geliebten Manrico und Manrico seine ausgestoßene Mutter und das Opernpublikum sein geschun-

193

Hermann Kappelhoff

denes Italien: „Ich eile, dich zu retten oder wenigstens mit dir zu sterben." Dem Verdithema antwortet dann, im folgenden Filmmelodrama eine Darstellung Venedigs, die sich wie eine visuelle Umsetzung einiger Passagen der siebenten Sinfonie des österreichischen Komponisten Bruckners ansehen.

Die letzte Einstellung von La Fenice zeigt die Loge, die in ihrer Umrahmung nun vollends zur Bühne geworden ist: In der Tür im Hintergrund steht Livia, eingefasst vom Türrahmen; sie steht mit dem Rücken zur Kamera, wartet kurz, geht aus dem Bild.

Das kinematografische Erinnerungsbild

Der Prolog in *Senso* spiegelt in Bühne und Zuschauerraum, im Musikdrama Verdis und der politischen Aktion des Publikums zwei verschiedene Wirklichkeitsdimensionen – die der Kunst und die der Politik –, um mit dem nächsten Akt diese Spiegelung als Ganzes in einer weiteren Spiegelung aufzufächern: dem Drama der individuellen Gefühle und Leidenschaften, der Begegnung zwischen der Gräfin Serpieri und dem österreichischen Offizier Mahler.

Innerhalb dieser Spiegelkonstruktion kann ein und dasselbe Element einem fiktionalen, einem vergangenen und einem gegenwärtig realen Geschehen angehören, je nachdem in welcher Brechung der Spiegelung es gerade erscheint: eine Arie als emotionale Eruption in einer Opernhandlung, als künstlerische Darbietung innerhalb einer fiktiven Filmhandlung, als reales künstlerisches Artefakt, als ästhetisches Erleben eines realen Filmpublikums.

Der Manierismus der Dekors, die schwelgerische Detailgenauigkeit zielen weder auf die historische Rekonstruktion, die Veranschaulichung einer vergangen Zeit, noch auf den Ausdruck der Gefühlszustände und Stimmungslagen der Figur. Die Dekorationen und Musiken, die Kostüme und Architekturen weisen vielmehr auf die Kunst selbst als die Sphäre, in der die Dinge aus der Zeit ihres alltäglichen Gebrauchs herauswachsen. Sie weisen auf die Kunst als eine Übergangszone zwischen der Sinnlichkeit konkreter Individuen und dem gesellschaftlichen Common Sense des guten Geschmacks und der Wahrnehmungskonvention. Sie weisen auf die Möglichkeit der Kommunikation zwischen der Sinnlichkeit einer vergangenen und der einer gewärtigen Welt. Deshalb nimmt in Viscontis Historienfilmen alles, was sichtbar ist, die Form des Dekorativen an – die Frauen mit ihren Krinolinen, die Männer in ihren Uniformen, die Küchengeräte, die Kunstwerke, die Möbel, das technische Gerät.

Das Schöne ist die Form, in der die Objekte einer vergangenen Empfindungswelt, die Dinge einer fremden, fernen Sinnenwelt in unser physisch-sinnliches Erleben hereinreichen. Dass wir sie als Schönheit erfahren können, dass wir sie ästhetisch – und ausschließlich ästhetisch – erleben, bezeichnet das zen-

Zur Frage des Erinnerungsbildes in Viscontis Historien

trale Axiom der poetischen Logik der Filme Viscontis: Es bezeichnet die Möglichkeit des Kinos, gegenwärtige Zuschauer in ein Verhältnis zur Vergangenheit zu bringen, die Möglichkeit eines kinematografischen Erinnerungsbildes.

Vom Standpunkt dieser poetischen Logik aus betrachtet, bezeichnet die Kunst eine Sphäre, in der die physisch-sinnliche Realität einer Welt erfahrbar wird, die nicht die unsrige, die nicht die gegenwärtige ist. Das bedeutet nicht, dass diese Realität jenseits des filmischen Bildes bereits besteht, dass man sie detailgetreu rekonstruieren, abbilden, nachstellen könnte. Diese vergangene Sinnlichkeit reicht genau so weit in unsere Welt, wie sie zum schönen Augenschein, zum Gesang, zur Musik, zur choreografischen Figuration geworden ist; sie existiert genau so weit, wie sie in einen Bildraum eingegangen ist, der sich dem Zuschauer in seinem ästhetischen Erleben als die Sensibilität einer anderen Zeit, einer anderen Gegenwart erschließt. Alle Zuschreibungen, die sich mit den Historienfilmen verbinden, vom morbiden Ästhetizismus über die pessimistische Weltschau bis zum manierierten Dekorativismus weisen auf diese poetische Logik zurück.

Das absolute Interieur

In *La caduta degli dei* lassen sich drei verschiedene Ebenen solcher Spiegelungen unterscheiden. Die erste Ebene ist die Inszenierung der Villa; sie wird als eine Art topografischer Anordnung der Eigenschaften, der Beziehungen und der Leidenschaften ihrer Bewohner entworfen; die grundlegende Spiegelungsachse bildet hier das Verhältnis der Dinge zu den Figuren; die zweite Ebene ist die dramatische Figurenkonstellation selbst, die sich als Mosaik von Szenarien und Gestalten der europäischen Literatur darstellt; die dritte Ebene ist die Spiegelung zwischen den Interieurs der Villa und dem Außen als die zweier Parallelwelten (das Geburtstagsfest und der Mord an Joachim hier, das Fest der SA und das Massaker dort; die großbürgerliche Villa hier, die Wohnung in der Mietskaserne, den Ort der Schandtat Martins, dort).

Bei aller Weitläufigkeit, die man mit dem Ort verbindet, verfolgt die Inszenierung ein seltsam abstraktes Konstruktionsprinzip. Die Suiten und Schlafräume sind streng den Figuren zugeordnet und erscheinen mehr als Teil ihrer Exposition denn als Ortsbeschreibung. Kein umherschweifender Blick erschließt uns das Haus. Wir sehen stattdessen in immer neuen Perspektiven Teile des Salons, der Bibliothek, der Empfangshalle, der Treppe, der Galerie, des Speisesaals, die in sich klare räumliche Bezüge entwerfen, ohne die konkret räumliche Ausdehnung des Hauses zu entfalten.

In der ersten Einstellung des Films liest man die Namen seiner Bewohner, geschrieben auf silbern gerahmten Tischkärtchen: Eines wird hervorgehoben,

Hermann Kappelhoff

Joachim von Essenbeck. Man sieht einen Tisch, beladen mit kostbarem Geschirr, umringt von zahlreichen Bediensteten, die nicht aufhören, immer neue Dinge in der Überfülle der Festtafel zu platzieren. Dann sehen wir Konstantin: Nackt in einer Wanne sitzend, die frei in den Raum gestellt ist, nimmt er ein Bad gleichsam auf offener Bühne. Vom ersten Moment an ist er als die Figur etabliert, deren massive Körperlichkeit den größten Gegensatz bildet zu diesen Räumen, in denen alles, was auf die physischen Bedürftigkeiten deutet – schlafen, essen, waschen, kleiden –, sich in kostbaren Dingen, edlen Werkzeugen und nützlichem Schmuckwerk darstellt/verhüllt.

Das ist die Welt Joachim von Essenbecks, der sich mit jeder Bewegung, jeder Geste, in jedem Zug seiner Kleidung in die dunklen Holztöne der Möbel und die gedämpften Rottöne der Teppiche und Stofftapeten einbettet, wie in ein samtenes Etui. Kein größerer Gegensatz als die angedeutete Geste, mit der er die Berührung seines Dieners zurückweist, der ihm mit der Kleiderbürste noch einmal das Jackett richten will, und Konstantins ersten Worten, mit denen er den jugendlichen Butler auffordert, ihm kräftig den Rücken zu schrubben.

Bei Joachim erzählt die gediegene Ausstattung – die silbern gerahmten Fotos, die Vasen, goldenen Spiegel und Kronleuchter, kristallenen Schalen und rotglasigen Karaffen – von der wilhelminischen Vergangenheit (die erste Einstellung zeigt ihn, wie er das Foto seines im Ersten Weltkrieg gefallenen Sohnes küsst, ein anderes Foto zeigt den Kaiser): Bei Elisabeth und Herbert Thallmann stellt sich das Interieur in lichter Modernität dar. Das Paar fügt sich nicht weniger harmonisch als der Patriarch in den von hellen Braun- und Rosatönen, cremefarbenen und weißen Möbeln dominierten Dekor: Nur dass hier umgekehrt die Dinge die Eleganz und Schönheit ihrer Bewegungen zu instrumentieren scheinen. Sie sind – oder besser sie wären – das Paar einer geglückten, hohen Bürgerlichkeit. Tatsächlich trifft sie die erste Welle der Vernichtung.

Die Gemächer Sophies, der Baronin von Essenbeck, sehen wir erst im Anschluss an den Festabend – den kleinen Aufführungen zu Ehren von Joachims Geburtstag, das festliche Dinner, die Ansprache Joachims. Während Frederick vom Reichstagsbrand spricht und dabei – halb verklausuliert, halb unverblümt – den Mordkomplott schmiedet, tanzen die flackernden Schatten des Kaminfeuers über die Möbel und die Gesichter. Das dramatische Licht, durch verschiedene Steh- und Tischlampen akzentuiert, steht im Gegensatz zur Atmosphäre träger Schläfrigkeit, die von der opulenten Fülle an Decken, Vorhängen und jeder Art von Liege- und Sitzmöbeln ausgeht. Nach und nach verbinden sich flackernde Schatten im halbdunklen Raum mit dem Minen- und Gestenspiel der Schauspieler zu einem Ausdrucksgebilde, in der das kalte Kalkül Sophies und der obsessive Ehrgeiz Fredericks miteinander verschmelzen.

So entsteht bereits in den ersten Minuten ein Bildraum, der in den konkreten räumlichen Verhältnissen die gegensätzlichen Bestrebungen und affektiven

Zur Frage des Erinnerungsbildes in Viscontis Historien

Typen der Figuren aufeinander bezieht. Die Räume sind wie nach innen sich ausfaltende Spiegel der Figuren, die wiederum auf das zentrale Ensemble aus Salon, Speisesaal, Empfangshalle und Galerie ausgerichtet werden. In ihnen spiegeln sich, wie in Bühne und Zuschauerraum am Beginn von *Senso*, zwei verschiedene Wirklichkeitsebenen ineinander: Die psychische Wirklichkeit der Figuren und die Welt der schönen Dinge. Was so entsteht, ist eine Welt wie unter Glas gesehen, aus der sich der Film nur selten herausbewegt. Und wenn doch, dann erscheinen auch diese anderen Orte selbst wiederum als eine Spiegelung dieses absoluten Interieurs.

Die Familie

Auch wenn diese aus aller Sozialität herausgelöste Familie auf eine gesellschaftliche Konstellation verweist, bezeichnet sie doch zuallererst ein Darstellungsverfahren, eine Art und Weise der Inszenierung: Die um den Tisch versammelte Familie, umstellt von der Schar von Lakaien, ist selbst eine Bühnenszene. Eine Art höfisches Theater, in dem der Adel seinen Alltag als repräsentatives Schauspiel für das gemeine Volk inszeniert. In diesem Schauspiel ist etwas von den „Bestrebungen freier Menschen" greifbar, obwohl seine grundlegende Spielregel die des nicht Gemein-Seins und sich niemals Gemein-Machens ist. Wenn Joachim von Hitler spricht als demjenigen, mit dem er sich niemals verbündet, dann spricht aus ihm keine politische Überzeugung, sondern die aristokratische Gesinnung, die auch den Fürsten von Salina beseelt. Tatsächlich wird in *Il gattopardo* eine utopische Dimension deutlich, die in *La caduta degli dei* nur leise nachklingt. Den Adel betrifft eine Welt, in der alle Lebensnotwendigkeit ihren glücklichsten Ausdruck in den schönen Dingen findet, eine Welt, die ganz und gar geschaffen, ganz und gar Kultur, ganz und gar befriedete Ordnung ist. Das macht diese seltsame üppige Lust am Dekor aus, er ist tatsächlich ein Reichtum individueller Sinnlichkeit. Sie lässt eine Art von Individuum-Sein greifbar werden, das es als gesellschaftliches Verhältnis nicht gibt. Es ist eine ungeteilte, nicht teilbare Sinnlichkeit. Das ist denn auch ihr einziger, entscheidender Makel, dass sie eben nicht allgemein sein will, dass sie sich vom gemeinen sozialen Leben notwendig abheben muss.

Noch auf einer anderen Ebene haben die Figuren etwas von Schauspielern. Sie bewegen sich im Dekor wie auf der Bühne, weil sie immer schon Rollen spielen. Der Mordkomplott und die Verschwörung der Lady Macbeth, das Familientreffen und der Mythos der Nibelungen, das Gemetzel an den SA-Horden und das Massaker an Etzels Hof. Martin als Dostojewskis Stawrogin und zugleich als zögerlicher Hamlet mit Sophie als Königin Mutter und Frederick als Claudius. Aschenbach als Mephisto und das missbrauchte Kind als Gretchen.

Diese Bezüge sind keine bedeutungsschweren Verweise, sondern ziehen eine weitere Spiegelungsebene ein. Mit ihr erscheinen die Figuren selbst wie Wiedergänger einer Kunstwelt. Tatsächlich sind sie Spiegelungen der großen Figurenentwürfe und dramatischen Szenen, die die europäische Literatur für das Böse gefunden hat. Statt auf einem allgemeinen Wissen um Psychologie gründet der Film seine Figuren auf den individuellen Prägungen, in denen die Kunst die psychischen Möglichkeiten des Menschen erkundet hat – um diese wiederum ins Verhältnis zu setzen zur Frage nach der allgemeinen Katastrophe der Geschichte.

In diesen Spiegelungsebenen entfaltet der Film die Villa der Essenbecks durchaus als eine Innenwelt – aber nicht im Sinne des konventionellen Melodramas. Er entwirft einen Kosmos der Leidenschaften, der wie die Oper Verdis auf der Bühne in La Fenice einer ganz und gar anderen Wirklichkeit als der des Zuschauers zugehört: der Wirklichkeit der Kunst. Die Schönheit des Dekors, die Schönheit der Menschen, der Dinge bildet gleichsam die Zone des Übergangs, in der die Welt der Figuren mit der Welt des Zuschauers kommuniziert, sich mit seinen Sinnen verbindet, um vor seinen Augen auseinanderzubrechen. Bei Visconti werde immer neu bewiesen, schreibt Hans Werner Henze,

> (...) dass im Erdrutsch unserer Zivilisation jeder in seinen Bereich egozentrischer Unzulänglichkeit eingeschlossen bleibt. (...) Spektakel des Negativen, die in unerhörter Weise das Wahre wollen, die Genauigkeit; da ist nichts unzulässig, nichts unzuträglich. Es kommen dann die großen Augenblicke des Schweigens, des Atemhaltens, wo ein Mensch aus dem Dekorativen heraustritt, wo er ‚seine kleinste Größe erreicht', in der allein er noch der Wahrheit erreichbar scheint, in der Intimität, in der ihn wie ein schauriger Hall die Kälte des Jahrhunderts umgibt.[16]

Fast jede der Figuren hat einen solchen Moment kleinster Größe: Joachim, Sophie, Konstantin, Frederick – auch Martin –, nur Aschenbach nicht. Auf den Zuschauer bezogen artikulieren diese Momente den Film als die Zeit, in der die Schönheit der Dinge sich eintrübt und zerfällt.

Die Dauer des Verfalls

Auf den Film bezogen, auf das Innere dieser Welt unter Glas, bekundet sich in diesem Zerfall die soziale, die geschichtliche Wirklichkeit als ein absolutes Außen. Es ist das Außen der tiefblauen Nacht, durch das sich der Wagen von Aschenbach und Frederick dem Fest der Familie nähert, während Joachim dem Gedichtvortrag seiner Enkelkinder lauscht. Es ist die Nacht, durch die nur wenig später das Einsatzkommando der Gestapo anrollt. Es ist das Nachtblau, in das Herbert durch das Fenster hinaussieht, während er mit seinem Neffen über die

Zur Frage des Erinnerungsbildes in Viscontis Historien

Zustände in Deutschland spricht, um gleich darauf in diese Nacht zu entfliehen. Es ist das Blau, aus dem die schwarz uniformierten Soldaten am Ende des wüsten Gelages der SA-Horden auftauchen: Es ist das Blau, aus dem Herbert gegen Ende des Films wiederkehrt, von Mord, Verrat und den KZ berichtet und vom Sieg des NS-Staats, sodass am Ende keineswegs klar ist, ob man ein Bild der Geburt oder des Untergangs des „Dritten Reiches" gesehen hat.

Während Frederick sehr bald nach der Ermordung des Patriarchen den Platz und die Räume Joachims einnimmt, ist Martin – Haupterbe und schwächlicher Sohn Sophies – in der Villa zwar allgegenwärtig, ohne aber einem bestimmten Raum zugeordnet zu sein. Stattdessen tritt an ihm das Außen als ein buchstäblicher Zerfallsprozess des Interieurs in Erscheinung. Er wird denn auch mit einem Bühnenauftritt eingeführt. Das Fest hat gerade begonnen, Joachim nimmt die Darbietungen seiner Enkel entgegen, erst betreten Friedrich und Aschenbach den Raum, dann lässt Martin Bühnenscheinwerfer auffahren, dann trifft die Nachricht vom Reichstagsbrand ein.

Im Auftritt Martins wird das transparente Licht, das bis dahin über den Dingen lag, buchstäblich in seine Bestandteile zerlegt. Das gedämpfte Grün der Polster, das Rot-Orange der Blumen, das Blau der Lakaien in Livree: Es ist, als würden die Farben im selben Moment sich von den Objekten lösen und aus der sicheren Ordnung der Dinge freigesetzt werden, in dem eben diese Ordnung zu zerfallen beginnt. In der Folge dann ist das farbige Mischlicht – erst ein kaltes Grün, dann ein Blau und am Ende verblichenes Purpur – stets gegenwärtig, wenn Mord, Verrat und Schändung geschehen. Und so wie das Blau das Außen bezeichnet, aus dem Frederick und Aschenbach ins Innere eindringen, spielt das Rot auf Rot, mit dem das Gesicht Sophies präsentiert und damit die Figur eingeführt wird, gleichsam mit dem Gedanken vom Inneren des Innen. Es präsentiert die Mutter, die Ehefrau, die Tochter im Reich Joachims, als Herrin im Reich des Begehrens.

Der Film ist ein Kammerspiel individueller Leidenschaften und verwickelter Beziehungen, transponiert in das Format der großen Historie. In der Villa der Essenbecks stellt es sich dar als ein hermetischer Kosmos, dessen innerer Aufbau einer abstrakten Logik folgt. Denn die Bezüge des Bildraums folgen nicht mehr der geometrischen Logik des Alltagsverstands, sondern beschreiben das je spezifische Gesetz der dargestellten filmischen Welt. Der Bildraum ist hier identisch mit einem Wahrnehmungsraum, dessen immanente Beziehungslogik sich dem Zuschauer als Idee vom Ganzen des Films erschließt.

Bezogen auf dieses „Interno" ist die Politik, die Geschichte ein Außen, das an den Effekten greifbar wird, die es im Innern zeitigt: der Desintegration der individuellen Psyche und der sozialen Beziehungen, der Deformation der Wünsche und Leidenschaften, der Umschmelzung der Bindungskräfte der Liebe und der Sexualität.

Hermann Kappelhoff

Sie stellt sich dar als eine Deformation aller Lebens- und Liebeswünsche, eine Umschmelzung aller Antriebe und Impulse, die auf Gemeinschaftlichkeit zielen, sei es der Geschlechter, der Familie, der Freundschaft. Doch hält der Film dem Zuschauer keinen Diskurs über das Verhältnis von psychischer zur geschichtlich-politischen Realität, sondern eröffnet ihm in der Zeit seiner Wahrnehmung einen Bildraum, der es ihm ermöglicht, diese Verhältnisse als seine eigene, tatsächliche reale Beziehung zur Geschichte zu denken.

Der Film inszeniert ein Bild dieser Vorgänge, ein Bild der Zeit, in der sich diese vollziehen. Immer wieder kehrt er zu seiner ersten Szene, dem Bild der Festtafel zurück. Und als bemesse sich darin die Zeit der Veränderung, sind ein ums andere Mal weitere Bewohner des Hauses verschwunden.

Vom Ort des Zuschauers her gesehen ist es die Zeit, in der die Schönheit der Dinge auseinanderbricht in ein grelles Farbenspiel. Gleich nach dem Mord an Joachim kehrt der Film in den Salon zurück, in der noch die Bühne für den Auftritt Martins hergerichtet ist. Das Licht hat sich nun in zwei Farben geballt: in ein kaltes Türkisgrün und ein leuchtendes Orange. Die Katastrophe zeigt sich als die Zeit, in der sich die Farben mischen, eintrüben und verbleichen. Der Tisch, der die Familie einte, leert sich, die Dinge verlieren ihre menschliche Prägung:

> Zum Film brachte mich vor allem der Drang, GESCHICHTEN von lebendigen Menschen zu erzählen, von lebendigen Menschen, die inmitten der Dinge lebendig sind, nicht von den Dingen an sich. Das Kino, das mich interessiert, ist ein anthropomorphes Kino. (...) Meine Erfahrung hat vor allem gezeigt, dass die Anwesenheit des Menschen, seine Präsenz, das einzige ist, was ein fotografisches Bild wirklich erfüllt. Die Umgebung hat er – d. h. seine lebendige Präsenz – geschaffen, und durch die Leidenschaften, die ihn bewegen, erhält sie Wahrheit und Tiefe. Und sein – wenn auch nur kurzzeitiges – Verschwinden aus dem leuchtenden Rechteck wirft jedes Ding in den Anschein unbeseelter Natur zurück.[17]

Rot-orange und grün sind die Lichttrübungen am Anfang des Films; blaues Licht breitet sich über dem Bett von Sophie aus, wenn sie Frederick bedrängt, einen weiteren Mord zu begehen. Am Ende ist das Blau und das Rot ein purpurschimmernder Nebel, der die Dinge des Hauses Essenbeck bedeckt, wenn Martin die Hochzeit seiner Mutter mit Frederick vollzieht. Es lässt die ausgelaugten Violetttöne des Kleides und das bleiche Gesicht von Sophie zum Totenbild werden, während im allgegenwärtigen Schwarz-Rot der NS-Flaggen die neue Ordnung sich darstellt. Als sei das Fest, mit dem der Film begann, endlos weitergegangen, sieht man noch einmal den Salon. Der Raum ist mit den NS-Flaggen zum Tanzsaal umdekoriert: halbleere Gläser, verrauchte Luft, an die Seite gerückte Möbel, abgebrannte Kerzen und trunkene Liebespaare, die auf dem Boden herumliegen, wie nach einer sehr langen, durchzechten Nacht.

Zur Frage des Erinnerungsbildes in Viscontis Historien

Der Film will damit keine Allegorie des Faschismus entwerfen. Vielmehr setzt er in seiner ästhetischen Konstruktion die Zuschauer selbst ins Verhältnis zu einer geschichtlichen Realität, von der er sich kein Bild machen kann; er setzt sie ins Verhältnis zur einer Katastrophe, die nicht als historisches Ereignis zu begrenzen und zu fixieren ist, die vielmehr in ihren Wirkungen fortdauert als psychische Realität gegenwärtiger Individuen. Dieses Fortdauern findet in der Veränderung des Interieurs seinen figuralen Ausdruck: Das Licht zerbricht in grellen Farben, Figuren verschwinden, die Dinge verlieren ihr Lebendigkeit; einer kehrt zurück als Zeuge des abgründigsten Mordens...

---

[1] Vgl. Henry Bacon, *Visconti. Explorations of Beauty and Decay*, Cambridge 1998.
[2] Luchino Visconti, „Von Verga zu Gramsci", in: *Der Film. Manifeste – Gespräche – Dokumente. Bd. 2: 1945 bis heute*, hrsg. von Theodor Kotulla, München 1964, S. 68–72, hier S. 71f. Erstmals erschienen in: ders.: „Da Verga a Gramsci", in: *Vie Nuove* 42 (22. Oktober 1960).
[3] Ebenda, S. 71f.
[4] Ebenda, S. 72.
[5] Ebenda, S. 71.
[6] „Das Kristallbild kann noch so viele verschiedene Elemente besitzen, seine Irreduzibilität besteht in der unteilbaren Einheit eines aktuellen und ‚seines virtuellen' Bildes." Vgl. Gilles Deleuze, *Das Zeit-Bild. Kino 2*, Frankfurt/M. 1991, S. 108.
[7] Jacques Doniol-Valcroze/Jean Domarchi, „Gespräch mit Luchino Visconti", in: *Der Film* (s. Anm. 2), S. 57–67, hier S. 61. Erstmals veröffentlicht in: dies., „Entretien avec Luchino Visconti". in: *Cahiers du Cinéma* 93 (März 1958).
[8] Hans Werner Henze, „Versuch über Visconti", in: *Merkur* 10 (1958). Nachgedruckt in: ders., *Schriften und Gespräche*, Berlin 1981, S. 59–66, hier S. 60.
[9] Ebenda, S. 61.
[10] Teresa de Lauretis, „Visconti's *Senso*: Cinema and Opera", in: The Italian Metamorphosis, 1943–1968, hrsg. von Germano Celant (= Ausstellungskatalog des Solomon R. Guggenheim Museum), New York 1994, S. 450–457, hier S. 450 und S. 454.
[11] Vgl. Ebenda, S. 452.
[12] Vgl. Luchino Visconti, „Das anthropomorphe Kino", in: *Revolver. Zeitschrift für Film* 6 (2002). Erstmals veröffentlicht in: ders., „Il cinema antropomorphico", in: *Cinema v. s.* 173 und 174 (September/Oktober 1943).
[13] Henze, „Versuch über Visconti" (s. Anm. 8), S. 62.
[14] Ebenda.
[15] Ich lehne mich mit diesem Begriff an die Ausführungen Deleuzes zu Bergson und zum Kristallbild an. Vgl. Deleuze, *Das Zeit-Bild* (s. Anm. 6), S. 64ff.
[16] Henze, „Versuch über Visconti" (s. Anm. 8), S. 63f.
[17] Visconti, „Das anthropomorphe Kino" (s. Anm. 12).

Veronica Pravadelli

Viscontis Stilwandel von *Rocco e i suoi fratelli* zu *Vaghe stelle dell'Orsa* ...
Zwischen Kunstkino und Populärkultur

Unter den „großen Autoren" des italienischen Kinos der 1960er Jahre ist Visconti der „weniger moderne". Ich möchte beginnen, indem ich einige Aspekte der Debatte über die Modernität anspreche, um so den Status der Filme von Visconti im Verhältnis zu Autorenschaft, hoher Kunst und populärer Kultur zu definieren. In diesem Zusammenhang werde ich auch Viscontis visuelle, narrative und rhetorische Techniken besprechen. Mein Ziel ist es, ihn aus dem Reich der „hohen Kunst" zu befreien und zu zeigen, dass seine Autorenschaft in seiner Fähigkeit liegt, Strategien des Kunstkinos und der Populärkultur miteinander zu verbinden.

Als *Rocco e i suoi fratelli* (*Rocco und seine Brüder*, I/F 1960) herauskam, sagte der marxistische Kritiker Guido Aristarco, Viscontis glühendster Anhänger, dass der Erfolg des Films beweise „was er immer schon dachte, nämlich, dass er (Visconti) der klassischste aller italienischen Nachkriegsfilmemacher sei".[1] Aus einer völlig anderen Perspektive fällt uns in Christian Metz' Aufsatz „The Modern Cinema and Narrativity" möglicherweise das Fehlen Viscontis auf. Geschrieben im Jahr 1966, ist Metz' Artikel ein theoretisch anspruchsvoller und umfassender Beitrag zum Status des modernen Kinos Anfang der 1960er Jahre. Visconti wird einmal en passant erwähnt, zusammen mit anderen, und als „ein Mann des Theaters" bezeichnet, aber er wird weder besprochen noch wird einer seiner Filme erwähnt. Dies kann uns nicht wirklich überraschen, denn sowohl Viscontis Stil und Inszenierung als auch sein ästhetisches Projekt scheinen nichts gemeinsam zu haben mit dem, was Metz als „modernes Kino" definiert. Für Metz, zumindest nach meinem Verständnis, wird das moderne Kino am besten durch Antonionis „Nicht-Dramatisierung" (ein Kino der toten Räume), Godards Kino der Improvisation und Resnais' „kontrollierte Diktion" veranschaulicht. Am meisten fasziniert Metz jedoch die Tendenz zu „einer gewissen Art von Wahrheit (...) die nur schwer zu definieren ist. (...) Es ist die Genauigkeit einer Einstellung, eine Veränderung in der Stimme, eine Geste, ein Ton.

Viscontis Stilwandel von *Rocco e i suoi fratelli* zu *Vaghe stelle dell'Orsa* ...

(...) Man findet Beweise für die Richtigkeit dieser Herangehensweise" nicht nur bei Godard, Truffaut und in einigen von Antonionis Filmen, sondern auch bei Rozier, Losey, Olmi, Rosi, De Seta, Makavejev und anderen.[2] Dieser Aspekt fehlt völlig bei Visconti, der bezüglich Schauspielerei, Bildeinstellung und räumlicher Organisation eher den klassischen Standard bevorzugt.

Viscontis Verhältnis zum Klassischen und Modernen ist nicht leicht zu beschreiben, auch wenn paradoxerweise die Position von Metz die von Aristarco bestätigt. Offensichtlich lässt sich sein Werk nicht nur im Rahmen des klassischen Kinos verankern. Ein tragfähiges theoretisches Gerüst zur Besprechung von Viscontis Werk ist nach meiner Meinung gegeben, wenn sein Schaffen als die *Konvergenz von antithetischen Elementen* betrachtet wird. Viscontis Kino ist doppelter Natur: Es verbindet intellektuell herausfordernde Geschichten und Themen, die aus einer großen Auswahl literarischer und künstlerischer Quellen stammen, insbesondere aus der italienischen und europäischen Kultur des 19. und 20. Jahrhunderts,[3] und aus Genres, vor allem dem Melodram und dem historischen Epos, deren visueller Stil äußerst spektakulär ist. Außerdem steht dabei die emotionale Wirkung des Melodrams dem angenommenen reflexiven und intellektuellen Charakter der hohen Kunst gegenüber. Auf ähnliche Weise kann Viscontis Sicht durch seine Identifikation mit dem Protagonisten verdeutlicht werden – wie mit dem Fürsten in *Il gattopardo* (*Der Leopard*, I/F 1963), wobei diese Betonung der Figur jedoch nicht den Vorrang der Erzählung gefährdet, wie es so oft im Autorenkino oder im modernen Kino der Fall ist.[4] Bei Visconti haben sowohl die Erzählung – wie im klassischen Kino – als auch die Figur und der Autor – wie im modernen Kino – eine Hauptfunktion. Mit einigen Ausnahmen macht diese Ausgewogenheit von Strategien des Autorenfilms/modernen Kinos und von Konventionen des populären Kinos den Status von Viscontis Werk aus, und jeder seiner Filme setzt auf unterschiedliche Weise diese duale Natur des Autors um und verwendet dabei unterschiedliche visuelle Stile, Erzählverfahren, Zuschaueradressierungen und auktoriale Sehweisen. Wir beginnen mit *Rocco e i suoi fratelli*.

Rocco e i suoi fratelli

Stärker als jeder andere Film zeigt *Rocco e i suoi fratelli* die Bindung von Visconti an das „Populäre". Während das Thema und die Geschichte sich explizit auf *La terra trema* (*Die Erde bebt*, I 1948) beziehen, könnte der Stil nicht unterschiedlicher sein. Viscontis Vertrauen auf das Melodram ist sicherlich der Schlüssel zu Roccos Beliebtheit: an der Kinokasse belegte der Film den zweiten Platz nach *Ben Hur* (USA 1959), während *Spartacus* (USA 1960) den dritten Platz einnahm.[5] *Rocco e i suoi fratelli* eignet sich gut für eine historische Rezeptionsuntersuchung, da der Film Ursprung einer ganzen Reihe von Interpretationen der Frage nach dem Populären war.⁶

Rocco e i suoi fratelli entstand unter dem Einfluss von Antonio Gramscis Denken und bietet sich an, um eines von Gramscis nützlichsten Konzepten zu prüfen: das des Nationalen-Populären. Die Unterfütterung von *Rocco e i suoi fratelli* mit Gramscis Ideen ist sowohl thematisch als auch formal/stilistisch offensichtlich. Anhand des Beispiels der Familie Parondi erzählt der Film von der möglichen Allianz zwischen Proletariern aus dem Norden und Bauern aus dem Süden „unter der Führung des Proletariats, um nicht nur eine Basis für politische Tätigkeiten zu bieten, sondern auch, um die Verflechtungen der Nord-Süd-Allianz der Industriellen und Grundbesitzer aufzudecken".⁷ Aus stilistischer Perspektive ist der melodramatische Grundton des Films im Einklang mit Gramscis Position. Bekanntlich erklärte Gramsci in seiner Schrift über den „Charakter" der italienischen Literatur, dass das Melodrama die einzige national-populäre Form der italienischen Kultur sei und dass das Kino die Funktion übernommen habe, die zuvor dem Bühnenmelodram oblag.⁸

Durch die Geschichte der Familie Parondi konnte Visconti auf effektive Weise das soziale Phänomen der Migration aus dem Süden in den urbanen und industrialisierten Norden der 1950er Jahre mit den Konventionen des Melodrams, insbesondere dem Subgenre des Familienmelodrams, verbinden. Obwohl es wahrscheinlich ist, dass, wie Geoffrey Nowell-Smith sagt, *Rocco e i suoi fratelli* „kein vollständig zufriedenstellender Film ist", da er es nicht schafft, den Konflikt zwischen seinen beiden Seiten – der epischen Form (die Reise der Familie Parondi) und des Dramas (die Dreiecksgeschichte zwischen Simone-Nadia-

Alain Delon in *Rocco e i suoi fratelli* (*Rocco und seine Brüder*, I/F 1960).

Rocco) – aufzulösen,⁹ ist es wohl zutreffender, den Film als ambivalent zu bezeichnen, denn wie das Hollywood-Familiendrama der 1950er Jahre ist er auf einer Lücke zwischen Erzählung und Stil gebaut. Während Geschichte und Erzählstruktur die moralisch positive Figur Ciro Parondi bevorzugen, die sich in das industrielle Mailand integriert, betont der Stil, mittels seiner melodramatischen Übersteigerung, die negativen Figuren, Rocco und Simone Parondi, die sich weigern oder unfähig sind, sich zu integrieren.

Der Film zeigt den unlösbaren Konflikt zwischen zwei Familienmodellen (oder Stereotypen), der patriarchalen (südlichen) Familie vom Land und der bürgerlichen (nördlichen) Kleinfamilie; ein Konflikt, der die Einheit der Parondis zerstören wird. Der Zusammenprall von Nord und Süd wirkt umso stärker, als er innerhalb der Familie geschieht; so werden die Konventionen des Familienmelodrams auf einen breiteren sozialen und ideologischen Kontext angewandt. Visconti bietet eine Art Katalog der unterschiedlichen Weisen, sich entweder zu integrieren oder dies abzulehnen, indem er den Film in fünf Segmente gliedert, jedes einem der Parondis zugeordnet. Die Struktur des Films selbst unterstützt die Integration, da die Segmente von Simone und Rocco, also der Parondis, die sich nicht integrieren wollen, von den Geschichten jener umgeben sind, die sich einfügen – Vincenzo, Ciro und Luca. Diese Struktur lehnt sich an die klassische Erzählung an, in der der zentrale Teil die regelüberschreitenden Elemente der Geschichte enthält, die sich letztlich in die Erzählung einfügen müssen. Der letzte Teil der Geschichte hat somit die Funktion, die Transgression und das Begehren zu zähmen und ein gewisses Gleichgewicht zwischen den Figuren und den sozialen Räumen herzustellen. Die Tatsache, dass Transgression im Verhältnis zu sexuellem Begehren steht, ist eine Besonderheit des Melodrams.

Während Visconti bereits in *Senso* (*Sehnsucht*, I 1954) seine Affinität zum Melodram gezeigt hatte, erhält sein Verhältnis dazu mit *Rocco e i suoi fratelli* neue und interessante Züge. Unabhängig von Gramscis Idee der Rolle des Melodrams in der italienischen Kultur muss auch die weitläufigste Bedeutung von Melodram in Betracht gezogen werden: Als Genre und/oder Form thematisiert das Melodram einen unlösbaren Konflikt zwischen sozialen/familiären/geschlechtlichen Ansprüchen und individuellem Begehren. Ein solcher Konflikt beschreibt den Übergang zwischen verschiedenen sozialen und historischen Modellen, die auch als der Gegensatz zwischen Tradition und Fortschritt charakterisiert werden können. Letztlich spielt auch die Sexualität eine zentrale Rolle in der melodramatischen Dynamik, die die Figuren in zwei Gruppen unterteilt: jene, die Lust nach vorgegebenen Modellen anstreben, und jene, die die sozialen Normen überschreiten. Im Verhältnis zum gesamten melodramatischen Feld teilt Viscontis Film einige Aspekte mit dem amerikanischen Melodram der 1950er Jahre. Wie Letzteres provoziert er eine emotionale Erfahrung, hat aber auch eine reflexive Dimension eingeschrieben.

Veronica Pravadelli

Im Melodram ist die Familie jener Ort, an dem gesellschaftliche und individuelle Wünsche aufeinandertreffen. Jeder Figur ist eine bestimmte Rolle zugewiesen, um sein oder ihr Begehren so zu lenken, dass sie sich in das neue Familienmodell einfügen. Folglich wird im Melodram üblicherweise der narrative und ideologische Konflikt als Gegensatz zwischen einem alten und einem neuen System ausgetragen. Die Position des Genres zu seinem Erzählstoff ist auf gewisse Weise ambivalent: die Geschichte belohnt bürgerliche Figuren, deren sexuelles/moralisches Verhalten kontrolliert, wenn nicht sogar prüde ist, während der Stil des Films jedoch die moralisch korrupten Figuren bevorzugt. In diesem Sinne sind die bemerkenswerteren und melodramatischeren Momente des Films jene, in denen die negativen Figuren ihre ausschweifenden Wünsche zum Ausdruck bringen. In diesen Segmenten ist der filmische Stil selbst ausschweifend: Kameraeinstellungen und -bewegungen, Farben, Musik und Beleuchtung verleihen den körperlichen Trieben und der Lust bildlichen Ausdruck. Die kontrollierteren Figuren werden hingegen normalerweise in einem einfacheren Stil gezeigt. Die Ambivalenz des Films drückt sich also im gegensätzlichen Verlauf von Geschichte und Stil aus.[10]

Rocco e i suoi fratelli funktioniert auf eine ähnliche Art. Bezüglich des Begehrens sind Simone und Rocco ausschweifende Figuren. Die Dreiecksbeziehung Simone-Nadia-Rocco, in der die beiden Brüder sich dieselbe Frau teilen, ist die größte sexuelle Überschreitung. Simones Sexualität ist in mehreren Hinsichten exzessiv: Er vergewaltigt Nadia, während seine Freunde Rocco dazu zwingen, sich die Szene anzusehen. Später tötet er sie, weil sie sich weigert, eine neue Beziehung mit ihm einzugehen. Simone prostituiert sich auch an Morini, einem Geschäftsmann, den er während seiner Boxer-Karriere kennengelernt hatte. Auf der anderen Seite weigert sich Rocco, irgendeine weitere sexuelle oder sentimentale Beziehung einzugehen, nachdem er beschlossen hat, Nadia zu verlassen. Seine Sexualität ist durch das Nichtausleben ebenso transgressiv. Wie auch im Hollywood-Familiendrama der 1950er Jahre ist der melodramatischste Moment des Films auch das am stärksten sexuell aufgeladene Ereignis. Die Szene, in der Simone Nadia tötet, ist hoch dramatisch, weil sie parallel zur Episode von Roccos Boxkampf montiert ist. Durch diese Gegenschnitte erscheint die Tötung von Nadia als verlangsamt und gleichzeitig als unausweichlich. Durch den Schnitt betont Visconti auch die Gemeinsamkeiten der beiden Ereignisse – in beiden Fällen werden uns Körper gezeigt, die jeweils auf ähnliche Weise miteinander kämpfen. Insgesamt baut der Gegenschnitt eine stärkere Beziehung zwischen den beiden Brüdern auf: Auch wenn Rocco Simones Tat sicherlich nicht gutheißt, wird er ihn dennoch bis zum Schluss verteidigen. Die melodramatischen Aspekte und die emotionale Wirkung werden durch die Gegenüberstellung verschiedener Elemente weiter verstärkt: Der Boxkampf ist durch das harsche Licht der Halle charakterisiert, der Mord durch dunkle Schatten; in die visuelle Dimen-

Viscontis Stilwandel von *Rocco e i suoi fratelli* zu *Vaghe stelle dell'Orsa* ...

sion von Roccos Kampf dringen die Schreie und der Beifall der Zuschauer ein, während ihm der Mord durch eine typisch melodramatische Melodie gegenübergestellt wird. Während diese Gegenüberstellung von ähnlichen Elementen eine narrative Funktion hat, tragen die gegensätzlichen Elemente zur emotionalen Wirkung der Episode bei. Simone, Rocco und Nadia sind melodramatische Figuren, weil, wie Thomas Elsaesser sagt, das Familienmelodram

> (…) oft das Unvermögen der Protagonisten festhält, sich so zu verhalten, dass sie Ereignisse gestalten und die emotionale Situation beeinflussen, das gesellschaftliche Milieu ändern können. Die Welt ist verschlossen und die Schauspieler werden darin benutzt. Das Melodram setzt ihnen durch das Leiden eine negative Identität und die fortlaufende Selbstopferung und Enttäuschung enden in Resignation.[11]

Im Unterschied dazu wird Ciro durch seine gegensätzlichen Eigenschaften charakterisiert, und seine sexuelle Lust ist auf normale Weise darauf ausgelegt, eine Familie zu gründen. Ciro Parondi wird gut von Gramscis Kommentar beschrieben:

> Der neue Industrialismus fordert die Monogamie. Er benötigt als Arbeiter einen Mann, der seine nervöse Energie nicht an das unordentliche und erregende Streben nach zufälliger sexueller Befriedigung verschwendet.[12]

Auch der Stil folgt dieser Ausrichtung. Visuell wird Ciro sehr einfach dargestellt, und die aufwendigen formalen Mittel des Melodrams, die Simone, Rocco und Nadia charakterisieren, werden sorgfältig vermieden. So bringt Visconti narrative und thematische Unterschiede durch stilistische Elemente zum Ausdruck, indem er einen starken Gegensatz zwischen zum Scheitern verurteilten und positiven Figuren erzeugt. Wenn dies die zutreffende Kodierung für das Melodram ist, so muss festgehalten werden, dass in Viscontis Arbeit selten eine optimistische Einstellung zur Veränderung zu finden ist. Die meisten seiner zukünftigen Protagonisten bleiben in der Falle der Vergangenheit gefangen. Don Fabrizio, die Hauptfigur in *Il gattopardo*, ist unter diesen der Erste.

Il gattopardo

Il gattopardo war ein großer Erfolg, sowohl kommerziell als auch bei der Kritik.[13] Tatsächlich repräsentiert er deutlich die zweiseitige Natur von Viscontis Autorschaft. Einerseits beruht er auf einem „seriösen" literarischen Text, Tomasi di Lampedusas „Il gattopardo" (1958), der sich mit großen historischen Themen auseinandersetzt, während Viscontis bildliches Verständnis von einem ganzen

Spektrum künstlerischer Bewegungen des 19. Jahrhunderts beeinflusst wurde. Andererseits wird der Film durch das visuelle Spektakel dominiert, vor allem dank Rotunnos Kameraführung, Garbuglias Setdesign und Tosis Kostümen, während die epische Stimmung für die populäre Anziehungskraft verantwortlich ist. Naomi Green meint zu Recht, dass *Senso* und *Il gattopardo* „stark analytisch in ihrer Einstellung zur Geschichte und stark von der marxistischen Idee der Klassengesellschaft und der wirtschaftlichen Strukturen inspiriert sind" und dass „selbst die extreme Ästhetik (...) mit unterschwelligen Themen verbunden ist", sodass „die Bühne der Geschichte und die Bühne des Spektakels als miteinander verflochten auftreten". In diesem Licht betrachtet „ist sich der Fürst von Salina in *Il gattopardo*, wie so viele von Viscontis Figuren, seiner Rolle als Figur auf der Bühne der Geschichte und auf der Leinwand des Filmes bewusst".[14]

Der Fürst hat mehrere Funktionen und ist meiner Meinung nach der Schlüssel zur Positionierung des Films in der Diskussion über Autorenfilm/modernes Kino. In einigen seiner Schriften hat Jean-François Lyotard drei Hauptarten im Verhältnis zwischen Erzählung und Wissen herausgearbeitet: die klassische, die moderne und die postmoderne.[15] Die Bedingungen einer Erzählung werden von drei Faktoren bestimmt: Sender, Vermittler und Empfänger. Bezüglich der modernen Erzählung meint Lyotard, dass die Position des Senders bevorzugt ist und die „Legitimation des Wissens im Verhältnis zur subjektiven Fähigkeit zu wissen steht". Mit anderen Worten entsteht die Erzählung durch ein subjektives Bewusstsein.[16] Nach David Bordwell bevorzugt das Kunstkino die Figur gegenüber der Erzählung. Zweitens vermittelt es ebenso wie die literarische Moderne ein Urteil über das moderne Leben und die Existenzbedingungen des Menschen: Die Figur muss sich selbst eingestehen, sich in einer existenziellen Krise zu befinden. Diesem Augenmerk auf die Figur wird auch in den formalen und rhetorischen Strategien entsprochen, die fähig sind, den mentalen und psychischen Zustand des Selbst zu spiegeln. Mit Blick auf den Autor meint Bordwell:

> Das Kunstkino stellt den Autor in den Vordergrund als Teil der Struktur des Films. (...) [Der Autor] ist eine formale Komponente, die übergreifende Intelligenz, welche den Film für unser Verständnis organisiert.[17]

Wenn wir die Aussagen Bordwells auf die von Lyotard beziehen, können wir sagen, dass der Autor im Kunstkino aufgrund seines persönlichen Stils eine meta-narrative Funktion hat. Die Figur ist eng mit dem Autor verbunden und stellt oft sein Alter Ego dar. In *Il gattopardo* ist die starke Identifikation Viscontis mit dem Fürsten eindeutig. Im Gegensatz zum Unvermögen moderner Figuren, die Welt zu verstehen, ist sich Don Fabrizio der politischen Dynamik seiner Zeit bewusst. Allerdings ist es so, dass er sich mit der Vergangenheit wohlfühlt und nicht mit der Gegenwart. Um dies zu verdeutlichen, zeigt Visconti ihn oft im Akt des Schauens: Sein Blick ist nicht leer wie der von Antonionis Helden, sondern völlig bewusst. In *Il gattopardo* sind Point-of-view-Einstellungen besonders wichtig, da sie das Mittel sind, mit dem Visconti/der Autor sich mit seiner Figur identifiziert. Manche Point-of-view-Einstellungen sind ungewöhnlich, weil sie gegen die klassischen Konventionen verstoßen. Durch den Bruch der Konventionen vermittelt Visconti jedoch einen noch höheren Grad an Identifikation zwischen sich und seinem Helden. Die Episode, in der Tancredi zusammen mit den Garibaldi-Offizieren die Villa Salina besucht, ist aus der Sicht von Don Fabrizio aufgenommen. Im Unterschied zur Regel wird das Subjekt des Blickes nie gezeigt, sondern nur das, was es sieht. Die Hauptfigur bleibt in der gesamten Episode außen vor. Die Perspektive von Don Fabrizio spiegelt sich auch verbal dadurch, dass er seinen Gästen die Fresken beschreibt. Die starke Subjektivität der Sequenz verdeutlicht so, dass Autor und Hauptfigur dieselbe Position hinter der Kamera einnehmen.

Doch ist der Film alles andere als aus der subjektiven Perspektive gedreht. Während die Deckung zwischen Autor und Figur stark ist, wägt Visconti doch genau zwischen Figur und Geschichte, zwischen subjektiven und objektiven Einstellungen ab. Die Erzählung bleibt ein zentrales Element, auch wenn sie nicht immer durch Handlung, sondern auch durch beschreibende Momente vorangetrieben wird.

Wie eine Studie festhielt, gehen die Aspekte der Repräsentation im Film einher mit der narrativen Tradition des 19. Jahrhunderts, da eine allwissende Erzählung mit einer Vielzahl von Perspektiven bevorzugt wird. Zu diesem Zweck hat Visconti einige stilistische Aspekte des Originaltextes durch Weglassung vereinfacht wie z.B. die von Tomasi di Lampedusa benutzte freie, indirekte Rede. Dies ist eine wichtige Komponente in Viscontis ästhetischem Projekt. Nicht nur ist der Fürst eine kohärente Figur, sondern der Film ist zuallererst ein äußerst organisches Kunstwerk.[18] Eine straffe Erzählstruktur wird von Einstellungen unterstützt, die auf einer Fotografie mit zentraler und tiefer Schärfe beruhen. Sequenzen sind gewöhnlich durch Auf- und Abblenden gekennzeichnet – ein typisches Merkmal des klassischen Schnittes –, und der Schnitt ist insgesamt weitgehend unsichtbar. Die räumliche Dimension und die Beziehung zwischen Raum, Figur und Objekt folgen demselben Prinzip, „da der visuelle Raum nie fragmentiert erscheint, sondern immer in seiner Gesamtheit gegenwärtig ist".[19] Diese Merkmale erklären Viscontis späten Klassizismus und seinen Glauben, dass die Welt lesbar ist und somit interpretiert werden kann.

Auch wenn der Fürst das Mittel ist, um über die Gründung eines vereinten Italien nachzudenken, so kommt die Freude am Spektakel und an der Unterhaltung nicht zu kurz. Einige Veränderungen im Vergleich zum Buch unterstützen diese Richtung: Den aufwendigen Szenen, wie dem Ball, und den historischen Episoden, wie der Schlacht bei Palermo, ist mehr Raum gegeben worden als in der literarischen Vorlage.[20] Die perfekte Verflechtung von hoher und populärer Kunst wird deutlich, bedenkt man die Funktion des Spektakels. Während der visuelle Stil des Films mit künstlerischen Traditionen des 19. Jahrhunderts verbunden wird, wie den Macchiaioli,[21] so unterstreicht die „kulturelle Dichte" des Films seine sinnliche und spektakuläre Ebene. In gewisser Weise ist es nicht möglich, die beiden Aspekte voneinander zu trennen.

Außerdem gilt es zu bedenken, dass *Il gattopardo* zu seiner Zeit wie ein Blockbuster produziert wurde. Der Produzent Lombardo investierte eine große Summe Geld und begann lange vor den Dreharbeiten mit der Werbung. Ebenso trug zur Aufmerksamkeit für den Film bei, dass der Roman ein Bestseller gewesen war. Der Film wurde ein riesiger Erfolg, obwohl er dermaßen das Budget überschritt, dass die Titanus den Bankrott riskierte. *Il gattopardo* ist ein aufwendiger und opulenter Film, insbesondere wenn man die Ausstattung betrachtet: Möbel, Vorhänge und Gegenstände aller Art beleben diesen sizilianischen Adelspalast, während alle Kostüme mit großer Sorgfalt hergestellt worden waren. Visconti war besessen von Perfektion: Jeden Tag kamen 500 weiße Blumen aus Ligurien, Tausende von Kerzen wurden angezündet und gewechselt etc. Die bewegten Einstellungen trugen ebenfalls zum visuellen Spektakel bei und die Kamera bewegt sich oft elegant aus dem Inneren zum Äußeren der alten Gebäude: So streichelt zu Beginn des Films die Kamera die Paläste förmlich, und als Tancredi geht, um sich den Garibaldini anzuschließen, wird seine Abreise von der Terrasse aus mit einer sehr eleganten Bewegung gefilmt. Die Beleuchtung und die Farben haben einen hoch dekorativen Effekt, vor allem dank Rotunnos Fähigkeit, Außenlicht einzufangen und Schatten weicher zu gestalten, um eine expressionistische Beleuchtung zu vermeiden. Ein weiteres wichtiges Element liegt in der Verwendung von Gelb- und Brauntönen, um eine sinnliche Atmosphäre zu erzeugen; hierin war Visconti eindeutig von den Macchiaioli beeinflusst. Man könnte sicherlich noch weitere spektakuläre Elemente und Strategien nennen. Insgesamt ist *Il gattopardo* für mich das beste Beispiel für Viscontis duale Natur, seine Fähigkeit, Kunst und Unterhaltung, Nachdenklichkeit und Spektakel miteinander zu verbinden.

Vaghe stelle dell'Orsa ...

In der Anfangsepisode von *Vaghe stelle dell'Orsa* (*Sandra – Die Triebhafte*, F/I 1965) geht Visconti der Frage nach der Moderne auf eine sehr interessante und provokante Weise nach. Der Film beginnt mit einem Prolog, der in Genf spielt, wo Sandra und ihr Mann Andrew eine Abschiedsparty geben, bevor sie sich nach Volterra begeben, dem Geburtsort der Frau. In Volterra, wo der gesamte Film spielt, muss Sandra einigen familiären Angelegenheiten nachgehen. Der Prolog ist ungewöhnlich und sollte meiner Meinung nach als ein Kommentar des Autors zum „modernen Stil" verstanden werden. Seine erzählerische Funktion fehlt nicht gänzlich – Sandras Reaktion auf eine Melodie von César Franck deutet darauf hin, dass Musik eine wichtige Rolle in diesem Film spielen wird –, doch stoßen wir uns an seinem visuellen Stil, der dem Viscontis gar nicht ähnelt. In den ersten Einstellungen sind die Figuren nicht zentriert und werden vornehmlich durch die Ecken gerahmt. Die Bildkadrierung wird so locker gehandhabt, dass der Kopf einer Figur abgeschnitten ist und ein Gast vor die Kamera läuft und das Blickfeld blockiert. Diese legere Bildkomposition, irgendwo zwischen Godard und Antonioni anzusiedeln, scheint eine Imitation eines gewissen „modernen Stils" zu sein. Dieser Stil gehört 1965 bereits zum Standard des europäischen Kinos.[22] Die Einrichtung der Wohnung und die kosmopolitische Atmosphäre – die Gäste sprechen Französisch, Englisch und Italienisch – weisen auf Ähnliches hin: Modernität als gesellschaftlicher und wirtschaftlicher Kontext. Die Fahrt nach Volterra wird ebenfalls in einem Godard-ähnlichen Stil gedreht: Die Kamera ist im fahrenden Auto positioniert und filmt die vorbeiziehende Landschaft im Stile eines Dokumentarfilms. Ähnlich wie Godard am Anfang von *À bout de souffle* (*Außer Atem*, F 1960), wo Michel von Marseille nach Paris fährt, benutzt auch Visconti Jump cuts und scheinbar zufällige Kadrierungen. Im Gegensatz dazu nimmt Visconti bei den Szenen in Volterra wieder seinen „altmodischen" Stil auf. Im alten Familienhaus scheint die Zeit stehen geblieben zu sein. Bei ihrer Ankunft bemerkt Sandra, dass sich nichts geändert hat. Der Ort und die Menschen, vor allem ihr Bruder Gianni, sind in einer düsteren Stimmung gefangen.

Während wir Viscontis wiederkehrendes Thema vom Gegensatz zwischen Alt und Neu, zwischen Vergangenheit und Gegenwart erkennen, ist jedoch interessant, dass er in diesem Kontext den Prolog auf eine meta-filmische Art benutzt: Er wollte zeigen, dass er den Film in einem „modernen Stil" hätte drehen können, sich aber dagegen entschieden hat – vielleicht weil es nicht seinem ästhetischen Projekt entsprach. Man kann sich ein Bild über Viscontis Meinung über „das Neue" und zur Massenkultur verschaffen, wenn man seine Verwendung von Musik beobachtet. Während die Popmusik, die man im Radio hört, als trivial und banal erscheint, hat die klassische Musik von César Franck – „Prélude, Choral und Fuge" – nicht nur eine besondere Rolle in der Struktur des Films, sondern erklärt die Erzählung selbst. Francks Melodie verbirgt das Geheimnis von Sandras Familie, vor allem die Beziehung zwischen Sandra und ihrer Mutter.

Die Beziehung zwischen hoher und populärer Kultur ist jedoch nicht so einfach: In Volterra nimmt der Film sehr stark Züge des Melodrams an – einer wichtigen Form populärer Unterhaltung, während gleichzeitig Sandra dem Proust'schen Pfad der Entdeckung der Vergangenheit folgt. Zwar ist der Titel des Films eine Zeile aus Leopardis Gedicht „Le ricordanze", doch ist auch Prousts „Recherche" von maßgebendem Einfluss auf den Film gewesen. Wie, unter anderen, Henry Bacon gemeint hat: „Das Hauptthema von Francks Prelude hat für Sandra so ziemlich dieselbe Funktion wie der Tee, in den Marcel seine ‚petite madeleine' tunkt."[23] Die Quellen des Films – Franck, Leopardi, Proust, D'Annunzio – haben eine narrative Funktion, sie beziehen sich auf Sandras Suche nach der Vergangenheit ihrer Familie: ihre inzestuöse Beziehung zu ihrem Bruder Gianni, die Probleme mit ihrer Mutter, die sie gemeinsam mit ihrem zweiten Mann für den Tod ihres Vaters in einem Lager verantwortlich macht. Solche Themen gehören selbstverständlich zum Melodram. Die melodramatischen Aspekte sind auf der bildlichen Ebene sogar noch deutlicher. Vorhänge, Gardinen und Schals werden dazu verwendet, die Dichotomie zwischen dem Verdecken und dem Aufdecken zu unterstreichen. Dies ist eine typisch melodramatische Strategie, um den Kampf des Subjekts mit seinem Begehren und seiner Identität zu vermitteln. Die Beleuchtung trägt ebenso zu diesem Effekt bei, vor allem in der Episode, in der Sandra und Gianni zur alten Zisterne gehen. In einem raffinierten Spiel mit Lichtreflexen erfahren die beiden ihre Liebe wieder. In anderen Momenten wiederum, z. B. als Sandra die Wohnung ihrer Mutter besucht, dienen Spiegel, Statuen, Lampen und andere Ornamente dazu, eine bildliche Falle für den Körper der Figur zu bauen, denn ihr Körper ist, wie in allen Melodramen, von Objekten umzingelt.[24] Am Ende wird es Sandra gelingen, mit ihrer Vergangenheit umzugehen, während Gianni ihre Entscheidung, Volterra zu verlassen, nicht akzeptieren kann und Selbstmord begeht. Als Sandra der Einweihung des Denkmals für ihren Vater beiwohnt, scheint sie endlich bereit zu sein, ihrem Mann nach New York zu folgen, der modernen Stadt par excellence. Doch im Gegensatz zu *Rocco e i suoi fratelli*, wo Ciro Parondi den positiven Ausblick in die Zukunft sichert, fehlt in diesem Film jeglicher Anhaltspunkt darüber, was die Zukunft bringen wird. Das Interesse des Autors liegt allein in der Vergangenheit: Mit *Vaghe stelle dell'Orsa*... setzt die solipsistische Regression von Viscontis letzter Periode ein.

---

[1] Guido Aristarco interviewt Luchino Visconti in: Guido Aristarco, „Ciro e i suoi fratelli" (1960), in: *Leggere Visconti*, hrsg. von Giuliana Callegari und Nuccio Lodato, Pavia 1976, S. 78–81, hier S. 78.

[2] Christian Metz, „The Modern Cinema and Narrativity" (1966), in: ders., *Film Language. A Semiotics of the Cinema*, Chicago 1991, S. 197 f.

[3] Für eine Übersicht zu diesen Quellen vgl.: Gianni Rondolino, *Luchino Visconti*, Turin 1981; Lino Micciché, *Luchino Visconti. Un profilo critico*, Venedig 1996; Henry Bacon, *Visconti. Explorations of Beauty and Decay*, Cambridge 1998.

[4] David Bordwell, *Narration in the Fiction Film*, Madison 1985.
[5] Vgl. Scuola Nazionale di Cinema, *Storia del cinema italiano, vol. X, 1960–1964*, hrsg. von Giorgio De Vincenti, Rom/Venedig 2001, S. 662.
[6] Ich habe erst kürzlich eine solche Untersuchung vorgenommen in: Veronica Pravadelli, „Visconti's *Rocco and his Brothers*: Identity, Melodrama and the National-Popular", in: *Negotiating Regional, National, and Global Identitites*, hrsg. von Norma Bouchard (= *Annali d'Italianistica 24*), 2006, S. 233–246.
[7] David Forgacs, „National-popular: genealogy of a concept", in: *The Cultural Studies Reader*, hrsg. von Simon During, London 1993, S. 177–190, hier S. 181.
[8] Vgl. Antonio Gramsci, (Quaderni dal carcere) *Letteratura e vita nazionale* (1950), Turin 1964, bes. S. 68–70.
[9] Geoffrey Nowell-Smith, *Luchino Visconti*, 2. Aufl., London 1973, S. 176f.
[10] Während der 1970er und 1980er Jahre gab diese Ambiguität in amerikanischen Schriften zum Hollywood-Kino den Auftakt zur Rede vom progressiven Text. Obwohl ein solches Konzept mit der Zeit nicht problemlos blieb, ist es dennoch meiner Meinung nach mit Vorsicht auch auf nicht-amerikanische Filme wie *Rocco e i suoi fratelli* (Rocco und seine Brüder, I/F 1960) anwendbar. Für eine Übersicht zum progressiven Text vgl.: Barbara Klinger, „,Cinema/Ideology/Criticism' Revisited: The Progressive Genre", in: *Film Genre Reader II*, hrsg. von Barry Keath Grant, Austin 1995, S. 74–90; Barbara Klinger, *Melodrama and Meaning. History, Culture and the films of Douglas Sirk*, Bloomington 1994.
[11] Thomas Elsaesser, „Tales of Sound and Fury: Observations on the Family Melodrama", in: *Home is Where the Heart Is*, hrsg. von Christine Gledhill, London 1987, S. 43–69, hier S. 55.
[12] Gramsci zitiert nach: Marcia Landy, „The Family Melodrama in the Italian Cinema, 1929–1943", in: *Imitations of Life*, hrsg. von Marcia Landy, Detroit 1991, S. 569–577, hier S. 569.
[13] Der Film hatte mit umgerechnet 8.500.000 Euro die größten Kasseneinnahmen in der Saison 1962–1963. Vgl. Scuola Nazionale di Cinema, *Storia del cinema italiano, Bd. X* (s. Anm. 5), S. 662f.
[14] Naomi Green, „Coppola, Cimino: The Operatics of History", in: *Imitations of Life* (s. Anm. 12), S. 388–397, hier S. 390.
[15] Jean-François Lyotard/Jean-Loup Thébaud, *Just Gaming*, Minneapolis 1979.
[16] Vgl. Bill Readings, *Introducing Lyotard. Art and Politics*, London 1991, S. 66f.
[17] David Bordwell, „The Art Cinema as a Mode of Film Practice", in: *Film theory and criticism*, hrsg. von Leo Braudy und Marshall Cohen, 5. Aufl., New York 1999, S. 716–724, hier S. 719.
[18] Im Sinne von: Peter Bürger, *Theorie der Avantgarde*, Frankfurt/M. 1980.
[19] Paolo Bertetto, „*Il gattopardo*. Il simulacro e la figurazione. Strategie di messa in scena", in: *Il cinema di Luchino Visconti*, hrsg. von Veronica Pravadelli, Rom 2000, S. 199–220, hier S. 218; Macchiaioli bezeichnet eine italienische Künstlergruppe mit realistischer Ausrichtung in Florenz um 1860.
[20] Zum Verhältnis zwischen Film und Buch vgl. Lino Miccichè, „Il Principe e il Conte", in: ders., *Il gattopardo*, Neapel, 1996, S. 9–27.
[21] Vgl. Bertetto, „*Il gattopardo*" (s. Anm. 19).
[22] Metz, „The Modern Cinema and Narrativity" (s. Anm. 2).
[23] Bacon, *Visconti* (s. Anm. 3), S. 1.
[24] Zu den formalen und bildlichen Konventionen des Melodrams vgl.: Thomas Elsaesser, „*Tales of Sound and Fury: Observations on the Family Melodrama*" in: *Film Genre Reader II* (s. Anm. 10), S. 350–380.

Norbert Grob

Vom Zauber „vergegenwärtigter Vergangenheit"

Luchino Viscontis ästhetischer Realismus in *Il gattopardo*

> Es (kann) keinen „Realismus" in der Kunst geben, der nicht zuallererst und zutiefst „ästhetisch" ist.
> André Bazin

Die große Ball-Sequenz am Ende von *Il gattopardo* (*Der Leopard*, I/F 1963), Hommage an die opulenten Orgien bei Erich von Stroheim (in *Merry-Go-Round*, USA 1923, oder *The Wedding March*, USA 1928) und danach selbst Vorbild für zahllose Fest-Inszenierungen – von Bondarchuks *Voyna i mir* (*Krieg und Frieden*, SU 1967) über Coppolas *The Godfather* (*Der Pate*, USA 1972) bis zu Kubricks *Eyes Wide Shut* (GB/USA 1999) –, ist ohne Zweifel der Höhepunkt in Viscontis vielschichtiger Kunst, die ganz unterschiedliche Elemente in sich vereinigt: das Literarische (den Abgesang auf den sizilianischen Adel und seine Zeit), das Theatralische (die Spannung der Figuren im Raum), das Musikalische (Nino Rotas Verdi-Variationen), das Malerisch-Bildhafte (Giuseppe Rotunnos Licht- und Bild-Kompositionen, die das Tun der Figuren immer im Verhältnis zum Dekor einfangen), schließlich – auf der integrativen Ebene – das Filmische: der Blick aufs Ganze und der Rhythmus der Blicke, wodurch die Figuren in Bezug zur Geschichte und ihrer eigenen Vergangenheit, zu anderen Personen wie zu ihrer Umgebung vorgeführt (und reflektiert) werden.

Ihn habe „die Erfahrung" gelehrt, so Luchino Visconti selbst, 1943, dass es „die physische Erscheinung eines menschlichen Wesens" sei, „seine Präsenz, die ein Bild wirklich ausfüllt", nur „körperliche Anwesenheit" erzeuge „Ambiance". „Die bescheidenste Geste eines Menschen bereits – ein Schritt, ein Zögern, eine Bewegung – verleiht den Dingen seiner Umgebung, in deren Mitte er seine Bestimmung findet, Poesie und bringt sie zum Schwingen."[1]

Viscontis ästhetischer Realismus in *Il gattopardo*

Il gattopardo (*Der Leopard*, I/F 1963) von Luchino Visconti.

Der lange Gang des Fürsten durch die Ball-Säle, von einem Raum zum anderen, wirkt wie ein letztes, nachdrückliches Aufsaugen des „Milieus": des gedämpften Verhaltens seiner Bekannten und Verwandten wie der Dinge, der Kunst, der Möbel, der Ornamente. Er genießt die Situation, hört und schaut – und erkennt, während er noch alles sinnlich wahrnimmt, dass die Zeit für diese Lebensweise für immer vorüber ist. Das Besondere dabei ist, dass diesen Bildern eine doppelte Windung ins Fiktive unterlegt ist. Die Mise en scène unterstreicht die Spannung zwischen Figur und Ambiente, während die Kamera, die dieses spannende Verhältnis eigenständig umrahmt, eine weitere Interpretation hinzufügt (als erzählerische Instanz hinter der inszenatorischen Ordnung). In dem Sinne ist Viscontis ästhetischer Realismus nicht bloß eine konzeptionelle Kompositionsform, sondern auch (und besonders) eine eigenständige Perspektive auf die Welt und ihren Zustand. Das Mehr an Künstlichkeit eröffnet den Blick für ein mehr an Realität. Geoffrey Nowell-Smith hat zu diesen Szenen angemerkt, es gebe darin „no visual or rhetorical expressionism. Everything is real, but seen in a particular way, refracted through the consciousness of the Prince. Stylistically it is the perfect cinematic equivalent of Flaubert's *style indirect libre*."[2]

I

Luchino Viscontis Werk ist ungewöhnlich im europäischen Kino. Es ist theatralisch im Dokument und dokumentaristisch im Drama. Es ist Mimesis und Mathesis in einem: unentwegtes Abenteuer des filmisch Unmöglichen. Es bietet Geschichten über Gewalt und Leidenschaft und Tod: Geschichten über Verfall, Verderbnis, Verwesung – und gleichzeitig Reflexion über Möglichkeiten und Grenzen filmischer Darstellung.

Norbert Grob

Auf einer ersten, eher motivischen Ebene geht es um die Spannung zwischen dem Wunsch nach Veränderung und der Erkenntnis, dass das meiste bleibt, wie es ist, oder sich sogar zurück entwickelt und in Niederlagen verkehrt. In *Ossessione* (*Ossessione ... von Liebe besessen*, I 1943) töten ein Mann und eine Frau, damit ihrer Leidenschaft nichts mehr im Wege steht; doch anders als geplant, ist danach nichts mehr wie zuvor. In *La terra trema* (*Die Erde bebt*, I 1948) zerbricht eine Familie, als die jungen Männer aufbegehren, um ihr Leben zu verbessern; die Erfolge sind nur von kurzer Dauer, danach ist alles noch schlimmer als vorher. Und in *Senso* (*Sehnsucht*, I 1954) lügt und betrügt, denunziert und desertiert ein österreichischer Offizier, um seinen libertinen, hedonistischen Lebensstil zu wahren; alles soll bleiben, wie es war seit eh und je, doch am Ende hat nichts für ihn bestand.

In *Rocco e i suoi fratelli* (*Rocco und seine Brüder*, I/F 1960) kommt eine Familie nach dem Tod des Vaters von Sizilien nach Mailand, um einen neuen Anfang zu wagen; doch die Veränderung bringt nur Hader und Zank, Unglück und Elend. In *Il gattopardo* erkennt ein alternder Fürst, dass seine Welt im Aussterben begriffen ist, und beobachtet voller Staunen den Aufstieg der Geschäftemacher und voller Sympathie die unsteten Wandlungen seines Neffen, der alles ändern will, damit es bleibt, wie es ist. In *Vaghe stelle dell'Orsa* (*Sandra – Die Triebhafte*, F/I 1965), einer modernen Variation der „Orestie", will eine junge Frau endlich die Wunden aus ihrer Kindheit heilen (und die Rätsel um ihren verschwundenen Vater klären), die Konflikte mit ihrer Mutter und ihrem Bruder aber stürzen sie nur noch tiefer in alte Angst- und Schuldgefühle. In *La caduta degli dei* (*Die Verdammten*, I/CH/BRD 1969) geht es um eine Familie im Chaos von Kabale und Liebe: um Geschäfte und Politik, Einfluss und Macht, jeder kämpft gegen jeden, um die Möglichkeiten der Zeit für die eigenen Ziele zu nutzen, um alles im entsprechenden Sinne zu verändern; am Ende behält der Genussvoll-Dekadente die Oberhand, der brutaler und perverser seine Ziele verfolgte. Und in *Morte a Venezia* (*Tod in Venedig*, I/F 1971) steht ein berühmter Komponist im Mittelpunkt, der aus der Rolle fällt, als er beginnt, allzu sehnsüchtig einem schönen Jüngling nachzublicken, er verändert sein Äußeres, um sein Innerstes zu offenbaren, wodurch er beides in die Vernichtung treibt – das Körperliche in Krankheit und Tod, das Seelische in Schwäche und Erniedrigung. In *Gruppo di famiglia in un interno* (*Gewalt und Leidenschaft*, I/F 1974) schließlich öffnet ein alternder Kunsthistoriker sich noch einmal dem Leben, indem er junge Leute in sein Haus einlässt; doch letztlich nähert er sich – nach Augenblicken von Freude und Leid – dadurch nur noch rascher dem Tod.

Nahezu alle Filme von Luchino Visconti kreisen also um die Frage, wie sehr sich Menschen und Verhältnisse ändern müssen, auf dass sie bleiben können, wie sie seit jeher waren. Wobei im Mittelpunkt nicht die Lebenskünstler stehen, die ihre Probleme im Griff haben, sondern die Fantasten und Träumer, die Grenz-

Viscontis ästhetischer Realismus in *Il gattopardo*

Burt Lancaster in *Il gattopardo* (*Der Leopard*, I/F 1963).

gänger, die Leidenschaftlichen, die Visionäre, die an den Erfordernissen ihres Alltags und ihrer Zeit scheitern, ohne allerdings (von *Morte a Venezia* und *Ludwig / Ludwig II*, I/F/BRD 1972, abgesehen) für immer zu zerbrechen.

Deshalb auch ist Luchino Visconti der Poet des Zerfalls und des Todes, der filmische Visionär der Zerstörung und des Niedergangs von Menschen und Mentalitäten, von Gesellschaft, Klasse, Kultur.

II

Filme über Italien um 1860/61 (*Il gattopardo*), 1866 (*Senso*), um 1910 (*Morte a Venezia*) und 1955 (*Rocco e i suoi fratelli*), Bayern um 1880 (*Ludwig*), Deutschland zwischen 1933 und 1940 (*La caduta degli dei*), Algerien/Frankreich um 1940 (*Lo straniero / Der Fremde*, I/F/ALG 1967). Im Kino wird Vergangenes ganz selbstverständlich zu Gegenwärtigem. Oder anders: Alles Zeitliche ist – auf der Ebene des Sichtbaren – nie konjugiert, sondern stets präsentiert. So bleibt der Lauf der Zeit eingebunden, also beherrscht – während es gleichzeitig scheint, als fließe sie, im Moment. Alte, längst verfallene Welten entstehen neu – durchdrungen vom Zauber altertümlicher Gedanken und Gefühle. Doch so historisch und politisch präzise sie auch entworfen sind, letztlich bleiben diese Entwürfe bei Visconti doch Ergebnis von Vision, nicht von Recherche. Wobei diese Vision in einer doppelten Qualität zu würdigen ist: als Klage über eine vergangene Zeit, über ihre Schönheit und Würde, und gleichzeitig als Hinweis auf das Leid und den Schmerz, die mit dem Vergehen der jeweiligen Lebensweise verbunden sind, als Hinweis auf Verlust und Verzicht.

In *Il gattopardo* werden die letzten Tage eines sizilianischen Adelsgeschlechts zelebriert: über einen Mann und seine Familie, die zwischen die Zeiten geraten

Norbert Grob

sind – zwischen feudalistischer Herrschaft und bürgerlichem Nationalismus. Sichtbar wird die Atmosphäre der Zeit, die im Umbruch ist, das Bürgertum drängt stetig in die Lücken, die der Adel hinterlässt. Und sichtbar wird die Atmosphäre des Landes, das seine Hitze und die darüber entstehende Dürre den Menschen tief einprägt. Wodurch viele ihr Leben eher als Schicksal nehmen. „Schlaf, einen tiefen Schlaf wollen die Sizilianer", sagt der Fürst einmal, „und sie werden immer jeden hassen, der sie aufwecken will."

Die Zeit als Entwicklungslauf einer Story und Moment der History zugleich, das war Viscontis Superthema. So impliziert, seine Filme zu sehen/zu erfahren, auch: eine Zeit erleben, als nähme man direkt teil, parteiisch zwar, aber doch ausgestattet mit dem Blick fürs Wesentliche. „Das charakteristische Merkmal des Films" sei, so Béla Balázs, er „reproduziert seine Bilder nicht, er produziert sie."[3] Oder anders, mit Edgar Morin: „Die Zeitform des Films ist nicht eigentlich die Gegenwart. Sie ist vergangene Gegenwärtigkeit – vergegenwärtigte Vergangenheit."[4] Viscontis Figuren tragen alte Kostüme, reisen in Kutschen und bewegen sich durch prunkvolle Gemächer. Aber wir Zuschauer akzeptieren die fremde Welt, als wäre sie selbstverständlicher Teil unserer eigenen Erfahrung.

Dieser doppelte Charakter der Zeit-Gestaltung ist in all ihrer Vielschichtigkeit allein Folge von Viscontis zutiefst ästhetischem Wirken. Das Ästhetische ist für ihn eine eigenständige Dimension. Gilles Deleuze hat darauf verwiesen, Visconti habe die Zeit auf vier Ebenen realisiert. Da seien zunächst dessen Versuche, eine historische „Ambiance" zu komponieren und gleichzeitig zu dekomponieren, einerseits also „die aristokratische Welt der Reichen"[5] zu entwerfen und diese dann „von innen her (zu) unterwander(n)", sie „undurchsichtig" zu machen und zu „verdunkel(n)"[6]. Da sei drittens das „Element" der Geschichte, die das eine Mal „ein autonomer Faktor" sei, „der für sich selbst steht" (wie in *Il gattopardo*), und das andere Mal nur indirekt wirke, „elliptisch und *hors champ*"[7] (wie in *Ludwig*). Schließlich gebe es, als viertes Moment, „die Vorstellung oder besser die Enthüllung, dass *etwas* zu spät kommt", das „bei weitem wichtigste" Moment, „da es die Einheit und Zirkulation der anderen sichert".[8] Was mal auf das gesellschaftliche Leben oder schlicht auf das Alter zielt, wie in *Il gattopardo*, mal auf verpasste Gelegenheiten, wie in *Morte a Venezia* oder *Gruppo di famiglia in un interno*, mal auf den übermächtigen Einfluss alles Vergangenen (wie in *Vaghe stelle dell'Orsa . . .* oder *Ludwig*). Diese Dominanz der Zeit bei Visconti zielt auf ein Doppeltes: auf die Präsenz der jeweiligen Oberflächen (also auf die Transparenz von Thema und Geschichte) und auf das besondere Timbre dieser Oberflächen; man könnte auch sagen: auf die Vision dahinter (also auf die Konstruktion von Handlung und Bild, die als „Hineinversenken" in die Zeit angelegt ist).

Inzwischen ist es üblich, strikt zu differenzieren zwischen den frühen, eher neorealistischen Werken und den späten, eher opernhaften Arbeiten, zwischen dem Verismus der 1940er und den Entwürfen des Verfalls der 1960er und 1970er

Jahre. Ein wenig wird dabei übergangen, wie ästhetisch präzise schon in *Ossessione* und *La terra trema* – durch sorgfältige Rahmung, durch lange, geradezu schwebende Kamerafahrten, durch gleitende Montagen – Realität konstruiert ist. „Eigentlich", so Frieda Grafe schon 1977, habe doch „gar kein Bruch stattgefunden zwischen seinen (Viscontis) neorealistischen Anfängen und seinen Ausstattungsfilmen, in denen seine Sorge ums realistische Detail zu Häufungen führt, die wie von selbst sich ins Überdimensionale steigern."[9] Immer konziser wird dies in seinen Konstruktionen der Zeit, angelegt aber ist es in seinem Werk von Anfang an.

In den Filmen der 1960er Jahre, zwischen *Rocco e i suoi fratelli* und *Morte a Venezia*, arbeitet Visconti nur „gehäuft" mit seinen innovativen Arrangements von Dingwelten. Im Grunde treibt Visconti von Anfang an das Geschehen seiner melodramatischen Tragödien ins Äußerste, auf dass wir Zuschauer die Ereignisse nehmen können, als geschähen sie im selben Augenblick. Auf der ästhetischen Ebene, auf der des Stils, heißt dies: Nicht Rekonstruktion von Handlung in Bildern sucht Visconti, sondern Konstruktion von Handlung und Bild zugleich. Nicht die Erzählung dominiert, sondern das Sichtbar-Machen, von Anfang an; nicht die Suggestion, sondern die Transparenz: der Röntgenblick auf eine Vergangenheit, bis das System dahinter offenkundig wird – die Ordnung, die regelt und bestimmt.

III

Diese Tendenz zur ästhetischen Präsenz bei Visconti ist stets als dramaturgische Strategie gedacht, auf dass die Dinge sich in (jeweils) erhoffter Weise fügen. Man könnte auch sagen: Visconti nutzt zum einen eine Dramaturgie des Linearen nach vorne (in *Ossessione* und *La terra trema*, in *La caduta degli dei* und *Morte a Venezia*), um seine Figuren zumindest auf der Stelle zu halten; und zum anderen eine Dramaturgie des stetigen Rückwärts (in *Senso* und *Il gattopardo*), um seine Figuren verstehen zu lassen, dass die Umbrüche um sie herum nicht aufzuhalten sind. Oder anders gesagt: Es dominiert eine Dramaturgie des Kontrapunktischen, in der eine Ebene vorgestellt wird (die der Hoffnungen und Wünsche), um einer anderen Kontur zu geben (die der Tatsachen) – wodurch eine dritte Ebene sich konstituiert (die der Konsequenzen aus dem Gegensatz zwischen Wunsch und Wirklichkeit), die nach hinten geneigt ist, auch durch die Charakterisierung der Figuren, die allesamt Protagonisten des Niedergangs sind.

Visconti selbst hat ja bekannt, dass ihn „Zeiten, in denen Veränderungen fällig waren", seit jeher angezogen hätten. Deshalb sei er auch von Überlagerungen „der Atmosphäre des Todes" so fasziniert – „vom Tod einer Klasse, eines Individuums, einer Welt, einer bestimmten Mentalität, bestimmten Privilegien".[10] Deshalb auch das Übermaß der Geschichtsbilder, die – mit großem

Detailreichtum und vielen Gegensätzen – von Menschen handeln, deren Zeit dabei ist abzulaufen.

Altes – Neues, Adel – Bürgertum, Süden – Norden, aber auch: arm – reich, reaktionär – progressiv: Die großen Gegensätze bilden die Triebfedern in Viscontis Tragödien. Der Untergang/die Auflösung des einen ermöglicht den Aufstieg des anderen. „Wir waren die Löwen, die Leoparden; Schakale und Hyänen werden uns ersetzen", flüstert in *Il gattopardo* der Fürst einem Vertreter der neuen Zeit einmal nach. „Doch alle zusammen, Hyänen und Schafe, Löwen und Leoparden werden glauben, dass sie das Salz der Erde sind." Diese Vision von der Zukunft begreift bereits den Anspruch der neu aufkommenden Klasse und ihrer Charaktermasken. Während das Alte allein noch den Glanz besitzt, hat das Neue längst die Gewalt – das Geld und die Waffen.

Bei Visconti ist die Darstellung der Zeit, wie bereits angedeutet, eine Frage der Konstruktion. Realismus ist in seinem Werk nicht missverstanden durch den Schein, der von den Inhalten ausgeht, sondern angenommen als Technik, als Darstellungscode (als eine unter anderen Techniken, einer unter anderen Codices). Erzählt wird immer, was eine irreale Vision des Wirklichen entwirft. Bei Visconti wirkt die Struktur des Wirklichen tiefer als die Schilderung des Wirklichen (die, wie André Bazin so überzeugend ausgeführt hat, notwendigerweise immer nur „Illusion von Realität" bleiben muss[11]).

IV

„Sie leben nicht in einer Welt, die Gott geschaffen hat", sagt Pater Pirrone in *Il gattopardo* über die fürstliche Familie zu den namenlosen Bauern, unter denen er zu Hause ist. Diese Bauern verweisen auf ein anderes Leben, von dem der Film allerdings nicht spricht, wie auch die neue Bourgeoisie lediglich als dramaturgischer Kontrapunkt gezeigt wird. Viscontis Blick bleibt auf die untätige, lethargische Lebensweise des Fürsten gerichtet. Darauf, wie er, gewohnt an Reichtum und Macht, immer deutlicher erkennt, dass seine Welt im Absterben begriffen ist. Er reagiert verwirrt, akzeptiert seine Haltung als hoffnungslos veraltet, als überholt; doch seine Haltung verändert er um keinen einzigen Millimeter. Bei Tomasi di Lampedusa heißt es einmal:

> Umgetrieben hier von dem Stolz und dem Intellektualismus der Mutter, dort von der Sinnlichkeit des Vaters und seiner leichten Art, mit dem fertig zu werden, was ihm begegnete, lebte der arme Fürst Fabrizio selbst dann, wenn er wie Zeus die Brauen runzelte, in einem ständigen Missvergnügen und betrachtete den Verfall seines Standes und seines Erbes, ohne sich zu irgendeiner Tätigkeit aufzuraffen oder auch nur die geringste Lust zu verspüren, dem abzuhelfen.[12]

Viscontis ästhetischer Realismus in *Il gattopardo*

Seine Haltung hindert den Fürsten allerdings nicht daran, den Aufstieg seines Lieblingsneffen Tancredi mit Zuneigung zu verfolgen. Dessen Leitsatz „Wenn wir wollen, dass alles bleibt, wie es ist, müssen wir alles ändern", belächelt er zwar (er selbst weiß, dass sich alles ändert, wenn sich etwas ändert). Aber als rhetorische Floskel benutzt er ihn doch einmal. Als Tancredi anfangs zu Garibaldi geht, ist die ganze Familie aufgebracht. Der Fürst aber holt einen Beutel Geld und drückt ihn seinem Neffen in die Hand. Er akzeptiert, dass man neue Wege gehen muss, wenn man andere Ziele erreichen will.

Auch Tancredis Heirat mit der Tochter seines bürgerlichen Widersachers befürwortet er sofort. Er weiß um die neue Macht. Nicht, dass er sie sonderlich schätzt. Ihm ist nur klar, dass es ohne sie nicht mehr gehen wird. Und was Liebe ist, weiß er sowieso: „Liebe? Ein Jahr lang Feuer und Flamme. Und dann 30 Jahre lang Asche."

„Sie leben nicht in einer Welt, die Gott geschaffen hat." Ein Satz, der für viele Helden bei Visconti gilt: für Franz in *Senso*, der nur Genuss und Vorteil kennt; für Mario in *Le notti bianche* (*Weiße Nächte*, I/F 1957), der Natalias todessehnsüchtigen Träumereien zu trotzen sucht, ohne ihr damit näher zu kommen; für Sandra in *Vaghe stelle dell'Orsa . . .*, die den Rätseln ihrer Familie auf die Spur kommen will, ohne sich den Tatsachen auszusetzen; für Meursault in *Lo straniero*, der sich lethargisch der Lust am Absurden hingibt; für Martin in *La caduta degli dei*, der in den Taumel von Gewalt und Perversion, Sadismus und Wahnsinn gerät – und darüber sein eigenes Höllenreich errichtet; für Gustav von Aschenbach in *Morte a Venezia*, der, einsam und verzweifelt, am Lebensende für einen blonden Jüngling entflammt. Es ist ein Universum, das keinen Platz lässt für Götter, auch weil die titanischen Männer, die Visconti präsentiert, diesen Platz selbst einzunehmen suchen.

In *Il gattopardo* ist Viscontis Blick voller Neugierde gerichtet auf die untätige, lethargische Lebensweise seines Helden. Es ist, als suche er, indem er sich auf die Ergründung der Geheimnisse dieses Mannes begibt, die tieferen Rätsel der Menschen insgesamt zu erkunden. „Noblesse und Eleganz, Geist und Charme erwirbt nur, wer ein paar Vermögen durchgebracht hat", heißt es einmal. Vielleicht handeln deshalb so viele seiner Filme davon, dass einer sein Vermögen durchbringt, sei es Macht oder Geld, Talent oder Charakter.

Visconti ist fasziniert von der Zeit zwischen den Zeiten, was er filmisch formuliert durch atmosphärische Gegensätze, zunächst einmal. Das Sichtbare bleibt häufig der Schönheit des Alten verhaftet. In *Il gattopardo* entfalten Architektur und Interieur, Kostüm und Dekor die Pracht aristokratischer Lebensart. Prunk ist nicht Zeichen von Reichtum, sondern Ausdruck von Lebensstil: Ausdruck jahrhundertealter Kultur. Demgegenüber bleiben die neureichen Grundbesitzer, mögen sie ansonsten auch skrupelloser, also erfolgreicher sein, immer außen vor. Sie treten auf wie ungeschickte, eingeschüchterte Schulkinder. Der millionenschwere Emporkömmling im allzu engen Frack etwa ist für den Fürsten immer auch eine Witzfigur. Für ihn selbst ist Etikette kein Brauch, sondern eine Form, die dem Leben Stil verleiht. Erst als die Tochter des reichen Bürgers überzeugend klarstellt, dass schöne Kleider keine Frage der Klassenzugehörigkeit sind, überwindet er seine Vorbehalte. Claudia Cardinale als Angelica Sedara betritt den Salon der Fürstenfamilie auf eine Weise, dass die neue Stärke des Bürgertums erstmals ihren körperlichen Ausdruck findet.

V

Die Vorbilder für Viscontis präsentische Ästhetik, häufig genannt, sind: Erich von Stroheim und seine erzählerische Kraft der Transparenz, die nichts suggeriert, sondern sichtbar werden lässt. Und Jean Renoir und seine innovative Mise en scène, bei der die Figuren über die Ordnung im Raum ihr Innerstes offenbaren. Wie die beiden Filmemacher vor ihm neigt auch Visconti, so unterschiedlich sie in den Themen sind, zu authentischen Oberflächen, rigorosen Formen, schneidenden Konturen. Auch er arrangiert nichts, was bloß den Schein garantiert, sondern nimmt allein die tatsächlichen Gegenstände und Milieus. Wobei die Dichte der Inszenierung auch stets Resultat der Dauer ist, in die das Geschehen gedehnt ist.

Jean-Luc Godard hat einmal zwischen Regisseuren differenziert, „die mit gesenktem Kopf durch die Straßen laufen", und denen, „die mit erhobenem Haupt dahergehen". Die einen seien, wenn sie sehen wollen, was um sie herum vorgeht, „gezwungen, häufig und plötzlich den Kopf zu heben und ihn mal nach links und mal nach rechts zu drehen, um mit einer Reihe Blicken das Feld zu erfassen, das sich ihrem Blick bietet. Sie *sehen*". Die anderen „sehen nichts, sie betrachten und richten ihre Aufmerksamkeit auf einen bestimmten Punkt, der sie interessiert".[13] Und wenn die einen Filme drehten, seien sie „luftig, flüssig" (wie bei Roberto Rossellini); oder ihre Drehbücher seien disparat, der Versuchung „gegenüber dem Zufall" seien sie ungeheuer offen (wie bei Orson Welles); und wenn die anderen Filme drehten, seien sie „auf den Millimeter genau" (wie bei Alfred Hitchcock); ihre Kamerabewegungen seien von einer „ungeheuren Präzision" und haben „ihren eigenen abstrakten Wert als Bewegung im Raum" (wie bei Fritz Lang); es seien Filme des „genauen Kinos".[14]

Keine Frage, zu welcher Kategorie Viscontis Filme zählen: selbstverständlich zu den millimeterstimmigen, zu den ungeheuren präzisen – kurz: zur Kinematografie des Genauen. Bei Visconti, schreibt Gilles Deleuze, werden

(...) die Gegenstände und Milieus zu einer autonomen materiellen Realität, die ihnen einen eigenständigen Wert verleiht. Nicht nur der Zuschauer, auch die Prota-

Viscontis ästhetischer Realismus in *Il gattopardo*

gonisten müssen nun die Milieus und die Gegenstände durch den Blick besetzen, sie müssen die Dinge und Leute sehen und verstehen, damit die Aktion oder die Passion entsteht und in den Alltag eindringt, der immer schon abläuft.[15]

Essensreste und Geschirr, unentwegt und überall, das die Leidenschaft zwischen Gino und Giovanna konterkariert (in *Ossessione*). Die Fliegen auf dem Hemd des Großvaters, während er das viele Geld in den Händen hält, erstmals in seinem Leben (in *La terra trema*). Die unzähligen Urintöpfe auf dem großen Ball am Ende (in *Il gattopardo*). Die Hortensien und Gardenien in *Morte a Venezia*: schwere Blumen, die einen starken, süßen Duft ausstrahlen. Und später in *Ludwig*: die Uniformen zu Beginn; der Prunk der Interieurs; die Kutschen; die überdachte Yacht; der Schmuck, der nach und nach verschenkt wird; und der Champagner, der unentwegt fließt. Menschen inmitten von Dingen, die dem Drama eine deutlichere Kontur geben: es beschreiben und zugleich kommentieren. So wird äußerlich sichtbar, was innen vorgeht.

Alltägliche Dinge, die – als kontradiktorische Elemente – dem Prunk des Grandiosen eine seltsame Erdenschwere verleihen. Eine ästhetische Strategie, die der Ekstase das Kalkül entgegensetzt, dem jubilierenden Text die nüchterne Betrachtung. Die Magie der Oberflächen: präsentiert durch Architektur und Interieur, durch Garderobe und Dekor, durch Zeremonien, Galadiners, Etikette. Viscontis Blick wirkt dabei dokumentaristisch, als wären die glitzernden Dingwelten der geheime Schlüssel, um die Seele ihrer Bewohner zu enträtseln. Für Frieda Grafe „massiert" Visconti „Details", er fetischisiere „alles Gegenständliche", übertreibe Äußerlichkeiten, treibe „das Reale in den Wahnsinn". Wodurch, wie sie schreibt, zugleich „Innenwelten sich auf(tun)".[16]

In *Il gattopardo* nutzt Visconti einmal ein äußeres Zeichen, den Staub einer Reise, der auf den Kleidern seiner Protagonisten liegt, als metaphorisches Moment: Der Fürst ist mit seiner Familie gerade in seiner Sommerresidenz eingetroffen. Mit Musik empfangen, von den Honoratioren begrüßt, zieht die gesamte Familie schließlich in die Kirche ein. Sie nehmen ihre angestammten Plätze ein. Ihre Kleider und ihre Gesichter sind noch von der Reise geprägt: schmutzig und zerknittert. Viscontis Kamera ist der Eindruck, der dadurch entsteht, einen langen registrierenden Blick wert. Der Staub verleiht der Fürstenfamilie das Aussehen von lebenden Toten. Wodurch Visconti akzentuiert: Ein Leben haben diese Menschen noch, aber eine Zukunft ist ihnen nicht mehr gewährt.

Il gattopardo ist das meisterliche Paradigma eines zutiefst ästhetischen Realismus, einer detailbesessenen Konstruktion der historischen Epoche um 1860, die – durch sorgsam charakterisierende Blicke – als Porträt eines aus der Zeit gefallenen Mannes, eines im Deleuze'schen Sinne Zu-spät-Gekommenen funktioniert, wie auch – vor allem durch die schwebende Beweglichkeit der Bilder –

Norbert Grob

zur Fantasie über die Ohnmacht einer Klasse und über die Gewalt politischer Interessen tendiert.

Das Epische von *Il gattopardo* entsteht zudem durch die Bilder der sich verändernden Gesellschaft, die wie authentische Nachrichten aus einer vergangenen Zeit wirken. Eine durch Bilder und Bilderrhythmen neu geschaffene Realität wird entworfen – so mythisch wie visionär. Einzelne Episoden lassen das Panorama einer ganzen Zeit entstehen. In der Ball-Sequenz wird eine melancholische Stimmung aufgebaut, unterbrochen und schließlich zu ihrem Höhepunkt geführt: eine Stimmung, die den alten Glanz vor dem Bewusstsein des nahen Todes zeigt. Und die Kamera schafft durch lange und langsame Schwenks, und durch Fahrten und vorsichtig akzentuierende Zooms eine Ruhe, die das Gefühl für die epische Darstellung vertieft. Dinge und Menschen werden zur Einheit gebracht, ohne dass ein zusätzlicher Anspruch verweigert würde. Staub ist Staub ist Staub, aber nicht nur.

[1] Luchino Visconti, „Das anthropomorphe Kino", in: *Die Zeit* vom 24. 4. 1987.
[2] Geoffrey Nowell-Smith, *Visconti*, London 1967, S. 11.
[3] Béla Balázs, *Der Film. Werden und Wesen einer Kunst*, Wien 1972, S. 37.
[4] Edgar Morin, *Der Mensch und das Kino*, Stuttgart 1958, S. 70.
[5] Gilles Deleuze, *Das Zeit-Bild. Kino 2*, Frankfurt/M. 1991, S. 127.
[6] Ebenda, S. 128.
[7] Ebenda, S. 129.
[8] Ebenda, S. 130.
[9] Frieda Grafe, „Filmtip", in: *Süddeutsche Zeitung* vom 7. 4. 1977; (nachgedruckt in Frieda Grafe, *Filmtips. KinoKonTexte 4*, München 1993, Nr. 171).
[10] Beate Schaller (Red.) Visconti. ZDF Presse Special. Mainz 1993. S. 17.
[11] André Bazin, *Was ist Film?*, hrsg. von Robert Fischer, Frankfurt/M. 2004, S. 309.
[12] Giuseppe Tomasi di Lampedusa, *Der Gattopardo*, Neuausgabe, Frankfurt/M. 2005.
[13] Jean-Luc Godard, „Bergmanorama", in: ders., *Godard/Kritiker*, München 1971, S. 85.
[14] Ebenda.
[15] Deleuze, *Das Zeit-Bild* (s. Anm. 5), S. 15.
[16] Frieda Grafe, „Fixsterne, Planeten, Stars", in: *Süddeutsche Zeitung* vom 31. 8. 1984.

Über Pier Paolo Pasolini

Bernhard Groß

Figur und Wahrnehmung

Zur Genealogie des Bildraums bei Pier Paolo Pasolini

Die Filme des Dichters, Romanciers, Dramatikers und Essayisten Pier Paolo Pasolini aus den 1960er Jahren sind ohne dessen literarische Arbeiten der 1940er und 1950er Jahre nicht zu verstehen – und umgekehrt. Diese Binsenweisheit entbehrt im Falle Pasolinis jedoch nicht einer gewissen Brisanz, da Untersuchungen zu seinen Arbeiten in der Regel sich entweder um die Literatur oder um das Kino, aber nicht um beides zugleich und um deren Verhältnis kümmern.[1] Dadurch fehlt ein Blick auf die spezifische Poetik des Bildraums bei Pasolini.

Von Anfang an nämlich sind in seinen Arbeiten Räume entworfen, deren Dynamik derjenigen kinematografischer Bildräume entspricht. Das reicht von der Implantierung audiovisueller Strukturen in der Literatur, von Rauminszenierungen aus Bildern und Tönen bis hin zu deren Klassifikation in unterschiedliche Raumformen, die das Verhältnis von Figur und Erzähler stets neu befragen. Das betrifft schon in Pasolinis frühen Dialektgedichten aus den 1940er Jahren – etwa in seinem allerersten Gedichtband „Poesie a Casarsa" von 1942 – ein lyrisches Ich, das in dialogischen Strukturen aufgeht. Das meint auch einen Erzähler in Pasolinis Prosa – etwa in den berühmten Romanen der 1950er Jahre, „Ragazzi di vita" von 1955 und „Una vita violenta" von 1959 –, dem die Figuren mehr und mehr autonom gegenüberstehen, indem buchstäblich ihre Stimmen miteinander um die Gunst dieses Erzählers konkurrieren, der wiederum diese Stimmwerdung beobachtet. In Pasolinis Filmen schließlich ist diese Konstellation in das Verhältnis von Figuren- und Kamerasicht, von Bild und Ton überführt.

Literarischer und filmischer Bildraum

Von der Entstehung spezifischer Bildräume auch in der Literatur Pasolinis zu sprechen, ist deshalb keine metaphorische Umschreibung, sondern bezweckt, ein poetisches Verfahren darzustellen, das optisch-akustische Räume entwirft, die bereits kinematografischen Bildräumen gleichen. Schon in Gaston Bachel-

Bernhard Groß

ards „Poetik des Raumes"[2] wird die Evokation poetischer Räume in der Literatur als eine Erfahrungsdimension etabliert. Seine phänomenologische Untersuchung zielt darauf, Raumkonstruktionen in der Literatur nicht als Entitäten, sondern als in die Zeit gestellt, als ein Werden zu begreifen, das eine Bewusstseinsform entwirft und nicht Räume alltäglicher Wahrnehmung abbildet. Wenn man also bei Bachelard Raum als entstehende Bewusstseinsform beschreiben kann,[3] so analysiert der neophänomenologische Ansatz von Vivian Sobchak in Bezug auf den Film die Zeitlichkeit dieses Bewusstseins als eine spezifische (Seh-)Erfahrung von Welt, die das Kino leistet:

> Der Film macht also nicht allein die objektive Welt sichtbar, sondern darüber hinaus die Struktur und den Prozeß subjektiven Sehens durch einen Körper – wie es zuvor nur jedem Menschen in für andere nicht zugänglicher Weise als ‚seine eigene' Erfahrung gegeben war. Doch der Film ersetzt nicht einfach das menschliche Sehen durch mechanisches Sehen, er stattet vielmehr das Sichtbarwerden mit der ‚Umkehrstruktur' menschlichen Sehens aus (das eben sehen und gesehen werden kann). Daraus ergibt sich neben dem welthaltigen Objekt immer auch ein körperliches Subjekt der Wahrnehmung.[4]

Pasolini interessiert sich von Anfang an für genau diese Verschränkung von Objekt und Wahrnehmung, für objektive Subjektivität. Man könnte auch sagen, es gehe ihm um die Konstitution eines Subjekts, das im Prozess seiner Entstehung wahrgenommen wird und dessen Ort der Entstehung durch die (fremde) Wahrnehmung derselben definiert ist. Darin lässt sich die verräumlichte Beschreibung des Prinzips der indirekten freien Rede in der Literatur erkennen, die Pasolini für das Kino fruchtbar macht, wenn er in seinen theoretischen Schriften, den „Ketzererfahrungen/empirismo eretico" von Mitte der 1960er Jahre, die „indirekte freie subjektive Perspektive/sogettiva libera indiretta"[5] entwickelt. Seine literarischen Raumkonstruktionen sind insofern buchstäblich audio-visuell, als sie das gesprochene Wort einer Wahrnehmung zuordnen, die seine Artikulation begleitet. Pasolini schafft also literarische Bildräume, die die Stimmen der Figuren hörbar machen, indem sie deren Zur-Sprache-Kommen buchstäblich Raum geben und diesen als Entfaltung in der Zeit evozieren. Der solcherart umrissene Prozess der zeitlichen Entfaltung macht die literarischen den kinematografischen Bildräumen vergleichbar.[6] Hermann Kappelhoff hat den Bildraum des Kinos als spezifische ästhetische Erfahrungsform beschrieben,[7] die sich in der Zeit als das Werden einer leiblichen Empfindung des Zuschauers in dessen Anverwandlung an die Struktur des Films ereignet. Raum ist dann kein homogenes, potenziell unendliches Gebilde mehr, sondern diese Erfahrungsform.

Zur Genealogie des Bildraums bei Pier Paolo Pasolini

Die heterogene Figur: das unschuldige Opfer

Die Entfaltung dieser Raumkonstruktion als Erfahrungsform ist an die Figur des unschuldigen Opfers im Sinne der christlichen Mythologie geknüpft.[8] Seit seinem frühen Roman „Il sogno di una cosa/Der Traum von einer Sache" vom Ende der 1940er Jahre – der Landarbeiterkämpfe der norditalienischen Nachkriegszeit schildert – entwickelt Pasolini eine Opferfigur und an ihr den ästhetischen Kosmos, der immer zugleich heilig und profan, überhöht und sozial markiert ist. In diesem Kosmos gliedert sich auch alles andere in Dichotomien von objektiv und subjektiv, männlich und weiblich, städtisch und ländlich, bürgerlich und proletarisch, hochsprachlich und dialektal, geschrieben und gesprochen.[9] Der Typus des unschuldigen Opfers verkörpert im Miteinander dieser Gegensätze das konstitutive Moment der Bildräume Pasolinis, nämlich ihre Heterogenität. Das Kino fungiert ihm dabei als Matrix seiner Poetik: Es birgt a priori das Potenzial, Dichotomien und heterogene Elemente zusammenzubringen und sie als solche erfahrbar zu machen.

In diesem Sinne sind Pasolinis frühe Filme – von *Accattone* (*Accattone – Wer nie sein Brot mit Tränen aß*, I 1961) bis *Il vangelo secondo Matteo* (*Das erste Evangelium Matthäus*, I/F 1964) der Fluchtpunkt dieser Poetik, die schon mit den Dialektgedichten der 1940er Jahre einsetzt.

Die berühmten Romane der 1950er Jahre, „Ragazzi di vita" und „Una vita violenta", verschränken die epische Beschreibung sozialer Wirklichkeit mit der lyrischen Gestaltung eines Raums der Stimmen und Gesten der unschuldigen Opfer. Die elenden Gruppen subproletarischer Jugendlicher am Rande Roms – Protagonisten beider Romane – werden nicht als soziales Milieu abgebildet,[10] sondern als Bildraum einer hermetischen Welt entworfen, der sich durch das buchstäbliche Auftreten und Konkurrieren der Stimmen der Jugendlichen konstituiert. In „Ragazzi di vita" entstehen Orte ohne abstrakte oder objektive soziale Bestimmung: Sie erscheinen als Orte der Figuren, die durch keine soziale Bindung, nur durch ihre gemeinsame Sprechweise gekennzeichnet sind; es entsteht eine Landschaft aus Dialekt und Soziolekt, in sich abgeschlossen, unverständlich, ohne dramaturgische Linie: eine Abfolge von Ereignissen, die durch das serielle Auf- und Abtreten der Figuren, das An- und Abschwellen ihrer Rede, den rhythmischen Wechsel von Laut zu Artikulation und zurück zum unbestimmten Geräusch gekennzeichnet ist. „Ragazzi di vita" entwirft einen Bildraum, in dem aus dem unverständlichen „Sound" der Peripherie, ihrer Verlautbarung, artikulierte Stimmen entstehen, die schließlich wieder in Lärm und „weißem Rauschen" verschwinden.[11]

Es handelt sich hier, wie in den frühen Gedichten, um einen Dialekt, jenen der „Ragazzi di vita", der die verschiedenen Sprechweisen der Figuren charakterisiert und sie von der des Erzählers unterscheidet. So entsteht ein Kalei-

Bernhard Groß

doskop heterogener Sprechweisen, dessen Visualisierung darin zum Ausdruck kommt, dass die Erzählung einen Raum konstituiert, in dem die Rede sich darstellen kann. Der Erzähler ist dabei das optische Moment einer optisch-akustischen Spur, die die Romane erzeugen. Er verkörpert den Blick auf das Wachsen der Figuren, aus dem sie sich formen, von dem sie aber diskret unterschieden sind. Während die Jugendlichen nämlich ihren spezifischen Jargon sprechen, eine exklusive Sprache, die Elemente des römischen Dialekts enthält, aber auch soziolektale Elemente dieser Peergroup,[12] vollzieht sich die Entwicklung der Sprache des Erzählers in einem alternierenden Näherungs- und Entfernungsprozess. Die Beschreibungen des Erzählers sind meist in einem literarischen Italienisch gehalten, das sich bis hin zur Benutzung des römischen Dialekts verändert, besonders dann, wenn es einen mehr oder weniger direkten Kontakt zu den Jugendlichen gibt. Immer aber bleibt die Differenz zwischen Figur und Erzähler als Differenz der verschiedenen Welten des Mündlichen und Schriftlichen gewahrt.

„Una vita violenta" bildet den Übergang zum Film; er ist der zweite Roman einer als Trilogie angelegten Reihe, die statt eines dritten Romans mit dem Film *Accattone* abgeschlossen wird. „Una vita violenta" ist insofern eine Arbeit des Übergangs, als der Roman einerseits die Konstellationen von „Ragazzi di vita" – die Peergroup, deren Umgebung aus der Beobachtung ihres Sprechens entsteht – übernimmt, andererseits aber aus diesem polyphonen Klangraum[13] eine Stimme herauslöst: Die Entwicklung des Protagonisten Tommaso im Roman verdeutlicht, dass der zuvor entworfene Raum der Stimmen die Sprache der Gruppe Jugendlicher – die Mischung aus römischem Dialekt und Soziolekt – nicht dokumentiert, sondern dass er der Gesang ist, der die Basis für eine Figurenverwandlung bildet: für die Verwandlung der profanen sozialen Figur in eine Heiligenikone: die Figur des unschuldigen Opfers. Dies ist von zentraler Bedeutung, weil damit der Wechsel der ästhetischen Parameter angezeigt ist; weit mehr als über die Entfaltung der Stimmen arbeitet „Una vita violenta" mit der Evokation von Bildern des Heiligen, die sich insbesondere auf die Figur des Heiligen Thomas[14], den Jünger Jesu und Namenspatron des Protagonisten Tommaso, beziehen.

Mit der Verschiebung des Fokus vom Sprechen auf die mimisch-gestische Artikulation der Figur, verschränkt sich hier die Suche nach einer inkommensurablen Gemeinschaft. Davon ist auch die Mise en scène der frühen Filme Pasolinis geprägt. Diese transformieren die Entstehung phantasmatischer Klangräume in Bildräume heterogener Blickkonstellationen: Die soziale Selbstkonstitution der Figuren ist seit *Accattone* verbunden mit ihrer Überhöhung zu Heiligenfiguren.

Zur Genealogie des Bildraums bei Pier Paolo Pasolini

Vom Sozialen zum Heiligen

Pasolinis frühe Filme transponieren die Formprobleme der Romane, indem sie die Paradigmen von Mündlichkeit, In-Szene-Setzen der Stimmen, von der Relation zwischen Dialekt und Hochsprache auf den Aufbau der Mise en scène übertragen: In diesen Filmen wird der szenische Raum systematisch aus den Koordinaten einer alltäglichen Wahrnehmung herausgelöst und im unmittelbaren Bezug auf das Verhältnis von Figur und Landschaft in der Malerei der Renaissance zu einem spezifischen Bildraum. Dieser ist, wie schon in der Literatur entworfen, durch eine jetzt explizite Trennung von akustischer und visueller Ebene gekennzeichnet: Die Stimmen der Figuren gehören nicht zu den dargestellten Körpern, die häufig verwendete klassische Musik (v. a. von J. S. Bach)[15] überhöht die profane Mimik und Gestik der Figuren. Insbesondere kommt es dabei auch zu einer Verschiebung der Stellung von Dialekt und Soziolekt in den Romanen: Im Film ist deren autonomer Ausdruck in das Mienen- und Gestenspiel der Figuren transformiert.

Pasolinis erster Film, *Accattone*, die Geschichte eines römischen Zuhälters und Diebs, entfaltet sich auf diese Weise genau in der Spanne zwischen einer physischen Präsenz der Figuren und der Inszenierung des Heiligen. Mimik und Gestik stehen dabei im Mittelpunkt der Verwandlung des profanen Körpers in eine Ikone des Heiligen. Dieser Transformationsprozess entwickelt sich nicht kontinuierlich im Ablauf des Films, vielmehr setzt jede neue Sequenz neu zu der Verwandlung der Körper an, bis die Figur des Accattone bereit ist für ihre Passion. Der Film bedarf also keiner Figurenentwicklung mehr, vielmehr changieren die Figuren direkt, alternierend und ohne dramaturgische Entwicklung zwischen einer profanen sozialen Seite und einer mythischen Transfiguration. Dieses unaufhörliche Changieren ist im Verhältnis von Ton und Bild inszeniert.

Mamma Roma (I 1962) – die Geschichte einer Prostituierten und Mutter, die mit ihrem pubertierenden Sohn ein bürgerliches Leben beginnen will – verschränkt die Passion des Protagonisten mit dem Melodrama einer Frauenfigur. Der Film entwirft zunächst die klassische Konstellation des Melodramas: eine Frau zwischen zwei Männern: Mamma Roma steht zwischen dem Protagonisten, der überhöhten Figur (des verlorenen Sohns), ihres Sohns Ettore, und der physisch präsenten Figur des verdammten Mannes, die man aus *Accattone* kennt und die in *Mamma Roma* in Gestalt ihres Zuhälters Carmine wieder auftaucht.[16] Was in *Accattone* aus dem Zusammenspiel von ikonografischer Formgebung und mimisch-gestischer Präsenz der Figur entsteht, inszeniert Pasolini hier als eine kommentierende Verschränkung von Bild- und Tonebene. In Musik, Sprechen und Raumdarstellung sind zwei diskrete Welten geschaffen, die einander kommentieren. Dabei wird der Bildraum insgesamt zum Raum des Ausdrucks der Subjektivität der Figur. Im Spiegel des Melodramas von Mamma Roma, die am

Aufbau eines bürgerlichen Lebens scheitert, bekommt die Passion ihres Sohnes Ettore, der sich diesem Leben entzieht, eine neue Funktion. Sie geht über eine Transfiguration – wie sie schon *Accattone* kennzeichnete – hinaus und zielt auf die Artikulation einer allgemeinen Subjektivität des Bildraums, die Figuren und Zuschauer mit einschließt. Denn in dieser Passion Ettores ist das Heilige in ein Bild der Befreiung aufgelöst. Die Transfiguration Ettores wird mit dessen Tod zum Bestandteil des ganzen Bildraums; die christliche Erlösung findet sich hier in einer ganz neuen Verschränkung von Kamera- und Figurenbewegung inszeniert, deren Pathos den Zuschauer im Schlussbild mit den Figuren vereint:[17] Aus den statischen Tableaus, die den ganzen Film kennzeichnen und in denen nur die Figuren sich bewegen, werden zum Schluss dynamische Sequenzen, in denen Figuren- und Kamerabewegung alternieren, ja konkurrieren.

Der gleiche Typus von Bewegung dynamisiert die Schlusssequenz von *Accattone*, nach dessen Tod. Diese Dynamisierung wird, überblendet man sie mit der Transfiguration des Bildraums am Schluss von *Mamma Roma*, als plastische Inszenierung der Erlösung lesbar: In ihr wächst die subjektive Befreiung Accattones – die er mit seinen letzten Worten: „Mo sto bene", „Jetzt geht's mir gut", äußert – zur Artikulation der Subjektivität des ganzen Bildraums.

An diesem Punkt lässt sich – bei aller Gemeinsamkeit – der Unterschied zwischen literarischem und kinematografischem Bildraum aufzeigen. Der bildräumlich gestaltete Erzählraum in der Literatur ist die Evokation von gestalteter Zeit: die Entstehung der Figur im autonomen Sprechakt. Der Bildraum des Kinos hingegen, wie ihn die frühen Filme Pasolinis entfalten, bedeutet die unmittelbare sinnliche Hervorbringung gestalteter Zeit, d.h. die Hervorbringung eines Bildes, das sich in der Zeit vollzieht. Dem Zuschauer stellt sich das kinematografische Bild demnach nicht nur als Objekt der Wahrnehmung, sondern auch als konkreter Wahrnehmungsakt dar. Pasolini hat diesen Gedanken in verschiedenen Aufsätzen der „Ketzererfahrungen/empirismo eretico" zu einer ästhetischen Theorie ausgearbeitet, die seit Gilles Deleuzes Kinotheorie „Das Bewegungs-Bild" und „Das Zeit-Bild" in der filmwissenschaftlichen Emotionsforschung virulent sind.[18]

Homo sacer?

Accattone und Ettore, die Protagonisten von *Accattone* und *Mamma Roma*, sind Figuren, die selbst immer aus zwei Perspektiven betrachtet werden: Accattone stirbt als räudiger Dieb, aber auch als heilige Figur, indem sein Tod die oben genannte, bis dahin ungekannte Dynamisierung des Verhältnisses von Figuren und Kamera auslöst. Ettore wiederum stirbt zum Schluss als Christusfigur, aber auch als einfacher Junge unter skandalösen Umständen im Gefängnis. Im Zen-

Zur Genealogie des Bildraums bei Pier Paolo Pasolini

trum der beschriebenen Dichotomie von Drama und Passion, Aktivität und Passivität steht also die der zugleich marginalisierten und überhöhten Figur. Dadurch wird die Passion des unschuldigen Opfers sinnlich erfahrbar als die Zeit der Verwandlung eines physischen Körpers in eine Ikone.

Man könnte in diesen marginalisierten Opferfiguren den *homo sacer* vorgeformt sehen, wie ihn Giorgio Agamben als Figur des nackten, von jeglicher gesellschaftlichen Entwicklung ausgeschlossenen Lebens gegenüber dem „zoon politikon" dargestellt hat.[19] Diese Analogie ist, betrachtet man die politischen Implikationen, die Pasolini später ex negativo in seinen Kolumnen und politischen Kommentaren formuliert hat,[20] nicht abwegig. Der grundlegende Unterschied besteht aber darin, dass Pasolini das, was er politisch zu denken gibt, für nur ästhetisch erfahrbar hält, und zwar insbesondere durch die Möglichkeiten des Kinos.

Pasolini entwirft mit den subproletarischen Figuren am Rande der Städte eben keine reinen Opfer des gesellschaftlichen Fortschritts: Sie sind auf der sozialen Ebene in ihrer Darstellung im szenischen Raum zwar auch Modernisierungsverlierer; aber diese Ebene herauszuheben und zu isolieren würde bedeuten, *Accattone* oder *Mamma Roma* bildeten eine vorfilmische Realität ab. Als Unschuldige bilden die Figuren aber zuerst das Potenzial einer neuen Gemeinschaft des anderen, der bürgerlichen Welt nicht vergleichbaren – und das vor jeder ideologischen Einordnung oder teleologischen Geschichtsidee. Diese mythische Dimension ist untrennbar mit der sozialen verbunden und löst sich dadurch zugleich von jeglicher Abbildlichkeit.

Gerade weil sie außerhalb der Geschichte, der Politik, des gesellschaftlichen Lebens stehen, gerade dadurch, dass sie in dieser Welt ohne Chance sind, fungieren die „Ragazzi di vita" im ästhetischen Kosmos Pasolinis als politische Figuren, Verkörperungen der Möglichkeit einer ganz anderen, per se fremden Welt.

Vom Heiligen zum Sozialen

Die untrennbare Vermischung von politischer und heiliger Sichtweise auf die Figuren, von sozialer und mythischer Funktion der Bildräume im Modus des Ästhetischen, kennzeichnet auch Pasolinis Verfilmung des Matthäusevangeliums von 1964. *Il vangelo secondo Matteo* ist nämlich der Fluchtpunkt der genannten Entwicklungen. Er vollendet den ästhetischen Kosmos, den Pasolini seit den 1940er Jahren aufgebaut hat. Der Film untersucht die durchgehende Frage nach dem unschuldigen Opfer und dem Verhältnis von profaner und heiliger Seite der Figur unter umgekehrten Vorzeichen: Beschreibt die Passion Christi im Leiden doch die Vollendung der Menschwerdung und nicht, wie bei Accattone,

Bernhard Groß

Ettore oder auch Stracci aus Pasolinis Episodenfilm *La ricotta* (*Der Weichkäse*, I 1962), die Transzendenz der Figuren.

Dies begründet sich aus dem Verhältnis von Film und literarischer Vorlage. Das bei Pasolini erstmals fremde „Drehbuch" des Films – gemeint ist das „Matthäusevangelium" – ist eine Chronik, die sich aus verschiedenen Positionen zusammensetzt: aus der des Chronisten selbst, aus der Stimme des Propheten und aus der Stimme Jesu. Sie bestehen unabhängig voneinander und in der kleinteiligen Struktur des Textes nebeneinander, d. h. in keinem linearen zeitlichen Verhältnis zueinander. Sie variieren jeweils den Blickwinkel der Beschreibung. Der Chronist schildert distanziert die weltlichen Umstände der Menschwerdung; der Prophet deren göttliche Gesetzmäßigkeit und die Stimme Jesu verbindet beide Positionen, wägt und prüft das Irdische und vergleicht es mit dem göttlichen Auftrag.

Im Evangelientext verschränken sich also drei heterogene Positionen, während noch die Drehbücher zu *Accattone* und *Mamma Roma* überwiegend aus Figurendialogen bestehen, die ein Erzähler strukturiert. Die Vorlage des Evangeliumsfilms bietet so schon ein Maximum an Komplexität und Heterogenität der Erzählstruktur, die die Möglichkeiten der Perspektivenverschränkung in der kinematografischen Modulation herausfordert. Der Film selbst zielt dann darauf, diese Verschränkung zu entfalten, indem er Predigt, Passion und Erlösung in eine politische und soziale Perspektive stellt.

In *Il vangelo secondo Matteo* entwickelt sich diese Perspektivenverschränkung als immer zwischen On und Off, Bewegung und Stimme, und d. h. zwischen Profanität und Heiligkeit, Menschlichkeit und Göttlichkeit changierend. Es geht dabei darum, die politische Seite einer heiligen Figur als soziale zu entfalten. Dieser Akt der sozialen Menschwerdung ist im Film, in der Sequenz nach dem Einzug in Jerusalem und bis zum Verrat des Judas, als das Verhältnis eines räumlichen Sprechens zur Figurendarstellung inszeniert.

Diese Sequenz ist geprägt von Tableaus, die Christus predigend vor der Menge im städtischen Umfeld zeigen. Grundiert sind diese Szenen aus dem Off von Chorälen der russischen Revolution, zu deren Melodiestimme sich die sprechende Christusfigur erhebt. Diese im On zu vernehmende Stimme gibt im Rhythmus des Refrains – „Guai a voi, farisei e scribi"/„Schande über euch, Pharisäer und Schriftgelehrte" – den Takt an und rhythmisiert so die ganze Szene. Während die Figur deutlich als Teil der Menge kadriert ist, ist die Stimme von ihr gelöst und besteht über die Einstellungswechsel hinweg autonom. War diese Stimme Jesu zuvor im Film immer sanft und Ausdruck der Figur, so ist sie jetzt erregt, löst sich von der Figur und setzt sich in den Bewegungen der Zuhörer fort. Die Stimme führt damit die vorherige Zerstörung des Tempelbasars auf einer anderen, auf einer auditiven Intensitätsstufe fort.

Denn die Zerstörung des Basars ist die einzige Szene des Films, in der die Christusfigur physisch handelt. Mit dieser Handlungsfähigkeit unterscheidet sie sich von Accattone, Ettore oder Stracci. Denn die Basis ihrer Überhöhung ist in den römischen Filmen gerade ihre Handlungs*un*fähigkeit. Sie ist genau das Scharnier, das den Typus des sozial Deklassierten mit der Heiligenikone verbindet.

Im Matthäusfilm ist die Handlungsfähigkeit der Figur Christi durch seine Stimme verkörpert: Sie führt direkt in die Auseinandersetzung zwischen Jesus und den Pharisäern und Schriftgelehrten. Diese wiederum sind im Gegensatz dazu v. a. optisch als „mächtig" inszeniert: nämlich als die „bürgerlichen" Gegenspieler zu Christus und dem „Volk". Denn die zwar nicht militärisch, doch moralisch „herrschende Klasse" ist ikonografisch herausgehoben: Ihre Kostümierung ist sehr deutlich – wie oft bemerkt wurde – ständischen Figuren aus den Bildnissen Piero della Francescas – des berühmten Malers der Frührenaissance – nachgebildet.[21] Auffallend ist dies v. a. deshalb, weil es die in den römischen Filmen durchgehenden und vielfältigen ikonografischen Bezüge bei der Figurendarstellung jetzt nur noch bei den Pharisäern gibt. Der visuellen Inszenierung der Repräsentation von Macht ist die allein durch ihre Allgegenwärtigkeit mächtige Stimme Jesu, d. h. eine akusmatische Stimme, entgegengestellt.[22]

Während wir es auf der einen Seite mit Schriftgelehrten zu tun haben, die die Bibel auslegen und Gesetze machen, agiert Jesus somit vor allem durch sein Sprechen. Die kunstvolle Kadrierung seiner Aura in den vorhergehenden Sequenzen des Films tritt in Jerusalem in den Hintergrund, sodass die politische Seite der Menschwerdung sich entfalten kann: Christus wird in der Verbindung von sichtbarer Figur in der Menge und Allgegenwart seiner Stimme buchstäblich zur Stimme des Volkes, die sich der Schrift entgegenstellt. Die Kampfansage an die Hüter der heiligen Schrift erscheint so im Film als Verteidigung des Prinzips der Mündlichkeit und damit Verteidigung einer sich nur mündlich artikulierenden Schicht. Diese Mündlichkeit kennzeichnete schon in den frühen Dialektgedichten und römischen Romanen die Inkommensurabilität dieser spezifischen subproletarischen Gemeinschaft.

Hier im Film ist die Inszenierung des Mündlichen ein politischer Akt: Denn während die Schriftgelehrten auf die Richtigkeit ihrer Auslegung der Schrift pochen, widerspricht Jesus ihnen mit der immer wiederkehrenden Formel: „Es steht geschrieben ... Ich aber sage euch ..." Darin erscheint die Figur Christi revolutionär, indem sie die Dynamik des Sprechens gegen die Statik des Gesetzes wendet. Diese Dynamik des Sprechens setzt sich nämlich visuell in der Bewegung des Volkes zu Jesus hin und vom Tempel fort. Das Sprechen zeitigt so buchstäblich eine Wirkung: Die Kraft der göttlichen Worte setzt den Bildraum in Bewegung. Die politische Geste und der göttliche Impetus sind auf diese Weise als Basis einer Gemeinschaft entworfen.

Diese Verschränkung aber ist keine inhaltliche Interpretation des Evangeliums. Sie transformiert dessen Struktur: Das Evangelium selbst ist ja eine

Bernhard Groß

„Aufgehen in der Menge" in *Il vangelo secondo Matteo* (*Das erste Evangelium Matthäus*, I/F 1964) von Pier Paolo Pasolini.

Zur Genealogie des Bildraums bei Pier Paolo Pasolini

„Aufgehen in der Menge" in *Il vangelo secondo Matteo* (*Das erste Evangelium Matthäus*, I/F 1964) von Pier Paolo Pasolini.

Mischung aus Chronik und Sprechen, d. h. aus Erzählung und indirekter Rede, aus Erzähler- und Figurenperspektive. Während die Chronik des Erzählers auktorial ist, entfaltet die Rede von Jesus und dem Propheten eine eigenständige Kontur, die neben der Erzählung steht. Gleichwohl wird die Figurenrede durch eine Art indirekte Rede nicht ganz autonom. Das Matthäusevangelium ist insofern eine Chronik des Mündlichen. Sie muss das literarische Problem lösen, einen Chronisten zu haben, der das Geschehen als Heiliges aus menschlicher Sicht darstellt, ohne über seiner zentralen Figur zu stehen, d. h. ohne die heilige Rede zu kommentieren.

Entsprechend verbindet der Film politische Agitation und göttlichen Gestus zum spezifischen Merkmal des Menschen Jesus: Der Sprechakt selbst ist politisches Programm, die akusmatische Stimme hat das göttliche Potenzial. Dies wird deutlich, betrachtet man noch einmal genauer die der Stimminszenierung korrespondierende Bildraumkonstruktion der Jerusalemsequenz. Sie unterfüttert nämlich die politische Funktion der Stimme mit einer sozialen Dimension.

Beim Einzug nach Jerusalem ist Christus noch von der hellen Stadt und ihren hell gekleideten Bewohnern deutlich durch seinen schwarzen Umhang und den Esel, auf dem er reitet, unterschieden. In dieser Phase der Sequenz wechseln sich Totalen mit Nahaufnahmen und extremen Aufsichten ab. Aber schon hier ist die Figur des Protagonisten, ganz anders als zuvor, als zwar deutlich unterschiedener und herausgehobener, aber doch als Teil einer Menge gezeigt.

In mehreren Schritten, losen Szenenfolgen, wird dann der städtische Raum, die kleinteilige Strukturiertheit der Gassen und Häuser Jerusalems, die als Weg und Mauerstücke sichtbar werden, fast gänzlich aufgelöst. An seine Stelle tritt die Architektur der Menge, in der Figuren und Raum zur Einheit werden: Immer häufiger in Aufsichten wird die kleinteilige grafische Struktur einer sich zunächst vektorartig bewegenden und dann zum Stillstand kommenden Menge gezeigt. In dieser ist Christus mit jeder neuen Einstellung, die rhythmisch wechseln und immer andere Variationen dieser Menge zeigen, bald nicht mehr von den anderen Figuren zu unterscheiden. Alle optischen Hervorhebungsmerkmale der Figur sind nun nivelliert. Es bleibt einzig die Stimme, die bei gleichmäßiger Modulation und Lautstärke jeden Raum ausfüllt und daher dem diegetischen Raum enthoben ist. Der menschliche Körper geht in der Menge auf, die akusmatische Stimme Gottes durchdringt als Hörerfahrung den Raum.

Wir erleben so die soziale Perspektivierung der göttlichen Formel „Geist ereignet sich"[23] als Hervorbringung eines lyrischen Bildraums. Die folgende Passion Christi wäre so gesehen die individuelle, die physische Menschwerdung, die die soziale zur Voraussetzung hat. Diese Bewegung besteht, das macht *Il vangelo secondo Matteo* als Matrix des unschuldigen Opfers deutlich, in der buchstäblichen Abwendung von der Schrift und einer Hinwendung zum gesprochenen Wort als profaner Perspektive auf die Epiphanie.

Zur Genealogie des Bildraums bei Pier Paolo Pasolini

1 So beschreibt es etwa die Studie von Angela Biancofiore, *Pasolini. La scrittura e l'interpretazione*, Palermo 2003. Robert Gordon liest die literarischen und kinematografischen Formprobleme als intertextuelle Relationen. Vgl. Robert S. C. Gordon, *Pasolini. Forms of Subjectivity*, Oxford 1996, S. 219–227. Vgl. auch Rinaldo Rinaldi, *Pier Paolo Pasolini*, Mailand 1982; und Rinaldo Rinaldi, *L'irriconoscibile Pasolini*, Cosenza 1990.
2 Gaston Bachelard, *Poetik des Raumes*, Frankfurt/M. 1999.
3 Vgl. dazu Hermann Kappelhoff, *Der möblierte Mensch. G. W. Pabst und die Utopie der Sachlichkeit. Ein poetologischer Versuch zum Weimarer Autorenkino*, Berlin 1994, S. 90.
4 Vivian Sobchak, „The Scene of the Screen. Beitrag zu einer Phänomenologie der ‚Gegenwärtigkeit' im Film und in den elektronischen Medien", in: *Materialität der Kommunikation*, hrsg. von Hans Ulrich Gumbrecht und K. Ludwig Pfeiffer, Frankfurt/M. 1989, S. 416–427, hier S. 422. Vgl. auch Vivian Sobchak, *The Address of the Eye. A Phenomenology of Film Experience*, Princeton 1992.
5 Pier Paolo Pasolini, „Das ‚Kino der Poesie'", in: *Pier Paolo Pasolini*, hrsg. von Peter W. Jansen und Wolfram Schütte, München/Wien 1985, S. 49–77, hier S. 72; ital. Orig.: Pier Paolo Pasolini, „Il ‚cinema di poesia'", in: ders., *Empirismo eretico*, Milano 1981, S. 167–187, hier S. 183.
6 Für die Mediävistik hat Horst Wenzel ein solches Verfahren entwickelt. Vgl. Horst Wenzel, „Der Leser als Augenzeuge. Zur mittelalterlichen Vorgeschichte kinematographischer Wahrnehmung", in: *Singularitäten – Allianzen. Interventionen 11*, hrsg. von Jörg Huber, Wien/New York 2002, S. 147–175.
7 Vgl. Hermann Kappelhoff, *Matrix der Gefühle. Das Kino, das Melodrama und das Theater der Empfindsamkeit*, Berlin 2004; sowie Hermann Kappelhoff, „Der Bildraum des Kinos: Modulationen einer ästhetischen Erfahrungsform", in: *Umwidmungen. Architektonische und kinematographische Räume*, hrsg. von Gertrud Koch, Berlin 2005, S. 138–149.
8 Der Religionsphilosoph René Girard unterscheidet so distinkt mythische Welt und das Christentum des Neuen Testaments. Während das eine Sündenböcke braucht, Personifikationen des Unglücks, baut das andere auf das unschuldige Opfer, inkarniert in Jesus, seinen Erlösungsgedanken. Vgl. René Girard, *Ich sah den Satan vom Himmel fallen wie einen Blitz. Eine kritische Apologie des Christentums*, München 2002.
9 Vgl. Silvia Carlorosi, *Cinepoiesis: The Visual Poetics of Pier Paolo Pasolini, Michelangelo Antonioni and Franco Piavoli*, UMI Dissertation Service, Ann Arbor, Michigan 2007, S. 42.
10 Bis heute hält die Pasoliniforschung hartnäckig an der Vorstellung fest, die Romane seien v. a. eine Dokumentation sozialer Zustände der italienischen Nachkriegszeit. Vgl. z. B. Biancofiore, *Pasolini* (s. Anm. 1), S. 31 ff.; sowie Francesca Cadel, *La lingua dei desideri. Il dialetto secondo Pier Paolo Pasolini*, Lecce 2002, S. 86 ff.
11 Vgl. dazu beispielhaft etwa das letzte Kapitel von „*Ragazzi di vita*". Pier Paolo Pasolini, *Ragazzi di vita*, Berlin 1990, S. 212 f. Ital. Orig.: Pasolini, *Ragazzi di vita*, Mailand 1995, S. 226 f.
12 Vgl. Karsten Witte, „Spiele vom Toten Mann. Pasolinis ‚Ragazzi di vita' erstmals in deutscher Übersetzung", in: ders., *Die Körper des Ketzers. Pier Paolo Pasolini*, Berlin 1998, S. 143–150, hier S. 147.
13 Ich beziehe mich auf das Konzept Bachtins zur Polyphonie des Romans. Vgl. Michail Bachtin, „Das Wort im Roman", in: ders., *Die Ästhetik des Wortes*, Frankfurt/M. 1979, S. 154–300.

[14] Vgl. „Das Evangelium nach Johannes" 20, 24–29. Thomas, wie viele seiner Mitstreiter, zunächst Fischer (Tommaso wird im zweiten Teil von „Una vita violenta" Fischhändler!), gilt als der Zweifler und Positivist des Neuen Testaments; der, weil er viele Fragen stellt, vergleichsweise unbeliebt ist. Er geht nach Jesus' Tod als Missionar nach Indien und Persien, wo er wie Tommaso in „Una vita violenta" eines unnatürlichen Todes stirbt: Er wird ermordet.

[15] Zum Musikgebrauch bei Pasolini vgl. Karsten Witte, „Unter Leidensgenossen. Wieder im Kino: Pier Paolo Pasolinis erster Film *Accattone*", in: ders: *Die Körper des Ketzers* (s. Anm. 12), S. 39–43. Vgl. auch Roberto Calabretto, *Pasolini e la musica*, Pordenone 1999. Sowie Gretel Freitag, *Metaphern von Musik und Stille als Erkenntnismittel in den Filmen Pasolinis*, Frankfurt/M. 1999. Außerdem Giuseppe Magaletta, *La musica nell' opera letteraria e cinematografica di Pier Paolo Pasolini*, Foggia 1997.

[16] Die beiden Figuren, Accattone und Carmine, werden von demselben Laiendarsteller, Franco Citti, gespielt, der bis zu Pasolinis vorletztem Film, *Il fiore delle mille e una notte* (*Erotische Geschichten aus 1001 Nacht*, I/F 1974), dem letzten Teil der sog. „Trilogie des Lebens", häufig Darsteller bei Pasolini war.

[17] Vgl. John David Rhodes, *Stupendous, Miserable City. Pasolini's Rome*, Minneapolis 2007, S. 125 ff.

[18] Vgl. etwa Kappelhoff, *Matrix der Gefühle* (s. Anm. 7) sowie Matthias Brütsch/Vinzenz Hediger/Ursula von Keitz/Alexandra Schneider/Margrit Tröhler, *Kinogefühle. Emotionalität im Film*, Marburg 2005.

[19] Vgl. Giorgio Agamben, *Homo sacer. Die souveräne Macht und das nackte Leben*, Frankfurt/M. 2001.

[20] Vgl. Pier Paolo Pasolini, *Scritti corsari*, Mailand 1975. Dt.: ders., *Freibeuterschriften*, Berlin 1988.

[21] Vgl. etwa: Alberto Marchesini, *Citazioni pittoriche nel cinema di Pasolini (da Accattone al Decameron)*, Florenz 1994. Francesco Galuzzi, *Pasolini e la pittura*, Rom 1994. Günther Minas, „'Ein Fresko auf einer großen Wand ...'. Die Bedeutung der Malerei für die Filmarbeit Pasolinis", in: *Kraft der Vergangenheit. Zu Motiven der Filme von Pier Paolo Pasolini*, hrsg. von Christoph Klimke, Frankfurt/M. 1988, S. 51–69. Zum Motivvergleich eignet sich hervorragend der Fotoband mit thematisch geordneten Filmstills: Pier Paolo Pasolini, *Corpi e luoghi*, hrsg. von Michele Mancini und Giuseppe Perrella, Rom 1981.

[22] Vgl. Michel Chion, „Das akusmatische Wesen. Magie und Kraft der Stimme im Kino", in: *Meteor. Texte zum Laufbild* 6/12 (1996), S. 48–58.

[23] Nicole Brenez spricht in ihrem Aufsatz zur Figurenkonstruktion in *Il vangelo secondo Matteo* vom figurativen Pendant zur christlichen Formel des „Geist ereignet sich", worin schon sprachlich das Werden der Figur, die über die Person hinausgeht, thematisiert ist. Vgl. Nicole Brenez, „Der figurative Unterschied. Pier Paolo Pasolini: *Il vangelo secondo Matteo*", in: *Das Gesicht im Zeitalter des bewegten Bildes*, hrsg. von C. Blümlinger und K. Sierek, Wien 2002, S. 115–132, hier S. 122 ff. Zur Diskussion um das Figurative bei Pasolini vgl. auch Marchesini, *Citazioni pittoriche nel cinema di Pasolini* (s. Anm. 21), S. 9.

Josef Rauscher

Pier Paolo Pasolinis mytho-mystische Realitätsversessenheit

Hinführung: Film als das Medium der Realitätsaneignung

Mytho-mystische Realitätsversessenheit bei Pasolini zu konstatieren, ist eigentlich fast ungehörig. Nicht etwa, weil Realitätsversessenheit auf ihn nicht zuträfe. Im Gegenteil. Realitätsversessenheit scheint als Kennzeichnung eher zu banal und zu trivial. Eine plakative Selbstverständlichkeit. Pasolini spricht stundenlang, Seite für Seite, in all seinen Ausführungen zum „Kode der Wirklichkeit" und zum Kino als einer „unendlichen Einstellungssequenz" von seiner obsessiven Verpflichtung auf die Realität. Auch wenn er selbst meint, nur Ansätze einer Theorie des Kinos und des Films zu offerieren.[1]

Diese Theorie geht davon aus, dass die Wirklichkeit selbst die Sprache des Films ist. Der Atheist Pasolini greift zur Explikation seiner These vom „Gespräch der Wirklichkeit mit sich selbst" auch kühn zur Einsetzung des Begriffs „Gott", um zumindest im Gedankenexperiment dem Adressaten Umberto Eco, dem Filmsemiotiker, das Zugeständnis der theoretischen Möglichkeit abzuringen, dass die Wirklichkeit – unter der Voraussetzung „Gott" – problemlos als Sprache gedacht werden könnte. Der Atheist Pasolini streicht Gott dann im nächsten Satz sofort wieder, da es ihm nur darum ging, die logische Möglichkeit einer Rede von der Wirklichkeit als Sprache zu beleuchten.[2] Diese logische Möglichkeit findet sich, nach Pasolini, faktisch in der Sprache des Kinos realisiert. In den Filmen und für die Tätigkeit des Filmens, so meint wenigstens Pasolini, wird dieses Sprachsystem „Kino" praktisch vorausgesetzt.

Von diesem zeichentheoretischen Hintergrund ist Pasolinis Denken über Realität im Film und sein praktisches Bemühen um einen poetischen Realismus nicht zu trennen. Sein entschiedenes Ergreifen des Mediums Film als – für ihn – „neues" Ausdrucksmittel Anfang der 1960er Jahre verdankt sich dieser theoretischen Auffassung. Seine Filme suchen dann nur folgerichtig der Tatsache dieser besonderen Verpflichtung auf die natürliche Wirklichkeit als „einziger Sprache, die ohne Einschränkung SPRACHE genannt werden könnte"[3], Rechnung zu tragen. Das Kino „drückt die Wirklichkeit mit der Wirklichkeit aus"[4], betont Pasolini, und wenn wir dies nicht so emphatisch aufwerten wie Pasolini selbst,[5] können wir darin jenen Gedanken von Erwin Panofsky wiederfinden, der initial auch Pasolini bewegte: Die Wirklichkeit ist das Material, mit dem der Film seine „Dynamisierung des Raumes" und seine „Verräumlichung der Zeit" erarbeitet und so eine „mögliche" Wirklichkeit projiziert.[6]

In der Emphase, mit der Pasolini für das Kino als Kode der Wirklichkeit plädiert, zeigt diese allgemeine Orientierung an der Wirklichkeit als Garant des Kinos sicher eine Realitätsversessenheit. Die mystische Komponente ist dabei auch kaum zu bestreiten. Angesichts der von Pasolini unablässig betonten Figur eines „Gesprächs der Wirklichkeit mit sich selbst", bei dem, wie Pasolini anmerkt, die Wirklichkeit die menschliche Erfahrung als Vehikel gebraucht,[7] ist die Kennzeichnung „mystisch" sicher angemessen. Die kategoriale Explikation dieses Theoriekonstrukts mit „Gott" verstärkt diesen Mystizismus noch.

Das ist alles bekannt, und ich sagte ja, die Rede von einer mytho-mystischen Realitätsversessenheit Pasolinis scheint fast befremdlich trivial, ohne bemerkenswerten Informationswert. Doch der Verweis auf den *Mythos* bringt eine andere Qualität ein, obwohl er auf ein triviales Faktum Bezug nimmt. Hinsichtlich von Pasolinis Filmschaffen benennt „Mythos" zunächst etwas Akzidentelles, nämlich eine bestimmte Periode in Pasolinis Filmschaffen. Es ist allgemein bekannt, dass Pasolini Filme drehte, die unmittelbar Mythen zum Gegenstand hatten und diese sogar, wie *Edipo Re* (*Edipo Re – Bett der Gewalt*, I/MA 1967) und *Medea* (I/BRD/F 1969) im Titel führten. Noch seine „Trilogie des Lebens", das *Il decameron* (*Decameron*, I/F/BRD 1971), *I racconti di Canterbury* (*Canterbury Tales / Pasolinis tolldreiste Geschichten*, I/F 1972) und die Auslese aus *Il fiore delle mille e una notte* (*Erotische Geschichten aus 1001 Nacht*, I/F 1974), verstand Pasolini, bevor er sich davon distanzierte, ganz aus erzählerischer Mythenlust.[8]

Doch ist mythische Realität bei ihm in gleicher Weise trivial wie die mystische? Sicher nicht! Beim Mythos kommt zum Vorschein, was die These von einer mytho-mystischen Realitätsversessenheit interessant macht. Pasolinis zeichentheoretische Reflexion auf Film verortet ja – zu Recht oder Unrecht[9] – Film insgesamt als Sprache der Realität. Pasolini spricht dabei im Blick auf das, den einzelnen Filmen als „Äußerungen" zugrunde liegende, Sprach-System von ‚Kino'. Kino als Wirklichkeitssprache, Realität qua Realität, liegt nach Pasolini jedem Film zugrunde. Doch die Kennzeichnung „mythisch" trifft nur auf *einige* Filme zu, auf andere nicht. „Mythisch" ist ein Spezifikum, kein allgemeines Merkmal von Film. Entsprechend bezieht sich meine Kennzeichnung von Pasolinis Filmschaffen als mytho-mystische Realitätsversessenheit auf Pasolinis spezifisches Filmschaffen, nicht auf seine Theorie über Film generell. Die These gilt unabhängig von Pasolinis allgemeiner Theorie des Films. Mytho-mystisch bezieht sich auf die besondere Form, in der Pasolini sich filmend der Realität verpflichtet und die Realität feiert. Pasolini sucht so in seinen Filmen der mystischen Seinsoffenbarung[10] in besonderer Weise zu entsprechen und gerecht zu werden.

Pasolinis mytho-mystische Realitätsversessenheit

Das ist alles andere als trivial, wenn es auch nicht unabhängig von Pasolinis allgemeiner Zeichentheorie ist und sein kann. Noch weniger trivial ist meine Behauptung, dass diese spezifische, „mytho-mystische" Realitätsverpflichtung bei aller Zerrissenheit von Pasolinis Œuvre der Grundnenner von Pasolinis *gesamtem* Filmschaffen ist, mit Ausnahme möglicherweise von *Salò o le 120 giornate di Sodoma* (*Die 120 Tage von Sodom*, I/F 1975).[11] Die Zerrissenheit von Pasolinis Filmschaffen aber ist auch abgesehen von *Salò o le 120 giornate di Sodoma* evident: Wir finden *sozialkritische Studien* in „neo"-neorealistischem Gestus, gefolgt von einer Flucht in nahezu privatistisch *mythentrunkene filmische Verrätselungen*, das Ganze wird begleitet von *Dokumentarfilmen*, die ihrerseits wiederum von den völlig losgelösten, fantastischen, erotisch-literarischen Bilderreigen der „Trilogie des Lebens" konterkariert zu werden scheinen. Dazwischengeschoben ist das filmische Theorem *Teorema* (*Teorema – Geometrie der Liebe*, I 1968), ein philosophischer Versuch in Bildern von proklamatorischer Direktheit.

Ich sage dies im vollen Bewusstsein der Tatsache, dass Pasolini selbst nach seinem Film *Uccelacci e uccelini* (*Große Vögel, kleine Vögel*, I 1966) verkündete, dass er sich von epischen, populären Geschichten, wie sie vor allem dem Erstlingsfilm *Accattone* (*Accattone – Wer nie sein Brot mit Tränen aß*, I 1961) und *Mamma Roma* (I 1962) zugrunde lagen, danach einem anderen Geschichtstypus zugewandt habe: „In gewisser Weise ist meine Imagination heute *weniger* realistisch", behauptete er von sich.[12]

Über Pasolinis Imagination lässt sich nicht gut rechten. Doch in Bezug auf die Filme lässt sich zeigen, dass die eigentliche Triebkraft seines Filmens im Versuch liegt, einen Realitätsgewinn mittels Authentizitätssuche zu erzielen. Diese Authentizitätssuche als Versuch, die Realität mythisch zum Sprechen zu bringen, ist in den frühen Studien des Subproletariats wie in den Mythenfilmen, in den Dokumentarfilmen wie in den Theoremen und selbst noch in den erotischen Literaturverfilmungen dieselbe. Dabei stellt die Zuwendung zum Film in der Rolle des Regisseurs für Pasolini als Person einen neuen Anfang dar, einen Neuanfang gerade in der Wiederaufnahme seiner literarischen Bemühungen um Realität[13].

„Ein neuer Anfang: Der Film (Die sechziger Jahre)" titelt Otto Schweitzer in seiner Pasolinimonografie.[14] Stellt man für das italienische Kino der 1960er Jahre einen „Aufbruch in neue Dimensionen" fest,[15] so gilt dies für Pasolini zunächst auf der ganz persönlichen Ebene. Zugleich aber war es ein Aufbruch auf der Ebene des Films, so verstörend ursprünglich, dass Fellini angesichts der Gewalt des Primitivismus einer pasolinispezifischen technischen Heiligkeit seine fast schon gegebene Zusage, den Erstlingsfilm zu produzieren, zurückzog, trotz seiner Freundschaft mit Pasolini.

Der Film *Accattone* wurde dann, produziert von Alfredo Bini, ein beachtlicher, wenn auch ein zugleich heftig attackierter Erfolg. So markierte der Film

Josef Rauscher

im kulturellen Leben das, was in der Folgezeit für alle Filme Pasolinis gelten sollte, Anstoß und Anstößigkeit. Dies vererbte Pasolini in gewisser Weise zunächst auch seinem Freund, dem ansonsten schnell eigene Wege gehenden Jünger Bernardo Bertolucci, dem er die ausgearbeitete Idee *La commare secca* (*Der Knochenmann*, I 1962) für dessen ersten Film überließ. Grund für Pasolinis widersprüchliche Rezeption bei Kritik und Publikum im Anstoß nehmen einerseits und Aufnehmen innovativer Anregungen andererseits, war eben seine kompromisslose Realitätsversessenheit. Diese aber verdankt sich seiner oftmals als blasphemisch empfundenen Heiligung der Sinnlichkeit und Feier der Heiligkeit in der und mit der sinnlichen Körperwelt.

Ich will die Realitätsversessenheit im Folgenden an zwei Betrachtungsperspektiven der obsessiven Pasolini'schen Realitätssucht beleuchten:

a) an der „Heiligkeit" – d. h. an der Heiligkeit als Heiligkeit der Dinge und Personen, wie sie Pasolini in der Realisierung von *Accattone* im Bild einzufangen suchte. Von dieser Thematisierung der Gegenwart und Fokussierung auf die Gegenwart von 1960 im Film, gehe ich dann über zu b) der mythischen Vergangenheit, wie sie in *Edipo Re* thematisiert wird, um innere Realität – und kollektives Gedächtnis der Tradition – zu gewinnen oder zu beschwören.

Heiligkeit der Dinge und mythologische Überhöhung in alltäglicher Gegenwart – *Accattone* als Anzeige

Ich schicke eine kurze Zusammenschau des Films voraus, dessen Grobgliederung klassischer Dramaturgie folgt: nach der (I) Exposition, bei der uns Accattone, ein kleiner Zuhälter, und seine soziale Welt der Borgate Roms im Rahmen einer albernen Wette vorgeführt wird, folgt die (II) Maddalena-Prostituierten-Szene, die mit deren Einlieferung ins Gefängnis endet. Accattone, der Zuhälter, ist nun mittellos. Im Zwischenstück nähert sich Accattone vergeblich seiner Ehe-Frau Ascensa und stößt auf Stella, eine junge Unschuld. Die Eroberung Stellas (III) und der vergebliche Versuch Accattones, sie zur Prostitution abzurichten, steht im Zentrum des Dramas. Darauf versucht sich Accattone als „besserer" Mensch und arbeitet (IV), wobei ihn die Arbeitsbedingungen schlicht überfordern. Der Zwischenschritt zum tragischen Finale (V) bringt – ein filmisches Kabinettstück – Accattones grandiosen Traum von seiner eigenen Beerdigung. Zurück in der (Film-)Realität folgt Accattones Versuch, als Dieb sein Glück zu machen. Gerade als es zu gelingen scheint, einen Coup zu landen, wird durch Zufall – Accattones Schicksal – das Diebestrio verhaftet. Accattone flieht mit einem gestohlenen Motorrad und stürzt an einer Brücke. Bevor er stirbt, sagt er: „Jetzt geht es mir besser." Der Film endet mit dem Kreuzzeichen, das sein Freund, der Dieb, schlägt.

Pasolinis mytho-mystische Realitätsversessenheit

Präsentiert wird diese klassische Tragödie im Subproletariat in einfachen Bildern der Wirklichkeit, in nahezu dokumentarischem Gestus. Manchmal wirkt der Film im Einsatz von Großaufnahmen des Gesichts etwas gewaltsam, gelegentliche, unsicher suchende Schwenks brechen die Statik des Kameraauges kaum auf und bei den Gegenlichtaufnahmen schwankt man, ob es ein Geniestreich in der Handhabung des Lichts sei, um Bedeutung zu erhöhen, oder akzidentelle Naturgegebenheit. Das Licht, so viel sei hier schon gesagt, ist bei Pasolini in jedem Fall Bedeutungsträger – gesucht und geschenkt.

Als Film macht *Accattone* deutlich, dass und wie Pasolinis Filme sich aus einem originären Verhältnis zur Wirklichkeit herleiten, das so stark ist, dass der vorhandene Bezug zu einem Neorealismus zweiter Ordnung sich fast schon wieder aufgehoben findet, trotz Laienschauspielern, Wahl des passenden Milieus und Milieutreue, und trotz Sozialkritik und weitgehend dokumentarischer Kameraführung, also trotz der fortentwickelten Kennzeichen des Neorealismus. Der Realismus Pasolinis, der ein Realismus der Bilder ist, nicht der Geschichte, entfaltet seine Wirkkraft nicht einfach aus der Abbildung der äußeren Wirklichkeit, sondern aus der magischen Beschwörung von Wirklichkeit mittels der Außenhaut, dem Film der Dinge. Realismus der Bilder bedeutet Feier der realen Gegebenheit im Bild. Die Art, wie die Welt in *Accattone* gesehen wird, ist die Perspektive einer technischen Heiligkeit, behauptet Pasolini. Er benennt diese Ausrichtung auf Heiligkeit selbst als Differenz zu einem folkloristischen Neorealismus. Bei ihm mündet das Epos im Heiligen, wobei diese Sicht der Welt, die zur Qualität der Filmbilder wird, durch die Bachmusik noch hervorgehoben werde.[16]

Bertolucci, der den Film *Accattone* sehr schätzt(e), sucht den, wie er sagt, „sakralen Ton Pasolinis" für sein eigenes Schaffen zu vermeiden.

> Pasolinis Filmkunst ist zutiefst religiös und hat nichts mit der bürgerlichen Kultur zu tun; sie gedeiht in einer Welt, die nur ihr gehört; der Welt des Films gegenüber, die Pier Paolo Pasolini kaum kannte, will sie sich ihre Unschuld bewahren. Hinter *Accattone* steht nicht die Perversion des Filmfreunds, (nicht) die Liebe zum Kino an sich. Ich hingegen hatte immer schon vom Film geträumt.[17]

Pasolini steht also in der sakralen Feier der *Dinge* gegen die Orientierung am Vorbild *Film*. Er sucht eine Mimesis der ersten Art, eine elementare Mimesis der Wirklichkeit. Die Bedeutungssuche ist ganz auf die Welt, nicht auf die Form der Kunst gerichtet. Überträgt man die Auseinandersetzung um Kamera-Bild und Wirklichkeit auf die Philosophie und deren Reflexion des Seins, würde man sagen, Pasolini operiert unmittelbar und elementar als *Selbstdenker*, freilich zugleich als ein *Mystiker*. Darin unterscheidet sich Pasolini vom Neorealismus. Der Neorealismus erscheint in seiner Fortentwicklung der 1950er Jahre manchmal nahe-

Josef Rauscher

zu als eine Art Genre, das aus der Milieuzeichnung eine Sozialromantik entwickelt und charakteristische Handlungsmuster und Stereotypen ausdifferenziert. Nichts wäre Pasolini ferner als eine Orientierung an solchen Regeln und Mustern. Er stellt sich der Wirklichkeit als Offenbarung, die er ins Bild bannt.

So bietet Pasolinis erster Film eine typische Melange seines Mystizismus, seiner Realitätsversessenheit, seines sozialen Engagements, seiner speziellen Erotik und – oder eher dies alles zusammenfassend – seiner Träume. Der „Traum von einer Sache", der nach Marx im Kollektiv-Bewusstsein bereits virulent ist, meint bei Pasolini, dem Marxisten, den Traum von einer lebenswerten Welt. Deren Vorbedingung ist eine Einstellung zur Körperwelt jenseits aller Vernutzungen und Funktionalisierungen: Heiligkeit der Dinge.

Kotulla, der auf die visionäre Kraft aufmerksam macht, die über den Neorealismus hinausweist, fragt sich zu Recht, ob nicht durch die poetische Potenz die vorhandenen Dilettantismen – die er zuvor auflistet – wettgemacht werden oder gar zum Ausdruck und Stilwillen dazugehören.[18] Tatsächlich wächst die Schlichtheit der Präsentation dem Film als ästhetischer Mehrwert zu. Diese einfache Schlichtheit, bei der, etwa wenn Pasolini durch ein Mauerloch filmt, überakzentuiert „natürlich" die kostbare Binnenrahmung im Cadre gesucht und immer das Wichtigste zentriert wird, hebt das Bild aus der Welt heraus, indem es den Blick ganz einfach auf der Welt ruhen lässt. In einfachster Form transzendiert Pasolini beispielsweise auch die Situation, wenn er bei dem Verhör Accattones das Licht übernatürlich/natürlich den kargen Raum durchfluten lässt. Sakralisierende Transfiguration. Wenn in Groß- oder Detailaufnahmen in geradezu naiver Weise die Personen und Dinge als Sensation und Rätsel offeriert werden, lässt die filmische Erfassung der Welt diese Welt als Besonderheit hervortreten. Pasolini filmt, als erfinde er in eben diesem Moment die Großaufnahme und seine wenigen Kameraschwenks sind zugleich voll Unsicherheit wie Hingabe. Genau dies thematisiert Pasolini, wenn er von der „technischen Heiligkeit des Kameraschwenks" spricht.[19]

Ständig wird der Realismus, der auf die vorfindbare, soziale Welt der Vorstädte Roms bezogen ist, zu einem mystisch-mythischen Überrealismus erhöht, einem Realismus, der ideen-, mythen- und traumgesättigt ist. Selbst die Entscheidung für Laienschauspieler verdankt sich bei Pasolini mehr der magischen Beschwörung von Authentizität, denn der Notwendigkeit realistischer Darstellung. Das Sakrale der Realität interessiert Pasolini. Dem faszinierten Interesse an der Außenhaut der Dinge entspricht so eine starke Gewichtung der Innendimension. Die Seele wird verhandelt. Pasolini betont keineswegs zufällig, dass die Gefühle realer sind als die Faktizität.[20]

Und keineswegs zufällig findet sich denn auch im Film die erwähnte lyrische Traumsequenz, die geheimnisvoll antizipativ der Wirklichkeit korreliert. In Pasolinis Welt sind in erster Linie die *Träume* wirklichkeitsgenerierend, nicht die

Pasolinis mytho-mystische Realitätsversessenheit

Verhältnisse. Kotulla sieht in dieser Traumsequenz, in der Accattone an seiner eigenen Beerdigung teilnimmt, den einzigen Filmtraum, der sich mit den Bunuel'schen Träumen messen kann.[21] Pasolinis Bemerkung „der Film ist zutiefst onirisch, wegen des elementaren Charakters seiner Archetypen"[22], gewinnt hier eine konkrete Auslegung. Film als Traum – das ist nicht so ungewöhnlich. Doch es sollte als Selbstverständnis Pasolinis festgehalten werden. Er hat im Blick auf den „Traum von einer Sache" die Realitätssättigung im Blick und nicht die Realitätsflucht.

Eine Anmerkung zum Licht als Bedeutungsträger

Ich hatte das Licht schon als Bedeutungsträger erwähnt, und in manchen Bildern fungiert das natürliche Licht wie in der Malerei zugleich als Auserwählung und Bedeutungshöhung für das, was so natürlich ins Licht gesetzt wird. Diese Auszeichnungsleistung erbringt freilich auch die Musik. Wolfram Schütte bemerkte zu *Accattone*: Das „metaphysische Licht" fällt durch J. S. Bachs Passionsmusik in den Film und sammelt sich im „Überhellen" des Traums. Das Licht wirft dann seinen Schein vom Tod, der als Erlösung thematisch ist, auf das Leben zurück. So weit Schütte. Das wirkt etwas überzogen, aber genau das sucht Pasolini. In der einfachen Präsentation das Ungeheure der Bedeutung. Schütte spricht von „sakraler Einfachheit"[23] und tatsächlich scheint die Ästhetik Pasolinis an einzelnen Höhungen in Bildern, an Singularitäten, interessiert zu sein, nicht an der Episodik der Geschichte oder der Bildverknüpfung. Dazu passt, dass Pasolini Figurationen der von ihm geschätzten Renaissancemalerei unmittelbar in die Wirklichkeit übertrug. Man kann durchaus mit Schütte davon sprechen, dass die dokumentarische Grundschicht religiös aus- und übermalt wird. Doch vergesse man dabei nicht den Atheismus Pasolinis und seine Frontstellung gegen Institutionalisierung.[24] Was Pasolini sucht – und teilweise leistet –, ist die *Verklärung des Gewöhnlichen*. Ich erinnere daran, dass dies Arthur C. Dantos Titel für die Ästhetik der Moderne oder Postmoderne überhaupt ist[25], Kennzeichnung jener Kunst, der Pasolini allerdings mit größter Skepsis entgegentrat. Doch *Transfiguratio* – Dantos Originaltitel heißt „Transfiguration of the Commonplace" – kennzeichnet Pasolinis Filmpräsentation wie nichts sonst. Pasolinis wesentliche filmische Arbeit besteht in einer Verklärung des Gewöhnlichen durch ein schlichtes Bild-Erfassen des Gewöhnlichen, das die ursprüngliche Heiligkeit der Dinge figuriert.

Die Authentizität der Schauspieler spielt für Pasolini vor diesem Hintergrund eine entscheidende Rolle und liefert einen weiteren Beleg für die Realitätsobsession wie für die beanspruchte ontologische Heiligkeit der Dinge und Personen. Pasolini betonte noch nach *Uccellacci und uccellini*, dem Film, in dem der Schauspieler Totò brilliert, dass er Filme lieber nicht mit professionellen

Schauspielern mache, sondern „mit Gesichtern, Figuren und Charakteren, die ich aus der Wirklichkeit nehme (...) Ich wähle nie einen Schauspieler nach seinem schauspielerischen Können aus, (...) ich wähle ihn wegen dem, was er ist".[26] Anlässlich der Fernsehausstrahlung *Accattones* im Jahr 1975 hebt Pasolini hervor, dass in seinem Film keiner Schauspieler war, sondern: „Jeder war ‚er selbst'. Seine Realität wurde durch seine Realität dargestellt."[27]

Pasolini sucht Gesichter. Formal entspricht der Betonung des Gesichts ein gehäufter Einsatz der Großaufnahme. Die Kamera verweilt buchstäblich bei dem in Großaufnahme gezeigten Gesicht. Doch die Kamera leistet nur einen Transfer. Die Transfiguration des Gewöhnlichen zum Heiligen, das es immer schon ist, leistet bei Pasolini der liebende Blick. So sehr Sam Rohdie zuzustimmen ist, dass erst die Zitation der Wirklichkeit ins Bild jene spezifische Heiligkeit wahrnehmbar macht,[28] um die es Pasolini geht, so wenig trifft die Auffassung, dass diese „Heiligkeit" erst filmisch generiert wird, den Ausgangspunkt von Pasolini. Der Traum von einer Sache liegt bereits vor, liegt in ihr, bevor der Film die Realität traumbewahrend und fördernd ins Bild setzt.

Die Auswahl der Schauspieler, der Gesichter und der Schauplätze wird daher zum zentralen Moment bei Pasolini. Ein Casting des Seins, könnte man spotten, doch die Intention Pasolinis ist tatsächlich die eines Dichters im Heidegger'schen Sinn, der die Winke der Götter aufnimmt und weiterträgt ins Volk. An diesem Volk litt Pasolini andererseits wie ein Prophet. Ihm geht es um eine Authentizität, auf die das Volk zugunsten des Konsums gerne verzichten zu wollen scheint.

„Die Gesichter meiner authentischen Figuren" sind, so Pasolini „absurd und authentisch, lächerlich und authentisch, verzweifelt und authentisch."[29] Authentizität ist nicht etwa Vorbedingung, Authentizität ist bereits die sakrale Dimension. Hier sieht Pasolini die wahre, die unverfälschte Wirklichkeit, die in sich Hoffnung trägt. Pasolini betonte, dass die im Film *Accattone* deutlich empfundene religiöse Komponente nicht nur im Bedürfnis der Titelfigur nach Erlösung oder im schicksalhaften Tod liegt. Accattone teilt im Übrigen dieses Schicksal eines frühen Tods mit den meisten Handlungsträgern der frühen Romane Pasolinis. Und eine ambivalente Entsprechung bezüglich des Todes findet sich auch in dem anderen nach-neo-realistischen Film quasi-dokumentarischer Natur, *Mamma Roma*. Die von Anfang an vorhandene mythologische Überhöhung wird dabei beständig verstärkt. Am Ende der Filmgruppe im neu-neorealistischen Gestus[30] steht paradoxal die Evangeliumsverfilmung nach Matthäus. So man will, ist man damit beim Mythos, auch wenn man in Pasolinis Schaffen – bezeichnenderweise – die Verfilmung des Evangeliums nach Matthäus in keiner Weise zu den Mythenfilmen[31] zählen kann, sondern zu den realistischen zählen muss.

Bei Pasolini ist der Tod heilig, erwähnt Bertolucci beiläufig.[32] Ich muss in einem Satz dabei ins Bewusstsein und in Erinnerung rufen, dass Pasolini den Tod auch als die explikative Metapher für seine Semiologie verwendet. Der Tod gibt

Pasolinis mytho-mystische Realitätsversessenheit

Sinn. Das meint Pasolini in der schlichten Weise, dass mit dem Tod die Ambivalenz einer endlos fortlaufenden Folge, ich erinnere an die eingangs erwähnte „unendliche Einstellung" des Pasolini'schen Idealfilms Wirklichkeit, zum abgeschlossenen Sinngefüge wird. Auf der Ebene des Films leistet dies der Schnitt. Pasolini plädiert daher persönlich durchaus für die Montage. Sie ist die Möglichkeit, aus der horizontalen Bedeutungslosigkeit der Reihe vertikale Bedeutungsspitzen zu gewinnen. Dies lässt sich für die Re-Sakralisierung der Dinge im Bild hervorragend ausnützen. Die charakteristischen Großaufnahmen der Gesichter, die einige Kritiker veranlassten, an Dreyers *La Passion de Jeanne d'Arc* (*Die Passion der Jeanne d'Arc*, F 1928) zu erinnern, sind dafür bestes Beispiel.

Mythische Vergangenheit als innere Realität und kollektive Wahrheit vor der (bürgerlichen) Geschichte

Tatsächlich kann ich mich, nach der Explikation der mystischen Heiligkeit der Dinge, die Pasolini so vehement und ausdauernd beschwört und mit seiner Kamera in der Gegenwärtigkeit des Subproletariats quasi-dokumentarisch zu erfassen sucht, bei der direkten Hinwendung zum Mythos deshalb kurz fassen, weil die Gegenwärtigkeit des Mythos ohne Berufung auf Mythen in Pasolinis Filmen immer schon, von Anfang an, gegeben war.[33] Was ändert sich bei der mit *Edipo Re* und *Medea* so stark ins Auge fallenden Abwendung Pasolinis vom neu-neorealistischen Gestus, der ohnehin gerade wegen der Sakralität der Dinge, wegen der mythisch-mystischen Überhöhung der Figuren sowie der spezifischen Symbolik mehr Abwendung von der neo-realistischen Bewegung, denn Hinwendung war? Bringen die mythentrunkenen, vergangenheitssüchtigen Filme Pasolinis wirklich eine ganz andere Saite zum Klingen?

Als Rhetoriker würde ich pointiert sagen: Nichts, es ändert sich gar nichts. Da uns Philosophen aber, seit Platon, ein gewisses Verbot rhetorischer Gesten – und verführerischer Bilder – auferlegt ist, reformuliere ich. Das Entscheidende, der Gedanke von einer heiligen Wirklichkeit der Körper, die in dieser Bedeutung im filmischen Bild erfasst und präsentiert werden können, bleibt gleich. Und entsprechend finden sich auch die analogen filmischen Mittel der Erfassung der Wirklichkeit wie Großaufnahmen und Lichtnutzung, Außenaufnahmen und Authentizität des Dokumentarismus.

Ich möchte nicht darauf abheben, dass wir in *Edipo Re* mit Franco Citti denselben Spieler/Protagonisten haben wie in *Accattone*. Man könnte dies sogar in ein indirektes Gegenargument formen, insofern es freilich nicht verwundern kann, wenn die Großaufnahmen des Gesichts unter solcher Voraussetzung von personaler Identität bei Rollendifferenz dieselbe Sprache sprechen. Freilich stellt diese Schauspielerkonstanz, ob als Authentizitätsphänomen oder als Präsenta-

Josef Rauscher

tionsanalogie, gleichwohl eine Parallele zwischen gegenwartsverpflichteter Sozialstudie und vergangenheitsorientiertem Mythenkonstrukt her. Doch das wäre ohnehin nur äußerliches Merkmal. Viel entscheidender ist, dass das Grundverhältnis der Kamera und der Kameraarbeit zur Wirklichkeit beim dokumentarischen *Accattone* wie beim theatralen *Edipo Re* dasselbe ist.

In großartiger Weise lässt Pasolini in einem Schwenk zu Anfang des mythischen Teils[34] von *Edipo Re* die Wüste ocker aufgehen wie ein gefährlich schönes Gegenparadies zu der Gegenwart. Immer bleiben dabei die überwältigenden Szenarien auf den Menschen bezogen.

Die Verbesserungen und Erweiterungen Pasolinis im Einsatz filmischer Mittel machen nur deutlich, dass es immer noch darum geht – und im Blick auf den Mythos wäre zu sagen, immer *wieder* darum geht – die Bedeutsamkeit der Welt zu retten, indem wir die Personen und die Dinge in ihrer Eigen-Valenz zur Geltung kommen lassen.

Wenn es gelänge, die Heiligkeit der Dinge ins Bewusstsein zu heben, dann ergäbe sich zugleich eine positive Veränderung der Gesellschaft, meint Pasolini. Wie weit entfernt Pasolini von Adorno auch sein mag, die Grundidee einer Rettung der Identität des Unterdrückten steht Pate. Adorno war sich nur des notwendigen Scheincharakters – denn Adorno beschreibt dies Verhältnis von Sein und Schein als Antinomie der Kunst – deutlich bewusst.

Deshalb bedeutet bei Adorno auch Arbeit am Mythos, das Wahrheitsmoment zu erheben und den Verstellungscharakter des Mythos zugleich herauszuarbeiten. Pasolini hingegen scheint zu hoffen, dass gleichsam von selbst das Potenzial des Mythos seine Wahrheit entfaltet. In den Mythen jedenfalls liegt für Pasolini der „Traum von einer Sache" als Idee für eine Emanzipation zum Leben bereit. Es geht darum, über die archaischen Mythen, die eigene, die richtige, die antibürgerliche Geschichte zu ergreifen oder vielmehr, ursprünglich beginnen zu lassen. Den Traum, den die nicht geschichtsmächtigen Unterdrückten träumen, gilt es zu realisieren. In den Mythen lebt der Traum von der Sache der Emanzipation und Gerechtigkeit von alters her fort – *unbewusst*. Dass Pasolini dies so sah, muss man nahezu als sicher annehmen. Sein Buchtitel „Der Traum von einer Sache" („Il sogno di una cosa") und das Marxzitat als Motto erlauben keinen Zweifel.

Wenn diese kritischen und affirmativen Vorstellungen ins Bewusstsein gehoben werden, dann antizipieren sie die Idee einer freien Gesellschaft. Film soll ein Erarbeiten dieses Bewusstseins in der Hebung der Wirklichkeit zum Bild befördern. Im Mythos liegt dieses Traum-Bild verschüttet vor. Nachdem – so Pasolini – die der Heiligkeit der Dinge diametral entgegenstehende Warenwelt das gegenwärtige Subproletariat zu korrumpieren scheint, greift er direkt auf die archaischen Mythen zurück. Der Grund dafür ist jedoch einzig und allein, einen adäquaten Ort für einen Ansatz bei der Heiligkeit der Dinge zu finden.

Pasolinis mytho-mystische Realitätsversessenheit

Der Mythos hat eine Gegenwartskomponente, die Pasolini in *Edipo Re* in der Grundfigur des Films mit der Einbettung des eigentlichen Mythos in die zwei modernen Sequenzen zu Anfang und Schluss stark herausstreicht. Die Moderne ist dabei in trügerischem Grün dem Wüstenocker des Mythos entgegengestellt. Doch das nebenbei. Durch diese direkte Thematisierung der Moderne tritt zugleich die subjektive Komponente hervor, die bei *Edipo Re*, der als autobiografische Arbeit Pasolinis am Mythos, vice versa, gelesen werden kann, besonders stark ist. Doch das subjektive Moment, das sich der Rolle des Mythos als eines kollektiven Gedächtnisses verdankt, hat einen generellen Aspekt.

An unerwarteter Stelle thematisiert Pasolini dies direkt. Zunächst stellt er im Kontext seiner gefühlsmäßigen Verurteilung der Jugendlichen in „Die unglücklichen Jugendlichen"[35] fest: „Gefühle (...) sind historisch, sind real, sind Ausdruck unmittelbarer Erfahrung". Ein Ausblick, wie gesagt, auch auf das, was Pasolini unter Realität versteht. Doch diese gegenwärtige, existenzielle und persönliche Realität stellt er selbst in den Rahmen der *griechischen Tragödie*, wo die Söhne die Schuld der Väter büßen. Deshalb, so Pasolini, „zweifle ich nicht im mindesten, daß alles Folge meiner Schuld ist."[36] Pasolini entfaltet dann seine nur mäßig dialektische Position in der Frage nach der Schuld der Väter. Interessant ist jedoch seine einleitende „Rechtfertigung": „Lieber ein Volksfeind als ein Realitätsfeind", da sie nochmals die Kraft einer Wirklichkeitsanalyse selbst noch gegen das Volk – Pasolinis liebste Bezugsgröße – beschwört. Pasolini wendet sich dann als entscheidendem Moment dem „Zwang der Konsumgesellschaft" als der falschen Leitidee zu. Diese führe dazu, dass Geschichte immer als „Geschichte der Bourgeoisie" verstanden wird, die heute alle anders denkbaren Geschichtsentwürfe vereinnahmt. Man darf annehmen, dass diese anderen Geschichtsentwürfe solche wären, die aus dem zum Bewusstsein gehobenen, mythischen Archiv für eine emanzipierte Gesellschaft zu gewinnen wären. Man kann nicht leugnen, dass Pasolini insgesamt einer vergangenheitsorientierten Utopie zuneigt.

Natürlich kann dies aber nicht einfach meinen, dass gegenwärtige Geschichtsentwürfe sich als Zukunftsmodell auf archaische Zustände ausrichten. Darin täuscht sich der wehklagende Pasolini der 1970er Jahre. Man muss diesem in Bildern neu zu evozierenden Traum von einer Sache eher einen sokratischen Dreh geben – individuell und politisch. Der Traum von der richtigen Sache ist durch kritische Prüfung der Mythen ins Bewusstsein zu heben. In diesem Sinn wäre die „richtige Sache" durchaus als Vollzug von Gedanken der Vergangenheit denkbar. Der Mythos kann als Referenzstelle dienen. Doch Pasolini zeigt sich zu sehr fixiert auf den einzigen Punkt eines Kampfes, seines Kampfes, um die Dimension der Heiligkeit – in der Körperwelt, wohlgemerkt. Natürlich müssen die Träume gleichsam schon sokratisch vorgegeben sein,

251

damit wir sie richtig erfinden können, doch dies kann nicht eine nahezu bedingungslose Entscheidung für den Mythos und gegen die Zivilisation sein, wie Pasolini nahezulegen scheint. In den Mythenfilmen macht Pasolini zwar, vor allem in *Medea*, auch auf die Ambivalenz des Mythos aufmerksam und handelt im mythischen Stoff selbst reflexiv über die Kraft des Mythos. Insgesamt aber prägt Pasolinis Horror vor den zivilisatorischen Errungenschaften der technisierten und funktionalisierten Warenwelt seine Weltwahrnehmung so stark, dass noch die gewalttätige Ungeheuerlichkeit des Mythos ihm zum Positivum wird. Den Horizont eines Guten in der Heiligkeit der Dinge reklamiert Pasolini zu eindimensional, ja banal, wenn er den philosophischen Kentauren in *Medea* verkünden lässt: „Alles ist heilig!", und solcherart dann heilige Realität und Mythos sich wechselweise definieren lässt.[37]

Ich verzichte darauf, noch einige kleinere Differenzen der Mythenfilme zu den früheren Filmen zu benennen. Sie sind nicht von fundamentaler Bedeutung für die Frage des Realitätsaufschlusses. Dass die Farbe nun eine entscheidende Rolle spielt, dass das Theater des Seins nun in der mythischen Vergangenheit zur Aufführung gelangt, ist sekundär. Zwar fällt in *Edipo Re* wie in *Medea* auch ein stark akzentuiertes, antinaturalistisches Auftreten in theatralem Gestus auf, und die Kostümierung entspricht dieser Überakzentuierung, doch dies skizziert nur den Rahmen für die Fokussierung auf das Eigentliche, die Feier der Realität. Die Ausstattung als Abkehr von der Wirklichkeit zu begreifen, wäre völlig verfehlt.

Die alten Prinzipien der Sakralität der Dinge und Ereignisse sind in der mythologischen Annäherung über eine direkte Thematisierung der Mythen erhalten geblieben, selbst dort, wo sie ein anderes Gesicht als in den frühen Sozialstudien gewinnen. In den Gesichtern sucht Pasolini die Seele, in den Landschaften heilige Orte, in den Handlungen findet er die Mythen. Das schließt sich nicht aus, im Gegenteil, das geht zusammen. Es sind zwei Seiten derselben Medaille.

Wie stark Pasolini in der Perspektive des Mythos die Dinge und Orte als Bedeutungsfelder und authentische Auszeichnungsobjekte sucht, macht im Übrigen auch die Dokumentation *Appunti per un'Orestiade africana* (*Notes Towards an African Orestes*, I 1970) deutlich. Doch darauf kann ich in diesem Zusammenhang ebenso wenig eingehen wie auf die relativ evidente Verpflichtung auf Mythen in der sogenannten „Trilogie des Lebens", in den erotischen Literaturverfilmungen von *Il decameron* über *I racconti di Canterbury* zu *Il fiore delle mille e una notte*.

Pasolinis mytho-mystische Realitätsversessenheit

Schluss: Der Traum von einer Sache

Alberto Moravia hat wahrscheinlich darin Recht, dass Pasolini seinem Kampf gegen die Konsumideologie nach dem scheinbar unüberbietbaren Pessimismus seines letzten Werks *Salò o le 120 giornate di Sodoma* doch noch eine neue Volte gegeben hätte. Dialektisch war diese Volte bereits in der angestrebten Darstellung der verderblichen Mutation des bäuerlichen Fundaments des Subproletariats in ein bourgeoises Konsumstreben virulent.[38] Wir müssen annehmen, dass der Plan der Sex- und Warenweltgroteske *Pornoteo Colossal* den Umschlag zu einem erneuerten Mythos bereits ex negativo indiziert. Die Differenz zwischen jener letzten, nach Voraussetzung umfassenden Entwertung in *Salò o le 120 giornate di Sodoma* und der nichtaffirmativen Darstellung dieser Entwertung in der Gegenwart, ermöglicht und erzwingt fiktional eine Wertzuschreibung jenseits der Warenwelt. Dies ist zugleich die Voraussetzung für den Gewinn einer noch nicht bestimmten Utopie, die allein aus dem Vermögen der Fiktion, alternative Welten zu projizieren, erwächst. Mythos als Gründung.

Der uralte Traum von einer Sache als eigentliche Aufgabe der Geschichte ist dem Mythos als solchem eingeschrieben. Diese Entdeckung brachte Pasolini im Film mit seinem Mythenzyklus zum Bewusstsein. Die archaische Kraft des Mythos enthält als Potenzial die Idee der Emanzipation zur befreiten Wirklichkeit.

Der Film erweist sich so wegen seiner onirischen Qualität *der Möglichkeit nach* als Traum von jenem Traum von einer Sache. Der Traum von einer Sache liegt als Heiligkeit in der/über der Welt und er liegt im Mythos, der letztlich in allen Variationen von dieser Dimension berichtet. Peter Kammerer meinte in „Der Traum vom Volk. Pasolinis mythischer Marxismus", dass der „Wille zur wirklichen Inbesitznahme der Sache in Pasolinis Werk von Anfang an nicht angelegt gewesen"[39] sei. Dies unterlasse Pasolini zugunsten der Berufung auf einen dumpfen, animalischen Volkswillen. Aber Pasolini kritisiert das Volk aus der Perspektive der Realität, und die „Heiligkeit" als Auszeichnung der Dinge kann bei ihm weder dogmatisch in Anspruch genommen noch ungeprüft akzeptiert werden. Sicher, es stellt sich die Frage der animalischen Unschuld, die Pasolini in unklarer Weise beschwört, doch Pasolini kämpft um das Heilige als Wiedergewinn einer Unschuld kritisch, nicht affirmativ.

Daher ließe sich Pasolini in seiner obsessiven Realitätsfeier zusammenbringen mit der sokratischen Maxime, dass das ungeprüfte Leben nicht lebenswert sei. Der Filmemacher und Literat Pasolini, der Kritiker und Theatermacher, realisiert die kritische Komponente. Allerdings steigt Pasolini über die Analyse hinaus und hinauf in eine existenzielle Prüfung der Lebensform. Im Plädoyer für eine Alternative zur bürgerlich-kapitalistischen Warenwelt sucht er den Wahrheitsgehalt des Mythos, wie das Heiligkeitsmoment des Seins, als Undarstellbares zu evozieren, indem er die Dimension des Heiligen mythisch-mystisch beschwört.

Josef Rauscher

In der Wirkung lassen sich die Anstöße Pasolinis eher als dialektische Gegenmomente ausmachen denn als schulbildende Einstellungen zur Realität und zum Bild der Realität. Sein direkter Schüler, Bernardo Bertolucci, distanzierte sich im praktischen Schaffen schon in seinen ersten Schritten unmittelbar von der sakralen Realitätsverpflichtung Pasolinis. Und Pasolinis erklärter Lieblingsfeind Michelangelo Antonioni[40] wirkte mit der formalen Analyse des Bürgertums wie mit der Auflösung der Identität und Virtualisierung der Realität in *Blow Up* (*Blow-Up*, GB/I/USA 1966) stärker auf das Selbstverständnis der Filmemacher wie des Publikums. Gerade Antonionis Festlegung auf einen formalen, jedoch keineswegs inhaltsleeren Ästhetizismus überzeugte hinsichtlich der Korrelation von Realität und Bild der Realität mehr denn Pasolinis mythisch-mystische Verpflichtung auf reale Orte und wirkliche Personen.

Pasolinis Versuch, die Mythen Anfang der 1970er Jahre dann in literarischer und erotischer Form aufzugreifen und mit dem ursprünglichen Leben zu versöhnen, erwies sich zudem als anfälliger für einen Konsumismus denn die Arbeiten anderer Filmemacher, die das italienische Kino der 1960er Jahre nicht so elementar und nahezu primitivistisch wie Pasolini gesellschaftskritisch und ästhetisch repräsentierten. In seinen Intentionen scheiterte Pasolini so, nachdem bereits die mythisch-theoretischen Filme der späten 1960er Jahre als Utopien eines unverständlichen Elitismus beiseitegeschoben worden waren, auch mit seiner Wende zur Orientierung am Publikum, dem eigenen Anspruch nach, vollständig. Doch gleichwohl artikulierte Pasolini in seinen Filmen der 1960er Jahre bereits die Herausforderung vom Traum von einer Sache, den das Kino heute noch, sei es in der erotischen Abbildungsproblematik, sei es in der ideologiekritischen Perspektive oder sei es in der mytho-poietischen Brechung, anstößig weitertreibt.

Vielleicht findet man in so heterogenen Autorenfilmern wie Abbas Kiarostami – in der stillen Feier der Landschaft –, Theo Angelopoulos – in der gebrochenen Evokation des Mythos –, oder bei Jim Jarmusch – in dem negiert beschworenen mystischen Moment der Gegenwart – unbewusste Anknüpfungen an Neuansätze Pasolinis, die bei ihm selbst allein von seiner mystisch-mythischen Realitätsversessenheit zusammengehalten wurden.

---

[1] Die Vorträge „Kino der Poesie" (1965) und „Die schriftliche Sprache der Realität" (1966) initiieren die theoretische Auseinandersetzung um Film und Sprache unter semiologischen Gesichtspunkten. Vgl. Pier Paolo Pasolini, „Das Kino der Poesie", in: *Pier Paolo Pasolini*, hrsg. von Peter W. Jansen und Wolfram Schütte, München/Wien 1977, S. 49–84.

Pasolinis mytho-mystische Realitätsversessenheit

2. Pier Paolo Pasolini, „Der Kode der Kodes", in: ders., *Ketzererfahrungen*. Frankfurt/M./Berlin 1982, S. 265–274, hier S. 269: „Nehmen wir also absurderweise – ich betone ‚absurderweise' – an, es gäbe einen Gott (...)".
3. Paolo Pasolini, *Ketzererfahrungen* (s. Anm. 2), S. 240.
4. Ebenda, S. 242.
5. Pasolinis Definition „das Kino als Langue ist die Wirklichkeit selbst" (vgl. ebenda, S. 244) ist sicher irregeleitet, weil das Kino so verstanden gerade nicht von den Filmen abstrahiert wäre, wie Pasolini meint. Eher wäre Kino noch, in der Saussure'schen Terminologie, die Pasolini hier bemüht, als langage zu kennzeichnen.
6. Erwin Panofsky, „Stil und Medium im Film" [1947], in: ders., *Die ideologischen Vorläufer des Rolls-Royce-Kühlers & Stil und Medium im Film*, Frankfurt/M. 1993, S. 17–51, hier S. 22.
7. Pasolini, *Ketzererfahrungen* (s. Anm. 2), S. 240.
8. F. Faldini/G. Fofi, *Pier Paolo Pasolini – Lichter der Vorstädte. Die abenteuerliche Geschichte seiner Filme*, Hofheim 1986, S. 154.
9. Ich kann diesen Aspekt nur ganz nebenbei streifen, doch ich möchte dazu anmerken, dass Pasolini den richtigen Gedanken der Verarbeitung von Phänomenwelt in der reproduzierten Bildwelt falsch artikuliert, wenn er definiert „das Kino als Langue ist die Wirklichkeit selbst".
10. Wenn Pasolini kundtut, dass Wiesen oder Felsen zu ihm gesprochen haben, dann liegt dies nahe an Heideggers Konzept einer „Sprache, die spricht", einer Sprache des Seins, die aufgenommen und weitergesagt werden kann.
11. Der Film *Salò o le 120 giornate di Sodoma* (*Die 120 Tage von Sodom*, I/F 1975) liegt ohnehin außerhalb des hier angezielten Betrachtungszeitraums der 1960er Jahre, doch ich möchte anmerken, dass selbst in dieser dialektischen Negation der Heiligkeit der Welt, noch im Schlussbild des Films der Widerschein jener Pasolini'schen utopischen Hoffnung auf die Realität der Körper zutage tritt.
12. Faldini/Fofi, *Pier Paolo Pasolini* (s. Anm. 8), S. 109. Der für seine Widersprüchlichkeit bekannte Pasolini sagte allerdings im Gespräch mit Jon Halliday selbst, dass noch *Teorema* (*Teorema – Geometrie der Liebe*, I 1968) Analogien seines Grundstils enthalte. Vgl. Jon Halliday, *Pasolini über Pasolini*, Wien/Bozen 1995, S. 101. *Uccelacci e uccelini* (*Große Vögel, kleine Vögel*, I 1966) sieht Pasolini zugleich auch als realistischer denn den Neorealismus. Ein wenig wird hieran deutlich, wie problembehaftet der Begriff „Realismus" insgesamt ist.
13. *Accattone* (*Accattone – Wer nie sein Brot mit Tränen aß*, I 1961), der Erstlingsfilm, „mutet auf den ersten Blick an wie die Verfilmung seiner römischen Romane." Vgl. O. Schweitzer, *Pier Paolo Pasolini*, Reinbek 1986, S. 72.
14. Ebenda, S. 66.
15. Ich erinnere damit an den Titel des internationalen Symposiums in Mainz, dem sich dieser Beitrag verdankt.
16. Vgl. dazu die Äußerungen Pasolinis in: Faldini/Fofi, *Pier Paolo Pasolini* (s. Anm. 8), S. 36.
17. E. Ungari, *Bertolucci*, München 1984, S 29.
18. Th. Kotulla, „Accattone", in: *Filmkritik* 6/63 (1963), S. 278–281, hier S. 281, auch in: *Kinemathek 84* 31 (1994) S. 32.
19. Faldini/Fofi, *Pier Paolo Pasolini* (s. Anm. 8), S. 35; vgl. auch S. 152: Pasolinis Anmerkungen zur Kameraführung.
20. Pier Paolo Pasolini, *Lutherbriefe*, Berlin 1983, S. 9.
21. Kotulla, „Accattone", in: *Kinemathek 84* (s. Anm. 18), S. 32.
22. Pasolini „Kino der Poesie" (s. Anm. 1), S. 56.
23. *Pier Paolo Pasolini* (s. Anm. 1), S. 106.

Josef Rauscher

[24] „Ich beschütze das Sakrale (...) von der Institution Kirche am meisten bedroht." Vgl. Faldini/Fofi, *Pier Paolo Pasolini* (s. Anm. 8), S. 118.
[25] Arthur C. Danto, *Die Verklärung des Gewöhnlichen: eine Philosophie der Kunst*, Frankfurt/M. 1984.
[26] Faldini/Fofi, *Pier Paolo Pasolini* (s. Anm. 8), S. 100.
[27] Pasolini, *Lutherbriefe* (s. Anm. 20), S. 129.
[28] „The sacred language in which Accattone is framed – (...) – is the equivalent of a literary language." Vgl. Sam Rohdie, *The Passion of Pier Paolo Pasolini*, Bloomington 1995, S. 6.
[29] Faldini/Fofi, *Pier Paolo Pasolini* (s. Anm. 8), S. 23.
[30] Diese Gruppe reicht von *Accattone* bis zum Evangeliumfilm, zeitlich von 1960–1964. Oft wurde die Opposition Pasolinis zum Neorealismus notiert. Vgl. auch Rohdie, *The Passion of Pier Paolo Pasolini* (s. Anm. 28), S. 8: „Pasolinian sincerity was the refusal of any naturalism (neo-realism)." Doch Pasolinis Distanzierung vom Neorealismus war ein Abrücken von der Bewegung bei gleichzeitiger Orientierung an den Ursprüngen.
[31] Die Mythenfilme, durchsetzt mit parabelhaften Theoriefilmen – *Teorema* und *Uccelacci e uccelini* – stellen, auch chronologisch, die zweite Gruppe in Pasolinis Filmschaffen dar.
[32] Ungari, *Bertolucci* (s. Anm. 17), S. 30.
[33] Auch wenn Sam Rohdie in den Implikationen nicht zugestimmt werden kann, so trifft die Feststellung: „Pasolinian reality was necessarily, and wonderfully, a myth", gleichwohl zu. Vgl. Rohdie, *The Passion of Pier Paolo Pasolini* (s. Anm. 28), S. 7.
[34] Der Film ist von zwei modernen Episoden als Anfang und Schluss gerahmt, die ohne Betonung der Ebenendifferenz den Mythos als Herz der Erzählung und zentralen Schlüssel der und zur Gegenwart einklammern.
[35] Pasolini, *Lutherbriefe* (s. Anm. 20), S. 9.
[36] Ebenda, S. 10.
[37] Mit Recht spricht Buchka in diesem Zusammenhang von philosophischer Ungeschicktheit bis zur Banalität. Vgl. *Pier Paolo Pasolini*, in: *Kinemathek 84* (s. Anm. 18), S. 141.
[38] Vgl. Alberto Moravias ‚Nachruf' auf Pasolini: Alberto Moravia, „Der Dichter und das Subproletariat", in: *Pier Paolo Pasolini* (vgl. Anm. 1), S. 7–12.
[39] Vgl. Peter Kammerers Aufsatz in: Ebenda, S. 15. Als Beleg dafür könnte ein Zitat aus Pasolinis *Il decamerone* (*Decameron*, I/F/BRD 1971) dienen, wenn Pasolini als Giotto sagt: Warum eine Sache machen, wenn man von ihr träumen kann.
[40] „Antonioni missfällt mir wie die abstrakte Kunst", sagte Pasolini einmal.

Martin Zenck

Das Heilige, die Gewalt und die Musik in Pasolinis Filmen *Teorema* und *Medea*

I

Die Arbeit am Unbewussten: Woher kam das Thema, das ich mir aufgrund meiner Beschäftigung mit Kleist, mit den stillen und gewaltigen Bildern von Vermeer und Caravaggio und eben mit den Filmen Pier Paolo Pasolinis, welche nicht nur die direkte Gewalt kennen, sondern auch die, die sich inter-passivisch zwischen den Menschen ereignet, ausgesucht habe? Aus diesen Motivzügen, aus diesen Diskursfeldern von Sakralem, aktiver und passivischer Gewalt und Musik setzt sich mein Thema zusammen: aus Bildern, die der Film *Teorema* (*Teorema – Geometrie der Liebe*, I 1968) wiedergibt, aus den Klangbändern des Mozart'schen „Requiem", welche diesen Film intermittierend durchziehen, aus dem Erscheinen schließlich einer dionysischen Gewalt, die entweder ins Brutale umschlägt oder sich verwandelt ins Heilige.

In diesem Prozess der Transformation spielt in *Teorema* die zärtliche und unverfügbare Berührung, die vom erotischen Gast ausgeht und zu einer Erschütterung der Berührten führt, eine entscheidende Rolle. Sie können diese, weil in der „Gesellschaft der kalten Ungeheuer"[1] aufgewachsen, nicht ertragen. Ihr Leib ist ein anderer geworden. Das Körpergedächtnis mahnt ständig an die Leere gesellschaftlicher Konventionen, die den Leib entweder tabuisieren oder ihn sexuell verfügbar halten. Die Familienmitglieder können ohne diese Berührung nicht mehr leben. Sie fallen entweder in ihren früheren Zustand der erstarrten Isolierung zurück oder verfallen seiner Kehrseite, dem blinden Aktionismus, oder sie werden levitiert, ins Himmlische erhoben wie die Bedienstete Emilia, die vom Land kommt und deswegen besonders empfänglich für die lang entbehrte Berührung ist. Die Verwandlung also von Versteinerung ins Lebendige und die Zurückverwandlung in die gepanzerte Konvention der Mortifikation ist ein entscheidendes Bewegungsgesetz des Films. Die erste Form der Verwandlung ist die der Animation, die Eros, dem Pygmalion gleich, die Statuen/Figuren mit Leben erfüllen lässt. Die entscheidende Verwandlung ist die des gewalthaft Dionysischen ins Heilige. Emilia, die so berührte, wird später ein von Pusteln entstelltes Kin-

Martin Zenck

dergesicht durch Berührung heilen: durch das Handauflegen, das beide, das Kind wie Emilia, für einen kurzen Augenblick glücklich macht, wenn ein schüchternes Lächeln über ihr Gesicht huscht. Dieser Sequenz korrespondiert eine frühere, in der Paolo, der todkranke Vater der Familie, durch die Berührung und das Handauflegen des erotischen Gastes geheilt wird. Diese zu Beginn gezeigte Sequenz ist ein „tableau vivant", eine szenische Nachstellung nicht eines Bildes wie in La ricotta (Der Weichkäse, I 1962)[2] oder in Godards Passion (Godards Passion, F/CH 1982)[3], sondern eine aus der Literatur: aus Tolstois „Der Tod des Ivan Ilitsch", in dem Gerassim seinem Herrn Erleichterung durch das Hochlegen der Beine auf die Schultern des Knechts verschafft, also auch einer zumindest vorübergehenden Heilung durch Berührung. Pasolini zieht also hier filmische Konsequenzen aus der doppelten Tradition des „tableau vivant": der Tradition der Literatur, etwa in Goethes „Wahlverwandtschaften", in denen ein beschriebenes Bild szenisch nachgestellt wird, und der Tradition der Bilder, die nach lebendigen Modellen gemalt wurden und nun wieder im Film ins Leben zurückgeholt werden. Zugleich ist schließlich dieses „tableau vivant" musikalisch gerahmt, durch den Beginn und das Ende von Mozarts „Requiem": zu Beginn dieser Sequenz genau neun Takte mit dem „requiem aeternam" aus dem „Introitus", der Initiation in den sakralen Kirchenraum, dann ein Schnitt mit eingeblendeter Wüste und mit untergründig weiterlaufender Musik, schließlich wieder schnittartig der direkte Anschluss an den „Introitus" und der Wüstenlandschaft das „Agnus dei", 14 Takte aus diesem Schlussteil des „Requiems", also mit dem „Agnus dei" die Transfiguration, welcher im Film die Heilung Paolos und sein „Grazie" für die erbrachte Genesung korrespondiert.

II

Der Auftritt des erotischen Gastes, sein segenreiches Tun, das Exodus-Motiv der Wüste, die Lektüre der Tolstoi-Novelle sowie die szenische Nachstellung und die musikalischen Ausschnitte aus Mozarts „Requiem" sind also präzise aufeinander bezogen, folgen schnittartig oder überblendend aufeinander. Diese Codes liegen nicht auf der linearen Ebene der Bild-Narration, unterstreichen diese nicht einfach, sondern erzeugen Gegenbilder; Unterbrechungen ermöglichen Sprünge im scheinbar kontinuierlichen Handlungsverlauf.

Mit der erotischen und heilenden Berührung ist ein entscheidendes Thema in Pasolinis Film Teorema bezeichnet: Es ist nicht nur ein Theorem, d. h. eine Versuchsanordnung der erotischen Entfesselung und ihren unannehmbaren oder angenommenen Folgen, im Roman eine strikt axial-spiegel-symmetrische Konstruktion der Szenen der Belebung, denen mit den Korollaren solche der Mortifikation oder der Verwandlung ins Heilige entsprechen, sondern es ist die

Das Heilige, die Gewalt und die Musik in *Teorema* und *Medea*

Berührung selbst, das Moment des Taktil-Haptischen, das in der Übertragung auch auf den Zuschauer seine entschiedene Wirkung hervorruft. Diese Berührung, die sich in der Kameraführung mimetisch an den Körper und vor allem an das Haupthaar der Frauen anschmiegt, vollzieht sich auf andere Weise durch die Musik, die ebenfalls berührt und rührt. Diese primäre Aufgabe „zu rühren" kam ihr nicht nur in der Empfindsamkeit Carl Philipp Emanuel Bachs zu, eines Zeitgenossen Mozarts, dessen Requiem Pasolinis Film *Teorema* durchtönt, sondern die Musik ist aufgrund der Erzeugung der Töne durch das Instrument selbst eine Kunst der Berührung: François Couperins Traktat „L'art de toucher le clavecin" enthält eine technische Kunst des Anschlags, des Berührens der Tasten des Cembalos, und die Art der Berührung führt zu einer besonderen Schwingung der Saiten. In der signaturenhaften Übertragung sind auch wir ein Klangkörper, auf den die Schwingungen des erregten und mechanischen Klangkörpers des Instruments übergehen und ihn erfassen. Wie der Geschmack beim Essen und Küssen, der olfaktorische Sinn, ist neben dem Hautsinn auch der Tastsinn als taktil-haptische Fähigkeit der emotionellen Kommunikation gegenwärtig Gegenstand der Kulturanthropologie – so auch in den Studien über den „Tastsinn im Gefüge der Sinne" von Hartmut Böhme,[4] der sie als eine Form „vorsprachlicher Aisthesis" bezeichnet. Der unmittelbar taktilen Berührung durch das mimetisch sich angleichende Auge der Kamera, das am Gegenstand der Begierde entlangstreicht, korrespondiert eben eine andere Berührung durch die Musik.

Obwohl sie in Pasolinis *Teorema* ganz und gar nicht die Funktion der bloßen Untermalung und emotionellen Aufladung der jeweiligen Filmsequenz hat, sondern zusammen mit der Farbe und der Einfärbung der Bildsequenz auch eine autonome oder zumindest die Bildsequenz erschütternde Funktion hat, nahm sie die Forschung in dieser Hinsicht nur wenig zur Kenntnis. Bernd Kiefer nennt zwar die Musik von Ennio Morricone und Mozart für den Film *Teorema*,[5] ihrer Bedeutung im Film jedoch wird keine Aufmerksamkeit geschenkt. Dies ist zunächst in doppelter Hinsicht verwunderlich: einmal im Zusammenhang des Mozart'schen „Requiems" mit dem eingeblendeten biblischen Exodus in die Wüste. Beide Sphären, die der kargen Wüste und der Mozart'schen Klanglandschaft, werden im Film häufig ineinandergeschnitten. Hier vollzieht sich ein Auszug, der in eine andere und neue Welt führt und entführt: Der „Introitus" des „Requiems" wie die aufgesuchte Kraterlandschaft, einer Wüste zwischen Ätna und Vesuv, stellen jeweils einen Bereich der Initiation dar. Dem Auszug soll ein Einzug ins geheiligte Land oder in den sakralen Kirchenraum folgen. Diese Bewegung ist jeweils zentral für den Film, als sie in Verbindung tritt mit der neues Leben stiftenden Initiation durch den erotischen namenlosen Fremdling, der für eine kurze Zeit Gast der Mailänder Industriellenfamilie wird. Damit sind die Bereiche der erotischen Erweckung, des musikalischen „Introitus" des „Requiems" und der Kraterlandschaft motivisch miteinander verschränkt. Sie

Martin Zenck

umfassen Sphären der Initiation, bei der alte Ordnungen verlassen und neue aufgesucht werden mit der entscheidenden Frage, ob in den neuen Ordnungen gelebt werden kann, wenn – wie in den „Rites de passage" von Arnold van Gennep – eine Rückkehr in die alten gescheiterten Ordnungen ausgeschlossen ist. Integrale Bestandteile eines solchen Rituals sind das Heilige, die erotische Erregung und die Musik, die im Zusammenhang auch der Todesszenen des Films für Entgrenzung steht, für eine Transgression, die beinahe gewaltsam das Kontinuum der Zeit und des Raums durchschlägt. Durch die dionysische Kraft des Eros verwandeln sich die Figuren. An den entscheidenden Schnittstellen dieser Metamorphosen erklingt immer wieder, fast obsessiv, der „Introitus" aus dem „Requiem" Mozarts an. Mit ihm werden immer auch alte Ordnungen verlassen und mögliche neue aufgesucht, wie mit den eingeblendeten Fantasmagorien der Wüstenlandschaft. Die Musik ist also wie Eros eine gewaltige Kunst der Verwandlung. Aus der Erfahrung beider gehen die Figuren nicht geläutert, aber grundsätzlich verändert hervor. Obwohl der Film in seinem Erzählverfahren relativ geradlinig ist, werden seine Linien genau an den Stellen der Verwandlung aufgebrochen: Die geordnete filmische Narration bricht aus sich heraus. Der Film gerät in den Sog ungeheuerlicher Raum- und Zeitpassagen. Diese Schnitte der Zeit zu markieren und unendlich zu dehnen, ist die eine Funktion der Musik. Die andere kommt ihr durch die zweite Versuchsanordnung zu, die nicht der Film selbst unter dem Titel „Teorema" darstellt, sondern die sich aus dem Vergleich[6] der Parabel „Teorema oder die nackten Füße"[7] und dem Film *Teorema – Geometrie der Liebe* ergibt.

Film und Erzählung, die keine Sceneggiatura, kein bloßes Drehbuch für den gleichnamigen Film sind, befragen die Unterschiede der jeweiligen Medien bzw. Codes von Sprache, Fotografie, Bewegungsbild, Farbe und Musik. Es ist mehr als auffallend, dass in der Parabel neben der Sprache und den Dialogen Gemälde von Francis Bacon und Literatur von Rimbaud und Tolstoi sowie die von Pasolini eingestreuten Gedichte am Ende der jeweiligen Erzählstränge eine entscheidende Rolle spielen, während jede mögliche Anspielung auf Mozarts Musik fehlt. Zur Heilung Paolos durch den jungen Gott im Zusammenhang der Lektüre aus Tolstois „Der Tod des Ivan Illitsch" hätte Odetta, die Tochter Paolos, durchaus auch in der Erzählung eine Grammofonplatte auflegen können mit einer Beschreibung der Musik Mozarts, welche in die Lektüre Tolstois hätte übergehen können. Im Film dagegen sind die Codes ganz anders verteilt, obwohl Pasolini sonst durchaus das gesprochene Wort, den Dialog als einen entscheidenden Bedeutungsträger in seinen anderen Filmen ausweist. Hier in *Teorema* dagegen ist die Möglichkeit der Kommunikation durch Sprache geradezu schmerzhaft reduziert. Für Pasolini scheint es einen direkten Zusammenhang zwischen den sensorischen und artikulatorischen Fähigkeiten zu geben. In dem Maße, wie die Sinne in den Panzer der Konvention eingesperrt sind, in dem

Das Heilige, die Gewalt und die Musik in *Teorema* und *Medea*

Maße ist auch das Sprachvermögen eingeschränkt. Dadurch entsteht zwischen den Figuren eine Distanz der Kälte, eine schmerzliche Beziehungslosigkeit. Darum ist es kein Wunder, dass mit dem Eintreffen des erotischen Gastes Irritationen gerade gegenüber den die Sinne beherrschenden Konventionen entstehen: Pietro, der junge Sohn des Hauses, entschuldigt sich, als er beim Aufdecken des Körpers „entdeckt" wird. „Verzeih mir", hören wir auch eine Sequenz später, als die Mutter des Hauses sich dem Gast erotisch willig preisgibt. Obwohl sie die Verführung umständlich, aber genau durch die verstreuten Kleider, mit denen sie Spuren für den erotischen Gott zu sich hin legt, vorbereitet hat, damit er über sie komme, kann sie sich zu ihrer Lust nicht bekennen, muss um Verzeihung bitten, muss sich aus schlechtem Gewissen auf die Lippen beißen, weil sie die elementare Berührung eigentlich nicht zulassen und ertragen kann.

Dieser Welt der Sprachlosigkeit und Berührungsangst, wie sie für die Menschen im technischen und industriellen Zeitalter Pasolinis charakteristisch ist, tritt im Film eine andere Welt gegenüber: die alte testamentarische Welt des Exodus und die der Musik, welche die wilden, orgiastischen Zeremonien des Gottes Dionysos immer schon begleitet hat. Wenn weiter oben gesagt wurde, dass die Initiation in neue Ordnungen keine Rückkehr in die gescheiterten alten zulassen würde, so könnte Pasolinis Film als kritische Frage gegenüber van Genneps „Rites de passages" verstanden werden. Die mythische, religiöse Gegenwelt aber ist keine für immer verlorene, sondern Ort einer unendlichen Sehnsucht, dem Pasolinis poetisches Kino gilt. Zusammen mit der Musik scheint auch Eros einer Kraft des Vergangenen anzugehören, einer mythischen Gegenwelt, die aber nicht zurückliegt, sondern einen hinteren Horizont zu dem

Silvana Mangano in *Teorema* (*Teorema – Geometrie der Liebe*, I 1968).

der Gegenwart darstellt. Obwohl die Musik Mozarts im Film mythisch aufgeladen erklingt, wird sie von Pasolini nicht gleichsam als Mythosbrause auf die Krater- und Todeslandschaft des Vergangenen gerichtet. Sie wird äußerst kontrolliert, fast möchte man sagen, kompositorisch eingesetzt, wie es Jean-Luc Godard in seinem Film *Prénom Carmen* (*Vorname Carmen*, F 1983)[8] mit den späten Streichquartetten Beethovens macht, d. h., dass die Musik wie ein hörbares oder unhörbares Klangband den Film durchzieht und ihn auch im akustischen Sinn räumlich staffelt, weil sich verschiedene audio-visuelle Schichten an uns vorbei bewegen. Diesen zentral verräumlichenden Aspekt der Musik hat Pasolini in einem Gespräch mit Jean Duflot selbst hervorgehoben, wenn er den „flachen oder nur scheinbar tiefen Bildern auf der Leinwand" die „Vertikalität der Musik" entgegensetzt. Zwar könne auch sie „horizontal" sein, wenn sie die filmische Sequenz nur „begleite", aber sonst durchbricht sie eben mit ihrer aus dem Hintergrund hervortretenden Tiefe die flache Lineariät des Bewegungsbildes.[9]

III

Ganz gezielt ordnet Pasolini bestimmte Ausschnitte aus den „Requiem"-Sätzen Mozarts einzelnen Sequenzen des Films zu. Sowohl die Wiederholungen einzelner Teile als auch der Weiterführungen, vor allem aus dem ersten Satz des „Introitus", und schließlich auch die Auswahl von Ausschnitten aus dem „Confutatis", dem „Agnus Dei" und der „Communio" sind genau formal und ausdrucksmäßig disponiert im Sinne einer kontrapunktischen Gegenstimme oder einer Übereinstimmung der Stimmen der Musik mit den Codes des Films. Diese analoge, homologe oder konstrastierende Funktion der Musik im Film hat Pasolini mit Bezug auf *Accattone* (*Accattone – Wer nie sein Brot mit Tränen aß*, I 1961) und *Il vangelo secondo Matteo* (*Das erste Evangelium Matthäus*, I/F 1964) hervorgehoben: Sie „verunreinige" durch ihre Erhabenheit das Verhältnis zwischen der Hässlichkeit und der Gewalt des Geschehens.[10] Sie ist also kongruent oder analog zur Erhabenheit der biblischen Wüste, aber kontrapunktisch, d. h. Note gegen Note setzend, mit Bezug auf die kalte soziale Distanz mit emotionellem Pathos aufgeladen. Diese Durch- und Unterbrechung der verschiedenen Codes wird gerade in der von Pasolini zitierten „Verunreinigung" und Gegenläufigkeit der Medien deutlich. Die eingeblendete, von Bewegung erfüllte rituelle Wüstenlandschaft ist ebenso wie Mozarts „Requiem" ein Kontrapunkt zum Geschehen und keine Unterstreichung der Bildsequenz. Sie zeigt, dass die Menschen, zwar vom göttlichen Eros und vom Heiligen erfasst werden, dass sie aber dieser verändernden Kraft nicht gewachsen sind, sie nicht annehmen können. Mozarts Musik ist darum an diesen Stellen ein „Klangschatten", der mythisch-

Das Heilige, die Gewalt und die Musik in *Teorema* und *Medea*

heilig aufgeladen an der Sequenz vorüberzieht. Sie hält eine Dimension des „Religiösen"[11] in der Sequenz fest und stellt sie der sozialen Distanz entgegen. Obwohl die Wüstenlandschaft und das „Requiem" Mozarts einer vergangenen und alten Welt anzugehören scheinen, sind sie der mythische Horizont der Gegenwart, die nicht vermag, sich mit diesem wirklich in Verbindung zu bringen, sich von ihm berühren und überwältigen zu lassen. Der Kult des Erotischen tritt hier in eine Allianz mit dem religiösen Mythos und dem der Musik. Durch ihre Gegenwart wird die Möglichkeit der Annahme einer solchen Dimension bezeichnet: Die betroffenen Menschen müssten sie nur ergreifen, statt sich von dieser „höheren Stimme" abzuwenden.

Die Codes der verschiedenen Medien der Sprache, des Bewegungsbildes, der Malerei, der Architektur und der Musik werden von Pasolini weder zur Hierarchisierung noch zur Komplementarität der menschlichen Sinne eingesetzt, sondern entweder zur räumlichen Vertiefung des einen Codes durch den anderen oder zur Unterbrechung der durchgängig konzipierten Codes, welche dadurch in ihrer jeweiligen Singularität ausgewiesen werden. Es wäre eine offene Frage, ob hier nicht die Musik in einer Parallele zur eingebildeten Malerei, etwa in *La ricotta*, zu sehen und zu hören wäre. Wie die Musik eine Vertiefung der glatten Oberfläche der Filmleinwand verursacht, so wird durch die nachgestellten „tableaux vivants" in *La ricotta* das laufende Bewegungsbild des Films still gestellt oder einem anderen Prinzip der Verlebendigung überantwortet. Vertiefung durch die Musik und Aufwerfung durch das Bild mögen zwei Verfahren kennzeichnen, „die flachen Bilder (des Films zu) durchbrechen".[12]

IV

Wie präzise das Verhältnis von Sprache/Schrift – Malerei/Fotografie/Bild/Bewegungsbild – Farbe und Musik im Hinblick auf die grundsätzliche Differenz der Medien von Pasolini reflektiert wurde, zeigt zum einen die bisher thematisierte Beziehung zwischen der Parabel „Teorema" und dem Film gleichen Namens, wenn vom Untertitel abgesehen wird, zum anderen die Umkehrung dieser Verhältnisse in *Medea* (I/BRD/F 1969). War zwischen der Erzählung und dem Film *Teorema* die Frage nach den jeweiligen spezifischen Erkenntnisleistungen der beiden Medien entscheidend, auch mit der Pointe, dass Pasolini gerade sowohl die minimale Differenz in der Verdopplung als auch die grundsätzlichen Unterschiede zwischen den Medien durch das „Weglassen" geltend macht, so treibt er die Technik des Doubles im Film *Medea* auf die Spitze. Nirgendwo kann der Unterschied zwischen Euripides, Corneille und Cherubini deutlicher hervorgehoben werden als in der Darstellung durch eine Protagonistin, die als unvergleichliche Sängerin der Medea von Luigi Cherubini die

Martin Zenck

extrem ausgesparte Rolle in Pasolinis *Medea* nach Euripides zu sprechen hat. Ingeborg Bachmann sprach in ihrer „Hommage à Callas" von der „Rasierklinge", auf der sich die Stimme der Callas bewegt habe. Hier im Double der beiden „Medeas" kommt die ganze Trennschärfe dieser beiden Stimmen von Cherubini und Euripides in der Stimme der Callas zur Geltung. Pasolini hat im Gespräch mit Jean Duflot das Double der Stimme im Film thematisiert, das einen kruden Naturalismus, auch der Identifikation des Zuschauers mit der einheitlichen, durch Stimme und Körper repräsentierten Figur unterlaufe.[13] In *Medea* ist die szenische Konfiguration dieser Figur durch das ausgesparte Sprechen noch komplexer. Pasolini lässt die große Opernikone Callas, die Cherubinis Oper „Medea" 1953 in den beiden Aufführungen unter Leonard Bernstein an der Mailänder Scala[14] und beim „Maggio Musicale Fiorentino"[15] des gleichen Jahres unter Vittorio Gui wieder in die Opernwirklichkeit zurückgeholt hat, nicht so im Film *Medea* nach Euripides in Erscheinung treten, wie sie dies vor allem kraft ihrer schneidenden und verletzenden Stimme auf der Opernbühne tut, sondern so, als ob sie dort schweigend wäre. Es ist denkbar, dass die Versuchsanordnung – die ich auch aus reiner Verlegenheit ergriffen habe, weil ich keine Videoaufnahme mit Ton einer Opernproduktion mit der Callas als der Medea bei Cherubini gefunden habe – hier zufällig die Essenz trifft, die Pasolini bei der Wahl der Callas vor Augen stand: sie nicht ihr Double aus der Oper übertragen im Film spielen zu lassen, sondern sie (wie in der gezeigten tonlosen Dokumentation) weitgehend stumm, d. h. schweigend „agieren" zu lassen. Dadurch tritt der Charakter des Doubles viel reiner hervor, weil es ihr Körpergestus insgesamt ist, mit dem sie Medea ist. Weniger agiert sie diese Figur aus, als dass sie vielmehr ein Schicksal in sich und mit sich geschehen lässt, um Nietzsches wörtliche Übersetzung des „Dramas" aus dem Dorischen „dran", d. h. „sich ereignen lassen", zu bemühen. Über die Besetzung der Euripideischen „Medea" für den Film hat sich Pasolini im Gespräch mit Jean Duflot im Spannungsfeld von „Äquivokation" und „Double" geäußert. Zum einen hat er für seinen Film ganz dezidiert die Figur der Callas ausgewählt, auch im Kontext der Überlegungen zu Cherubinis „Medea",[16] zum anderen tritt das die Musik verkörpernde Double der Callas in Pasolinis Film in ein anderes. Es wäre zu prüfen, ob seine Überlegungen nicht anhand des kurzen, aber legendären *Medea*-Films entstanden sind, in dem die Callas nicht singend zu hören, sondern nur in ihrer gewaltigen und zugleich starren Erregtheit in den beiden Schlüsselszenen zu sehen ist – mit Jason (Giasone) und den Kindern kurz vor dem Augenblick, in dem sie diese aus Rache an Jason ermorden wird.

Gerade dieser Sachverhalt des stummen Opernfilms lässt es als wahrscheinlich annehmen, dass Pasolini nicht primär die Stimme der Callas von den frühen Aufnahmen von 1952/53 im Ohr hatte, als er sich für die Callas[17] als Figur in seinem Film *Medea* entschied, sondern den stummen Ausdruck einer Stimme wahrnahm, die sich im Habitus, Gestus und in der Physiognomie der Sängerin vorgezeichnet fand. Die Sprache und die Musik sind also beide bereits vor ihrer Verlautbarung im gesamten Habitus des Sprechenden/Singenden vorgeformt und präsent. Dieser Aspekt könnte zur Erklärung beitragen, warum Pasolini die Callas in seiner *Medea* so stumm, aber physiognomisch so ausdrucksvoll agieren lässt. Ihre Gegenwart ist im Film stärker, als es jedes gesprochene Wort von ihr wäre: die Präsenz des Mythos also vor seinem Logos, um eine alte und nicht unproblematische Umkehrung zu bezeichnen. Pasolini umschreibt aber mithilfe der Formulierung „Vom Mythos zum Logos" keinen Fortschritt in der Geschichte, sondern hält das Heilige des Mythos in dem Maße in einer gleichzeitigen Spannung zum Logos, als dieser sich in einer empfindungslosen Form der Selbsterhaltung und Egoität hält, welche keiner Alterität fähig ist.

V

Mein Thema hieß „Das Heilige[18], die Gewalt und die Musik in Pasolinis Filmen". Es spielt einerseits auf René Girards Buch „La Violence et le sacré"[19] an, in dem auch kritisch die Anwendung von Gewalt unter dem Aspekt des Heiligen ihre Rechtfertigung findet; andererseits auch auf die Legende „Die heilige Cäcilie oder die Gewalt der Musik"[20] von Heinrich von Kleist, in der das Verhältnis von Gewaltdarstellung und Darstellungsgewalt entscheidend ist. Zugleich steht diese Erzählung insofern in einem direkten Zusammenhang mit Pasolini, als die Musik keine himmlische Rechtfertigung oder Transzendierung der irdischen Gewalt ist, sondern selbst Anteil an ästhetischer Gewalt hat und erst dadurch in Berührung mit dem Numinosen und Heiligen kommen kann. Das Heilige kommt der Musik also nicht per se zu, sondern nur durch die Reflexion irdischer Gewalt. Bei Kleist tritt dem Ikonoklasmus der Bilderstürmer und dem Angriff und der Zerschlagung einer Kunst des Heiligen mit der Musik eine Gegengewalt gegenüber, welche die Bilderstürmer in Erstarrung und Hingabe verwandelt. Bei Pasolini sind in *Teorema* der Eros und die Musik eine mythische Gewalt im doppelten Sinne: eine die menschliche Existenz erschütternde Verwandlung, der sie nicht entrinnen kann – und wenn sie es versucht, um den Preis der Leblosigkeit. Die *Medea* spiegelt dies Verhältnis in anderer, aber vergleichbarer Weise. Der Egoismus und die rationale Isolierung Jasons, einem Reversbild der Figuren der Mailänder Industriellenfamilie in *Teorema*, stellt diese Kräfte der genealogischen Selbsterhaltung über den Eros, den Medea blindwütig um den Preis der Kinder fordert, welche die Verkörperung der gemeinsamen Liebe zwischen Jason und Medea waren. Die Musik tritt in ihrer Negation hinzu, in der Zurücknahme der klingenden Stimme in den physiognomischen Ausdruck der Medea der Callas.

Martin Zenck

[1] Vgl. Luigi Nono, *Guai al gelidi mostri*, ein Werkzyklus, der sich auf Bilder von Emilio Vedova bezieht.
[2] Vgl. hierzu den Beitrag von Elisabeth Oy-Marra im vorliegenden Band.
[3] Vgl. hierzu Martin Zenck, „Acoustic Turn – Versus Iconic Turn. Über die subvokale Bedeutung der Musik im Stummfilm (Buñuel: Rihm/Kagel) und in Filmen von Jean-Luc Godard, Pier Paolo Pasolini und Andrej Tarkowskij", in: *Acoustic Turn*, hrsg. von Petra Maria Meyer, München 2008, S. 417–419.
[4] Hartmut Böhme, „Der Tastsinn im Gefüge der Sinne. Anthropologische und Historische Ansichten vorsprachlicher Aisthesis", in: *Anthropologie*, hrsg. von Günther Gebauer, Leipzig/Stuttgart 1998, S. 214–225; vgl. neuerdings, *Taktilität und Digitalität*, hrsg. von. Dieter Mersch, Stuttgart 2007.
[5] Bernd Kiefer, „*Teorema – Geometrie der Liebe*", in: *Film Klassiker. Beschreibungen und Kommentare*, hrsg. von Thomas Koebner, Bd. 3 1965–1981, 4. überarb. u. erweit. Aufl., Stuttgart 2002, S. 144–148. Es versteht sich, dass die speziell auf die Bedeutung der Musik in Pasolinis Filmen ausgerichteten Studien darauf eingehen, ohne aber die hier gesuchte Interdependenz der verschiedenen Codes zu thematisieren. Vgl. Roberto Calabretto, *Pasolini e la musica. L'unica azione espressiva forse, alta, e indefinibile come della realtà*, Cinemazero 1999; vgl. Giuseppe Magaletta, *La musica nell'opera letteraria e cinematografica di Pier Paolo Pasolini*, Urbino 1998; vgl. schließlich die eindringliche Studie von Gretel Freitag, *Metaphern von Musik und Stille als Erkenntnismittel in den Filmen Pasolinis* (= Europäische Hochschulschriften. European University Studies. Reihe XXXVI Musikwissenschaft, Bd. 190), Frankfurt/M. 1999.
[6] Leider schreckt vor diesem doch so erhellenden Vergleich die ansonsten so exzellente Studie von Katrin Holthaus zurück: Katrin Holthaus, *Im Spiegel des Dionysos. Pier Paolo Pasolinis „Teorema"*, Stuttgart/Weimar 2001. Gerade die Bedeutung der Musik hätte im Vergleich zwischen Film und Parabel die These vom Dionysischen in der erotischen Gestalt des Gastes untermauern können.
[7] Pier Paolo Pasolini, *Teorema*, hrsg. von Aldo Garzanti, Mailand 1968, dt. Übers. von Heinz Riedt unter dem Titel *Teorema oder die nackten Füße*, München/Zürich 1985.
[8] Vgl. dazu Martin Zenck, „Gewalt/Bild/Schnitt/Fragmentierung in Godards Film *Prénon Carmen*", in: *Gewaltdarstellung und Darstellungsgewalt in den Künsten und Medien*, hrsg. von Martin Zenck, Tim Becker und Raphael Woebs, München 2007, S. 21–44.
[9] Vgl. Jean Duflot, *Il sogno del centauro*, Rom 1983, zitiert nach: Otto Schweitzer, *Pier Paolo Pasolini. Mit Selbstzeugnissen und Bilddokumenten*, Reinbek 1991, S. 75.
[10] Jean Duflot zitiert nach: Schweitzer, *Pier Paolo Pasolini* (s. Anm. 9), S. 74. In der französischen Ausgabe der Interviews mit Jean Duflot werden diese Überlegungen der Funktion der Musik von Pasolini noch weiter ausgeführt. Die Musik dient gerade nicht der Beschreibung, vor allem nicht der Unterstreichung, sondern ihre Aufgabe ist im Sinne Erich Auerbachs, den Pasolini zitiert, die einer „magmatischen Schrift" („écriture magmatique"), wodurch eine Vertiefung erzeugt wird, die in ihrer Erhabenheit, in ihrem räumlichen Hervor- und Heraustreten ein kontrapunktisches Verfahren bezeichnet, welches im Gegensatz zum Trivialen und zur Gewalt steht. Vgl. Pier Paolo Pasolini, *Les dernières paroles d'un impie. Entretiens avec Jean Duflot*, Paris 1981, S. 140 f.
[11] Pasolini hat diese verwirrende Dimension der religiösen Musik genau bezeichnet, welche sich auch als diffuser Hintergrund vom Vordergrund der Realität abhebt. Gerade die „illusion audio-culturelle" gerate in den von Jean Duflot bezeichneten Widerspruch zwischen dem Weltlichen und Geistlichen. Pasolini ist es wichtig,

Das Heilige, die Gewalt und die Musik in *Teorema* und *Medea*

auf das Doppelsinnige dieser Zuordnung hinzuweisen. Sie ist immer gegen die eindimensionale Unterstreichung des Bildes durch die Musik gerichtet: *„Il se peut que ce soit unse cause non négligeable de l'équivoque. Cependant dans ‚Theoreme' la musique est religieuse à un arrière-plan très estompé; dans ‚Porcile', elle n'existe pratiquement plus, et dans ‚Médée', je me demande si je ne vais pas pouvoir m'en passer complètement."* Vgl. Pasolini, *Les dernières paroles d'un impie* (s. Anm. 10), S. 142.

[12] Schweitzer, *Pier Paolo Pasolini* (s. Anm. 9), S. 74.
[13] Pasolini, *Les dernières paroles d'un impie* (s. Anm. 10), S. 143 ff.
[14] Luigi Cherubini, *Medea*. Historische Gesamtaufnahme in italienischer Sprache. Recorded in 1953. Remastered CD auf Membran Musici.
[15] Luigi Cherubini, *Medea*. Teatro Communale di Firenze, 7. 5. 1953, auf CD Accademia ACC 2003.
[16] „Comment avez-vous obtenu la participation de la Callas dans ‚Médée'? N'avait-elle pas refusé un grand nombre de projets cinématographiques, dont ‚La Bible'? – Ce que l'on ne sait peut-être pas, c'est que j'avais déjà pensé à la Callas pour le rôle de Jocaste dans ‚Œdipe' roi (...) Toujours est-il qu'elle incarnait pour mois depuis longtemps un certain nombre de personnages féminins du répertoire tragique (...) j'ai pu la convaincre grâce à la médiation du producteur Rossellini, ami personnel de Maria Callas. Je savais qu'elle n'aurait jamais accepté de réaliser pour l'écran son interprétation de ‚Médée' dans l'œuvre lyrique de Cherubini. Je dois dire que c'est une actrice-née, d'une intelligence spontanée et d'une présence tout à fait exceptionnelle (...) Une des actrices qui m'ont posé le moins de problèmes de direction." Vgl. Pasolini, *Les dernières paroles d'un impie* (s. Anm. 10), S. 147.
[17] Vgl. das Gespräch zwischen Maria Callas und Giacomo Gambetti: „Sono per un Medea agressiva", in: *Medea. Un Film die Pier Paolo Pasolini* (= *Filme e discussioni*. Direzione di Pier Paolo Pasolini, a cura di Giacomo Gambetti), hrsg. von Aldo Garzanti, Rom 1970, S. 16–24.
[18] Vgl. zu dieser Thematik des Heiligen vor allem den Beitrag von Helga Finter über den Heiligen Blick bei Pasolini. Dort werden grundsätzlich drei Formen des Heiligen unterschieden: das archaisch Heilige, das erotisch Heilige und das religiös Heilige. Vgl. Helga Finter, „Der heilige Blick. Zur Analyse des Heiligen in den Filmen Pier Paolo Pasolinis", in: *Pier Paolo Pasolini, Gesammelte Vorträge*, hrsg. von Hermann H. Wetzel (Mannheimer Analytika, Bd. 2), Mannheim 1984, S. 103–115.
[19] René Girard, *La Violence et le sacré*, Paris 1972; in der dt. Übers.: René Girard, *Das Heilige und die Gewalt*. Aus dem Französischen von Elisabeth Mainberger-Ruh, Zürich 1987 (s. insbesondere für die *Medea* das Kapitel „Vom mimetischen Wunsch zum monströsen Doppelgänger", S. 211–247).
[20] Vgl. Martin Zenck, „Darstellung von Gewalt und Darstellungsgewalt. Heinrich von Kleists ‚Legende Die heilige Cäcilie oder die Gewalt der Musik'", in: *Gewaltdarstellung und Darstellungsgewalt in den Künsten und Medien*, hrsg. von Martin Zenck, Berlin 2007, S. 13–19.

Elisabeth Oy-Marra

Alte und neue Medien im Dialog: Malerei und Film in Pier Paolo Pasolinis *La ricotta*

Wie wir alle wissen, gehört Pasolini zu jenen Filmemachern, die über die Malerei selbst zum Kino gekommen sind. Pasolini war nicht nur ein begabter Maler und Zeichner, sondern hatte sich darüber hinaus seit seinem Studium der Kunstgeschichte bei Roberto Longhi in Bologna eingehend mit der italienischen Malerei der Renaissance und des Manierismus beschäftigt. Er bezeichnet sogar sein Verständnis der Realität als ein von der Malerei beeinflusstes:

> Ich hatte davon gesprochen (...) wie meine figurative Vorstellung von der Realität vielmehr von der Malerei als vom Kino herkommt; und damit erklärte ich bestimmte typische Merkmale meiner Art des Filmemachens. Ich meine damit, dass einige Bezüge auf die Malerei als interne stilistische Faktoren zu verstehen sind und nicht, verdammt als Rekonstruktion, von Gemälden.[1]

Es scheint daher geradezu folgerichtig, dass er sich in der szenischen Gestaltung seiner frühen Filme an Gemälden wie etwa Romaninos „Abendmahl" für die Hochzeitsszene in *Mamma Roma* (I 1962) oder auch an Mantegnas „Christus" für die Aufbahrung des Sohnes Ettore nicht nur orientiert, sondern die Gemälde diesen filmischen Szenen geradezu unterlegt hat.[2] Die Überblendungen von Werken der Tradition mit Szenen des Films haben hier nicht zuletzt die Funktion, den scheinbar flüchtigen Szenen der filmischen Erzählung einen über sie hinausweisenden Charakter zu verleihen. Pasolini benutzt hier die Bildtradition im Sinne eines Bildarchivs, dessen Schätze im Film wieder aktualisiert werden und die umgekehrt die filmischen Szenen aus der Erzählung herausheben und ihnen damit eine Bedeutung verleihen, die sie allein nicht beanspruchen könnten.

In seinem zweiten Film, *La ricotta* (*Der Weichkäse*, I 1962), setzt sich Pasolini nun deutlich anders mit der Intermedialität von Gemälde und Film auseinander.[3] Wie gezeigt werden soll, werden Film und Gemälde hier als zwei grundsätzlich unterschiedliche Medien gegenübergestellt, zwischen denen eine mediale Vermittlung zwar nicht möglich ist, die sich aber gegenseitig erhellen können. Der 35-minütige, von Alfredo Bini produzierte Film *La ricotta* ist Teil eines Episodenfilms mit drei weiteren Episoden von Roberto Rossellini (*Illibatezza*), Jean-Luc Godard (*Il nuovo mondo*) und Ugo Gregoretti (*Il pollo ruspante*) und wurde unter dem Namen *RoGoPaG* (I/F 1963), der sich aus den Anfangsbuchstaben der Namen der Regisseure zusammensetzt, bekannt. Im Folgenden interessiert uns jedoch nur die von Pasolini gedrehte Episode, die mit einem Vorspann beginnt, in dem der Regisseur auf die grundlegende Bedeutung der Leidensgeschichte Jesu zu sprechen kommt, die er als größte bezeichnet, die sich je zugetragen hat: „Die Geschichte der Passion, die der Film *La ricotta* indirekt evoziert, ist für mich die größte Erzählung, die sich je zugetragen hat." Tatsächlich zeigt der Film die Dreharbeiten zu einem Film über die Kreuzigung Christi unter der Regie von Orson Welles[4]. Der Film inszeniert auf diese Weise einen Film im Film über die Passion, und gleichzeitig breitet er eine dem Film von Orson Welles parataktisch gegenübergestellte Erzählung mit einer ganz eigenen Dramatik aus. Während Welles drei Szenen dreht oder besser zu drehen versucht, wird am Rand der Dreharbeiten die Geschichte eines Darstellers namens Stracci (Lump) erzählt, dem die Rolle des guten Schächers zugedacht wurde. Durch die Figur des Stracci werden beide Filme, der Kreuzigungsfilm von Welles in der Tradition des religiösen Historienfilms mit dem eigentlichen Film Pasolinis, miteinander verwoben. Die tragikomische Figur des Stracci, ein einfacher, naiver Mann aus dem Volk, gerät zwischen den Anforderungen seiner Rolle und seinen körperlichen Bedürfnissen in Konflikt und wird deswegen von den anderen Schauspielern geneckt und ausgelacht. Die Tragik dieses Mannes, der sein Lunchpaket an seine Familie verschenken muss, daraufhin gezwungen ist, sich eine zweite Portion zu ergaunern und sich am Ende unter dem Zutun der anderen hoffnungslos überfrisst, sodass er schließlich am Kreuz tatsächlich stirbt, spielt sich am Rande des Films ab. Welles versucht dagegen im Laufe des Films drei Szenen zu drehen, von denen zwei berühmte Gemälde von Rosso Fiorentino und Pontormo nachzustellen versuchen: die „Kreuzabnahme" und die „Grablegung Christi". Die eigentliche Szene der Kreuzigung muss der Regisseur dagegen immer wieder verschieben. Wohl liegen die drei Kreuze von Anfang an bereit, doch zunächst fehlt der gute Schächer Stracci, und schließlich zwingt die Film-Diva (Laura Betti) den Regisseur, die Szene der Grablegung vorzuziehen. So kommt der Regisseur erst am Ende zur eigentlichen Kreuzigungsszene, die die Sujets der beiden „tableaux vivants" ja bereits voraussetzen. Diese Szene des Films ist nun kein „tableau vivant" eines Gemäldes mehr und im Unterschied zu jenen auch nicht in Farbe aufgenommen. Dafür hat der Regisseur nun eine von der Bildtradition so nicht bekannte Veränderung eingebracht, denn vor den aufgestellten Kreuzen hat er eine große Tafel mit Früchten und anderen Köstlichkeiten aufgestellt. Vordergründig wird die ungewöhnliche Verbindung einer Tafel und der Kreuzigung durch eine Pres-

Elisabeth Oy-Marra

„Die Kreuzabnahme" (1521) von Rosso Fiorentino, Volterra.

La ricotta (*Der Weichkäse*, I 1962) von Pier Paolo Pasolini.

Malerei und Werk in Pasolinis *La ricotta*

"Die Grablegung" (1526–28) von Pontormo, Florenz, Santa Felicità.

La ricotta (*Der Weichkäse*, I 1962).

Elisabeth Oy-Marra

sekonferenz motiviert, zu der bürgerliche Besucher und Fotografen aus dem nahe gelegenen Rom strömen. Gleichzeitig erinnert die reich gedeckte Tafel durch ihre Verbindung mit den Kreuzen an das Abendmahl, das der Kreuzigung vorausging. Während die Fotografen herbeieilen, ohne Notiz von den Kreuzen zu nehmen, sondern im Gegenteil sich der nähernden Prominenz annehmen, die sie mit dem Rücken zu den Kreuzen fotografieren, stirbt unter den Augen des ärgerlichen Souffleurs und denen des Regisseurs der gute Schächer Stracci und verpasst mit seinem Tod seinen Einsatz, der ihn ins Zentrum der Aufmerksamkeit geschleudert hätte. Damit scheitert die Verfilmung der Kreuzigung und sie vollzieht sich gleichzeitig tatsächlich an der Nebenfigur Stracci, der auf diese Weise ungewollt den Platz Christi einnimmt.

Das Scheitern der Intention des Regisseurs zeichnet auch die beiden vorangegangenen Szenen des Films aus. Durch getreues Nachstellen der Gemälde der „Kreuzabnahme" von Rosso Fiorentino und der „Grablegung" von Pontormo versucht Orson Welles, das Alter Ego Pasolinis, die Gemälde in das Medium des Films zu überführen. Dieser Versuch scheitert jedoch, obwohl der Regisseur sich alle Mühe gibt, Stellung und Ausdruck der Schauspieler in der ernsten Religiosität der Gemälde einzufordern. Die Darsteller übertreiben mit ihrer Gestik und Mimik das stille Pathos der Gemälde, können die schwierige Position ihrer Figuren nicht einhalten, sodass es zu komischen Situationen kommt. Nikodemus vergisst sich und seine Position und bohrt versonnen in der Nase, die beiden Helferjungen verlieren das Gleichgewicht und fallen samt dem toten Körper Christi zu Boden. Kaum gönnt der Regisseur ihnen eine Pause, entledigen sie sich ihrer historischen Kleidung und tanzen und scherzen zum „Eclisse-Twist" fröhlich umher.[5] Der religiöse Ernst und die von den Gemälden eindrücklich dargestellte Trauer um den Tod Christi wird so zu einem ganz und gar zurückgedrängten Ereignis, das nur noch in den Originalen der alten Gemälde beheimatet zu sein scheint und unvermittelt und unversöhnt auf das Unverständnis der Personen des Films stößt. Trotz aller Komik, die durch die Differenz von Gemälde und ihrer filmischen Realisation provoziert wird, transzendieren die (gescheiterten) „tableau vivants" die Kraft der Originale. Sie überstrahlen nicht zuletzt aufgrund ihrer Farbigkeit den übrigen Film und brechen so in die monochrome, banal anmutende Welt des eigentlichen Films ein, ohne jedoch auf die Darsteller eine Wirkung zu zeitigen. In dem Maße, in dem der Film am Versuch der Integration der Bilder in das filmische Medium scheitert, scheinen die durch die Nachstellung evozierten Gemälde auf einen Sinngehalt zu verweisen, der wie ihr Medium aus dem übrigen Geschehen herausragt. So gesehen verweisen die in den Szenen aufgerufenen Gemälde auf die Defizite des Films, der das religiöse Pathos und die in sich gekehrte Andacht auf der Stilhöhe der Gemälde nicht darstellen kann. Das eigentliche Potenzial des Films, so kann man daraus schlussfolgern, wird erst jenseits des Versuchs, sich in

Malerei und Werk in Pasolinis *La ricotta*

eine direkte Tradition der Malerei zu stellen, entfaltet. Gleichwohl handelt es sich bei diesem Wettstreit der Künste, dem „Paragone", nicht um den Versuch des Überbietens. Weder versucht Pasolini, die Malerei als Kunstform (Wagner) über die des Films, noch den filmischen Ausdruck über jenen der Malerei zu stellen. Viel eher scheint es sich hier um eine zeitliche Verortung von Malerei und Film zu handeln. Mit den Gemälden wird mehr als nur eine andere Kunstform und mehr als nur ein anderes Medium aufgerufen, vielmehr werden im alten Medium der Malerei auch religiöse Inhalte transportiert, die weit in die Vergangenheit unserer Kultur zurückreichen. Demgegenüber stellt sich der Film als modernes Medium dar, dessen Handlungen die gegenwärtige Gesellschaft widerspiegeln. So eröffnet der Film im Film durch seine Auseinandersetzung mit Gemälden der Tradition ein Fenster in die Vergangenheit, während der eigentliche Film die Gegenwart darzustellen scheint. Die im Film aufgerufenen Gemälde repräsentieren damit eine wie Ruinen in die Gegenwart hineinragende Tradition, die der Film gleichsam zu aktualisieren versucht.

Dass es im Film um eine Auseinandersetzung mit der Tradition geht, macht nicht nur sein Sujet, die Passion Christi, deutlich, sondern auch die Landschaft, in der der Film gedreht wird. Die filmische Handlung findet vor den Toren Roms (oder besser vor den Borgate der ewigen Stadt) statt, deren Landschaft einerseits von Ruinen geprägt ist, die an das in die Antike hineinreichende Alter des Ortes erinnern, während andererseits in den Wohnblöcken am Horizont die Gegenwart und ihr zerstörerischer Umgang mit eben dieser Landschaft thematisiert werden. Die Bedeutung der Tradition, der Pasolini durch die Konterkarierung einer traditionsvergessenen Gesellschaft hervorhebt, wird auch im Gedicht aufgerufen, das Orson Welles dem begriffsstutzigen bürgerlichen Reporter, Pedetti, vorträgt. Es handelt sich um ein Gedicht, das in der Sammlung „Poesie in forma di rosa" erst ein Jahr nach dem Film veröffentlicht wurde. Hier heißt es:

> „Ich bin eine Macht der Vergangenheit, allein der Tradition gilt meine Liebe. Ich komme von den Ruinen, den Kirchen, den Altarbildern, den verlassenen Dörfern auf den Appeninen und den Voralpen, wo die Brüder gelebt haben (...)."[6]

In diesen Diskurs um die Tradition gehören nicht nur die Gemälde als ein dem Film entgegengesetztes Medium, sondern auch ihre Botschaft. Deshalb ragen die Gemälde wie unverstandene Monolithe in das filmische Geschehen hinein und müssen als Kommentar verstanden werden, der ein tieferes Verständnis der Bilder voraussetzt.

An dieser Stelle ist es daher angebracht, sich die beiden Gemälde näher anzuschauen. Es handelt sich um die „Kreuzabnahme" des Rosso Fiorentino (1495 bis 1540), die der Florentiner Maler 1521 gemalt hat und die heute im Museum der toskanischen Stadt Volterra aufbewahrt wird.[7] Die sogenannte „Grablegung" von Pontormo, die der Künstler 1526 bis 1528 für die Grabeskapelle des Ludovico Capponi in Santa Felicità in Florenz malte, befindet sich dagegen noch heute in situ und ist in ein Bildprogramm eingebunden, das dieser Szene die Darstellung der Verkündigung und die Kirchenväter gegenüberstellt.[8] Beide Gemälde zeichnen sich sowohl durch eine extreme Emotionalität ihrer Figuren als auch durch eine rigide Abstraktion von Raum und Zeit in ihrer Darstellung aus. „Die Kreuzabnahme" von Rosso Fiorentino zeigt ein Schauspiel, das von der Verzweiflung um den Tod Christi und die Sorge um seinen Leichnam erzählt. Es handelt sich hier um eine Szene, die von den Evangelien nicht ausgeschmückt wird, vom Maler hier aber als Handlung „sui generis" dramatisiert wird. Während die Männer um Nikodemus auf vor und hinter dem Kreuz aufgestellten Leitern versuchen, den Leichnam Christi unter schwierigster körperlicher Verrenkung unversehrt vom Kreuz abzunehmen, sind die Marien unter dem Kreuz und der Lieblingsjünger Christi, Johannes, von großer Verzweiflung und Trauer erfüllt. Auch die schöne Magdalena hat sich vom Kreuz abgewandt und sucht nun Trost bei der Mutter Christi. Der aus dem Zentrum gerückte Leichnam hinterlässt eine Leere in der Bildmitte, die von der Bewegung der Männer und der Trauer der Frauen unter dem Kreuz gerahmt wird. Gleichwohl werden Zerbrechlichkeit und Vergänglichkeit des Leichnams besonders unterstrichen. Die kleine Gemeinde füllt das gesamte Bildgeschehen aus, das Kreuz ragt in einen dunklen Himmel, nur am unteren Bildhintergrund wird die Silhouette einer nicht näher definierten Landschaft deutlich. Mit dieser Reduktion des Geschehens auf seine Protagonisten enthistorisiert der Maler das Ereignis und konzentriert das Geschehen auf die Trauer um den Toten, der eine leere Mitte hinterlassen hat und die Figuren auf sich selbst zurückwirft.

Auch Pontormos Gemälde ist um eine leere Mitte herum komponiert. So als würde die Kamera von Orson Welles eine Einstellung nach der Kreuzabnahme aufnehmen, finden wir nun den Leichnam Christi auf den Schultern von zwei jungen Helfern, die in beinahe akrobatischer Gleichgewichtsübung den heiligen Leichnam tragen. Ihm gegenüber sitzt Maria, die, selbst der Ohnmacht nahe, mit ihrem ausgestreckten Arm verzweifelt nach dem Sohn greift und zugleich von ihm Abschied nimmt. Während einige Frauen ihr Trost spenden, versuchen zwei weitere den Trägerjungen zu Hilfe zu eilen. Stärker noch als Rosso hat auch Pontormo von den zeitlichen und historischen Umständen abstrahiert ohne Hinweis auf Zeit oder Ort des Ereignisses. Ikonografisch überblendet der Maler hier das Motiv der Beweinung mit der Grablegung, zwei Geschehen, die im zeitlichen Ablauf unmittelbar aufeinanderfolgen. Auch dieses Bild abstrahiert von einer historisierenden Erzählung zugunsten einer vollständigen Konzentration auf die Trauer aller Beteiligten und hebt das Ereignis auf eine immer wieder neu zu erlebende, wiederholbare, allgemein menschliche

Ebene und zieht damit den Betrachter in das Geschehen mit hinein, wobei der Leichnam Christi demonstrativ vor Augen geführt wird. Am äußersten rechten Bildrand hat sich darüber hinaus der Maler selbst dargestellt und wendet sich mit trauerndem Blick an den Betrachter.

Schon die Gemälde zeichnen sich durch ihre besondere Farbigkeit aus. Während Rosso durch kräftige Farben, die den stark geometrisierten Umrissen seiner Figuren Lebendigkeit verleihen, die Dramatik des Geschehens zu steigern weiß, überstrahlen die changierenden Farben Pontormos das Geschehen und heben es auf eine spirituelle Ebene. Schon Vasari fiel auf, dass die Körper auf diesem Gemälde keine Schatten werfen und seinen Farben ein besonderer Glanz eigen sei.[9] Wie Patricia Rubin gezeigt hat, gebraucht Pontormo die Farbe hier nicht, um die Körper zu modellieren und sie sichtbar zu machen, sondern er verwendet sie in einem metaphorischen Sinne, insofern als ihre Strahlkraft den Glanz Gottes transzendiert. Wie auch immer Pasolini Pontormos Farben verstanden haben mag, die Tatsache, dass er sich offenbar von der Farbigkeit der Gemälde zu den farbigen Szenen im Film anregen ließ, zeigt, dass auch er die Farben des Films in einer ganz ähnlich spiritualistischen Bedeutung einsetzt.[10]

In der zeitlichen Abfolge des Films im Film hält Orson Welles also zwei Szenen eines konsekutiven Geschehens nach dem Tod Christi fest, das diesen Tod immer wieder neu in seiner Drastik durch die Trauer der beteiligten Personen hervorhebt. Er distanziert sich so von dem Genre des religiösen Historienfilms und verweist auf die Trauer um den toten Körper Christi, wobei Ernst und Tragik der Situation durch das Unverständnis der Schauspieler und ihr sorgloses Treiben auf dem Set scharf kontrastiert wird.

Der Grund, warum Pasolini gerade diese beiden großformatigen Gemälde für seinen Film ausgewählt hat, darf wohl in eben dieser überzeitlichen Art ihrer Erzählung gesucht werden, wobei die Gemälde in seinem Film zu Metaphern der religiösen Trauer um den Tod Christi werden. Damit weisen sie über die filmische Erzählung und die Banalität des Sets hinaus und halten die Erinnerung an eine Gründungserzählung unserer Kultur wach.

Beiden Gemälden ist die ostentative Präsentation des Leichnams Christi gemeinsam, der zwar in die Erzählung der Ereignisse nach der Kreuzigung hineingehört, doch aufgrund seiner Hervorhebung die Andacht eines gläubigen Christen darüber hinaus bestimmen soll. Wie wir wissen, haftet dem toten Körper Christi zweierlei Bedeutung an: Zum einen erinnert er an den Sinn des Kreuzestodes Christi als Opfer(lamm) stellvertretend für die sündige Menschheit, zum anderen verweist der Körper Christi auch auf die Transfiguration und damit auf das Abendmahl. Dass Pasolini gerade diesen Aspekt des Corpus Christi und seine Bedeutung für das christliche Abendmahl gesehen hat, zeigt sein Verweis auf das letzte Abendmahl in der Tafel vor der Kreuzigung, durch die er Kreuzestod und Abendmahl auf ungewöhnliche Art miteinander verbindet. Darüber hinaus wird die Opferung Christi als eigentlicher Grund seines Kreuzestodes durch die vielen Schafe im Film besonders akzentuiert. Pasolini spitzt auf diese Weise den tieferen Sinn der immer wieder aufgeführten Passion Christi auf den Opfercharakter des Todes Christi zu und stellt den toten Körper durch die Wahl der Gemälde Rosso Fiorentinos und Pontormos auf zweifache Weise aus.

Dem Körper Christi wird im Film der Körper Straccis, des modernen Christus, der durch unbeherrschbare animalische Bedürfnisse charakterisiert ist, gegenübergestellt und durch dessen Tod am Kreuz schließlich gleichgesetzt.[11] Seine Geschichte ereignet sich in der Banalität des Sets, außerhalb jeder künstlerischen Intention von Orson Welles. Es ist die eigentliche Passion, die des guten Schächers Stracci, die sich unter aller Augen ereignet, aber von keinem der Beteiligten wahrgenommen, d. h. erkannt wird: Stracci, der Ausgestoßene, der Verlachte, Missachtete und Verhöhnte. Sein Tod wird durch ein Übermaß an Nahrungsaufnahme ausgelöst, an dem die Personen des Films nicht unbeteiligt sind, denn sie haben ihre Freude daran, dem gierigen Stracci immer mehr Essen vor die Füße zu werfen, das dieser aus der Erfahrung seines vorherigen Hungers unmäßig in sich hineinstopft. Essen und Tod haben daher im Film zwei verschiedene kontrastierende Bedeutungen: Während in der christlichen Auslegung oder in ihrer Radikalisierung durch Pasolini der tote Körper Christi als Voraussetzung für seine körperliche Aufnahme im Abendmahl verehrt wird, wird dieser besonderen, heilsbringenden wie grausamen rituellen Nahrungsaufnahme in der christlichen Kultur eine andere grausame Nahrungsaufnahme gegenübergestellt, die nicht Leben, sondern aufgrund ihrer Maßlosigkeit den Tod bringt. Die traditionelle und gegenwärtige Passion Christi wird in der Engführung mit der Passion des guten Schächers Stracci durch seinen Kreuzestod der Passion Christi gleichgesetzt, Tradition und Gegenwart kommen hier zur Deckung. Aus dieser Perspektive wird die unverstandene Tradition nun nicht zum Korrektiv einer sich von ihren Werten entfernenden Gegenwart, sondern zu einem bereits unheilvollen Ursprung erklärt, denn schon in dieser Ursprungslegende waren Essen, Leben und Tod aufs engste miteinander verwoben. Wie Christus wird auch Stracci zu einem Opfer der Gesellschaft, den verehrten Körper Christi in den Gemälden Rossos und Pontormos wird der animalische, von seinen Bedürfnissen gebeutelte Körper Straccis gegenübergestellt, der nur den Hohn und die Missachtung seiner Zeitgenossen findet. Erst durch seinen Tod am Kreuz wird dieser miserable, animalische Körper dem anderen, verehrungswürdigen Körper Christi ebenbürtig, wobei es dem Zuschauer überlassen bleibt, ob er diese Gleichsetzung als Hohn Christi oder aber als Erhöhung Straccis lesen will. Hier kündigt sich bereits die beginnende fetischistische Körperkonzeption Pasolinis an, die in seinen späteren Romanen und Filmen immer wieder auf Verletzung gesellschaftlicher Tabus aus ist und damit die Grenze seiner Provokationen notgedrungen immer wieder neu verschieben muss.[12]

Malerei und Werk in Pasolinis La ricotta

Zusammenfassend möchte ich noch einmal unterstreichen, dass Pasolini in *La ricotta* Intermedialität als eine Auseinandersetzung mit der Bildtradition einsetzt, die nicht mehr der Überblendung und narrativen Hervorhebung von Szenen innerhalb der filmischen Erzählung dient, sondern durch den Einsatz verschiedener Medien über die Verbindung von Tradition und Gegenwart in unserer Kultur zu reflektieren vermag. Der Rekurs auf die Gemälde des 16. Jahrhunderts erlaubt es ihm, Tradition im Film nicht durch Nacherzählung, sondern durch das Aufrufen einer Bildtradition und ihrer Bildträger glaubhaft darzustellen, die gerade aufgrund ihrer filmischen Inkommensurabilität die Authentizität ihrer historischen Existenz zu beweisen versteht.

---

[1] „Io avevo detto (...) come la mia visione figurativa della realtà fosse piuttosto di origine pittorica che cinematografica: e con ciò spiegavo certi fenomeni tipici del mio modo di girare. Insomma, i riferimenti pittorici erano visti come fatti stilistici interni: non accidenti! come ricostruzione di quadri!" Pier Paolo Pasolini zitiert nach: Alberto Marchesini, *Citazioni Pittoriche nel cinema di Pasolini (da ‚Accatone' al ‚Decameron')*, Florenz 1994, S. 33.

[2] Zu seinen filmischen Zitaten vgl. allgemein: Francesco Galuzzi, *Pasolini e la Pittura*, Rom 1994; Alberto Marchesini, *Citazioni pittoriche nel cinema di Pasolini* (s. Anm. 1).

[3] Vgl. Marchesini, *Citazioni pittoriche nel cinema di Pasolini* (s. Anm. 1), S. 33–36.

[4] Vgl. ebenda, S. 37–40.

[5] Die Musik, die Mimik und die Dialoge bilden die hauptsächlichen Begründungen im Gerichtsurteil vom 7. 3. 1963, mit dem Pasolini wegen „Verunglimpfung der Staatsreligion" zu vier Monaten Gefängnis verurteilt wird. Der Film *La ricotta* wurde sofort nach Fertigstellung beschlagnahmt. Der Titel „Eclisse Twist" bezieht sich auf eine Szene in Michelangelo Antonionis Film *L'eclisse* (*Liebe 1962*, I/F 1962).

[6] Io sono una forza del Passato, solo nella tradizione è il mio amore. Vengo dai ruderi, dalle chiese, dalle pale d'altare, dai borghi degli appenini e delle alpi, dove sono vissuti i fratelli (...) in: Pier Paolo Pasolini, *Poesie in forma di rosa*, Mailand 1976, S. 22; dt. Übersetzung der Autorin.

[7] Zu Rosso Fiorentino vgl.: Roberto Paolo Ciardi, *Catalogo completo dei dipinti*, Florenz 1991; David Franklin, „Rosso Fiorentino e Volterra: un nuovo documento e una nuova interpretazione", in: *Pontormo e Rosso: atti del convegno di Empoli e Volterra*, hrsg. von Roberto Paolo Ciardi, Venedig 1996, S. 121–127.

[8] Zu Pontormos Gemälde vgl.: John Shearman, *Pontormo's Altarpiece in S. Felicita*, Newcastle 1971; Leo Steinberg, „Pontormo's Capponi Chapel", in: *The Art Bulletin* LVI (1974), S. 385–398; Brian Tovey, „Pontormo and the Cappella Capponi", in: *Gazette des Beaux-Arts* 133 (1999), S. 137–144; Ilka Braunschweig-Kühl, *Konzepte des Metaphysischen: Pontormos Altartafeln in Santa Felicità in Florenz, in San Michele in Carmignano und die Sant'Anna-Tafel im Louvre*, Frankfurt/M. u. a. 2006.

Elisabeth Oy-Marra

9   Giorgio Vasari, *Das Leben des Pontormo* (1568), neu übers. u. komm. von Katja Burzer, Berlin 2004, S. 44: „(...) denn da er neues im Sinn hatte, führte er sie ohne Schatten aus und in einem hellen und derart kontrastreichen Kolorit, dass man nur mit Mühe das Licht von den Mitteltönen und die Mitteltöne von der Dunkelheit unterscheiden kann".

10 Patricia Rubin, „The art of colour in Florentine Painting of the early sixteenth century: Rosso Fiorentino e Jacopo Pontormo", in: *Art History* 14 (1991), S. 175–191; vgl. auch Galuzzi, *Pasolini e la Pittura* (s. Anm. 2), S. 57–63; Pasolini selbst gibt an, er habe diese beiden Bilder gewählt, weil sie gerade nicht die klassische Ikonografie darstellten. Vgl. Marchesini, *Citazioni pittoriche nel cinema di Pasolini* (s. Anm. 1), S. 42.

11 Birgit Wagner, „*La ricotta:* Körper, Medien, Intermedialität", in: *Corpi/Körper. Körperlichkeit und Medialität im Werk Pier Paolo Pasolini*, hrsg. von Peter Kuon, Frankfurt/M. 2001, S. 81–92.

12 Irmgard Scharold, „„Come una catteratt' – Der Strom des Begehrens", in: *Corpi/Körper* (s. Anm. 11), S. 139–166, hier S. 146–148.

Anita Trivelli

Zwischen Experiment und Nomadentum

Pasolini als Dokumentarfilmer in Indien und Palästina

> Si faceva, il mondo, soggetto non
> più di mistero ma di storia.[1]
> Pier Paolo Pasolini

Die Dokumentarfilme von Pier Paolo Pasolini erscheinen dem Forscher wie ein kompaktes Werk, das eindeutig experimentelle Züge trägt und meisterhaft mit dem Prinzip der Autorenschaft, dem bürgerlichen Bewusstsein und der anthropologischen Entdeckung spielt.[2] Die Subjektivität des Autors, die in diesen Arbeiten stark hervortritt, verweist auf die ontologische „Zerbrechlichkeit" des Kinos. Für Pasolini stellt dies eine Metapher für die Zerbrechlichkeit des Lebens dar. Für ihn ist der Autor „der Erfinder einer Ikonographie, die dem Filmmaterial anvertraut wird, das jedoch kaum fester als der Flügel eines Schmetterlings ist."[3] Die nomadische Haltung von Pasolinis Dokumentarfilmen ist von dieser *a-priori*-Sensibilität sowohl in Bezug auf den Film als auch auf das Leben durchdrungen. Eben diese Einstellung hat einen dezidiert *experimentellen* Charakter, der als Reise, Prozess, Work in Progress verstanden wird. Er bestimmt die Bedeutung des Sehens und der Wissensbereicherung durch das Kino.

Aus diesem Grund ist Pasolinis nomadische Bewegung hin zu Welten, die *anders* sind als die gegenwärtige, auch eine Suche nach neuen Arten des Denkens, nach einer neuen Möglichkeit des menschlichen Zusammenseins unter dem Banner der Authentizität und der Freiheit. Dies ruft bei einem Filmemacher immer tiefgründige Überlegungen ethischer Art hervor, die den Unterschied zu diesen möglichen *anderen* Arten des Seins und des Denkens in Bezug auf den Neokapitalismus definieren, der zu jener Zeit in Italien von einer unwissenden bürgerlichen Klasse entwickelt wurde und der jeglicher Vision und Planung entbehrte. Pasolini lehnt sich gegen alle menschlichen Handlungen auf, denen es an Geschichte und Inhalt, Solidarität und Mitgefühl fehlt (*pietas* ist ein Begriff, den der Regisseur in seiner Indien-Dokumentation verwendet), und beschreibt sein Bedürfnis nach einem experimentellen Zugang zum Leben im

Anita Trivelli

Umgang mit dem, „was existiert", „mit der Existenz", „mit einer Straße der Liebe für die Phänomene der Welt", „mit *körperlicher und seelischer Liebe* (...) und *intellektueller Liebe* für ihren Geist: Geschichte".[4]

Das Experimentelle, das diese Dokumentationen auszeichnet, ist somit ihre *unerschöpfliche Suche nach Bedeutung und nach neuem Ausdrucksmaterial*. Sie bieten dem Regisseur die Möglichkeit, seinem Intellekt in voller Tiefe Ausdruck zu verleihen und sich auf eine komplexe epistemologische Suche zu begeben, die sich hinter der Maske einer radikalen *Geste* verbirgt: seiner Hingabe an das Wissen über sich selbst und die Welt, was zur gleichen Zeit ein niemals endender Akt der (Wieder-)Entdeckung seiner selbst *in der Welt* ist. „Einen Film zu machen heißt (zumindest für mich), die Wahrheit über sich selbst zu sagen und darüber, was man in der Wirklichkeit ist."[5] Dies ist eine unmissverständlich *moderne*[6] Geste, und sie durchdringt das Gefühl und die Authentizität und Freiheit von Pasolinis Sicht, denn Authentizität und Freiheit entspringen dem Bewusstsein, dass seine Interpretation, sein Schaffen und Tun *im* lebendigen Zentrum der Dinge, in „dem Phänomen der Welt", stattfinden. So bestimmt Pasolinis Blick seine Herangehensweise an das, was sichtbar ist. Er selbst bezeichnet sie als „wundersam-religiös" und stellt sie der „bekennenden" gegenüber. Beide sollten auf keinen Fall miteinander verwechselt werden. Seine „wundersam-religiöse" Herangehensweise hat nichts mit einem mystisch-visionären Hang zu tun, eher ist sie ein Mittel, um den wundersamen Charakter von Objekten, Situationen, Menschen und Ereignissen zu erkennen und zu entdecken; sie bleibt dabei aber gänzlich säkular.

Mit anderen Worten ist es die *Phänomenologie des Existenten*, die sich vor dem „bereiten und unbewaffneten"[7] Blick des Regisseurs entfaltet. Dies ist seine unantastbare, religiöse Eigenschaft, jenes Heilige, das in allen Dingen spürbar und ihren Formen verhaftet ist.

Wenn die filmische Sicht eine ästhetische Instanz ist, die es allem Existierenden erlaubt, seine säkulare Heiligkeit zu entfalten, so überträgt Pasolini dem Kino, auch wenn es unglaublich zerbrechlich ist, die Verantwortung, zum Träger dieses ästhetischen Charakters zu werden, der auch ethisch und bürgerlich ist. Es ist die Verantwortung dafür, die Dinge vor ihrem immanenten Verschwinden zu schützen. Diese Art der *messianischen* Utopie wird von Pasolini kohärent und entschlossen „im Namen der unglaublichen revolutionären Kraft der Vergangenheit"[8] verfolgt. Diese Kraft hat *par excellence* nomadischen Charakter und löst Pasolinis Unwillen gegenüber der „historischen Verantwortungslosigkeit" des italienischen Bürgertums aus. Sie findet sich in dem Material zum Essay-Dokumentarfilm *La rabbia* (I 1963) wieder. Doch ist sie auch eine Kraft, die in einer alles andere als konservativen Art die (nationale) Umfrage zur Sexualität seiner italienischen Mitbürger in *Comizi d'amore* (*Das Gastmahl der Liebe*, I 1965) anleitet. Diese Kraft besitzt auch die Fähigkeit, seine enttäuschte

Pasolini als Dokumentarfilmer

Suche nach einer „archaischen, biblischen Welt" im Heiligen Land (*Sopraluoghi in Palestina per il vangelo secondo Matteo / Die unerfüllte Suche nach einer biblischen Welt*, I 1965) in eine brillante anti-rhetorische Inspiration zu verwandeln, und, wie in den Momenten seines Enthusiasmus für die Dritte Welt, Aufmerksamkeit und Hoffnung für jene Länder hervorzurufen, die in den 1960er Jahren ihr eigenes politisches Verständnis und ihre eigenen demokratischen Regeln entwickelten (*Appunti per un film sull'india / Notes for a Film on India*, I 1968). Auch sein instinktives Mitgefühl für den afrikanischen Kontinent (*Appunti per un'Orestiade africana / Notes for an African Oresteia*, I 1970) oder die von Herzen kommende Petition an die UNESCO, die Wände von Sana'a als wertvolles Erbe der Nation und der ganzen Menschheit zu bewahren (*Le mura di Sana*, I 1964), spiegeln diese Kraft wider. Vor allem ist sie Pasolinis Kraft gegen die Gegenwart, gegen die Entwicklung des Kapitalismus und für die Errettung der Zukunft durch das nach seiner Auffassung einzige für die Zivilisation und Menschheit mögliche und nötige Mittel: das Bewusstsein für die Identität der Menschen zu bewahren und zu stärken, die tiefsten Wurzeln des kulturellen Erbes und der Vergangenheit zu schützen und ihnen den angemessenen Wert zu geben.

Das Risiko eines weltweiten Verschwindens des Volkstümlichen, eines Verschwindens, das zum Bedauern des Regisseurs in der bäuerlichen Welt seiner Heimatregion Friuli und in den subproletarischen Vierteln Roms bereits stattgefunden hatte, katalysierten sein bürgerliches und politisches Engagement und machten es zu einer radikalen Revolte gegen eine solche ansteckende „anthropologische Mutation", die dem Neokapitalismus folgte. Aus heutiger Sicht kann man sagen, dass Pasolini gewisse pervertierte Logiken in der neokapitalistischen und neoliberalen Politik und Wirtschaft identifiziert und mit großer Klarheit die Ausbreitung ihrer weitreichenden, dramatischen Effekte geahnt hat – der Bewaffnung des Westens gegen die Armut von über der Hälfte der Erdbevölkerung und die Degradierung von Stadtrandgebieten in Orte des Hasses und Rassismus gegenüber all jenen, die anders sind. Für Pasolini ist gerade der andere Blick, der Blick des Unterschieds, das Wertvollste, und er sieht ihn als Ressource, in die es zu investieren gilt, um eine andere Zukunft zu schaffen. Die Vergangenheit, die er so entschlossen aufzudecken versucht, ist somit seine kritische Waffe gegen eine Gegenwart ohne Projekte, die sich nur aufgrund des Mechanismus des Vergessens der eigenen Kultur entwickelt.[9] Nicht weit hergeholt erscheint dann die Vermutung, dass dieses Vergessen eine Zurückentwicklung des Gedächtnisses ist, die das improvisierte Bürgertum in den entwickelten Ländern durchlebte – zuallererst in Italien, wo es die eigenen Wurzeln, die nicht akzeptabel oder eine Quelle der Scham waren, auslöschte.

Anita Trivelli

Sopraluoghi in Palestina per il vangelo secondo Matteo –
Die unerfüllte Suche nach einer biblischen Welt

Die bisher erläuterten komplexen Aspekte werden, wenn auch auf unterschiedliche Weise, anhand von zwei Dokumentarfilmen Pasolinis anschaulich: *Sopraluoghi in Palestina per il vangelo secondo Matteo*, im Sommer 1963 gedreht, und *Appunti per un film sull'India*, der im Winter 1967–1968 entstand. *Sopraluoghi in Palestina per il vangelo secondo Matteo*[10] beruht auf der Suche des Autors nach einer „archaischen, biblischen Welt" für die Produktion des Films *Il vangelo secondo Matteo* (*Das erste Evangelium Matthäus*, I/F 1964). Während einer der zu diesem Zweck unternommenen Reisen, an der auch der Bibelforscher Don Andrea Carraro teilnahm, suchte Pasolini nach Gesichtern, Straßen, Dörfern und Farben für seinen geplanten Film. Das Ergebnis war eine Art Roadmovie-Tagebuch, das zur Chronik einer fehlgegangenen Suche und der Gründe hierfür wurde (*Il vangelo* wurde letztlich in Süditalien gedreht)[11]. Der historische Reiseweg aus der Geschichte des heiligen Matthäus, welche die beiden Reisenden nach Jordanien und Israel führte, erfüllt Pasolini von Beginn an mit Zweifel, da die Landschaft bereits die Infiltration von „etwas unglaublich Modernem", Industriellen aufweist. Andererseits sagen ihm für sein *Vangelo* die „archaischen" Merkmale der Drusen nicht zu und auch nicht die „fröhlich heidnischen Gesichter" der enteigneten arabischen Dörfer. In einer Reihe von ungewöhnlichen Gegenüberstellungen erinnern ihn die felsigen Berge von Palästina an die Berge in der Nähe von Crotone (in der Region Kalabrien in Süditalien), so wie auch die „Natürlichkeit" der palästinischen Olivenhänge seiner Ansicht nach auf jene in Apulien (eine andere Region in Süditalien) verweist. Es ist wahrscheinlich, dass diese Überlegungen bereits auf die Dreharbeiten des Spielfilms vorausdeuteten, da diese letztlich in Basilicata, Molise, Kalabrien und auf Sizilien stattfanden. Gleichzeitig tragen sie die Zeichen einer emotionalen und experimentellen Enthüllung, einer „großartigen Lektion der Bescheidenheit", welche die palästinische Landschaft selbst, in der sich das Leben und die Lehre Jesu vollzogen, dem Dichter-Poeten erteilte.

Hier kann Pasolini auch auf eine Erfahrung zurückgreifen, die er vier Jahre zuvor machte und die als Vorzeichen für seine zukünftigen Dokumentarfilme betrachtet werden kann. Ich beziehe mich auf die Reportage mit dem Titel *La lunga strada di sabbia*, die während seiner Reise entlang der italienischen Küste von Ventimiglia nach Triest 1959 für das italienische Magazin *Successo* entstand.[12]

Nichts von dem, was Pasolini sah, kam seinem Bedürfnis nach Authentizität für die Drehorte des Spielfilmes nahe: drusische Dörfer mit ihrer erdrückenden Armut, jüdische Kibbuz-Siedlungen inmitten der üppigen, aufgeforsteten Vegetation und die schon deutliche Züge neokapitalistischer Urbanisierung tragenden volkstümlichen Viertel der israelischen Städte. Er verlangte nach einer

Pasolini als Dokumentarfilmer

Authentizität, die seiner Meinung nach in der Freilegung der *noch lebenden Spuren der Vergangenheit* lag, selbst wenn sie sich nur in Merkmalen der Menschen oder in der Landschaft wiederfanden. In der enttäuschenden Suche Pasolinis nach Gesichtern und Orten für sein *Vangelo* berührte ein Element seine Sensibilität besonders: „Jesus wählte diesen verlassenen und spröden Ort, dem es so sehr an jeglicher Art von Lieblichkeit fehlt." Hier residiert jene *Spiritualität*, nach der er suchte und die aus seiner säkularen und poetischen Sicht mit dem korrespondierte, was im oben genannten Sinn *ästhetisch* ist, also einer Ästhetik, die von ethischen, historischen und somit auch spirituellen Werten gekennzeichnet ist. Pasolini sagte, dass seine „praktische Enttäuschung" mit einer „tieferen und viel wichtigeren (...) ästhetischen Entdeckung" einherginge, die sich auf einem Gebiet manifestierte, das er völlig zu beherrschen glaubte:

> Meine Überzeugung, dass die Dinge um so tiefgründiger und schöner sind, je kleiner und bescheidener sie sind, (...) hat sich hier sogar noch stärker bestätigt als ich annahm. Dies gilt auch für die Vorstellung, dass diese Berge, auf denen Jesus predigte, eine ästhetische und folglich eine spirituelle Idee geworden sind.[13]

Diese Äußerung spiegelt die radikal selbstreflexive Matrix, mit der Pasolini die Welt betrachtete, und die Tatsache, dass er sich der Natur seiner kreativen Tätigkeit als *Work in Progress*, das erfahrungsgemäß gegenüber Veränderungen der Inspiration und der Ausdrucksweisen offen ist, bewusst war. In seinem *Vangelo* macht das plötzliche Erscheinen von Jerusalem eine stilistische Veränderung nötig, weil es in Pasolinis Worten der Ort ist, an dem „das Predigen des Christus nicht aus seinem Willen oder dem der Apostel, sondern aufgrund objektiver historischer Umstände von einer *rein religiösen Tatsache auch zu einer öffentlichen und politischen Tatsache wird*"[14]. Die typisch arabischen Gassen, die multiethnischen historischen Schichten (von den Normannen bis zu den Kreuzfahrern etc.), der Weg zur Heiligen Stätte und ihrer imposanten Kirche sind Elemente von Jerusalem, die auf einen Schlag das Schicksal der „Größe der Demut des Wortes Jesu" bezeugen. Es ist eine feierliche Bescheidenheit, die Pasolini in einer „strahlenden kleinen romanischen Kirche", der Grabeskirche, in der die Auferstehung Christi stattgefunden haben soll, entdeckt: „Der erhabenste aller Momente in der gesamten Erzählung, der Moment, in dem uns Jesus allein lässt und wir nach ihm suchen." Vielleicht kommen die authentischsten und freiesten Aspekte von Pasolinis antirhetorischer Inspiration für sein *Vangelo* erst im letzten Abschnitt seiner Reise auf, an dem Ort, wo der letzte und größte Akt Jesu zur letzten Weihe von Bewusstsein und Geschichte wird, einer Geschichte, die für den Dichter-Regisseur eine unendliche und unauslöschbare Aufschichtung menschlicher Verfassung und menschlichen Bewusstseins ist.[15] Pasolinis Sinn für das Heilige findet seinen Ursprung in der Vereinigung von Geschichte

Anita Trivelli

und Bewusstsein, die er der durch das neokapitalistische Produktionssystem geförderten Käuflichkeit der Welt entgegensetzt. Es ist diese „häretische" Idee des Heiligen, die in seinem *Vangelo* dargeboten wird und die Pasolinis lebenslangen unerbittlichen Kampf gegen die Trägheit der institutionalisierten Heiligkeit untermauert. Seine Ketzerei besteht darin, darauf zu schauen, „was sich für die Welt nicht durch Heldenmut und Tapferkeit auszeichnet", und zwar mit dem Blick der *piĕtas* (Mitgefühl) und der *stultitia* (Torheit) – wie es der von Don Andrea in *Sopraluoghi in Palestina per il vangelo secondo Matteo* zitierte Heilige Paulus in seiner Botschaft sagt.[16]

Appunti per un film sull'India – Die Grazie des Heiligen

Appunti per un film sull'India[17] ist eine weitere (filmische) Erkundung von (Dreh-) orten, aber anders als der vorherige Dokumentarfilm führt dieser nicht, wie versprochen, zu einem vollendeten Spielfilm, der Teil des Filmprojekts mit dem programmatischen Titel *Appunti per un poema sul Terzo Mondo* (*Notizen für ein Gedicht über die Dritte Welt*) sein sollte. Pasolinis Faszination für die Dritte Welt überlappte mit seiner Suche nach einer Alternative zur westlichen Welt, die sich angesichts der kapitalistischen Entwicklung immer mehr entfremdete und die besonders, aber nicht nur in Italien ihre unmenschlichen Seiten zum Vorschein brachte. Das vom Regisseur lang gehegte Filmprojekt sollte den Reifeprozess des politischen Bewusstseins in fünf Regionen der Dritten Welt (die arabischen Länder, Afrika, Indien, Südamerika, die Ghettos von Nordamerika) durch exemplarische, miteinander verbundene Geschichten untersuchen, die möglichst von der lokalen Kultur jeder Region beeinflusst sein sollten. Dieses innovative Projekt konnte nicht realisiert werden, aber Pasolini war es möglich, *Appunti per un film sull'India* für die Sendung TV7 der RAI zu produzieren.

Der Film beginnt mit einer Geschichte des ursprünglichen Projekts, die von einer Hindu-Legende inspiriert war.[18] Sie ist eine Parabel über einen reichen Maharadscha, der im Schnee eine Tigermutter und ihre Jungen findet, die vom Hunger ausgezehrt sind. Mitleid bewegt ihn dazu, seinen Körper zum Fraß anzubieten. Sein Tod überlässt seine Familie der Macht des Schicksals. Indien erlangt die Unabhängigkeit, eine große Hungersnot bricht aus, und nach und nach sterben seine Frau und seine Kinder an Armut. Der Struktur der Parabel liegt der Übergang vom alten zum neuen Indien zugrunde, der als problemhafte Verknüpfung im Zusammenhang mit den brennenden Fragen der Dritten Welt untersucht werden muss: Überbevölkerung, Hunger und Religion. Darüber hinaus stellt sich die Schilderung der Parabel in *Appunti* als eine poetische Version der „Wahrheit" dar, als ein roter Faden in Pasolinis religiös-epischer Ästhetik auf der Suche nach „verlorenen Realitäten". In diesen „verlorenen Realitäten", die

Pasolini fortlaufend sucht, liegt Sam Rohdie zufolge der „wahre" Inhalt der imaginären Parabelgeschichte.[19] Die Idee hinter Pasolinis Erkundung Indiens ist also erneut die Suche nach Orten und Gesichtern für einen geplanten Spielfilm (der dann nicht gedreht wird), beginnend bei den Gesichtern für den Maharadscha und seiner Familie. Im Zentrum von *Appunti* steht die Frage des Regisseurs an die Menschen, die er interviewt, ob die erhabene Tat des Maharadschas im gegenwärtigen Indien denkbar sei. Diese Frage beleuchtet Pasolinis indische *Route* wie ein Leuchtfeuer, dessen blinkendes Licht die Dokumentation durch die archetypischen Wasser des Mythos führt.

Allgemein betrachtet scheint diese Frage das Engagement von Pasolinis Kino und die konkrete und handfeste Darstellung des Mythos in sich zusammenzufassen, während es seine meta-historischen Eigenschaften herausstellt.[20] Der Mythos dient als Rahmen für Pasolinis soziopoetische Untersuchung, anhand der er die Verlässlichkeit der Grundhypothese des Spielfilms prüfen wollte: der Fähigkeit, das Heilige (am Beispiel des Opferritus des Maharadscha) in der traumatischen Phase des Übergangs von der archaischen und religiösen Kultur der indischen Landbevölkerung zur modernen Zivilisation des neodemokratischen Indien bewahren zu können. Pasolinis methodologische Einstellung zur Beobachtung der Welt gleicht der Verwunderung eines Blickes, der sich behutsam der Phänomenologie des Sichtbaren nähert, wie im Fall der „Erscheinung" und der „Vision". Dazu gehören z. B. die Erscheinung eines jungen Inders mit Turban und Bart in einer Nahaufnahme am Anfang (und Ende) des Films; später identifiziert ihn der immer wiederkehrende Kommentar des Regisseurs mit dem Gesicht des fiktiven Maharadschas. Dies ist insofern eine für Pasolinis Stil beispielhafte Identifikation, als für ihn, wie Rohdie meint, „die Realität in der Analogie liegt". Demzufolge „scheint es, als ob die Person, die Pasolini für den Maharadscha ausgewählt hatte, ein echter Maharadscha war, da er einem figurativen Zitat, einem erinnerten Bild gleich kam".[21]

Auf der anderen Seite war sich Pasolini, dessen stilistische Bezugspunkte das Kino von Dreyer, Chaplin, Mizoguchi und Rossellini waren, der jugendlichen „figurativen Erleuchtung" als Grundlage seiner Arbeit bewusst, die bis zu den Vorlesungen von Roberto Longhi zurückverfolgt werden kann.[22] In dem potenziell kontemplativen Blick des Regisseurs steigt der unverwechselbare Grundton seiner „manieristischen" (Wieder-)Erschaffung der Realität empor – zusammen mit seiner selektiven Haltung bei der Beobachtung von lebenden Objekten, Umgebungen und Dingen, als ob er vertrauensvoll auf eine Offenbarung wartete, auf eine immanente Verkündigung der „bestürzenden Heiligkeit"[23] der einfachen Umgebung, einer Welt von uralter Spiritualität, die, wie es scheint, Pasolini immer wie ein Instinkt vertraut war. Die Spiritualität, die der Regisseur auf seiner letzten Erkundung wahrnahm, stammt aus der Philosophie des *Erbarmens*, der „Kunst des Mitleids", welche die Basis der Hindu-Religion ist.²⁴ Es ist ein Motiv, das in Einklang steht mit Pasolinis Sensibilität, seiner unerschöpflichen Hingabe zum Leben als materieller und auf Erfahrung beruhender Realität (Pasolini nannte es „heilige Verehrung"). Für den Regisseur ist das Heilige bereits Bestandteil dieser „Kunst des Mitleids" (Mitleid für die Körper, die Dinge, die Natur), und es enthält eine antibürgerliche Bedeutung, ein Gegengift gegen Individualismus und die neokapitalistische Verdinglichung.

Trotzdem sind die formalen, fast neurotischen Reaktionen eines echten Maharadschas und seiner Frau, die Pasolini auf die Parabel hin befragte, eher bürgerlich und konventionell. Sie bilden einen Gegensatz zu den Gesichtern und Orten des indischen Landes, das von „atavistischer Mühsal" geprägt ist und in das sich Pasolinis ekstatisches Gefühl ergießen kann. Dieser Zustand ist *„eine bestimmte Art, etwas zu fühlen"*, die der Regisseur *„identisch in einigen Versen und Bildkadern wiederholt"*²⁵, und er stellt Pasolinis emotionale und intellektuelle Reaktion auf die schmerzliche und alles umfassende „Agonie des Heiligen" dar, wie sie Ernesto De Martino in den 1950er Jahren beschrieb.²⁶ Auch Indien bleibt von dieser „Agonie des Heiligen" nicht verschont, die das Feuer einer „Neuen Frühgeschichte"²⁷ entfachen könnte, jene der neokapitalistischen Technologie der bürgerlichen Welt – mit anderen Worten: die Explosion des Dilemmas der Industrialisierung nach westlichem Muster und damit zugleich den bewussten Aufbau eines Widerstandes gegen die Aufzwingung einer anderen Kultur, der jedoch eine fruchtbare Verschmelzung mit der indischen Kultur nicht ausschließt. Gandhis Lektionen über Gewaltlosigkeit finden sich in diesen Formen des Widerstandes wieder, zu denen auch gehört zu lernen, dass man das Recht hat, Autoritäten infrage zu stellen.

Diesbezüglich hält *Appunti* mehr als nur eine Botschaft für die derzeitige Ära der Globalisierung bereit. Er unterstreicht die politische und anthropologische Dimension von Pasolinis Einsatz, indem er seinen Versuch bezeugt, die angemessenste und unmittelbarste Strategie dafür zu finden, die kulturelle und spirituelle Eigenheit des Landes zu respektieren, mit dem er sich befasst. Dies ist eine Besonderheit, die Pasolini in seiner elegischen Verzückung als Dichter im Schlussritus des Films und der menschlichen Existenz zu verdichten scheint – in der Würde und Güte eines atavistischen Rituals von strenger und feierlicher Natürlichkeit: Das Heilige liegt auch in der Würde dieses uralten Rituals der Natur und seinem „sublimen" Mysterium als einem unerschöpflichen und unerschütterlichen Kreislauf des Lebens. Während der Darstellung einer Verbrennung setzt der letzte Kommentar des Regisseurs ein, der die Frage nach Indiens Schicksal offen lässt: „Jemand aus dem Westen, der nach Indien kommt, hat alles, aber er oder sie geben nichts. Indien hingegen, das nichts besitzt, gibt alles. Aber was genau gibt uns Indien?"

Eine Antwort könnte schon beim Gedanken daran gefunden werden, mit welch problembewusstem Blick Pasolini die Welt betrachtet. Das „Alles-Geben" besteht darin, dass es ein immenses Reservoir an Werten für unsere Zukunft bereitstellt. Und Pasolini sagt uns im Wesentlichen, dass es ohne eine Aufarbeitung dieses immensen Reservoirs unmöglich ist, die Zukunft zu planen oder zu gestalten. Deshalb handelt es sich hier nicht um ein einfaches Sehnen nach der Vergangenheit, sondern um eine präzise intellektuelle Position gegen die Unterdrückung der Vergangenheit durch den Neokapitalismus einer unwissenden und unvorbereiteten bürgerlichen Klasse, sowohl in Indien als auch in Italien.

Pasolini zufolge besteht die Aufgabe von Intellektuellen darin, dieses Reservoir an Werten, die Geschichte sind, neu zu präsentieren und in unser Projekt für die Zukunft einzuarbeiten. Ohne diese Arbeit gibt es kein Zukunftsprojekt. Und ohne Projekt gibt es keine Zukunft, oder zumindest keine annehmbare. Es ist sogar denkbar, dass man ohne Projekt auf eine Nebenspur, in eine ahistorische Phase der menschlichen Entwicklung ohne Zivilisation und Kultur gerät, in der gilt: *homo homini lupus est*. Die Vorstellung von einem Pasolini, der sich nach der Vergangenheit sehnt, muss umgekehrt werden: Er strebt nicht nach Vergangenheit, sondern nach Geschichte, und die „Früh- und Vorgeschichte" bietet der Menschheit ein riesiges Feld von Möglichkeiten. Auf diese Zeit, in der alles oder fast alles möglich ist, richtet Pasolini seine Gedanken, verbunden mit der großen Reise durch die Geschichte mit ihren Widersprüchen und Bürden, aber auch ihrer Schönheit, die der unermüdlichen Arbeit der Menschheit entspringt, die ihre Wünsche und Möglichkeiten als Spuren in der Geschichte hinterlassen hat. Hier manifestieren sich die (auch und vor allem in den Spielfilmen) wiederkehrenden Verweise des Regisseurs auf Giotto, Masaccio und auf die italienischen Humanisten, auf Giambellino und die Meister von Ferrara neben den Verweisen auf die Manieristen, auf Pontormo und Rosso Fiorentino. Er bedient sich dabei nicht rein bildhafter Verweise: Es ist vielmehr eine bestimmte Art und Weise, über den Menschen und seine Möglichkeiten nachzudenken, die die Referenzen zum Humanismus und dessen manieristischer Problematisierung bestimmt. Und es ist seine Art, die Werte der italienischen Geschichte und Kultur neu darzustellen, sie zu re-präsentieren. Darin bestätigt sich erneut die enge Verbindung, nicht nur Pasolinis, des offenen Blicks auf das *andere*, auf das Unterschiedene, des nomadischen Blicks mit seiner Leidenschaft für die eigenen Wurzeln, Geschichte und Kultur: Es ist die Leidenschaft für das Differente innerhalb der Vielfalt, für Veränderung, für das Experimentieren und für die Neugier auf das Leben.

Anita Trivelli

1   „The world became a subject of history not of mystery anymore." Vgl. Pier Paolo Pasolini, „Il pianto della scavatrice", in: ders., *Poesie* (1970), Mailand 2004, S. 35.
2   Pasolini drehte folgende Dokumentarfilme: *La rabbia* (I 1963, Teil 1); *Comizi d'amore* (*Das Gastmahl der Liebe*, I 1965); *Sopraluoghi in Palestina per il vangelo secondo Matteo* (*Die unerfüllte Suche nach einer biblischen Welt*, I 1965); *Appunti per un film sull'India* (*Notes for a Film on India*, I 1968); *Appunti per un'Orestiade africana* (*Notes for an African Oresteia*, I 1970); *Le mura di Sana* (I 1964). Zu diesen Titeln müssen hinzugefügt werden *Lo sciopero degli spazzini* (I 1970) und *12 dicembre* (*Document on Guiseppe Pinelli*, I 1972). *Lo sciopero degli spazzini*, über den Generalstreik der Müllarbeiter in Italien 1970, hatte im Dezember 2005 in Rom Premiere (mit Mimmo Calopresti als Konservator, im Auditorium Parco della Musica). Pasolini sprach gelegentlich über diese Dokumentation als Bestandteil eines größeren (nicht fertiggestellten) Filmprojekts über die Dritte Welt. In den Credits von *12 dicembre*, der von der außerparlamentarischen Gruppe Lotta Continua gefördert und beworben wurde (der Film betraf Italien am Ende der 1960er Jahre – das Datum im Titel, der 12. Dezember, erinnert an das von den Neofaschisten verübte Massaker an der Piazza Fontana in Mailand 1969), wird Pasolini als Urheber der Idee geführt, aber es ist bekannt, dass er auch einen Teil der Szenen drehte.
3   Vgl. *Parole mai viste di Pier Paolo Pasolini* (eine Sammlung ausgesuchter Passagen aus Fernsehinterviews mit dem Regisseur), „Fuori Orario", ausgestrahlt in RAI 3 am 27. August 1993.
4   Pier Paolo Pasolini, *La libertà stilistica*, zitiert nach: Adelio Ferrero, „Il cinema di Pier Paolo Pasolini", hrsg. von Lorenzo Pellizzari, Venedig, 2005, S. 26.
5   Walter Siti/Franco Zabagli, *Pier Paolo Pasolini. Per il cinema*, Bd. 2, Mailand 2001, S. 2777.
6   Die *Geste* eines Autors ist ein zentraler Faktor bei der Definition von Modernität im Kino, wie Giorgio De Vincenti ausführlich dargelegt hat. Vgl. Giorgio De Vincenti, *Il concetto di modernità nel cinema*, Parma 1993.
7   „Pronto e disarmato"; der Begriff stammt von Cesare Zavattini. Vgl. Cesare Zavattini, *Neorealismo* ecc., hrsg. von Mino Argentieri, Mailand 1979, S. 75.
8   Dies sind die letzten Worte von Pasolinis Tonkommentar in *Le mura di Sana'a*.
9   Z. B. kann man an die Beziehung zwischen Vater und Söhnen in *Edipo Re* (*Edipo Re – Bett der Gewalt*, I/Marocco 1967), *Teorema* (*Teorema – Geometrie der Liebe*, I 1968) und *Porcile* (*Der Schweinestall*, I/F 1969) denken, wo die psychoanalytisch gezeichneten Beziehungen im „privaten" Bereich auf eine voll ausgeprägte Psychoanalyse des „sozialen" Bereichs verweisen und wo die Kritik am Bürgertum keine unfruchtbare Sehnsucht nach der Vergangenheit ist, sondern eine harsche Kritik an dem Unvermögen, die Welt zu planen.
10 *Sopraluoghi in Palestina per il vangelo secondo Matteo* (*Die unerfüllte Suche nach einer biblischen Welt*, I 1965); Regie: Pier Paolo Pasolini; Interviewer/Tonkommentator: Pier Paolo Pasolini; Kamera: Aldo Perinelli; Schnitt: Pier Paolo Pasolini; Musik: (ausgewählt durch den Regisseur) Johann Sebastian Bach, „Matthäuspassion", BWV 244; Produktion: Arco Film (Rom); Produzent: Alfredo Bini; Dreharbeiten: 27. Juni–11. Juli 1963; Drehorte: Galiläa (See von Tiberias, Berg Tabor, Nazareth, Kafarnaum), Jordanland (Baram, Jerusalem, Fluss Jordan, jordanische Grenze, Bersabee, Bethlehem), Syrien (Damaskus); Länge: 52 Minuten.
11 Die Bilder, die *en route* gesammelt wurden, sind – durch sparsame Einsätze von Musik (Bach) – mit einigen vom Regisseur während der Dreharbeiten geäußerten Kommentaren sowie, in der Überzahl, mit weiteren Kommentaren verbunden, die später im Schneideraum improvisiert wurden. Insgesamt ist es ein Vorgang der

(Re-)Konstruktion, der gleichwohl dazu imstande ist, die tiefen Gefühle des Regisseurs angesichts des Sichtbaren zu belegen und festzuhalten.

12 Vgl. Pier Paolo Pasolini, *La lunga strada di sabbia* (mit Fotos und einer kurzen Einführung von Philippe Séclier), Rom 2005.
13 Mitschrift der Erzählerstimme des Regisseurs.
14 Die Kursivsetzung stammt von mir.
15 Diese Überlegung verdankt sich den Gedanken von Sam Rohdie und Serafino Murri. Vgl. Sam Rohdie, *The Passion of Pier Paolo Pasolini*, London/Bloomington 1995 und Serafino Murri, *Pier Paolo Pasolini*, 2. Aufl., Mailand 2005.
16 Pasolini hatte in der Tat die Idee für einen Film entwickelt (der dann nicht gedreht wurde) über das, was heilig ist, und über die Heiligkeit als eine revolutionäre Angelegenheit. Er schrieb das Drehbuch dafür und „siedelte die Handlung in der Gegenwart an", ohne aber den ursprünglichen Handlungsverlauf zu verändern, der sich in Rom, Paris, London und New York abspielte. Die Idee, diesen Film durch die Ansiedlung in heutigen Städten zu kontextualisieren, reifte während seines ersten, einschlagenden Besuchs in New York im Oktober 1966, der nur zehn Tage dauerte. Vgl. Luigi Fontanella, *Pasolini rilegge Pasolini. Intervista con Giuseppe Cardillo*, Mailand 2005.
17 *Appunti per un film sull'India* (Notes for a Film on India, I 1968); Drehbuch, Kommentar und Regie: Pier Paolo Pasolini; Mitarbeit: Gianni Barcelloni Corte; Kamera: Federico Zanni, Roberto Nappa; Schnitt: Jenner Menghi; Musik: Johann Sebastian Bach, Sonatina dalla Cantata BWV 106, „Actus Tragicus" und indische Musik; Produktion: RAI; Ausführender Produzent: Gianni Barcelloni Corte, BBG s.r.l.; Format: 16 mm, s/w; Drehzeit: 20. Dezember 1967–10. Januar 1968; Drehorte: Bundesstaaten Maharashtra (Bombay), Uttar Pradesh, Rajasthan, New Delhi; Länge: 34' 20".
18 Der Film wurde auf dem Filmfestival von Venedig 1968 in der Sektion „Dokumentarfilm" uraufgeführt.
19 Rohdie, *The Passion of Pier Paolo Pasolini* (s. Anm. 15), S. 66.
20 „Il mito è, diciamo così, un prodotto della storia umana"/„Der Mythos ist, so gesagt, ein Produkt der menschlichen Geschichte", erklärt Pasolini, „ma essendo diventato un mito è diventato un assoluto, non è più caratteristico di questo o quel periodo storico; piuttosto appartiene, per così dire, a tutta la storia (...): è metastorico"/„doch indem es zum Mythos geworden ist, ist es absolut, es wird nicht mehr von dieser oder jener historischen Epoche charakterisiert. Es ist sozusagen Teil der ganzen Geschichte geworden, es ist meta-historisch." Pier Paolo Pasolini zitiert nach: Jon Halliday, *Pasolini su Pasolini. Conversazioni con Jon Halliday*, Parma 1992, S. 115. Hallidays Buch ist eine Sammlung von Interviews mit Pasolini, die vom Autor zuerst auf Englisch unter dem Pseudonym Oswald Stack herausgegeben wurde (Oswald Stack, *Pasolini on Pasolini*, London 1969). Im Vergleich zur englischen Ausgabe sind in der italienischen Ausgabe außer der Einführung von Nico Naldini ein neues Vorwort von Halliday und ein weiteres Interview mit dem Regisseur aus dem Jahr 1971 enthalten.
21 Rohdie, *The Passion of Pier Paolo Pasolini* (s. Anm. 15), S. 60.
22 „Meine filmische Vorliebe hat keinen filmischen Ursprung, sondern einen figurativen. Was ich in meinem Kopf als Vision, als visuelle Felder trage, sind Masaccios Fresken oder die von Giotto – jene Maler, die am meisten liebe, zusammen mit einigen Manieristen (z. B. Pontormo). Ich kann Bilder, Landschaften oder figürliche Kompositionen außerhalb dieser ursprünglichen, im 14. Jahrhundert verwurzelten bildlichen Leidenschaft von mir nicht erdenken, die ‚den Menschen' in den Mittelpunkt jeder Perspektive stellt. (...) So bewegt sich auch meine Kamera vor

einem Hintergrund und vor Figuren, die an sich still wirken und in einem tiefen Chiaroscuro gehalten sind." Vgl. Pier Paolo Pasolini, Mamma Roma (s. Anm. 1), S. 145. Dem berühmten Kunsthistoriker und Kunstkritiker Roberto Longhi, dessen Schüler Pasolini während seines Studiums in Bologna war, hat er Mamma Roma mit den folgenden Worten gewidmet: „Für Roberto Longhi, dem ich meine figurative Aufklärung verdanke."

[23] Diese höchst passende Definition („sgomentante sacralità") stammt von Adelio Ferrero. Vgl. Ferrero, „Il cinema di Pier Paolo Pasolini" (s. Anm. 4), S. 47.

[24] Andererseits spricht ein junger *Sadhu*, vom Regisseur zu der immer wiederkehrenden Frage angesprochen, explizit vom „Mitleid fühlen". Er lädt uns ein, die Geschichte vom Maharadscha „nicht wörtlich zu nehmen", sondern vielmehr „ihre Philosophie zu verstehen", ihre höchst authentische Lehre von „der Kunst, Frömmigkeit zu empfinden".

[25] Pier Paolo Pasolini, „Al lettore nuovo", in: Pier Paolo Pasolini, *Poesie* (s. Anm. 1), S. 5.

[26] Vgl. Ernesto De Martino, „Mito, scienze religiose e civiltà moderna", in: *Nuovi Argomenti* 37 (März–April 1959).

[27] Pier Paolo Pasolini, „Una disperata vitalità" (aus „Poesia in forma di rosa"), in: Pier Paolo Pasolini, *Poesie* (s. Anm. 1), S. 185.

Über Roberto Rossellini

Ulrich Döge

Fernsehen bildet!

Roberto Rossellinis europäische Sendungen am Beispiel von *La prise de pouvoir par Louis XIV*

Rossellinis Kritik am herrschenden Bildungssystem

„Lebenslanges Lernen" – „Bildungsmisere" – „Wissensgesellschaft" – solche und ähnliche Schlagworte kursieren seit dem sogenannten Pisa-Schock 2001 in den Massenmedien. Mittlerweile manifestieren sich in einigen der volkswirtschaftlich betrachtet reichsten Ländern schwerwiegende bildungspolitische Fehlentwicklungen. In Deutschland werden allmählich Ausmaß und Folgen einer jahrzehntelangen mangelhaften familiären und schulischen Erziehung Minderjähriger mit oder ohne Migrationshintergrund spürbar.[1] In Frankreich verhängte der Staat im Herbst 2005 infolge einer Revolte beruflich perspektivloser Jugendlicher aus afrikanischen und arabischen Einwandererfamilien den Ausnahmezustand.

Roberto Rossellini (1906–1977) hatte bereits ab Ende der 1950er Jahre in zahlreichen Interviews, Aufsätzen, Büchern und offenen Briefen vor den massenpsychologischen und politischen Auswirkungen einer internationalen Bildungskrise gewarnt.[2] Aus seiner Sicht waren hierfür weit in die Vergangenheit zurückreichende gravierende Fehlentscheidungen ausschlaggebend, welche Wissensinhalte mit welchen Methoden vermittelt werden. Infolge ungenügend vorhandener Allgemeinbildung gelänge es der Menschheit bislang nicht, die seit der industriellen Revolution Mitte des 19. Jahrhunderts beschleunigte wissenschaftlich-technische Revolution zum eigenen Vorteil zu nutzen. Weder seien weltweit Hunger und Not überwunden noch bestehe ein universeller Frieden. Vielmehr sei der Fortbestand der Menschheit am Ausgang des 20. Jahrhunderts mehrfach gefährdet. Das Nord-Süd-Gefälle vergrößere sich. Der Kalte Krieg drohe bei fortdauernder Aufrüstung in einen atomaren Krieg umzuschlagen. Auch in den reichen westlichen Industriestaaten sei das Ende eines bislang hohen Wirtschaftswachstums und des von ihm bedingten stetig steigenden materiellen Wohlstands absehbar. Rossellini stützte sich bei dieser Prognose auf den 1972 in millionenfacher Auflage veröffentlichten Bericht des Club of Rome „The Limits of Growth".[3] Diese Studie erregte weltweites Aufsehen, auch weil sie erstmals die verheerenden ökologischen Schäden ungenügend geregelter Kapitalakkumulation eindringlich bilanzierte.

Das andauernde bildungspolitische Versagen bestand aus Rossellinis Sicht darin, die soziale Spaltung als negative Folge fortschreitender Arbeitsteilung noch zu verstärken: Eine Minderheit hoch qualifizierter Spezialisten manipuliere eine Mehrheit Unwissender und Geringqualifizierter. Schulische, berufliche und außerberufliche Lehrinstitutionen vermittelten zwar immer detailliertere fachspezifische, aber keine grundlegenden historischen, natur- und sozialwissenschaftlichen Kenntnisse. Methodisch sei die schriftfixierte Didaktik im 17. Jahrhundert stehen geblieben. Rossellini forderte hingegen, die für ihn zukunftsweisende Pädagogik des mährischen protestantischen Theologen Johann Amos Comenius (eigentlich: Jan Amos Komenský, 1592–1670) anzuwenden. In diversen publizierten Schriften wie „Orbis sensualium pictus" (1658) begründete er, warum der Mensch visuell vermittelte Kenntnisse besser begreife und erinnere als gehörte oder gelesene. Wie sehr Comenius' Konzept der „Autopsie" – „mit eigenen Augen sehen" – Rossellinis Vorstellung prägte, welche Funktion das bewegte Bild in der Moderne zu erfüllen habe, deutet der Titel seines 1974 erschienenen Buches „Utopia Autopsia" an.

Obwohl die steigende Produktivität in den westlichen Konsumgesellschaften den Arbeitstag verkürze und die Freizeit erweitere, nähme selbst der dort lebende privilegierte Teil der Weltbevölkerung die einzigartige Gelegenheit nicht wahr, sich allseitig weiterzubilden. Fachidiotentum einerseits, Halbwissen andererseits münden aus Sicht Rossellinis in tiefgreifende Zivilisationsstörungen. Symptomatisch hierfür seien massenpsychologische Phänomene wie Angst, Aggressivität, Orientierungslosigkeit, Depression, Lethargie. Sich stetig wandelnde Produktions- und Arbeitsbedingungen würden als existenzielle Bedrohung vertrauter Lebens- und Denkweisen wahrgenommen und abgelehnt. Doch permanente wissenschaftlich-technische Innovationen, welche dem Einzelnen immer wieder zu erneuernde und tendenziell umfangreichere Kompetenzen abverlangten, ließen sich unter den Konkurrenzbedingungen des Weltmarkts nicht verhindern.[4]

Um im „Zeitalter der Beschleunigung"[5] die Menschheit zu befähigen, den technisch-wissenschaftlichen Fortschritt zu meistern, ihn zum Aufbau einer friedlichen Weltgemeinschaft ohne Hunger, politische Unterdrückung und Hass auf andere Völker zu nutzen, sei eine völlig neue Form des Lernens und Lehrens erforderlich. Unter dem Eindruck der elektronischen Revolution stimmte Rossellini 1972 der Aussage des Präsidenten der Unesco, René Maheu, zu, dass die Aneignung von Wissen lebenslang erfolgen,[6] interdisziplinär und praxisorientiert sein müsse. Ohne einen mündigen, ganzheitlich denkenden, rational

entscheidenden Bürger sei auch die sogenannte parlamentarische Demokratie bloß eine verdeckte Diktatur von Verwaltungs- und Politikexperten.[7]
Nicht nur der Staat, sondern auch die Künstler und Massenmedien hätten versagt, den Menschen dringend benötigte Kompetenzen beizubringen. Seine Kollegen klagte er an, sich ihrer traditionellen sozialen Aufgabe als Erzieher des Volkes zu entziehen.[8] Im Gegensatz zu den Künstlern der Renaissance distanzierten sie sich sogar von den Wissenschaften. Wiederholt polemisierte Rossellini gegen die abstrakte Malerei als Inbegriff der modernen Kunst. Anstatt den auf Teilfunktionen reduzierten, allgemeinverbindlicher Glaubensgewissheiten beraubten, halt- und hilflosen, vereinzelten Menschen anzuleiten, wie er die vielfältigen Herausforderungen des anbrechenden 21. Jahrhunderts bewältigen könne, beschränkten sich Filmemacher, Theaterschaffende ebenso wie bildende Künstler darauf, entweder in kulturpessimistischen, larmoyanten Katastrophenfantasien zu schwelgen oder einem selbstbezüglichen, sozial unnützen l'art pour l'art zu huldigen.[9] Rossellini bemängelte insbesondere den seiner Überzeugung nach antiaufklärerischen Missbrauch der audiovisuellen Massenmedien, ihre Förderung sozialer Regression:

> Seit ich Filme drehe, höre ich die Leute reden, dass man Filme für ein Publikum machen soll, das (...) den geistigen Entwicklungsstand eines 12-jährigen Kindes besitzt. Es ist eine Tatsache, dass der Film (...) wie das Radio, das Fernsehen, oder alle sonstigen Veranstaltungen, die sich an ein Massenpublikum wenden, eine Art Cretinisation von Erwachsenen bewirken und, im Gegenzug, die enorm beschleunigte Reife von Kindern.[10]

Rossellini forderte demgegenüber, Kunst und Künstler müssten die Kollateralschäden der Moderne beheben. Wenn das bürgerliche Individuum infolge kapitalistischer Produktionsweise an der „entzauberten" Welt leide, keine allgemein verbindliche religiöse Lehre mehr den sozialen Zusammenhalt garantiere, auch die pluralen, sich wechselseitig infrage stellenden politischen Ideologien keine gesellschaftlich verbindliche Moral und Denkweise verbürgen, dann müssen Kunst und Massenmedien eine handlungsleitende und identitätsstiftende Funktion übernehmen. Sie erklären Millionen von Menschen eine ihnen undurchschaubar und irrational erscheinende Welt. Da die Hälfte der Weltbevölkerung weder lesen noch schreiben kann, sind die audiovisuellen Massenmedien hervorragend geeignet, diejenigen fachübergreifenden Kenntnisse zu vermitteln, welche die Menschheit benötigt, um nicht länger Objekt, sondern Subjekt ihrer Evolutionsgeschichte zu sein. Rossellini bezeichnet die letztgültige Wahrheit als eine Utopie im Sinne eines erstrebenswerten, aber schwer erreichbaren Ziels. Denn diese sei mit den bestehenden vielfältigen Lebensweisen unvereinbar. Zudem verurteilt er jegliche Bestrebungen, den Menschen nach irgendeiner politischen oder religiösen Ideologie zu (ver)formen. Dennoch ähnelt sein Konzept von einer sozial nützlichen, kollektiv richtungsweisenden Kunst einer säkularisierten Heilslehre und läuft auf jenen Idealzustand hinaus. Auf den Einwand, seine Vorstellung von einer einheitlichen Weltsicht („une vision unitaire du monde") stamme aus der griechischen Antike und sei mit ihr untergegangen, erwiderte Rossellini trotzig: „Man kann es versuchen, so wie es die Enzyklopädisten getan haben. (...) Ohne sie würde die moderne Welt nicht existieren."[11]

Nur sehr wenige, vor allem junge, debütierende italienische Regisseure unterstützen vorübergehend Rossellinis Engagement für einen primär didaktisch-informativen Gebrauch der audiovisuellen Kommunikationsmittel. Außer ihm unterzeichneten Gian Vittorio Baldi, Adriano Aprà, Bernardo Bertolucci, Gianni Amico, Tinto Brass und Vittorio Cottavi ein am 13. 7. 1965 an Vertreter der ausländischen Presse in Rom verteiltes Manifest. Es handelte sich um eine Art Selbstverpflichtung, Film und Fernsehen in ihrer ganzen Genrevielfalt so zu nutzen, dass sie dem Menschen helfen, die außerordentlichen Anforderungen im Zeitalter der Wissenschaft zu bewältigen.[12]

Das Kino ist tot! Es lebe das Fernsehen!

Es irritiert zunächst, dass Rossellini Ende der 1950er Jahre begann, das Filmestablishment immer schärfer zu attackieren, obwohl er diesem seit Anfang der 1930er Jahre fast durchgängig als Regisseur, häufig zugleich als Koszenarist und Koproduzent angehörte. Tatsächlich distanzierte sich nicht nur Rossellini vom Kino als Traumfabrik; ebenso gingen Filmkritiker und -publikum auf Abstand zu Rossellini. Wenngleich es schwerfällt, beweiskräftig festzustellen, welche Seite den sich schließlich wechselseitig verstärkenden Entfremdungsprozess initiierte, deutet vieles darauf hin, dass Rossellini reagierte und nicht agierte.

Die Generalabrechnung mit dem Kino fällt nicht zufällig in einen Zeitraum, in dem Rossellinis internationaler Ruhm als mutmaßlicher „Vater" des italienischen Neorealismus zunehmend verblasste. Nach den einstigen großen kommerziellen und künstlerischen Erfolgen *Roma, città aperta* (*Rom, offene Stadt*, I 1945) und – bereits abgeschwächter – *Paisà* (I 1946) begann sein „Stern" bereits ab *Germania anno zero* (*Deutschland im Jahre Null*, I/F 1948) rapide zu sinken. Obwohl *Il generale della Rovere* (*Der falsche General*, I/F 1959) auf dem Festival von Venedig – ex aequo mit Mario Monicellis *La grande guerra* (*Man nannte es den großen Krieg*, I/F 1959) – den Goldenen Löwen (Leone d'oro) gewann und relativ hohe inländische Einspielerlöse erzielte, fand das vom Regisseur erhoffte Comeback nicht statt. Vielmehr festigten *Era notte a Roma* (*Es war Nacht in Rom*, I/F 1960), *Viva l'Italia!* (I/F 1961), *Vanina Vanini* (*Der furchtlose Rebell*, I/F 1961) und *Anima nera* (*Schwarze Seele*, I/F 1962) den Ruf Rossellinis als „Kassengift".[13]

Roberto Rossellinis europäische Sendungen

Während Federico Fellini, Luchino Visconti, Michelangelo Antonioni, Pier Paolo Pasolini und eine jüngere Generation von Regisseuren das italienische Kino der 1960er Jahre im In- und Ausland repräsentierten, entweder den Höhepunkt ihrer Karriere erreichten oder diese einleiteten, galt Rossellini als ein seinen unaufhaltsamen beruflichen Abstieg ignorierender „Regisseur der Mittelmäßigkeit".[14]

Rossellini brachte sich 1966 – nach der Affäre mit Ingrid Bergman in den 1950er Jahren – wieder in die Schlagzeilen mit der provokanten Aussage, der Kinofilm gleiche einem Kadaver. Seine Schlussfolgerung lautete: „Vom Kino habe ich mich verabschiedet: Ich bin nicht nekrophil."[15] Doch diese Polemik täuschte über sein unablässig verfolgtes Ziel hinweg, die bislang vornehmlich belanglos unterhaltenden Massenmedien Fernsehen und Film vorrangig in harmonisch kooperierende Bildungsprogramme zu verwandeln.[16]

Rossellini wendete sich ab 1959 – allerdings zögerlich und widersprüchlich – dem elektronischen Bildmedium zu. Mehrere Gründe sind hierfür ausschlaggebend. Zum einen fiel es Rossellini nach zahlreichen kommerziellen Misserfolgen in den 1950er Jahren immer schwerer, Investoren zu überzeugen, seine neuen Vorhaben zu finanzieren. Anfang 1959 wurden seine hohen Schulden publik.[17] Zum anderen erleichterte Rossellini das noch experimentelle, seine spezifischen ästhetischen Ausdrucksformen erst auslotende Fernsehen die Entscheidung außerordentlich, sich von der formal und thematisch standardisierte Fließbandware liefernden Filmindustrie zu lösen. Rossellini war sich überdies bewusst, dass seine Vision von einem primär allgemeinbildenden Programm nur im staatlichen Fernsehen verwirklicht werden konnte. Trotz seines 1972 geäußerten Vorwurfs, dieses überwältige zumeist das Publikum emotional, anstatt zum eigenständigen Denken anzuregen, engagierte er sich vehement für den Fortbestand des öffentlich-rechtlichen Fernsehens, sobald die ersten privaten Sender einen folgenreichen Wettbewerb um Werbeeinnahmen und Einschaltquoten aufnahmen. Rossellini zog das gebührenfinanzierte europäische Fernsehen dem privaten amerikanischen „commercial TV" vor, das er während seiner Aufenthalte am Media Center der Texanischen Rice University kennengelernt hatte.

Für einen gescheiterten Filmemacher erwies sich das Fernsehen in mehrfacher Hinsicht als ein neuer attraktiver Arbeitgeber: Italien verzeichnete 1955 und 1956 relativ hohe, anschließend abflachende Wachstumsraten von angemeldeten Zuschauern („abbonamenti televisivi").[18] Verglichen mit den USA, Frankreich und Großbritannien setze sich in Italien der *piccolo schermo* verspätet als das primäre, Konsum- und Lebensgewohnheiten revolutionierende Massenmedium durch. Da zunächst das Public Viewing etwa in Bars, auf Plätzen, ja sogar in Filmtheatern vorherrschte, bis sich um 1960 das Fernsehen in den privaten Haushalten durchsetzte, muss von einer die jährliche Anzahl von regis-

Ulrich Döge

trierten Nutzern und Geräten erheblich übersteigenden Zuschauerreichweite ausgegangen werden.[19] Die messbare Zahl der Abonnenten stieg von 180.000 1955 über 1.1 Millionen 1958 und 2.1 Millionen 1960 auf 9.7 Millionen 1970.[20]

Im Gegenzug, wenngleich nicht allein und bislang nicht quantifizierbar vom Fernsehen als Informations- und Unterhaltungsmedium des alltäglichen privaten Gebrauchs bedingt, sank zeitlich parallel die Zahl der Kinobesucher in Italien nach dem Rekordjahr 1955 (819 Millionen) kontinuierlich. Sie betrug 1956 noch 790 Millionen, 1960 745 Millionen, 1970 hingegen nur noch 525 Millionen.[21]

Schließlich kam die Programmpolitik und -struktur des ersten und zweiten Kanals der Radiotelevisione Italiana (RAI) Rossellinis audiovisuellen didaktischen Ambitionen entgegen. Der Bildungsauftrag des bis ins kleinste Dorf in der entlegensten Provinz ausgestrahlten Fernsehens besaß seit dessen offizieller Einführung 1954 bis Anfang der 1970er Jahre Priorität. Neben der Sendung *Telescuola*, die sich bis 1966 an Minderjährige aus armen Familien in unterentwickelten Landesteilen richtete, diente das 1960 gestartete Programm *Non è mai troppo tardi* der raschen Alphabetisierung von Erwachsenen. Dringender staatlicher Handlungsbedarf bestand insofern, als das um 1958 einsetzende italienische „Wirtschaftswunder" kaum fortdauern würde, wenn ein Drittel der erwerbsfähigen Bevölkerung nicht lesen konnte.[22]

Rossellinis frühe Fernsehsendungen

In einer Phase des Übergangs, von 1956 bis 1962, arbeitete Rossellini sowohl für das Kino als auch das Fernsehen, hielt sich somit alternative Berufswege offen. Abgesehen von *Le Psychodrame*, einer um 1956 begonnenen, aber unvollendet gebliebenen Auftragsarbeit für die Organisation Radio-Télévision Française (ORTF), debütierte Rossellini als Fernsehregisseur mit einer zehnteiligen Reihe in zwei Sprachversionen: *L'India vista da Rossellini* (I 1959) für die RAI, *J'ai fait un beau voyage* (I 1959) für die ORTF. Gedreht auf 16 mm-Schwarz-Weiß-Film während seines Indienaufenthalts 1957, erfolgte die Erstausstrahlung 1959.[23] Die ethnologische Reportage diente als experimentelle Arbeitsprobe für den abendfüllenden farbigen fiktionalen 35mm-Kinofilm *India matri bhumi* (*Indien, Mutter Erde*, I/F 1959), eine französisch-italienisch-indische Koproduktion.[24] Die mittelfristige Abkehr vom Kinofilm leitete die erste Episode *Illibatezza* von *RoGoPaG* (I/F 1963) ein. Weitere Episoden stammten von Jean-Luc Godard, Pier Paolo Pasolini und Ugo Gregoretti. Im Finale von *Illibatezza* sieht sich ein triebgesteuerter, Ich-schwacher Mann, Typus amerikanischer Durchschnittstourist, im Heimkino seine schwarz-weißen Amateuraufnahmen einer Stewardess an. Verzweifelt taumelt er im Halbdunkel vor der Leinwand, während auf sie und zugleich ihn die Schemen der vergeblich begehrten Frau projiziert werden. Das bewegte Bild erscheint gleichermaßen als Ursache und Symptom gestörter zwischenmenschlicher Beziehungen.

Der über drei Jahrzehnte aktive Filmemacher Rossellini kündigte 1962 an, vorrangig Essays zu schreiben.[25] Doch sein im selben Jahr ausgearbeiteter, höchst ambitionierter Vierjahresplan, mit einer neu zu gründenden Produktionsfirma jährlich 25 Filme herzustellen, welche für Fernsehen, Kino und Schule bestimmt waren, dementierte sogleich das öffentliche Gedankenspiel eines vorzeitigen Berufsendes. Der vorgeblich mittelfristige Plan erwies sich tatsächlich als langfristiges Work in Progress, denn vorgesehen war eine verfilmte Universalgeschichte der Menschheit, von ihrer Vorgeschichte im Paläolithikum über Bronze-, Eisenzeit, industrielle Revolution bis zur Gegenwart. Neben einer Geschichte der Wissenschaften und bildenden Künste sollte der Zuschauer über die wirtschaftliche Unterentwicklung informiert werden, sei es in der Dritten Welt, sei es in Peripherien der Industriestaaten wie Italiens Mezzogiorno. Biografien berühmter Philosophen, Weltentdecker, Natur- und Geisteswissenschaftler sowie Erfinder neuer Technologien dienten dazu, einzelne Etappen der menschlichen Evolution zu veranschaulichen. Die griechisch-römische Antike repräsentierten etwa Sokrates, Aristoteles, Vergil und Horaz, die Anfänge und Wendepunkte des wissenschaftlich-technischen Fortschritts vom 17. bis ins 20. Jahrhundert beispielsweise Comenius, Leon Battista Alberti, Johannes Gutenberg, Copernicus, Francis Bacon, Descartes, Leibniz und die Enzyklopädisten Montesquieu, Voltaire, Rousseau, sodann James Watt, Heinrich Helmholtz, Charles Spencer Darwin und Albert Einstein.[26] Nur einen Bruchteil seiner mitunter fälschlich als historisch bezeichneten,[27] vielmehr immer gegenwartsbezogenen, mehrfach um neue Folgen etwa zur amerikanischen Revolution und zum Islam[28] erweiterten filmischen Enzyklopädie konnte Rossellini bis zu seinem Tod verwirklichen.

Von 1963 bis 1970 wirkte Rossellini in wechselnden Stabfunktionen an insgesamt sieben, zumeist von europäischen Sendeanstalten koproduzierten und zeitversetzt in Frankreich und Italien ausgestrahlten Fernsehbeiträgen mit: *L'età del ferro* (*The Iron Age*, I 1965), *La prise de pouvoir par Louis XIV* (*Die Machtergreifung Ludwigs XIV.*, F 1966), *L'idea di un'isola* (I 1970), *La lotta dell'uomo per la sua sopravvivenza* (*Fight for Survival*, I/F/Rumänien/Ägypten, 1970), *Atti degli Apostoli* (*Die Geschichte der Apostel*, I 1969) und *Socrate* (*Sokrates*, I/E/F 1970). Regie führte er bei *La prise de pouvoir par Louis XIV*, *Atti degli Apostoli*, *Socrate*. Die übrigen Filme drehte unter seiner künstlerischen Oberaufsicht sein zweiter Sohn Renzo. Mit Ausnahme von *La prise de pouvoir par Louis XIV* war der Vater in Personalunion zumeist Koszenarist. Während *L'età del ferro* für die RAI noch fremdproduziert wurde,[29] bemühte sich Roberto Rossellini ab Mitte der 1960er Jahre um eine weitergehende finanzielle und künstlerische Kontrolle seiner Filme. Im Herbst 1964 verhandelte er in Stockholm mit Rod Geiger, dem amerikanischen

Ulrich Döge

Koproduzenten von *Paisà*, über die gemeinsame Gründung einer Firma in Schweden, die Dokumentarfilme für das dortige Fernsehen und Kino herstellen sollte. Doch dieses Vorhaben blieb ebenso unverwirklicht wie die angekündigten Projekte zur schwedischen Sozialdemokratie und Industrialisierung.[30] Bei *La lotta dell'uomo per la sua sopravvivenza* übernahm Rossellini erstmals und künftig durchgängig den Status eines Koproduzenten, und zwar als Teilhaber der im Juli 1966 eröffneten Pariser Filiale der Produktionsgesellschaft Horizon 2000 mit Sitz in Houston, Texas.[31]

La prise de pouvoir par Louis XIV
Produktionsgeschichte

Obgleich nicht in dem 1962 entwickelten audiovisuellen Vierjahresplan enthalten, fügte sich *La prise de pouvoir par Louis XIV*[32] thematisch und stilistisch nahtlos in Rossellinis enzyklopädisches Filmprogramm ein. Zunächst war Jacques Rivette als Regisseur dieser weiteren Folge der Serie *Les Hommes de Caractère* vorgesehen. Erst nach Rivettes' Rückzug beauftragte die ORTF Rossellini mit der Regie. Jean Contaminé, Fernsehdirektor der ORTF von Juli 1964 bis September 1967, förderte eine aus heutiger Perspektive weitsichtige Kooperation mit ausgewählten Filmschaffenden zum gegenseitigen Vorteil. Vorzugsweise der kommerziell überdurchschnittlich riskante Autorenfilm sollte unterstützt werden. Zum einen übernahm das staatliche Fernsehen wie im Fall von *La prise de pouvoir par Louis XIV* die Gesamtkosten, sicherte sich im Gegenzug die Senderechte insbesondere für die Erstausstrahlung, gewährte jedoch Filmverleihern die Zweitauswertung. Zum anderen beteiligte sich die ORTF als Koproduzent an vier bis fünf Filmen pro Jahr, welche im Kino uraufgeführt und im Abstand von etwa sechs Monaten auf einem der beiden Kanäle übertragen wurden. Den Auftakt dieser punktuellen Partnerschaft bildete *La prise de pouvoir par Louis XIV*. Ursprünglich sollte dieser 1966 im 35mm-Format gedrehte Film noch im selben Jahr auf dem zweiten Kanal der ORTF ausgestrahlt werden, und zwar als erste französische Farbsendung in dem 1963 gewählten System Secam.[33] Abweichend von Rossellinis übrigen nachsynchronisierten Kinofilmen und TV-Beiträgen wurde Direktton aufgenommen. Rossellini benötigte für den 90 Minuten dauernden historischen Spielfilm eine außerordentlich geringe Drehzeit von etwa 23 Tagen. Hierfür war die häufige Verwendung der Plansequenz, einem von ihm selbst seinen Bedürfnissen angepassten und bedienten Zoom, dem Pancinor, sowie der fortentwickelte Schüfftan-Effekt verantwortlich. Die Innen- und Außenaufnahmen fanden von Juni bis Juli außerhalb des Ateliers statt. Drehorte waren das Schloss von Brissac bei Angers, Maison Laffite, Vincennes, Nantes und Umgebung.[34] Da es Contaminé dem Regisseur überließ, die Rollen mit Schau-

Roberto Rossellinis europäische Sendungen

spielern seiner Wahl zu besetzen, kamen im Unterschied zu *L'età del ferro* ausnahmslos Laiendarsteller zum Einsatz. Wegen der Ludwig XIV. ähnlichen äußeren Erscheinung fiel die erste Wahl beim ‚Typecasting' auf Jean-Marie Patte, den Regisseur eines Amateurtheaters. Da er seinen vom Drehbuch vorgeschriebenen Text nicht in Erinnerung behalten und vor laufender Kamera aufsagen konnte, wurden seine Dialoge in großen Buchstaben auf eine Schultafel geschrieben, welche am Set stand.[35] Seine monotone Rede bei fast regloser Körperhaltung, stumme Auftritte, ruckartige Abgänge und Positionswechsel innerhalb des Einstellungsraums, starre, für den Zuschauer unmotivierte Blicke am Gesprächspartner vorbei, ungelenke Gesten und maskenhafte Mimik missdeuteten Kritiker als lobenswerte praktische Anwendung der damals unter linken Intellektuellen und Künstlern modischen Theorie des epischen Theaters.[36] Während sie jedoch im Sinne Bertolt Brechts von professionellen Schauspielern durchgängig angewendet wurde, unterstützt von einer auch im Bühnenbild manifesten Technik der Desillusionierung des Zuschauers, zielte Rossellini zwar auf ein entdramatisiertes, episodisches filmisches Geschehen, aber ohne völlig auf die ausgefeilten Instrumente der Sinnesüberwältigung zu verzichten, wie sie die Traumfabrik seit ihrer Entstehung perfektioniert hatte. Das Setdesign stand sonstigen Fernsehspielen nach historischen Theaterstücken in nichts nach. Den Schauwert steigerten noch die Kostüme. Sie wurden nach historischen Vorbildern von Christiane Coste entworfen und von Peruzzi in Rom gefertigt.

Der ausnahmslose Einsatz von Laiendarstellern erinnert an *La nave bianca* (*Glückliche Heimkehr*, I 1942), allerdings unter völlig veränderten Produktions- und Verwertungsbedingungen. Verglichen mit seinen Filmen für das Kino, verfügte Rossellini bei seinen Fernsehproduktionen über relativ geringe Budgets. Für *La prise de pouvoir par Louis XIV* standen ihm ca. 150.000 $ zur Verfügung.[37] Im Gegenzug gewann er eine in der Filmbranche unübliche künstlerische Selbstbestimmung und war von dem Druck entlastet, kommerziell erfolgreich sein zu müssen. Die Entscheidung für geringe Gagen erhaltende Laienschauspieler mag ökonomisch bedingt gewesen sein, sie verfolgt jedoch ebenso, insbesondere bei der titelgebenden Hauptfigur, eine inhaltlich-ästhetische Absicht: Rossellini gibt mit diesem Film denen, die meinen, dass große Männer Geschichte machen, auf den ersten Eindruck hin recht, aber widerspricht dieser gängigen Ansicht sogleich, denn die erhebliche Diskrepanz zwischen unserer außerfilmischen Vorstellung von dem legendären Sonnenkönig und seiner filmischen Verkörperung durch einen alles andere als majestätisch-erhaben erscheinenden Jean-Marie Patte wirkt grotesk. Wer eine trockene, oberlehrerhafte Geschichtslektion erwartet, wird somit enttäuscht. Rossellini inszeniert die gegenwartsprägende Geschichte, die Ausbildung des modernen Staates, mit doppeltem Boden: als erheiterndes, ergreifendes Spektakel mit Schauwert einerseits, als sachlich-distanzierte Analyse absolutistischer Herrschaft andererseits.

Ulrich Döge

La prise de pouvoir par Louis XIV von Roberto Rossellini.

Der Plot

Als am 9. 3. 1661 der Herrscher von Frankreich, Kardinal Mazarin, stirbt, übernimmt sein Zögling Ludwig XIV. die Regierungsgeschäfte. Obwohl von seiner Mutter Anne von Österreich als schwach und regierungsunfähig eingeschätzt, entmachtet er taktisch geschickt und zielstrebig den Staatsrat ebenso wie das Parlament und personifiziert fortan die absolute, zentralisierte Staatsgewalt. Infolge traumatischer Kindheitserfahrungen mit der Fronde erstickt er jegliche potenzielle Opposition durch ein raffiniertes System von Repression und Privilegien im Keim. Auf Befehl des Königs wird sein gefährlichster innenpolitischer Rivale, Finanzminister Fouquet, in dessen Hochburg Nantes verhaftet und die mit ihm gegen den Sohn intrigierende Königinmutter kaltgestellt. Nach dem Umzug von Vincennes in das Schloss von Versailles am 6. Mai 1682 übernimmt der Sonnenkönig die Kosten für das luxuriöse Leben der um sich versammelten 12.000 Angehörigen des Ersten Standes. Die finanzielle Abhängigkeit vom Monarchen und zahlreiche von ihm eingeführte Zeremonien, darunter ein

Roberto Rossellinis europäische Sendungen

extravaganter Modestil, sorgen dafür, dass der Adel sich fortan mit sich selbst beschäftigt. Unterdessen stärkt der engste Vertraute Ludwigs XIV., Finanzminister Colbert, die wirtschaftliche Macht der Bourgeoisie. Die kleine bahnt der großen französischen Revolution den Weg …

Das Drehbuch

Das Szenarium[38] definiert, für welches audiovisuelle Medium die zu transponierende schriftliche Fassung bestimmt und wer für wesentliche Stabfunktionen verantwortlich war: „Fernsehen. *Die Machtergreifung Ludwigs XIV.* Ein Film von Roberto Rossellini. Drehbuch von Philippe Erlanger nach seinem Buch ‚Ludwig XIV.' Adaption und Dialoge von Jean Gruault."[39] Erlanger – Historiker, Politologe, Jurist, Journalist, Kunstkritiker, Mitbegründer des Festivals von Cannes sowie leitender Mitarbeiter im Bildungsministerium – hatte seine Biografie über Ludwig XIV. bereits 1960 bei dem Pariser Verlag Perrin veröffentlicht. Gruault war einer der wichtigsten Drehbuchautoren der Nouvelle Vague. Er wirkte etwa an Rivettes *La religieuse* (*Die Nonne*, F 1966), Truffauts *Jules et Jim* (*Jules und Jim*, F 1962) und Godards *Les carabiniers* (*Die Karabinieri*, F/I 1963) mit, der Verfilmung von Beniamino Joppolos Stück. Rossellini hatte es 1962 für das Festival in Spoleto inszeniert. Erstmals arbeiteten er und Gruault bei *Vanina Vanini* zusammen. Für *Anima nera* schrieb Gruault die französischen Dialoge und spielte die Nebenrolle des Kastraten.

Obwohl Rossellini nachgesagt wird – und er selbst hat diese Legende tatkräftig gefördert – am Set zu improvisieren, selbst wenn ein Drehbuch vorliegt, hat er sich im Fall von *La prise de pouvoir par Louis XIV* an das überlieferte Skript hinsichtlich der Szenenfolge und der – mitunter vor Drehbeginn abgewandelten – Dialoge[40] weitgehend gehalten.[41] Gegliedert in 40 sogenannte Sequenzen, entspricht das Szenarium konventionellen Standards. Während die rechte Spalte dem gesprochenen Text namentlich genannter Personen oder anonymer Typen vorbehalten ist, werden in der linken Spalte Ort und Zeit einer Szene angeführt sowie das Geschehen zusammengefasst, mitunter Kamerabewegung, Mimik, Gesten, Tonereignisse angedeutet oder vorgeschrieben. So heißt es beispielsweise zu Sequenz 13: „Zimmer Mazarin (Innen Nacht). Der Kardinal scheint sehr geschwächt. Man hört ihn leise stöhnen. Sein Gesicht ist voller Schweiß. Pater Joly, Bedienstete und eine Nonne haben sich niedergekniet und sprechen halblaut einen Rosenkranz (Murmeln der Gebete). Wir nähern uns dem Gesicht des Sterbenden."[42]

Erlanger empfiehlt in seinem Skript mehrfach, sich Bilder alter Meister, ausgestellt in Museen, zum Vorbild des Production Design ebenso wie der Kostüme zu nehmen. So sollen in der Exposition am Ufer der Seine mit Blick auf das Schloss von Vincennes die Treidler („haleurs") mit entweder nackten oder notdürftig umwickelten Füßen zu sehen sein wie auf Stichen Callots und Gemälden Breughels. Dennoch bestreitet der Regisseur, sich bei der Bildkomposition an ausgesuchten Werken der Malerei und Grafik orientiert zu haben.[43]

Generell ist der realisierte Film gegenüber seinem schriftlichen Entwurf verkürzt und damit beschleunigt worden. Um dieses Ergebnis zu erreichen, wurden ausnahmsweise ganze Szenen gestrichen: z.B. jene in der Waffenkammer, in der der König, während Mazarin schon im Sterben liegt, für den bevorstehenden Machtkampf eine Art militärisches Fitnesstraining absolviert.[44] Häufiger ließ Rossellini die Szenen straffen, Dialoge, manchmal auch Figuren, und somit das Geschehen abwandeln. Das gilt insbesondere für die Eingangs- und Schlusssequenz, den ersten Auftritt der Königinmutter im Beisein des Sohnes, des Minister Le Tellier und dessen Vertrauter, Madame de Motteville. Das im fertigen Film sichtbare Ende weicht unter allen Sequenzen am deutlichsten von dem schriftlich entworfenen Finale ab.[45]

Laut Drehbuch zeigt die Sequenz 37, wie der König in Anwesenheit des Hofstaats nach einem festgelegten Ritus ein mehrgängiges Menü verspeist. In der Sequenz 38 geht Ludwig XIV. im Park von Versailles mit adeligen Günstlingen spazieren. Sequenz 39 spielt im Kabinett des Monarchen. Laut Text spricht er zunächst mit Colbert über Apanagen, um dann eine überschwänglich positive Bilanz seiner Regentschaft zu ziehen. Frankreich habe sich dank ihm zu einer unangefochtenen, allseits bewunderten wirtschaftlichen, politischen und kulturell-sprachlichen Weltmacht entwickelt. In der abschließenden 40. Sequenz schildert der König auf der Schlossterrasse einer Begleiterin seine fantastischen Pläne, den von Le Nôtre entworfenen Garten umzugestalten. In der letzten Einstellung entfernt sich der Sonnenkönig von seiner Entourage, läuft vom Bildvordergrund in den Bildhintergrund und entzieht sich damit zugleich dem Blick des Zuschauers.

Im Film sind gegenüber dem Szenarium die Sequenzen 39 und 40 erstens vertauscht, zweitens grundlegend inhaltlich verändert worden. Ludwig XIV. flaniert, vertieft in ein Buch, an der Spitze einer adeligen Gesellschaft im Schlosspark. Als einziges Tonereignis ist den aufsichtigen Totalen und Halbtotalen im Off das von Streichern getragene Leitmotiv im Stil alter Musik unterlegt. In der letzten Szene befiehlt der König beim Betreten des Kabinettzimmers, ihn allein zu lassen. Erstmals verwandelt er sich in dieser Memento-mori-Szene im wörtlichen Sinne von einer öffentlichen in eine private Person, vom gottähnlichen, allmächtig erscheinenden absoluten Herrscher in ein menschliches Individuum. Er legt diverse Oberteile seines stilprägenden Kostüms und Accessoires wie einen Orden und einen Degen ab, zieht sich eine bequeme Jacke an, nimmt hinter seinem Schreibtisch Platz, liest laut aus dem in der vorausgehenden Szene

Roberto Rossellinis europäische Sendungen

La prise de pouvoir par Louis XIV.

studierten Buch vor und sinniert über die einmal laut wiederholte Maxime des Autors La Rochefoucauld, einem Vorfahren von Rossellinis künstlerischem Berater: „Ni le soleil ni la mort si peuvent regarder fixement"/„Weder die Sonne noch der Tod lassen sich beobachten." Während unter dramaturgischem Aspekt das Ende des Skripts die vorausgehend gezeigte erfolgreiche Machtergreifung und -sicherung des Sonnenkönigs dialogisch in die Zukunft verlängert, bewirkt das Ende des Films eine Peripetie: Der gealterte, sich entblößende, unter den Kleidern „nackte", erstmals sichtbar von seinen Hofschranzen isolierte Sonnenkönig ahnt den eigenen Untergang und damit des von ihm personifizierten Herrschaftssystems voraus.

Pancinor und modifizierter Schüfftan-Effekt

Wenngleich erstmals vereinzelt in *Il generale della Rovere* angewendet, setzte Rossellini fortan in all seinen Fernsehsendungen und Kinofilmen das Zoom-Objektiv Pancinor systematisch ein. Dessen Gebrauch kombinierte er oftmals mit einem optischen Trick, der innerhalb des Bildraums künstliche als natürliche Schauplätze erscheinen lässt. Beide Techniken senkten die Produktionskosten erheblich. Während das Pancinor Plansequenzen, das heißt mitunter minutenlange Einstellungen ohne Dolly ermöglichte, somit kostenintensive Drehzeit verringerte und den Schnitt teilweise vorwegnahm, reduzierte die Einspiegelung von gemalten Landschaften sowie Modellen historischer Gebäude wie Tempeln oder Schlössern teure Außendrehs an entlegenen Orten sowie den aufwendigen Nachbau oftmals zerstörter historischer Bauten im Atelier auf ein Minimum.

Rossellini ließ in den 1960er Jahren seine Fernsehfilme wie *La prise de pouvoir par Louis XIV* mit einer Filmkamera drehen, denn in den Sendeanstalten setzte sich die Magnetaufzeichnung erst in der folgenden Dekade durch. Ein spezielles Zoom-Objektiv, das Pancinor, angebracht vor dem Verschluss der Filmkamera, verwandelte diese gleichsam in eine elektronische Fernsehkamera. Erstere kennzeichnet die Einzelbildaufnahme, Letztere der kontinuierliche Bilderstrom. Nicht der Kameramann von *La prise de pouvoir par Louis XIV* Georges Leclerc oder sein Assistent, sondern Rossellini selbst steuerte den Zoom – ohne Monitor – mittels einer Weiche, welche zwischen dem Verschluss und dem aufgeschraubten Zoom-Objektiv installiert war. Ein Kabel verband die Weiche mit einer Art Straßenbahn-Hebel auf einem Stativ, von Rossellini sinngemäß „mantella del tram" genannt.[46] Auf einem Zifferblatt unterhalb des Hebels waren die variierenden Brennweiten angegeben.[47] Im Unterschied zur Kamerafahrt, die eine räumliche Tiefenwirkung vortäuscht, akzentuiert der Zoom als rein optischer Mechanismus das ohnehin flach wirkende zweidimensionale filmische Bild. Das Pancinor konterkariert somit einen Realismuseffekt.

Der Kameramann Eugen Schüfftan hatte in den 1920er Jahren einen nach ihm benannten optischen Trick erfunden, den er bei Fritz Langs *Metropolis* (D 1927) erfolgreich anwendete. Beim sogenannten Schüfftan-Verfahren wird ein teilweise transparenter Spiegel schräg, im 45-Grad-Winkel, zur Kameraachse aufgestellt. Durch den verspiegelten Teil wird ein außerhalb des Bildraums postiertes Gebäudemodell in die Linse reflektiert. Zugleich wird durch den transparenten Teil eine hinter dem Spiegel von Schauspielern aufgeführte Szene aufgenommen. Beim Zuschauer entsteht der Eindruck, als ob die heterogenen Elemente, Trick- und natürliches Bild, zu einem homogenen Bild verschmelzen. Um zu vermeiden, dass diese Illusion zerstört wird, indem sich die beiden Teilbilder innerhalb einer Einstellung verschieben, muss die Kameraposition unverändert bleiben.

Rossellini passte den von ihm erstmals in *Giovanna d'arco al rogo* (*Joan at the Stake*, I 1954) eingesetzten Schüfftan-Effekt[48] dem nunmehr bevorzugt angewendeten Zoom als rein optischer Kamerabewegung an. In den oberen Teil der mit einer speziellen Mixtur aus Zucker und Aluminiumsalz besprühten Glasfläche wurde ein gemaltes oder gebautes Modell eingespiegelt. Der untere Teil der Glasscheibe wurde hingegen so präpariert, dass vor ihm das reale Geschehen aufgenommen werden konnte.[49] So befindet sich in der Exposition *von La prise de pouvoir par Louis XIV* das Schloss von Vincennes in der oberen Bildhälfte im Hintergrund. Die mittlere Bildebene fällt mit dem Flusslauf der Seine zusammen. In der unteren Bildhälfte im Vordergrund finden die für die Exposition entscheidenden Dialoge zwischen Angehörigen des Volkes statt.

Das internationale Comeback als Fernsehregisseur

20 Jahre nach *Roma, città aperta* gelang Rossellini mit *La prise de pouvoir par Louis XIV* ein neuer internationaler Durchbruch. Die Uraufführung fand am 10. 9. 1966 auf dem Filmfestival von Venedig in der farbigen Fassung außer Konkurrenz statt. Auf der Biennale war es der erste aufgeführte Fernsehfilm. Am 2. 10. 1966 veranstaltete die Cinémathèque Française eine Preview dieser Version in Anwesenheit Rossellinis.[50] Entgegen der ursprünglichen Planung strahlte die ORTF Rossellinis Programmbeitrag infolge technischer Schwierigkeiten nicht in Farbe, sondern in Schwarz-Weiß am 8. 10. 1966 auf dem ersten Kanal aus.[51] Zwischen dem 9. 11. 1966 und Anfang Februar 1967 lief der Farbfilm in drei Pariser Kinos. Die Zahl der Zuschauer betrug insgesamt ca. 39.000.[52] Dieses Ergebnis lag deutlich hinter den Publikumserfolgen zeitlich parallel laufender in- und ausländischer Kinofilme. Doch es handelte sich um eine damals noch ungewöhnliche Zweitauswertung. Das von Rossellini angestrebte Ziel, mit seinen didaktischen Filmen ein Massenpublikum zu erreichen, hatte sich in diesem Fall bereits einen Monat zuvor landesweit im französischen Fernsehen erfüllt. Nach der Erstsendung unter dem Titel *La presa del potere da parte di Luigi XIV* im ersten Programm der RAI am 23. 4. 1967 wiederum in Schwarz-Weiß[53] startete der Farbfilm am 10. 1. 1969 im Mailänder Kino Orchidea d'Essai. Der erfolgreichen Vorführung im Herbst 1966 auf dem Londoner Filmfestival[54] folgte die eher negativ beurteilte amerikanische Erstaufführung beim New Yorker Filmfestival am 26. 9. 1967.[55] Laut Rossellini handelte es sich um das erste, am 20. 4. 1972 in den USA ausgestrahlte europäische Programm.[56] Der westdeutsche Fernsehzuschauer konnte *Die Machtergreifung Ludwig XIV.* erstmals am 20. 12. 1975 im Dritten Programm ansehen.[57]

La prise de pouvoir par Louis XIV wurde international als neuartiger essayistischer historischer Film gefeiert.[58] Obgleich von der ORTF zur Erstauswertung im eigenen Programm bestimmt, galt paradoxerweise die farbige Kinofassung als der eigentliche Film, die schwarz-weiße Fernsehversion hingegen als „cinema povera".[59]

Rossellini hat als einer der ersten italienischen Cineasten den Kinofilm für tot erklärt, aber faktisch dazu beigetragen, sein Überleben mithilfe des Fernsehens zu sichern.

Ulrich Döge

1 Vgl. Marco Finetti, „‚Ich fahrte zu die Elefanten'. Millionen deutsche Schüler können nur schlecht sprechen, schreiben und lesen", in: *Süddeutsche Zeitung* vom 14. 5. 2006.
2 Im Folgenden werden vorrangig seine in den 1960er Jahren geäußerten Ansichten über Bildung, Kunst und audiovisuelle Massenmedien zusammengefasst. Gleichwohl kommen auch seine Positionen aus den 1970er Jahren zur Sprache, wenn sie seinen Standpunkt in der vorausgehenden Dekade erhellen. Den besten Zugang sowohl zu den über diverse Periodika und Monografien weit verstreut veröffentlichen als auch bislang unveröffentlichten Texten Rossellinis zum Fernsehen und Film ab Ende der 1950er Jahre bieten: Roberto Rossellini, *Le cinéma révélé*, hrsg. von Alain Bergala, Paris 1984, S. 73 f.; Roberto Rossellini, *Il mio metodo. Scritti e interviste*, hrsg. von Adriano Aprà, 2., erw. und durchges. Aufl., Venedig 1997, S. 231 f.; Roberto Rossellini, *La télévision comme utopie*, hrsg. von Adriano Aprà, Paris 2001, S. 35 f. Die grundlegenden Argumente seiner Kultur- und Medienkritik bleiben konstant, allerdings verwandelt sie sich infolge der Lektüre von Karl Marx' Schriften in eine radikale Gesellschaftskritik, vgl. Roberto Rossellini, *Un esprit libre ne doit rien apprendre en esclave*, Paris 1977. Unter dem Arbeitstitel *Travailler pour l'humanité, Karl Marx* bereitete Rossellini ab Mitte der 1970er Jahre einen Film über dessen Leben und Werk zwischen 1838 und 1848 vor. Infolge von Rossellinis Tod am 3. 6. 1977 blieb das Projekt, zu dem bereits ein Treatment vorlag, unvollendet.
3 Vgl. Roberto Rossellini, „Scienza e società", in: *Paese Sera* vom 26. 8. 1973, wiederabgedruckt, in: Rossellini, *Il mio metodo* (s. Anm. 2), S. 433–439; in französischer Übersetzung: „Une morale pour la Science", in: *La télévision comme utopie* (s. Anm. 2), S. 92–98.
4 Roberto Rossellini, „Ce que je crois. Lettre à Peter H. Wood" (20. 7. 1972), in: Rossellini, *La télévision comme utopie* (s. Anm. 2), S. 111 f.
5 „A notre époque d'accéleration", „Entretien avec Roberto Rossellini", Interviewer: Jean Domarchi u. a., in: *Cahiers du Cinéma* 133 (1962), S. 1–15, hier S. 8. Im Folgenden werden vom Verfasser Zitate aus italienisch- und französischsprachigen Quellen ins Deutsche übersetzt und in der Fußnote im Original wiedergegeben.
6 Vgl. Roberto Rossellini, „Arringa in difesa della televisione di Stato", in: *Il Tempo* vom 26. 5. 1972, in französischer Übersetzung: „Plaidoyer pour la télévision d'État", in: Rossellini, *La télévision comme utopie* (s. Anm. 2), S. 88.
7 Vgl. „Entretien avec Roberto Rossellini" (s. Anm. 5), S. 12.
8 Vgl. Roberto Rossellini, „Lettera alla Seconda Mostra Internazionale del Nuovo Cinema" (Pesaro 1966), in: Rossellini, *Il mio metodo* (s. Anm. 2), S. 358.
9 Vgl. „Entretien avec Roberto Rossellini", Interviewer: Fereydoun Hoveyda, Jacques Rivette, in: *Cahiers du Cinéma* 94 (1959), S. 1–11, hier S. 8 f.; „Nouvel Entretien avec Roberto Rossellini", Interviewer: Fereydoun Hoveyda, Eric Rohmer, in: *Cahiers du Cinéma* 145 (1963), S. 2–13, hier S. 8–13; Roberto Rossellini, „Cinema: nuove prospettive di conoscenza, in: *Filmcritica* 135–136 (1963), S. 413–424, hier S. 421; Rossellini, „Lettera alla Seconda Mostra Internazionale del Nuovo Cinema" (s. Anm. 8), S. 355–361.
10 „Depuis que je fais du cinéma, j'entends dire qu'il faut faire des films pour un public qui a la mentalité (...) d'un enfant de douze ans. C'est un fait que le cinéma (...), comme la radio, la télévision, ou tous les spectacles qui sont dédiés aux masses, accomplit une espèce de crétinisation des adultes, et, en revanche, accélère énormément le développement des enfants." Vgl.: „Entretien avec Roberto Rossellini" (s. Anm. 9), S. 9 f.; siehe auch: „Nouvel Entretien avec Roberto Rossellini" (s. Anm. 9), S. 7–8.

[11] „On peut essayer, comme l'on fait les Encyclopédistes. (...) Sans eux, le monde moderne n'aurait pas existé." Vgl. „Entretien avec Roberto Rossellini" (s. Anm. 5), S. 12.
[12] Vgl. Roberto Rossellini, „Manifesto", in: Rossellini, *Il mio metodo* (s. Anm. 2), S. 353–354. Adriano Aprà zufolge diente Rossellini das von ihm und Baldi initiierte Manifest als Vorwand, um neue Mitarbeiter für seine Fernsehprojekte zu gewinnen. Abgesehen von den *Cahiers du Cinéma* („Manifeste" 171 [1965], S. 7–8) sei es wohl nicht von der ausländischen Presse abgedruckt worden. Die Unterschriften habe er, Aprà, gesammelt. Pasolini habe dem Text nicht zugestimmt und ihn daher auch nicht unterzeichnet; schriftliche Mitteilung von Aprà an den Verfasser (17.2.2006).
[13] Vgl. Tag Gallagher, *The Adventures of Roberto Rossellini. His Life and Films*, New York 1998, S. 520 und 549.
[14] B. F., „Zeitige Meisterwerke. Roberto Rossellini wird 60 Jahre alt", in: *Frankfurter Allgemeine Zeitung* vom 7.5.1966. Zu sinngemäßen Urteilen vgl. Günther Methen, „Pionier des Films", in: *Der Tagesspiegel* (Berlin-West) vom 8.5.1966; Gallagher, *The Adventures of Roberto Rossellini* (s. Anm. 13), S. 524–525.
[15] „Le cinéma, j'en suis sorti: je ne suis pas nécrophile." Vgl. Roberto Rossellini, „Le cinéma c'est fini!", in: *Le Figaro littéraire* vom 6.10.1966, Interviewer: Lietta Tornabuoni; siehe auch die Replik von Marcel L'Herbier, „Non, Rossellini, le Cinéma est bien vivant!", in: *Le Figaro littéraire* vom 10.11.1966.
[16] Vgl. Roberto Rossellini, „Comment sauver le cinéma", in: *France-Observateur* vom 10.4.1958; Roberto Rossellini, „Une méthode qui ouvre une nouvelle voie au cinéma et à la télévision", in: *Les lettres françaises* vom 13.10.1966, Interviewer: Michel Capdénac; Roberto Rossellini, „Testamento de un espiritu libre", in: *Cambio* 16 (1977), S. 13–17, Interviewer: Jos Oliver, Auszug in französischer Übersetzung: „Testament d'un esprit libre", in: Rossellini, *La télévision comme utopie* (s. Anm. 2), S. 124–130.
[17] Vgl. Gallagher, *The Adventures of Roberto Rossellini* (s. Anm. 13), S. 506.
[18] Vgl. Franco Monteleone, *Storia della radio e della televisione in Italia*, 4. akt. Aufl., Venedig 2005, S. 292.
[19] Nach einer Umfrage im Februar und März 1955 sahen 3,2 Millionen ein- bis zweimal pro Woche in öffentlichen Räumen fern, eine Million bei Freunden und Verwandten, 370.000 bei sich zu Hause. Vgl. Ebenda, S. 283.
[20] Vgl. Adrien Popovici, *La Radio et la Télévision en Italie*, Notes et Études Documentaires, Paris 1976, 4251–4252–4253, S. 28.
[21] Vgl. Barbara Corsi, *Con qualche dollaro in meno. Storia economica del cinema italiano*, Rom 2001, S. 124f. Ein landesweites Kinosterben wie in Westdeutschland fand jedoch nicht statt, vielmehr nahm die Zahl der Leinwände („schermi"), in Italien im Unterschied zu den USA weitgehend identisch mit derjenigen der Filmtheater, von 1960 bis 1970 sogar leicht zu.
[22] Vgl. Monteleone, *Storia della radio e della televisione in Italia* (s. Anm. 18), S. 309f.
[23] Zu filmografischen Daten der einzelnen Folgen, darunter Titeln, Längen und Erstsendungen, vgl. Gallagher, *The Adventures of Roberto Rossellini* (s. Anm. 13), S. 699.
[24] Zu der Beziehung zwischen dem Fernseh- und dem Kinofilm, welche Rossellini in Indien 1957 nacheinander aufnahm, vgl. „Entretien avec Roberto Rossellini" (s. Anm. 9), S. 1f. An dem Dokumentarfilm im Auftrag der RAI *Torino nei cent'anni* (I 1961), erstgesendet am 10.9.1961, dem kurzen Werbefilm *Torino tra due secoli* (I 1961) anlässlich der Ausstellung „Italia '61" und dem langen Kinofilm *Benito*

Mussolini (*Der Duce – Cäsar Benito Mussolini*, I 1962) war Rossellini nur nominell beteiligt. Vgl. Gallagher, *The Adventures of Roberto Rossellini* (s. Anm. 13), S. 541 f.

[25] Vgl. „Entretien avec Roberto Rossellini" (s. Anm. 5), S. 8.

[26] Vgl. Roberto Rossellini, „Du bon usage de l'audiovisuel. Programme pour la FIDEC", in: Roberto Rossellini: *La télévision comme utopie* (s. Anm. 2), S. 53–61. Die FIDEC war eine von Rossellini geplante, aber unrealisierte Film- und Fernsehproduktionsfirma.

[27] Vgl. Peter Brunette, *Roberto Rossellini*, 2. Aufl., Los Angeles/London 1996, S. 233 f.

[28] Vgl. Fereydoun Hoveyda, „La lettre perdue", in: *Cahiers du Cinéma* 556 (2001), S. 93.

[29] Vgl. Gallager, *The Adventures of Roberto Rossellini* (s. Anm. 13), S. 560.

[30] Vgl. Gerhard Meissel, „Rossellini beteiligt an schwedischer Filmfirma", in: *Der Tagesspiegel* (Berlin-West) vom 25. 10. 1964.

[31] Vgl. Gallagher, *The Adventures of Roberto Rossellini* (s. Anm. 13), S. 569–570.

[32] Zu Analysen des Films vgl. Peter Nau, *Zur Kritik des Politischen Films. Analysierende Beschreibungen und Vorwort „Über Filmkritik"*, Köln 1978, S. 11–32; Peter Bondanella, *The Films of Roberto Rossellini*, Cambridge 1993, S. 125–137; Brunette, *Roberto Rossellini* (s. Anm. 27), S. 281–289; Gallagher, *The Adventures of Roberto Rossellini* (s. Anm. 13), S. 569–580; zu Kommentaren Rossellinis vgl. „Rossellini: non Louis XIV n'est pas de Gaulle", in: *Arts* (12. bis 18. 10. 1966), Interviewer: Anne Capelle; *Cahiers du Cinéma* 183 (1966), S. 16–19, Interviewer: Jean Collet, Claude-Jean Philippe; Rossellini, „Un méthode qui ouvre une nouvelle voie au cinéma et à la télévision" (s. Anm. 16).

[33] Vgl. Jacques Siclier, „La politique inaugurée par le film de Rossellini sur Louis XIV transforme les rapports entre la télévision et le cinéma", in: *Le Monde* vom 11. 10. 1966.

[34] Vgl. Jacques Bontemps, „Rossellini en Anjou", in: *Cahiers du Cinéma* 181 (1966), S. 12; Patrice Hovald, „Les fleurs jaunes de Roberto Rossellini", in: *Séquences* (Montréal) 47 (1966), S. 58–63.

[35] Vgl. Rossellini, „Une méthode qui ouvre une nouvelle voie au cinéma et à la télévision" (s. Anm. 16); Roberto Rossellini, „Il mio metodo di lavoro", Interviewer: James Blue, in: Rossellini, *Il mio metodo* (s. Anm. 2), S. 409 (italienische Übersetzung eines Interviews, geführt von James Blue 1972); zu den gegenübergestellten Porträts von Patte und Ludwig XVI. vgl. Yvette Romi, „Les bruits de la ville. Les complexes du Roi-Soleil", Gespräch mit Rossellini, Erlanger, Gruault und Patte, in: *Le Nouvel Observateur* vom 12. bis 18. 10. 1966.

[36] Vgl. Mino Argentieri, *La presa del potere da parte di Luigi XIV*, in: *Cinema 60* (1966), S. 21 f., hier S. 21; Bondanella, *The Films of Roberto Rossellini* (s. Anm. 32), S. 127 f.

[37] Vgl. Bosley Crowther, „Film Festival. Rossellini Offers a Pudgy Sun King", in: *New York Times* vom 26. 9. 1967.

[38] In der Pariser Bibliothèque du Film (BiFi), Collection Jaune, befinden sich zwei paginierte Typoskripte des Drehbuchs im Umfang von je 157 Seiten. Handschriftlichen Namensangaben auf dem Umschlag zufolge stammt das eine Exemplar von Jean-Marie Patte, das andere von Jean-Dominique de la Rochefoucauld, künstlerischer Berater Rossellinis. Zitiert wird im Folgenden nach dem erstgenannten Exemplar, da es trotz einzelner, vornehmlich handschriftlicher Änderungen der ursprünglichen Fassung des Szenariums näher kommt als dasjenige de la Rochefaucaulds, bei dem eingelegte, lose Manuskripte und Typoskripte auf weitere geänderte Dialoge in mehreren Szenen verweisen.

39 „Télévision. *La Prise du* (sic) *pouvoir par Louis XIV*. Un film de Roberto Rossellini. Scénario de Philippe Erlanger d'après son livre ‚Louis XIV'. Adaptation et dialogues de Jean Gruault." Wiederholt wird in der Sekundärliteratur der Filmtitel falsch geschrieben. Maßgeblich ist die Schreibweise des Titels der Kopie: *La prise de pouvoir par Louis XIV*.

40 Gruault sucht den irreführenden Eindruck zu erwecken, er sei der federführende Autor gewesen, während Erlanger nur eine Synopse bereitgestellt habe, räumt jedoch ein, weder historische Kenntnisse noch besonderes Interesse an Ludwig XIV. besessen zu haben. Vgl. Jean Gruault, *Ce que dit l'autre*, Paris 1992, S. 231 f.

41 Gallaghers Behauptung, Rossellini sei Gruaults Dialogen nur bis zur Sterbeszene Mazarins gefolgt, habe jedoch die restliche Handlung selbst erfunden, darunter die Szenen der Verhaftung Fouquets in Nantes und der Anprobe des von Ludwig XIV. entworfenen Kostüms, entbehrt jeglicher Grundlage. Vgl. Gallagher, *The Adventures of Roberto Rossellini* (s. Anm. 13), S. 573. Auch diese beiden Szenen sind im Drehbuch (s. Anm. 38) enthalten, vgl. Sequenz 30, S. 114 f. und Sequenz 33, S. 134 f.

42 „Appartement Mazarin (intérieur nuit). Le Cardinal semble maintenant très affaibli. On l'entend doucement gémir. Son visage est couvert de sueur. Le Père Joly, les domestiques et une religieuse, sont agenouillés et récitent à mi-voix le rosaire. (Murmures prières). Nous nous approchons du visage du mourant." Drehbuch (s. Anm. 38), S. 57.

43 Vgl. Roberto Rossellini, „Une méthode qui ouvre une nouvelle voie au cinéma et à la télévision" (s. Anm. 16).

44 Vgl. Sequenz 10, Drehbuch (s. Anm. 38), S. 53.

45 Rossellini selbst verweist auf die Schwierigkeit, ein schlüssiges Ende zu finden. Vgl. Romi, „Les bruits de la ville" (s. Anm. 35).

46 Zum Einsatz dieser selbst gebastelten Apparatur bei den Dreharbeiten zu *La prise de pouvoir par Louis XIV* siehe die Werkfotos, in: *La télévision comme utopie* (s. Anm. 2), S. 76, S. 90, S. 145.

47 Vgl. Fernaldo Di Giammatteo, *Roberto Rossellini*, Florenz 1990, S. 160.

48 Vgl. das Werkfoto, in: *La télévision comme utopie* (s. Anm. 2), S. 56.

49 Zu Rossellinis Verwendung des Pancinor, kombiniert mit der Einspiegelung vgl. *Era notte a Roma* di Roberto Rossellini, hrsg. von Renzo Renzi, Rom 1960, S. 16 ff.; Pio Baldelli, *Roberto Rossellini*, Rom 1972, S. 202 f., S. 232 f.; Di Giammatteo, *Roberto Rossellini* (s. Anm. 47), S. 159 f.; siehe auch die Werkfotos, ebenda, S. 166–169; zu Aufzeichnungen des Szenenbildners Maurice Valey hinsichtlich des veränderten Schüfftan-Verfahrens und sonstiger Tricks in *La prise de pouvoir par Louis XIV* vgl. Michèle Lagny, „Heureusement, l'image n'éduque pas. Rossellini et la télévision", in: *Cinéma* 11 (2006), S. 19 ff.

50 Vgl. S. B., „*La prise du* (sic) *pouvoir par Louis XIV*", in: *Neue Zürcher Zeitung* vom 15. 10. 1966.

51 Unbewiesene Angaben, wonach in Frankreich angeblich 20 Millionen Zuschauer diese Erstsendung gesehen haben sollen, sind überaus fragwürdig, wenn man von ca. 6,5 Millionen registrierter Fernsehgeräte im Vorjahr, 1965, ausgeht. Zu dieser geschätzten Publikumsreichweite vgl. Brunette, *Roberto Rossellini* (s. Anm. 27), S. 288; Gallagher, *The Adventurers of Roberto Rossellini* (s. Anm. 13), S. 579 f.

52 Vgl. „Rendements Paris", in: *Le film français – La cinématographie française* 1182 (1967), S. 17.

53 Die Zahl der Zuschauer in Italien soll 6,3 Millionen betragen haben. Vgl. Brunette, *Roberto Rossellini* (s. Anm. 27), S. 288.

54 Vgl. Michael Kustow, „Festivals 66. London", in: *Sight and Sound* 1 (1966/67), S. 11 ff., 51, hier S. 12; „London Festival Chart", in: *Sight and Sound* 1 (1966/67), S. 10.
55 Zu einem Verriss vgl. Crowther, „Film Festival, Rossellini Offers a Pudgy Sun King" (s. Anm. 37).
56 Vgl. Rossellini, „Plaidoyer pour la télévision d'État" (s. Anm. 6), S. 89.
57 Vgl. die Kritiken von Ulrich Gregor, in: *Frankfurter Allgemeine Zeitung* vom 22. 12. 1975; und von S. T., in: *Süddeutsche Zeitung* vom 23. 12. 1975.
58 Vgl. die Kritiken in Italien von Giovanni Grazzini, in: *Corriere della Sera* vom 11. 9. 1966; siehe auch die leicht abgewandelte Version anlässlich des Kinostarts, in: *Corriere della Sera* vom 11. 1. 1969; Mario Verdone, in: *Bianco e Nero* 9/10 (1966), S. 18–21; Stefano Roncoroni, in: *Cinema & Film* 1 (1966/67), S. 43–51; in Frankreich von: Jacques Siclier, in: *Le Monde* vom 8. 10. 1966; René Saurel, in: *Les lettres françaises* vom 20. 10. 1966; P. A., in: *Le film français – La cinématographie française* 2191 (1966), S. 21 f.
59 Vgl. Michel Mardore, „Du cinéma néo-monarchiste", in: *Le Nouvel Observateur* vom 8. 11. 1966; Robert Chazal, in: *France-Soir* vom 11. 11. 1966; Anne Villelaur, „Où la couleur souligne les nuances", in: *Les lettres françaises* vom 17. 11. 1966; Claude-Jean Philippe, in: *Télérama* vom 27. 11. 1966; Jean Rocherau, in: *La Croix* (Paris) vom 3. 12. 1966.

Über weitere Regisseure:
Francesco Rosi, Damiano Damiani,
Pietro Germi, Dino Risi

Heinz-B. Heller

Francesco Rosi

Anfänge im Licht des Neorealismus

I

Francesco Rosi (geb. 1922): Die einen sehen in ihm einen der wichtigsten, wenn nicht den bedeutendsten Erben des italienischen Neorealismus,[1] die anderen akzentuieren die Differenz selbst zu *dem* Protagonisten des *neorealismo*, bei dem er seine ersten filmpraktischen Erfahrungen als Regieassistent und Drehbuchautor sammelte: bei Luchino Visconti. Die einen sehen in ihm jemanden, der die sozialkritische Perspektive aufrechterhalten und mit modernen filmsprachlichen Mitteln bewehrt hat, die Visconti mit Blick auf den Mezzogiorno mit *La terra trema* (*Die Erde bebt*, I 1948) zuvor etabliert hatte[2]; die anderen betonen gerade die Unterschiede zwischen Visconti und Rosi[3] – und dies, obwohl es ihre erste filmpraktische Zusammenarbeit war. Noch komplizierter werden die Verhältnisse, wenn man sich bewusst macht, dass Rosi nicht nur bei *La terra trema*, sondern auch an *Bellissima* (I 1951) mitgearbeitet hat, jenem Film also, mit dem Visconti, so Wolfram Schütte, dem *neorealismo* „den Totenschein ausgeschrieben hatte"[4] – von Viscontis Film *Senso* (*Sehnsucht*, I 1954) ganz zu schweigen, bei dem Rosi ebenfalls als Regieassistent fungierte.

Noch unübersichtlicher wird es, wenn man sich nicht an diese über Personen und ihre Werkbiografien konstruierten filmhistorischen Zusammenhänge hält, sondern phasen- oder gar epochenspezifische Orientierungsmuster etabliert. Das aber ist gerade das Thema dieses Symposiums, wenn ich den Titel „Aufbruch in neue Dimensionen" richtig verstehe: Es geht um filmhistorische Zeit-Räume, um deren Besichtigung, Ausstattung und Perspektivierung; dies allerdings offensichtlich unter dem Eindruck, dass dem italienischen Film im Haus des europäischen Kinos der 1960er Jahre zu Unrecht die eher weniger repräsentativen und nicht zur Frontseite gelegenen Räume von der Filmgeschichtsschreibung zugedacht worden sind. Natürlich war der *neorealismo* noch in Erinnerung, aber sein Erbe schien praktisch verbraucht oder verschleudert; was blieb, war im besten Fall filmisch-historische Erinnerung, die – wie im Fall Rossellini – aufrechtzuerhalten paradoxerweise vor allem den jungen Regisseuren der Nouvelle Vague vorbehalten blieb, die ihrerseits jedoch mit *Realismus*, wie ihn die Filmkritik und Filmtheorie im Zeichen von Widerspiegelungsaxiomen begrifflich durchdeklinierten,[5] wenig am Hut hatten.

II

Je größer der zeitliche Abstand, so der Eindruck, desto unschärfer sind die Konturen dessen, was sich mit dem Begriff des filmischen *neorealismo* verbindet, was ihn wesensmäßig ausmacht. Allein schon die Begriffsgeschichte verweist auf zeitlich vorgelagerte, schon Ende der 1920er Jahre virulente Diskurszusammenhänge der Kultur- und Literaturkritik, in denen – wie Sorlin gezeigt hat – der Terminus *neorealismo* sowohl von faschistischer wie antifaschistischer Seite besetzbar war. Als dann Rossellinis *Roma, città aperta* (*Rom, offene Stadt*, I 1945) auf verschiedenen Festivals lief und von ausländischen Kritikern gesehen wurde, habe es einer griffigen Formel für diese geschickte Verschmelzung von Elementen traditionellen melodramatischen und spannenden Erzählens mit neuen filmsprachlichen Ausdrucksformen der Inszenierung, Montage und des Schauspielens bedurft. „Neorealism was a vacant signifier and they adopted it."[6] Ähnlich wie im Fall des Film noir oder später der Nouvelle Vague konstituierte sich mit einem Begriff ein öffentliches Wahrnehmungsdispositiv, das in der Folge durchaus sehr heterogene und in der Tradition unterschiedlich verankerte Filme als Ensemble wahrnahm. Von einem Genre oder gar einer Schule zu sprechen, verbietet sich deshalb. Es ist symptomatisch, dass es – von Ausnahmen wie etwa Zavattinis berühmtem Text „Idee sul cinema" (1953) abgesehen – verhältnismäßig wenig explizite, elaborierte und stringent durchformulierte ästhetische Manifeste oder Programme zum filmischen *neorealismo* gibt.[7] Nicht minder symptomatisch ist, dass der 1953 in Parma organisierte „Convegno sul neorelismo cinematografico" darüber, was denn der Neorealismus (gewesen) sei, recht unterschiedliche Einschätzungen traf: *neorealismo* eine politische, eine moralische, eine ästhetische Bewegung?[8]

Selbst in einem sich so auffächernden Horizont sind Differenzierungen angebracht; z. B. im Politischen: So deutlich sich Filme wie *Roma, città aperta* im Kontext der antifaschistischen Widerstandsbewegung auf der Basis einer in sich widersprüchlichen Einheit von Kommunisten und Christdemokraten verorten lassen, so sehr Filme wie *La terra trema* aus kommunistischer Perspektive die verkrustete soziale Rückständigkeit des Südens exponieren oder Filme wie *Caccia tragica* (*Tragische Jagd*, I 1947) von de Santis gesellschaftliche Experimente wie jene selbst verwalteten Landkooperativen der unmittelbaren Nachkriegszeit thematisieren, so auffällig ist die Tatsache, dass sich ab 1948, mit dem Wahlsieg der Christdemokratie, eine deutliche Entpolitisierung der Filme beobachten lässt, da sich die Hoffnungen auf einen gesellschaftlichen Neuanfang nicht erfüllten. Symptomatisch ist auch, dass sich in diesem Kontext die theoretischen Debatten vor allem auf das Gespann de Sica/Zavattini fokussierten, dass deren Filme mit ihrer Dramatik des Alltäglichen im öffentlichen Diskurs nun prototypisch für *neorealismo* insgesamt standen.

„Neorealism has, in fact, not just one, but a variety of meanings."[9] Gleichwohl erscheint es sinnvoll, an diesem Begriff festzuhalten – freilich weniger in einem substanziellen als in einem pragmatisch differenziellen Sinne. Denn wenn wir von einem mehr oder weniger scharf konturierten Ensemble neorealistischer Filme ausgehen, so deshalb, weil sich diese Filme einerseits deutlich dem zeitgenössischen Mainstream gegenüber absetzen – oder es zumindest versuchen. Gleichzeitig aber – dies haben vor allem jüngere Forschungen aus dem größeren zeitlichen Abstand gezeigt – erweist sich deren Porosität, ihre Einbindung in Traditionszusammenhänge und ihre Offenheit gegenüber dem populären Genrekino ungleich stärker, als es der zeitgenössische Blick wahrhaben wollte.[10] Deshalb wird hier vorgeschlagen, anders als in der Vergangenheit mit einer festen Kategorisierung (etwa Schule, Genre und entsprechendem Kanon) im Folgenden mit der Gedankenfigur der „Verdichtung" zu operieren; ein Begriff, der nicht Ausschluss beinhaltet, sondern sich durch seine Offenheit und Flexibilität auszeichnet – gerade auch im Hinblick auf mögliche Veränderungen von Formen und historischen Konfigurationen. Mit dem Begriff der Verdichtung zu operieren, bedeutet eine Orientierung an der Häufigkeit und Intensität von differenziellen Merkmalen, von Strukturelementen und auch von diskursiven Zuschreibungen.[11] In unserem Zusammenhang heißt dies konkret: eine Orientierung an dem, was an Differenzen zum filmischen Mainstream wahrnehmbar ist und wahrgenommen wurde – und dies im Zeichen dessen, was sich dem Begriff des *neorealismo* wesensmäßig eingeschrieben hat: das Element des Realistischen.

Diese Feststellung mutet banal, wenn nicht gar tautologisch an; sie ist es indessen nicht. Denn wo die Zeitgenossen und auch spätere Forschungen lange Zeit das Realismusproblem auf der Basis des Verhältnisses von Bild und Abbild erörterten – man denke nur an die argumentative Linie auf marxistischer Seite von Aristarco bis Toeplitz, aber auch an Siegfried Kracauers „Theorie des Films" –, da hat sich mit Bazin und den Autoren der Nouvelle Vague das Verständnis von Realismus verschoben – auch und gerade in Ansehung des *neorealismo*. Zwei Momente von großer methodischer und ästhetischer Tragweite sind hier von entscheidender Bedeutung.

Erstens: Realismus ist nicht eine inhärente Qualität der Bilder, die sich aus dem Vergleich von vorfilmischer Wirklichkeit und filmischen Abbildern ergibt. Realismus ist vielmehr ein ästhetischer *Effekt*, den bestimmte Bilder hervorrufen – und dies aufgrund ästhetischer, filmsprachlicher Differenzen zu anderen

Bildern, die als weniger realistisch oder als unrealistisch angesehen werden. Dies bindet den Realismus, eben als Rezeptionseffekt, an filmsprachliche Kodierungen und Konventionen.

Zweitens: Damit eng verbunden ist ein Verständnis von Realismus, das sich nicht auf den Modus der Repräsentation gründet, etwa im Sinne der angemessenen Typisierung, der Austarierung von Singulär-Akzidentiellem und Allgemeinem im Besonderen. Vielmehr ist diese Vorstellung gebunden an den Modus der Wahrnehmung, an die Wahrnehmung des Zuschauers. Filme entfalten dann ein realistisches Potenzial – dies ist eine Quintessenz der Überlegungen André Bazins –, wenn dem Zuschauer im Kino eine Wahrnehmung ermöglicht wird, die ihn „wie im richtigen Leben" die Geschehnisse wahrnehmen lässt.[12] Realismus in diesem Sinne ist vor allem eine Frage des Wahrnehmungsmodus, die Frage einer differenziellen Wahrnehmung gegenüber dem Mainstream, weniger des Sujets oder der Typisierung.

Erst in diesem Horizont gewinnen die immer wieder als singuläre Charakteristika ausgemachten stilistischen Merkmale des *neorealismo* ihre eigentliche bedeutungskonstitutive Funktion – sei es auf dem Niveau der Erzähltechnik, der Mise en scène, des Actings oder des Settings. Episodische Lockerungen der linearen Consecutio des Erzählflusses, Ellipsen, offene Handlungsschlüsse u. ä. sind nicht per se realistischer oder authentischer als gebundene Erzählungen, aber eine erkennbare Abweichung vom klassischen Mainstream-Kino, in dessen narrative Strukturen sich der gestaltende Wille eines ordnenden Erzählers eingeschrieben hat. Erst als erkennbare Abweichungen von diesem illusionsbildenden Filmtypus geben sie einer Wahrnehmung Raum, die in den Erzählungen und den Bildern einen referenziellen Mehrwert ausmachen kann und den Geschichten mithin einen stärkeren Realitätsbezug zuzuschreiben vermag, wie umgekehrt die Geschichten einen solchen suggerieren. Analoges gilt für die oft zitierte *Dramaturgie der Nebensächlichkeiten* im *neorealismo*, die der „winzigen Fakten (...) im ‚banalen Alltagsgeschehen'".[13] Nur in der Abweichung oder der Abkehr zum traditionellen Erzählkino, dessen illusionsbildendes Potenzial auf einer straffen Hierarchisierung der Szenen zur Ausformulierung einer zentrierten Konfliktstruktur beruht, kann den Filmszenen mit einer scheinbar schwachen narrativen Funktionsbindung Antiillusionismus, mithin eine größere referenzielle Authentizität, wenn nicht gar dokumentarische Qualität beigemessen werden. Dazu gehört auch der umstandslose Wechsel von Stillagen, etwa die Durchmischung hochdramatischer Szenen mit komischen Elementen, so wie sie etwa Peter Bondanella angesichts von *Roma, città aperta* beschrieben hat.[14] In der Wahrnehmung des Zuschauers formt sich gerade darin, in dieser medial „unreinen" Form der Gefühle, ein realistisches Versprechen, ist doch seine Lebenswirklichkeit ebenso wenig nach affektiven Genres konfektioniert.

Ähnliches lässt sich für den Umgang mit Zeit konstatieren. Weil im Mainstream-Kino die Erzählzeit die erzählte Zeit aus Gründen einer Zeitökonomie dominiert, hinter der eine auktoriale Erzählinstanz steht, generieren Abweichungen von diesem Prinzip Realismuseffekte. Wenn – wie in der berühmten morgendlichen Küchenszene mit dem Dienstmädchen in *Umberto D.* (I 1952) – Erzählzeit und erzählte Zeit nicht nur identisch, sondern überdies unkonventionell gedehnt werden, sodass sich der Eindruck einer durch keine Erzählinstanz mehr vermittelten quälenden Dauer einstellt, dann leistet diese scheinbar jeglicher manifesten Formgebung entratende Szene einer Wahrnehmung „wie im richtigen Leben" Vorschub.

Entsprechendes gilt für die Dramaturgie des Raums. Im Illusionskino des Mainstreams hat der Raum eine funktionale Bedeutung im Hinblick auf die Situierung und Entfaltung der Handlung, die Charakterisierung von Personen oder die atmosphärische Grundierung. Gewinnt der Raum gegenüber der Erzählung indes – wie in nicht wenigen Filmen des *neorealismo* – eine über die erzählerische Ökonomie hinausgehende Bedeutung, ein sinnliches Eigengewicht, so erscheint er letztlich als eine potenziell selbstevident bedeutsame Größe; und dies umso mehr, je stärker er sich in einem Perspektiv der Tiefenschärfe darbietet, die dem Zuschauer erlaubt, seine Wahrnehmung „wie im richtigen Leben" autonom und selbstbestimmt auszurichten, zu organisieren. Bazin hat bekanntlich dazu das Nötige gesagt.[15]

Dass all diese sich primär aus dem Differenzverhältnis zum Illusionsfilm des Mainstream definierenden ästhetischen Strategien der Wahrnehmungssteuerung zur Erzeugung realistischer Effekte das Resultat mitunter höchst artifizieller Operationen und Inszenierungen darstellen[16] – und nicht auf einem spontanen, naiven Sicheinlassen auf eine scheinbar selbstevidente gesellschaftliche Realität beruhen –, versteht sich nach dem Gesagten fast von selbst. Umgekehrt gilt aber auch, dass diese Strategien vom Mainstream aufgegriffen werden können und tatsächlich aufgegriffen wurden, etwa um dem Genrefilm aktualisierende Züge zu verleihen. Auch angesichts dieser Porosität empfiehlt es sich, anhand der Verhältniskategorie der Verdichtung realistisch kodierten Darstellungs- und Wahrnehmungsformen nachzugehen; dies umso mehr, als sie qua *Konventionen* einem kommunikativen Verschleiß unterliegen. Deshalb hat sich das Realistische filmsprachlich immer wieder neu zu formulieren. Zugleich gilt: Wenn Realismus primär einen induzierten Rezeptionseffekt darstellt, dann verliert auf der Ebene der filmischen Repräsentation auch der Gegensatz von Realität und Fiktion an Bedeutung, muss er – wie der Begriff von filmischer Authentizität – zumindest neu gedacht und konzipiert werden. Wie nehmen sich vor diesem Hintergrund Francesco Rosis filmische Anfänge aus? Was heißt Realismus der Wahrnehmung bei Rosi?

Heinz-B. Heller

III

Als Rosi 1958 mit seinem ersten eigenen Spielfilm *La sfida* (*Die Herausforderung*, I/E 1958) debütierte, sah die Filmkritik darin – neben Einflüssen des amerikanischen Film noir – vor allem den Versuch, den Neorealismus der Nachkriegsjahre aufzunehmen oder zumindest doch an ihm anzuknüpfen. *La sfida* erzählt die Geschichte eines Zigarettenschmugglers, der sich zunächst auf die Geschäfte mit der neapolitanischen Camorra, die den Gemüsehandel kontrolliert, einlässt, sich dann mit dem Syndikat anlegt und in dieser Auseinandersetzung mit einer fatal anmutenden Zwangsläufigkeit unterliegt. Rosi handelt hier erstmals das Thema ab, das für ihn in der Folge zu seinem zentralen Sujet werden soll: die undurchdringliche Verflechtung von Mafia und Bürgertum, die Arroganz der übermächtigen unkontrollierten Macht, ihre Persistenz, die alle Versuche, sich ihr gegenüber zu behaupten – ob nun wie im vorliegenden Fall von innen heraus durch Unbotmäßigkeit und Subversion oder, wie in späteren Filmen, von außen durch juristische Mittel – zum Scheitern verurteilt.

Die Kritik registrierte vor allem den Bezug zu wahren historischen Ereignissen, hier zur sogenannten „Affäre Pupetta", die nur wenige Jahre zuvor hohe Wellen geschlagen hatte.[17] Hinzu kam die detaillierte Schilderung des Milieus, die alles Pittoreske der Straßen, Plätze und Hinterhöfe Neapels konsequent vermied. Dass Rosi darüber hinaus neben professionellen Schauspielern Laiendarsteller agieren ließ – all dies brachte im Umgang mit einem besonders brisanten, weil eben nicht fiktiven Sujet und Ereigniszusammenhang wieder Verfahrensweisen zur Geltung, die rund ein Jahrzehnt zuvor manche Filme des *neorealismo* charakterisiert hatten. Ansonsten bewegte sich dieser Film filmästhetisch eher in konventionellen Bahnen.

Eine lineare Geschichte erzählt zwar auch Rosis zweiter Film, der zumindest hierzulande wohl zu den am wenigsten bekannten und zugleich am meisten unterschätzten Arbeiten Rosis gehört: *I magliari* (I/F 1959), den der deutsche Verleih in einem zeittypischen Anfall von branchenüblicher Demenz unter dem Titel *Auf St. Pauli ist der Teufel los* meinte herausbringen zu müssen. *I magliari* (wörtlich „im Stoff- bzw. Teppich-Geschäft Tätige") – dieser Titel bezeichnet einen Clan von Arbeitsemigranten aus Neapel, die in Hannover und in der Umgebung im ambulanten Handel an der Haustür ihr Auskommen suchen. Zufällig gerät der arbeitslose Mario aus der Toskana in ihre straff organisierten Kreise. Er ist fasziniert von der Möglichkeit, zu Geld zu kommen, gleichzeitig aber tut er sich mit dieser Art von Geschäften, dem betrügerischen Hausieren mit Ramsch- und Ausschussware, schwer. Dennoch folgt er Totonno, der mit einigen Mitgliedern der Bande die Organisation Don Raffaeles verlässt, um in Hamburg mit dem deutschen Grossisten Mayer einen eigenen Ring aufzuziehen. Doch es gibt Schwierigkeiten: Die Konkurrenz in Gestalt „polnischer Zigeuner" lässt nicht auf

Francesco Rosi

I magliari (*Auf St. Pauli ist der Teufel los*, I/F 1959).

sich warten, es kommt zu tätlichen Auseinandersetzungen; auch erscheint erneut Don Raffaele aus Hannover auf der Szene, der wohl schon bei den Aktionen der „polacchi" die Hände mit im Spiel hatte; und er setzt als neuer Partner von Mayer die alten, von ihm bestimmten „Geschäftsbedingungen" wieder durch. Nach einer großen Konfrontation wird der „undankbare" Totonno, von seinen Anhängern inzwischen isoliert, ob seiner Unfähigkeit, ein „Geschäft zu führen", verhöhnt und gedemütigt aus der Organisation verjagt.

Verwoben in diese Geschichte ist die Liebesgeschichte, die sich zwischen Mario und Mayers attraktiver Frau Paula entwickelt. Sie, die im „ärmsten Viertel Hamburgs" aufgewachsen ist, hatte zeitweilig in Italien gearbeitet und als Prostituierte Karriere gemacht. Jetzt sieht man sie im Nerz und mit ihrem Mercedes Cabrio.

> Als Ehefrau genießt sie jetzt den Reichtum eines Mannes, den sie indes verachtet und bei jeder Gelegenheit betrügt. Als Mario, den sie gerade darum liebt, weil er ‚nicht lügen kann', sich nach Totonnos Sturz entschließt, nach Italien zurückzukehren, um dort ein ehrliches Auskommen zu finden, hält sie ihn nicht zurück. Sie selber will nicht umkehren, denn ‚es ist nicht leicht, sein Glück zu machen, auch wenn man beschlossen hat, keine Skrupel mehr zu haben'.[18]

Heinz-B. Heller

Auf den Landungsbrücken von St. Pauli trennen sich ihre Wege, und sie verlieren sich in der Menge der Hafenarbeiter, Passanten, aus der S-Bahn drängenden Schulkinder ...

Obwohl in Form einer konventionellen, geradlinigen Geschichte erzählt, besticht dieser Film auf der Sujet- sowie vor allem auf der Inszenierungsebene durch die Konsequenz und Raffinesse, mit der Rosi Ambivalenzen und Ambiguitäten ins Bild gesetzt hat und sie den Zuschauer wahrnehmen, sinnlich erfahren lässt. Wenn Brecht gesagt hat, dass Film und Fotografie in der Abbildung von Wirklichkeit dort an ihre Grenzen stoßen, wo sich die wahren Beziehungen nicht mehr an der Oberfläche abbilden, sondern in der Funktionalen zu suchen seien, dann liegt in diesem Film der Realismus in der Wahrnehmung dieses *Systems* von Ambivalenzen und Ambiguitäten: Wahrnehmung eines Deutschlands, in denen die Zeichen des Krieges, der Zerstörung, der Demoralisierung sich durchmischen mit denen des fiebrigen Aufbaus, der angeheizten Konjunktur, des schnellen Geldes. Es ist ein Deutschland der sozialen Kälte und der sozialen Verheißungen wie Illusionen; ein Deutschland des marktschreierischen Selbstentwurfs[19] und gleichzeitig der Fremdwahrnehmung durch die Migranten, was sich nicht zuletzt in dem Neben- und Durcheinander der beiden Idiome, des Deutschen und des Italienischen, vermittelt – zwischen Anpassung und Ab- und

I magliari (*Auf St. Pauli ist der Teufel los*, I/F 1959).

Ausgrenzung. Und dann die Welt der Fremden: sie, die gesellschaftlich marginalisiert und diskriminiert sind und sich als Kleinkriminelle zugleich parasitär verhalten, denselben Symbolen des Wohlstands und Konsums nachjagend wie die Deutschen. So Totonno in seiner Borgward Isabella: eine Ikone des sogenannten „deutschen Wirtschaftswunders" und – wie sich realhistorisch schon binnen kurzer Zeit zeigen sollte – Symbol der wirtschaftlichen Scheinblüte, des Absturzes, des Bankrotts.[20]

Die Kälte des gesellschaftlichen Klimas, der Mangel an sozialer Wärme, wird nicht im mindesten gedämpft durch das vertraute Dekor des italienischen Lokals,[21] den kleinbürgerlichen Mief der Interieurs in der Absteige oder die heißen erotischen Versprechungen auf der Reeperbahn; im Gegenteil, sie treiben ihn, den Mangel, erst richtig hervor. Gianni di Venanzos Schwarz-Weiß-Fotografie, die mit hochempfindlichem Negativmaterial selbst in den Nacht- und Dämmerungsszenen mit einem Minimum an zusätzlichem Licht auskommt, lässt den Zuschauer diese Orte des körperlichen Begehrens und der hilflos welkenden Gefühle in einem schmerzhaft sachlichen Licht wahrnehmen. Nicht so sehr scharfe Kontrastmontagen strukturieren die Geschichte, sondern die beunruhigende Koexistenz des scheinbar Gegensätzlichen, des scheinbar nicht zu Vereinbarenden. Das gilt nicht nur für die Personen: etwa für Totonno, den schmierigen Betrüger *und* charmanten Komödianten (Alberto Sordi in einer Glanzrolle), oder die attraktive Paula, Exprostituierte, selbstbewusstes Luxusweib *und* zugleich die einzige, die Marios Skrupel versteht, wenn auch hinsichtlich ihres eigenen Verhaltens nicht zu teilen vermag. Dieses beunruhigende Nebeneinander gilt gleichermaßen für situative Zusammenhänge. Immer wieder sorgt Rosi für Konfigurationen, in denen er den Zuschauer Personen der erzählten Geschichte in einer ihnen gegenüber völlig indifferenten, nur selbstbezüglichen Umwelt wahrnehmen lässt – und dies in einer einzigen Einstellungsfolge. Das erzeugt dann spezifische Realismuseffekte, wie man sie vom *neorealismo* her kennt: nämlich im Zusammenspiel von Erzählung und scheinbar Dokumentarischem. Wenn dann darüber hinaus auch auf der Ebene der personenzentrierten Narration das konventionelle Prinzip der Schuss-Gegenschuss-Folge, Grundfigur zur Etablierung einer geschlossenen filmischen Diegese, gelockert und aufgegeben wird, dann erscheint in der Wahrnehmung des Zuschauers nicht allein die räumliche Trennung von innen und außen aufgehoben. Darüber hinaus übersetzt sich auch die Beziehung zwischen Mario und Paula in einen Vorgang, der sich dann in der Tiefe des Raums verliert; eines Raums, der von Objektbewegungen (den Schleppern, den Hafen-Barkassen und den Passanten auf den Landungsbrücken) dominiert ist und über Kameraschwenks – polyperspektivisch aufgebrochen – objektiviert erscheint und somit „eingefügt in die übergreifende Choreografie des Alltags",[22] die sich – ohne erkennbaren Urheber – hier scheinbar selbstevident der Zuschauerwahrnehmung offenbart.

Heinz-B. Heller

I magliari (Auf St. Pauli ist der Teufel los, I/F 1959).

IV

Realismus der Wahrnehmung: In *I magliari* macht er fest an den Ambivalenzen und Ambiguitäten *innerhalb* der Bilder und Sequenzen, die noch durch eine lineare Geschichte gebunden sind. In *Salvatore Giuliano* (*Wer erschoß Salvatore G.?*, I 1962), Rosis nächstem Film, der für eine ganze Reihe von späteren Produktionen das dramaturgische Grundmuster liefern sollte, lässt sich eine solche einsträngige, zumal schlüssige Geschichte nicht mehr erzählen. Dabei steht am Anfang ein historisch verbürgter Fall: Im Sommer 1950 wird in einem Hof des sizilianischen Dorfes Castelvetrano die Leiche des 30-jährigen Salvatore Giuliano aufgefunden, der schon zu Lebzeiten eine Legende war. Als Bandit, als ein Robin Hood des sizilianischen Berglands verehrt, der „den Reichen nahm und den Armen gab", war er zugleich öffentlicher Feind Nr. 1. Der Film, der im Vorspann explizit die dokumentarische Authentizität des Falls sowie die Tatsache unterstreicht, dass an Originalschauplätzen gedreht wurde, beginnt mit einer Einstellung, die mit einer auktorialen Aufsicht nichts als das *factum brutum* der Leiche und ihres Zustands registriert.

Doch die vorgefundenen Fakten erklären sich nicht von selbst, geben von sich aus nicht preis, durch wen, wie und unter welchen Umständen Salvatore

Giuliano zu Tode gekommen ist. Die angereisten Zeitungsreporter können an ihre Redaktionen nur melden: „Sicher ist nur, dass er tot ist." Damit etabliert Rosi ein Wahrnehmungsdispositiv, das den Zuschauer in die Rolle eines Rechercheurs auf der Suche nach der historischen Wahrheit versetzt. Über ein kompliziert verschachteltes Geflecht von Rückblenden, in dem knappe Kommentare oder Zwischentitel die früheren Zeitstufen indizieren, entfaltet sich ein Netz von sich einander widersprechenden Aussagen; aufgefundene Dokumente erweisen sich oft genug als Fälschungen. Und was sich an Anhaltspunkten für eine Rekonstruktion des Lebens von Salvatore Giuliano ergibt, nämlich die Tatsache, dass er mit unterschiedlichen politischen Parteien, mit den Großgrundbesitzern, mit der Mafia und sogar mit den Carabinieri wechselnde Allianzen eingegangen ist, verweist nur auf die undurchdringliche Verfilzung von politischen, ökonomischen, rechtsstaatlichen und kriminellen Herrschaftsgruppierungen im Sizilien der letzten Kriegs- und der Nachkriegsjahre. Salvatore Giuliano wird auf diese Weise einerseits als Legende zunehmend entmystifiziert, gleichzeitig aber verliert sich das Bild seiner Persona im Geflecht von konkreten gesellschaftlichen Interessen, von Macht und Gewalt. Deshalb bleibt er dem Zuschauer filmdramaturgisch eine Leerstelle, die die Wahrnehmung des Zuschauers auf das gesellschaftliche Umfeld in seinen wechselnden historischen Konstellationen lenkt. Insofern liegt der Realismus Rosis nicht im *Ergebnis* der Recherche (diese führt zu keinem eindeutigen Resultat), sondern in dem ästhetisch-operativen *Verfahren* der Suche nach der Wahrheit, in der *Strategie* der Recherche, die sich in der Organisierung der Zuschauerwahrnehmung vermittelt.

Salvatore Giuliano (Wer erschoß Salvatore G.?, I 1962).

Heinz-B. Heller

Salvatore Giuliano (Wer erschoß Salvatore G.?, I 1962).

Salvatore Giuliano (Wer erschoß Salvatore G.?, I 1962).

Francesco Rosi

Salvatore Giuliano (Wer erschoß Salvatore G.?, I 1962).

Damit gewinnt aber die filmhistorische Position Rosis im Verhältnis zum *neorealismo* deutliche Konturen. Dem Eindruck einer sich für den Zuschauer sinnlich unmittelbar erschließenden Realität stellt Rosi mit diesem und späteren Filmen deren prekäre, wenn nicht gar unmögliche Zugänglichkeit gegenüber. Allein die manifeste Gewalt ist – dies allerdings umso nachhaltiger – allgegenwärtig.

Damit kreiert Rosi ein Kino der sinnlichen Gewalt *und* der Analyse. Denn gesellschaftliche Realität in ihren Bewegungsgesetzen artikuliert sich nicht selbstevident-augenscheinlich, der Blick auf sie muss der Legendenbildung und den massiven Verschleierungs- und Täuschungsmanövern des Interessengeflechts herrschender Gruppierungen abgerungen werden. Das führt zu einer Dramaturgie der Recherche, die den Zuschauer imaginär in deren Zentrum situiert. Die entsprechende Vermittlungsform ist die des Fragments. Nur bruchstückhaft findet eine Annäherung an die Wahrheit statt, werden die Gesetzmäßigkeiten der Realität momenthaft ansichtig. In dem großen Puzzle *Citizen Kane* (USA 1941) lieferte ein einziger Begriff, „Rosebud", das entscheidende Teil, um das unvollständige Gesamtbild zu komplettieren und zum Sprechen zu bringen. Zwar geht auch Rosi von der Aktualität in die Geschichte aus; denn die Gegenwart ist für ihn von der Vergangenheit nicht zu trennen, so wenig wie die Vergangenheit nicht wirklich vergangen ist. Doch einen archimedischen Punkt oder den fehlenden Puzzlestein, von dem aus oder mit dem sich die faktische Gegenwart umfassend schlüssig erklären ließe – den gibt es bei Rosi nicht. Das

Heinz-B. Heller

hält die Filme Rosis der 1960er Jahre nicht nur in der Erzählform offen. Denn darin vermittelt sich auch eine politische Dimension seiner Filme. Die offene Erzählform bedarf des Zuschauers, d. h. der Überführung in einen öffentlichen Diskurs. Godard nannte dies eine Politik der Form an der Wahrnehmungsfront.

[1] Vgl. etwa Ulrich Gregor, *Geschichte des Films ab 1960*, München 1978, S. 97 ff.
[2] Vgl. etwa Pierre Sorlin, *Italian National Cinema 1896–1996*, London/New York 1996, S. 140 ff.
[3] „Francesco Rosi (...) owes little to Visconti's early style". So Peter Bondanella, *Italian Cinema. From Neorealism to the Present*, 2. Aufl., New York 1984, S. 167.
[4] Wolfram Schütte, „Auf den Spuren der Macht und Ohnmacht im Mezzogiorno", in: *Francesco Rosi*, hrsg. von Peter W. Jansen und Wolfram Schütte, München/ Wien 1983, S. 12.
[5] Vgl. dazu exemplarisch Ulrich Gregor, „Fünfzehn Jahre nach *Paisà*. Neorealismus – heute", in: *Filmkritik* 7 (1961), S. 324–329.
[6] Pierre Sorlin, *Italian National Cinema* (s. Anm. 2), S. 89.
[7] Dies macht paradoxerweise die an sich verdienstvolle, von David Overbey edierte Anthologie bewusst: *Springtime in Italy: A Reader on Neo-Realism*, hrsg. u. übers. von David Overbey, London 1978.
[8] Vgl. dazu näher Frank Ulrich Döge, *Pro- und antifaschistischer Neorealismus. Internationale Rezeptionsgeschichte, literarische Bezüge und Produktionsgeschichte von ‚La nave va' und ‚Roma, città aperta', die frühen Filme von Roberto Rossellini und Francesco De Robertis*, Diss. FU Berlin 2004, S. 86 ff. Veröffentlicht unter: http://www.diss.fu-berlin.de/2004/283/.
[9] Pierre Sorlin, *Italian National Cinema* (s. Anm. 2), S. 93.
[10] Vgl. dazu vor allem Millicent Marcus, *Italian Film in the Light of Neorealism*, Princeton 1986.
[11] Burkhard Röwekamp hat mit dieser Gedankenfigur einen vorzüglichen Zugang zum Film noir erschlossen; jenem filmhistorischen Phänomen, an dem sich seit jeher die Debatte entzündete, ob es als ein Genre oder als eine Stilrichtung anzugehen sei. Vgl. Burkhard Röwekamp, *Vom ‚film noir' zur ‚méthode noire': Die Evolution filmischer Schwarzmalerei*, Marburg 2003.
[12] Erinnert sei in diesem Zusammenhang daran, wie Bazin den Realismus in der Schlussepisode von *Paisà* beschreibt und ihn letztlich kategorial im Wahrnehmungsmodus begründet sieht: „So befindet sich (...) die Horizontlinie immer in gleicher Höhe. Diese Permanenz in den Proportionen zwischen Wasser und Himmel in allen Einstellungen des Films arbeitet einen der Grundzüge dieser Landschaft heraus. Sie entspricht auf der Leinwand exakt dem subjektiven Empfinden der zwischen Himmel und Wasser lebenden Menschen, deren Existenz ständig von einer winzigen Verschiebung des Winkels zum Horizont abhängt." Vgl. André Bazin, *Was ist Film?*, hrsg. von Robert Fischer, Berlin 2004, S. 320.
[13] Cesare Zavattini, „Einige Gedanken zum Film" (1953), in: *Der Film. Manifeste, Gespräche, Dokumente. Bd. 2: 1945 bis heute*, hrsg. von Theodor Kotulla, München 1964, S. 14, S. 17.

[14] Vgl. Peter Bondanella, *Italian Cinema* (s. Anm. 3), S. 39 ff.
[15] Vgl. dazu insbesondere den Essay „Die Entwicklung der Filmsprache", in: André Bazin, *Was ist Film?* (s. Anm. 12), S. 90 ff.
[16] Dies gilt vor allem für de Sica; vgl. dazu mit Blick auf *Ladri di biciclette* (Fahrraddiebe, I 1948): Peter Bondanella, *Italian Cinema* (s. Anm. 3), S. 63 f.
[17] Vgl. dazu näher Alexander J. Seiler, „Kommentierte Filmographie: *La sfida*", in: *Francesco Rosi*, hrsg. von Peter W. Jansen und Wolfram Schütte (s. Anm. 4), S. 85; dort auch der Hinweis auf die Schilderung der Ereignisse bei Hans Magnus Enzensberger, *Politik und Verbrechen*, Frankfurt/M. 1964.
[18] Alexander J. Seiler, „Kommentierte Filmographie: *I magliari*", in: *Francesco Rosi*, hrsg. von Peter W. Jansen und Wolfram Schütte (s. Anm. 4), S. 90.
[19] Dies ist die maßgebliche Funktion der ständig präsenten Reklame.
[20] 1960 wurde bekannt, dass sich Borgward nur noch mit Millionenkrediten aus öffentlicher Hand über Wasser halten würde. Als der deshalb unter Druck geratene Bremer Senat die Subventionen stoppte, kam es Anfang 1961 zu einer der spektakulärsten Insolvenzen der deutschen Wirtschaftsgeschichte.
[21] Hier unter Landsleuten, gleich zu Anfang des Films, wird der nach Deutschland geholte, jetzt arbeitslose Mario erneut zu einem Opfer: Erst versucht man ihm den Eintritt zu verwehren, dann wird ihm von Totonno der Pass gestohlen, was ihn in die Arme der „magliaris" treibt.
[22] Alexander J. Seiler, „Kommentierte Filmographie: *I magliari*" (s. Anm. 18), S. 93.

Hans Richard Brittnacher

Schmutzige Hände über der Stadt – Wie Filme erzählen, was alle verschweigen

Der Politthriller bei Francesco Rosi, Damiano Damiani und Pasquale Squitieri

I

Wer davon ausgeht, dass die gewählten Volksvertreter nur Marionetten in den Händen unsichtbarer grauer Eminenzen sind, die sich in Geheimgesellschaften verbünden und politisch nach rechts tendieren, die mit dem Vatikan so gut wie mit der Hochfinanz vertraulichen Umgang pflegen und sogar den Generalstab des Heeres auf ihrer Seite wissen, die den Geheimdienst mit der Erstellung peinlicher Dossiers beauftragen, um die Mitarbeit korrupter Politiker und Richter zu erpressen, und die nicht einmal davor zurückschrecken, Mordaufträge zu erteilen, um Mitwisser aus dem Weg zu räumen – wer all dies glaubt, wird im italienischen Politthriller das Genre seiner Wahl entdecken.

Das Faible Italiens für die filmische Inszenierung der Paranoia lässt sich historisch und politisch begründen. Die Vorstellung einer mafiösen Korruption des gesamten Staatswesens, die von den Bürgern schweigend geduldet wird, wurzelt in der Rückständigkeit des Mezzogiorno und hat die Tradition des Brigantismus mit ihren schwärmerischen Vorstellungen eines sozialrevolutionären Banditentums begünstigt, deren Zauber noch heute auf dem Namen Salvatore Giuliano ruht. Der von Staatsverdrossenheit genährte Klientelismus ließ das Wuchern eines tertiären Dienstleistungssektors mit *galoppini und tangenti*, professionellen Zwischenträgern und Schmiergeldzahlungen, entstehen, aber eben auch die allgegenwärtige Mafia, die so lange unangefochten bleibt, wie das Gesetz der *omertà*, des bedingungslosen Schweigens, jede Kollaboration mit den Behörden ächtet. Die Zählebigkeit des Faschismus, eine zu byzantinischer Undurchdringlichkeit neigende Administration, die Duldung rechter und liberaler Kräfte durch die Kommunisten im *compromesso storico*, die Machenschaften und Attentate einer u. a. auch von Vatikangeldern finanzierten Geheimgesellschaft, der Loge P 2 (*propaganda due*), und schließlich die unvermeidliche politi-

Der Politthriller bei Francesco Rosi, Damiano Damiani und Pasquale Squitieri

sche Präsenz von Giulio Andreotti, nach Überzeugung vieler Italiener ein unehelicher und von Jesuiten protegierter Kardinalssohn, der offiziell den meisten und heimlich nahezu jeder Nachkriegsregierung angehörte – das alles, diese hier nur in groben Strichen angedeutete Verkettung aus Ohnmacht, Bestechung und Gewalt, hat die Nachkriegsgeschichte der italienischen Gesellschaft geprägt und traumatisiert.

Der Film des *neorealismo* erzählt, wie Gian Piero Brunetta einmal schrieb, die Geschichte von Menschen, die keine Geschichte haben.[1] Jenseits des Pathos hat der *neorealismo* den Alltag entdeckt, jenseits der falschen Mythen des Heroismus die wahrhaftige Poesie von Überleben und Scheitern. Statt in Paläste oder auf Idyllen blickt er auf die Straße. Deren Protagonisten werden zu seinen Helden, ihre Geschichten setzt er um in eine schroffe, puristische Ästhetik ohne Ornamente. Sozialkritik ist nicht nur eine dem Zuschauer abverlangte Reaktion, sondern auch das Produktionsprinzip des neorealistischen Films selbst. Indem er mitunter sogar Laiendarstellern die Aufgabe anvertraut, ihre Lebensverhältnisse zu versprachlichen und zu inszenieren, indem er den „gelebten Synchronismus" ihres Alltags lauscht, der Sprache der „lacrimae rerum", der „Tränen in den Dingen", wie Eugène Minkowski es etwas pathetisch formuliert hat,[2] knüpft er an die Tradition der italienischen Volkskultur an. Gerade in den von dort übernommenen Vereinfachungen, der ungenierten Abweichung von der Grammatik der konventionellen filmischen Narration, gelingt ihm ein anklagendes Bild der sozialen Verhältnisse, deren Prägung durch die Allianz aus Politik und Profit so offensichtlich ist, dass sie kaum eigens thematisiert werden muss.

II

Diese sozialkritische Dimension, die in den Filmen des klassischen *neorealismo* so selbstverständlich wie beiläufig ist, wird bei einigen Regisseuren der sogenannten zweiten Generation des *neorealismo*, insbesondere bei Francesco Rosi, zum zentralen Thema. Während bäuerliche Armut und städtisches Elend zahlreiche Filme des *neorealismo* nur grundieren, sucht Rosi in seinen Filmen in den Darstellungen von alltäglicher Gewalt, von städtischen Steinwüsten und von trostlosen Vororten wie in Suchbildern nach verborgenen Mustern, die es erlauben, Geschichten des Missbrauchs der Macht zu erzählen. In 15 Filmen, bei denen er seit 1957 Regie geführt hat, inszeniert Rosi vor allem ein Thema: die Geschichte des Mezzogiorno als Leidensgeschichte, als Schauplatz für das unselige Wirken mafioser Interessen. Mafia meint bei Rosi zumeist nicht jene in unzähligen Filmen populär gewordene Kriminalität süditalienischer Banden, die in blutigen Revierkriegen um die Vorherrschaft im Schmuggel oder beim Drogenhandel kämpfen, sondern eine mentale Struktur des Ineinanderspiels legaler und illega-

Hans Richard Brittnacher

ler Machtpraktiken. Rosi geht es um die Kriminellen mit weißen Kragen, die oft nicht einmal im Sinne des Strafrechts Verbrechen begehen, aber deren moralische Niedertracht seine Filme gewissermaßen zweifelsfrei beweisen wollen.

Mit seinem Film *Salvatore Giuliano* (*Wer erschoß Salvatore G.?*, I 1962) liefert der Regisseur deshalb eben nicht die filmische Illustration einer in Italien zu mythischer Bedeutung gelangten Figur, eines „Robin Hood des westsizilianischen Berglandes, der den Reichen nahm und den Armen gab".[3] Rosi inszeniert vielmehr eine induktive Annäherung an eine zwielichtige Gestalt, deren Vorgeschichte mit filmischen Mitteln, die dem investigativen Journalismus abgeschaut sind, in all ihren Widersprüchen gleichsam puzzlehaft rekonstruiert wird. Das Ende Giulianos, der unter nie ganz geklärten Umständen erschossen wurde, steht zu Beginn des Films fest; was folgt, ist der Versuch, einen Mythos zu demontieren, das romantische Phantasma vom mitfühlenden Banditen auszulöschen. Salvatore Giuliano war kein Held, „he was little more than a puppet dancing to the tune of hidden masters".[4]

Daher trägt Rosi Indizien zusammen, die Giuliano als „Werkzeug der Reaktion"[5] zeigen, einen Opportunisten, der zu christdemokratischen Politikern wie dem damaligen Innenminister Mario Scelba beste Beziehungen unterhielt und der für das Massaker unter kommunistischen Gewerkschaftsfunktionären auf dem Volksfest in Portella della Ginestra verantwortlich war. Die Inszenierung dieses Massakers – das Gewehrfeuer von nicht erkennbaren Schützen von einem Berg herunter – gilt als Meisterstück des späten Neorealismus. Es ist eine dezidierte filmische Absage an die aus dem amerikanischen Western und Gangsterfilm bekannten und verbrauchten Bilder wild um sich schießender Banditen. Rosi gelang es, mit seiner Inszenierung des Massakers den traumatisierenden Charakter anonymer und plötzlicher Gewalt zu zeigen, eine Wahrnehmung, wie sie spätestens im Ersten Weltkrieg verbindlich wurde und seither die ästhetischen Parameter der Darstellung des Terrors neu justierte.[6]

Allerdings schlug Rosis Versuch, den Mythos Giuliano durch seine Anonymisierung zu demontieren, fehl, denn bei einer Testvorführung nahmen sizilianische Bauern die konsequente Desinformationsstrategie des Films zum Anlass, auch der Demontage ihres Helden zu misstrauen.[7] Dennoch hatte Rosi mit seinem filmischen Tribunal sein Thema gefunden, demzufolge Kriminalität im Dienst der Macht steht und so lange stillschweigende Duldung findet, wie sie den Hegemonialanspruch der jeweiligen politischen Autorität nicht bestreitet. Sobald die Kriminellen jedoch unbequem werden oder sogar selbst Teilhabe an der Macht verlangen, werden sie kurzerhand beseitigt und durch einstweilen noch willfährige andere Verbrecher ausgewechselt.

Nachdem Rosi mit diesem Film seine Prämissen einer investigativen, dokumentarischen Ästhetik formuliert hatte, machte er sich in seinem vielleicht berühmtesten Film *Le mani sulla città* (*Hände über der Stadt*, I/F 1963), der 1963

Der Politthriller bei Francesco Rosi, Damiano Damiani und Pasquale Squitieri

in Venedig mit dem Goldenen Löwen ausgezeichnet wurde, daran, seine Parabel von der Kriminalität der Macht als Lehrstück zu inszenieren. Herrschte in *Salvatore Giuliano* noch eine eher induktive Mise en scène vor, dominiert nun ein deduktives Vorgehen:[8] Ein abstrakter Sachverhalt – die Verflechtung von Politik, Kriminalität und Korruption im Baugewerbe – wird plastisch veranschaulicht. Edoardo Nottola, den der amerikanische Schauspieler Rod Steiger als einen vor Dynamik vibrierenden Bauunternehmer gibt,[9] kandidiert für die Rechten im Stadtrat Neapels, um den Posten eines Baudezernenten zu erhalten, der ihm erlauben soll, noch schneller noch mehr zu bauen. Als im *centro storico* Neapels neben einer Baustelle, wo eines von Nottolas Prestigegebäuden entsteht, ein Altbau zusammenstürzt und Menschen unter sich begräbt, nutzt der Unternehmer die Gunst der Stunde, auf die umgehende Räumung der Altbauten zu drängen. Wegen einer maßgeblich von den Kommunisten geforderten Untersuchungskommission gerät er jedoch unter Druck, obwohl sich deren Nachforschungen bald im Labyrinth der neapolitanischen Verwaltung und ihrer unterschiedlichen Kompetenzen verheddern. Um die aufgebrachte Bevölkerung angesichts der bevorstehenden Neuwahlen zu beruhigen, beschließt Nottolas Partei, den Bauunternehmer zu opfern. Der jedoch weigert sich, die Rolle des Sündenbocks zu übernehmen, schließt sich über Nacht der Zentrumspartei an, die ihn nach gewonnenen Wahlen als Baudezernenten einsetzt. Im Interesse des Koalitionsfriedens muss der Parteivorsitzende der Rechten sich mit Nottola aussöhnen.

Die Frage nach dem Verantwortlichen für die Katastrophe, die den Film zu Beginn dramatisch in Bewegung setzt, bleibt unbeantwortet. Dafür werden wie in einem Brecht'schen Lehrstück auch nicht gestellte Fragen nach dem Zusammenhang von Politik und Macht aufgeworfen und beantwortet: Politik, so wie sie in Kommissionen und Parlamenten ausgeübt wird, besteht aus lärmenden und zugleich nichtssagenden Worten, einer mit theatralischer Virtuosität inszenierten Rhetorik, deren Leidenschaftlichkeit nur die soziale Kälte der Beteiligten übertüncht. Als wolle Rosi mit seinem Film sämtliche Vorurteile über heißblütig debattierende italienische Politiker bestätigen, inszeniert er Parlamentsdebatten als tumultartige Szenen, die bis an die Grenze der Handgreiflichkeit gehen. Die Bürokratie des Magistrats, die den schwarzen Peter der Verantwortung vom Amt für städtische Sicherheit ans Katasteramt und von dort an die nächste Institution weiterreicht, dient nur der Alibisierung korrupten politischen Handelns und der Beschwichtigung der aufgebrachten Bevölkerung. Die Interessenunterschiede der politischen Parteien sorgen lediglich für die Rotation von Amtsinhabern, aber nicht für einen substanziellen Wechsel der Politik. Fast unheimlich ist der Film in seinem desillusionierten Blick auf eine Macht, die sich gegen jede Kritik immunisiert hat und wie ein homöostatisches System selbst erhält.

Eine der eindringlichsten Szenen zeigt Nottola bei einem Streitgespräch mit dem Parteichef der Rechten in seinem Büro. Unter dem überwältigenden Ein-

Hans Richard Brittnacher

druck gewaltiger Architekturfotografien, mit denen die Wände plakatiert sind, erscheint der Unternehmer als Sklave seiner Obsession. Das große Büro Nottolas erinnert an ein von Escher entworfenes Gebäude, in dem die moderne Architektur draußen gleichzeitig im Innenraum des Büros auf die riesigen Fotografien an den Wänden, Fenstern und Jalousien projiziert wird. Die Protagonisten wirken wie in einem futuristischen Gefängnis eingeschlossen – bezeichnenderweise verlässt Maglione, Nottolas Gegenspieler, nach der hitzigen Diskussion den Raum – als wäre es das Schlafzimmer eines Rokokoschlösschens – durch eine Geheimtür, die jedoch nicht im Alkoven, sondern in einem überdimensionierten Stadtplan Neapels angebracht ist. Der besessene Bauunternehmer bewegt sich in einer Welt, die nichts anderes als Architektur kennt, die alles Handeln der Architektur unterstellt. Die stark vertikale Ausrichtung der Szenen gibt dieser Einstellung weit über den bei Rosi sonst gepflegten dokumentarischen Charakter hinaus eine expressive, sogar expressionistische Dimension,[10] die durch das fiebrige Spiel Rod Steigers noch verstärkt wird. Konsequent vermeidet die Kamera offene Räume, sie konzentriert sich auf die Fakten und reportiert sie leidenschaftslos – was die beklemmende, fast klaustrophobische Dimension des Films erklärt. Die Inszenierung der von Beton überwucherten Stadtlandschaften, über denen Hubschrauber kreisen, die Politiker zum Einweihen und Absegnen gigantischer Bauprojekte einfliegen, untermalt von der „maschinenhaft anmutenden",[11] drängenden Musik Piero Piccionis, verleiht dem Bild einer außer Kontrolle geratenen politischen und urbanistischen Entwicklung einen düsteren, fast apokalyptischen Charakter.

Seine These vom hungrigen Charakter der Macht wird Rosi in seinem 1975 vorgelegten Film *Cadaveri eccellenti* (*Die Macht und ihr Preis*, I/F 1976) zuspitzen. Der Film nach dem Roman „Il contesto" („Tote Richter reden nicht") von Leonardo Sciascia, jenem sizilianischen Romancier, der wie kein anderer die Seele der Mafia erforscht hat, erweitert das plakative anklägerische Pathos von *Le mani sulla città* ins Mythologische. Vier Richter – sie sind die Exzellenzen, von denen der Titel spricht – werden ermordet. Dass es sich bei dem Film jedoch um mehr als eine Kriminalgeschichte mit politischer Brisanz handelt, zeigt schon die Eingangssequenz des Films, in dem Charles Vanel in der Rolle des Richters Varga die mumifizierten Leichen im convento dei cappucini (Kapuzinerkloster) von Palermo besucht. Vanels langsamer Gang aus dem sonnendurchfluteten Eingang ins Innere der Krypta wirkt, als habe sich der Protagonist vom Kreuz gelöst, um seinen Weg in die Unterwelt anzutreten. Im Gegenlicht bleibt sein Gesicht lange im Schatten, bis allmählich die Gesichtszüge des Schauspielers sichtbar werden. Zuerst lautlos, dann unter dem langsam anklingenden Trauermarsch von Chopin betritt er die Krypta mit ihren bekleideten und ausgetrockneten Mumien, den verzerrten Gesichtern, den wie zum Schrei aufgerissenen Mündern. Dennoch evoziert die Szene eine eigentümliche

Der Politthriller bei Francesco Rosi, Damiano Damiani und Pasquale Squitieri

Charles Vanel in *Cadaveri eccellenti* (*Die Macht und ihr Preis*, I/F 1976).

Stille, die Konvergenz des faltigen Gesichts von Charles Vanel und der verwelkten Mumien erlaubt die Vorstellung, dass hier zwischen einem kaum noch lebenden und den unwiederbringlich Toten eine geheimnisvolle Zwiesprache gehalten wird. Als Vanel ans Tageslicht tritt, wird seine Gestalt durch die Entfernung kleiner, während sein größer werdender Schatten sich wieder in die Krypta zurückzieht: Seine Seele ist schon bei den Toten. Mit dem Eintritt ins Tageslicht ändert sich abrupt die Szenerie – der wartende Dienstwagen, das Pferd, eine Vespa, der aufgewirbelte Staub auf der Straße und die Tonspur mit Geräuschen städtischen Alltags suggerieren sofort *italianità*. Im hellen Tageslicht schließlich wird der Richter Varga, als er an einer Jasminblüte riechen will, aus dem Hinterhalt erschossen.

Während die Polizeispitze die Ermittlungsdevise vorgibt, der Ermordete sei Opfer seines unnachsichtigen Kampfes gegen die Mafia geworden, werden auch Stimmen aufgebrachter Jugendlicher laut, die den Richter selbst als Mafioso bezeichnen. Der tüchtige Inspektor Rogas (Lino Ventura in der für ihn typischen Rolle eines stoischen, unnachgiebigen Polizisten) entdeckt jedoch bald Zusammenhänge mit einem weiteren und schließlich auch mit einem dritten Mord und vermutet, es handele sich um Racheakte des zu Unrecht verurteilten und nach der Haft untergetauchten Apothekers Cres. Als Rogas einen vierten mit dem Fall betrauten Richter warnen will, kommt es zu einer denkwürdigen Apologie eines über jeden Zweifel erhabenen Rechts, in der Richès (Max von Sydow) als ein fast hysterischer Fanatiker des Rechtswesens die Unantastbarkeit der Justiz gerade in Zeiten der Krise verteidigt. Voltaire sei an allem schuld, die Aufklärung habe sich erdreistet, die Heiligkeit des Rechts zu profanieren und seine Beschlüsse infrage zu stellen. In Zeiten der Krise aber gelte es, die aufrührerischen Kräfte zu dezimieren, koste es auch das Leben eines Unschuldigen, hier könne es gar kein Fehlurteil geben.

Der Film – eines der ersten Experimente Rosis mit dem Colorfilm – nutzt die Möglichkeiten des Mediums intensiv, Farben fungieren als Leitmotive. Für das Recht hat Rosi die Farbe Rot reserviert. Eine Richterversammlung liefert ein geradezu aufdringliches Bild für die pompöse Selbstdarstellung der Justiz. Als die in rote Gewänder gehüllten Richter sich zur Verlesung des Urteils erheben, scheint die Farbe Rot fast das Bild zu überfluten. Der Akt der Rechtsprechung erhält den Charakter einer kultischen Handlung, die Richter wirken in ihren Talaren und Kopfbedeckungen wie Kardinäle, die Worte, in denen sie die Schwäche des Staats geißeln, wie Enzykliken, das Arrangement des Bildes und die Verteilung der Protagonisten im Raum erinnern an das Chorgestühl einer Kathedrale. Aus der Diskrepanz der zeremoniellen Inszenierung des Rechts und der Vulgarität des kriminellen Aktes beziehen Subgenres des Kriminalfilms wie der Justizthriller und das Courtroom Drama immer schon ihren besonderen Reiz. Sie zeigen, wie im feierlichen Akt der richterlichen Verhandlung die verletzte Ordnung wiederhergestellt wird. Eben diese naive Textur des Krimis wird von Rosi ironisiert, wenn der oberste Richter in verräterischen Worten die Staatskrise zum Anlass nimmt, die Bereitschaft der Legislative zu bedingungsloser Kooperation zu erklären. Die zeremonielle Zurschaustellung des Rechts erweist sich als aufgeblasene theatralische Inszenierung einer längst schon korrupten Justiz.

Als der eigenwillig ermittelnde Rogas der politischen Polizei unterstellt wird, kommt er einem von der Rechten betriebenen und vom Geheimdienst gedeckten Komplott auf die Spur. Die politische Unruhe nach den Morden soll den Vorwand für einen Militärputsch liefern. Rogas selbst wird beschattet, sein Telefon wird abgehört, er kann nur knapp einem Mordanschlag entkommen. Als er feststellen muss, dass er mit seinen beharrlichen Recherchen sogar den eigenen Vorgesetzten lästig wird, vermittelt ihm sein Freund Cusan, ein kommunistischer Journalist, ein Treffen mit dem Generalsekretär der Kommunistischen Partei an einem unverdächtigen Ort, im Antikenmuseum. Unter den Augen der stummen Statuen werden beide aus dem Hinterhalt liquidiert.[12] Im Fernsehen teilt der Polizeichef mit, Inspektor Vargas, das Opfer seiner Paranoia, habe den kommunistischen Parteichef als Drahtzieher eines Komplotts verdächtigt und erst diesen, dann sich selbst erschossen. Im Staat machen sich, wie gewünscht und erwartet, Unruhen breit, Jugendliche gehen mit roten Fahnen auf die Straße. Cusan glaubt die vom Polizeichef ausgegebene Erklärung nicht und will der Bevölkerung die Wahrheit mitteilen, wird aber von seinem Parteichef daran gehindert – denn der damit provozierte Aufruhr würde unweigerlich zum Militärputsch führen. „Aber das würde doch bedeuten, dass das Volk nie die Wahrheit erfahren darf", sagt der naive Cusan. „Die Wahrheit ist nicht immer revolutionär", antwortet darauf der Funktionär in Umkehrung eines berühmten Satzes von Antonio Gramsci.[13] Dieser Dialog wird vor dem Hintergrund von Renato Guttusos Gemälde „Das Begräbnis Togliattis" geführt. Die roten Fahnen, die auf diesem Bild dem großen Strategen der kommunistischen Partei die letzte Ehre erweisen, nehmen die roten Fahnen der jugendlichen Demonstranten als Bildelemente wieder auf. Die durch die korrupte Justiz desavouierte Farbe Rot bestreitet freilich auch die Integrität des politischen Widerstands. Indem der Straßenaufstand zudem mit dem Gemälde einer Beerdigung parallelisiert wird, greift das Ende des Films auf den Beginn und seine nekrotope Ästhetik der Krypta zurück: Mit dem auf dem Bild begrabenen Togliatti wird auch im Film jede Hoffnung auf Widerstand zu Grabe getragen.

Wenige Jahre nach '68 dokumentiert *Cadaveri eccellenti* die umfassende Ernüchterung der revolutionären Aufbruchstimmung. Die Planung des Staatsstreichs ist so raffiniert, dass sogar die Linke sich der Kooperation nicht verweigern kann: Will sie überleben, muss sie schweigen. Rosis Film stellt eine gesichtslose Omnipräsenz der Macht dar, selbst Max von Sydow in der Rolle des Richter Richès, der beredte Propagandist staatlicher Gewalt, fällt ihr schließlich aus ungeklärten Umständen zum Opfer. Wer viel weiß, wie Rogas, wird getötet, wer noch mehr weiß, wie Richès, erst recht. Ein periodisch wiederkehrendes Stilmittel des Films ist das plötzliche Klicken der Kamera, der Stop des Filmlaufs, das Einspielen der Schnappschüsse: Jeder steht unter Kontrolle. Hier geht es nicht länger um eine Mafia, die sich Defizite der staatlichen Ordnung oder Kompetenzstreitigkeiten zunutze macht, und nur am Rande um jene Mafia, die im Italien der 1970er und 1980er Jahre ein Schreckensregiment errichtete und missliebige Untersuchungsbeamte kurzerhand ermorden ließ. Das eigentliche Thema des Films ist der Staat, der selbst zur Mafia geworden ist, dessen Methoden einer systematischen Überwachung totalitäre Züge angenommen haben, ein „Komplott der Macht gegen die Macht selbst", wie es der Regisseur in einem Interview formuliert hat.[14]

III

Für den Politthriller, der als agitatorisches, an der Zustimmung eines Massenpublikums interessiertes Genre ästhetische Prätentionen eher zurückstellt, sind einige Voraussetzungen verbindlich: Dazu zählen neben der erkennbaren Anspielung auf zeitgeschichtliche Umstände oder Personen und Selbstverständlichkeiten wie der dramaturgischen Geschlossenheit, der attraktiven, atmosphärischen Aufbereitung des Stoffes und der wirkungsvoll eingesetzten Musik auch die Parteilichkeit der Wahrnehmung – *film di denuncia* werden solche Filme da-

Hans Richard Brittnacher

her auch im Italienischen genannt: Politthriller sind Filme, die anklagen, die bezichtigen.[15] Dem Interesse der Deutlichkeit dient auch die Besetzung der Hauptrollen mit Identifikationsfiguren. Von dieser Vorgabe aber weichen Rosis Filme erkennbar ab: *Le mani sulla città* hat keinen Helden, allenfalls halbwegs sympathische Nebenfiguren; *Cadaveri eccellenti*, am ehesten noch in der Tradition eines Publikumsfilms, spielt nur ironisch mit dem Heldenimage des populären Lino Ventura, um dramaturgisch umso wirkungsvoller seine Ohnmacht zu demonstrieren. Wie sehr Rosi konventionelle Kinosehweisen unterlaufen will, zeigt er mit seinem Film *Lucky Luciano* (USA/F/I 1973), der 1973, also ein Jahr nach Coppolas *The Godfather* (*Der Pate*, USA 1972), ins Kino kam und als dessen Revision gesehen werden darf.[16] Coppola war das Kunststück gelungen, die Welt der Mobster mit großer Zuneigung als ein System zwar gewalttätiger, aber auch fürsorglicher Patronage darzustellen. Es entspricht dieser Nostalgie, wenn sein Film – und viele andere in dieser amerikanischen Tradition – die Einwandererviertel New Yorks wie ein Freilichtmuseum inszenieren, in dem die Paten, umgeben von flüsternden Beratern und stummen Leibwächtern, als Patriarchen einer untergegangenen Welt Audienzen geben, sich geduldig die Klagen von Bittstellern anhören und Missständen abhelfen. Dem Sündenbabel der modernen Welt und seiner sinnentleerten Monotonie stellt der amerikanische Film in warmen, temperierten Farben die „famiglia" als wärmespendendes Nest entgegen (von der ironischen Ausbeutung dieses Aprioris zehrt noch heute etwa eine Serie wie *The Sopranos / Die Sopranos*, USA 1999–2007[17]). Eben diese Idealisierung der Mafia will Francesco Rosi mit seinem Film über Lucky Luciano entmachten; Rosi setzt „the other side of glamourous killing"[18] ins Bild, indem er die Geschichte eines moralisch schäbigen Menschen und seines Pakts mit der Macht erzählt. *Lucky Luciano* ist „der konsequenteste Versuch im Genre, einen (Gangsterboss) so zu präsentieren, dass das Identifikationspotenzial völlig vermieden wird"[19]. Den italoamerikanischen Gangster, der in der berühmten „Nacht der sizilianischen Vesper" 40 rivalisierende Bosse ermorden ließ und zum unangefochtenen *capo di tutti capi* aufstieg, brachte der ehrgeizige amerikanische Staatsanwalt Dewey für 50 Jahre hinter Gitter; neun Jahre später, mittlerweile zum Gouverneur aufgestiegen, ließ Dewey seinen prominentesten Angeklagten wieder auf freien Fuß setzen – als Gegenleistung für erwiesene Verdienste bei der Landung der alliierten Truppen in Italien. Luciano hatte mit seinen Kontakten die Invasion vorbereitet, im Gegenzug besetzten die Amerikaner zahlreiche Bürgermeisterposten im Süden Italiens mit Gewährsleuten Lucianos. Der nach Italien zurückgekehrte Mafioso konnte so ohne große Widerstände den Handel mit Drogen aus dem Nahen Osten etablieren, mit denen er bald den amerikanischen Markt überschwemmen sollte. Diesen Gangster stellt Gian Maria Volonté auffallend zurückhaltend dar, als wenig charismatischen, eher durchschnittlichen Charakter: ein Anti-Held, der zynisch lächelt und sich zu langweilen scheint, selbst

Der Politthriller bei Francesco Rosi, Damiano Damiani und Pasquale Squitieri

wenn er mit einer Frau im Bett liegt. „The Mafia has become a sad part of everyday life (...)."[20]

Der prägende Einfluss von Rosis Filmen für das Genre des Politthrillers dürfte offensichtlich sein. Zu den typischen Merkmalen zählt die Wahl sizilianischer oder süditalienischer Schauplätze, das Thema der Korruption von staatlicher Politik durch private Interessen, das Problem der Verselbstständigung des politischen Apparats zu totalitären Instanzen und die Machtlosigkeit der Behörden. Der italienische Politthriller zeigt selten Haupt- und Staatsaktionen, ihm liegt am Nachweis der Konsequenzen mafioser Kriminalität für das Alltagsleben. Vermittelt über die Filme Rosis wird das Misstrauen in die Ordnung, ein altes Ressentiment des italienischen Südens, zum zentralen Motiv, dem nach Rosi auch Regisseure wie Elio Petri, Giuliano Montaldo, Pasquale Squitieri, Florestano Vancini, Nanni Loy, Giuseppe Ferrara oder Damiano Damiani Profil verliehen haben. Damiani war es auch, der die sowohl in Italien wie auch in Deutschland außerordentlich populäre TV-Serie *La piovra* (*Allein gegen die Mafia*, I/F/GB/BRD 1984) inszeniert hatte, die dann später von Florestano Vancini, einem vormaligen Assistenten Viscontis, fortgesetzt wurde. Das Fortleben dieser maßgeblich von Rosi geprägten Tradition des Politthrillers sei abschließend noch an Beobachtungen zu zwei Filmen anderer Regisseure verdeutlicht.

In *Confessione di un commissario di polizia al procuratore della repubblica* (I 1971) zeigt Damiano Damiani die Unfähigkeit des Staatsapparats, die auf logistisch hohem Niveau operierende Kriminalität zu bekämpfen. Der die Paragrafensprache einer überforderten und schwerfälligen Bürokratie reproduzierende Titel seines Films ist vom deutschen Verleih geradezu grotesk zu dem reißerischen *Der Clan, der seine Feinde lebendig einmauert* entstellt worden.[21] Mit diesem Titel rehabilitierte der deutsche Verleih wieder eben jene brutal-alttestamentarische Mafia-Ästhetik des amerikanischen Kinos, von der sich Rosi – und mit ihm auch Damiani – distanziert hatten. Damiani geht es eben nicht um die archaische Grausamkeit der Mafia, sondern um ihre Modernität. In einer Art filmischer Versuchsanordnung spielt der Regisseur die Möglichkeiten eines legalen und eines selbsthelferischen Kampfes gegen die Kriminalität durch – es charakterisiert dabei die für den italienischen Politthriller typische Skepsis, dass beide Positionen angesichts der ausdifferenzierten Kriminalität der modernen italienischen Lebenswelt versagen. Die eine Position wird von Kommissar Bonavia vertreten, den Martin Balsam als einen im Dienst ergrauten Haudegen spielt, den die Erfahrung der Vergeblichkeit seines Handelns – die von ihm festgesetzten Mörder befinden sich dank bester Verbindungen und schweigender oder verschwundener Augenzeugen zwei Tage später wieder auf freiem Fuß – zum Zyniker werden ließen. Entschlossen, das Recht in die eigenen Hände zu nehmen, sorgt er für die Freilassung eines in der Irrenanstalt einsitzenden Kleinganoven, der mit dem obersten der örtlichen Mafioso eine Rechnung zu begleichen hat

Hans Richard Brittnacher

und tatsächlich, wie von Bonavia erhofft, unter den Gangstern ein Blutbad anrichtet. Der eigentliche Gegenspieler Bonavias ist nicht die Mafia, sondern der junge und ehrgeizige Staatsanwalt Treni, den Franco Nero als leicht effeminierten, loyalen Gesetzeshüter spielt, der von der Unbestechlichkeit des Rechts überzeugt ist und Bonavias Selbsthelfertum zutiefst verachtet. Allerdings gleichen sich die beiden so verschiedenen Helden in der Unbedingtheit ihres Glaubens an die Richtigkeit des eigenen Handels bis zur Austauschbarkeit. Ziemlich genau in der Mitte des Films kommt es zu einer verbalen Auseinandersetzung der beiden Protagonisten, an deren Ende die streitenden Kontrahenten sich zu ihrem Auto begeben, gleichzeitig feststellen, die Wagen verwechselt zu haben, und, als wäre nichts geschehen, unter Fortsetzung wechselseitiger Drohungen und Beschimpfungen die Seiten und das Fahrzeug wechseln.

Mit seiner schnörkellosen Ästhetik und der drängenden Filmmusik von Riz Ortolani folgt der Film Damianis den Vorgaben des neorealistischen Politthrillers. Die Eingangsszene zeigt Martin Balsam auf dem Weg in die Irrenanstalt, entschlossen, das Recht in die eigenen Hände zu nehmen. Zielstrebig und unbeirrbar nähert er sich frontal dem Zuschauer und lässt den bei seiner Annäherung immer länger werdenden Korridor hinter sich, unschwer eine Metapher für die Ohnmacht eines unter seiner Bürokratie erstickenden Legalismus. Der Trägheit des Systems und seiner Apathie gegenüber dem Verbrechen setzt Martin Balsam mit zügigem Schritt ein Ende. Es entspricht dieser Entscheidung zu eigenmächtigem Handeln, wenn Bonavia später im Gefängnis, das Messer eines Mitgefangenen im Leib, wie in einer existenzialistischen Vignette pathetischer Freiheit einsam stirbt.

Anfang und Ende von Damianis Film verhalten sich spiegelbildlich zueinander: Denn das Ende zeigt den Staatsanwalt Treni, der erkennen muss, dass sein Vorgesetzter, der Generalstaatsanwalt, dem der in Italien beliebte Theaterschauspieler Claudio Gora das Aussehen Andreottis verleiht, das Versteck der Hauptbelastungszeugin an die Mafia verraten hat. Treni steht nun mit leeren Händen da, die letzte Einstellung friert ihn ein und legt die Spekulation nahe, dass er nun aufgeben wird – oder dort weitermachen muss, wo er Bonavia Einhalt geboten hat.

In Pasquale Squitieris *Il pentito* (*Der Denunziant*, I 1985) sind die Bezüge zu zeitgenössischen Politskandalen geradezu mit den Händen zu greifen: Einerseits geht es um die Machenschaften der vom Vatikan gehaltenen Banco Ambrosiano und ihres Leiters Sindona, der bald darauf in London erhängt gefunden wurde, andererseits um die Aussagen des reuigen Mafiosi Buscetta, eines mehrfachen Mörders, dem wegen seiner umfassenden Geständnisse Straffreiheit und eine neue Identität angeboten wurden. Buscetta, der hier Vanni Ragusa heißt und von Tony Musante dargestellt wird – der Buscetta erstaunlich ähnlich sieht –, arbeitet als Verbindungsmann für den palermitanischen Zweig der „ehrenwerten Gesellschaft" in Amerika. Auch die jüngere Mafia, die in Corleone tonan-

Der Politthriller bei Francesco Rosi, Damiano Damiani und Pasquale Squitieri

gebend ist, hat wie die Mafia von Palermo erhebliche Teile ihrer Gewinne dem Bankier Spinola (Max von Sydow) zwecks Geldwäsche anvertraut. Diesem sind jedoch einige Transaktionen fehlgeschlagen, die Gelder der Mafia sind blockiert. In dieser Situation beschließen die Hitzköpfe aus Corleone, den Krieg gegen die älteren Mafiosi in Palermo auszurufen. Als bald auch die Familie von Vanni Ragusa zwischen die Fronten dieses blutigen Bandenkriegs gerät, bleibt Ragusa keine andere Wahl, als das Angebot des unbestechlichen Staatsanwaltes Falco (Franco Nero) anzunehmen, bei Zusicherung von Immunität gegen die Mafia auszusagen. Aber Falco muss am Ende des Films erkennen, dass er lediglich benutzt wurde, um „piazza pulita" für Ragusa zu schaffen, dem er dank seiner Amtsgewalt sämtliche Konkurrenten aus dem Wege geräumt hat.

Charakteristisch für die düstere sozialpolitische Diagnose des Films ist die letzte Einstellung: Zusammen mit dem Gangster, der in die Freiheit nach Amerika entlassen wird, verlässt auch die Kamera die Szene, der Staatsanwalt bleibt, ein Gefangener seiner staatstreuen Prinzipien, gleichsam hilflos in einem Kerker zurück – die vielen Eisentüren, die hinter dem freigelassenen Gangster wieder einrasten, schließen auch den Staatsanwalt ein. So gesehen belegt die Entwicklung des Regisseurs, der sich nach seinen sozialkritischen Filmen in den 1980er und 1990er Jahren immer mehr der faschistischen Bewegung annäherte, weniger die Entflammbarkeit seines cholerischen Temperaments als den grundsätzlichen und traurigen Sachverhalt, dass sich der Faschismus nicht zuletzt aus der Erfahrung der Ohnmacht alimentiert.

IV

In primär ästhetischer Hinsicht prägt den italienischen Politthriller seine Herkunft aus dem *neorealismo*: Er profaniert seine Verbrecher und entromantisiert seine Helden, er verleiht der Kolportage mit dokumentarischer Ästhetik ihren besonderen Schliff und setzt gezielt Farben und Musik zur emotionalen Steuerung der Zuschauer ein: Rosi beschäftigte so namhafte Komponisten wie Piero Piccioni, Nino Rota und Ennio Morricone, die Musik für Damianis Film schrieb Riz Ortolani, die für Squitieri Morricone. Den Anleihen an die Bilderwelt des Journalismus verdankt der Politthriller, zumal Francesco Rosi, seinen häufig dokumentarisch wirkenden Charakter, einen stark thesenhaften Aufbau und streckenweise auch eine didaktisch-plakative und extrem konfrontative Abhandlung des Themas. Diese Explizität und dezidierte Parteilichkeit begünstigt auch den exzessiven Gebrauch von verdeutlichenden, demonstrativen Aufnahmetechniken, wie sie sich mit Tele-, Zoomobjektiven und Zeitlupen erzielen lassen. Vor allem aber ist für den italienischen Politthriller, wie ihn Rosi geprägt und Regisseure wie Damiani und Squitieri weiterentwickelt haben, ein abgründiger Skeptizismus charakteristisch.

Hans Richard Brittnacher

Der französische Politthriller glaubt, wenn auch nur halbherzig, doch noch an den Erfolg politischer Aufklärung, der amerikanische Politthriller an den unbesiegbaren Nonkonformismus, der das System zuletzt wieder in die Schranken weist.[22] Der italienische Politthriller ist diesbezüglich von unvergleichlicher Resignation. Zwar integriert er mit der Wahl sizilianischer oder süditalienischer Schauplätze – eher ein Stichwort aus den erbitterten politischen Debatten über die fatale Nord-Süd-Spaltung des Landes – das so prekäre Thema der *meriodionalità* auch in den ästhetischen Diskurs. Die Verflechtungen von staatlicher Politik und sozialen Interessen werden so zu seinem neuen, bis dahin von der Kunst konsequent übersehenen Thema.[23] Wohl erweist der italienische Politthriller der Idee zivilen Widerstands großen Respekt – wie etwa in Damianis Film, wenn Bonavia vom heldenhaften Kampf seines Bruders gegen die lokale Mafia erzählt –, aber er spricht ihr kategorisch jeden Erfolg ab. Denn die Korruption der Politik, der Machtzuwachs des Kapitals und die Verselbstständigung des politischen Apparates sind zwingende Konsequenzen der unaufhaltsamen Amorphisierung der italienischen Zivilisation, für die der Begriff Mafia als Synonym steht. Dass der Politthriller der Zivilcourage, an die er quasi gattungskonstitutiv appelliert, zuletzt kaum Möglichkeiten einräumt, zeigt die Gefährdung seines skeptischen Denkens durch einen abgründigen Pessimismus.

---

[1] Gian Piero Brunetta, „Der Film als führende Kunstform", in: *Die italienische Metamorphose, 1948–1963* (Ausstellungskatalog), hrsg. vom Kunstmuseum Wolfsburg 1995, S. 444–453.
[2] Ebenda, S. 447.
[3] Alexander J. Seiler, „Kommentierte Filmographie", in: *Francesco Rosi*, hrsg. von Peter W. Jansen und Wolfram Schütte, München/Wien 1983, S. 83–174, hier S. 95.
[4] Ben Lawton, „*Salvatore Giuliano*: Francescos Rosi's revolutionary postmodernism", in: *Poet of Civic Courage. The Films of Francesco Rosi*, hrsg. von Carlo Testa, Wiltshire 1996, S. 6–42, hier S. 9.
[5] Seiler, „Kommentierte Filmographie" (s. Anm. 3), S. 98.
[6] Vgl. Bernd Hüppauf, „Krieg, Gewalt und Moderne", in: *Gewalt. Faszination und Furcht. Jahrbuch für Literatur und Politik in Deutschland 1*, hrsg. von Frauke Meyer-Gosau und Wolfgang Emmerich, Leipzig 1994, S. 12–40.
[7] Vgl. Seiler, „Kommentierte Filmographie" (s. Anm. 3), S. 99.
[8] Vgl. Ebenda, S. 106.
[9] Manuela Gieri vergleicht nicht zu Unrecht Steigers *acting* wegen der charakteristischen Mischung aus Ambivalenz und Vitalität mit dem von Orson Welles in *Citizen Kane*. Vgl. Manuela Gieri, „Hands over the City: cinema as political indictment and social commitment", in: *Poet of Civic Courage* (s. Anm. 4), S. 48–59, hier S. 48.

10 Seiler erinnert an die Nähe des Films zu den Holzschnitten Frans Masareels und zu den Fotomontagen John Heartfields. Vgl. Seiler, „Kommentierte Filmographie" (s. Anm. 3), S. 107.
11 Günter Giesenfeld, „*Hände über der Stadt*", in: *Filmklassiker. Beschreibungen und Kommentare, Bd. 3: 1963–1977*, hrsg. von Thomas Koebner, 5. überarb. u. erw. Aufl., Stuttgart 2006, S. 37–40, hier S. 40.
12 Vgl. Salvatore Bizzarro, „Dancing with corpses: murder, politics and power in *Illustrious Corpses*", in: *Poet of Civic Courage* (s. Anm. 4), S. 101–116, hier S. 109.
13 Seiler, „Kommentierte Filmographie" (s. Anm. 3), S. 145.
14 Vgl. Michel Ciment, *Le dossier Rosi*, Paris 1976, S. 173.
15 Von „social indictment" spricht auch M. Gieri in ihrem Beitrag über Rosis *Le mani sulla città*. In: *Poet of Civic Courage* (s. Anm. 4), S. 43–59.
16 Vgl. Markus Vorauer, *Die Imaginationen der Mafia im italienischen und US-amerikanischen Spielfilm*, Münster 1996, S. 136.
17 Vgl. dazu die Beobachtungen von Michael Rohrwasser, „Der Mob auf der Couch. Warum *The Sopranos* in Deutschland erfolglos bleiben", in: *MedienMorde. Krimis intermedial*, hrsg. von Jochen Vogt, München 2005, S. 145–160.
18 Claudio Mazzola, „The other side of glamorous killings: *Lucky Luciano*, Rosi's neorealistic approach to the Mafia", in: Poet of civic courage (s. Anm. 4), S. 87–100.
19 Vorauer, *Die Imaginationen der Mafia* (s. Anm. 16), S. 136.
20 Mazzola, „The other side of glamorous killings" (s. Anm. 18), S. 89.
21 Noch gnadenloser funktionierte die deutsche Synchronisation bei Rosis traurigem Migrantenfilm *I magliari* (I/F 1959) über italienische Straßenhändler im kalten Norden Hamburgs, dem der Verleih den effekthascherischen Titel *In St. Pauli ist der Teufel los* verpasste.
22 Vgl. etwa einerseits André Cayattes *Il n'y a pas de fumée sans feu* (*Kein Rauch ohne Feuer*, F/I 1973), andererseits Sydney Pollacks *Three Days of the Condor* (*Die drei Tage des Condors*, USA 1975).
23 Carlo Levis 1945 erschienener autobiografischer Roman über die Zeit seiner politischen Verbannung in der Basilicata, „Christo si è fermato a Eboli" („Christus kam nur bis Eboli"), der 1978 auch von Francesco Rosi verfilmt wurde, kann als Startsignal für die literarisch-ästhetische Thematisierung des Südens angesehen werden.

Rada Bieberstein

Verbrechen aus Leidenschaft

Gesellschaftskritik in Pietro Germis sizilianischen Komödien der 1960er Jahre

> *A man who permits his honour to be taken, permits his life to be taken.*
> Pietro Aretino[1]

I

Pietro Germi (1914–1974) hat den „Süden", die Metapher für eine Nation in der schwierigen Kompromissfindung zwischen Moderne und Tradition, zwischen den archaischen Überlieferungen eines Agrarlandes, geprägt durch kleine Gemeinschaften, patriarchale Autorität und die katholische Kirche, und einem sich intellektuell und gesellschaftlich emanzipierenden Land, zum Protagonisten seines Schaffens gemacht.

Das italienische Kino der 1960er Jahre bot der Gesellschaft die Möglichkeit, über die kulturellen Unterschiede zwischen Nord- und Süditalien, über die sozialen Verhaltensweisen und Widersprüche der Bevölkerung zu diskutieren. Viele dieser Filme gehören zum *filone meridionale* oder *siciliano*, dem süditalienischen oder sizilianischen Subgenre der Commedia all'italiana. Doch gilt das Interesse dieser Arbeit nicht dem Genre der Komödie, sondern der Suche nach emotionalen Wunden des Individuums im Jahrzehnt des Wirtschaftsbooms in Germis sizilianischen Filmen der 1960er Jahre. Am Ende gilt auch für die Filme von Germi, was in Michelangelo Antonionis norditalienischen Filmen der 1960er Jahre als Entfremdung des Einzelnen von sich selbst bezeichnet wird – nur thematisieren die sizilianischen Filme die Folgen der neuen gesellschaftlichen Entwicklungen und des Wirtschaftswunders speziell für den Süden Italiens und seine Menschen.

Germis Anfänge als Schauspieler und Regisseur liegen in der Zeit des Neorealismus. Sein Debütfilm als Regisseur, *Il testimone* (*Der Zeuge*, I 1946), führt bereits das Thema ein, das ihn weiter begleiten wird: das Gesetz als Bezugssystem, als Maß für das moralische Verhalten des Einzelnen in der Gesellschaft. In

Gesellschaftskritik in Pietro Germis sizilianischen Komödien

den Komödien *Divorzio all'italiana* (*Scheidung auf italienisch*, I 1961), *Sedotta e abbandonata* (*Verführung auf italienisch*, I/F 1964) und *Signore & Signori* (*Aber, aber, meine Herren* ..., I/F 1965), auch „Trilogie der Grotesken" genannt, erweist sich das Gesetz als veraltetes Regelsystem und Kodex der Ungerechtigkeit – es hilft sogar der Befriedigung verwerflicher männlicher Wünsche.

Die ersten beiden Filme der Trilogie, *Divorzio all'italiana* und *Sedotta e abbandonata*, verspotten die Auslegung und Anwendung des nationalen Gesetzes durch Sizilianer, doch der Regisseur betonte selbst in Interviews, dass die Inselbewohner für die ganze Nation einstehen, denn auf Sizilien vergrößerten und verschärften sich nur die Mängel und Fehler der italienischen Gesellschaft. Die gesellschaftskritische Beobachtung in seinen Filmen entspringt Germis Vertrauen auf die aufklärerische Kraft des Mediums, das dem Publikum einen Spiegel vorhalten kann:

> Weil das Kino den Menschen hilft sich selbst zu sehen, sich kennen zu lernen. Deshalb ist Kino für die Italiener unentbehrlich, denn wenn sie an etwas leiden, so ist es die chronische Krankheit nie gelernt zu haben, sich konkret zu betrachten, sich selbst zu bewerten.[2]

II

Germi deckt in seinen grotesken Komödien der 1960er Jahre gewisse gesellschaftliche Mechanismen des Landes auf, die die italienische Mentalität und die Rückständigkeit der nationalen Gesetzgebung verraten: zumal jenen Zustand des Gemeinwesens im italienischen Süden zwischen Illusion und Realität, zwischen dem Bedürfnis nach Modernisierung und dem institutionellen Festhalten an Traditionen, zwischen der Sicherheit alter Verhaltensweisen und zunehmender Orientierungslosigkeit, weil eine moderne Ethik der Gleichberechtigung für Ehe und Familie gelten soll.

> Aus welchem Gefühl heraus ist *Scheidung auf italienisch* entstanden? Nicht aus einem guten, sondern aus einem schlechten Gefühl, nämlich der zornigen Ablehnung von Traditionen und Verhaltensweisen (und der Gesetze, die sie verherrlichen), welche das moralische und zivile Bewusstsein beleidigen. Aus dieser Weigerung, diesem Zorn heraus, entsteht die Satire, die Groteske. Deshalb glaube ich, dass *Scheidung auf italienisch*, trotz seines scherzhaften, ja sogar komischen Tons, der ‚böseste' Film ist, den ich bis jetzt gemacht habe.[3]

Keine Institution ist als Gegenstand von Gesellschaftskritik geeigneter als die sizilianische Familienordnung. Das nationale Gesetz war zwar für alle Bürger gleich, unabhängig davon, ob sie Südtiroler oder Sizilianer waren, doch konnte seine Auslegung unterschiedlich sein, bedingt durch die verschiedenen gesellschaftlichen Realitäten des Landes.

Divorzio all'italiana nimmt jene Gesetzesverstöße und überlebten Traditionen auf satirische und moralisierende Weise unter die Lupe, die während der 1960er Jahre Spalten der Tageszeitungen füllten. Speziell greift Germi die täglichen Dramen auf, die durch das eigentlich archaische katholische Gebot entstanden, dass die Ehe unauflöslich sei – daher fehlte auch ein Scheidungsgesetz. Wegen dieser Sachlage verfielen Männer auf den absurden Ausweg, sich mithilfe eines *Verbrechens aus Leidenschaft*, das im Strafgesetzbuch laut Artikel 587 legitimiert war, aus einer alten, ungewünschten Bindung zu „befreien". Ebenso illustriert dieser Film, wie auch *Sedotta e abbandonata*, wie der neue Wohlstand der Nation mit einem Schlag sichtbar machte, dass gewisse Merkmale der nationalen Identität, die zuvor scheinbar ein würdevolles Überleben erlaubten, jetzt zu sozialer Angst und rücksichtsloser Egozentrik führten.[4] Respektvoll schrieb der sizilianische Regisseur Giuseppe Tornatore über den Mut seines Vorbilds: „In his way, Germi was a free man: he didn't hesitate to poke ironic fun at themes and people that the critics and society of the day were afraid to touch."[5]

Da das Thema des Films recht heikel war, musste Germi nach Wegen suchen, die Zensur zu umgehen, und reichte ein Drehbuch ein, an dessen Ende der Plan von Fefè, sich auf mörderische Weise von seiner Frau zu lösen, scheiterte.[6] Die Kommission für Zensur hätte einen erfolgreichen Verbrecher nicht toleriert, doch eben an der Anklage, dass der Baron Fefè (Marcello Mastroianni) durch die (vorsätzlich geplante) Tötung seiner Frau als „Krimineller aus Leidenschaft" unbestraft davon kommt, und der Bloßstellung eines nationalen Gesetzes, das diese Ungeheuerlichkeit zulässt, war dem Regisseur gelegen.

Noch im Jahr 1961 wurde der Artikel 559 des Strafgesetzbuches bestätigt, der den Ehebruch durch die Frau bestrafte. Der Ehebruch des Mannes hingegen blieb straffrei, solange er seine Geliebte nicht mit in die eheliche Wohnung nahm. Einer der berühmten Fälle von Ehebruch in den 1960er Jahren war der zwischen der bekannten Sängerin Mina und dem Schauspieler Corrado Pani, bekannt aus Filmen wie *Rocco e i suoi fratelli* (*Rocco und seine Brüder*, I/F 1960) oder *Pinocchio* (I/F/BRD 2002).[7] Im Jahr 1963 wurde das Paar von Panis Ehefrau des Konkubinats angezeigt, wodurch beiden Haft drohte. Einige Monate nach dem Bekanntwerden des Vorfalls zog die betrogene Ehefrau die Anzeige zurück, gegen die Entschädigung von zehn Millionen Lire (10.000 DM).

Bis 1970 wehrten die katholische Kirche und die rechtsorientierte Partei *Democrazia christiana* die Einführung eines Scheidungsgesetzes ab. Das erst 1970 verabschiedete Gesetz wurde bereits 1965 von dem Sozialisten Loris Fortuna vorgeschlagen. Binnen weniger Wochen waren unzählige Unterschriften zur Unterstützung des Entwurfs gesammelt, allein auf Sizilien waren es 16.000. Der

Gesellschaftskritik in Pietro Germis sizilianischen Komödien

Gesetzesentwurf, der zehnte seit 1878, sollte das Gesetz aus dem Jahr 1954 ersetzen, die sogenannte „Kleine Scheidung". Die fatalen sozialen Folgen einer solchen Scheidung, der nur in extremen Fällen wie Unzurechnungsfähigkeit, langjährige Haft oder Mordversuch zugestimmt wurde, zeigt der Episodenfilm von Valentino Orsini und den Brüdern Taviani *I fuorilegge del matrimonio* (*Die Ehebrecher*, I 1963). Auch die Komödie *Il sorpasso* (*Verliebt in scharfe Kurven*, I 1962, R: Dino Risi) mit Vittorio Gassman spielt beiläufig auf diese „Kleine Scheidung" an. Im Film kann Gassman nicht bei seiner Noch-Ehefrau übernachten, von der er seit 15 Jahren getrennt lebt, weil dadurch ihre Scheidung in Gefahr gebracht werden könnte – laut Gesetz konnte diese selbst nach mindestens 15 Jahren effektiver räumlicher Trennung der Ehepartner rückgängig gemacht werden.

Nicht allein die nationale Gesetzgebung hat Germi in *Divorzio all'italiana* im Visier, die Fefè eingehend studiert, bevor er seinen Plan zum Verbrechen aus Leidenschaft schmiedet, sondern auch die Beziehung zwischen Mann und Frau im allgemeinen. Die Verhaltensregeln zwischen den Geschlechtern waren in der süditalienischen Kultur klar festgelegt und beruhten hauptsächlich auf dem Konzept der Ehre, ein Aspekt, den der Regisseur in seiner zweiten Komödie, *Sedotta e abbandonata*, deutlicher herausgearbeitet hat.

Das Konzept der Dominanz des Mannes über die Frau, der Folgsamkeit und Unterwerfung der Frau unter den Mann, entsprach dem Verständnis von „wir gegen die anderen". Dieses Verhalten war wohl auch das Ergebnis verschiedener historischer Ereignisse, etwa der Gründung des italienischen Nationalstaates 1861. Die wirtschaftliche Situation Süditaliens sollte sich durch die Vereinigung nicht bessern. Aus der Sicht des Südens waren die Einkommensquellen, die den Bewohnern zuvor zur Verfügung standen, enteignet worden. Folglich versuchte die Bevölkerung, ihr Eigentum zu wahren, und entwickelte eine Mentalität, die von dem Verständnis „wir gegen die anderen" bestimmt schien. In einer vorkapitalistischen Kultur, wie sie in Süditalien lange Zeit vorherrschte, wurden Eigentum und Macht einer Familie in erster Linie über den Landbesitz definiert. Deswegen war die Ehe von großer Bedeutung, denn das Ziel war es, den Landbesitz zu vergrößern. Daher galt die Kontrolle über die weibliche Sexualität als äußerst wichtig, denn die Frau trug in sich den legitimen Erben des jeweiligen Familienbesitzes und die Identität der Familie. Familienbesitz, soziale Hierarchie und gesellschaftliches Ansehen waren miteinander verbunden und wurden durch den Verhaltenskodex von Ehre und Schande geregelt. Dieser wiederum konnte nur in einer geschlossenen und strikt hierarchischen Gemeinschaft funktionieren. Nicht zufällig spielen *Divorzio all'italiana* und *Sedotta e abbandonata* in provinziellen Kleinstädten des sizilianischen Hinterlandes und nicht in Rom oder Mailand.

Germi verdeutlicht die „überlegene Position" des Mannes, indem er die Subjektive des Protagonisten vorwalten lässt, schon bei der Wahl der Stilmittel, der Voice-over und den Wunschszenen, die sich Fefè einbildet. Die Erzählerstimme begleitet den Zuschauer durch die Geschichte und bezieht ihn in die Gedankenwelt des Barons ein, während die Gefühle und Gedanken seiner Gattin völlig ausgeblendet bleiben. In den Wunschszenen des vorzeitigen Ablebens seiner Frau zerkocht er sie zu Seife, schickt sie in den Weltraum oder lässt sie von Treibsand verschlucken.

Zu Beginn des Films, als Fefè seine Stadt vorstellt, erzählt er von der Faszination der Männer für die sizilianischen Frauen, die sich jedoch immer hinter schweren Jalousien und unter schwarzen Tüchern verstecken. Nicht allein aufgrund der Zurückhaltung der sizilianischen Frauen ist das Kino überfüllt, als *La dolce vita* (*Das süße Leben*, I/F 1960) und die opulenten Formen von Anita Ekberg die Kleinstadt erreichen, sondern auch, wie der Baron erzählt, wegen der Freude der Männer am Voyeurismus, an dem heimlichen Beobachten der Frauen, wozu sie im Saal und auf der Leinwand genügend Gelegenheit haben. Den Voyeurismus als Obsession zeigt Germi bereits in der Badszene zu Beginn des Films, in der sich Fefè aus dem Fenster lehnt, um Angela (Stefania Sandrelli), seine Cousine, in die er verliebt ist, beim Schlafen zu betrachten. Leider wird er von seinem Vater vertrieben, der selbst ins Bad will, um seinen nächtlichen Beobachtungen zu frönen.

Germi zeigt auch die körperliche und moralische Brutalität, mit der noch während der 1960er Jahre die sexuelle Kontrolle über die Frau im Süden ausgeübt wurde. Als der Vater von Angela aus ihrem Tagebuch erfährt, dass sie eine nicht näher definierte Begegnung mit einem Mann hatte, muss er im Namen seiner Ehre und der seiner Tochter wissen, was genau vorgefallen war und ordnet deshalb eine gynäkologische Untersuchung an. Die für Angela quälende Prozedur kann man sich durch ihre erschrockenen und gequälten Schreie nur vorstellen, doch liegt die eigentliche Gewaltanwendung des Vaters im Anspruch auf den Besitz des Körpers und des Lebens der Tochter.

Baron Fefè selbst will den Marktwert seiner Frau testen, wie er sagt, um zu sehen, ob sie einen Liebhaber anziehen und er sein Verbrechen aus Leidenschaft begehen könnte. Das Paar promeniert in der Stadt, und die Blicke der männlichen Bewohner in Großaufnahme kommentieren klar die Wirkung, die die Erscheinung der Baronin auf sie ausübt. Fefè muss nun für seine Frau einen geeigneten Liebhaber finden. Er führt sie zu diesem Zweck ins Theater. In einer Montage der Blicke zwischen Fefè und den Bewunderern seiner Frau präsentiert er sie. Da ihre Aufmerksamkeit dem Stück auf der Bühne gilt, bemerkt sie nicht, wie ihr Mann sie zur Schau stellt, ihre Schultern bedeckt und entblößt, je nach Angemessenheit des Betrachters.

Die gesellschaftliche Modernisierung der 1960er Jahre und die Emanzipation der Frau brachten für den sizilianischen Mann letztlich den Verlust der Herrschaft über den Körper der Frau. Die Schlusseinstellung des Films schildert mit Ironie einige Folgen dieser allumfassenden Veränderungen, die auch in Sizi-

Gesellschaftskritik in Pietro Germis sizilianischen Komödien

Marcello Mastroianni in *Divorzio all'italiana* (*Scheidung auf italienisch*, I 1961).

lien mit der Zeit akzeptiert wurden: Die gut gebaute Angela, seit kurzem Ehefrau von Fefè, bräunt sich in einem Bikini und flirtet mit einem Matrosen, ohne dass ihr anwesender Mann es merkt.

So scheint es, dass in den 1960er Jahren nur das Genre der Commedia all'italiana es ermöglichte, gewisse – sonst tragische Schicksale – zu erzählen, z. B. Geschichten von den positiven und negativen Auswirkungen des Wirtschaftswunders, in dem nicht alle Bürger mit den neuen beruflichen und gesellschaftlichen Anforderungen zurechtkamen, wie in *I soliti ignoti* (*Diebe haben's schwer*, I 1958, R: Mario Monicelli) oder *Una vita difficile* (*Das Leben ist schwer*, I 1961, R: Dino Risi); in dem man – in der „guten" Gesellschaft – im Meer von Konsumgütern schwamm, wie in *Il sorpasso*, *La voglia matta* (*Lockende Unschuld*, I 1962, R: Luciano Salce) oder *Il boom* (I 1963, R: Vittorio De Sica); in dem die Süditaliener nach Norditalien zogen, um am Boom teilzuhaben, wie in *Rocco e i suoi fratelli*.

Unter diesem Gesichtspunkt reiht sich Baron Fefè aus *Divorzio all'italiana* perfekt unter jene Figuren des komischen Genres ein, die in einer Gesellschaft leben, in der man legitim mit der Befriedigung der eigenen egoistischen Bedürfnisse und Wünsche beschäftigt sein darf – ohne Rücksicht auf die Interessen anderer. Er weicht nicht davor zurück, ein fragwürdiges Gesetz auszuschöpfen, auch wenn ihn das am Ende nicht glücklicher machen wird.

Der Beitrag von *Divorzio all'italiana* lag laut Germi darin, den Beginn

> (...) dieser wichtigen und entscheidenden Tätigkeit der moralischen Selbstkritik, dieser Prüfung des Bewusstseins zu setzen, welche entscheidend sein wird, um alle Italiener aus diesem psychologischen Zustand kindlicher Unreife, dem wir uns so

gern hingeben, herauszuholen, denn dieser lässt uns die genaue Beschreibung von Problemen vermeiden, wodurch wir es ablehnen, die Realität kennenzulernen und zu kämpfen.[8]

Die Italiener hatten in den 1960er Jahren nicht nur um die eigene Bewusstwerdung zu kämpfen, sondern waren auch mit Institutionen wie Kirche, Familie und lokalen Gruppen konfrontiert, die damals die sozialen und ideologischen Konditionen bildeten, unter denen die Mehrheit der Bevölkerung lebte. Dieses Netzwerk geschlossener Gemeinschaften sollte eine entscheidende Rolle für die Wahl der politischen Mehrheitspartei der Zeit spielen, der Christdemokraten, die gemeinsam mit der katholischen Kirche soziale und rechtliche Reformen verhinderten. Ein Schlachtruf der politischen Linken der 1960er Jahre beschreibt deutlich die Beziehung zwischen der führenden Partei und der römisch-katholischen Kirche: „Die heilige, katholische, apostolische, romanische, von einigen Kirche, von anderen Christdemokraten genannt."[9] Der große Einfluss der Kirche, im Süden stärker als im Norden, wird in *Divorzio all'italiana* gleich zu Beginn parodiert, wenn der Pfarrer seinen Schäfchen empfiehlt, eine Partei zu wählen, die gleichzeitig demokratisch und christlich sei, also die Christdemokraten. Die allgegenwärtige Präsenz der katholischen Kirche in jenen Jahren spiegelt sich in der Kontrolle über die Massenmedien wider, denn das staatliche Fernsehen war in der Hand der Christdemokraten, während die Kirche einige der populärsten Zeitschriften im Land publizierte wie *L'Italia*, *L'Avvenire* und *Famiglia cristiana*, die meistgelesene Ausgabe jener Jahre. In *Sedotta e abbandonata* versteckt sich Pepping in seiner Version von der Verführung oder Vergewaltigung hinter dieser Zeitschrift, um seine Unschuld zu unterstreichen. Die katholische Kirche hatte ihren weitreichenden Einfluss durch die Lateranverträge von 1929, einem Abkommen zwischen dem italienischen Staat und dem Vatikan, gestärkt und legitimiert. Dadurch erhielt sie den Status einer Staatsreligion, den sie bis 1984 behielt. Die katholische Religion war Pflichtfach in den Schulen. Der Staat hingegen verpflichtete sich, das heilige Sakrament der Ehe im Zivilrecht zu schützen, wodurch sich die Kirche bis in die 1970er Jahre hinein gegen Änderungen des Familienrechts, die Einführung eines Scheidungsgesetzes und die Genehmigung von Verhütungsmitteln zur Wehr setzen konnte.

III

Der Film bietet die Möglichkeit, über veraltete Verhaltensweisen zu lachen, beschreibt aber auch die Angst vor dem Neuen. Die Langsamkeit, mit der sich Sizilien und seine Kultur an die im Norden des Landes voranpreschende Modernisierung annäherte, demonstriert Germi an einem Kern der sizilianischen Men-

Gesellschaftskritik in Pietro Germis sizilianischen Komödien

Sedotta e abbandonata (Verführung auf italienisch, I/F 1964).

talität: dem Konzept der Ehre, seiner rechtlichen Legalität und seiner Unangemessenheit für eine moderne Gesellschaft. Im Umfeld der Familie war die Ehre fundamental, denn diese Institution stellte bis in die Zeit nach dem Zweiten Weltkrieg die einzige Möglichkeit der wirtschaftlichen Produktion dar, des Konsums, des Eigentums, der Sozialisation und der gegenseitigen Unterstützung und Hilfe für den Einzelnen. Ehre drückte sich in einer besonderen Loyalität gegenüber dem Familienoberhaupt aus. Die Ehre wurde dabei von einer Generation an die nächste wie ein Erbe von der Mutter an die Tochter weitergegeben, weshalb die weibliche Keuschheit und der gute Ruf der Frau so bedeutend waren.

Vor diesem Hintergrund ist *Sedotta e abbandonata* zu verstehen, in dem die Geschichte von Agnese Ascalone (Stefania Sandrelli) erzählt wird, einer sechzehnjährigen sizilianischen Tochter aus guter Familie. Diese wird von Peppino Califano (Aldo Puglisi), dem Verlobten ihrer älteren Schwester, verführt und geschwängert. Der Film schildert auf groteske Weise, wie der Vater der beiden Töchter (Saro Urzì) verzweifelt versucht, die Ehre der Familie zu retten, denn mit einer verführten und einer betrogenen Tochter war es fast unmöglich, das Ansehen in einer sizilianischen Kleinstadt zu wahren.

Das bigotte Sizilien, das Germi schildert, wo die Ehre und der gute Ruf mit allen Mitteln verteidigt werden, gehörte zu Beginn der 1960er Jahre noch nicht der Vergangenheit an, auch wenn Waschmaschinen, Fernseher, Radios und der Twist auf der Insel Einzug gehalten hatten, wie der Film zeigt. Die Welt auf Sizilien drehte sich nach dem Motto: „Alles ändert sich, um gleich zu bleiben."[10] Doch wie der Kritiker Giovanni Grazzini[11] in seiner Rezension des Films von 1964 schreibt, sind die erdrückenden Moralvorstellungen, die der Film anprangert, nicht mit einer allgemeinen Stigmatisierung der Bevölkerung von Sizilien oder Süditalien zu verwechseln. Germi betonte, dass sich sein Film nicht nur gegen die Gesetzgebung richtete, die bei Verführung einer Minderjährigen das Verbrechen mit einer *Wiedergutmachungsehe* zwischen Täter und Opfer annullierte, sondern gegen die Tatsache, dass Väter ihre Töchter zu solchen Ehen zwangen und Frauen solchen Heiraten zustimmten.[12] Tornatore beschreibt die soziale Absicht des Regisseurs so:

> He had a sensibility for real problems, an awareness that translated into a social commitment that was as misunderstood by the critics of the day as it was unorthodox. This concern is omnipresent in his work.[13]

Der soziale Fokus des Regisseurs auf die Gesellschaft der südlichen Gebiete ging einher mit einer sich im italienischen Kino der 1960er Jahre verändernden Darstellungsweise Siziliens und des Südens. Die idyllisch-pastoralen Szenerien der 1950er Jahre wurden von einer ernsthaften Auseinandersetzung mit den realen Problemen dieser Region ersetzt – vor allem in psychologischen Porträts.

Die Ohnmacht der Person aus dem Süden unter der Kruste des veralteten Wertesystems verdeutlicht der Regisseur durch verschiedene Mittel: die spiralförmige Reihung narrativer Episoden, die einander überrollen; die Musik von Carlo Rustichelli, die den Film wie eine Voice-over begleitet. In der Figur von Vater Ascalone personifiziert Germi die Angst, dem Neuen nicht gewachsen zu sein, nicht den gesellschaftlichen Regeln und Erwartungen gemäß reagieren zu können. Eine Szene illustriert diese Labilität der Vaterfigur besonders deutlich: Als Familie Ascalone nach dem missglückten Verbrechen aus Leidenschaft von Agneses Bruder an Peppino aus dem Polizeigebäude kommt, bricht der Vater in hysterisches Lachen aus. Die anderen Familienmitglieder sollen es ihm nachmachen und so tun, als sei nichts vorgefallen, um den guten Ruf der Familie vor den Bewohnern der Stadt zu wahren und keine bösen Gerüchte aufkommen zu lassen.

In Ascalones Albtraum im Gerichtssaal stellt Germi die Leute, die fratzenhafte Menge als den eigentlichen Richter über die Ehre des Einzelnen dar. Eine Sequenz, die das verzweifelte Verhalten von Ascalone nochmals herausstellt, findet man am Ende des Films: Familie Ascalone kommt nach der geplatzten Hochzeit zwischen Peppino und Agnese von der Polizei, sie schleichen wie Verbrecher durch die Stadt, um nicht gesehen zu werden. Doch auf dem Platz vor ihrem Haus ist eine Meute junger Männer versammelt. Die Kamera nimmt die subjektive Perspektive von Ascalone ein und zeigt, wie er sich durch die Menge grinsender Gesichter drängt, die ihm keinen Platz macht. Nacheinander muss sich die ganze Familie von der Menge betatschen und auslachen lassen. An seiner Haustür angekommen, klagt Ascalone die Menge an, rückständig, unzivilisiert und wild zu sein – ein indirekter Appell von Germi an sein Publikum.

Gesellschaftskritik in Pietro Germis sizilianischen Komödien

Doch die Menge antwortet ihm, und sein Herz hält diesem Hohn, den er über alles fürchtet, nicht stand.

Die Verteidigung der Ehre unterscheidet sich jedoch nach den Geschlechtern. Der Mann hat die Pflicht, die Ehre seiner Familie und all ihrer Mitglieder zu sichern, was ihm die Kontrolle über das Verhalten des Einzelnen erlaubt. Die Frau hingegen muss ihre sexuelle Reinheit bewahren, und, einmal verheiratet, ihre Fähigkeit beweisen, sich um ihren Mann zu kümmern und dessen Interessen zu verteidigen. Zudem war die Frau bis 1975, als das neue Familiengesetz 151 endlich das Familiengesetz aus der Zeit des Faschismus ablöste, dem Mann gesetzlich untergeordnet, sie hatte kein Recht, ihren Wohnsitz selbstständig zu wählen, und kein Mitspracherecht in der Erziehung oder Vermählung der Kinder.[14]

Die Sequenz des Abendessens zu Beginn von *Sedotta e abbandonata*, in der Germi die Familienmitglieder in Großaufnahmen vorstellt und Ascalone den Liebesbrief eines unehrenhaften Anwärters auf eine der jüngeren Töchter vorliest, illustriert, wie die Gewaltanwendung des Vaters, seine einzige Form des Umgangs mit anderen, aus der Pflicht entsteht, die Ehre der Familie zu schützen. Victoria Goddard schreibt in ihrer Studie über die weibliche Sexualität und Gruppenidentität in Neapel: Der gute Ruf eines Mannes sei seine Hauptressource – wie er sich zu seiner Familie verhält sowie seine Fähigkeit, sie zu verteidigen, bekunden seine Verlässlichkeit und Wirksamkeit in den öffentlichen Sphären der Wirtschaft und Politik.[15]

Der Verhaltenskodex der Ehre manifestierte sich weiterhin in der Forderung nach einer aggressiven sexuellen Potenz des Mannes: Die Ehrenmänner der Stadt sitzen im Hotel, unter ihnen auch Ascalone, und unterhalten sich über die tägliche geschlechtliche Leistungsfähigkeit eines Mannes, während sie auf die lokalen Prostituierten warten.[16] Als Kontrast zur traditionellen Männlichkeit von Ascalone setzt ihm Germi zwei „weiche" Männer entgegen. Der eine ist der Bruder von Agnese, ein Angsthase, der, als er erfährt, dass er das *Verbrechen aus Leidenschaft* begehen und Peppino erschießen soll, fiebrig und schließlich ohnmächtig wird. Die zweite Figur ist der Vater von Peppino. Dieser wird durch seine kleine Statur und seinen Beruf, Musiker im Stadtorchester, als schwacher Mann gekennzeichnet. Er steht zudem unter der Fuchtel seiner Frau: Sie verteilt die Ohrfeigen an den Sohn, als bekannt wird, dass er Agnese verführt hat, und sie entscheidet sich gegen eine *Wiedergutmachungsehe* mit den Ascalones. Mit der Entmythisierung der archaischen Männlichkeit war Germi in den 1960er Jahren nicht allein. Filme wie *Il bell'Antonio* (*Der schöne Antonio*, I/F 1960, R: Mauro Bolognini) oder *Don Giovanni in Sicilia* (*Don Giovanni auf Sizilien*, I 1967, R: Alberto Lattuada) sprachen, am Beispiel der sexuellen Impotenz, die Notwendigkeit an, über sich verändernde Geschlechterrollen zu reflektieren.

In der traditionellen sizilianischen Gesellschaft wie in den hier untersuchten Filmen wurde die Frau als Objekt verstanden, was ihr kaum Chancen einräumte, über sich und ihren Körper zu bestimmen. Agnese, die stolze Schülerin, wehrt sich jedoch gegen das von ihrem Verführer und ihrem Vater bestimmte Schicksal, vor allem gegen die Beleidigungen, die sie ertragen muss. In der Sequenz, in der die Familien wieder vor den Richter treten, um ihm das Konfekt der jungen Eheleute zu überbringen und so die Anzeige auf Verführung Minderjähriger zu annullieren, wird Agnese vom Richter gefragt, ob sie mit dieser Heirat einverstanden sei. Sie schweigt, weint. Auch die beschwörenden Blicke der Familienmitglieder, die Germi in einer Porträtgalerie vorführt, lassen sie mit ihrer Antwort zögern, bevor sie mit einem gequälten Schrei „ja" antwortet. Aufgrund dieser zweifelhaften Einwilligung der Braut weigert sich der Richter, die Anzeige gegen Peppino fallen zu lassen. Die Familien sind gezwungen, eine neue Lösung für die Rettung ihrer Ehre zu finden.

1965 sollte eine ähnliche Geschichte, wie sie der Film erzählt, die italienischen Tageszeitungen füllen und in die Sozialgeschichte Italiens eingehen: Ein einflussreicher junger Mann aus der sizilianischen Stadt Trapani hält um die Hand der minderjährigen Franca Viola an. Der Vater verweigert ihm seine Tochter, und der beleidigte Verehrer beschließt, Franca zu entführen und zu vergewaltigen. Als das Mädchen wieder nach Hause kommt, nehmen die Bewohner der Stadt an, dass es zu einer Wiedergutmachungsehe kommt. Doch Franca weigert sich, ihren Vergewaltiger zu heiraten, und ihre Familie unterstützt sie darin. 1966 fand der Prozess wegen Vergewaltigung statt. Der Mann wurde zu elf Jahren Haft verurteilt und Franca Viola zur ersten Frau, die sich öffentlich gegen diese antiquierte Regel wehrte. Die Medien verfolgten das Ereignis, und ganz Italien nahm an dem Prozess teil. Für Franca und ihre Familie war es jedoch

Aldo Puglisi und Stefania Sandrelli in *Sedotta e abbandonata* (*Verführung auf italienisch*, I/F 1964).

Gesellschaftskritik in Pietro Germis sizilianischen Komödien

unmöglich, in ihre sizilianische Stadt zurückzukehren, denn in den Augen der Bewohner hatten sie mit ihrem Verhalten öffentlich, vor dem ganzen Land, die Ehre der Stadt, ihrer Gemeinschaft, besudelt.

Agnese aus Germis Film hat nicht die Kraft, sich bis zum Schluss gegen den erdrückenden Zwang von Familienehre und Wiedergutmachungsehe zu wehren, doch sie drückt ihre Rebellion durch das aus, was ihre Familie und die Gesellschaft nicht zu behüten imstande waren: ihren Körper. Sie ist stumm, schreit, weint; sie wird ohnmächtig; sie schläft auf Steinen; sie versucht wegzulaufen, doch die ganze Stadt ist da, um sie aufzuhalten; sie verfällt in einen Wahnzustand und will nach Mailand fliehen, in den Norden, wo es auch ein Leben für alleinerziehende Mütter gibt. Doch leider wird sie sich schließlich ihrem Schicksal fügen und Peppino heiraten.

So verschmilzt in diesem Film die Bedeutung des Körpers für die Erzählung mit dem Prinzip der visuellen Satire, die durch zahnlose Münder, mächtige Augenbrauen, grinsende Gesichter und unkontrollierbare Leiber das *Groteske* der Individuen und der Menge zur Schau stellt. Diesen Aspekt des Körperlichen unterstreicht Germi zusätzlich durch eine bewegte Kameraführung, die Verwendung des Zooms und schnell wechselnde Kameraeinstellungen.

Doch will diese Stilistik den Zuschauern nicht als Übertreibung erscheinen, vielmehr als angemessene Abbildung der Konflikte zwischen archaischer Moral und radikaler Emanzipation von ihr. So wirkt z. B. die kuriose Situation, die entsteht, als die Familien die Entführung von Agnese inszenieren und diese nicht entführt werden will, auch als Zeichen ‚fundamentaler' Verzweiflung. Im Konzept der Ehre war die Entführung, *fuita* auf Sizilianisch, dazu gedacht, den Willen der Frau durchzusetzen. Die Entführung galt als Druckmittel eines jungen Paares, das nicht von der Familie akzeptiert wurde, um die Fürsprache der Eltern zu erlangen. In der Regel reichten eine Nacht oder wenige Stunden, um diese von der Wahl des Verlobten zu überzeugen, denn sie konnten durch die verlorene Kontrolle über die Tochter nicht mehr für ihre Reinheit garantieren und stimmten der Ehe zu. Doch Agnese will Peppino nicht heiraten. Als das Paar nach der Entführung wieder in den Armen der Familien ist, sind ihre Augen mit Tränen gefüllt. Für sie hat sich nichts geändert, nur Peppino entkommt anscheinend dem Gefängnis, und der Name der Familie Ascalone ist gerettet.

Mit dem venezianischen Polizisten Bisigato (Adelino Campardo) identifizierten sich wohl all jene Zuschauer und Norditaliener, die das Geschehen auf Sizilien als lächerlich, tragisch oder unverständlich empfanden. Als ihm mitgeteilt wird, dass im Dorf eine Entführung stattfinden soll, ist ihm unbegreiflich, dass sein Oberst ein Schläfchen unter einem Birnbaum hält. Bei einer Entführung würde der junge Polizist eingreifen und die Täter verhaften, doch der Oberst erklärt ihm, dass er den Festgenommenen am nächsten Tag entlassen müsse, da dieser das entführte Mädchen heiraten wird. Der Oberst erläutert ihm

Rada Bieberstein

auch einige Sachverhalte, die die Kinder in Süditalien während der Katechismusstunden lernen: Die Ehe löscht alle Verbrechen aus, besser als jede Amnestie. Laut Artikel 544 des Strafgesetzbuches der 1960er Jahre wurden Vergewaltigung und Verführung Behinderter und Minderjähriger durch eine Ehe zwischen Täter und Opfer annulliert. Für Bisigato bleibt dennoch unklar, warum Peppino Agnese entführen muss, wenn er sie doch nicht heiraten will. Der Norditaliener gibt auf und gesteht, bei aller Achtung, die Angelegenheiten der Ehre nicht verstanden zu haben.

IV

Auch die praktischen Probleme Süditaliens haben in den 1960er Jahren archaische Traditionen, die das Autoritätsprinzip oder die soziale Hierarchie aufrechterhalten. Der Voice-over-Kommentar von Baron Fefè zu Beginn von *Divorzio all'italiana*, in dem er seine Stadt vorstellt, nennt einige der Hauptprobleme des Südens: Agramonte hat 18.000 Einwohner, 4.800 Analphabeten, 1.700 Arbeitslose und 24 Kirchen. Analphabetentum: Dank der Verbreitung des Fernsehens wurden ganze Bevölkerungsschichten alphabetisiert, gebildet und an den Gebrauch des Hochitalienischen herangeführt; hohe Arbeitslosigkeit: Zwischen 1958 und 1964 emigrierten Tausende Süditaliener in den Norden, um Arbeit zu finden (das Wirtschaftswunder fand nicht in Neapel, Katanien oder Lecce statt, sondern in Turin, Genua und Mailand); die Schulpflicht von acht Jahren wurde in den meisten Fällen kaum eingehalten (daraus folgte Beschäftigung im Handwerk, bestimmt von autoritären Beziehungen).

Während der 1960er Jahre war auch die Bedeutung der katholischen Kirche noch groß. Sie gewann an Stärke und festigte ihre Position als gesellschaftlicher Bezugspunkt auch deshalb, weil in den südlichen Regionen des Landes größeres Misstrauen gegenüber dem Staat und seinen Institutionen herrschte. Diese Skepsis setzt Germi deutlich in Szene, als in *Sedotta e abbandonata* die sizilianischen Männer auf dem Dorfplatz der Polizei keine Auskunft geben, nicht einmal eine Wegbeschreibung. Das Prinzip der *omertà*, das Gesetz des Schweigens[17], verbietet es, Informationen über Konflikte, Streitereien oder Verbrechen jeglicher Art den Behörden mitzuteilen. Es darf nicht vergessen werden, dass das Verhalten eines Mannes, der selbst Rache übte und für sein eigenes Recht sorgte, die Quintessenz der sizilianischen Männlichkeit darstellte.

Die Einbettung von Germis sizilianischen Komödien mit seinen verunsicherten Männern und einsamen Frauen in den historischen Kontext der italienischen Gesellschaft im Umbruch und die Vergegenwärtigung sozialer und gesetzlicher Umstände, mit denen die Filme im Dialog standen, macht erst ihre Bedeutung für das sich emanzipierende Italien und seine Widersprüche deutlich. Die Komik,

Gesellschaftskritik in Pietro Germis sizilianischen Komödien

Grotesk-Komik, Tragi-Komik der falschen und rückständigen Orientierung hat die „questione meridionale" einem internationalen Publikum durch ein peinliches und peinigendes Exempel bekannt gemacht. Die Nachfolge Germis trat Ende der 1960er Jahre die Regisseurin Lina Wertmüller an. Die „questione meridionale" scheint für lange Zeit nicht abgetan und erledigt zu sein.

[1] *Thesaurus of Quotes*, hrsg. von R. Thomas Tripp, London 1976, S. 319.
[2] Orio Caldrino, *Pietro Germi, la frontiera e la legge*, Rom 2004, S. 27. „Perchè il cinema aiuta gli uomini a vedersi, a conoscersi. E il cinema è proprio indispensabile agli italiani: i quali, se soffrono di un male cronico, soffrono proprio di questo: di non aver mai imparato a sapersi vedere con concretezza, a sapersi giudicare."
[3] Ebenda, S. 48. „Quale è l'emozione che sta alla radice di *Divorzio all'italiana*? Non un'emozione positiva, ma negativa: il rabbioso rifiuto di usi e costumi (e delle leggi che li consacrono) che offendono la coscienza morale e civile. Da questo rifiuto, da questa rabbia nascono la satira, il grottesco. E perciò, nonostante il tono scherzoso o addirittura comico, credo che *Divorzio all'italiana* sia il film più ‚cattivo' che io abbia fatto fin ora."
[4] Vgl. Mario Sesti, *Tutto il cinema di Pietro Germi*, Mailand 1997, S. 102.
[5] Mario Sesti, „Giuseppe Tornatore on Pietro Germi: An interview", in: *Pietro Germi. The Latin Loner*, hrsg. von M. Sesti, Mailand 1999, S. 71.
[6] Vgl. Paolo Pillitteri, *Cinema come politica. Una commedia all'italiana*, Mailand 1992, S. 104.
[7] Vgl. Marta Boneschi, *La grande illusione. I nostri anni Sessanta*, Mailand 1996, S. 263.
[8] Caldrino, *Pietro Germi* (s. Anm. 2), S. 27. „(...) a dare inizio a questa importante, decisiva opera di autocritica morale, a questo esame di coscienza, che sarà decisivo per far uscire tutti noi italiani da quello stato di puerile immaturità psicologica a cui spesso ci abbandoniamo, perdendo il contorno preciso dei problemi, rinunciando a conoscere la realtà, a combattere."
[9] *„Santa, cattolica, appostolica, romana chi la chiama chiesa chi Democrazia cristiana."*
[10] *„Tutto cambia per rimanere uguale."*
[11] Vgl. Die Rezension von Giovanni Grazzini, in: *Il Corriere della sera* vom 1. 2. 1964.
[12] Vgl. Caldrino, *Pietro Germi* (s. Anm. 2), S. 60.
[13] Sesti: „Giuseppe Tornatore on Pietro Germi" (s. Anm. 5), S. 69
[14] Vgl. Fernando Marchio, „Sozialpolitik", in: *Italien*, hrsg. von C. Chiellino, F. Marchio und G. Rongoni, München 1995, S. 337 f.
[15] Vgl. Victoria Goddard, „Honour and shame. The control of women's sexuality and group identity in Naples", in: *The cultural construction of sexuality*, hrsg. von P. Caplan, London 1987, S. 167.
[16] Vgl. Carmel Cassar, *Il senso dell'onore*, Mailand 2002, S. 74.
[17] Vgl. Francesco Benigno/Giuseppe Giarrizzo, *Storia della Sicilia. Dal Seicento a oggi*, Bari 2003, S. 136.

Mariapia Comand

Dino Risi und die wunderbaren Lieder der Sirenen

Die Moderne und das Kino

1953 trägt Dino Risi die Episode *Paradiso per 3 ore* (*Paradies für 3 Stunden*) zu dem von Cesare Zavattini inspirierten Omnibus-Film *L'amore in città* (*Liebe in der Stadt*, I 1953)[1] bei, einen Bericht über den sonntäglichen Zeitvertreib römischer Proletarier in einem drittklassigen Tanzlokal: Ein neorealistischer Hauch weht über diesem sonst vom Neorealismus wenig frequentierten Bereich der Freizeit und Massenunterhaltung. Auch wenn dies erst der dritte Spielfilm des Regisseurs ist,[2] kann der „Risi touch" bereits hier als kinematografisches Ereignis gelten.

Risi beschreibt mit chirurgischer Präzision – bei fast völligem Fehlen von Dialogen – die geometrische Ritualität des Begehrens (die Frauen sitzen auf der einen Seite des Raums, die Männer auf der anderen; der Tanz ist die symbolische Diagonale zwischen ihnen); er untersucht die angespannte Erwartung im Ritual der Einladung des Mannes an die Frau und zelebriert die improvisierte Euphorie der Begegnung. Eingedenk der Lektion Hollywoods spielt er mit dem Rhythmus, traut sich an die Erzählung von Räumen, die sich füllen und leeren: den leeren Totalen des Ballsaals, die sich plötzlich beleben (mit der Menge von Menschen, die die Stühle verlassen und der Musik zum Tanz in der Mitte des Raums folgen, um sich dann am Ende der Musik ebenso rasch wieder zu setzen). Dazwischen lösen sich Großaufnahmen von schmachtenden Gesichtern, die aneinanderstreifen, ab mit Details von ins Ohr geflüsterten Worten, zugreifenden Händen, zurückweisenden oder sich zuzwinkernden Blicken. Risi zeichnet eine Galerie von prägnanten *Borderline*-Helden: den gehemmten Soldaten auf Ausgang, den unverschämten Vorstadtprahlhans, den Viertelboss und seine „Puppe", den Stadtrand-Latin-Lover, die ältliche Narzisse, die melancholische bebrillte Hässliche und die sperrige Mutter, die die Einladungen der Tanzanwärter ihrer Tochter annimmt oder verwirft. Er versammelt also in der Synthese weniger filmischer Gesten eine unglaubliche Menge und Dichte von Gefühlen, die vor der Explosion stehen: die Eifersucht (des Bosses), die Leidenschaft (des Latin Lovers), die Gereiztheit (der Ältlichen), die Melancholie (der Bebrillten), die Sorge (der Mutter).

Die Interessen und die Kennzeichen des Kinos von Risi werden bereits hier deutlich: Der Regisseur erhebt die *Loser* zu den bevorzugten Protagonisten seiner Filme, indem er die Komparsen zu den Hauptdarstellern seiner Geschichten erwählt; er wirft seinen klinischen Blick auf Personen, die der Anspannung ihrer Gefühle ausgeliefert sind, und erweist sich darin als aufmerksamer Dokumentarist des Begehrens in der Begegnung mit der Wechselhaftigkeit der Gegenwart. Dino Risi liebt seine Personen, auch wenn sie nicht perfekt oder geradezu unangenehm und (wie es die Antihelden der 1960er Jahre sein werden) *politically incorrect* sind: Es gelingt ihm, die Vitalität der Widersprüche im Fließen der Erzählung aufzugreifen. Und auch wenn er sich prägnant im Diskurs der italienischen Gegenwart verortet (er stattet seine Filme mit den Zeichen und Personen aus, die die Gegenwart hervorgebracht hat), blickt er zugleich auf das amerikanische Kino, diesen großen Schmelzofen des kollektiven Imaginariums und seine unausweichliche Lektion im Hinblick auf den Stil.

Zwei Jahre nach *Paradiso per 3 ore* – nämlich 1955 in *Il segno di venere* (*The Sign of Venus*, I 1955)[3] – zeitigt eine andere Ballszene den Wechsel des sozialen Szenariums, nicht mehr die Trümmer der Nachkriegszeit und noch nicht das Wirtschaftswunder der 1960er Jahre. Im nächtlichen Rom treffen sie in einem etwas bohèmehaften und bäuerlichen Haus, das von Malern bewohnt wird, aufeinander: die ledige ältere Mailänderin Cesira (Franca Valeri), etwas hässlich, emanzipiert, aber träumerisch, auf der Suche nach einem Ehemann, den sie nicht finden wird; deren strahlende Cousine (Sophia Loren), auf der Suche nach Achtung, die sie nicht finden wird; der unbeholfene Betrüger (Alberto Sordi), auf der Suche nach einem Geschäft, das er nicht zu Ende bringen wird; der ungehobelte Fotograf (Peppino De Filippo), der auf ein Abenteuer hofft, das nicht stattfinden wird.

Wenn man so will, erzählt Risi also auch hier von den Niederlagen eines Italiens, das sich nunmehr im Aufstieg befindet. In einer bemerkenswerten Szene stürzt sich der Betrüger in einen frenetischen Tanz ohne Form und Stil. Um ihn herum verfallen daraufhin einige in improvisierte Tänze, wobei sie die traditionellen Schemata des Paartanzes verlassen und sich der Freiheit der Erfindung hingeben, indem sie ohne jede hergebrachte Form Schritte und Bewegungen mischen: Die festen Regeln der Vergangenheit sind geplatzt, und es bleibt nicht anderes, als dem Rhythmus der Musik zu folgen, der Geschichte eines Italien, das rennt, einer Modernisierung, die rasch voranschreitet und Illusionen verspricht, dabei aber als Unterpfand jede Form der Sicherheit einfordert.

Das Automobil – Metapher der glänzenden und vergänglichen Möglichkeiten der Gegenwart – ist zum wiederkehrenden *Topos* in den Filmen von Risi geworden. Dazu gehört auch das Kino selbst, wunderbares Lied der Sirenen,

Mariapia Comand

Horizont der oberflächlichen, aber unwiderstehlichen Wünsche der Gegenwart. Zum Diskurs über das Kino kehrt Risi mehrfach zurück, vor allem in den 1950er und 1960er Jahren: Im Kurzfilm *Buio in sala* (I 1948), in dem ein armer Teufel einen flüchtigen Trost vor den Zumutungen des Lebens im Dunkel eines Kinosaales findet; in *Il viale della speranza* (I 1953), das auf der Erfolgswelle von Wilders *Sunset Boulevard* (*Boulevard der Dämmerung*, USA 1950) entsteht, wird die Geschichte der Starlets von Cinecittà erzählt, die in der Nachkriegszeit vom Traum des Berühmtwerdens geblendet sind; das moderne Drama *Un amore a Roma* (*Liebesnächte in Rom*, I/F/BRD 1960) zeigt ein originelles Bild einer jungen Schauspielerin – eine Art kleinerer Brigitte Bardot – zwischen Skrupellosigkeit, Unschuld und Infantilität; in der Episode *Presa dalla vita* von *I mostri* (*15 From Rome*, I/F 1963), einer sarkastischen Lehrfabel über die glitzernde Armseligkeit des Kinos, wird eine Alte von dunklen Figuren „geraubt", welche sich dann als Kinoleute herausstellen, die sie auf dem Set „benutzen" wollen; *Il gaucho* (*The Gaucho*, I/ARG 1965) zeigt die Abenteuer heruntergekommener Filmemacher und ihre Enttäuschungen. Und eine Hommage an jene herrliche Illusion namens Kino werden auch die späteren Filme *Telefoni bianchi* (*The Career of a Chambermaid*, I 1976) und *Sono fotogenico* (*I'm Photogenic*, I/F 1980) sein.

In der zweiten Hälfte der 1950er Jahre ist Risi mit den Sagen des Hauses Titanus beschäftigt: der Serie *Poveri ma belli* (*Poor But Beautiful*, I/F 1957; *Belle ma povere / Poor Girl, Pretty Girl*, I 1957; *Poveri milionari / Poor Millionaires*, I 1959), also dem sogenannten *neorealismo rosa*. Die Serie hat einen riesigen Erfolg beim Publikum.[4] Wenn wir die Kinokasseneinnahmen in der zweiten Hälfte der 1950er Jahre betrachten,[5] sehen wir, wie es den Filmen des *neorealismo rosa* gelang, das Publikum zu homogenisieren, wobei es die Konkurrenz der rührseligen und konservativen Dramen von Matarazzo niederringt, die das einfachere Publikum kolonisiert hatten; was sich mit der Tatsache erklären lässt, dass es diesen Rosa-Komödien gelang, mehrere Strömungen in sich aufzufangen:

> (...) die Auslöser und Motive der Sittenkritik, den Geist der Unzufriedenheit und den Willen zum Protest, die sich nach dem Zusammenbruch des Neorealismus in die derbe volkstümliche Komik und die Beliebigkeit der Farce geflüchtet hatten. Sie reinigten und milderten sie ab, trieben ihnen mit der Rohheit auch die Unmäßigkeit aus, die Aufwallungen eines eher unbewussten Rebellischen und fügten sie schließlich in ein gutmütig satirisches Bild ein.[6]

Allerdings schafft es der dritte Film der Serie *Poveri ma belli* – *Poveri milionari* – nicht, die Erfolge der vorhergehenden zu wiederholen; denn gerade in diesem Jahr erscheint *I soliti ignoti* (*Diebe haben's schwer*, I 1958, R: Mario Monicelli) von Monicelli – Stammvater der Commedia all'italiana. Er erreicht den vierten Platz bei den Zuschauerzahlen des Jahres und damit das Doppelte des Risi-Films. Es

Dino Risi und die wunderbaren Lieder der Sirenen

ist dies ein Zeichen der Veränderung des Zuschauergeschmacks und zugleich der Veränderungen in den sozialen und ökonomischen Verhältnissen in Italien, das sich nun voll im Wirtschaftswunder befindet: Mit *Il vedovo* (*Der Witwer*, I 1959) verlässt Risi die Hoffnungen und Befürchtungen des unteren Kleinbürgertums, um die Angelegenheiten einer Mittelklasse zu verfolgen, die sich mittlerweile einem kruden Individualismus zugewendet hat, der durch die ungeordnete und vulgäre Suche nach dem leichten Erfolg verroht ist.

So geht Risi zur Commedia all'italiana über, in der er fraglos zu einem ihrer Meister wird. Den kollektiven Abenteuern der 1950er Jahre – jenen der „Poveri ma belli" – stellt er im folgenden Jahrzehnt zumeist die Zeichnung von Individuen gegenüber: *Il vedovo*, *Il mattatore* (*Der Meistergauner*, I/F 1960), den Protagonisten von *Una vita difficile* (*Das Leben ist schwer*, I 1961), von *Il successo* (*The Success*, I 1963), von *Il giovedi* (*Der Donnerstag*, I 1963) oder von *L'ombrellone* (*Weekend Wives*, I/F/E 1966), Komödien all'italiana, die „das historische Auseinanderreißen von Individuum und Gesellschaft, von sozialen Klassen und dem Staat, von Nation und Geschichte, von Kollektiv und Institutionen" thematisieren, in dem „jeder gezwungen ist, allein und anarchisch die Alltagsprobleme anzugehen, mit dem Hilfsmittel der eingewurzelten ‚Kunst, sich zu arrangieren', indem man Tricks erfindet, Betrügereien konfektioniert, überlegale oder direkt illegale Lösungen bastelt, sei es auf der sozialen Ebene oder der der Moral, alles um zu überleben."[7]

Doch erschöpft sich die Commedia all'italiana nicht darin. Maurizio Grande bemerkt, dass das Genre „die Ilias eines ausgefransten, provisorischen, schuftigen Landes" repräsentiert.

> Ein Land, das vom Kino geliebt und in einer vielförmigen Galerie von Masken und Typen gezeichnet und gefeiert worden war. (…) Eine Gesellschaft von unfähigen Subjekten, von Karikaturen der Macht, von impotenter Geltungssucht. (…) Die Commedia all'italiana hat aus alledem eine Landschaft der Modernisierung und ihrer Mängel gemacht. Sie hat den Italienern die Niedrigkeit der Sitten und die Großartigkeit des Scheiterns gezeigt, das blinde Aufbrechen der Leidenschaften und die aus der Konsumgesellschaft entsprungene Rhetorik.[8]

Diese dem Genre eigene Fähigkeit der Synthese ist auf das Glücklichste in Risis Filmen vereinigt, in seinem antikonformistischen und antimanichäischen Blick, einem sozusagen schrägen Blick, der fähig ist, immer zugleich das Gegenbild jeder Situation zu erfassen, die Widersprüche in ihrer Vitalität zu erforschen und zu erzählen.

Emblematisch in diesem Sinne ist die Person des Bruno Cortona (Vittorio Gassman), Protagonist in *Il sorpasso* (*Verliebt in scharfe Kurven*, I 1962),[9] unvernünftiges Beispiel und Ausdruck eines boomenden Italien und seiner verabscheuungswürdigen Werte, aber auch ausgestattet mit einer verführerischen Kraft fulminanter Einfälle, die es ihm weit mehr als Roberto (Jean-Louis Trintignant) gestatten, sich der Wahrheit und der Realität zu nähern. Dieser schüchterne und zurückhaltende Reisegefährte bleibt dagegen in der abstrakten und weltvergessenen Dimension seiner einsamen Gedanken eingesperrt.[10] Und bezüglich der Kontraste und Widersprüche: Bruno ist wirklich ein Kind des Wirtschaftsbooms, aber er ist zugleich auch davon ausgeschlossen: Er steht *borderline* daneben und ist ohne Hoffnung, wie Risi bereits in den ersten Bildern des Films klarstellt, die sein Sein als Person „an der Schwelle" zeigen:[11] Er taucht mit dröhnendem Auspuff in seiner Lancia Aurelia Sport vor der Rückseite eines Palastes auf, fährt verkehrt in eine Einbahnstraße, steigt aus dem Lancia aus, um über einen Schutzzaun zu einem Telefon zu gelangen, was ihm nicht gelingt, steigt wieder in den Lancia, erscheint von hinten in einem der Sträßchen, beeilt sich, noch in eines der offenen Geschäfte zu kommen, doch dessen Schranke schließt sich direkt vor ihm, er kommt wieder aus einer Seitenstraße, steigt aus, dringt durch die Tür des Hauses von Roberto Mariani, gelangt in dessen Wohnung, wo er ins Bad gerät. Im gesamten Film wiederholt sich dieses Verharren auf der Schwelle.

Emblematisch ist in diesem Sinn die Sequenz, in der die beiden frisch gebackenen Freunde mit der Anmache deutscher Touristinnen beschäftigt sind und nachdenklich vor dem Eingang eines Gebäudes innehalten, das sie für eine Privatwohnung halten, zweifelnd, ob sie die Schwelle übertreten sollen oder nicht; aber natürlich entscheidet Bruno, entgegen dem Rat Robertos, diesen Eingang zu überwinden, wobei er feststellen muss, dass es sich um einen Friedhof handelt, woraufhin sie die Unternehmung abbrechen müssen. Zuvor müssen sie außerhalb des Restaurants warten, aufgehalten von der Besitzerin, die Bruno mitteilt, dass das Restaurant geschlossen sei, wobei sie ihm den Weg versperrt (und vor seinen Augen einen Riesenteller Spaghetti isst). Oder wenn sie an einer Wegkreuzung zögern, weil sie unsicher über den einzuschlagenden Weg sind. Erinnert sei auch an die Episode im Cormorano Night Club und das lange Verweilen vor dem Eingang: Der Zweifel darüber, was zu tun ist (Bruno will hineingehen, Robert weiß nicht, was er tun soll), lässt sie lange Zeit auf der Schwelle ausharren. Oder an die Szene vor den Türen der Tankstellentoilette: Roberto kann die Tür nicht öffnen, Bruno hilft ihm und geht selbst in die Toilette, allerdings durch die verkehrte Tür, nämlich die der Frauen. Dieses fortwährende Verharren in der Unsicherheit der „Schwelle" in *Il sorpasso* verurteilt die beiden Progatonisten für immer zu einer Art Limbo-Tanz – was nicht verwundert, sind sie beide doch zum Limbo Verurteilte jenes Eldorado, das der italienische Wirtschaftsboom darstellt.

Il sorpasso[12] ist eine Reise, wie viele Komödien all'italiana der Zeit.[13] Es ist allerdings eine Reise, die nirgendwohin führt. Bruno ist eine Art Herumtreiber-Peter Pan und seine jungenhafte, fantasievolle und spielerische Reise hat

Dino Risi und die wunderbaren Lieder der Sirenen

kein genaues Ziel, vielmehr viele Ziele, die sich instinktiv aus dem Augenblick ergeben. Seine Reise ist einfach ein Gehen. Roberto ist ein Däumling, der vergebens versucht zurückzukehren. Gehen, um zu gehen oder Gehen, um heimzukehren – in jedem Fall ist die Reise unserer Helden von Anfang an eine Reise der Nicht-Eroberung: des Restaurants, der Zigaretten, noch weniger der Frauen, die der Don Giovanni nicht erobern kann, oder der platonischen Liebe, die der Schüchterne nicht verstehen kann, und ebenso wenig der Geschäfte und des Geldes. Doch im Grunde verfolgen weder Bruno noch Roberto irgendetwas mit großem Engagement: Bruno gibt klein bei nach der Absage der Frauen und dem Scheitern der Geschäfte, Roberto gibt alles in allem sein Studium (und das, was es bedeutet) leichthin für einen Unbekannten auf. *Il sorpasso* ist auch eine Flucht: vor den Pfiffen der Polizisten, den Strafen, die die beiden, wie die „Krümel" des Däumlings, entlang ihrem Weg zurücklassen, vor den Priestern, die zum Bleiben einladen, vor der Mutter (mit der Bruno den Ferragosto nicht verbringen will), vor der Ehefrau (die von Bruno sofort aufgegeben wird, als hypothetisches Zukunftsbild aber auch von Roberto), vor der Tochter Lilly, vor der Verantwortung, vor den anderen (Autofahrern und folglich ihresgleichen).

Ihre Reise ist auch eine Reise gegen die Zeit. Obwohl sie in Wirklichkeit nichts Bestimmtes oder Wichtiges zu tun haben, kämpfen sie immer gegen die Zeit: Sie versuchen, Geschäfte und Restaurants während ihrer Öffnungszeiten, Züge vor ihrer Abfahrt zu erreichen oder irgendwo noch zur rechten Zeit anzukommen (zum Mittag- oder Abendessen, zum Schlafen). Die Zeit ist eine Last in *Il sorpasso*: Alle schauen fortwährend auf die Armbanduhr, erinnern an die Zeit, betonen die Verspätungen. Vor allem am Anfang wissen wir immer, wie viel Uhr es ist: Die Begegnung der beiden findet um 12 Uhr statt, die Abfahrt zur Reise um 13 Uhr, der Aufenthalt an der Raststätte ca. um 16 Uhr. Auch danach, wenn der Zeitablauf weniger bestimmt und einschneidend zu sein und sich die diegetische Zeit zu dehnen scheint, wird jede Sequenz mit einer genauen Zeit- und Ortsangabe markiert: Die Mittagessenszeit wird in Civitavecchia verbracht, der Nachmittag in der Nähe von Grosseto, der Abend in Castiglioncello, die Nacht und der Tag danach in Versilia. Wenn anfangs der Erzählrhythmus durch den nervösen Pulsschlag der diegetischen Zeit erzielt wird (jede Erzählsequenz entspricht einer Stunde in der Handlung), so dehnt sich dieser im Folgenden aus (wobei jede Sequenz einen größeren diegetischen Zeitbogen belegt), bis er schließlich geradezu zweimal zum Stillstand kommt (wenn Bruno im Haus des Onkels die Pendeluhr anhält und wenn Robertos Armbanduhr am Strand stehen bleibt).

Doch bleibt der Erzählrhythmus auch dann, wenn die diegetische Zeit weniger bedrohlich und drückend erscheint, schwindelerregend: Das geschieht, indem sich die zentralen Sequenzen in der Weise aneinanderreihen, dass im einen Erzählblock eine „Zündschnur" angezündet wird, durch die es dann im folgenden zur Explosion kommt. Während der Fahrt nach Grosseto bereiten die Kindheitserinnerungen von Roberto den Überraschungscoup im Haus seines Onkels vor: Die Entdeckung einer ganz anderen Wirklichkeit, des wirklichen Vaters des Vetters und der Homosexualität des Hausdieners. Nach dem Verlassen Grossetos auf der Fahrt zum Meer führt das Überholen eines Fiat 600 durch die Aurelia zu den Konsequenzen des bedauerlichen Abends am Cormorano Night Club von Castiglioncello, mit dem von den „Überholten" ausgelösten Streit, der Bruno sowohl daran hindert, seine Geschäfte zum Abschluss zu bringen wie die gefällige Blonde zu erobern. Die am Strand getroffene Entscheidung, Valeria in Viareggio zu treffen, wird den tragischen Epilog bestimmen, der dann in der Kurve von Calafuria seine Vollendung findet. Der Kampf gegen die Zeit wird ab einem bestimmten Punkt zum Kampf gegen die Ereignisse, die sich von Sequenz zu Sequenz überstürzen. Dass es sich um eine Risikoreise handelt, ist von Anfang an offenkundig.[14] Über dieser Fahrt liegen eine Menge Indizien für Gefahr. Schon das Einfahrtverbotsschild in der Einbahnstraße der ersten Sequenz ist eine Einladung zur Vorsicht, die aber sofort missachtet wird. Und dass die Aufforderung zur Vorsicht auf dem Armaturenbrett mit einem Foto von Brigitte Bardot (Ikone jener Zeit für eine gedankenlose Grenzüberschreitung) und einem Schild „Sei vorsichtig. Zu Hause warte ich auf Dich" kundgetan wird, klingt wie eine höhnische Verspottung jeder Ermahnung zur Besonnenheit. B. B., Symbol der Rebellion, als Schutzherrin der Besonnenheit!

Doch die Vermutungen werden bald zu makabren Vorahnungen: Das Todesrisiko klingt in Robertos Worten an, wenn er die „(etruskischen) Gräber" erwähnt, die es in der Gegend gibt. Und wenn die ignorante Vitalität Brunos solche Gedanken immer wieder beiseiteschiebt und aus ahnungsvollem Instinkt den Besuch der Grabstätten vermeidet, so gelingt ihm dies am Ende doch nicht, wenn er sich auf der Jagd nach den blonden Ausländerinnen plötzlich unfreiwillig auf dem deutschen Friedhof wiederfindet. Im Auto sind die Anfechtungen immer gegenwärtig: im Ausruf Brunos über „die Bremsen, die nicht funktionieren", in der Begegnung mit den Priestern und ihrer Autopanne oder beim Anblick des tödlichen Unfalls mit der nur mit einem Tuch bedeckten Leiche auf dem Asphalt, der auf der Via Aurelia kurz vor der Ankunft der beiden Protagonisten passiert ist. Von den „Überholten", jenen des Fiat Seicento, wird ihnen dabei eine wütende Warnung nachgerufen. Alles schwankt und wankt in *Il sorpasso*. Wie die Lampe, die wackelnd an der Decke eines sehr kleinen Wohnzimmers hängt, eingeengt von zu vielen Möbeln, in dem ein Mann in Unterhemd und Sandalen ein Brot isst; doch deckt eine Kamerafahrt nach hinten auf, dass es sich um den Lastwagen einer Umzugsfirma handelt, der mit seiner Ladung vor Bruno fährt. Alles taumelt in *Il sorpasso*, weil alles von einem Augenblick zum nächsten zusammenbrechen kann, wenn man sich an der Grenze bewegt, wenn man am Rande eines Abgrunds lebt.

Dino Risi und die wunderbaren Lieder der Sirenen

Il sorpasso wird zu Recht als Zenit der Commedia all'italiana und des Kinos von Dino Risi betrachtet. In den folgenden Produktionen übt Risi weiter seinen genauen und sardonischen Blick, häufig mit besten Ergebnissen: So stellt er z. B. in *I mostri* eine kaleidoskopische Anthologie der italienischen Laster zusammen, wie sie sich in jener Zeit manifestieren – Zynismus, Heuchelei, Hedonismus; am Ende des Jahrzehnts verfolgt er (nicht mehr wirklich) mittelklassige Italiener bei ihrem sentimentalen und sexuellen Abdriften (*Il tigre / The Tiger and the Pussycat*, USA/I 1967; *Vedo nudo*, I 1969; *Straziami, ma di baci saziami / Torture Me But Kill Me With Kisses*, I/F 1968); zu Beginn der 1970er Jahre zeigt er sie bei einem gleichermaßen existenziellen, sozialen und kulturellen Abstieg (*Profumo di donna / Der Duft der Frauen*, I 1974; *La stanza del vescovo / The Bishop's Bedroom*, I/F 1977). Mit Sicherheit jedoch bleibt die Ausgewogenheit von *Il sorpasso* – zwischen Überspanntheit und Hochgefühl, Leichtigkeit und Intensität, Zynismus und Romantik, Lebenslust und Todesahnung – der Zenit, der nicht wieder erreicht wird.

---

[1] Die Regisseure der anderen Episoden sind Carlo Lizzani, Fellini, Antonioni, Francesco Maselli und Cesare Zavattini, Alberto Lattuada.

[2] Der Mailänder Dino Risi debütiert – nach einem abgeschlossenen Medizinstudium – mit dem Kurzfilm *I bersaglieri della signora* (I 1946), gefolgt von einer zusammenhängenden Serie von Dokumentar- und Kurzfilmen; einer davon, *Buio in sala* (I 1948), wird von Ponti gekauft, der Risi auch das Drehbuch zu *Anna* (I/F 1951, R: Alberto Lattuada) anvertraut. 1952 dreht Risi seinen ersten Langspielfilm, den Kinderfilm *Vacanze col ganster* (*Vacation With a Gangster*, I 1951); im Jahr danach *Il viale della speranza* (I 1953), gespielt von Liliana Bonfatti und Cosetta Greco, die seit kurzer Zeit durch *Le ragazze di Piazza di Spagna* (*Girls of the Spanish Steps*, I 1952, R: Luciano Emmer) berühmt sind. Zu *Viale delle speranza* schreibt Ettore Maria Margadonna das Drehbuch, der Drehbuchautor von *Due soldi di speranza* (*Für zwei Groschen Hoffnung*, I 1952, R: Renato Castellani), der als Prototyp des Rosa-Neorealismus angesehen wird, wozu auch die Serien *Pane, amore e ...* (*Liebe, Brot und ...* I 1955) und *Poveri ma belli* (*Poor But Beautiful*, I/F 1957) gehören. Zu Risi vgl. Aldo Vigano, *Dino Risi*, Mailand 1977; Valerio Caparra, *Dino Risi. Maestro per caso*, Rom 1993; Paolo D'Agostini, *Dino Risi*, Mailand 1995.

[3] *Il segno di venere* (*The Sign of Venus*, I 1955) ist ein wichtiger Film in Risis Filmografie: Zum einen, weil er den Beginn der Zusammenarbeit mit der Firma Titanus markiert, der am stärksten „amerikanischen" der italienischen Produktionsfirmen der Zeit (für die Risi 1955 die letzte Episode der erfolgreichen Serie *Pane, amore e ... und die Sage der Poveri ma belli* dreht, neben *La nonna Sabella* (*Oh! Sabella*, I/F 1957) und *Venezia, la lune e tu* (*Der Wildhund von Venedig*, I/F 1959); zum anderen, weil der Film heute als wichtiges Verbindungsglied beim Übergang vom Neorealismus zur Komödie betrachtet wird. Vgl. dazu: *Il segno di Venere. Quando il neorealismo si trasforma in commedia*, hrsg. von Valerio Caparra, Torino 2007.

Mariapia Comand

[4] Diese Filme des Rosa-Neorealismus bringen Risi allerdings den Vorwurf ein – vonseiten der marxistischen Kritik mit Aristarco und der Zeitschrift *Cinema nuovo* an der Spitze –, den Idealen des Neorealismus abgeschworen zu haben zugunsten eines tröstenden, versüßlichenden, kitschigen Kinos.

[5] „In der Tabelle der Erstaufführungen in der Saison 1955–56 findet sich an der zweiten Stelle der Kasseneinnahmen *Pane, amore e*... (240 Millionen Lire) (...). Am 30. Juni 1959, also nach drei Jahren der Auswertung, liegt *Pane, amore e*... an der dritten Stelle (1 Milliarde, 111 Millionen Lire)." Vgl. Vittorio Spinazzola, *Cinema e pubblico. Lo spettacolo filmico in Italia 1945–1965*, Rom 1985, S. 115.

[6] Ebenda, S. 115.

[7] Maurizio Grande, „Le istituzioni del comico e la forma-commedia", in: *Commedia all'italiana. Angolazioni, controcampi*, hrsg. von Riccardo Napoletano, Rom 1986, S. 47. Die Überlegungen von Grande zur Commedia all'italiana gehören bis heute zu den erhellendsten Darlegungen zum Thema. Vgl. z.B. Maurizio Grande, *La commedia all'italiana*, hrsg. von Orio Caldiron, Rom 2003. Zur Commedia all'italiana siehe auch: Enrico Giacovelli, *La commedia all'italiana*, Rom 1990; Masolino D'Amico, *La commedia all'italiana: il cinema comico in Italia dal 1945 al 1975*, Mailand 1985; Jean A. Gili, *Arrivano i nuovi mostri: i volti della commedia italiana*, Bologna 1980; J. A. Gili, *La comédie italienne*, Paris 1985.

[8] Grande, *La commedia all'italiana* (s. Anm. 7), S. 3.

[9] Zu *Il sorpasso* vgl. Oreste De Fornari, *Il sorpasso: 1962–1992. I filobus sono pieni di gente onesta*, Rom 1992; sowie mein Buch: Mariapia Comand, *Dino Risi – Il sorpasso*, Turin 2002.

[10] Wenn die beiden im Haus der Familie Robertos ankommen, ist es Bruno, der sofort Besonderheiten erfasst, die Roberto verborgen geblieben waren: dass der Hausdiener schwul ist, dass der Vetter Alfredo in Wirklichkeit nicht der Sohn des Onkels, sondern eines Bediensteten ist.

[11] Die Protagonisten in Risis Filmen lieben die Schwellen, auch bildlich: Sein Kino ist übervoll mit Türen und Fenstern: Die Hauptperson von *Il segno di venere* fällt beim Hinauslehnen fast aus dem Fenster; die Protagonistin in *Nonna Sabella* benutzt das Fenster wie eine Angriffswaffe gegen die Welt, indem sie Gegenstände quasi als Waffen hinunterwirft; die Fenster der „poveri ma belli" öffnen und schließen sich fortwährend; Roberto Mariani in *Il sorpasso* gibt sich den Augen des zukünftigen Freundes zu erkennen, indem er sich ins Fenster stellt.

[12] „Il sorpasso" ist der Überholvorgang beim Autofahren, das Überholen (Anm. d. Ü.).

[13] Das Thema der Reise bedeutet metaphorisch die Suche nach einer kollektiven Identität – jener des Italien der 1960er Jahre, die sich nicht mehr selbst definieren kann. Zuweilen bestimmt die Reise die gesamte Erzählstruktur wie in *Il sorpasso* und in vielen der Resistenzakomödien der Zeit (*La grande guerra/Man nannte es den großen Krieg*, I/F 1959, R: Mario Monicelli; *Tutti a casa/Der Weg zurück*, I/F 1960, R: Luigi Comencini; *La marcia su Roma/March on Rome*, I/F 1963, R: Dino Risi). In anderen Fällen verkörpert die Reise die diegetische Sprengkapsel der Handlung wie in *Crimen (Die Leiche ist im falschen Koffer*, I/F 1961, R: Mario Camerini), *Il federale (The Fascist*, F/I 1961, R: Luciano Salce), *Mafioso* (I 1962, R: Alberto Lattuada), *Gli anni ruggenti (Roaring Years*, I 1962, R: Luigi Zampa) oder *Il gaucho (The Gaucho*, I/ARG 1965). Anderswo handelt es sich um eine symbolische Reise in die Erinnerung (*Divorzio all'italiana/Scheidung auf italienisch*, I 1961, R: Pietro Germi) oder in der Zeit (*Una vita difficile/Das Leben ist schwer*, I 1961). Doch trotz dieses frenetischen Herumstreifens enden viele Handlungen mit einem Nichts an Geschehen, wobei so der narrative Epilog häufig mit dem Incipit zusammenfällt.

Dino Risi und die wunderbaren Lieder der Sirenen

[14] Man weiß schon zu Beginn, wie die Komödien all'italiana enden, weil sie voll sind von bedrohlichen Stimmungen, von verstörenden Elementen, die von einem Augenblick zum nächsten explodieren können: Identitäten, die aufgedeckt werden können (*Gli anni ruggenti*, I 1962, R: Luigi Zampa), Wahrheiten, die an den Tag kommen können (*Il commissario/The Police Commissioner*, I 1962, R: Luigi Comencini), Verbrechen, die im Begriff sind, begangen zu werden (*Divorzio all'italiana; I soliti ignoti/Diebe haben's schwer*, I 1958; *Il vedovo/Der Witwer*, I 1959; *Mafioso*), ökonomische Einbrüche, die unvorbereitet geschehen (*Il boom*, I 1963, R: Vittorio De Sica). Und plötzliche Knallgeräusche lassen uns fortwährend auf der Hut sein, im Kinositz auffahren: Regentropfen, Lachen, Waffen, Glocken, Geschosse, Explosionskörper wie in der Episode *L'oppio dei popoli* in *I mostri* (*15 From Rome*, I/F 1963), oder die Mehrklang-Autohupe – wie in *Il sorpasso*.

Der Genrefilm

Pierre Sorlin

Die Genrefilme der 1960er Jahre
Kolossalfilm und Western

In den 15 Jahren nach dem Ende des Zweiten Weltkrieges gelang es der italienischen Kinoindustrie, sich auf der italienischen Halbinsel als Gegengewicht zum starken amerikanischen Kino zu etablieren und auch in den internationalen Markt vorzudringen. 1945 war die Lage durchaus nicht einfach: Die Studios lagen in Ruinen, Filmrollen waren Mangelware und dem Land fehlte es an Stars. Gleichzeitig strömte das Publikum in die Kinos, um seinen Hunger nach den während des Krieges verbotenen Hollywoodproduktionen zu stillen. Ende der 1940er Jahre waren alle großen Kassenerfolge somit Filme aus den USA. Der Triumph des Neorealismus, von der internationalen Presse befördert, brachte dem italienischen Kino zwar Ruhm, reichte aber nicht aus, um die anfänglichen Schwachstellen zu überwinden. Andere Faktoren sollten eine wichtige Rolle bei der Wiedergeburt der italienischen Filmindustrie spielen. In den 1930er Jahren wurden in Cinecittà hervorragende Techniker ausgebildet, die bereit waren zu arbeiten und keine hohen Löhne verlangen konnten. Fördergelder, die während des Krieges eingespart wurden und nicht in die lahmende Wirtschaft investiert werden konnten, wurden in die Filmindustrie umgeleitet, und viele Unternehmer (1950 waren es rund 80) begannen damit, kostengünstige Filme zu drehen. Vor allem aber setzte der Staat drei Notmaßnahmen um: die Pflicht, an einem von vier Tagen italienische Filme vorzuführen, die Ausschüttung von Zuschüssen für italienische Filme, bemessen nach ihrem Publikumserfolg, und die Verpflichtung für ausländische Produzenten, einen Teil ihrer Gewinne in Italien zu investieren, was sie dazu bewegte, in italienische Kinofirmen zu investieren. Die Zahl der produzierten Filme stieg schnell an: mehr als 100 Filme pro Jahr zwischen 1950 und 1959, mehr als 200 von 1969 bis in die Mitte der 1970er Jahre.

Rund ein Zehntel der Jahresproduktion wurde exportiert und in der Regel gut aufgenommen, aber diese Auswahl war für das Massenkino, das sich an das nationale Publikum richtete, nicht repräsentativ. Die wie am Fließband produzierten neapolitanischen Filme zirkulierten wegen der Verwendung des Dialekts nur in den südlichen Regionen des Landes. Die filmischen Adaptionen von Opern wurden sorgfältig produziert, doch trotz ihrer guten Qualität sprachen

Pierre Sorlin

sie eher das heimische Publikum als die internationale Zuschauerschaft an, welche die italienischen Sänger nur selten kannte. Viele Komödien bauten auf nicht zu übersetzenden Scherzen und Verweisen auf. Der beliebte Komiker Totò, Held von mehr als 30 Filmen, brachte die Menschen zum Lachen, indem er verschiedene Sprachebenen mischte, die Bedeutung von Wörtern änderte und die italienische Grammatik massakrierte. Einige Filme der zwei beliebtesten Genres, Melodrama und Sittenkomödie, wurden ins Ausland verkauft. Einige von ihnen, besonders die *Don-Camillo*-Serie – eine Parodie auf den politischen Konflikt zwischen Kommunisten und Katholiken – oder *Pane, amore e . . .* (*Liebe, Brot und . . .*, I 1955), bereichert durch das Mitwirken von Gina Lollobrigida, waren recht erfolgreich. Trotzdem waren die italienischen Produzenten nicht auf der Suche nach ausländischen Märkten, da sich der heimische Markt schnell entwickelte. Neue Kinos wurden in kleinen Städten und sogar in Dörfern eröffnet, Menschen, die vorher keinen Kontakt zum Kino hatten, wurden zu Fans, die Zahl der verkauften Tickets verdoppelte sich zwischen 1946 und 1955, während sich der Anteil der Einnahmen von italienischen Filmen verdreifachte.

Kino und das „italienische Wunder"

Zum Ende der 1950er Jahre traten wichtige Veränderungen ein. Die Produzenten erkannten den großen Gewinn, den man aus Koproduktionen ziehen konnte: Die Beteiligung zweier oder mehrerer Länder garantierte öffentliche Fördermittel, und die schwierige Aufgabe des Vertriebs der Filme im Ausland war dadurch zum Teil gelöst. In den 1960er Jahren wurden ebenso viele Koproduktionen wie rein italienische Filme produziert, und manchmal auch mehr. Da sie mehr Geld[1] zur Verfügung hatten, verbesserten die Produzenten die Qualität und konnten sich internationale Besetzungen leisten, die in der Lage waren, Zuschauer in verschiedenen Ländern zu interessieren. Bilaterale Vertragsproduktionen erwiesen sich als so lukrativ, dass sich die großen europäischen Filmindustrien – Frankreich, Deutschland, Italien und Spanien – darauf verständigten, Filme zu produzieren, die durch die Abwesenheit jeglicher nationaler Traditionen und Bräuche in der Lage waren, Zuschauern auf der ganzen Welt zu gefallen.

	Gesamtzahl der Kinoproduktionen in Italien	Koproduktionen
1959	179 Filme	86 Filme (49%)
1964	294 Filme	169 Filme (57%)
1969	270 Filme	123 Filme (47,7%)

Die Prozentzahlen in Klammern geben den Anteil der Koproduktionen an der Gesamtproduktion von Filmen an.

Kolossalfilm und Western

In dieser Zeit veränderte sich das soziologische Profil des Kinogängers in Europa, und besonders in Italien, drastisch. Grob gesprochen gehörte bis in die Mitte der 1950er Jahre der Großteil der Zuschauer der Arbeiterklasse an, und man ging mit der Familie ins Kino. Dann folgte eine Verschiebung zur Mittelklasse hin, und das neue Publikum war überwiegend jung und gebildet. Für Italien müssen vor allem zwei Faktoren berücksichtigt werden: die Bildung und das Geld. 1947 wurde die Dauer der Schulpflicht erhöht und die Zeit der Studienausbildung verlängert, sodass jene, die 1955 20 Jahre alt waren, von einer geistigen Ausbildung profitierten, die zuvor das Privileg einer Minderheit gewesen war. In den zwei Jahrzehnten nach dem Krieg wurden zweieinhalb Millionen Arbeitsplätze in der Dienstleistungsindustrie geschaffen, wovon die Mehrzahl den neuen Inhabern eines Studienabschlusses angeboten wurde. Die Generation der 1960er konnte sich ihre Filme aussuchen und darüber diskutieren, ohne auf subjektive Meinungen beschränkt zu sein, wie es die vorangegangene Generation gewesen war. Während noch in den 1950er Jahren amerikanische Produktionen oder leichte Komödien die Hitliste anführten, verbuchten nun komplexe, oftmals die italienische Gesellschaft kritisch betrachtende Filme wie *La dolce vita* (*Das süße Leben*, I/F 1960) oder *Rocco e i suoi fratelli* (*Rocco und seine Brüder*, I/F 1960) die Marktführerschaft an den Kinokassen. In diese Jahre fällt auch die Zeit des sogenannten „italienischen Wunders". Es gab keine Arbeitslosigkeit, und der Lohn konnte durch Überstunden stark aufgebessert werden, was den jungen Leuten erlaubte, mehrmals in der Woche ins Kino zu gehen.

Eine andere Entwicklung fand unterdessen in den USA statt, wo ausländische Filme die Neugierde und die Aufmerksamkeit gebildeter Zuschauer weckten. Die jungen amerikanischen Kinobesucher erwiesen sich als aufgeschlossener gegenüber ungewöhnlichen und herausfordernden Erfahrungen als ihre Väter. Die Zahl importierter Filme (die nie hoch gewesen war) verdreifachte sich, und es gab ein breites Interesse für Filme wie *La dolce vita*. Der Geschmack veränderte sich, wichtiger war jedoch, dass die amerikanischen Verleiher ausgiebig Werbung für exotische Filme machten, da sie viel Geld mit ihnen machen konnten. Die Zahl der Hollywoodproduktionen wurde immer geringer und sank in den frühen 1960er Jahren um die Hälfte. Für die Studios war es vorteilhafter, in Europa zu drehen, wo sie gezwungen waren, einen Teil ihrer Gewinne anzulegen, und wo Techniker, Extras und Schnitträume viel weniger kosteten.[2] Die Arbeitsbedingungen waren vor allem in Spanien sehr angenehm: ein schlecht entwickeltes Land mit niedrigen technischen Kosten und Arbeitern, die auf eine Beschäftigung aus waren und auch geringe Löhne akzeptierten. Das durchschnittliche Budget eines Films, der in Spanien gedreht wurde, belief sich auf die Hälfte dessen, was er in Italien, und ein Viertel dessen, was er in den USA gekostet hätte. Zudem gewährte die spanische Regierung, die den Ehrgeiz besaß zu beweisen, dass Spanien kein rückständiges Land sei, Zuschüsse oder

Pierre Sorlin

sehr gering verzinste Kredite für Filmfirmen und führte die Freistellung von steuerlichen Abgaben in „Entwicklungsgebieten" wie Almería ein, wo die exotische Landschaft und die Sonne die Dreharbeiten einfach machten. Amerikanische und europäische Produzenten stürzten sich auf dieses Land, in dem die Jahresproduktion an Filmen von 40 auf 150 anstieg. Davon waren 70 Prozent Koproduktionen.

Auf der Suche nach profitablen Strategien

In den 1940er Jahren wählten die Zuschauer die Filme, die sie sahen, oft danach aus, wie sie zum jeweiligen Kino gelangen konnten. In den 1960er Jahren besaßen mehr Menschen Autos, und das neue, gebildetere und schwerer zufriedenzustellende Publikum der großen Städte war wählerisch geworden. In den kleinen Städten oder auf dem Land hingegen hatte man keine Wahl, denn das einzige Kino oder jene wenigen Kinos, in denen die Tickets billig waren, zeigten nur einen Film pro Woche. Die Produzenten mussten ihre Strategie definieren: mit Sorgfalt ausgewählte Filme, denen ein starkes Drehbuch zugrunde lag und die gut gemacht waren, oder billige „Quickies". In beiden Fällen waren internationale Verbindungen gut für die Finanzierung und für den Vertrieb im Ausland.

Vor diesem Hintergrund begannen die italienischen Studios mit einer neuen Politik. Die traditionelle, slapstickartige Komödie machte der Commedia all'italiana Platz, einer Reihe von satirischen Filmen, die Gewohnheiten, Vorurteile, Wünsche und Träume jener gesellschaftlichen Schicht vorführte, die vom Wirtschaftsboom profitierte. In *Il sorpasso* (*Verliebt in scharfe Kurven*, I 1962) fährt ein selbstsüchtiger junger Mann, der einzig damit beschäftigt ist, Spaß zu haben, Auto wie ein Verrückter, flirtet mit jeder Frau, die er trifft, und macht deutlich, dass Geld und selbstsüchtige Befriedigung seine einzigen Sorgen sind. Die Helden der traditionellen Komödie hingegen waren Verlierertypen, die aber ihr Bestes gaben, um den Widrigkeiten des Lebens standzuhalten. Die Hauptfigur der Commedia all'italiana ist ein Anti-Held, der darauf aus ist, Problemen aus dem Weg zu gehen und jegliche persönliche Verwicklung zu vermeiden. Das Auto, Symbol des Konsumismus, wird zum Emblem der endlosen Reise. Die Figuren hören nie auf, sich zu bewegen, und vermischen auf unklare Weise touristisches Verhalten mit der Flucht vor Verantwortung.[3]

Die Komödie gehörte zu den etablierten Genres der italienischen Studios. Ein Blick auf die Commedia all'italiana macht die Veränderungen der 1960er Jahre deutlich, doch stellt sie allein noch keine Innovation dar. Auf der anderen Seite war die massive und systematische Produktion von Kolossalfilmen, Western, Horrorfilmen, Science-Fiction-Filmen oder Krimis eine Neuheit in der

Kolossalfilm und Western

Entwicklung des italienischen Kinos. Diese Genres entstanden nicht spontan, jedes von ihnen blickt auf eine Geschichte zurück, doch sind ihre Ursprünge sehr unterschiedlich. Der Kolossalfilm oder der Peplum – der „Sandalenfilm", wie ihn die Amerikaner nannten – kam bereits früh in den italienischen Studios auf. Die Produzenten nutzten das Angebot an antiken Denkmälern und Hunderten von schlecht bezahlten Komparsen, um bekannte literarische Werke wie *Gli ultimi giorni di Pompei* (*Die letzten Tage von Pompeji*, I/E/Monaco/BRD 1959) oder *Quo Vadis* (*Quo Vadis?*, USA 1951) filmisch umzusetzen. Die ersten Verfilmungen, entstanden zwischen 1908 und 1911, waren kurz, aber in den Folgejahren hatten die meisten Filme Spielfilmlänge, und der bekannteste, *Cabiria* (I 1914), dauerte mehr als drei Stunden. Die Amerikaner übernahmen schnell die Erfolgsformel, zumal die italienischen Studios wegen des Krieges in Europa keine aufwendigen Produktionen mehr bezahlen konnten. Für vier Jahrzehnte kam der Kolossalfilm größtenteils aus Hollywood (man denke an *The Ten Commandments / Die zehn Gebote*, USA 1956, oder *Samson and Delilah / Samson und Delilah*, USA 1949), aber auch Italien brachte ab und zu einen Peplum heraus.

Die anderen Genres waren der italienischen Tradition fremd. Trotzdem waren sie kein Monopol Hollywoods. In der Mitte der 1950er Jahre entwickelte sich, beeinflusst von amerikanischen Modellen, das Handlungsschema des in Spanien sehr populären ländlichen Dramas von einer Auseinandersetzung zwischen Landbesitzern und Bauern hin zum Eingreifen eines Verteidigers der Schwachen. Da bei den Zuschauern in Lateinamerika der Western sehr beliebt war, nahm man an, dass sie europäischen Artefakten und echten amerikanischen Produkten gleichermaßen aufgeschlossen gegenüberstehen würden. Ein spanischer Produzent gründete zusammen mit italienischen und englischen Firmen eine Partnerschaft, um mit einem internationalen Team eine Geschichte über den amerikanischen Westen zu drehen, *Tierra brutal* (*Bis aufs Blut*, USA/E 1961), der eine große Menge ähnlicher Filme folgte. Kurz danach drehten die deutschen Regisseure Harald Reinl und Alfred Vohrer die Karl-May-Filme. Der erste Winnetou-Film, *Der Schatz im Silbersee* (BRD/YU/F 1962), kam 1964 heraus.

Anders als die Science-Fiction-Filme aus Hollywood, die bestrebt waren, die Welt von morgen darzustellen, entwickelte Hammer in den 1950er Jahren eine eigene Richtung innerhalb des Genres, die wissenschaftliche Fantasien mit einer reizvollen, an Horror grenzenden Angst verband. Der weltweite Erfolg der „Quatermass"-Serie veranlasste andere Länder dazu, das Konzept zu kopieren. Spanier und Franzosen betrachteten eine hypothetische Zukunft, in der die Wissenschaft zur Bedrohung und zum Instrument eines Verrückten wird, der nach der Weltherrschaft strebt. Die Spanier gaben sich gänzlich dem Horror hin, der mit Dunkelheit und Schreien in der Nacht arbeitete, während die Franzosen Kriminalgeschichten und Detektivschemata bevorzugten.

Pierre Sorlin

Die späten 1950er Jahren werden oft als Zeit der verschiedenen „New Waves" charakterisiert, die dem europäischen Kino neues Leben einhauchten. Es muss jedoch hinzugefügt werden, dass die Erneuerung nicht allein auf stilistische oder narrative Aspekte beschränkt war. Alle hier genannten Experimente dienten dazu, die Bandbreite der Produktion zu vergrößern, ohne jedoch hochintellektuelle Filme zu drehen, die den Großteil des Publikums abschrecken würden. Italiens Situation in diesem Panorama von Veränderungen ist eine besondere. Einerseits hatte das Land im Gegensatz zu Großbritannien, Frankreich oder Deutschland keine Erfahrung mit einer kritischen Auseinandersetzung über Filme, und es entstand in Italien auch keine „New Wave", denn die meisten talentierten Filmemacher – und davon gab es viele – arbeiteten für sich selbst und in eigenem Namen. Gleichzeitig aber war Italien durch sein großes Netzwerk von Koproduktionen in die meisten Projekte jener Jahre eingebunden. Einige italienische Filmarbeiter und Regisseure verbrachten mehr Zeit in Spanien, wo sie für internationale Koproduktionen arbeiteten, als in ihrer Heimat; so auch Vittorio Cottafavi, der zum Meister des italienischen Kolossalfilms werden sollte.[4]

	Kolossalfilme	Western	Horror	Krimis
1959	9 (8)			
1964	34 (17)	24 (18)	4	5 (2)
1969	4 (2)	24 (10)	1	4

In Klammern ist die Zahl der Koproduktionen angegeben.

Nach der Beteiligung an der Finanzierung von einigen Science-Fiction-Filmen, vor allem Godards *Alphaville – Une étrange aventure de Lemmy Caution* (*Lemmy Caution gegen Alpha 60*, F/I 1965), waren die Italiener der Überzeugung, dass es sich lohnte, diese Richtung weiterzuverfolgen. Sie drehten etwa 20 Filme, oft Weltraumabenteuer,[5] lahme Kopien von Hollywoodfilmen und in Italien erfolglos, da das Publikum von Weltraumfahrten nicht sehr begeistert war. Dafür verkauften sich die Filme in Lateinamerika. Einige Filme wurden gleich mit amerikanischer Besetzung gedreht und direkt an das amerikanische Fernsehen verkauft.[6] Das einzige originäre Werk war Elio Petris *La decima vittima* (*Das zehnte Opfer*, I/F 1965) mit Marcello Mastroianni und Ursula Andress. In einer nicht allzu fernen Zukunft (die Flugzeuge sehen aus wie jene in den 1960er Jahren) werden Freiwillige zu Jägern und Gejagten. Um zu gewinnen, müssen sie zehn Freiwillige töten, die ihrerseits versuchen, die Jäger umzubringen. Nachdem beide Protagonisten jeweils neun Opfer aus dem Weg geräumt haben, stellt sich die Frage, wer nun zuerst den anderen tötet. Eigenartigerweise entsteht keine wirkliche Spannung, als ob der Filmemacher Angst davor hatte, sein Publikum zu erschrecken. Die Figuren jagen einander in höflicher Feindschaft und verlieben sich am Ende ineinander. Der interessanteste Aspekt des Films ist die Vorwegnahme der Rolle von Fernsehwerbung, wie sie sie zwei Jahrzehnte später einnehmen sollte: Beide Helden rufen jedes Mal, wenn sie glauben, den anderen eliminieren zu können, ein Fernsehteam herbei und werben für eine Marke, bevor sie schießen. In den 1960er Jahren gab es im Fernsehen so wenig Werbung, dass niemand diese Warnung verstand.[7]

Horror war kein Teil der italienischen Literatur- oder Theatergeschichte. Sein Auftauchen in der Filmlandschaft der Halbinsel war das Ergebnis purer Berechnung: Billige Filme, auf einem dunklen Anwesen gedreht und mit ausschließlich englischen Namen im Abspann, konnten als Hammer-Produktionen durchgehen. Ihr Export schlug fehl, doch einige Betrachter begeisterten die Geister, Vampire und vor allem die nackten, angeketteten und gequälten Jungfrauen.[8] Die Filme zogen alle die gleiche Zahl von Zuschauern an, wahrscheinlich mehr oder weniger dieselben Leute. Auch wenn die Bestandteile in allen Filmen die gleichen waren, würzten die italienischen Regisseure sie mit einem Hauch von Fantasie, was ein Kritiker als „die Erschaffung einer magisch erschreckenden Atmosphäre"[9] bezeichnete. So gibt der Regisseur z. B. am Ende einer Furcht einflößenden Geschichte über Erscheinungen und Geister, die die Lebenden umbringen wollen, die Tricks preis, die er im Dreh verwendet hat, und ermahnt sein Publikum, nicht an Horrorgeschichten zu glauben.[10] In einem anderen Film bewegt sich ein toter Körper. Es sieht so aus, als ob er sich gleich erhebt, aber dann zeigt sich, dass lediglich eine Handvoll Ratten, die damit beschäftigt sind, den Leichnam zu fressen, seine Haut und seinen Oberschenkelknochen angehoben haben.[11] Die Regisseure, die in diesem Bereich arbeiteten, taten es aus Freude an der Sache und verlegten sich, wenn sie Geld verdienen wollten, auf andere Genres, vor allem auf den Kolossalfilm und den Western.

Krimis plagiierten, wie auch Horrorfilme, den ausländischen Film, aber sie taten dies mit einem großen Sinn für Humor, so als ob sie zum Ziel hätten, sich über das Genre lustig zu machen. Bereits die Titel bezogen sich auf bekannte Filme der vergangenen Jahre: *La ragazza che sapeva troppo* (*The Girl Who Knew too Much*, I 1963), *Le spie vengono dal semifreddo* (*The Spy Came from the Semi-Cold*, I/USA 1966), *La spia che viene dal mare* (I 1966), *Agente secreto 777 – Invito a uccidere* (*A Ticket to Die*, I 1967), *Rififi ad Amsterdam* (*Rififi in Amsterdam*, E/I 1967). Die Geschichten waren Parodien auf bereits bestehende Mordgeschichten und machten sich über die Gesetzesvertreter lustig, die sehr inkompetent wirkten und nur durch Zufall Verbrechen lösten. Auch wenn diese Filme nicht sehr profitabel waren, so hielten sie doch die italienischen Produzenten dazu an, auf zuvor vernachlässigten Gebieten der Filmwirtschaft zu arbeiten. Die Produktion von Kriminalfilmen entwickelte sich in den kommenden Jahrzehnten langsam, aber stetig.

Pierre Sorlin

Fünfhundert Filme

Außergewöhnliche Umstände, in erster Linie die Finanzierungsmöglichkeiten durch amerikanische Investitionen und Koproduktionen, veranlassten die italienischen Studios dazu, Filmgenres zu adaptieren oder zu imitieren, die sich in anderen Ländern als erfolgreich erwiesen hatten. Drehbuchautoren und Techniker waren jedoch nicht daran gewöhnt, derartige Filme zu drehen, und die internationalen Besetzungen erleichterten die Dreharbeiten nicht. Zudem schätzte das Publikum Genres nicht, die ihm unbekannt waren. Es überrascht also nicht, dass die Genrefilme der 1960er Jahre in Italien Misserfolge waren, mit zwei Ausnahmen: dem Kolossalfilm[12] und dem Western[13]. Der wundersame und kurzlebige Ruhm dieser beiden Genres verdient eine Erklärung.

Beide Filmreihen entwickelten sich erfolgreich, und doch war ihr Werdegang, ungeachtet einiger Gemeinsamkeiten, recht unterschiedlich. Während der 1950er Jahre wurde eine kleine Zahl von „Antikenfilmen" gedreht, ohne jedoch größeres Interesse hervorzurufen. Völlig unerwartet wurde 1958 der Film *La fatiche di Ercole* (*Die unglaublichen Abenteuer des Herkules*, I/E 1958)[14] der vierterfolgreichste Film an den Kinokassen.[15] Dies sah wie ein Zufall aus, das beliebteste Genre war noch die traditionelle Komödie, sechs Komödien waren in den Top Ten des Jahres, und Dino Risi stand mit seinen Satiren über die italienische Gesellschaft auf dem Zenit seiner Karriere. 1959 gehörten drei „Antikenfilme" zur Liste der Besten, aber ein neuer Trend, der sich im Nachhinein noch deutlicher abzeichnen sollte, nahm Form an: Während es zuvor keine großen Unterschiede zwischen den Einnahmen der besten Filme gegeben hatte, begannen nun die Blockbuster, sich von der Gruppe der anderen Besten zu lösen, sodass die erfolgreichen Kolossalfilme letztlich weit hinter *La grande guerra* (*Man nannte es den großen Krieg*, I/F 1959) lagen, dem erfolgreichsten Film von 1959. Die Vorherrschaft von Komödie und Melodram wurde nicht angegriffen, und 1960 wurde bereits kein Kolossalfilm mehr unter den Top Ten verzeichnet.

Und doch war 1960 ein wichtiges Jahr. Mit einem Schlag stieg die Anzahl der Kolossalfilme von einer Handvoll auf 20. 1961 waren es 16 Filme und im darauffolgenden Jahr 27. Nur 1961 und 1962 gab es Peplum-Filme zu verzeichnen, die große Erfolge wurden: *Barabba* (*Barabbas*, I 1961)[16] war mit mehr als eineinhalb Milliarden Lire der Kassenhit von 1961, und *Sodoma and Gomorra* (*Sodom und Gomorrha*, USA/I/F 1962)[17] spielte 1962 mehr als eine Milliarde Lire ein. Gleichzeitig jedoch deckten 36 der insgesamt 43 Kolossalfilme nur mit Mühe ihre Ausgaben oder machten sogar ein Minus. 1963 war nur noch ein einziger Film erfolgreich (aber weit weg von den Top Ten), während zwölf Filme mit Verlust produziert wurden.

Zusammengefasst geschah auf dem italienischen Markt Folgendes: Von insgesamt 130 Peplum-Filmen machten zwei große Gewinne, 14 hatten verhält-

Kolossalfilm und Western

nismäßig gute Einnahmen, 20 spielten ihre Ausgaben wieder ein und 94 waren ein finanzielles Desaster. 70 Prozent der Filme konnten ihre Ausgaben nicht decken; ein ungemein hoher Prozentsatz. Sollten wir von einem Anfall von Wahnsinn sprechen, der leichtsinnige Finanziers dazu trieb, nach den annehmbaren Ergebnissen einiger weniger Filme in das Genre der Antikenfilme zu investieren? Bis zu einem gewissen Punkt können wir das, vor allem für die Jahre 1961 und 1962, denn in diesem Zeitraum produzierten finanziell weniger gut ausgestattete Spekulanten mit schlechten Schauspielern und Papp-Bühnenbildern unverkäufliche Filme. Aber in den meisten Fällen entkamen die Produzenten dank der staatlichen Zuschüsse und vor allem dank der Vereinbarungen mit amerikanischen Fernsehsendern größeren Problemen. In jener Zeit entwickelten sich in den USA die regionalen Sender sprunghaft und suchten nach neuen Programminhalten. Vertriebsfirmen kauften, meist für relativ wenig Geld, die Kolossalfilme und ließen sie vom einen zum anderen Ende der Vereinigten Staaten zirkulieren. Auf diese Weise brachte *Le fatiche di Ercole*, durch perfekte Werbung unterstützt, seinem amerikanischen Vertrieb das Dreizehnfache dessen ein, was ihn der Film im Einkauf gekostet hatte. Ein Teil der Gewinne ging an italienische Produktionsfirmen, die allein zu diesem Zweck gegründet worden waren und zweitklassige Peplum-Filme auf den Markt warfen, die für den kleinen Bildschirm bestimmt waren. Die meisten dieser Produktionen bedienten sich der gleichen Schemata, der gleichen Kulisse und derselben Besetzung. Der Schauspieler Mark Forest (der italienische Lou Degni) war zwölfmal Maciste, Steve Reeves spielte wiederholt Herkules, Gianna Maria Canale war die Königin der Amazonen und die Wörter „Gladiator", „Aufstand" und „Rache" erschienen sehr häufig in den Titeln der Filme. Solche billigen Produktionen lohnten sich sowohl für die Produzenten, die öffentliche Zuschüsse erhielten, als auch für die Vertriebe.

Während die Zeit des Kolossalfilms ihrem Ende zuging, drehten italienische Produzenten einige Western. Diese blieben jedoch in Anbetracht der 691 Filme, die in diesem Zeitraum produziert wurden, ohne Beachtung. Meist waren sie Imitationen amerikanischer Filme (es gab unter ihnen fünf „Zorros"), und sie trafen nicht auf enthusiastischen Zuspruch, mit der Ausnahme von zwei leichten und eher amüsanten Filmen: *Due contro tutti* (*Two Against All*, I/E 1962)[18] und *Gli eroi del west* (*Heroes of the West*, I 1965)[19]. Im ersten Film geben zwei Angsthasen vor, einen Banditen getötet zu haben, der die Stadt terrorisiert hat und dessen Ermordung sie zufällig gesehen haben. So werden sie zu Lokalhelden. Der zweite Film zeigt, wie zwei Gauner von einem Streit zwischen den wohlhabendsten Familien der Region profitieren. Dann zählte 1965 *Per un pugno nell'occhio* (*Fistful of Knuckles*, E/I 1970)[20] zu den größten Erfolgen des Jahres. Der Film erzählt, wie zwei Außenseiter in eine Stadt kommen, in der zwei Familien friedlich ihrem Restaurantgeschäft nachgehen, und es dort schaffen,

Pierre Sorlin

Unruhe zwischen alle Mitglieder der Gemeinschaft zu bringen. Der vielversprechende satirische Umgang mit dem amerikanischen Westen war nur von kurzer Dauer, und die wenigen Westernkomödien, die nach 1965 folgten, waren klägliche Misserfolge.

Der Grund lag darin, dass mit *Per un pugno di dollari* (*Für eine Handvoll Dollar*, I/E/BRD 1964) der italienische Westernfilm zu einem respektablen Genre geworden war. Der Film war von der Planung her eine Standardarbeit, die durch ihren Filmlook wie ein amerikanisches Werk aussehen sollte. Zwei italienische Produzenten, die in einer mühsamen Verbindung mit einer kleinen Münchner Firma zusammenarbeiteten,[21] engagierten einen Regiedebütanten, Sergio Leone, zwei wenig bekannte Schauspieler, Clint Eastwood und Gian Maria Volonté, und einen jungen Komponisten, Ennio Morricone. Das Drehbuch enthielt weniges, das wirklich neu war: Ein Außenseiter (Clint Eastwood) kommt in eine kleine Stadt, in der sich zwei reiche und mächtige Familien, die Baxters und die Rojas, bekämpfen. Er macht sich ihre Rivalität zunutze und eliminiert, da er ein guter Schütze ist, alle seine Gegner. Eindringlinge besaßen bereits in früheren italienischen Western eine wichtige Rolle. Sowohl in *Massacro al Gran Canyon* (*Keinen Cent für Ringos Kopf*, I 1965)[22] als auch in *Minnesota Clay* (F/I/E 1965)[23] findet sich ein Außenseiter, der ein guter Schütze ist, inmitten zweier sich bekämpfender Gruppen wieder und nutzt ihre Rivalität für sich aus. Der einsame Mann, der alleine drei oder mehr Übeltäter zur Strecke bringt, ist hingegen eine klassische Figur des amerikanischen Westerns. Da die Schießereien originell waren, war es wahrscheinlich, dass der Film auf gute Resonanz stoßen würde, aber er tat noch mehr, indem er mehr Geld einbrachte als die meisten erfolgreichen Filme des vorigen Jahrzehnts[24] und den Weg für die folgenden Western von Sergio Leone ebnete. Im Folgenden soll versucht werden aufzuzeigen, was neu und verführerisch an diesem Film war, doch gibt es letztlich keine rationale Erklärung für einen derartigen Ausbruch von Enthusiasmus, der sich zuerst in ganz Italien und dann in Europa verbreitete und dem Genre eine triumphale Resonanz bescherte.

Die gewinnbringende Formel wurde sogleich von Produzioni Europee Associate (PEA) aufgegriffen, einer 1962 gegründeten internationalen Produktionsfirma. Sie stellte eine italienisch-spanisch-deutsche Koproduktion[25] auf die Beine, fügte der Besetzung mit Lee Van Cleef einen neuen Schauspieler hinzu, verbesserte das Bühnenbild und produzierte 1965 den erfolgreichsten italienischen Film überhaupt: *Per qualche dollaro in più* (*Für ein paar Dollar mehr*, I/E/BRD/Monaco 1965). Allein in Europa lockte der Film mehr als zehn Millionen Zuschauer in die Kinos. In Fahrt geraten, produzierte die PEA 1966, diesmal mit maßgeblicher amerikanischer Beteiligung, den dritten Teil von Leones sogenannter „Dollar-Trilogie", *Il buono, il brutto, il cattivo* (*The Good, the Bad and the Ugly / Zwei glorreiche Halunken*, I/E 1966).

Kolossalfilm und Western

	Budget	Einnahmen Italien	Einnahmen Amerika
Per un pugno di dollari	200.000 $	4.600.000 $	3.500.000 $
Per qualche dollaro in più	600.000 $	5.000.000 $	5.000.000 $
Il buono, il brutto, il cattivo	1.300.000 $	4.300.000 $	6.000.000 $

Unerwarteterweise wurden alle Italiener, die im Filmgeschäft tätig waren, ganz verrückt nach dem amerikanischen Westen. Alles musste mit Pferden, Pistolen und Saloons zu tun haben. Der Schauspieler Richard Harris, der 1961 für einen Kolossalfilm engagiert worden war, wurde von der PEA rekrutiert, die die neue Mode nutzen wollte, und spielte infolge in 16 Western mit. Geldgeber und Produzenten hielten Ausschau nach allem, was mit dem Westen zu tun hatte. Im Radio hörte man damals *Ringo*, einen populären RCA-Song, der beim Dreh von *Una pistola per Ringo* (*Eine Pistole für Ringo*, E/I 1965)[26] zur Verwendung kam, der Geschichte eines Gesetzlosen, der dem Sheriff dabei hilft, eine gefährliche Gang zur Ruhe zu bringen, wofür er im Gegenzug straffrei bleibt. Der Film, 1965 erschienen, als europäische Western der letzte Schrei waren, hatte großen Erfolg. Sofort folgten vierzehn „Ringos", darunter auch *Una donna per Ringo* (*Woman for Ringo*, E/I 1966), in dem kein Ringo vorkommt. Später kamen Django (32 Filme) und Sartana (18 Filme) sowie unzählige Filme, deren Titel die Worte Dollar (25 Filme), Pistole, Banditen oder Tod enthielten. In weniger als einem Jahrzehnt produzierte oder koproduzierte Italien rund 370 Western, mehr als zwei Drittel der insgesamt 580 europäischen Western-Filme.

Das Genre erreichte 1968 seinen Höhepunkt, dem sein Niedergang folgte, doch gab es bereits vorher einen Wendepunkt. Clint Eastwood kehrte der Reihe nach *Il buono, il brutto, il cattivo* den Rücken; Gian Maria Volonté war an Letzterem gar nicht beteiligt, er hatte Rollen in zwei weiteren Filmen und verzichtete anschließend, weil ihm klar wurde, dass man sich in einem solchen Genre keinen Namen machen konnte. Nachdem er bei drei Western Regie geführt hatte, zog sich Sergio Sollima zurück, vielleicht auch unter dem Einfluss der harschen Kritik an seinem jüngsten Film, *Faccia a faccia* (*Von Angesicht zu Angesicht*, E/I 1967): „Von Sollima, einem bereits erfahrenen Regisseur, haben wir das Recht, etwas mehr und etwas Besseres zu erwarten."[27] Leone hielt länger durch. *C'era una volta il west* (*Spiel mir das Lied vom Tod*, I/USA 1968), mit einer angesehenen internationalen Besetzung[28] teilweise in Arizona und Utah gedreht, sogar mit Bildern aus dem Monument Valley, dem mythischen Ort aus John Fords Filmen, wird von einigen Kritikern als einer der besten Western aller Zeiten bezeichnet, zog aber weniger Zuschauer an als die „Dollar-Trilogie"[29], sodass Leone seinen nächsten Film in Mexiko verortete.

Nach 1966 wurden die meisten Western entweder von zweitrangigen italienischen Regisseuren gedreht wie Giuliano Carnimeo (13 Filme), Demofilo

Fidani (zwölf), Mario Caiano (elf) und Sergio Corbucci (13), oder von spanischen Arbeitstieren wie Pedro Lazaga, der sieben Filme in einem Jahr drehen konnte, den Romero-Marchent-Brüdern Joaquin und Rafael, von denen jeder zehn Filme verantwortete, Ignazio Iquino (zwölf), Alfonso Balcazar (zehn), während unter den Schauspielern Fernando Sancho 52, Frank Braña 32 und Alfonso Rojas 25 Einsätze in Western-Filmen hatte.

Zehn italienische Western waren große Hits, die mehr als eine Milliarde Lire einbrachten. 15 Prozent der anderen Filme waren recht profitabel, was angesichts der Gesamtanzahl von produzierten Western nicht viel erscheint, aber doch beeindruckend bleibt, denn keine andere italienische Filmreihe brachte je einen so großen Gewinn ein. Neben den vier Filmen Leones waren die Werke mit der größten Resonanz folgende: *Dio perdona ... io no!* (*Gott vergibt – Wir beide nie*, I/E 1967)[30], die klassische Geschichte eines Zugüberfalls und seiner dramatischen Folgen; *I giorni dell'ira* (*Der Tod ritt dienstags*, I/BRD 1967), *Faccia a faccia*, *La resa dei conti* (*Der Gehetzte der Sierra Madre*, E/I 1966), mit denen wir uns später ausführlicher befassen werden, und *Al di là della legge* (*Die letzte Rechnung zahlst Du selbst*, I/BRD/Monaco 1968), die Götterdämmerung des italienischen Western, in dem Lee van Cleef die überraschende Rolle eines schäbigen Banditen spielt, der allen Mut zusammennimmt, um einen Freund zu retten und zum tüchtigen Sheriff seiner Stadt wird: Über die von Leone entfesselte Gewalt und Grausamkeit triumphieren schließlich Gesetz und Ordnung.[31] Ein Drittel aller Western war halbwegs profitabel oder spielte zumindest die Ausgaben wieder ein. Die meisten Filme jedoch waren Flops, die dank der vom Staat garantierten Kredite produziert wurden, und letztlich war es der Staat, sprich der Steuerzahler, der sie finanzierte. Das goldene Zeitalter der Koproduktionen endete abrupt, als der spanischen Regierung klar wurde, wie katastrophal sich eine solche Politik auf den Staatshaushalt auswirkte. Genaue Zahlen liegen nicht vor, doch verbreitete sich Anfang der 1970er Jahre entsprechende Polemik in der Presse, und nach dem, was damals gesagt wurde, betrugen die Verluste 13 Millionen Britische Pfund.

	1964	1965	1966	1967	1968	1969	1970	1971	1972
Europäische Western	27	42	68	65	83	42	34	54	49
Italienische Western	24	29	45	57	51	24	27	39	37

Die hier als „italienische Western" bezeichneten Filme sind entweder italienische Produktionen oder Koproduktionen.

Kolossalfilm und Western

Ein stilistischer Aufstand?

In 15 Jahren wurden in den beiden Genres Kolossalfilm und Western insgesamt 500 Filme produziert, womit nicht nur die anderen Genrefilme, sondern auch die traditionsreichen Genres der Komödie und des Melodrams in den Schatten gestellt werden. Es gibt einige Analogien zwischen ihnen: Beide nahmen ihren Anfang mit einem Film, der, obwohl nicht als Kassenschlager geplant, sich eher zufällig von einer Reihe von Standardproduktionen abhob – *Le fatiche di Ercole* im einen Fall und *Per un pugno di dollari* im anderen – und zu einem großen Erfolg wurde, der Neugier und Enthusiasmus hervorrief und Profitsuchende dazu animierte, auf den Zug aufzuspringen. All dies sagt viel über den Zustand des italienischen Filmschaffens aus, das – obwohl noch Meisterwerke hervorbringend – in der zweiten Hälfte des 20. Jahrhunderts zu einem Feld reiner Spekulation verkommen war.

Doch die zwei Genres entwickelten sich in verschiedene Richtungen. *Le fatiche di Ercole* war ein konventioneller Film; der Drehbuchautor hatte drei Arbeiten des Herkules ausgewählt, den Löwen von Nemea, den kretischen Stier und die Amazonen, die im Gegensatz zur Hydra oder dem Wachhund des Hades kein Mysterium enthielten. Die Rekonstruktion der antiken Welt war sehr sorgfältig und gut für Zuschauer mit höherer Schulbildung geeignet, Herkules war ein starker Mann und kein eindrucksvoller Halbgott, und die Amazonen versprühten eine leichte, nicht aber eine vulgäre Erotik. Es wird oft behauptet, dass die Kolossalfilme auf den Geschmack und das Auffassungsvermögen eines breiteren Publikums zugeschnitten waren, da die Filme anspruchslos seien und mehr auf Action-Szenen als auf komplizierten narrativen Wendungen beruhten, aber das Genre war weit von einer Homogenität entfernt. Einige von ihnen waren ganz klassische Filme mit einem Helden, der einen Auftrag hat und verschiedene Schwierigkeiten bestehen muss. Barrabas denkt im gleichnamigen Film vor jenem Jesus, der an seiner Stelle getötet wurde, über sich und seine Lage nach; Hannibal aus *Annibale* (*Hannibal*, I 1959)[32] wird nicht müde, über seinen Auftrag und seine Chancen, Rom einzunehmen, zu grübeln. Sieben der 13 erfolgreichsten Kolossalfilme zeigten eine „problembehaftete" Hauptfigur und bedurften, ohne allzu komplex zu sein, eines aufmerksamen Publikums. Eine andere Gruppe von Peplum-Filmen setzte auf eindrucksvolle Effekte und spektakuläre Bilder, es gab gigantische Maschinen, gefährliche Tiere, Zyklopenstädte und zahllose Soldaten, die die Leinwand überfüllten und sich bekämpften. Diese Filme hatten, wenn überhaupt, nur einen sehr kurzen Handlungsfaden. Die Zuschauer kamen nicht, um eine Geschichte erzählt zu bekommen, sondern um knallige Farben und faszinierende Spezialeffekte zu sehen. Eine dritte Kategorie von Filmen orientierte sich eher in Richtung des Geheimnisvollen und Mysteriösen. Die Helden öffneten Gräber, stiegen in die Hölle hinab, kämpften mit

Pierre Sorlin

Vampiren, die ihr Blut saugen wollten, verteidigten sich gegen vielköpfige Ungeheuer und kamen erschöpft, aber siegreich zurück. Neben diesen Gruppen gibt es schließlich noch die zahllosen zusammengestückelten Filme, die oft aus dem weggeworfenen Material anderer Filme entstanden, aber keiner Kategorie zuzuordnen sind, da sie für keine speziellen Zielgruppen bestimmt waren.

Die meisten Kolossalfilme waren langweilig, einige waren unterhaltsam, aber das Genre brachte keine stilistischen oder narrativen Neuheiten hervor. Die italienischen Western hingegen veränderten radikal die Wahrnehmung des Westens auf der Leinwand und trugen einen bedeutenden Teil zur Veränderung von filmischen Standards bei. Die ältesten John-Ford-artigen Western stellten Mensch und Natur gegenüber, Pioniere und Indianer. Später, nach dem Zweiten Weltkrieg, hinterfragte eine andere Generation die Eroberung der Prärie und die Unterwerfung der Indianer. Alles in allem hatten diese Filme eine Moral, das Publikum sollte die Bösen hassen und auf der Seite der Guten stehen. Diese Aussicht änderte sich, als mit *Per un pugno di dollari* ein neuer Figurentypus auf der Leinwand erschien, blutsüchtig, gierig, zynisch und manipulativ. Was war das Ziel des Protagonisten im ersten „Dollar-Film"? Geld? Nicht einmal das, da er das von reichen Familien erpresste Geld nicht für sich behielt. Seine Handlungen schienen ohne Sinn und Absicht zu sein. Der Film trägt keinerlei Botschaft, sondern ist reine Aktion, nichts weiter. Die folgenden Filme führten wieder das Geld ein, gemischt mit dem Motiv der Rache, und der Stärkste überlebte, nachdem er die weniger Starken eliminiert hatte, die genauso betrügerisch und habgierig waren wie er selbst.

Mehr als jeder Schauspieler waren Waffen die eigentlichen Protagonisten der Filme. In *Per qualche dollaro in più* ist Lee Van Cleef mit einer außergewöhnlichen Vielfalt an Pistolen, Bomben und Patronengürteln ausgestattet, ein wahrhaftiges Arsenal. Die anderen sind zwar nicht so gut ausgerüstet wie er, doch ebenso effizient. Pistolen und Winchester dominierten die Leinwand, wobei einige eine Vorliebe für das Maschinengewehr offenbarten, das theoretisch noch effizienter und sicherlich viel lauter ist. Etwa alle zehn Minuten öffnete sich ein Fenster, eine Gardine wurde angehoben und es gab eine Schießerei. Der Sarg wurde besonders geschätzt, da er als Versteck dienen konnte und es einfach machte, aus einem Schlitz heraus jemanden zu erschießen. Das Ganze glich einer Schießbude, in der Komparsen nur die Funktion von Puppen hatten. In *Per un pugno di dollari* wird Clint Eastwood erst von drei Männern zusammengeschlagen, dann schlachten Volonté und seine Gang eine Gruppe mexikanischer Soldaten ab; Eastwood bringt seine Angreifer und einen weiteren Mann um; die zwei streitenden Familien treffen sich zu einer Schießerei auf einem Friedhof; Eastwood gibt einem Teil von Volontés Gang Geld und wird wieder zusammengeschlagen; Volonté legt Feuer im Haus der anderen Familie und bringt jeden um, junge Männer und Frauen eingeschlossen. Schließlich, und das ist der Höhepunkt des Films, löscht Eastwood alle Überlebenden aus. Dies war nur der

Kolossalfilm und Western

Anfang. In *Per qualche dollaro in più* bringt Volonté eine ganze Familie um, außer der Frau, die verschont wird, um dann vergewaltigt zu werden. In *C'era una volta il west* erschießt Henry Fonda, nachdem er zuvor eine ganze Familie umgebracht hat, ruhigen Blutes und ohne Eile einen kleinen Jungen.

Der „italienische Westen" war ein Schlachtfeld, das nicht für die Schwachen und weder für Kinder noch für Frauen gemacht war. In den amerikanischen Western gab es eine Frau, die für den Sieger bestimmt war. Die wenigen Frauen in italienischen Western dagegen waren hoffnungslose Schatten, der Westen war ein männliches Reich, das von männlichen Paaren durchkreuzt wurde. In *Giorni dell'ira*[33], einem großen Hit, der mehr Geld einbrachte als *C'era una volta il west*, nimmt Lee Van Cleef als ein ins Alter gekommener Waffenheld den Neuling Giuliano Gemma unter seine Fittiche und lehrt ihn die Tricks des Geschäfts. Umgekehrt wird in einem anderen erfolgreichen Film, *Faccia a faccia*[34], Volonté als einem sich zur Ruhe setzenden Professor vom Kopf einer Gang, mit dem er nun ein Paar bildet, das Töten beigebracht. Die 1960er Jahre waren für homoerotische Darstellungen noch nicht reif, sodass sich der Film stärker auf die männliche Faszination für Gewalt konzentrierte.

Italienische Western rüttelten an den Archetypen, welche über drei Jahrzehnte hinweg aufgebaut worden waren. Ihre Figuren gingen einher mit jenen des jüngsten italienischen Films. Mastroianni war der Beobachter einer korrupten und brutalen Gesellschaft in *La dolce vita* und ebenso leidenschaftslos wie Clint Eastwood. Reicht dies aus, um den Erfolg dieser Filme herzuleiten? Vermutlich nicht, da stilistische und technische Neuerungen ebenso in Betracht gezogen werden müssen. Leone und seine Nachfolger hatten die große Fähigkeit, einen Zustand der Angst vor dem herzustellen, was kommen mochte. *Per qualche dollaro in più* beginnt mit einer langen, rot eingefärbten Einstellung eines regungslosen Reiters in der Mitte des Bildausschnitts. Von außerhalb des Ausschnitts sind eine Pfeife und ein Schuss zu hören, und der Reiter fällt vom Pferd, während die musikalische Begleitung das Geheimnisumwobene der Szene, die im Film nicht aufgeklärt wird, verstärkt. Einige einfache, oft schrille, leicht zu merkende Tonfolgen[35] und auffällige, repetitive Geräusche begleiten die spannendsten Szenen: Ein Flötensolo zieht die Bewegung einer Hand, die zum Schuss ansetzt, ins Unendliche; das Ticken einer Uhr verlängert die Qual.

Die 1950er Jahre hatten den Triumph des Breitbildes erlebt, das eine in der Breite stark vergrößerte Sichtfläche zeigte. Dies bot zwar atemberaubende Landschaftsbilder, war aber sehr teuer. 1963 stellte eine italienische Firma, die Techniscope, ein System vor, dessen Bildweite unverändert blieb, aber dessen Bildhöhe um ein Viertel geringer war. Die Projektoren waren die gleichen, nur waren im oberen und unteren Teil der Leinwand schwarze Streifen angebracht. Diese Technik sparte nicht nur Filmmaterial, sondern erlaubte es auch, scharfe Bilder zu drehen. Leone (oder sein Kameramann) sah sofort den Nutzen von

Pierre Sorlin

Techniscope: In einer Totalen würden Vorder- und Hintergrund von gleicher Klarheit und Schärfe sein, Handlungen konnten gleichzeitig in verschiedenen Tiefenfeldern gezeigt werden. Wichtiger noch war, dass die schwarzen Streifen die Struktur der Großaufnahme veränderten. In manchen Fällen verstärkte es den Eindruck, wenn sich etwas öffnete oder schloss, z. B. wenn der Deckel eines Sarges angehoben wurde, um die Sicht auf ein Maschinengewehr freizugeben, und die Teile des Holzsargs jeweils oben und unten von den Streifen versteckt wurden, sodass es wirkte, als würden die Schüsse direkt von der Leinwand gefeuert. Die Streifen schnitten bei Nahaufnahmen auch schon einmal die Stirn oder das Kinn von Darstellern ab, was ihnen ein eigenartiges und unangenehmes Gesicht gab. Leone nutzte das Potenzial von Techniscope vollständig aus. Systematisch schnitt er Bilder zusammen, die unverbundene Handlungen zeigten, Reiter im Hintergrund, Kämpfe auf der einen und die Ankunft einer neuen Figur auf der anderen Seite der Leinwand. Seine Totalen waren mit Nahaufnahmen von fiebrigen Augen, schwitzenden und grimmigen Gesichtern und Fingern am Abzug eines Revolvers zwischengeschnitten. Sowohl in den Bildern als auch in der Schnitttechnik lag etwas Erschreckendes, Wildes, das perfekt zu der Rauheit des italienischen Wilden Westens passte.

In den 1960er Jahren gab es eine regelrechte Leone-Mode. Viele produzierten grausame, manchmal sadistische Filme, deren Figuren geschlagen, verstümmelt und sogar gekreuzigt wurden. Als Reaktion darauf oder vielleicht um sensible Zuschauer taktvoll zu behandeln, entwickelten manche einen Anti-Leone-Trend. Es gab ebenso viel Blut und Verbrechen, aber am Ende wurde das Böse bestraft. Wenn Lee Van Cleef in *Giorni dell'ira* sich als allzu erbarmungslos herausstellt, revoltiert sein Schüler, Giuliano Gemma, und bringt ihn um. Das Gleiche geschieht mit Volonté in *Faccia a faccia*, während Lee Van Cleef als Gesetzeshüter in *La resa dei conti*[36] den Mann, den er erschießen soll, verschont, weil er begreift, dass dieser unschuldig ist und aus schlechten Beweggründen gejagt wird. Eine Variante dieses „tugendhaften Modells" nimmt eine pseudo-politische Haltung an: Mit den üblichen Verbrechen und Morden wird Geld gestohlen, dann aber an mexikanische Revolutionäre gegeben. Diese Variante wurde nicht besonders gut aufgenommen, als sie 1966 zum ersten Mal zur Aufführung kam, aber im Zuge der Ereignisse um 1968 schließlich modisch.[37]

Zusammenfassung

Die europäischen Studios machten sich einen Einbruch bei den Hollywoodproduktionen zunutze und versuchten, Genrefilme zu drehen, die die amerikanischen Produktionen auf dem nationalen und internationalen Markt ersetzen konnten. Von der Vielzahl an Genres waren zwei äußerst erfolgreich, und einige

Kolossalfilm und Western

der Kolossalfilme und Western erreichten die Spitze in der Statistik der Kartenverkäufe und machten innerhalb weniger Wochen Gewinne von vielen Millionen Lire, was Glücksritter dazu anleitete, große von der Bank geliehene oder von staatlichen Institutionen aufgebrachte Summen in dieses Erfolgsschema zu investieren. Die beiden erfolgreichen Genres waren, wie jedes andere Kulturprodukt, Waren, die dazu hergestellt wurden, um Gewinne zu erzielen. Sie richteten sich an verschiedene Publikumssegmente in unterschiedlichen geografischen Zonen und besaßen unterschiedlich große Chancen, ihre Ausgaben wieder einzuspielen. Einige Produkte, insbesondere die von amerikanischen Fernsehsendern bestellten, wurden bereits im Voraus verkauft. Andere, die nach bewährten Schemata produziert und billig hergestellt wurden, machten keine großen Gewinne, konnten jedoch auf längere Sicht ihre Produktionsausgaben wieder einspielen. Der Erfolg der meisten Filme hing von zwei Faktoren ab: dem Vertriebsnetzwerk und den Launen der Zuschauerschaft.

Es wird oft angenommen, dass dies „populäre" Genres waren, doch das Adjektiv „populär" ist alles andere als eindeutig. Meint es: „es gefällt vielen" oder: „von den weniger Gebildeten bevorzugt"? Es ist wahr, dass viele der Filme hastig gedreht, schlecht gespielt und insgesamt mittelmäßig waren, aber reicht dies aus, um sie als „populär" zu kennzeichnen?

Wir wissen sehr wenig über die Erwartungen und Beweggründe der Zuschauer, und der Versuch, das Verhalten des Publikums in Bezug auf seine Wünsche oder Vorlieben zu begreifen, ist hoffnungslos. Wir können keine überzeugende Erklärung für die Tatsache finden, dass zahllose Italiener schon in der Woche des Erscheinens von *Per un pugno di dollari* in die Kinos stürmten, um den Film zu sehen, oder dass *Per qualche dollaro in più* ein absoluter Hit in Spanien war, wo ihn fast sechs Millionen Menschen sahen.

Es ist eine Tatsache, dass die Öffentlichkeit selten selbst „wählte", was sie sah, da die Kinoprogramme von den Verleihern bestimmt wurden. In den 1950er und frühen 1960er Jahren kontrollierten drei große Firmen den Filmvertrieb auf dem italienischen Markt: De Laurentiis, Titanus und Lux. De Laurentiis suchte, in Zusammenarbeit mit Paramount, eine begrenzte Zahl an Filmen aus und bestimmte sie als Programm für die angeschlossenen Kinos seines Netzwerkes. Diese Strategie machte *Barraba* zu einem Erfolg. Lux verteilte Filme unter Berücksichtigung der Vorlieben der jeweiligen lokalen Zuschauer. 1957 war der erfolgreichste Film dieses Verleihers *Le fatiche di Ercole*. Später vertrieb Lux auch einige andere Kolossalfilme, doch hatten sichere Filme wie Komödien oder Melodramen immer Vorrang. Die 1958 ausbrechende allgemeine Euphorie über die Peplum-Filme verleitete auch Titanus dazu, einige Filme dieser Art zu verbreiten, ohne sonst mit dem Genre verbunden zu sein. Die nationalen Verleiher waren zu vorsichtig, als dass sie einer flüchtigen Modewelle vertraut hätten, sodass nach 1960 die Kolossalfilme nur noch von kleinen regionalen Firmen vertrieben wurden, meist an Kinos in Randlagen oder auf dem Land. Dies hatte zur Folge, dass weniger aussichtsreiche Filme, die Schwierigkeiten hatten, ihre Kosten wieder einzuspielen, an abgelegenen Orten gezeigt wurden, wo pro Woche nur ein Film auf dem Programm stand. Die Zuschauer sahen nicht deshalb Kolossalfilme, weil deren Einfachheit sich mit ihren „populären" Gewohnheiten deckte, sondern weil es nichts anderes gab.

Anders verhielt es sich mit dem Western. Die großen Firmen hatten kein Vertrauen in die Zukunft der Wildwest-Filme und überließen deren Verbreitung mittelgroßen Firmen. Unidis, der Verleih von *Per un pugno di dollari*, sah den Erfolg des Films nicht voraus, doch war er angesichts des großen Zuschauerandrangs in der Lage, schnell neue Kopien herzustellen und auf der ganzen Halbinsel zu verbreiten. Nachdem die Firma Produzioni Europee Associate *Per qualche dollaro in più* produziert hatte, beschloss sie, auch den Verleih zu übernehmen. PEA übernahm eine alte Strategie, die darauf basierte, dass neue Filme häufig an Kinos ausgeliefert wurden, die im Vorhinein erklärt hatten, sie in ihr Programm aufzunehmen. Es gab Fiaskos, die jedoch weitgehend durch den Erfolg von *Per qualche dollaro in più*, *Il buono, il brutto, il cattivo*, *La resa dei conti* oder *Faccia a faccia* wieder wettgemacht wurden. Die Strategie von PEA ließ einen großen Kreis von Filmliebhabern entstehen, die zwar nicht alle Vorführungen besuchten, aber die Entwicklung des Genres mit großem Interesse verfolgten und viele Filme zu Hits machten. Hier konnten sich die Zuschauer ihr Filmprogramm aussuchen, oft gingen sie dabei nach der Besetzung – nur wenige Filme mit Lee Van Cleef wurden ein Flop. Vier Jahre lang war diese Vorgehensweise von PEA erfolgreich, doch nach einer Weile wurde das Publikum des Genreprinzips überdrüssig und begann, jene Kinos, in denen Western gezeigt wurden, zu meiden. In der Folge beschränkte sich die Vorführung von Western auf vorstädtische oder ländliche Filmtheater, wo die Devise für die Zuschauer „friss oder stirb" lautete.

Auf Kolossalfilme und auf Western reagierte das italienische Publikum auf zwei recht unterschiedliche Arten. Der erste Kolossalfilm überraschte und amüsierte ein Publikum, dem Denkmäler, literarische Texte und historische Tradition vertraut waren, doch die Filme wären bald vergessen gewesen, hätte es nicht die Flut von Peplum-Filmen gegeben, die in der Folge den Markt überschwemmten. Niemand, jene mit eingeschlossen, die nie einen Kolossalfilm gesehen hatten, konnte diese Unmenge an Göttern, Helden, Hopliten, Zenturien und Legionären ignorieren. Die Kolossalfilme gerieten aufgrund ihrer Quantität ins Blickfeld und setzten den Anfang für viele Neo-Mythen, Fantasiefiguren und Zyklen von Abenteuern, die so ungenau und dehnbar waren wie antike Mythen. Das Leinwandleben der Kolossalfilme war kurz. Sogar das amerikanische Fernsehen stellte ihre Ausstrahlung ein, als es bemerkte, dass das Publikum genug hatte. Doch der Kolossalfilm wurde legendär, Fanclubs wurden gegründet, die diese Filme zeigten und diskutierten, und nach zwei Jahr-

Kolossalfilm und Western

zehnten Pause wurden sie auch von den Fernsehsendern für ihre Nachtprogramme reaktiviert. Amerikanische Antikenfilme waren in den 1950er Jahren Blockbuster gewesen. Als Hollywood damit aufhörte, sie zu produzieren, übernahm Italien das Ruder. Die italienischen Kolossalfilme füllten die Lücke und ebneten den Weg für die Wiedergeburt der amerikanischen Kolossalfilme am Ende des 20. Jahrhunderts. Zwar überstrahlten Hollywoodproduktionen mit ihren Stars, Spezialeffekten und Tausenden von Komparsen die italienischen Filme, doch hatte die italienische Filmindustrie auf sehr nützliche Weise dazu beigetragen, die Tradition aufrechtzuerhalten.

Der italienische Western, ebenfalls Nachfahre einer langen Reihe populärer Filme weltweit, traf auf eine wohlwollende, wenn auch kurzlebige Aufmerksamkeit, war jedoch nicht im Stande, ein sterbendes Genre nachhaltig zu reaktivieren. Gleich ob er die Eroberung des Mittleren Westens infrage stellte oder sie glorifizierte, hatte der klassische amerikanische Western den Westen zu einem Mythos werden lassen. In den späten 1950er Jahren, einer Zeit, in der die USA und die Sowjetunion um die Vorherrschaft im Weltraum wetteiferten, verlangten die Zuschauer nach etwas weniger Vertrautem als einem Ritt auf dem Pferd und einem Kampf mit Indianern. Italienische Western ließen die Kraftlosigkeit des Genres deutlich werden, ihre Figuren wollten das Land nicht besetzen und kultivieren, sondern sie morden und stahlen, um für sich das Beste aus den Anstrengungen der Pioniere herauszuholen. Anfangs machte die Gewaltbereitschaft und Skrupellosigkeit der Figuren großen Eindruck auf das Publikum, aber bald wirkten die Kulissen altmodisch, und Grausamkeit, Kälte und Gefühllosigkeit gingen auf andere Filmreihen über, etwa auf Thriller und Geschichten von Terroristen. Die Filme dienten als Übergang von den althergebrachten psychologisierenden und kohärenten Drehbüchern zu verworrenen Geschichten und schwer fassbaren Protagonisten. Dieser Wandel fand in den Jahren statt, als die Zuschauerzahlen sanken, der Niedergang des Westerns ging einher mit dem Verschwinden eines Großteils der italienischen Zuschauer: Diejenigen, die den Western gemocht hatten, ließen, als seine Zeit vorüber war, die Kinos hinter sich.

---

[1] Das Budget einer Koproduktion war durchschnittlich um 30 Prozent höher als das nationaler Produktionen.
[2] Peter Lev, *The Euro-American Cinema*, Austin 1993.
[3] Enrico Giacovelli, *La commedia all'italiana*, Rom 1990; Maurizio Grande, *La commedia all'Italiana*, Rom 2003.

Pierre Sorlin

[4] Vgl. *Vittorio Cottafavi*, Dossier von Equipo de redacctión de la Filmoteca (Redaktionsgruppe der Kinematek) Madrid (Filmoteca Nacional de España) 1980.

[5] *Space Men* (I 1960), *Il pianeta degli uomini spenti* (*Planet of the Lifeless Men*, I 1961), *I diafanoidi vengono da Marte* (*Diaphanoids, Bringers of Death*, I 1966), *Il pianeta errante* (*Orion 3000 – Raumfahrt des Grauens*, I 1966).

[6] 1965 drehte Antonio Margheriti für Mercury Film International, eine Firma, die mit amerikanischen Fördergeldern arbeitete, vier Science-Fiction-Filme mit derselben Besetzung.

[7] Der Film nimmt *Rollerball* (USA 1975) voraus, der zehn Jahre später das gleiche Thema mit größerer Perfektion umsetzte.

[8] *Horror all'Italiana, 1957–1979*, hrsg. von Stefano Piselli und Riccardo Marrocchi, Florenz 1996.

[9] Vgl. die Kritiken in: *Nuovo spettatore cinematografico* vom 2.4.1963.

[10] *I tre volti della paura* (*Die drei Gesichter der Furcht*, I/F/USA 1963).

[11] *I lunghi capelli della morte* (*The Long Hair of Death*, I 1964).

[12] Christopher Wagstaff, „A Forkful of Westerns: Industry, Audiences and the Italian Western" in: *Popular European Cinema*, hrsg. von Richard Dyer und Ginette Vincendeau, London 1992, S. 245–261; Maria Wyke, *Projecting the Past. Ancient Rome, Cinema and History*, London/New York 1997; Gary Allen Smith, *Epic Films: Casts, Credits, and Commentary over 250 Historical Spectacle Movies*, Jefferson/London 2004.

[13] Christopher Frayling, *Spaghetti Westerns: Cowboys and Europeans from Karl May to Sergio Leone*, London 1981; Thomas Weisser, *Spaghetti Westerns: The Good, the Bad and the Violent. 558 Eurowesterns and Their Personnel, 1961–1977*, Jefferson/London 1992; Luca Beatrice, *Al cuore, Ramon, al cuore: la legenda del western all'Italiana*, Florenz 1996.

[14] Produktion: Oscar Film; Regie: Pietro Francisi; Schauspieler: Steve Reeves.

[15] Die *Associazione Nazionale industrie cinematografiche e audiovisive* gab die Einnahmen aller italienischen Filme bekannt. Es liegen keine Informationen über die zweite Vertriebsphase oder über exportierte Filme vor. Die Zahlen sind jedoch ausreichend, um die Ergebnisse der Filme zu vergleichen.

[16] Produktion: Dino De Laurentiis; Regie: Richard Fleischer.

[17] Produktion: Titanus; Regie: Robert Aldrich.

[18] Produktion: Bistolfi; Regie: Alberto De Martino.

[19] Produktion: Bistolfi; Regie: Stefano Vanzina.

[20] Produktion: Roma film; Regie: Michele Lupo; Schauspieler: Giuliano Gemma.

[21] Ocean Film, Jolly Film (Rom), Constantin Filmverleih (München).

[22] 1963. Produktion: Ultra: Regie: Sergio Corbucci; Schauspieler: James Mitchum.

[23] 1964. Produktion: Ultra: Regie: Sergio Corbucci; Schauspieler: Cameron Mitchell.

[24] Die vorherigen größten Kasseneinnahmen gingen an *La dolce vita* (1960) und *Il gattopardo* (1963), die 2,2 Milliarden Lire einspielten. Die Einnahmen des gewinnbringendsten „Dollar-Films", *Per qualche dollar in più*, beliefen sich auf 3,9 Milliarden Lire.

[25] Mit der spanischen Firma Cesáreo Gonzáles und dem deutschen Constantin Filmverleih.

[26] Produktion: P.C.M./Balcazar; Regie: Duccio Tassone; Schauspieler: Giuliano Gemma.

[27] Vgl. die Kritik von Andrea Solmi in: *Oggi* vom 14.12.1967.

[28] Henry Fonda, Charles Bronson, Jason Robards, Claudia Cardinale. Produktion: Rafran Cinematografica/Euro International Films.

[29] Oreste De Fornari, *Tutti i film di Sergio Leone*, Mailand 1984.

Kolossalfilm und Western

[30] 1967, Produktion: Crono; Regie: Giuseppe Colizi; Schauspieler: Terence Hill, Bud Spencer.
[31] Das Genre erlebte 1973 ein kurzes Revival mit dem Film *Il mio nome è nessuno* (*Mein Name ist Nobody*, I/F/BRD 1973) (Produktion: Rohan; Regie: Tonino Valerii), der eine weitere Götterdämmerung des Genres darstellt.
[32] 1959; Produktion: Liber film; Regie: Carlo Ludovico Bragaglia; Schauspieler: Victor Mature.
[33] 1967, Produktion: Sancrosiap; Regie: Tonino Valerii.
[34] 1967, Produktion: PEA/Gonzáles; Regie: Sergio Sollima.
[35] Ennio Morricone machte sich einen Namen dank der Musik, die er für Leones Filme schrieb. Vielen gilt er als der Inbegriff des Filmkomponisten für den italienischen Western, obwohl er nur einer von mehr als 40 Komponisten war.
[36] 1967; Produktion: PEA; Regie: Giorgio Stegani.
[37] *Quien sabe?* (*Töte Amigo*, I 1966), produziert von MGM unter der Regie von Damiano Damiani und mit Gian Maria Volonté macht den Anfang. 1968 war *Corri, uomo, corri* (*Lauf um dein Leben*, I/F 1968), produziert von Mancori, unter der Regie von Sergio Sollima, ein großer Hit. Leone selbst folgte dieser Mode, als er *Giù la testa* (*Todesmelodie*, I 1971) drehte, produziert von Rafran und mit Rod Steiger.

Roy Menarini

Die Farce

Die Entwicklung, die das komische Genre in den 1960er Jahren nimmt, kann auf den ersten Blick widersprüchlich erscheinen. Auf der einen Seite verändert die Commedia all'italiana die humoristische Tradition des Landes durch verschiedene Aspekte der sogenannten Poesie der „Monster" und durch die grotesken Darstellungen der Boomgesellschaft, die im Grunde noch nicht frei ist von der Erinnerung an den Krieg. Auf der anderen Seite erhalten sich Formen der Farce, die unmittelbar von der Komik der 1930er und 1940er Jahre herstammen und die wahrscheinlich durch den Rückgriff auf Themen, die mit dem *neorealismo rosa* aufgekommen sind, abgemildert werden und kaum vom zeitgleichen Phänomen der Komödie beeinflusst sind. Auch für die Darsteller scheint es keinen Übergang von einer Gattung zur anderen zu geben; Ugo Tognazzi, der dank Marco Ferreri und Luciano Salce mit *La voglia matta* (*Lockende Unschuld*, I 1962) und *La donna scimmia* (*The Ape Woman*, I/F 1963) zur Autorenkomödie gelangt (auf Kosten seines Partners Raimondo Vianello), ist ein Einzelfall, der die Regel bestätigt.

Das Verständnis des italienischen Kinos der 1960er Jahre kann sich nicht nur auf die Phänomene beschränken, die diese Periode auszeichnen, wie das Autorenkino, die Commedia all'italiana, die sogenannten Tiefengenres, die Avantgarde, ohne sie in einem dichten Netz von intertextueller und intermedialer Kommunikation zu positionieren, was für dieses Jahrzehnt, in dem sich die Kulturindustrie Italiens endgültig behauptet, typisch ist.[1] Eine besondere Rolle spielt z. B. die Parodie, ein filmisches Segment, das man mit den Worten von Mauro Wolf[2] als „Meta-Genre" bezeichnen könnte. Es bietet die Möglichkeit, die verschiedenen filmischen Erzählweisen und komplexen Repräsentationssysteme wie Kino, Fernsehen, Theater und Werbung zu durchlaufen, die sich in diesen Jahren aufeinander beziehen. Zudem scheint sie als Verbindungslinie für augenscheinlich nicht miteinander verbundene Phänomene zu funktionieren, die jedoch derselben Verflechtung von Einflüssen entstammen. Die Entwicklung der Parodie, sofern man überhaupt von Entwicklung sprechen kann, ist für den Forscher vor allem aufgrund der inneliegenden Besonderheiten von Interesse, zum Beispiel durch den Einfluss der zahlreichen Ausformungen des Theatervarietés, des Fernsehvarietés, des Autorenfilms, des *neorealismo rosa* etc., aber auch wegen der filmischen Texte selbst wie z. B.: *A noi piace freddo …!* (*We Like It Cold*, I 1960, R: Steno) mit Ugo Tognazzi, Raimondo Vianello; *A qualcuna piace calvo* (I 1960, R: Steno alias Steno E. Monicelli) mit Magali Noël, Antonio Cifariello; *Un dollaro di fifa* (I 1960, R: Giorgio Simonelli) mit Ugo Tognazzi und Walter Chiari; *Psycosissimo* (I 1961, R: Steno) mit Ugo Tognazzi, Raimondo Vianello; *Il mio amico Jekyll* (*My Friend Dr. Jekyll*, I 1960, R: Marino Girolami) mit Ugo Tognazzi, Raimondo Vianello; *Maciste contro Ercole nella valle dei guai* (*Hercules in the Valley of Woe*, I 1961, R: Mario Mattoli) mit Raimondo Vianello; *Totò, Peppino e la dolce vita* (*Totò, Peppino und das süße Leben*, I 1961, R: Sergio Corbucci) mit Totò e Peppino; *Walter e i suoi cugini* (I 1961, R: Marino Girolami) mit Walter Chiari; *Rocco e le sorelle* (I 1961, R: Giorgio Simonelli) mit Tiberio Murgia, Moira Orfei; *Totò contro Maciste* (*Totò vs Maciste*, I 1962, R: Fernando Cerchio) mit Totò; *I marziani hanno dodici mani* (*The Twelve-Handed Men of Mars*, I/E 1964, R: Castellano und Pipolo) mit Paolo Panelli, Franco Franchi und Ciccio Ingrassia; *Gli eroi del west* (*Heroes of the West*, I 1965, R: Steno) mit Ugo Tognazzi, Raimondo Vianello; *Totò contro il pirata nero* (*Totò vs the Black Pirate*, I 1964, R: Fernando Cerchio) mit Totò; *002 agenti segretissimi* (Wir, die Trottel vom Geheimdienst, I 1964, R: Lucio Fulci) mit Franco Franchi und Ciccio Ingrassia; *Sedotti e bidonati* (I 1964, R: Giorgio Simonelli) mit Franco Franchi und Ciccio Ingrassia; *Per un pugno nell'occhio* (*Fistful of Knuckles*, E/I 1970, R: Michele Lupo) mit Franco Franchi und Ciccio Ingrassia; *I gemelli del Texas* (*Twin from Texas*, I/E 1964, R: Steno) mit Walter Chiari und Raimondo Vianello; *Totò d'arabia* (*Totò of Arabia*, E/I 1964, R: José Antonio de la Loma) mit Totò, um nur einige aus der ersten Hälfte der 1960er Jahre zu nennen, die zugleich zeigen, dass die Ausmaße des Phänomens es nicht mehr gestatten, es als ein Nebensymptom der italienischen Komik zu betrachten. Auch in den populärsten Episodenfilmen tritt dieser dichte intermediale Dialog in Erscheinung, in dem Comics, Lieder, Fernsehen, Varieté und Massenpresse miteinander verschmelzen.

Die Vielfalt an parodierten Themen ist groß. Sie reicht von bedeutenden Parodien des Autorenkinos wie *La dolce vita* (*Das süße Leben*, I/F 1960) und *Rocco e i suoi fratelli* (*Rocco und seine Brüder*, I/F 1960), über „interne" Parodien, in denen das italienische Kino das Ziel ist, bis hin zu „externen", die das internationale Kino betreffen. Vorsicht ist jedoch geboten, das Phänomen der Parodie von anderen Arten des Komischen und Humoristischen zu unterscheiden. Bei der Commedia all'italiana oder dem Spaghetti-Western lässt sich nicht von Parodie sprechen, auch wenn die Basis dafür unklar ist. Wer *Per qualche dollaro in meno* (*For a Few Dollars Less*, I 1966) ansieht, den letzten Film von Mario Mattoli, kommt nicht umhin, einen himmelweiten Unterschied zwischen diesem komisch-parodistischen Werk und dem Humor eines anderen Schlages bei Leone festzustellen. Wie sonst soll man eine Parodie wie *Sedotti e bidonati* erklären, ein überzogenes farcenhaftes Beispiel von Franchi/Ingrassia, in dem der Film von Germi eine „autoritäre" Rolle zugesprochen bekommt. Von Mal zu Mal scheint es, als ob die Parodie den Dialog mit dem Zuschauer *ausgehend vom parodierten Film* aufnimmt.

Es darf nicht angenommen werden, dass die Großzahl dieser Filme eine homogene Masse bilden, denn es stimmt nicht, dass sich die 1960er Jahre in Blöcken präsentieren: dem Block des einfachen Publikums, des „gehobenen" Publikums, der Commedia all'italiana oder der Operation „Nouvelle Vague" der Titanus. Was nun fehlt, ist die Präzision, mit der die Kulturindustrie bis dahin ihre Produkte den Kunden angeboten hat. Fausto Colombo erklärt:

> Ein bezeichnendes Merkmal, das mit den 1960er Jahren seinen Anfang nimmt, ist die wachsende Diskrepanz zwischen der Geschichte der Phänomene des kulturellen Konsums und der historischen Entwicklung des Landes, zumindest wie letztere von den traditionellen, ‚hohen' Kulturkreisen verstanden wird. Ein Beispiel: Es macht zweifellos nachdenklich, dass die Generation der Studentenbewegung 1968 mit dem Konsum der schwarzen Comics, des mythologischen Serienkinos oder des Spaghetti-Westerns aufgewachsen ist – neben der Schulbildung, die auf dem klassischen Gymnasium als Bildungsbasis für die zukünftige herrschende Klasse beruhte.[3]

Man darf sich aber nicht dazu verleiten lassen, das Kino der 1960er Jahre in binären Oppositionen wie Engagement/Disengagement, gebildetes/ungebildetes Publikum, Autorenkino/Komödie zu beschreiben. Bei Letzterer ist es sogar denkbar, dass eben die Parodie erklärt, wie die Filme von Fellini, Visconti, Antonioni und die von Germi, Pietrangeli, Comencini – bezogen auf das „Kino der Tiefe" – auf dem gleichen Gebiet angesiedelt werden.

Der Markt ist folglich in zwei Gruppen gegliedert: ein urbanes und wählerisches Publikum, das stärker auf soziale Veränderungen achtet und somit die Commedia all'italiana oder das Autorenkino bevorzugt, und ein Publikum der Provinz, von einfacherer Zusammensetzung, das die Kontinuität der schlichteren Komik schätzt, wie sie zwischen den 1950er und den 1960er Jahren üblich ist. Die Kinos auf dem Lande und in der städtischen Peripherie zeigen weiterhin Filme, die nur dank der Treue dieses Publikums noch existieren, wodurch ein Phänomen von B-Filmen entsteht, deren niedrige Kosten sowohl die Produktion wie die Eintrittskarten betreffen. Es ist anzunehmen, dass die Komik zu Beginn der 1960er Jahre nur nach einer eingehenden Untersuchung des Unterhaltungsfernsehens umfassend erklärt werden kann, da viele ihrer Protagonisten von einem Format zum anderen springen: Tognazzi und Vianello sind nur die bekanntesten Beispiele dafür. Das Fernsehen scheint keinen negativen Einfluss auf die Kinobesuche zu haben, zumal das Kino mit dem Versprechen von mehr Erotik und Doppeldeutigkeit lockt. Es wäre durchaus wert, die Dynamik dieses dialogischen Austauschs zwischen den beiden Medien nachzuvollziehen, um

Die Farce

einen Prozess der Definition des Komischen historisch begründen zu können, der bis heute anhält und der seinen wahren Ursprung im Fernsehen findet.

Der Komiker der Farce hingegen verweist auf die alte Komik, die aus dem Revuetheater stammt und deren Lehre alles andere als vergessen scheint. Auch der Humor der Fernsehprogramme stützt sich auf den gleichen Theater-Hintergrund. Macario, Renato Rascel und andere heilige Figuren der 1930er Jahre arbeiten mit neuem Elan, indem sie kleine Kino-Serien begründen wie z. B. *Quattro*. Aber welche Farcen sind für die erste Hälfte der 1960er Jahre typisch? Es lassen sich einige hauptsächliche Subgenres bestimmen: die Junggesellen-Ehe-Reihe, das Witz- oder Revue-Thema oder die Parodie, von der schon die Rede war. Zum „Ehe"-Subgenre gehören die beliebten Themen des doppelten Spiels, des Ehebruchs und der trügerischen Fähigkeiten der Frauen. Die Perspektive kann die der Frau sein – der Prototyp hierfür ist *Mogli pericolose* (I 1958, R: Luigi Comencini) – oder die des Mannes auf der Suche nach Abenteuer, wie in einem der pikantesten Beispiele der Zeit, *I piaceri dello scapolo* (I 1960, R: Giulio Petroni). Hier erfinden die Protagonisten ein breites Netz an Lügen, um junge Frauen zu verführen, zum Teil auch mit Gags, die über ihre Herkunft aus Billy Wilders *The Apartment* (*Das Apartment*, USA 1960) keinen Hehl machen. Die Mehrzahl der Verführungen und Seitensprünge findet natürlich am Strand statt, und diese natürliche Theaterbühne am Meer wird bald zum bevorzugten Set der Farcen-Komödie. Betrachtet man es genau, so garantiert dieser Schauplatz die Einheit von Ort und Handlung, bietet Vertrautheit mit den Figuren, vereinfacht die Verwicklungen, ermöglicht die Identifikation des volkstümlichen Zuschauers und ist eine Rechtfertigung dafür, dass die italienischen Diven Bikinis tragen. Zu diesen Filmen gehören *Scandali al mare* (I 1961, R: Marino Girolami) mit einer „Starbesetzung": Vianello, Tognazzi, Carotenuto bis Bramieri; *Ferragosto in bikini* (I 1961, R: Girolami), in dem Tognazzi und Vianello von Walter Chiari und Tiberio Murgia begleitet werden, und *Copacabana Palace* (*The Saga of the Flying Hostesses*, I 1962, R: Steno), der aufgrund der brasilianischen Umgebung von Rio eine exotische Ausnahme bildet. Die Handlungen sind meist identisch: tollpatschige Diebe, willige Ehemänner, aufreizende, aber moralisch ehrliche Mädchen, fortwährende Personenverwechslungen. All dies wird die erotische Farce der 1970er und 1980er Jahre weiterverwenden und mit viel Vulgarität ausschmücken. Es bleibt zu erwähnen, dass sich die Titel zu Dutzenden häufen und man nicht von einem zweitrangigen Phänomen sprechen kann.

Das Subgenre der „Witze" beschränkt sich auf elementare Handlungsgeschichten, bei denen fortwährend die Parallelmontage benutzt wird, um erzählerisch viele kleine Sketches isolieren zu können. Vianello und Tognazzi dominieren diesen Bereich, indem sie die große Bekanntheit ausnutzen, die sie durch das Fernsehprogramm „Uno, due, tre" (1954) erworben haben. Filme wie *Pugni, pupe e marinai* (I 1961, R: Daniele D'Anza), *5 marines per 100 ragazze* (I 1961,

Roy Menarini

R: Mario Mattoli) oder *I tromboni di Fra Diavolo* (*Fallen für Fra Diavolo*, I/E 1962, R: Giorgio Simonelli) liefern die Gelegenheit für oft sehr bekannte Gags und – zumindest in den ersten beiden Fällen – für eine Collage von sentimentalen, melodischen und karikaturalen Situationen, die ein schwer zu entwirrendes Hybrid der Genres Musical und Komödie entstehen lassen. Vianello und Tognazzi drehen auch eine Reihe von Parodien, auf die ich ihrer Bedeutung wegen getrennt eingehen werde. Die Form des Sketches findet den fruchtbarsten Boden im Episodenfilm, der auch dem Autorenkino und der Commedia all'italiana vertraut ist, jedoch ebenso Gemeinsamkeiten mit der Farce in seiner Abstammung vom Theater und Fernsehen aufweist. Wichtig ist unter anderen der Schauspieler Walter Chiari, der in den 1950er Jahren etwas die Lust verloren hat, jedoch nach Dutzenden von burlesken Arbeiten 1963 die Möglichkeit erhält, mit Damiano Damiani in *La rimpatriata* (*Wiedersehen für eine Nacht*, I/F 1963) und vor allem mit Alessandro Blasetti in *Io, io, io . . . e gli altri* (*Me, Me, Me . . . and the Others*, I/F 1966) zusammenzuarbeiten.

Das genaueste Zeugnis der zuvor angesprochenen „alten Löwen" bieten die Serien der *Vier* (*Quattro*): Es handelt sich um die eigenartige Bande von Gauklern, die sich aus Macario, Peppino De Filippo, Nino Taranto und Aldo Fabrizi zusammensetzt, Darsteller mit wechselndem Erfolg, jedoch Meister ihres Bereichs. Fabrizi fügt zu seiner gutherzigen, aber reizbaren römischen Figur neue Aspekte hinzu, Taranto hingegen scheint die Kunst-Figur mit der schwächsten Identität zu sein, Peppino agiert als der unfähige Vernünftige wie in den Filmen von Totò, und Macario bietet das vielfältigste Repertoire von allen an, nachdem er die Chaplin'sche Linie seiner Anfänge hinter sich gelassen hat. Die betreffenden Filme sind *I quattro monaci* (*The Four Monks*, I 1962, R: Carlo Ludovico Bragaglia), *I quattro moschettieri* (*The Four Musketeers*, I/F 1963, R: C. L. Bragaglia), *I quattro tassisti* (I 1963, R: Giorgio Bianchi), *Totò contro i quattro* (*Toto vs the Four*, I 1963, R: Steno), ein weinerliches, jedoch anrührendes Beispiel eines geschwächten Totò zu Beginn der 1960er Jahre. Nicht alle Filme arbeiten mit genau denselben Figuren, auch das historische Umfeld und die erzählerischen Impulse wechseln. Gleich bleiben hingegen die Schauspieler und ihre komischen Eigenschaften, womit es sich letztlich bei den *Quattro* um die Darsteller und nicht um die dargestellten Figuren handelt.

Die Filmografie von Marino Girolami, dem Regisseur, der sich am meisten auf diese Art Kino spezialisiert hat, würde reichen, um die Vielfalt und die Fülle der Farcenfilme aufzuzeigen: von den Parodien (*Il mio amico Jeckyll*), den Strandfilmen (*Scandali al mare*), Musikfilmen (*Twist, lolite e vitelloni*, I 1962), Episodenfilmen (*Le motorizzate*, I/F 1964; *Le tardone*, E/I 1964) bis hin zu den Ehefilmen (*Caccia al marito*, I 1960). Andere Meister des Handwerks sind jedoch nicht zu vergessen wie Mario Amendola, Giorgio Bianchi oder die bekannteren Steno, Sergio Corbucci, Luigi Comencini, Letzterer zumindest am Anfang seiner Karriere.

Die Farce

Gerade als Totò am Tiefpunkt seiner Krise angelangt ist, erscheinen am Horizont die Protagonisten der Farce des kommenden Jahrzehnts: Franco Franchi und Ciccio Ingrassia. Sie werden von Domenico Modugno entdeckt, der ihnen einen Auftritt im Theater in der Musikkomödie *Rinaldo in campo* (I 1963) verschafft. So beginnen Franchi und Ingrassia, die auf eine große Erfahrung im Varietétheater zurückblicken, ihren Aufstieg im komisch-sentimentalen Kino zu Beginn der 1960er Jahre. Ihre ersten, clownesken Rollen haben sie in komisch-sentimentalen Filmen wie *Il mio amico Benito* (I 1962, R: Giorgio Bianchi) und *Obiettivo ragazze* (I 1963, R: Mattoli). Ihren wahren Durchbruch verschaffen ihnen Filme, in denen sie die Hauptrollen spielen. Nachdem sie in der Parodie des historischen Monumentalfilms *Il giorno più corto* (*The Shortest Day*, I 1963, R: Sergio Corbucci) mitgemischt haben, an dem fast alle großen Akteure des damaligen populären Kinos mitwirken, beginnen Franchi und Ingrassia ihre lange Erfolgsserie von Filmen, die heute noch im Fernsehprogramm zu finden sind: z. B. *Due mafiosi nel far west* (*Two Gangsters in the Wild West*, E/I 1965, R: Giorgio Simonelli), *002 agenti segretissimi* von Lucio Fulci, *Sedotti e bidonati* von Simonelli oder *Per un pugno nell'occhio* von Michele Lupo. Dies sind Titel, die sich von selbst erklären. Es genügt zu sagen, dass dies nur der Anfang einer Karriere ist, in der ein Film nach dem anderen abgedreht wird. Wer klagt, dass hier ein Talent vergeudet werde, was auch Totò vorgehalten wurde, bedenkt nicht, dass der wahre Komiker zur Übertreibung verurteilt ist, dazu, sich zu wiederholen, wie es seine Gauklernatur verlangt.

Die Farce ignoriert die Entwicklung des Fernsehens nicht. Das italienische Kino beginnt frühzeitig, das Fernsehen zu nutzen, und zwar, wie Enrico Giacovelli betont, „den öffentlichen Apparat, die RAI, als Symbol für den neuen Wohlstand des Landes und das private Gerät, den Fernseher, in den ersten Jahren der 1960er als Symbol für ein gewisses familiäres Wohlergehen".[4] Das Kino scheint im Kielwasser der seinerzeit erfolgreichsten Fernsehprogramme mitzuschwimmen, indem es sich sozusagen deren „Markencharakter" ebenso wie die Gesichter, die sie bestimmen, zunutze macht. In *Totò, lascia o raddoppia?* (I 1956, R: Camillo Mastrocinque) beschließt Totò als verarmter Adliger, der kein Geld hat und unverbesserlich ist, was Pferdewetten betrifft, an der populären Quizsendung von Mike Buongiorno teilzunehmen, um dort seine Kenntnisse aus der Pferdewelt zu nutzen.[5] Die Auftritte von Mike Buongiorno und seinem Showgirl Edy Campagnoli sind bereits eine Garantie für das Interesse des Publikums an diesem Film. Das Kinopublikum kannte die Quizshow und seinen Moderator gut, da die Kinobetreiber oft donnerstags das Filmprogramm unterbrachen, um Platz für die von Buongiorno präsentierte Sendung zu machen. Auch *Domenica è sempre domenica* (*Sunday is Always Sunday*, I 1958, R: Camillo Mastrocinque) spielt mit dem Erfolg damaliger Fernsehformate. Hier dienen das Programm „Il Musichiere" und sein Showmaster Mario Riva als Hintergrund für eine Geschichte über Personen, die alle den Preis der Fernsehsendung gewinnen wollen.

Mike Buongiorno wird drei Jahre später wieder in dem Film *Il Giudizio universale* (*Das Jüngste Gericht findet nicht statt*, I/F 1961, R: Vittorio De Sica), in dem er sich selbst spielt, zum Kino zurückkehren. Nicht das Fernsehen scheint der Protagonist des Films zu sein, der auf surreale Weise einen besonderen Tag im Leben einiger Figuren erzählt, die seit Beginn des Tages eine Stimme hören, die die Ankunft des Weltgerichts verkündet („Um 18 Uhr beginnt das Weltgericht", wiederholt die Stimme, ähnlich Fernsehansagen); es spielt eher eine Nebenrolle. Für die italienische Gesellschaft jener Jahre scheint Mike Buongiorno jedenfalls eine Schlüsselfigur für die Beziehung zwischen Kino und Fernsehen zu sein. Das Fernsehen gilt noch als ein Kommunikationsmittel, das machtvoll Gewissheit garantiert. Eine Sequenz des Films beschreibt diese dem Fernsehen zugeschriebene Funktion besonders gut: Eine Gruppe der Mittelschicht, die ob der nahen Ankunft des Jüngsten Gerichts erschrocken und verängstigt ist, schaltet den Fernseher ein, aber das Programm der RAI zeigt wie gewöhnlich nur Mike, der das Publikum mit Spielen und Scherzen unterhält: Nichts Wichtiges kann passieren (oder passiert sein), sofern es nicht vom Fernsehen berichtet wird.

Diese Idee, dass das Fernsehen Sichtbarkeit und Authentizität gewährt und dabei direkt zum Herzen der Italiener spricht, ist auf stark satirische Weise auch in anderen Filmen der 1960er Jahre zu finden. Hierzu gehört *Gli onorevoli* (I 1963, R: S. Corbucci), in der die Geschichten von fünf Wahlkandidaten erzählt werden, die unterschiedlichen Parteien angehören und von denen keiner gewinnt. Unter ihnen ist auch ein Kandidat des Movimento Sociale, Giuseppe Mollica (Peppino De Filippo), der in seinem Bestreben, Stimmen zu gewinnen, auch an einer Wahlkampfsendung im Fernsehen teilnimmt. Aber zu seinem Unglück gehört der Regisseur (Walter Chiari) dem anderen politischen Lager an und verunstaltet ihn mit der Entschuldigung, den Kandidaten telegener zu machen, und macht ihn dadurch lächerlich. Der Regisseur wird entlassen, doch Mollica hat seine Chance, gewählt zu werden, verspielt. Diese kurze Episode verdeutlicht die Fähigkeit des Fernsehens, Medien-Figuren und Medien-Ereignisse zu schaffen, ebenso wie seine Macht, zum Erfolg oder Misserfolg einer Person beizutragen, auch im Bereich der Politik, wie das berühmte Fernsehduell der amerikanischen Präsidentschaftskandidaten Richard Nixon und John Kennedy zeigt.[6] In der Episode *Il testamento di Francesco* aus dem Film *I mostri* (*15 From Rome*, I/F 1963, R: D. Risi) spielt Vittorio Gassman einen eitlen Mönch, der im Fernsehen Liebe und Opferbereitschaft predigt, sich hinter den Kulissen jedoch „mehr um seine Schminke als um die christliche Nächstenliebe sorgt"[7].

Umgekehrt ist der von Alberto Sordi in der Episode *Guglielmo il dentone* aus *I complessi* (*Complexes*, I/F 1965, R: D. Risi, F. Rossi, L. F. D'Amico) gespielte

Die Farce

Guglielmo Bertoni im Bewusstsein seiner Intelligenz und Kultur nicht um seine Telegenität besorgt. Ohne Beziehungen und Empfehlungen will der ehrgeizige Guglielmo unbedingt Fernsehsprecher werden und ist sicherlich der beste Bewerber, nur leider hat er ein schreckliches Gebiss, das für die gesamte Prüfungskommission ein Problem darstellt, nicht aber für ihn selbst. Um sich von diesem Anblick zu befreien, schlägt die Kommission ihm eine Stelle bei Radio Vaticana vor. Aber Guglielmo gibt sich nicht so leicht zufrieden und erklärt dem Pfarrer, Mitglied der Kommission, der ihn hinauskomplimentieren will, dass „das Radio überwunden ist und man nur durch das Fernsehen Popularität gewinnt". Im Film treten viele Film- und Fernsehstars der Zeit auf (Gaia Germani, Alice und Ellen Kessler, Prof. Cutolo, Nanni Loy, Edy Campagnoli, Lelio Luttazzi, Armando Trovajoli), und dem Fernsehen und seinen Gesichtern wird keine Anspielung erspart. So sagt Bertoni z. B. Luttazzi, dass die Varieté-Show *Studio Uno* „lahm" sei, dann wendet er sich dem Maestro Trovajoli zu und erklärt, dass er ihn sich als Norditaliener vorgestellt habe. Die Anwesenheit der Gesichter des damaligen Fernsehens, ähnlich wie bei Mike Buongiorno in *Giudizio universale*, eröffnet eine einmalige und interessante Dimension: Die Bekanntheit dieser Figuren mildert die Paradoxie der Geschichte und macht sie, wenn nicht glaubwürdig, so doch einfacher zu akzeptieren, wie einen Scherz auf Kosten bekannter Personen.[8] Der Bewerber Guglielmo hofft also auf Popularität durch das Fernsehen und, warum auch nicht, auf einen „sicheren" Arbeitsplatz in einer öffentlichen Institution.

Kurz vor Beginn der Jugendprotestbewegung kommt ein Film in die Kinos, der Instrumentalisierung und Ausbeutung der Fernsehpersönlichkeiten und die Industrialisierung und Serialisierung des Ruhms ironisiert. In *Fermate il mondo ... voglio scendere!* (I 1968, R: Giancarlo Cobelli) nimmt der Bauchredner Riky Ceciarelli, der Mitglied einer antikonformistischen Protestgruppe ist, an einem Vorsprechen für ein Fernsehprogramm teil. Er wird gewählt und haucht einem absurden Fernseh-Superhelden für Kinder Leben ein, dabei wirbt er gleich noch für unverdauliche Kinderriegel. Die Eroberung eines sicheren Arbeitsplatzes und der Kompromiss zwischen der eigenen künstlerischen Kreativität und der Marktlogik der Ausbeutung tragen in diesem Film zu einem ziemlich negativen Bild sowohl der Fernsehpopularität wie der Zwänge bei, die eine Arbeit dieser Art prägen – im Gegensatz zur Suche nach neuen künstlerischen Ausdrucksformen.[9]

Dino Risi schenkt in seinem Film *Il Profeta* (*The Prophet*, I 1968) einer Figur Leben, die der Vorläufer einer Reihe von Fernsehheiligen wird. Vittorio Gassman spielt darin einen ehemaligen Angestellten, der aus der Stadt geflohen ist und in den Bergen wie ein Eremit lebt. Er wird wider Willen von einem Fernsehteam aufgespürt, das einen Bericht über ihn und sein ungewöhnliches Leben drehen will. Dabei wird er – auch dank seiner Aphorismen – schnell zu einer Celebrity des Fernsehens. In dem Versuch, der Vermarktung seines Bildes entgegenzuwirken und um seine Fremdheit gegenüber einer bestimmten Art Leben nochmals zu unterstreichen, sieht sich der Prophet gezwungen, sein wildes Leben in den Bergen hinter sich zu lassen und in die Stadt zurückzukehren. Hier wird er vom perversen Mechanismus der Bilderkultur aufgesogen. Er wird in eine Sendung eingeladen und sofort zensiert. Unter den Händen eines schnellen Managers wird er rasch in eine Fernseh-„Persönlichkeit" verwandelt, die zuerst in einen Spot für eine Nudelfirma katapultiert wird, um dann schließlich ein Restaurant zu eröffnen, das folgerichtig „Der Prophet" heißt.

Zusammenfassend ist zu sagen, dass es unmöglich wäre, hier auch nur einen Teil all jener Titel anzuführen, die dem Genre Farce und Parodie zuzuordnen sind. Es ist jedoch wichtig daran zu erinnern, dass dieses Genre, zusammen mit den anderen hier angesprochenen „Tiefengenres", möglichst eingehend untersucht werden muss, um das schwierige Mosaik zu Beginn der 1960er Jahre zusammenzusetzen. Es handelt sich um ein kinematografisches Netz mit fortwährender Verästelung, bei dem ein unendliches Hin und Her zwischen hohen und niederen Formen stattfindet, wobei sich die populären Genres ununterbrochen aufeinander beziehen. Die Farce ist eine weitgespannte Kategorie, in der alle anderen Stränge des massenhaft konsumierten Kinos zusammentreffen, das Programm des Provinzkinos ebenso wie das in den Zweitaufführungskinos der Großstädte: Sie verdaut alles und spottet über alles, auch wenn die Mechanismen der Komik und die Struktur der Gags oft wie abgenutzte Instrumente des Humors erscheinen, die darum bitten, schnell konsumiert zu werden – auf dieselbe Weise, wie diese Filme entstanden sind.

---

[1] Siehe G. De Vincenti, *Storia del cinema italiano. Volume X. 1960–1964*, Rom 2001; *Storia del cinema italiano. Volume XI. 1965–1969*, hrsg. von G. Canova, Rom 2002.

[2] M. Wolf, „Recenti esempi di definizione dei generi letterari", in: *Contributi bibliografici ad un progetto di ricerca sui generi televisivi*, hrsg. von G. Bettetini und P. Fabbri, Rom 1977. Vgl. auch R. Menarini, *La parodia nel cinema italiano*, Bologna 2003.

[3] F. Colombo, *La cultura sottile. Media e industria culturale in Italia dall'Ottocento agli anni Novanta*, Milano 1998, S. 246 f.

[4] E. Giacovelli, *La commedia all'italiana*, Rom 1990, S. 157.

[5] Für Informationen zum Zusammentreffen der beiden Medienwelten in diesem Film siehe M. Comand, *L'immagine dialogica. Intertestualità e interdiscorsivismo nel cinema*, Bologna 2001, S. 83–88.

[6] Auch ist die Telegenetik des Kandidaten ein wichtiges Element, wie Kathleen Hall Jamieson in ihrer Studie zum amerikanischen Präsidentschaftswahlkampf festhält.

„In the first debate, Nixon's pale complexion, the byproduct of a recent illness and inadequate make-up and lighting, his dark beard, and the sweat that trickled over his upper lip and down his chi suggested a desperate person crumbling under the stress of the encounter with Kennedy."/„In der ersten Debatte vermittelten einige Faktoren Nixon als eine verzweifelte Person, die unter dem Streß der Begegnung mit dem Gegner Kennedy litt: sein blasses Aussehen, die Folge einer kürzlichen Krankheit, das unangebrachte Make-up und Licht, sein dunkler Bart, der Schweiß, der von seiner Oberlippe auf sein Kinn tropfte." Vgl. Kathleen H. Jamieson, *Packaging the Presidency. A History and Criticism of Presidential Campaign Advertising*, New York/Oxford 1984, S. 158.

[7] Giacovelli, *La commedia all'italiana* (s. Anm. 4), S. 158.

[8] G. Simonelli, „La tv nei film", in: *Storia del cinema italiano vol. XI 1965/1969*, hrsg. von Gianna Canova, Venedig 2002, S. 340.

[9] Der Kommentar eines der Freunde von Riky verdeutlicht diese Position: „Du brauchst nur mit dem Hintern zu sprechen und schon wirst du ein Divo", meint er, während er einem der lächerlichen Fernsehauftritte seines Freundes zusieht.

Francesco Pitassio

Tragische Zeremonien

Der italienische Horrorfilm: Genre und Darstellungsweise

Der italienische Horrorfilm der 1960er Jahre wird im Folgenden nach drei möglichen Zugängen untersucht: zwei textuellen und einem kontextuellen. Der Begriff des Genres bezeichnet das funktionale System einer Vielzahl wiedererkennbarer semantischer (Raum, Figuren, Attribute) und syntaktischer Elemente (die Art, diese Elemente in einer sinngebenden Abfolge zu artikulieren). Dies ist die bekannte Position in einem Aufsatz von Rick Altman.[1] Eine zweite Perspektive, aus der mögliche Grenzen des Genres sichtbar werden, ist semiopragmatischen Charakters. Das Zusammenspiel textueller Merkmale erzeugt ein Simulakrum bei den Zuschauern, nimmt eine bestimmte Organisation der Lektüre des Textes an.[2] Eine dritte Perspektive bezieht sich noch enger auf den Kontext. Das Genre wird bereits in der Projektphase definiert – durch eine Vielzahl von paratextuellen und kontextuellen Agenturen (Promotion, Werbung, Kritik, Konsumentengemeinschaft); seine Existenz wird aus seiner Verwendung bestimmt, aus der die Benennung, die Zirkulation und die Erinnerung abgeleitet werden.[3]

Frauen aus Stein

Die Organisation der Erzählung im italienischen Horrorfilm[4] beruht bis zur Mitte der 1960er Jahre, als das Genre einen Stillstand erfuhr, auf einer räumlichen und erzählerischen Syntax, die von einem Film zum nächsten weitergegeben wird. Es wechseln die Regisseure, die Drehbuchautoren und (selten) die Drehorte, aber nicht die Struktur der Erzählung und der Handlungsorte.

Nach einem immer wiederkehrenden Modell des Genres gelangt die Verlaufsrichtung der Erzählung von einem nicht genau definierten Außenraum, einem *sozialen Raum*, in den Spielraum der Handlung, den *heroischen Raum*, in dem sie für die gesamte Dauer der Erzählung verbleibt.[5] In der Mehrzahl der italienischen Horrorfilme jener Jahre kommt der Held zum Stillstand, von *La maschera del demonio* (*Die Stunde, wenn Dracula kommt*, I 1960, R: Mario Bava) bis

Der italienische Horrorfilm

hin zu *Contronatura* (*Schreie in der Nacht*, BRD/I 1969, R: Antonio Margheriti), einer deutschen Koproduktion. Es ist ein Raum, der aufgrund seiner Unfähigkeit, sich zu verändern und narrativ weiterzuentwickeln, dazu verdammt ist, zu implodieren oder aber das mögliche Element einer Veränderung zu vernichten: Am Ende von *Contronatura* wird der Ort, mit schwächlicher diegetischer Motivation, von einer Schlammlawine erfasst und bricht in sich zusammen; in *Danza macabra* (*Castle of Blood*, I/F 1964, R: Antonio Margheriti) wird der Held von einem scharfen Gitter aufgespießt. Ähnliche Beispiele gibt es zuhauf.

Gleichzeitig sieht der erzählerische Vektor, als Überbringer eines Projekts moralischer Säuberung, kein soziales Gegenfeld vor, auf das Bezug genommen werden könnte. Er erreicht immer nur den heroischen Raum und hat die Aufgabe, die Bedrohung abzuwehren. In dieser Hinsicht gibt es nur wenige Ausnahmen, und die besonders emblematischen sind *I vampiri* (*Der Vampir von Notre-Dame*, I 1956, R: Riccardo Freda), der als Stammvater des Genres betrachtet wird, und *Il mulino delle donne di pietra* (*Die Mühle der versteinerten Frau*, I/F 1960, G. Ferroni): zwei Grenzgänger bezüglich des Genres und seines Darstellungsmodus in den 1960er Jahren.

Mit Blick auf die semantische und syntaktische Organisation unterscheidet sich das Genre deutlich in seiner Entwicklung zwischen den 1960er und den 1970er Jahren. In den späteren Jahren kommen eine exotisch angehauchte Dynamik, Erbe der *Mondo*-Filme, und das Motiv des Kannibalismus hinzu, wie in *Cannibal Holocaust* (*Nackt und zerfleischt*, I 1980, R: Ruggero Deodato), *Mangiati vivi!* (*Lebendig gefressen*, I 1980, R: Umberto Lenzi) oder *Zombi 2* (*Woodoo – Die Schreckensinsel der Zombies*, I 1979, R: Lucio Fulci).

In der Organisation der narrativen Funktionen werden die Figurentypen für gewöhnlich wiederholt. Der Held ist fast unausweichlich von einer gewissen Männlichkeit oder zumindest etwas Sonderbarem gekennzeichnet. Er zeichnet sich selten durch seine Aktionen aus, sondern zieht es vielmehr vor, zu verfolgen und nachzuforschen. Ein Beobachter, dessen Sehfunktion derartig stark betont wird, kommt schließlich dahin, sich selbst zu beobachten, wie es dem Helden in *Operazione paura* (*Die toten Augen des Dr. Dracula*, I 1966, R: M. Bava) geschieht.

Gleichzeitig wird diese Schaufunktion der virilen Helden des italienischen Horrorfilms – sehr ähnlich den Nachforschungen der späteren Figuren von Dario Argento – dauernd den Ungewissheiten der Wahrnehmung unterworfen: Szenen und Situationen werden verdoppelt, was es schwierig macht, sie zu beurteilen und weiterhin eine angemessene Verhaltensweise zu entwickeln. Der Protagonist von *Il mulino delle donne di pietra* verweilt für mehr als die Hälfte des Films im Zweifel: Wie viel von dem, was er sieht, ist real; wie viel ist ein Albtraum, hervorgerufen durch seine Fremdheit, ein reichlich dupliziertes Simulacrum des Realen, und zwar in einer von Puppen bevölkerten Wohnung für

Francesco Pitassio

einen Film, der seine Inspiration durch *Vampyr – Der Traum des Allan Grey* (F/BRD 1932, R: Carl Theodor Dreyer) und *The Mistery of the Wax Museum* (*Das Geheimnis des Wachsfigurenkabinetts*, USA 1933, R: Michael Curtiz) kaum verbirgt?

Im Zentrum der epistemologischen Ungewissheit des sonst so stabilen Mannes des italienischen Kinos steht das Objekt seiner Suche und der eigentliche Grund für seine Präsenz im heroischen Raum: die weibliche Figur. Die Frau im italienischen Horrorfilm ist das Objekt einer eindrucksvollen Doppelung: Einerseits ist sie nach der Definition von Della Casa ein „geometrischer Ort, der alle negativen Antriebe des Films enthält"[6], andererseits eine engelsgleiche Weiblichkeit, die von der Ersteren aufs Spiel gesetzt wird. Wenn die männlichen Protagonisten für gewöhnlich in *zwei deutlich unterscheidbare Figuren* getrennt sind – einen moralisch Annehmbaren und einen Zweifelhaften, der geneigt ist, im Netz der Attraktivität des Perversen gefangen zu werden –, dann besteht das seltsame Merkmal der weiblichen Figuren in der gleichzeitigen Präsenz beider Typen in ein und derselben Schauspielerin, mithilfe eines mehr oder weniger glaubhaften Spiels mit Blutsverwandtschaft, Reinkarnation, Besessenheit und Verkleidung. Die Frau im italienischen Horrorfilm ist, trotz der wenig erfinderischen, aber oft gut in Szene gesetzten Isotopie, auf jeden Fall zwei-

Il mulino delle donne di pietra (Die Mühle der versteinerten Frau, I/F 1960).

fach – seit *I vampiri*, wo die weibliche Figur eine erfolgreiche junge Frau und gleichzeitig eine schreckliche Megäre ist. In *Gli amanti d'oltretomba* (*Nightmare Castle / Lovers Beyond the Tomb*, I 1965, R: Mario Caiano) hingegen wird das Gesicht von Barbara Steele zweigeteilt: engelsgleich auf der einen und entstellt auf der anderen Seite.

Das größte Risiko für den virilen Helden liegt in einer fatalen Verwirrung: Während er überzeugt ist, das moralische Objekt seiner Wünsche in die Arme zu nehmen, findet er sich in den Klauen eines perversen weiblichen Dämons wieder – wie es dem gleichzeitig willensstarken und zögerlichen Helden der Episode *I Wurdalak* in *I tre volti della paura* (*Die drei Gesichter der Furcht*, I/F/USA 1963, R: M. Bava) widerfährt.

Riten, schwarze Magie und geheime Orgien im italienischen Horrorfilm

Der Diskurs des italienischen Horrorfilms der 1960er Jahre ist durch eine gewisse Einfachheit seiner Rhetorik charakterisiert, deren Grund in geringen Produktionsmitteln und einem folglich erhöhten Drehrhythmus liegt, der wenig Zeit für die Erarbeitung differenzierter ästhetischer Effekte lässt. Das Genre bringt vielmehr einen zweifachen Exhibitionismus hervor, der auf der Zurschaustellung des weiblichen Körpers und dessen sadistischer Nötigung beruht. Die Worte von François Truffaut paraphrasierend: Das italienische Horrorkino „macht böse Sachen mit schönen Frauen".

Dieses funktionale und narrative Prinzip basiert auf einer Dimension der Zurschaustellung innerhalb der Erzählung und folglich einem konsequenten Übergewicht von Zeigefunktionen.[7] Anders als der Horrorfilm von Argento, der unmittelbar auf der darstellerischen Artikulation des Sehtriebs basiert, oder der meta-diskursiven Entwicklung des Genres zum Ende der 1970er Jahre, verweist das Genre in den 1960er Jahren unentwegt auf zusätzliche spektakuläre Formen, jedoch ohne reflektierende Funktion. Im Einklang mit anderen Genreformen des populären italienischen Kinos seit den 1930er Jahren kehrt man zu jenen Darstellungsmodalitäten zurück, die ein Gutteil der nationalen Kultur charakterisieren und sich auf die Attraktivität des weiblichen Körpers beziehen: Schönheitswettbewerbe, Modenschauen, Striptease.[8] Fern jeder narrativen Logik findet man in den weniger innovativen, aber in den Konventionen des Genres stärker verhafteten Filmen ganze Tanzeinlagen, die in ungemütlichen Schlossräumen stattfinden. Nachdem die Tänzerinnen in *L'ultima preda del vampiro* (*Das Ungeheuer auf Schloß Bantry*, I 1962, R: Piero Regnoli) vom Auffinden der Leiche einer ihrer Kolleginnen zurückgekommen sind, trainieren sie einen aufreizenden Tanz, und eine von ihnen improvisiert einen Striptease. Einige Jahre später werden Fotografen und Models ein Fotoshooting in den wenig einladenden Verliesen von *Il boia scarlatto* (*Scarletto – Schloß des Blutes*, I/USA, 1965, R: M. Pupillo) veranstalten.⁹

Diese exhibitionistischen Arrangements finden ihren Höhepunkt in den sadistischen Handlungen perverser Männer zum Schaden des weiblichen Körpers. Ausgewählte Bildkader und Details, welche die narrative Spannung mit der voyeuristischen verbinden, unterstreichen die Aktion, z. B. eine Kamerafahrt mit der todbringenden Waffe über den gefangenen Körper der aufreizenden Schauspielerin.

Dem Zuschauer wird durch diese Darstellungsweise das Spektakel des weiblichen Körpers geboten, auf den er seine gesellschaftlich wenig vertretbaren Triebregungen projizieren kann. Dabei kann er jedoch immer auf einen positiven Ausgang der Erzählung setzen, auch wenn ihn das wahrscheinlich wenig interessieren dürfte. Zusammenfassend lässt sich für das Horrorgenre behaupten, dass der Handlung ein Text mit begrenztem Interesse für die narrative Ausarbeitung zugrunde liegt, der hochgradig sexualisiert ist und vortechnologische Formen der populären Kultur ausbeutet. Die wirtschaftliche *Ratio* eines solchen Darstellungsmodells entspringt mit großer Wahrscheinlichkeit der Produktionsweise selbst: Maximierung der Effekte bei sehr bescheidenem Investment und Arbeitsaufwand. Diese Intensivierung der Texteffekte gilt nicht allein für die Filmvorbereitung, sondern betrifft auch die Qualität der fotografischen Effekte, die von einigen der besten Kameramänner und Regisseure des Genres geliefert werden: Leuchtende Farben, High-key-Belichtungseffekte und besondere Kameraeinstellungen finden sich z. B. in *L'orribile segreto del Dr. Hichcock* (*The Frightening Secret of Dr. Hichcock*, I 1962, R: R. Freda), *I tre volti della paura* und auch in den Filmen von Renato Polselli der 1970er Jahre; oder – bei der Verwendung von Schwarz-Weiß-Film mit hohem Kontrast, wie er zu der Zeit im Autorenkino üblich war – in *La maschera del demonio*, *Un angelo per Satana* (*Ein Engel für den Teufel*, I 1966, R: C. Mastrocinque) oder *Gli amanti d'oltretomba*.¹⁰

Darstellungseffekte sind der direkteste Weg, um das beste Ergebnis bei geringsten Kosten zu erzielen. Die Einsparungen an Technik und Infrastruktur sind in diesen Produktionen offensichtlich: billiger Farb- oder Schwarz-Weiß-Film, d. h. Eastmancolor statt Technicolor; Wiederverwendung von Sets (berühmt ist der Fall von *La danza macabra*, der den Set der Komödie *Il monaco di Monza / The Monk of Monza*, I 1963, R: S. Corbucci, verwendet)¹¹; kleine und billige Studios, z. B. INCIR-De Paolis in der Via Tiburtina. Es ist eine Darstellungsweise, die darauf aus ist, ihre bescheidene Herkunft teilweise zu vertuschen oder sie durch Oberflächeneffekte zu nobilitieren. Nicht von ungefähr ist die beliebteste Werbestrategie dieser Filme die Verkleidung. Verborgen werden die Namen der Regisseure und Darsteller, die nationale Herkunft der Filme, die Sets und auch die narrativen und ikonografischen Quellen: Sehr wahrscheinlich existieren die *Racconti fiamminghi* als Ursprung von *Il mulino delle donne di pietra*

Der italienische Horrorfilm

gar nicht. Andererseits kann, wenn bereits der Titel eines Films den Namen des bekanntesten Regisseurs von Thrillern paraphrasiert, kaum Originalität erwartet werden.

Operation Angst

War der italienische Horrorfilm der 1960er Jahre tatsächlich für ein breites Publikum bestimmt? Welchen Konsum fand dieses Minderheitsgenre in der Gesamtproduktion des italienischen Kinos? Wird die Beliebtheit des Produktes allein durch seinen Erfolg auf dem Markt oder durch andere Faktoren bestimmt?

In einer ersten Zusammenfassung ist festzuhalten, dass das Horrorgenre in der Gesamtheit des Filmkonsums auf dem italienischen Markt durch sein Mittelmaß gekennzeichnet ist. Heute bekannte Filme erbrachten nur lachhafte ökonomische Ergebnisse. Der Vertrieb war zumeist unfähig, alle Landeshauptstädte abzudecken – *Un angelo per Satana* zum Beispiel beschränkte sich auf drei Wochen –, für gewöhnlich betrug die Spieldauer weniger als eine Woche und die Einnahmen waren bestenfalls bescheiden.

Stützt man sich auf nicht völlig vertrauenswürdige, doch anschauliche Quellen, hat *La maschera del demonio* 139 Millionen Lire eingenommen, *I tre volti della paura* 103.500.000 Lire und *La cripta e l'incubo* 65 Millionen Lire. Vergleicht man diese Angaben mit den Einnahmen von Filmen anderer Kategorien, so hat z. B. *Otto e mezzo* (*Achteinhalb / 8 ½*, I/F 1963, R: Federico Fellini), den Spinazzola als „Autoren-Super-Spektakel" mit hohem Budget bezeichnet,[12] 755 Millionen Lire eingenommen; ein Film der Commedia all'italiana wie *Il boom* (I 1963, R: Vittorio De Sica) macht 576 Millionen Lire Gewinn und ein Genrefilm, der mit einer ähnlichen Produktionsweise wie die Horrorfilme entstand und von einem Regisseur gedreht wurde, der in beiden Genres tätig war, wie *Ulisse contro Ercole* (*Herkules, der Sohn der Götter*, I/F 1961, R: Mario Caiano), brachte es auf 405 Millionen Lire.[13]

Selbst wenn man den Vergleich ausschließlich auf die sogenannten „Tiefengenres" bezieht, so scheint sich das Horrorkino durch seine geringen wirtschaftlichen Erfolge zu unterscheiden.[14] In vielerlei Hinsicht formiert sich das Genre in Italien nur langsam. Zwischen dem Ende der 1950er Jahre und dem Beginn der 1960er Jahre erfährt das Genre mittelhohe Investitionen und entwickelt Ambitionen: Das ist der Fall von *I vampiri* oder von *Il mulino delle donne di pietra*, die auf Koproduktionsbasis mit internationaler Besetzung, intertextuellen Bezügen und – als beinahe einzige Ausnahme – in den Studios von Cinecittà gedreht wurden.[15] Dabei hatten die geringfügigen Einspiel-Ergebnisse dieser Filme auf dem nationalen Markt zwei Folgen: die Kürzung der Investitionsmittel für die Produktion und die Verkäufe auf den ausländischen Märkten.[16] Bezieht man sich auf die Forschungen von Tudor, so erreichen die italienischen Horrorfilme z. B. die dritte Stelle in der Statistik der verliehenen Filme auf dem britischen Markt.[17]

Eigentlich Neues im Sinne der Marktperformance wird erst am Ende des Jahrzehnts zu verzeichnen sein, wenn die Filme von Dario Argento in Erscheinung treten, die einen außerordentlichen wirtschaftlichen und diskursiven Einfluss im nationalen Kontext ausüben. Doch überschreitet diese Entwicklung den Zeitrahmen unserer Thematik. Die heutige Bekanntheit des Genres beruht deshalb hauptsächlich darauf, die Wahrnehmung des Genres und seinen Stellenwert in der italienischen Filmgeschichte neu zu formulieren: Cinephilie in ihrer Sonderform des häuslichen Konsums mittels unterschiedlicher Kanäle, ausländischer, vor allem US-amerikanischer Home-Videos, italienischer Fernsehprogrammierungen, privater Piratenumläufe und Web-Distribution, italienischer Home-Videos, die mit Publikationen in diesem Bereich verbunden sind.

Diese miteinander zusammenhängenden Konsumtypen funktionieren nach drei Strategien: Selbstlegitimierung durch die Identifikation mit den Merkmalen des Genres, die Konstitution von eigenen meinungsbildenden Institutionen, die Ernennung von Schutzfiguren, väterlichen „Autoren" (Freda, Bava, Fulci, Margheriti sind nur einige von ihnen); dem allgemein anerkannten Wissen wird die Legitimation abgesprochen durch die Entwicklung einer Gegengeschichte des italienischen Kinos; zugleich wird ein „handwerklicher Genius" proklamiert, den die offizielle und akademische Kultur nicht wahrnimmt.

Unter diesem Aspekt gewinnen die Darstellungsweise des italienischen Horrorfilms, die Begrenztheit seiner Produktionskosten, die Unwahrscheinlichkeit seiner Tricks und die Bizarrheit der Verkleidungen einen Wert an sich, den nur der Fan wahrnehmen und teilen kann, was in offener Opposition zu einer als elitär und restriktiv wahrgenommenen Kultur geschieht. Anstatt sich der Verortung des Genres „in der Vielfalt außerhalb der festgeschriebenen Schemata" und „der Neigung, die Normen zu überschreiten und neue Wege offenzulegen", bewusst zu sein, von der De Vincenti bezüglich des Kinos der ersten Hälfte jenes Jahrzehnts spricht,[18] verficht man das populäre Kino als Gegenstück zu den verhassten Erscheinungen des Autors, der Oper und der Schule. Es sei denn, man überträgt dann eben jene Kategorien auf das eigene Genre, indem man Prinzipien der poetischen und ästhetischen Kohärenz aufspürt. Jedenfalls kommt durch solcherart fruchtbare Widersprüche nach vier Jahrzehnten des Vergessens ein wichtiger Teil der nationalen Filmproduktion wieder ans Licht, indem man seine fragmentierte und fetischistische Form der schlecht gelungenen Verkleidungen und erfinderischen Anwendungen der Technik in hohen Tönen lobt.

Die Bedeutung dieses Phänomens lässt sich nicht bestreiten.[19] Das Risiko dieser Vorgehensweise ist jedoch nicht gering: Diese Art von Nobilitierung ent-

Der italienische Horrorfilm

Il mulino delle donne di pietra (*Die Mühle der versteinerten Frau*, I/F 1960).

deckt im seriösen Handwerker den Autor, im populären Spektakel die Pop Art, in einer Randproduktion ein zentrales Segment der nationalen Kinoindustrie.

Am Ende von *Il mulino delle donne di pietra* fangen die Puppen des verrückten Erfinders Feuer, womit der Horror des Verbrechens und die Schönheit des Mechanismus zerstört werden. Andererseits war es dem Protagonisten aufgrund der vielen missglückten Abenteuer auch gar nicht gelungen, sich auf den Apparat selbst zu konzentrieren. Vielleicht hätte sich die Mühe gelohnt, vor dem Gottesbeweis einen Blick auf die Räder zu werfen.

Francesco Pitassio

[1] Vgl. Rick Altman, „A Semantic/Syntactic Approach to Film Genre", in: *Film Genre Reader*, hrsg. von Barry Keith Grant, Austin 1986, S. 26–40. Jetzt in: Rick Altman, *Film/Genre*, London 1999, S. 220–221.

[2] Vgl. Francesco Casetti, *Dentro lo sguardo. Il film e il suo spettatore*, Mailand 1986, S. 24.

[3] Vgl. Mark Jancovich, „Consuming Fears. Introduction", in: *Horror. The Film Reader*, hrsg. von Mark Jancovich, London/New York 2002, S. 135.

[4] Die jüngste Veröffentlichung zu diesem Thema stammt von: Matt Hills, *The Pleasures of Horror*, London/New York 2005. Für mehr Informationen zur pragmatischen Dimension des Genres siehe auch: Altman, *Film/Genre* (s. Anm. 1).

[5] Für die Unterscheidung zwischen den beiden Räumen, die der Analyse einer Gruppe von Märchen entstammt, war besonders anregend: Algirdas Julien Greimas, „Alla ricerca della paura. Riflessioni su un gruppo di racconti popolari", in: *Del senso*, hrsg. von Greimas, Mailand 1974, S. 243–260. Im vorliegenden Fall spricht Greimas explizit von räumlicher Trennung und von „unterschiedlichen und unverbundenen Isotopien".

[6] Stefano Della Casa, „L'horror", in: *Storia del cinema italiano*, vol. X, 1960/1964, hrsg. von Giorgio De Vincenti, Venedig 2001, S. 320.

[7] Diesbezüglich verweise ich auf: André Gaudreault, *Du Littéraire au filmique. Système du récit*, Paris 1988 (ital. Übers.: *Dal letterario al filmico. Sistema del racconto*, Torino 2000); Roger Odin, *De la fiction*, Brüssel 2000 (ital. Übers.: *Della finzione*, Mailand 2004, S. 17–39).

[8] Andererseits ist das Angebot des weiblichen Körpers die spektakuläre Neuheit des Jahrzehnts, wie die große Zahl von Eingriffen der Zensur hierzu belegt, die weit größer ist als die die Darstellung von Gewalt betreffenden. Laut Alfredo Baldis Untersuchung der 462 Film-Eingriffe der Revisionskommission, wurden während der 1960er Jahre einzig zwei horrornahe Filme, *I criminali della galassia* (*The Criminals of the Galaxy*, I 1965, R: A. Margheriti) und *I diafanoidi vengono da Marte* (*Diaphanoids, Bringers of Death*, I 1966, R: A. Margheriti), aufgrund von zu gewalttätigen Darstellungen zensiert. Vgl. Alfredo Baldi, *Schermi proibiti. La censura in Italia 1947–1988*, Venedig 2002.

[9] Für eine Abhandlung des Filmes siehe: Leon Hunt, „Burning Oil and Baby Oil: Bloody Pit of Horror", in: *Alternative Europe. Eurotrash and Exploitation Cinema since 1945*, hrsg. von Ernest Mathijs und Xavier Mendix, London/New York 2004, S. 172–180.

[10] Diesbezüglich siehe Alberto Farassino/Ugo De Berti, „Le invenzioni: dalla tecnica allo stile", in: *Storia del cinema italiano* (s. Anm. 6), S. 371–391. Zur Entwicklung des Schwarz-Weiß-Films während der 1960er Jahre und seiner Verwendung im Autorenkino siehe Adriano Grilli, *La pellicola cinenegativa Ferrania P30: un esempio del bianco e nero nel cinema italiano degli anni Sessanta*, (Magisterarbeit zur Geschichte des italienischen Films), CdL DAMS, Universität Bologna-Alma Mater Studiorum, Referent Francesco Pitassio, II Sessione a. a. 2003/04. Allgemein zur Entwicklung der Technologie im Verhältnis zu den Genres im Zusammenhang des italienischen Kinos siehe: *L'arte del risparmio: stile e tecnologia. Il cinema a basso costo in Italia negli anni Sessanta*, hrsg. von Giacomo Manzoli und Guglielmo Pescatore, Rom 2005. Zur Entwicklung der Farbtechnologie im italienischen Kino nach dem Zweiten Weltkrieg siehe: Federico Pierotti, „Dalle invenzioni ai film. Il cinema italiano alla prova del colore (1930–1959)", in: *Svolte tecnologiche nel cinema italiano. Sonoro e colore. Una felice relazione fra tecnica ed estetica*, hrsg. von Sandro Bernardi, Rom 2006, S. 85–139.

Der italienische Horrorfilm

11 Zur Strategie der Wiederverwendung siehe: Roy Menarini/Paolo Noto, „Dall'economia di scala all'intertestualità di genere", in: *L'arte del risparmio* (s. Anm. 11), S. 19–30.

12 Vittorio Spinazzola, *Cinema e pubblico. Lo spettacolo filmico in Italia, 1945–1965*, Rom 1985, S. 237–258.

13 Vgl.: Roberto Poppi/Mario Pecorari, in Zusammenarbeit mit Enrico Lancia, *Dizionario del cinema italiano: i film, vol. 3, 1960/69*, Rom 1992.

14 Vgl. die zwei Tabellen in: Roberto Provenzano, „La produzione e il consumo", in: *Storia del cinema italiano. Vol. XI. 1965/1969*, hrsg. von Gianni Canova, Venedig 2002, S. 397–418. Für eine detaillierte Analyse des Marktwertes des italienischen Horrorfilmes siehe: Alessandro Zenari, *Spettatori spaventati. Analisi dei consumi di cinema dell'orrore italiano (1960–2000)* (Magisterarbeit zur Geschichte des italienischen Kinos), CdL DAMS, Universität Bologna-Alma Mater Studiorum, Referent Francesco Pitassi, III Sessione a. a. 2004/05.

15 Bezüglich dieser Dynamik siehe: Francesco Di Chiara, *I tre volti dell'orrore: semantica, sintattica e pragmatica dell' horror italiano, 1957–1965* (Magisterarbeit zur Geschichte des italienischen Kinos), CdL DAMS, Universität Bologna-Alma Mater Studiorum, Referent Francesco Pitassi, III Sessione a. a. 2004/05.

16 Ich weise an dieser Stelle darauf hin, dass die Präsenz des italienischen Horrorfilms auf dem internationalen Markt oft hervorgehoben wird, doch nur wenig erforscht ist. Es bleibt also zu hoffen, dass spezifische Studien entstehen, die diese Lücke schließen und Angaben bestätigen (oder verwerfen) können, die sonst zu (nicht belegten Gemeinplätzen) werden.

17 Andrew Tudor, *Monsters and Mad Scientists. A Cultural History of the Horror Movie*, Oxford 1989, S. 19, Tabelle 2.1.

18 Giorgio De Vincenti, „Il cinema italiano negli anni del boom", in: *Storia del cinema italiano* (s. Anm. 6), S. 26.

19 Das neuerliche Interesse für das populäre italienische Kino spiegelt sich in den Aktivitäten einer renommierten Institution wie der Biennale von Venedig, die 2004 und 2005 zwei wichtige Retrospektiven zum populären italienischen Kino unter dem Titel „Die geheime Geschichte des italienischen Kinos" durchführte.

Marcus Stiglegger

In den Farben der Nacht

Mario Bavas Stil zwischen *Gothic*-Horror und *Giallo*-Thriller

> *Was mich interessiert, ist die Angst, die Menschen empfinden, wenn sie allein in ihrem Zimmer sind: Angst vor sich selbst, wenn ganz normale Gegenstände plötzlich ein Eigenleben zu führen beginnen.*
> Mario Bava[1]

Betrachtet man die aktuelle englischsprachige Genregeschichtsschreibung zum italienischen Kino, erscheint der Begriff „giallo" (italienisch für „gelb") als Schlüsselbegriff. Die damit bezeichnete spezifische Vermischung sexueller und gewalttätiger Szenarien und Stilismen, die den italienischen Thriller der 1960er und 1970er Jahre prägte, ist eng mit zwei Namen verknüpft: Mario Bava und Dario Argento. Vor allem Bavas Stil und Einfluss innerhalb der italienischen Genrefilmgeschichte ist dabei nicht zu unterschätzen. Bei einer relativ kurzen Hauptschaffensphase als Regisseur wies Mario Bava eine erstaunlich hohe Produktivität in verschiedenen Genres auf: Horror, Science-Fiction, Fantasy, Abenteuer, Erotikkomödie, Western und Gangsterfilm. Zugleich zeichnet seine Filme ein äußerst prägnanter visueller Stil aus, den man in Anlehnung an die literarische Gattung der *Gothic Fiction* als Neo-*Gothic* bezeichnen könnte: In den frühen Schwarz-Weiß-Filmen bediente er sich einer kontrastreich ausgeleuchteten Studioästhetik, die er mit aufwendigen Kamerabewegungen erkundete, im Farbfilm ersetzte dies ein betont künstlicher, ebenso pittoresker Einsatz von farbigem Licht und verspieltem Dekor. Mario Bavas Karriere ist zugleich eine Geschichte des italienischen Genrefilms, speziell der Kinofantastik, von der Nachkriegszeit bis zu seinem Tod 1980 – kurz nachdem er für seinen Schüler Dario Argento die Spezialeffekte von *Inferno* (*Feuertanz – Horror Infernal*, I 1980) gefertigt hatte. Die folgenden Überlegungen beleuchten Mario Bavas Karriere

Mario Bavas Stil zwischen *Gothic*-Horror und *Giallo*-Thriller

stellvertretend für die italienische Filmfantastik der 1960er Jahre und zielen auf eine Definition der beiden wesentlichen Stile ab, die Bava nachhaltig entwickelte: die Neo-*Gothic*-Horror-Fantastik und den *Giallo*-Thriller.

Ein Leben für das Kino

Mario Bava wurde am 31. Juli 1914 in der italienischen Küstenstadt San Remo geboren und bereits in frühester Kindheit mit der Welt der Kunst und des Kinos konfrontiert. Sein Vater Eugenio Bava (1886–1966) arbeitete ursprünglich als Maler und Bildhauer, hatte sich zu Beginn des 20. Jahrhunderts aber auch einen Namen als Kameramann und Spezialeffekt-Designer gemacht und gilt heute als einer der Pioniere des italienischen Kinos: Er begann seine filmische Laufbahn 1908 bei der französischen Produktionsfirma Pathé Frères, die ihn für Dreharbeiten in Savona als Bühnenbildner engagierte. Zugleich erwarb er dort auch Kenntnisse über Kameraarbeit und optische Spezialeffekte. Später zog er mit seiner Familie nach Turin, in jenen Kindertagen des Kinos die erste große Filmstadt Italiens. 1912 arbeitete Eugenio Bava als Kameramann an Enrico Guazzonis Epos *Quo Vadis* (*Quo Vadis?*, 1912) mit, dem wohl ersten Monumentalfilm überhaupt. Für Giovanni Pastrones aufwendiges Historienabenteuer *Cabiria* (I 1914) inszenierte er gemeinsam mit Segundo de Chomón einige aufsehenerregende Spezialeffekte, etwa den Ausbruch des Vesuvs und die Vernichtung der römischen Flotte.

Mario Bava bezeichnete in späteren Interviews die Welt seines Vaters als eine Art „Wunderland". Wie Eugenio Bava studierte er zunächst Malerei in Rom, musste das Studium jedoch aus finanziellen Gründen abbrechen und assistierte seinem Vater bei Lichtsetzung und Effekten. Die bildende Kunst jedoch blieb für seine Arbeit ein bedeutender Bezugspunkt. In den späten 1940er Jahren drehte er bereits eine Reihe von Kunstdokumentationen und etablierte sich bald als einer der besten Kameramänner und Filmtechniker in Cinecittà. Unter anderem arbeitete er für die Regisseure Roberto Rossellini (u. a. bei *La nave bianca / Glückliche Heimkehr*, I 1942), Vittorio De Sica (*Villa Borghese / Römischer Reigen*, I/F 1953), Georg Wilhelm Pabst (*Cose da pazzi*, I 1954) und Raoul Walsh (*Esther e il re / Esther und der König*, I/USA 1960). Bereits 1955 inszeniert er – ohne dafür in den Credits Erwähnung zu finden – einige Sequenzen in Mario Camerinis *Ulisse* (*Die Fahrten des Odysseus*, I 1954), dachte zu dieser Zeit jedoch keineswegs an eine Karriere als Regisseur und hatte in dieser Hinsicht offenbar auch keinerlei Ambitionen. Wichtig wurde jedoch zunehmend seine Freundschaft zum Regisseur Riccardo Freda, der nach dem Krieg eine Reihe recht erfolgreicher Historien- und Kostümfilme gedreht hatte und in den kommenden Jahren zu einem der wichtigsten italienischen Genreregisseure werden sollte.

Marcus Stiglegger

1956 wurde Mario Bava Kameramann und Effektdesigner für Fredas *gothic*-inspirierten Horrorfilm *I vampiri* (*Der Vampir von Notre-Dame*, I 1956). Freda überwarf sich bald mit den Produzenten, verschwand nach zehn Tagen vom Set und hinterließ einen halbfertigen Film. Bava bekam nun das Angebot – von der Situation völlig überrumpelt – selbst in die Rolle des Regisseurs zu schlüpfen und den Rest des Films innerhalb von nur zwei Tagen zu beenden.

I vampiri, eine atmosphärische Melange aus *Gothic-Horror*-Elementen, wird heutzutage oft als der erste authentische italienische Horrorfilm der Nachkriegszeit bezeichnet. Der Film markiert den Beginn einer höchst fruchtbaren Ära, die bis in die 1970er Jahre hinein einen nicht gerade unbeträchtlichen Anteil der italienischen Filmproduktionen ausmachen sollte. Mario Bava arbeitete nun immer häufiger als inoffizieller Koregisseur. In dieser Funktion drehte er Teile von Pietro Francisis *Peplum*-Epen *La fatiche di Ercole* (*Die unglaublichen Abenteuer des Herkules*, I/E 1958) und *Ercole e la regina di Lidia* (*Herkules und die Königin der Amazonen*, I/F/E 1959), allerdings ohne dafür ein höheres Honorar zu erhalten oder in den Credits Erwähnung zu finden. 1959 kam es bei dem Horrorfilm *Caltiki – Il mostro immortale* (*Caltiki – Rätsel des Grauens*, I/USA 1959) erneut zu einer Zusammenarbeit zwischen Bava und Freda, der wiederum seine Arbeit abbrach und Bava die Fertigstellung des Films überließ. Auch in diesem Fall wurde Bava im Vorspann nicht genannt. Erst nach Jacques Tourneurs Historienspektakel *La battaglia di Maratona* (*Die Schlacht von Marathon*, I/F 1959) erhielt der inzwischen 46-jährige Bava eine Chance als Regisseur.

Die Gesichter der Furcht

1960 wurde zum Schlüsseljahr in Bavas Karriere und für den italienischen Genrefilm: Bavas erste offizielle Regiearbeit wurde *La maschera del demonio* (*Die Stunde, wenn Dracula kommt*, I 1960). Der Titel war eine Anspielung auf die britische Hammer-Produktion *The Curse of Frankenstein* (*Frankensteins Fluch*, GB 1957), die in Italien zuvor als *La maschera di Frankenstein* die Kinokassen gefüllt hatte. *La maschera del demonio* beginnt mit einer erschütternden, geradezu legendären Schockszene: Eine junge Frau bekommt mit einem schweren Hammer eine innen mit Nägel besetzte Dämonenmaske auf das Gesicht geschlagen. Im „dunklen Zeitalter" werden die vermeintliche Hexe Asa und ihr Liebhaber grausam gefoltert und verbrannt. Vor ihrem Tod verflucht Asa die Nachkommen ihrer Peiniger und prophezeit zurückzukehren. Im Jahre 1830 sind die beiden Gelehrten Gorobec und Choma durch den Achsbruch ihrer Kutsche gezwungen, Zuflucht in jener Ruine zu suchen, in der die Überreste der Toten ruhen. Durch einen Blutstropfen wird Asas Leiche versehentlich wiederbelebt. Sie

Mario Bavas Stil zwischen *Gothic*-Horror und *Giallo*-Thriller

kehrt zurück, um an den Nachkommen ihrer Peiniger gnadenlose Rache zu nehmen. Ihre Wiedergängerin Katia wird zum Ziel ihres Hasses.

Dieser bildgewaltige Versuch, eine Essenz der Schwarzen Romantik und der klassischen *Gothic Fiction* in kontrastreichen Schwarz-Weiß-Bildern zu visualisieren, wurde zur Zeit seiner Uraufführung durchaus belächelt oder als geschmacklos abgetan, hat sich jedoch im Lauf der Jahrzehnte als einflussreicher Kultfilm etabliert. Montage und Kameraführung geben sich betont elegant. Wechselnde Perspektiven – häufig auch Subjektiven – schaffen ein für die damaligen Verhältnisse ungewöhnlich intensives Klima der Verunsicherung. Bava zeigt keine Scheu davor, in der Darstellung von Sexualität und Gewalt exploitativ und effektbetont zu Werke zu gehen und schuf eine albtraumhafte *l'art pour l'art*-Variante des Genres, die in vielerlei Richtung Nachahmer fand, seien es die pointierten Albträume Dario Argentos oder die radikalen Studiogeisterbahnen Roger Cormans in *Masque of the Red Death* (*Satanas – Das Schloß der blutigen Bestie*, GB 1964). Nie verleugnet Bava, dass er sich in einer *Gothic*-Kunstwelt, einem „erwachsenen" Märchenwald bewegt, der von eigenen Gesetzen beherrscht wird. Die „Hexe" Barbara Steele stilisiert er zu einer *belle dame sans merci* ganz im Sinne der romantischen Schauerliteratur und verhilft ihr zum Status der ersten *scream-queen* – ein Phänomen, das die britischen Hammer-Filme bewusst forcierten. Neben weiteren Werken, die sich in ähnlich karger Künstlichkeit gefielen, blieb Bava bis in die späten 1970er Jahre dem Genre treu und übertrug seine Arbeit – nicht jedoch sein Talent – dem Sohn Lamberto während der Dreharbeiten zu dem Geisterfilm *Shock* (*Schock – Transfert – Suspence – Hypnos*, I 1977). In den 1990er Jahren versuchte sich der Sohn Lamberto Bava gar an einem Remake des väterlichen Erfolges *La maschera del demonio*, scheiterte jedoch kläglich an seiner Tendenz, Elemente der Teenie-Komödie unpassend zu integrieren.

Mario Bavas *La maschera del demonio* bezieht sich zugleich auf die traumwandlerische Atmosphäre von Carl Theodor Dreyers *Vampyr – Der Traum des Allan Grey* (F/BRD 1932), die schwarz-weißen Universal-Horrorklassiker der 1930er Jahre und die in ihren Darstellungskategorien etwas drastischeren britischen Hammer-Produktionen. Der Film konnte in Italien und auch international als *Black Sunday* oder *Mask of Satan* große Erfolge verbuchen. *La maschera del demonio* war auch der Auslöser einer Welle von *Gothic-Horror*-Produktionen, die das italienische Genrekino der 1960er Jahre prägten und für Barbara Steele zum Beginn ihrer Karriere als Diva des Horror all'italiana wurden.

Bavas zweite eigene Regiearbeit wurde der Fantasy-Film *Ercole al centro della terra* (*Vampire gegen Herakles*, I 1961). Hier hatte er erstmals die Gelegenheit, in einem eigenen Projekt mit Farbfilmmaterial zu arbeiten. So verwandelte er die billigen Pappkulissen in märchenhafte, technicolorbunte Mythenlandschaften, in denen sich der muskelbepackte Titelheld Herkules gegen den finstern König

Marcus Stiglegger

La maschera del demonio (*Die Stunde, wenn Dracula kommt*, I 1960) von Mario Bava.

Lykus (Christopher Lee), dessen zombiehafte Schergen und diverse Schattenwesen behaupten muss.

In den folgenden Jahren drehte Bava gotischen Horror, Thriller, Western, Historienspektakel, einen Science-Fiction-Film und sogar eine Erotikkomödie – insgesamt mehr als 20 Titel. Bava erwies sich als Allroundtalent: Von raffinierten Ausleuchtungstricks bis hin zum endgültigen Schnitt des Films beherrschte er nahezu den kompletten filmtechnischen Arbeitsbereich. 1962 entstand *La ragazza che sapeva troppo* (*The Girl Who Knew too Much*, I 1963), ein von diversen Filmen Alfred Hitchcocks inspirierter, schwarzhumoriger Kriminalfilm, in dem sich eine schizophrene junge Frau (Leticia Roman) in eine mysteriöse Mordserie verwickelt sieht. Bereits der Titel – übersetzt „Das Mädchen, das zu viel wusste" – nimmt Bezug auf den britischen Altmeister. *La ragazza che sapeva troppo*, der in den USA in einer alternativen Schnittfassung als eine Kriminalkomödie mit dem Titel *The Evil Eye* vermarktet wurde, war Mario Bavas letzte Schwarz-Weiß-Arbeit und gilt zugleich als der erste Vertreter des *Giallo*-Thrillers, einer spezifisch italienischen Form des Spannungskinos.

1963 entstand mit *Il tre volti della paura* (*Die drei Gesichter der Furcht*, I/F/USA 1963) ein Episodenfilm mit Boris Karloff nach Erzählungen von Guy de Maupassant, Alexei Tolstoi und Anton Tschechow. Vom elegant inszenierten Thriller (*Il telefono*) über farbenprächtigen Gothic Horror (*Il Wurdalak*) bis hin zum raffiniert inszenierten, unter die Haut gehenden Psychohorror (*La goccia d'acqua*) führt *I tre volti della paura* die ganze stilistische Bandbreite von Mario Bavas Talent

Mario Bavas Stil zwischen *Gothic*-Horror und *Giallo*-Thriller

vor Augen und weist wiederum stilistisch weit voraus: U. a. Ruggero Deodato nannte *Il telefono* als ein Vorbild für seinen Horrorfilm *Minaccia d'amore* (*Dial H. E. L. P.*, I 1988). *La frusta e il corpo* (*Der Dämon und die Jungfrau*, I/F 1963) schließlich, ein stimmungsvolles *Gothic*-Horrormelodram, das Christopher Lee und Daliah Lavi als sadomasochistisches Liebespaar präsentiert, lotete die bereits früher anklingenden psychosexuellen Subtexte weiter aus und thematisierte für die Entstehungszeit erstaunlich direkt die ambivalente Abhängigkeit zwischen Herrn und Sklaven.

Mit dem pittoresken und blutigen Psychothriller *Sei donne per l'assassino* (*Blutige Seide*, I 1964) knüpfte Bava an seinen *La ragazza che sapeva troppo* an und prägte endgültig den Stil des *Giallo*-Thrillers, wie er später von Dario Argento und Sergio Martino fortgeführt wurde. Wie kaum ein anderer Film dieser Spielart dekliniert er bereits wesentliche Elemente des *Giallo* durch: der psychisch gestörte Mörder im schwarzen Regenmantel, die bizarren und oft sexualisierten Mordakte, die psychoanalytischen Elemente in der Charakterzeichnung, das farbenfrohe Setting im Umfeld der Modewelt, die expressive Lichtsetzung usw.

Nach zwei Ausflügen in das Westerngenre (*La strada per Fort Alamo / The Road to Fort Alamo*, I/F 1964 und *Ringo del Nebraska / Nebraska Jim*, I/E 1966) schuf Bava auch im Science-Fiction-Film einen einflussreichen Beitrag: *Terrore nello spazio* (*Planet der Vampire*, E/I 1965). Mit Pappmachéfelsen, künstlichem Nebel und gemalten Hintergrundminiaturen ließ er hier eine Planetenlandschaft entstehen, die mehr als zwei Jahrzehnte später einige Sequenzen in Ridley Scotts *Alien* (*Alien – Das unheimliche Wesen aus einer fremden Welt*, GB/USA 1979) inspirieren sollte. Jene Atmosphäre von Verunsicherung und Fremdheit ist noch heute eindrucksvoll und wurde von John Carpenter in seinem *The Thing* (*Das Ding aus einer anderen Welt*, USA 1982) sowie *Ghosts of Mars* (USA 2001) als Ausgangspunkt benutzt. Mit *Terrore nello spazio* begann auch die Zusammenarbeit zwischen Bava und seinem Sohn Lamberto, der bei diesem Film erstmals als Regieassistent tätig war und in den folgenden Jahren noch an zahlreichen Projekten seines Vaters mitarbeiten sollte.

Nach dem Wikingerdrama *I coltelli del vendicatore* (*Eine Handvoll blanker Messer*, I 1966) und dem Bruch mit American International Pictures kehrte Bava zu seiner gestalterischen Hochform zurück. In dem atmosphärischen Horrorthriller *Operazione paura* (*Die toten Augen des Dr. Dracula*, I 1966) terrorisiert der Geist eines toten Mädchens die Bewohner eines abgelegenen italienischen Bergdorfes und treibt sie in den Selbstmord. Dieser exzentrisch-irreal ausgeleuchtete Horrorfilm macht ausgiebigen Gebrauch von glühend-farbigem Nebel in den Geistervisionen und entwirft das Bergdorf als isolierte, vormoderne Welt der Märchen und Geheimnisse. Nachdem dem Regisseur bei den Dreharbeiten das Geld ausgegangen war, konnte er seine Crew überzeugen, den Film aus purem

Marcus Stiglegger

Idealismus dennoch zu beenden. Die konsequente Kunstwelt von *Operazione paura* war von großem Einfluss auf Federico Fellinis Filmepisode *Toby Dammit* (Teil aus dem Omnibusfilm *Histoires extraordinaires / Außergewöhnliche Geschichten*, I/F 1968), Martin Scorseses *The Last Temptation of Christ* (*Die letzte Versuchung Christi*, USA 1988) und David Lynchs letzte Episode der TV-Serie *Twin Peaks* sowie des Kinofilms *Twin Peaks: Fire Walk with Me* (F/USA 1991).

1967 drehte er mit größerem Budget *Diabolik* (*Gefahr: Diabolik!*, I/F 1968), die Verfilmung der in Italien sehr populären Comicserie um den gleichnamigen maskierten Superverbrecher. Mit sichtlicher Freunde am absurden Effekt und Pop-Art-inspirierten Tableaus inszenierte er diese James-Bond-Variante als kalkuliertes Sixties-Kultkino. Obwohl Bava das größte Budget seiner Karriere zur Verfügung stand, nämlich drei Millionen $, verbrauchte er gerade einmal 400.000 $ davon. Zwei Jahre später inszenierte Bava *Quante volte ... quella notte* (*Vier Mal heute Nacht*, I/BRD 1972), eine elegante ironische Erotik-Komödie, die drei Variationen ein und derselben Geschichte um ein verpatztes Rendezvous präsentiert und als ironisches Remake von Akira Kurosawas *Rashômon* (*Rashomon – Das Lustwäldchen*, JAP 1950) betrachtet werden kann. 1970 verarbeitete er in dem Thriller *Cinque bambole per la luna d'agosto* (*Five Dolls For an August Moon*, I 1970) den Roman „Ten Little Indians" von Agatha Christie, und bereits ein Jahr später parodierte er dieses Konzept in dem blutigen *Whodunit*-Thriller *Ecologia del delitto* (*Im Blutrausch des Satans*, I 1971), der mit seinen drastischen und originellen Mordszenen heute eher als Urzelle des Teenie-Slasherfilms bekannt ist.

Erst 1972 gelang es ihm – mithilfe des Produzenten Alfredo Leone –, zu seinem Neo-*Gothic*-Stil zurückzukehren. *Gli orrori del castello di Norimberga* (*Baron Blood*, I 1972) erzählt von einer Museumsdirektorin auf einem Nürnberger Schloss (Elke Sommer), die von der Reinkarnation des früheren Schlossherren, eines gnadenlosen Inquisitors (Joseph Cotten), geplagt wird. Wiederum mit Elke Sommer in der Hauptrolle, überzeugte Bava seinen Produzenten Leone, sein ambitioniertes Werk *Lisa e il diavolo* (I/BRD/E 1973), ein metaphorisches *Gothic*-Opus, zu finanzieren, das seinen Stil endgültig auf den Punkt bringen sollte – so zumindest war die Ambition des Regisseurs. Diese kunstvoll-hermetisch inszenierte romantische Fantasie um Geisterspuk, Nekrophilie und den Teufel (Telly Savalas) wurde bei seiner Uraufführung auf den Filmfestspielen in Cannes begeistert aufgenommen, scheiterte dann jedoch an der Kinokasse. Leone fürchtete um seinen Gewinn und ließ zahlreiche zusätzliche Szenen nachdrehen, in denen Elke Sommer von einem Pater exorziert werden muss. Diese neue Version *La casa dell'esorcismo* (*Der Teuflische*, I/BRD/E 1975) sollte vom Erfolg des amerikanischen *The Exorcist* (*Der Exorzist*, USA 1973) profitieren, wies aber keine inhaltliche Kohärenz und künstlerische Geschlossenheit mehr auf. Was eigentlich Bavas Meisterwerk hätte werden sollen, war nun zum typischen italienischen Genre-*Ripoff* degradiert worden.

Mario Bavas Stil zwischen *Gothic*-Horror und *Giallo*-Thriller

Auch dem seit Jahren ersten realistischen Thriller-Stoff, den Bava plante, war kein Glück beschieden. Das zynische Kindesentführungsdrama *Cani arrabbiati* (*Rabid Dogs*, I 1974) konnte nicht komplett beendet werden, denn kurz vor der Postproduktion musste der Produzent Roberto Loyola Konkurs anmelden und der Film wurde von seinen Gläubigern konfisziert. *Cani arrabbiati* gelangte zu Lebzeiten Bavas nie zu einer Kinoaufführung. Bei *Shock* versuchte sich der gesundheitlich bereits geschwächte Regisseur an einer modernen, psycho-sexuell orientierten Geistergeschichte über die Reinkarnation eines Toten in Gestalt seines Sohnes und die daraus folgende mentale Desorientierung der Mutter. Bereits hier drehte Bavas Sohn Lamberto zahlreiche Szenen des Films.[2] 1978 teilten sich Vater und Sohn noch einmal die Regie bei dem *Gothic*-Märchen *La venere d'Ille* (*Venus of Ille*, I 1979), einem Kurzspielfilm für das Fernsehen. Nur Bavas kreativem Schüler Dario Argento gelang es, den schwerkranken *maestro* noch einmal aus dem Ruhestand zu holen, um die Spezialeffekte für den bizarren *Gothic*-Horror-Reigen *Inferno* zu entwerfen. Auch eine eindrucksvolle Unterwassersequenz soll Bava hier noch ausgeleuchtet und inszeniert haben. Man merkt dem Film deutlich den Einfluss vor allem der frühen *Gialli* und Neo-*Gothic*-Filme an. Am 25. April 1980 starb Mario Bava im Alter von 65 Jahren an einer Herzattacke. Auch wenn inzwischen moderne Regisseure wie Dario Argento, Martin Scorsese, Quentin Tarantino, Bill Condon, Joe Dante, Tim Burton und John Carpenter seine Filme als Inspirationsquelle nennen, ist Mario Bava der breiten Masse nach wie vor unbekannt und wird von zahlreichen Kritikern immer noch als Trivialregisseur missachtet. Will man jedoch etwas über die Struktur und den Stil des italienischen Genrekinos der 1960er Jahre erfahren, lohnt sich ein wiederholter und genauerer Blick auf seine stilprägenden Werke jener Zeit.

Neo-*Gothic*-Horror

Eine Definition des *Gothic*-Horror-Stils muss zunächst von der Literaturwissenschaft ausgehen. In seiner umfassenden Untersuchung „Liebe, Tod und Teufel" (1930) nennt Mario Praz die wesentlichen Elemente der Literatur der schwarzen Romantik. Die Atmosphäre der Werke von Edgar Allen Poe, Robert Louis Stevenson, Mary W. Shelley, Bram Stoker, aber auch von E. T. A. Hoffmann wird beherrscht von einem zentralen Geheimnis, von unerklärlichen, irrationalen Vorgängen. Oft steht eine uralte, mythische Prophezeiung im Hintergrund, mit der das Figurenarsenal oder der Schauplatz schicksalhaft verknüpft sind. Visionen und Träumen kommt gerade in diesem Kontext eine tragende Bedeutung zu. Als Handlungsort dient dabei nicht selten ein sehr altes Gebäude oder aber explizitere Orte des Todes: abgelegene Gebiete, Schluchten, Ruinen oder Friedhöfe. Menschliche Konflikte erreichen in diesem geisterhaft-beseelten Umfeld mitunter hysterische Dimensionen: Panik, Angst, Trauer, Wut, Begierde, sexuelle Perversion, Leidenschaften aller Art tragen das ihre zur *Gothic*-Atmosphäre bei. Im Mittelpunkt des Geschehens stehen daher oft weibliche Protagonisten, die unverhofft in beklemmende Zusammenhänge geraten und am Ende um ihr Leben kämpfen müssen. Eine geschlechtsspezifische Zuschreibung „weiblicher Schwäche" wird jedoch unterwandert: Die *Gothic*-Heroin – am extremsten wohl Juliette bei Marquis de Sade – entwickelt ihre eigenen Mechanismen der Aktion und Gegenaktion, gerade, wenn sie sich dem destruktiven Begehren eines bösartigen Mannes ausgesetzt sieht, indem sie die Situation schlicht umkehrt und selbst zur Bedrohung wird. Auch andere Modelle romantischer Verflechtung ordnen sich der morbiden Motivik unter: unerfüllte Liebe, einseitige Leidenschaft, endgültiger Abschied, der gemeinsame Liebestod und natürlich das disharmonische Liebesdreieck.

In Mario Bavas artifiziellen Horrorfilmen der 1960er Jahre finden wir diese Elemente wieder: deutlich zuzuordnende Stereotypen, die eine Atmosphäre des Unheimlichen beschwören sollen – Gewitter, Sturm, undefinierbare Geräusche, Klirren, Knarren, flackerndes Kerzenlicht, grelle Farben, sexualisierte Grausamkeit, die zum Teil auf den Erfolg der britischen Hammer-Filme zurückzuführen ist, und teilweise zeitgleich in mediterranen Erwachsenen-Comics auftauchten, in denen horrible Folterszenarien zelebriert wurden. Im Zentrum von Bavas Inszenierung steht ein radikales Bemühen um Stil und Atmosphäre, das an eine Passage von Béla Balázs erinnert:

> Die Atmosphäre ist wohl die Seele jeder Kunst. Sie ist Luft und Duft, die wie eine Ausdünstung der Formen alle Gebilde umgibt und ein eigenes Medium einer eigenen Welt schafft. (...) Wenn diese Atmosphäre einmal da ist, kann die Unzulänglichkeit der einzelnen Gebilde nicht mehr Wesentliches verderben.[3]

Als ursprünglicher Maler muss Bava dieser Gedanke vertraut gewesen sein, und er gestaltete auch seine nachfolgenden Filme weniger nach logisch-dramaturgischen Prinzipien, denn nach der Maßgabe atmosphärischer Bedürfnisse.

Bei Bava kennzeichnen Licht und Schatten nicht nur eine äußere Stimmung, sondern auch eine seelische Verfasstheit der Charaktere. In *La maschera del demonio* etwa tauchen die expressiven Schatten stets auf, wenn sich Bedrohung ankündigt – es gibt hier Orte des Lichts und Orte des Schattens, aber auch einen fließenden Übergang. Bava inszeniert symbolische Räume, denen Licht und Schattenakzente enorme Tiefe verleihen, die aber zugleich auch vielschichtig lesbar werden als innere Landschaften der Angst – als buchstäbliche Angst-Räume. Zugleich beschwört die Lichtsetzung auch eine Bedrohung herauf: In *La maschera del demonio* dringt das Licht des anbrechenden Tages in das Schlafgemach der Protagonistin Katja, unmittelbar bevor sie vom Tod ihres Vaters

Mario Bavas Stil zwischen *Gothic*-Horror und *Giallo*-Thriller

erfährt. Leichter Dunst oder gar Nebel dient Bava als Medium, die Spur des Lichts noch plastischer erscheinen zu lassen.

Selten finden wir in Bavas Filmen Sequenzen, die in einer alltäglichen Lichtstimmung und Räumlichkeit spielen. Als Katja im Park spazieren geht, nachdem sie vom Tod ihres Vaters erfahren hat, nähert er sich diesem „Normalstil" zwar an, schafft aber mittels eines irritierenden, stets im Wandel begriffenen Lichteffekts, den das sprudelnde Wasser eines Brunnens auf Katjas Gesicht erzeugt, Aufmerksamkeit. Dieser Effekt wirkt sich sowohl visuell irritierend auf die Wahrnehmung des Betrachters aus, wie er zugleich symbolisch die seelische Verfasstheit Katjas verdeutlicht.

Andererseits nutzt Bava das Licht in *La maschera del demonio* auch als frappierenden Spezialeffekt, etwa wenn er den Geliebten der Hexe Asa aus dem schwarzen Bereich eines Gemäldes auftauchen lässt. Hier wurde das Bild des Darstellers eingespiegelt und durch einen hell werdenden Dimmereffekt der Eindruck erweckt, der Mann komme aus dem Nichts.

Die bedrohliche Weiblichkeit, die Mario Praz als *belle dame sans merci* bezeichnet, verkörpert in *La maschera del demonio* die Hexe Asa, dargestellt von der späteren Genre-Ikone Barbara Steele. Peter Nicholls beschreibt die Erscheinung von Barbara Steele, die hier in einer Doppelrolle auftritt, als

> (...) huge-eyed, high cheek-boned, luminously exotic face (...). Her remoteness and her curiously bizarre beauty – the eyes are too large – were to make her an icon of horror pictures the very symbol of woman as vengeful, alien and ‚other'.[4]

Barbara Steele in *La maschera del demonio* (*Die Stunde wenn Dracula kommt*, I 1960).

Marcus Stiglegger

In späteren Filmen wird Bava dieser Schauspielerin eher weibliche ‚Angstfiguren' entgegenstellen, denn Frauen treten bei ihm in dieser Phase meist als Opfer auf (Elke Sommer, Daliah Lavi, Claudine Auger, Daria Nicolodi). Nur selten greift er auf weibliche Täterinnen zurück (*La ragazza che sapeva troppo*).

Ein anderer wichtiger Aspekt von Bavas spezifischem *Gothic*-Stil ist seine Verwendung von Farbmaterial. Mit der *Wurdelak*-Episode von *Il tre volti della paura* griff der Filmemacher nicht nur auf den klassischen Universal-Studio-*Gothic*-Star Boris Karloff zurück, sondern entwickelte einen an den Primärfarben orientierten Lichtstil, der das kontrastreiche Chiaroscuro der frühen Horrorfilme ersetzte. So hatte er nunmehr die Möglichkeit, das Blut wirklich leuchtend rot strömen zu lassen, ein Motiv, das auch in den *Giallo*-Thrillern ausgiebig auftaucht. Georg Seeßlen betont die Doppelfunktion, die der Blutfarbe Rot in diesem Kontext zukommt: „Sie ist das Zeichen für den Blutmythos (...) Rot ist andererseits auch die Farbe der Macht, den Herrschern vorbehaltenes Zeichen der Unantastbarkeit."[5] Andererseits tauchen immer wieder blau und grün ausgeleuchtete Passagen in *Il tre volti della paura* auf, die zugleich eine Simulation der stilisierten Nacht darstellen wie auch einen eigenen Zeichenraum bilden, den man als Bavas stilisierte Albtraumwelt bezeichnen muss. Tim Lucas spricht in diesem Kontext von den „Farben der Nacht"[6]. In den britischen Hammer-Produktionen der 1950er Jahre, die dem italienischen Horrorkino zunächst als Vorbild dienten, sind solche Tendenzen bereits nachzuweisen, doch Georg Seeßlen betont mit Blick auf Mario Bava: „Eine bewusste Imitation waren die italienischen Filme indes nur anfänglich; insbesondere die Verwendung der Farbe für die Zeichnung einer düsteren Atmosphäre beherrschten die italienischen Regisseure oft besser als die der Hammer-Productions."[7] Die *Gothic*-Phase von Mario Bava, die von *La maschera del demonio* bis *Gli orrori del castello di Norimberga*, streng genommen sogar bis zu *La venere d'Ille* (1979) reicht, verdeutlicht noch einmal die ursprüngliche Ambition des Regisseurs als Maler, eine Qualität, die er mit dem im Farbfilm kultivierten Stil entfaltete und bis in seine Gegenwartsstoffe hinein nutzte.

Giallo

„Giallo" heißt im Italienischen schlicht „gelb". Die heute geläufige Genrebezeichnung *giallo* leitet sich ab von einer gelben Buchreihe beim Verlagshaus Mondadori in Milano, die 1929 gegründet wurde und zunächst italienische Übersetzungen englischer Detektivgeschichten präsentierte – Mystery-Geschichten in der Nachfolge von Arthur Conan Doyle und Edgar Allan Poe. Zuvor galten Detektivgeschichten in Italien eher als Subgenre der Abenteuererzählung, doch gerade in den 1930er und 1940er Jahren wuchs die Populari-

Mario Bavas Stil zwischen *Gothic*-Horror und *Giallo*-Thriller

tät des importierten Genres, das inzwischen auch die amerikanische *hard boiled school of fiction* (Raymond Chandler, Dashiell Hammett, James L. Cain) importierte. *Giallo* als Genrebezeichnung ist somit auch vergleichbar mit der französischen *Série noire*, die dem Film noir ihren Namen lieh. Bald folgten italienische Autoren unter anglisierten Pseudonymen der Spur ihrer englischsprachigen Vorläufer und transportierten die Detektivgeschichte endgültig nach Italien. Die bislang anspruchsvollste Variante dieser Art schuf Umberto Eco 1984 mit seinem „Il nome della rosa" („Der Name der Rose"), doch noch immer werden auch italienische Übersetzungen bekannter internationaler Bestseller von Thomas Harris oder Patricia Cornwall als *„giallo"* bezeichnet.

Zum ersten Mal tauchte der Begriff *Giallo* in Hinsicht auf das Medium Film auf, als Luchino Visconti mit *Ossessione* (*Ossessione ... von Liebe besessen*, I 1943) nach dem *hardboiled*-Thriller von James L. Cain drehte („The Postman Always Rings Twice"), doch es gebührt Mario Bava, mit seinem Thriller *La ragazza che sapeva troppo* 1963 den eigentlichen Prototyp des filmischen *Giallo*-Thrillers inszeniert zu haben. Bereits die Eröffnungssequenz kann als Vorbild für zahlreiche spätere *Gialli* bis hin zu Dario Argentos *Tenebrae* (*Tenebre – Der kalte Hauch des Todes*, I 1982) betrachtet werden. Die Protagonistin Nora (Letícia Roman) liest hier in einem Flugzeug einen klassischen *Giallo*-Thriller, als sie in Rom ankommt.[8] Gary Needham betont in seinem Artikel „Playing with Genre", dass hier gleich mehrere Schlüsselelemente des *Giallo* zusammenkommen: die Selbstreflexion des Genres im Hinblick auf die deutlich ausgestellten literarischen Quellen, die Ankunft eines Fremden in Italien, das Motiv der Reise und des für Italien wirtschaftlich so wichtigen Tourismus – und natürlich Rom als Hauptschauplatz des *Giallo*.[9] In Argentos späterem Film *Tenebrae* ist es etwa ein amerikanischer Kriminalschriftsteller, der zu Beginn von New York nach Rom reist.

Ein weiteres wichtiges Motiv, das hier erstmals auftaucht, ist die geistig leicht labile oder gar schizoide Heldin, die sich an ein wesentliches Element ihres Erlebens nicht mehr genau erinnert und dieses mühsam rekonstruieren muss: Hat Nora in Rom tatsächlich einen Mord beobachtet, oder halluzinierte sie? Ein mysteriöser Arzt (John Saxon) scheint ihr helfen zu wollen, entpuppt sich aber als ebenso zwielichtig wie das gesamte Geschehen um sie herum. Nichts ist, was es scheint – dieser Leitspruch des klassischen Psychothrillers wird vor allem im *Giallo* zum Tragen kommen. In Argentos *Profondo rosso* (*Deep Red – Die Farbe des Todes*, I 1975) ist es ein Musiker (David Hemmings), der die gesuchte Mörderin in einem Spiegel erblickt hatte, ohne sie später wiederzuerkennen. In Argentos *Tenebrae* wird der schizoide Schriftsteller schließlich selbst zum Täter, wobei lange nicht klar ist, wessen Albträume wir hier in rätselhaften Bildern miterleben. Auch beim Kombinieren von Täuschungsmanövern erweist sich Bava als richtungsweisend: Bei ihrer privaten Ermittlung in einer Mordserie stoßen Nora und der Arzt auf eine geistig verwirrte Mörderin. Es stellt sich heraus, dass Nora sich nicht an die angegriffene Frau erinnerte, sondern an die angreifende Täterin. Wiederum finden wir bei Dario Argento eine solche Wendung: in seinem Debütfilm *L'ucello dalle piume di cristallo* (*Das Geheimnis der schwarzen Handschuhe*, I/BRD 1970) muss der amerikanische Journalist in seiner Erinnerung immer wieder in eine Kunstgalerie zurückkehren, in der er hilflos einen Mordversuch mit ansehen musste, um das fehlende Element zu ermitteln. Schließlich findet er sich selbst in den Händen der wahnsinnigen Täterin wieder, die ihm zuvor als Opfer erschienen war.

Der berühmte schwarze Regenmantel als Signum des Täters oder der Täterin in den *Gialli* stamme – so Needham – zunächst aus der Mode der frühen 1960er Jahre und eignete sich als Unisex-Kleidungsstück hervorragend, das Geschlecht und die Identität des Täters zu verbergen. Erst im Lauf des Jahrzehnts hatte er sich als Zeichen für den *Giallo*-Killer etabliert und tauchte folglich noch in den späteren Filmen Dario Argentos bis hin zu *Tenebrae* auf – sogar in dessen Gothic-Horrorfilmen *Suspiria* (*Suspiria – In den Krallen des Bösen*, I 1977) und *Inferno* finden sich Anklänge daran.

Ausgehend von Mario Bavas *La ragazza che sapeva troppo*, der in den USA als *The Evil Eye* mit zusätzlichen komödiantischen Szenen verändert ins Kino kam, kann man eine Liste grundlegender Giallo-Motive erarbeiten:

a) Der Protagonist wird zunächst unschuldig in ein Verbrechen verstrickt; hier ist seine Augenzeugenschaft wichtig, wird aber auch infrage gestellt und muss überprüft werden.

b) Ein Geheimnis muss geklärt werden, oft dient eine vage Erinnerung oder ein mysteriöser Traum als Schlüssel.

c) Der Mörder ist nicht unbedingt im engeren Personenkreis zu finden; oft ist er weiblich. Die Morde erfolgen nach einem bestimmten Muster und Schema, das vom eigentlichen Motiv des Mörders ablenken soll.

d) Die Morde werden zu Höhepunkten der Handlung stilisiert und ereignen sich oft an düsteren oder bizarren Orten (etwa einer Kunstgalerie oder in betont modernem Ambiente); nicht selten erscheinen die Gewaltakte deutlich sexualisiert und werden mit phallischen Hieb- und Stichwaffen ausgeführt.

e) Der Täter/die Täterin maskiert sich mit einem Mantel, einer Kopfbedeckung und schwarzen Handschuhen.

f) Der Protagonist ist oft Ausländer und kommt als Tourist nach Italien; dieser Umstand ermöglichte es den Regisseuren, kassenwirksame internationale Darsteller zu engagieren (David Hemmings, John Saxon, Karl Malden, später auch Harvey Keitel in *Due occhi diabolici / Two Evil Eyes*, I/USA 1990, R: Dario Argento).

g) Die Motivation des Täters wird oft in einem traumatischen Erlebnis der Vergangenheit geliefert; mitunter bieten diese visionären Rückblicke Anlässe für avantgardistisch gestaltete Traumsequenzen – etwa die weiß überstrahlten

Mario Bavas Stil zwischen *Gothic*-Horror und *Giallo*-Thriller

Strandträume aus *Tenebrae*, die erst spät dem Protagonisten zuzuordnen sind; die Charakterzeichnung des *Giallos* folgt einer mitunter naiven oder vereinfachten psychoanalytischen Tendenz.

Deutlicher als viele seiner Nachfolger – unter ihnen Dario Argento, Lucio Fulci, Lamberto Bava, Sergio Martino und Umberto Lenzi – arbeitet Mario Bava in seinen *Gialli* mit einer grellen Farbinszenierung, sowohl was die Inszenierung der Gegenstände betrifft, die ein Eigenleben zu führen scheinen, als auch in der Lichtsetzung, die äußerst künstliche Handlungsräume erschafft. Abgesehen von *La ragazza che sapeva troppo*, der in kontrastreichem Schwarz-Weiß gedreht wurde, ist der *Giallo* also ausdrücklich ein Farbfilmphänomen. Nicht von ungefähr wählte Bava für seinen nächsten *Giallo*-Thriller *Sei donne per l'assassino* eine Modedesignschule als Schauplatz.[10] Der Amerikaner Cameron Mitchell leitet dieses Modehaus, in dem die Modelle nach und nach bizarren Mordattacken (mit Axt, Nagelhandschuh und glühendem Feuerhaken) zum Opfer fallen. Die Mordszenen selbst geraten unter Bavas exzentrischer Lichtregie zu dramatischen *Setpieces*, die das *l'art pour l'art* des kreativen Tötens feiern. Was also später zur massiven Kritik an den Filmen Dario Argentos führte,[11] war bereits in Bavas prototypischen Vorläufern präsent. Die erstaunliche Langlebigkeit des *Giallo*-Thrillers, dessen Formel noch heute in Dario Argentos Filmen *Non ho sonno* (*Sleepless*, I 2001) und *Il cartaio* (*The Card Player*, I 2004) oder sogar im japanischen Manga-Anime (*Perfect Blue*, JAP 1998, R: Satoshi Kon) auftaucht und die in den 1960er Jahren vorgegebenen Motive nur dezent modernisiert, verleitet Gary Needham dazu, im *Giallo* weniger ein Genre als vielmehr einen „Diskurs" zu sehen: „something constructed out of the various associations, networks, tensions and articulations of Italian cinema's textual and industrial specificity in the post-war period".[12]

Was Mario Bava in seiner kurzen, aber prägnanten Genrefilmkarriere gelungen ist, kann man als die Erschaffung höchst stilisierter, brachial psychologisierter Albtraumlandschaften beschreiben, die in ihrer stilistischen Eigenart bis heute von äußerstem Einfluss auf Filmemacher sind, die ihrerseits die Grenzen des Farbfilms ausloten möchten: Dario Argento, David Lynch, Paul Schrader, Abel Ferrara, Martin Scorsese, Quentin Tarantino und Oliver Stone. Im Kontext des kommerziellen italienischen Genrekinos eröffnete Bava dem Kino die Möglichkeit eines unendlichen audiovisuellen Experimentierfeldes. *Tutti colori nel buio* (*Alle Farben der Nacht*, E/I 1972) heißt ein *Giallo*-Thriller von Sergio Martino, und dieser Titel könnte paradigmatisch über Mario Bavas Werk stehen: Er drehte Filme in allen Farben der Nacht.

Marcus Stiglegger

[1] Zitat aus dem Dokumentarfilm *Mario Bava – Maestro of the Macabre* (2004).
[2] Mit *Ghost Son* (I/Südafrika/E/GB 2006) inszenierte Lamberto Bava schließlich ein nach Südafrika verlegtes Remake des Films mit Laura Harring.
[3] Béla Balázs, *Der sichtbare Mensch oder die Kultur des Films*, Frankfurt/M. 2001, S. 30.
[4] Peter Nicholls, *The World of Fantastic Films*, New York 1984, S. 51 f.
[5] Georg Seeßlen, *Kino des Phantastischen – Geschichte und Mythologie des Horrorfilms*, Reinbek bei Hamburg 1979, S. 39.
[6] Tim Lucas: *All the Colors of the Dark*, Cincinnati 2007.
[7] Georg Seeßlen, *Horror – Geschichte und Mythologie des Horrorfilms*, Marburg 2006, S. 260.
[8] Gary Needham, „Playing With Genre: Defining the Italian *Giallo*, in: *Fear Without Frontiers. Horror Cinema Across the Globe*, hrsg. von Steven J. Schneider, Godalming 2003, S. 135–161, hier S. 136.
[9] Ebenda, S. 136.
[10] Auch in dem späteren *Il rosso segno della follia* (*Red Wedding Night*, I/E 1969) taucht ein Designer von Brautmoden als Protagonist auf.
[11] Noch heute ist Argentos *Tenebre* in Deutschland wegen Gewaltverherrlichung bundesweit beschlagnahmt. Gleiches gilt für Mario Bavas *Ecologia del delitto* (*Im Blutrausch des Satans*, I 1971), der hierzulande als *Im Blutrausch des Satans* verboten wurde.
[12] Needham, „Playing With Genre" (s. Anm. 8), S. 138.

Giacomo Manzoli

Die Originalkopie
Die exemplarische Geschichte des Western all'italiana

Um dessen bizarren und in gewisser Weise paradoxen Charakter und die Art, in der das Phänomen aufgekommen ist, zu definieren und filmhistorisch zu unterscheiden, reichen einige von der Filmkritik ausgedachte Formeln aus: Weltweit ist es mit dem wenig schmeichelhaften Begriff Spaghetti-Western[1] oder auch Western all'italiana bekannt geworden. Die Bezeichnung versucht den Ort, an dem das Epizentrum dieser Filme lag, mit einem amerikanischen Genre[2] zu vereinen, dem Genre par excellence, dessen Syntax fortwährend im Rahmen des Hollywood-Laboratoriums fortentwickelt wurde und das als Basis seiner Semantik den Gründungsmythos der amerikanischen Nation feiert, mit allen Licht- und Schattenseiten.

Doch liegt die Geburtsstätte des Western all'italiana tatsächlich, wie die Historiker inzwischen herausgefunden haben, in Deutschland, wobei die Weiterentwicklung in Spanien[3] geschieht. 1962 entsteht Harald Reinls *Der Schatz im Silbersee* (BRD/YU/F 1962). Der Regisseur drehte weitere vier Filme über die Figur des Winnetou, die Karl May schuf, der seine Bücher zwischen 1876 und 1893 mit großem Erfolg veröffentlichte. Der französische Schauspieler Pierre Brice interpretierte die Figur des stolzen Apachenhäuptlings – die Saga trägt seinen Namen –, und an seiner Seite spielte Lex Barker, bekannt aus Hollywoods Tarzan-Verfilmungen. Der Film eröffnet eine Serie solcher Produktionen, vor allem aber brachte er eine Idee zum Tragen. Er ist dem „naiven" Geist seines literarischen Vorbildes sehr nah, weswegen es wahrscheinlich korrekter ist, ihn als Abenteuerfilm für Jugendliche oder aber als eine Wiederbelebung des sogenannten Indianerfilms zu bezeichnen, der eine (auch europäische) Tradition seit Anfang des 20. Jahrhunderts vorweisen kann. Jedenfalls hat der finanzielle Erfolg einige spanische und italienische Produzenten zu der Überlegung veranlasst, selbst Western (zu niedrigen Kosten) zu produzieren, anstatt sie aus den USA zu importieren, wie es bis dahin üblich war. Zumal sich das Genre in den USA in einer akuten Krise befand, die mit der allgemeinen Umstrukturierung des klassischen Hollywood-Kinos einherging. In diesem wichtigen Moment der nationalen Geschichte galt für das US-Kino die kulturelle Notwendigkeit, seine

Giacomo Manzoli

Darstellungscodices zu erneuern und sich der Konkurrenz des Fernsehens zu stellen, das Serien[4] ausstrahlte, die in der Lage waren, die Nachfrage der durchaus zahlreichen Fans des Genres in seiner klassischen Form zu befriedigen. Die unterschiedlichen sozioökonomischen Bedingungen (besonders im Zusammenhang mit der Verbreitung des Fernsehens[5]) bedingten eine größere Nachfrage auf dem europäischen Filmmarkt, als ihn die traditionellen Produzenten von Western befriedigen konnten. Die neue Gelegenheit wurde sogleich mit der Produktion von Filmen wie *I tre implacabili* (*Magnificent Three*, E/I 1963, R: Joaquin Luis Romero Marchent), *Buffalo Bill, l'eroe del far west* (*Das war Buffalo Bill*, I/F/BRD 1963, R: John Fordson, alias Mario Costa), *Fuera de la ley* (*Billy the Kid*, E 1964, R: Leon Klimowsky), *Il segno del coyote* (*Mit Colt und Maske*, E/I 1963, R: Mario Caiano, bereits Drehbuchautor von Marchents Film) wahrgenommen.

Diese Filme sind an das Prinzip der Imitation und Wiederverwertung amerikanischer Modelle gebunden. Dies geschieht mehr oder minder versteckt, bedenkt man z. B. die Gewohnheit, die Namen fast aller italienischen Regisseure ins Englische zu übersetzen, wobei damit Gewohnheiten aufgenommen wurden, die bereits in anderen populären Abenteuergenres (Peplum, Piratenfilm etc.) erprobt waren. So wurden auch mit Verfahren des B-Movies Erzählungen und Ikonografien benutzt, die ihrerseits schon vom Hollywood-Kino ausgebeutet worden waren und jetzt in diversen Feldern der Kulturindustrie (zwischen Comics und Kinderliteratur) zirkulierten.

Keiner der 14 Westernfilme, die 1963 in Europa gedreht wurden, scheint ein Kassenschlager geworden zu sein. 1964 überredet Sergio Leone die Verantwortlichen der kleinen Produktionsfirma Jolly Film dazu, ihm den Set von Mario Caianos *Le pistole non discutono* (*Die letzten Zwei vom Rio Bravo*, E/I/BRD 1964) in einer Drehpause zu überlassen, um sein Projekt eines Low-Budget-Westerns durchzuführen. Wie so oft wurde der Film Caianos, in den die Produzenten viel investiert hatten, ein Flop.[6] Leones Film, der mit wenig Überzeugung produziert worden war und nur dazu gedient hatte, die festen Kosten zu optimieren, wurde hingegen ein großer Erfolg, der zugleich den Beginn einer großen Reihe von Filmen markierte.

Es ist hinreichend bekannt, dass dem Erfolg von *Per un pugno di dollari* (*Für eine Handvoll Dollar*, I/E/BRD 1964) – Leone benutzte hierfür das Pseudonym Bob Robertson als Hommage an seinen Vater, den bekannten Stummfilmregisseur Roberto De Robertis – der anfängliche Widerstand der Verleiher entgegenstand und dass der Regisseur gezwungen war, sich direkt mit einem Florentiner Kinovertreiber abzusprechen, um seinen Film im Kinoprogramm zu sehen, zudem in der ohnehin auslastungsschwachen Sommersaison. Mit dieser ersten Vorführung begann – dank dem archaischsten aller Werbesysteme, der Mundpropaganda – der Erfolg eines Films, der allein in Italien Einnahmen von drei

Die exemplarische Geschichte des Western all'italiana

Milliarden Lire[7] verzeichnen sollte – nicht zu reden von den Verkäufen auf allen wichtigen Märkten der Welt.

Es ist fast überflüssig zu sagen, dass dem Film von Sergio Leone eine grundlegende Bedeutung für das Genre zukommt. Auf der einen Seite stellt er ein für alle Mal das enorme wirtschaftliche Potenzial unter Beweis, wodurch er die Produzenten davon überzeugt, in diese Richtung zu investieren. Auf der anderen Seite legt er einige Produktionsregeln fest (besonders bezüglich der niedrigen Kosten und der Verwendung bestimmter Drehorte, meist in Spanien, als Alternative zu Amerika). Vor allem begründet der Film eine Autorenmythologie, die sich mit den folgenden Filmen Leones befestigen wird und einen ästhetischen Art-Code aufstellt.[8]

Wenn, wie mehrfach bemerkt wurde, „der italienische Western paradoxerweise das parasitärste und das erfinderischste Genre der 1960er Jahre ist"[9], dann ist *Per un pugno di dollari* das perfekte Beispiel dafür. Die Idee der Handlungsgeschichte ist direkt Akira Kurosawas *Yojimbo* (*Yojimbo – Der Leibwächter*, JAP 1961) entlehnt, dessen Verwendbarkeit für den Western zuerst von Stelvio Massi und Enzo Balboni[10] entdeckt wurde, die den Film 1963 Sergio Leone empfahlen. Diesem gefiel die Idee und schlug sie Duccio Tessari für eine erste Ausarbeitung vor. Wie bei fast all diesen abenteuerlichen Projekten von Low-Budget-Filmen jener Zeit, bei denen Pseudonyme und falsche Namen aus Gründen der Koproduktion verwendet wurden, ist es schwierig festzustellen, wer tatsächlich an der Ausarbeitung des Drehbuches beteiligt war. Ausschlaggebend ist, dass trotz dieser Umarbeitungen die Verweise auf Kurosawas Film so deutlich sichtbar blieben, dass die japanischen Produzenten leichtes Spiel hatten, als sie für die Anerkennung ihrer Rechte erfolgreich vor Gericht gingen, wobei ihnen die Einnahmen des Films auf den fernöstlichen Märkten zugesprochen wurden.

Trotz des Plagiats eines japanischen Films,[11] der Aneignung einer falschen Nationalität und der Verwendung eines fremden Filmsets ist Leones Film unter mehreren Gesichtspunkten wesentlich innovativ. Auf der Bildebene nutzt der römische Regisseur (gemeinsam mit dem Kameramann Massimo Dallamano) die Möglichkeiten des Breitbildformates[12] optimal aus, beispielsweise bei der Wirkung der anamorphischen Verzerrung verbunden mit einem recht untypischen Schnittverfahren, das oft Groß- oder Nahaufnahmen auf Totalen mit großer Bildtiefe folgen lässt. Der ungewöhnliche Stil des Regisseurs und sein Rhythmus werden zusätzlich durch die Musik von Ennio Morricone intensiviert, in der der epische Atem der traditionellen Ballade zugleich konkreter und ironischer präsentiert wird, noch verstärkt durch die Vermischung von Geräuschen und Musik.[13] Leone wird sein Kino in der Zukunft perfektionieren, indem er vor allem an den Effekten der Dehnung und Verkürzung der Handlungszeit arbeitet, doch zeichnet sich dieser Weg der Entwicklung bereits in seinem ersten Western ab, wo es ihm, wie gerade beschrieben, gelingt, dem

Giacomo Manzoli

Zuschauer mithilfe der intelligenten Arbeit an der Ikonografie des Genres das Gefühl zu vermitteln, an etwas Aufwühlendem, gleichzeitig Bekanntem und Verwirrendem teilzunehmen.

Viele haben in der italienischen Ausprägung des Western eine erste Manifestation der Postmoderne im Kino sehen wollen.[14] Wenn bereits in den USA Regisseure wie Nicholas Ray oder Budd Boetticher die Möglichkeit aufgezeigt haben, das Genre durch den Verzicht auf die realistische Darstellung der Geschichte gewissermaßen zu kontaminieren,[15] dann geht Leone bis an die Grenzen dieser Vorgehensweise und befragt den Mythos nach seiner psychologischen Wahrheit. Als ob er die Lektion von John Fords *The Man Who Shot Liberty Valance* (*Der Mann, der Liberty Valance erschoß*, USA 1962) bereits perfekt verinnerlicht habe, existiert für ihn

> Geschichte nur als Gegenstand der Darstellung; das Kino ist ein Spiel mit Zitaten und Verweisen, mit dem Auseinandernehmen und dem Wiederzusammensetzen von bereits gesehenen und auch bereits von anderen gedrehten Bildern.[16]

Seine „Helden" sind echte Archetypen, fast im expressionistischen Sinn des Begriffs. Figuren ohne Zeit, ohne Vergangenheit oder Zukunft, die von elementaren und eindeutigen Motiven bewegt werden, deren Wert vor allem in ihrer evokativen Aufladung liegt, die jedoch wiederum auf ein Bilderuniversum rein kinematografischer Natur verweist. Der Manierismus von Sergio Leone, der sich aus seiner barocken Liebe für das Virtuose und seiner raffinierten Cinephilie speist, besteht in der Fähigkeit, eine außerordentliche Spannung herzustellen zwischen dem Katalog des Klassischen, dessen er sich mit vollen Händen bedient, und dessen systematischer Überwindung in Richtung auf etwas, was nicht leicht zu definieren ist. Im Grunde ist sein Verhalten zu seinen Bezugsmodellen

C'era una volta il west (*Spiel mir das Lied vom Tod*, I/USA 1968) von Sergio Leone.

Die exemplarische Geschichte des Western all'italiana

nicht so unähnlich dem, was die jungen Franzosen der Nouvelle Vague gegenüber ihren amerikanischen Meistern, von Hitchcock zu Fuller, bewiesen haben. Auch Leone zitiert sie kreuz und quer, wobei er ihnen mit überschwänglicher Liebe eine Hommage erweist, sie dabei allerdings oft auch mit ironischer Distanz entzaubert.[17]

In ideologischer Hinsicht ist der Western für ihn sozusagen ein offenes Gefäß, in dem oft einander widersprechende Elemente zusammenfließen können. Dies trifft noch mehr für viele andere Autoren zu. Wie nach allen Regeln der Kunst hegt der Held von *Per un pugno di dollari* eine allgemeine Sympathie für die Schwachen und ist bekümmert über die Ungerechtigkeit in der Welt. Zu Beginn des Films hören wir ihn mit einem Anklang von Melancholie sagen: „Ich muss erst noch einen Ort finden, an dem es keinen Landlord gibt." Sein Gesprächspartner antwortet ihm: „Ja, aber wenn die Gutsherren zwei sind, ist einer zu viel." Tatsache ist, dass es die Aufgabe des Helden ist, die zwei Bosse dazu zu zwingen, sich gegenseitig zu eliminieren, wobei er sich im Versuch, eine Landarbeiterfamilie zu einen, einer großen Gefahr aussetzt. Gleichwohl bezeugen seine Methoden und sein Zynismus ein eher reaktionäres Muster. Es lässt sich also sagen, dass, wie in fast allen Spaghetti-Western, das Verständnis vom einsamen Helden völlig von romantischen Merkmalen abgelöst ist und metaphysische Aspekte annimmt. Später wird Leone diesen Diskurs verfeinern, indem er seine Figuren in der Geschichte verankert (wie z. B. in *Il buono, il brutto, il cattivo / The Good, the Bad and the Ugly / Zwei glorreiche Halunken*, I/E 1966, wo die Helden vor dem Hintergrund des Sezessionskrieges agieren) und dem Krieg gegenüber Position bezieht. Auch wenn er sich in *Giù la testa* (*Todesmelodie*, I 1971) mit politischen Fragen von großer Aktualität auseinandersetzt, indem er die Erzählung von einem irischen Patrioten, der sich für die mexikanische Revolution einsetzt, mit einem Mao-Zitat eröffnet („Die Revolution ist kein Gala-Mittagessen ..."), so dürfte es doch schwerfallen, die Filme von Sergio Leone als Texte zu verstehen, die sich um einen artikulierten und kohärenten politischen Diskurs bemühen. Letztendlich besteht der wahre thematische Kern (durchaus nicht frei von politischen Verwicklungen), um den sich alle seine Filme drehen, aus impliziten Überlegungen zur Kolonialisierung der Bilderwelt durch die amerikanische Kultur mittels des mächtigsten ihrer Propaganda-Apparate. In diesem Sinn erscheint die Begabung, mit der Leone die komplexe Dynamik dieser Prozesse aufdeckt, wirklich außergewöhnlich: Praktisch geht es um die Dekonstruktion des Mechanismus, auf den der Export des „imperialen" Mythos zur Peripherie (oder zu den Kolonien, wenn man es so nennen will) gegründet ist. Es wird folglich aufseiten der Empfänger das Wissen über die fiktive Natur des Diskurses eingefordert; sie sollen sich der Tatsache bewusst sein, dass sie sich vor einer Anhäufung von Klischees befinden. Zur gleichen Zeit jedoch wird der elementaren Kraft dieses archetypischen Materials gehuldigt und gezeigt, wie man sich dessen bedienen kann, wobei der Mythos mit einer neuen, wie immer künstlichen Energie aufgeladen wird.

Während sich also die Filmkritik gezwungen sieht, sich mit einem neuen Phänomen auseinanderzusetzen, dafür die Unterscheidung zwischen Autoren- und Genrekino zu überprüfen[18] und sogar die rigide Wertehierarchie zwischen „Original" und „Kopie" fallen zu lassen, stürzen sich die Produzenten auf den Western mit dem Ziel, diese Goldader[19] bestmöglich auszuschöpfen.

Die Zahlen, die das Genre in den kommenden Jahren beschreiben, sind beeindruckend. Laut dem Katalog von Jean-François Giré,[20] der seine Kategorien sehr breit angelegt hat, werden in Europa zwischen 1964 und 1975 rund 520 Filme produziert, die dem Phänomen des außereuropäischen Westerns zugerechnet werden können, das selbst wiederum diverse Verästelungen aufweist.

Um die Hauptentwicklungen nachzuvollziehen, bietet es sich an, eine Unterscheidung anhand der verschiedenen Figuren vorzunehmen, die vorgeben, in den niederen Formen der Kulturindustrie das Prinzip der mythologischen Helden wieder aufzunehmen, das schon für die Produktion der historisch-mythologischen Filme galt. Wie die Produktionen des Peplum anhand der einzelnen Figuren unterschieden wurden, so strukturiert sich auch der Western nach mehr oder weniger erfolgreichen Serien, die sich auf bestimmte Figuren beziehen, die *ad hoc* erfunden wurden und deren Gesichter alternativ einigen Schauspielern entliehen wurden, die geradezu zu Wiedererkennungsmarken des Genres wurden; z. B. Giuliano Gemma und Franco Nero, George Hilton und Tomas Milian, um nicht von den Bösewichten zu reden, gespielt von Klaus Kinski, Lee Van Cleef, Eli Wallach und anderen. Wenn in Deutschland die Winnetou-Serie mit Erfolg fortgesetzt wird, für die neben Harald Reinl auch andere bekannte Autoren wie Hugo Fregonese (*La battaglia di fort apache / Old Shatterhand*, BRD/F/I/YU 1964) oder Alfred Vohrer (*Unter Geiern*, YU/I/BRD/F, mit dem berühmten Stewart Granger und *Winnetou und sein Freund Old Firehand*, BRD/YU 1966) tätig sind, so reichen für Italien die Filmtitel aus, um die Helden und ihre Serien zu identifizieren: *Se incontri Sartana pregna per la tua morte* (*Sartana – Bete um Deinen Tod*, I/F/BRD 1968) von Gianfranco Parolini, *... E vennero in quattro per uccidere Sartana!* (*Four Came to Kill Sartana*, I 1969, R: Demofilo Fidani, *Arrivano Django e Sartana ... è la fine* (*Django und Sartana kommen*, I 1970, R: Demofilo Fidani alias Dick Spitfire), *C'è Sartana ... vendi la pistola e comprati la bara* (*Django – Die Gier nach Gold*, I 1970, R: Giuliano Carnimeo alias Anthony Ascot), *Alleluja e Sartana figli di ... dio* (*Hundert Fäuste für ein Halleluja*, I/Monaco/BRD 1972, R: Mario Siciliano), *Django* (I/E 1966, R: Sergio Corbucci), *Django spara per primo* (*Django – Nur der Colt war sein Freund*, I 1966, R: Alberto Di Martino), *Django il bastardo* (*Django und die Bande der Bluthunde*, I 1969, R: Sergio Garrone), *Django sfida Sartana* (*Django Aganist Sartana*, I 1970,

Die exemplarische Geschichte des Western all'italiana

R: Pasquale Squitteri), *È tornato Sabata ... hai chiuso un'altra volta* (*Sabata kehrt zurück*, I/F/BRD 1971, R: Gianfranco Parolini). Man könnte endlos fortfahren und Figuren einbeziehen wie *Ringo e Gringo contro tutti* (*Ringo and Gringo Against All*, I/E 1969, R: Sergio Corbucci), *Ciakmull – L'uomo delle vendetta* (*Django – Die Nacht der langen Messer*, I 1970, R: Enzo Balboni), *Arizona Colt* (I/F 1966, R: Michele Lupo) bis zum düsteren *Keoma* (*Keoma – Ein Mann wie ein Tornado*, I 1976, R: Enzo G. Castellari) oder zum proto-revolutionären Cuchillo in *La resa dei conti* (*Der Gehetzte der Sierra Madre*, E/I 1966) und *Corri uomo corri* (*Lauf um dein Leben*, I/F 1968), beide von Sergio Sollima.

Insbesondere Cuchillo, gespielt von Milian, dem Bauern-Helden, der im Gefängnis die Grundlagen von Klassenbewusstsein erlernt, erinnert uns daran, dass der metaphorische und instrumentelle Gebrauch Mexikos zweifellos ein wiederkehrendes Thema darstellt, das sich durch die heterogene Masse dieser Filme zieht. Aber es werden natürlich alle Topoi des Genres aufgegriffen, vielleicht jener Topos ausgenommen, der die klassische Periode des amerikanischen Western auszeichnet: die Eroberung und damit einhergehend die Herausforderungen des Unbekannten. Beim Versuch, die Koordinaten des Genres zu beschreiben, kann man wiederkehrende ikonografische Elemente[21] festhalten oder aber die Filme nach den vorherrschenden Themen gruppieren.[22] Dabei sollte man natürlich betonen, dass das Thema der *Wilderness* gegenüber allen anderen Themen dominiert. Zwar sind die Helden oftmals Zyniker und wirken auf spektakuläre Art volkstümlich, doch sind sie weder frei von Makeln noch von Angst. Raubüberfälle aller Art, Folter und Massaker, die sich mit gemeinem Verrat abwechseln, sind durchgängige Themen, die die Mehrzahl dieser Filme würzen, in denen Frauen nur Katalysatoren oder Opfer einer Handlung sind, in der die Protagonisten in der Regel das Ziel haben, schnell reich zu werden. Die immer wiederkehrenden gespenstischen Landschaften bilden die ideale Kulisse für Ereignisse, in denen das moralische Elend unangefochten bleibt, bis (schüchterne und von tausend Widersprüchen gekennzeichnete) politische und soziale Instanzen auftreten, die zumeist mit ebenso schamloser wie unwiderstehlicher Naivität dargestellt werden.[23]

Trotzdem gibt es einzelne Filme, die – aufgrund einer gelungenen Regie, einer komplexen Handlung oder der Besonderheit des Themas – aus dieser ununterscheidbaren Masse von Filmen herausragen. Zu diesen Filmen gehören u. a. der Zweiteiler aus *Quien sabe?* (*Töte Amigo*, I 1966, R: Damiano Damiani) und *Requiescant* (*Kill and Pray*, I/BRD 1967, R: Carlo Lizzani), in dem Pier Paolo Pasolini die Rolle eines „Arbeiter-Priesters der Revolution" spielt, als ob er damit versuchen wollte, das kultivierte Kino der großen italienischen Filmemacher der Zeit auf die populäre Ebene zu übertragen. Auch einige Filme des besten Assistenten von Sergio Leone, Tonino Valerii, liegen deutlich über dem Durchschnitt der damaligen Produktionen: *I giorni dell'ira* (*Der Tod ritt dienstags*,

Giacomo Manzoli

I/BRD 1967) funktioniert z. B. wie ein Bildungsroman mit einer damit verbundenen Jugendrebellion; *Il prezzo del potere* (*Blutiges Blei*, I/E 1969) rekonstruiert im Stil eines Western die Ermordung von Kennedy unter Einbeziehung der Theorien über ein Komplott. Die politischen Substrate dieser und vieler anderer Filme, die damals Objekt intensiver ideologischer Analysen der Kritiker waren, angefangen mit *Vamos a matar, compañeros* (*Laßt uns töten, Companeros*, E/I/BRD 1970, R: Sergio Corbucci),[24] sollten jedoch nur mit Vorsicht und eher als Versuch denn als echte Fähigkeit zur radikalen Analyse der zeitgenössischen Realität betrachtet werden. Einiges spricht dafür, dass es sich hier eher um eine Modeerscheinung handelt als um eine engagierte politische Parteinahme vonseiten der beteiligten Cineasten.[25]

Die Wende der 1970er Jahre

Die hohe Zahl der produzierten Filme reicht aus, um zu erklären, wie die Sättigung des Marktes den raschen Niedergang des Western all'italiana am Ende der 1960er und zu Beginn der 1970er herbeiführt. Trotz alledem schafft es dieses Genre, das prädestiniert dafür ist, sich zu verwandeln, noch einmal Protagonist eines Wandels zu werden, der hauptsächlich durch Mechanismen interner Restrukturierung bestimmt ist, die es ihm erlauben, noch einige Jahre zu überleben und dabei nie zuvor erreichte ökonomische Erfolge zu feiern.

Um den stetigen Übergang zur Komödie nachvollziehen zu können, muss man ein Stück in die 1960er Jahre zurückgehen. Im Jahr 1967 kehrt ein ungewöhnlicher Schauspieler, Mario Girotti, nach Italien zurück. Seine Karriere verzeichnet an diesem Punkt bereits große Erfolge, wenn auch nicht dauerhafte. Er ist 1939 geboren, sein Vater ist Italiener, die Mutter Deutsche. Bereits früh lernt er das Ambiente von Cinecittà kennen. Dank seines engelsgleichen Aussehens und eines verschmitzten Lächelns wird er schon als Jugendlicher zum Helden von Fotoromanen, und mit 18 Jahren spielt er bereits in Komödien und populären Dramen wie *Lazzarella* (I 1957, R: Carlo Ludovico Bragaglia) oder *Cerasella* (I 1959, R: Raffaello Matarazzo). Die Rolle als Mädchenschwarm wird ihm offensichtlich zu eng, auch weil eine gewisse Harmlosigkeit der Kulturindustrie in der Nachkriegszeit mit dem Wirtschaftswunder an ihr Ende gekommen ist, und er schreibt sich in der römischen Theaterakademie ein, um dramatischer Schauspieler zu werden.

Die Möglichkeit, die ihm Luchino Visconti in *Il gattopardo* (*Der Leopard*, I/F 1963) bietet, bleibt seine einzige Präsenz im Autorenkino in einer Karriere, die weiterhin zwischen Peplum, Abenteuerfilmen und unterschiedlichen Parodien (z. B. *Il giorno più corto / The Shortest Day*, I 1963, R: Sergio Corbucci) verläuft. Er entscheidet sich daraufhin, seine Muttersprache zu nutzen, und geht nach

Die exemplarische Geschichte des Western all'italiana

Deutschland, wo er in mehreren Filmen der Western-Saga von Winnetou mitwirkt.

Seine Rückkehr geschieht im Zeichen einer der größten Genremischungen, die der Italowestern durchgemacht hat. Girotti, der inzwischen das Pseudonym Terence Hill angenommen hat, spielt die Hauptrolle in *Little Rita nel west* (*Blaue Bohnen für ein Halleluja*, I 1967, R: Ferdinando Baldi). Der Film verbindet verschiedene Western-Elemente, die nach komisch-parodistischem Muster zusammengefügt werden, basierend auf jenem unechten Genre, das den Namen des Musicarello[26] erhält. In einer Art Synthese heterogener Modelle spielt die Sängerin Rita Pavone – bekannt geworden durch die Fernsehdarstellung des androgynen Comic-Helden Gianburrasca – eine Art Calamity Jane, die gemeinsam mit einem merkwürdigen fahrenden Sänger (gespielt von dem Sänger Lucio Dalla) durch den Westen tingelt, wobei sie Musiknummern mit bescheidener Choreografie improvisieren und finstere Pistolenhelden besiegen, die aus dem bizarren Fundus des schlichtesten Spaghetti-Western zu stammen scheinen. Der Film lehnt sich, auch ikonografisch, ziemlich anachronistisch an den Comic „Der kleine Ranger" / „Il piccolo ranger" an: Der Gegner ist allgemein politischer Natur (Rita verabscheut das Gold, und ihr Ziel ist es, es von der Erde verschwinden zu lassen), die Verbündeten sind Indianer, für die die Blumenkinder der damaligen Zeit das Vorbild abgegeben zu haben scheinen. Die Linearität dieser Parabel vom Triumph des Feminismus und der Gegenkultur wird jedoch unterbrochen durch Pavones zweideutige Schwärmerei für einen hübschen Jüngling, Black Star (Terence Hill), der in den unmöglichsten Momenten und in einer Doppelrolle als Schutzengel oder verräterischer und verführerischer Dämon erscheint. Überraschend ist die parodistische Genauigkeit bestimmter Sequenzen: Ein Kopfgeldjäger stellt sich vor sie und sagt, sie „für eine Handvoll Dollar" töten zu wollen, aber Rita antwortet: „Ich dachte, du würdest es für eine Handvoll Dollar mehr tun."

Dieser zum Kult avancierte Film ist der einzige Ausflug von Rita Pavone auf das Gebiet des Western. Anders bei Terence Hill, der zum bevorzugten Subjekt eines Projekts wird, das Giuseppe Colizzi mit außerordentlichem Scharfsinn ausgedacht hat. Colizzi macht ihn zum Protagonisten einer Trilogie, die einen radikalen Umbruch in der Entwicklung des Spaghetti-Westerns bezeugen wird.

Colizzi, Neffe von Luigi Zampa, an dessen Seite er mehr als 20 Jahre lang als Produzent gearbeitet hat, ist Autor von Kriminalromanen und debütiert als Regisseur mit *Dio perdona ... io no!* (*Gott vergibt – Wir beide nie*, I/E 1967), auch das Drehbuch stammt von ihm. Der Film erzielt eine Kasseneinnahme von rund zwei Milliarden Lire,[27] und ihm folgen unmittelbar zwei weitere Produktionen, *I quattro dell'Ave Maria* (*Vier für ein Ave Maria*, I 1968, 2,5 Milliarden Lire) und *La collina degli stivali* (*Hügel der blutigen Stiefel*, I 1969, 1,8 Millionen Lire), die dazu beitragen, den Erfolg des Projekts zu konsolidieren.

Giacomo Manzoli

Die Trilogie von Colizzi nimmt die spanischen Drehorte und auch die anderen Elemente Leones auf, wobei die Darstellung von Gewalt immer expliziter und extremer wird. Dies bedingte jedoch die Notwendigkeit, für eine Art Dramatisierung und Distanzierung zugleich zu sorgen. Daher sind die drei Filme voll von Gags, Augenblicken entschiedener Betonung des Grotesken, das das Genre bereits von Anfang an belebt hatte. Eine gute Idee war es zweifellos, Hill, der wie eine hellere und beweglichere Version des Prototyps Eastwood erscheint, mit dem mächtigen Ex-Schwimmchampion Carlo Pedersoli, alias Bud Spencer, zu paaren. Wie es in der Tradition der komischen Paare üblich ist, ergänzen sich die beiden Figuren gegenseitig: Hill ist der „Schöne", blond, schlank und pfiffig, während Spencer sein hässliches, dunkles, dickes und unbeholfenes Äquivalent darstellt.

Während im ersten Film noch sadistische Elemente mit Zügen voll von Leichen und unendlichen Schießereien dominieren, so treten im zweiten Film an die Stelle der Jagd nach Geld ethische Motive und „political correctness", gemeinsam mit Hill und Spencer reitet ein Farbiger; an die Stelle der Schießereien treten nun zunehmend Prügeleien, die die besondere Körperlichkeit des neuen Paares besser betonen, und auch die traditionellen Locations werden gegen andere eingetauscht, die besser in das neue Ambiente passen. *La collina degli stivali* schließt die Metamorphose ab. Er spielt größtenteils in einem Zirkuszelt, mit revolutionären Pantomimen, die zur Rebellion gegen die Mächtigen aufrufen, kathartischen Prügeleien und in dunklen Tönen gehalten – die das zunehmende Desinteresse von Colizzi am Genre bezeugen. Enzo Barboni, der vom Kameramann zum Regisseur aufgestiegen ist, ahnt das große finanzielle Potenzial dieser Filme und nimmt die Stafette mit den surrealen psychoanalytischen Anklängen von *Ciakmull – L'uomo della vendetta* auf. In einer Zeit, in der die großen Produktionsfirmen versuchen, sich dem Genre zu entziehen (z. B. die PEA),[28] nutzt Barboni die 400 Millionen Lire, die ihm von der West Film durch den Produzenten und Regisseur Italo Zingarelli zur Verfügung gestellt werden, und schreibt ein Drehbuch, in dem Hill und Spencer endgültig auf die Farce festgelegt werden, die in einem (immer künstlicheren) Western-Szenario stattfindet, wobei der Westen immer weniger fern und wild erscheint.

Man kann zu Recht vorausschicken, dass der folgende Doppelfilm von Barboni, gezeichnet mit dem Pseudonym E. B. Clucher, eines der erfolgreichsten Projekte des italienischen Kinos aller Zeiten darstellt und Ausdruck einer bewundernswerten Effektivität ist, die sowohl durch die Konzession an den Zeitgeist wie durch die Balance erreicht wird, mit dem die archetypischen Elemente der Filme im Gleichgewicht gehalten werden.[29] *Lo chiamavano Trinità* (*Die rechte und die linke Hand des Teufels*, I 1970) und *. . . Continuavano a chiamarlo Trinità* (*Vier Fäuste für ein Halleluja*, I 1971) erzählen die Geschichte eines Brüderpaars, Trinità und Bambino, Outlaws mit gutem Herzen, die von Betrügereien und kleinen Geschäften leben. Ihr Dasein als Gesetzlose hat eine rein spielerische Dimen-

Die exemplarische Geschichte des Western all'italiana

sion, die fortwährend durch Verkleidungen, Kartenspiel, Tricks und gymnastische Sublimierung von Gewalt unterstrichen wird. In Wirklichkeit ist Robin Hood das Verweismodell. Ohne sich auf eine Ideologie zu beziehen, berauben sie die Reichen, um den Reichtum an die Ärmeren zu verteilen, gleich ob es Familien von Landpächtern oder Missionare sind. (Anklänge an die Handlungen des Heiligen Franziskus ist ihren Aktivitäten nicht fremd.)

Drei Faktoren bestimmen diese Filme. Der erste betrifft die Charakterisierung als Paar: Terence Hill ist der jüngere der beiden „Söhne einer guten Frau", wie es wörtlich heißt. Sein Heldentum liegt in seiner Schnelligkeit mit den zugehörigen Beigaben (Gelenkigkeit, Wachsamkeit, Scharfsinn, Leichtigkeit). Damit einher geht eine unglaubliche Faulheit, die als natürliche Nachlässigkeit des Vagabunden gilt. Wie ihm mehrmals vorgeworfen wird, verachtet er die Arbeit, hat keinerlei Langzeitprojekte und denkt nicht daran, seine Talente zur Herstellung von etwas Dauerhaftem einzusetzen. Es interessiert ihn nur das Reisen auf eine möglichst entspannte und bequeme Art, indem er sich von einem gutmütigen Pferd schleppen lässt, mit dem er fast telepathisch kommunizieren kann (Symbiose mit der Natur). Sein älterer Bruder, Bud Spencer, bildet das Pendant dazu; er ersetzt die väterliche Figur, die beide nicht hatten, und versucht mit Worten, den Bruder wieder auf den Weg einer organisierten Kriminalität zu bringen, wobei er jedoch am Ende immer von der Vitalität des Bruders bezwungen wird. Er steht für eine geradezu mythische Stärke.[30] Spencer ist eine Art Sumoringer, der in den Boden gepflanzt ist und den umzuwerfen so unmöglich scheint wie ihn aufzuhalten, wenn er sich einmal in der Überwindung seiner extremen Trägheit in Bewegung gesetzt hat.

Das proletarische Muster sieht vor, dass beide unersättlichen Hunger und Durst haben, der nur von anspruchslosen Speisen für kurze Zeit gestillt werden kann. Aus demselben Grund sind beiden jegliche bürgerlichen Konventionen fremd: Sie sind unmäßig, waschen sich nicht, geben sich in Rabelais'scher Manier den niedersten körperlichen Ausdrucksformen hin, messen dem symbolischen Wert von Gegenständen keinerlei Wert zu, verachten den Luxus in all seinen Formen. Sie sind sozusagen ontologisch schlecht erzogen. Entsprechend den Regeln des komischen Genres sind sie substanziell asexuell, auch wenn Terence Hill die weibliche Schönheit schätzt und Bud Spencer ein nostalgisches Verhältnis zur Vaterschaft aufweist.

Neben dieser beachtenswerten Mischung heterogener Elemente, die einen volkstümlichen Weg zum Existenzialismus darstellen, verabschieden sich die beiden Figuren definitiv von der Gewalt ohne Alternative. Sie sind teuflisch versiert im Umgang mit Waffen, doch setzen sie sie nur ein, um andere davon abzuhalten, sie zu benutzen. Sie schießen auf Gegenstände – so wie auf dem Jahrmarkt –, nicht auf Lebewesen. In ihrem Western stirbt niemand, und auch ihre schärfsten Schlägereien sind immer vergleichbar mit einer Simulation oder einem rituellen Tanz. Ihre Schläge sind Zeichen, die keine Spuren hinterlassen, sie sind ein rein choreografisches Element, das dazu dient, die Gegner zu entnerven, bis diese erschöpft die ethische Überlegenheit der beiden Helden anerkennen. Letztlich ist Blut das ikonografische Tabu dieser Filme.

Diese paradoxe Wahl einer nicht nicht-grausamen Ritualisierung der Gewalt hat zweierlei Folgen. Einerseits erreicht das Genre so eine Vergrößerung des Zielpublikums hin zu Familien, die durch die immer dominanter werdende Gewaltausprägung des Genres als Publikum ausgefallen waren. Andererseits kann man in Anbetracht der Identifikationsprozesse, die diese Filme bei ihrem sehr breiten „mittleren Publikum" anregen, auch vermuten, dass dabei die Möglichkeit, einige Elemente der Gegenkultur (vor allem die Forderung nach größerer sozialer Gerechtigkeit) mit der Achtung der allgemeinen Regeln des Zusammenlebens zu versöhnen, eine wichtige Rolle spielt. Dem Prinzip der Überwältigung wird vorrangig das Mittel der Überredung und Überzeugung gegenübergestellt, wobei sowohl die Unantastbarkeit des Lebens als auch Strafmaßnahmen gewährleistet sind. Es ist offensichtlich, dass all dies eine märchenhafte Utopie mit regressiver Komponente darstellt (die Figur Bud Spencers heißt Bambino, Kind), aber genau dies macht den politischen Gehalt der Filme aus.

Der zweite Faktor, der maßgeblich den Erfolg dieser Filme beeinflusst, liegt in der flüssigen Erzählweise und der Fähigkeit, die abenteuerlichen Aspekte im Gleichgewicht mit den komischen zu halten, was durch eine Reihe von gut ausgedachten Gags[31] gelingt, die fast sämtliche Figuren und Motive der Filme, ja des Genres betreffen: vom Kopfgeldjäger zum Glücksspieler, vom Viehdiebstahl zu den mexikanischen Banditen, von den Saloontänzerinnen zu den Töpfen mit geschmorten Bohnen. All dies sind Gags, die in gewisser Weise zur Demythisierung und Dekonstruktion des Genres selbst beitragen.

Es bleibt also zu klären, wie es möglich war, dass sich ein Genre wie der Western all'italiana in diese Richtung entwickeln konnte, und ob es sich dabei um eine Zäsur handelt, eine Anpassung an die Anforderung des Marktes, oder ob man es im Gegenteil bei diesen Filmen mit einer vollendeten Realisierung eines ästhetischen Wegs zu tun hat.

Die erste Sichtweise hat als Befürworter unter anderem François Giré, der Lo chiamavano Trinità als „western parodique"[32] beschreibt. Auch Stefano Della Casas schließt sich dem an, wenn er meint, „der Film läute die letzte Phase des Western all'italiana vor seinem Ende ein, die der Parodie".[33] Auf der anderen Seite hat schon Massimo Moscati bemerkt, dass die „Anwesenheit des Humors" ein „wiederkehrendes Motiv"[34] im italienischen Western ist; zudem gibt es jene, wie z. B. Raffaele De Berti,[35] die dem Genre von Anfang an ein strukturell parodistisches Element zuschreiben.

Dabei muss jedoch bedacht werden, dass sich diesem Typus Film durchgängig eine Reihe unverwechselbarer, parodistischer Filme beigesellt hat. Bereits

Die exemplarische Geschichte des Western all'italiana

Walter Chiari und Raimondo Vianello praktizieren die Umkehrung des Genres ins Komische in zwei Filmen von Steno (*Gli eroi del West / Heroes of the West*, I 1965, und *I gemelli del Texas / Twin from Texas*, I/E 1964), so wie der Erfolg des ersten Films von Sergio Leone sofort eine parodistische Kopie nach sich zieht (*Per un pugno nell'occhio / Fistful of Knuckles*, E/I 1970, von Michele Lupo, gespielt von Franco Franchi und Ciccio Ingrassia), mit dem eine Praxis einsetzt, die Westernproduktion durch die gesamte Entwicklung hindurch parodistisch zu begleiten. Daran sind auch Colizzi (*Cicco perdona... Io no! / Cicco Forgives, I Don't*, I 1968, *I quattro del pater noster / In the Name of the Father*, I 1969, R: Ruggero Deodato) und viele andere beteiligt bis hin zu Sergio Corbucci *Che c'entriamo noi con la rivoluzione?* (*Bete Amigo*, I/F 1972), der Paolo Villaggio und Vittorio Gassman an den Hof von Zapata führt. Roy Menarini zieht es angesichts dieses Sachverhalts vor, das gesamte Genre von der Parodie abzugrenzen und es vielmehr in die uralte Tradition der Heldenkomik zu stellen, eine Kategorie, die jene Werke betrifft, in denen der Rückgriff auf niedere Ausdrucksformen eine Vulgarisierung des Ausgangsgenres bewirkt (wobei die epische Feier der heroischen Dimension nunmehr für übertrieben gehalten wird), aber nicht dessen burleske Auflösung.[36] Wie um diese Hypothese zu bestärken, erscheint 1975 ein Film von Pasquale Festa Campanile, *Il soldata di ventura* (*Hector, der Ritter ohne Furcht und Tadel*, I/F 1976), dessen Drehbuch Franco Castellano und Luigi Magni geschrieben haben und in dem Bud Spencer und Enzo Cannavale mitspielen. In ihm wird die „Herausforderung von Barletta"[37] auf eine Art und Weise erzählt, die geradewegs auf Cervantes' „Don Quijote" verweist. Auch wenn sicherlich noch andere Akzente darin enthalten sind: Die Filme des Duos Spencer-Hill sind doch eindeutig komischer Natur. Selbst wenn sie nicht der Parodie zuzuordnen sein sollten, so liegen sie doch nahe daran, wie auch die Tatsache beweist, dass sie – anders als Leones Filme – nicht parodierbar, allenfalls wiederhol- oder imitierbar sind, da sie auf einer leicht wiedererkennbaren Formel beruhen.

Auf der Welle von *Trinità* entstehen tatsächlich schamlose Plagiatsversuche, in denen Paare von beachtlicher Ähnlichkeit in Szene gesetzt werden (insbesondere Dean Reed und Chris Huerta und Paul Smith und Michael Coby, alias Anam Edel und Antonio Cantanfora), und zwar in höchst verworrenen Filmen mit kleinem Budget wie *Storia di karatè, pugni e fagioli* (*Fäuste, Bohnen und Karate*, I/E 1973, R: Tonino Ricci) oder *Carambola* (*Vier Fäuste schlagen wieder zu*, I 1974, R: Ferdinando Baldi).

Die besten Imitatoren ihrer selbst sind jedoch Terence Hill und Bud Spencer selbst, die ihren Erfolg damit noch um ein Jahrzehnt verlängern. Sie konsolidieren sich als Paar, während sie gleichzeitig auch die Möglichkeit einer Einzelkarriere ausprobieren. Wenn auch die zwei *Trinità*-Filme ihr einziger Versuch auf dem Gebiet der echten Western-Komödie bleibt, so wird das Schema der beiden Filme von Enzo Barboni, alias E. B. Clucher, fast zur Gänze übernom-

Giacomo Manzoli

C'era una volta il west (Spiel mir das Lied vom Tod, I/USA 1968).

men und in die unterschiedlichsten Szenarien ihrer Filme transportiert, die von Spanien (*Altrimenti ci arrabbiamo / Zwei wie Pech und Schwefel*, I/E 1974, R: Marcello Fondato) bis Südamerika (*Porgi l'altra guancia / Zwei Missionare*, I/F 1974, R: Franco Rossi) oder Afrika (*Io sto con gli ippopotami / Das Krokodil und sein Nilpferd*, I 1979, R: Italo Zingarelli) reichen und schließlich im Süden der USA (*I due superpiedi quasi piatti / Zwei außer Rand und Band*, I 1976, R: E. B. Clucher, *Pari e dispari / Zwei sind nicht zu bremsen*, I 1978, R: Sergio Corbucci) ankommen.

Auch wenn der Spaghetti-Western noch bis Mitte der 1970er Jahre mit großer Intensität gedreht wird,[38] so markiert zweifelsohne *Il mio nome è nessuno* (*Mein Name ist Nobody*, I/F/BRD 1973, R: Tonino Valerii) sein Ende. Der Film ist dabei zugleich eine scharfsinnige Reflexion seiner eigenen Wurzeln und seiner Entwicklungsgeschichte. Die Idee zu diesem Film stammt von Sergio Leone, der auch als Produzent und Regisseur einiger Sequenzen aufgeführt ist (auch wenn es über die Urheberschaft des Films einen nie geklärten Streit gibt[39]). Er erzählt von einem alternden Pistolenhelden, der sich auf dem Weg des Abstiegs befindet und von einem der repräsentativsten Schauspieler des klassischen Western gespielt wird, Henry Fonda, bekannt aus Filmen wie *My Darling Clementine* (*Faustrecht der Prärie*, USA 1946) und anderen Meisterwerken von John Ford, auf die Leone bereits in *C'era una volta il west* (*Spiel mir das Lied vom Tod*, I/USA 1968) verweist. Er wird von einem jungen und fähigen Schützen, gespielt von Terence Hill, aufgesucht, der hofft, den Platz des Meisters einzunehmen, allerdings erst, nachdem er eine letzte große Herausforderung organisiert hat: die von Mucchio Selvaggio, Einer gegen Hundert. Der Ton des Films ist ironisch, doch die nostalgische Reflexion über die Zeiten, die sich ändern, erscheint sehr ernst. Der besiegte „Wild Bunch" formiert sich umgehend neu, und der anachronistische Held verlässt die Szene dank eines vorgegaukelten Duells, das ihm erlaubt, sich als Kardinal verkleidet nach Europa einzuschiffen. Der neue, explizit anonyme Held wird seine Fähigkeiten mit klarer und leiser Haltung unter Beweis stellen, wobei er sich mit

Die exemplarische Geschichte des Western all'italiana

einem schwachen Charakterprofil zufrieden gibt, das es ihm jedoch erlaubt, als Individuum jenen Prozessen der Vermassung zu entfliehen, die die Industriegesellschaft mit sich zu bringen scheint. Wenn die Legende von Liberty Valance jedenfalls – wie immer zwielichtig – den epischen Atem dessen hatte, was Jean-François Lyotard „große Erzählung"[40] nennen wird, so erscheint die Geschichte von Jack Beauregard (so heißt die von Henry Fonda gespielte Figur) hingegen eine der vielen kleinen Geschichten zu sein – erzählt nach dem Modus der Postmoderne, dabei aber dennoch fähig, einen tiefgehenden Einfluss auf die Bilderwelt einer Epoche auszuüben, von der sie, wie ihr Genre, Reflex wie Dokument ist.

---

[1] Unter den dem Genre gewidmeten Texten, die sich auch dem Problem der Benennung stellen, verweise ich auf: Lawrence Staig/Tony Williams, *Italian Western – The Opera of Violence*, London 1975; Massimo Moscati, *Western all'italiana*, Mailand 1978; Christopher Frayling, *Spaghetti Westerns*, London 1981 (ein Klassiker, der in einer überarbeiteten Ausgabe 1998 bei IB Tauris & Co., London erschienen ist); Thomas Weisser, *Spaghetti Westerns – The Good, the Bad and the Violent: A Comprehensive Illustrated Filmography of 558 Eurowesterns and Their Personnel (1961–1977)*, Jefferson 1992; Jean-François Giré, *Il était une fois... le western européen (1960–2002)*, Paris 2002; Gianfranco Casadio, *Se sei vivo spara! Storie di pistoleri, banditi e bounty killers nel western „all'italiana" (1942–1998)*, Ravenna 2004; Alberto Castagna/Maurizio Cesare Graziosi, *Il western all'italiana*, Milano, 2005.

[2] Ich beziehe mich auf den berühmten Text von Jean Louis Rieupeyrou und André Bazin, *Le Western ou le cinéma américain par excellence*, Paris 1953, ital.: *Il western ovvero il cinema americano per eccellenza*, Bologna 1957.

[3] Für mehr Informationen siehe die Texte von Giré und Casadio und die monografische Ausgabe der Zeitschrift *Bianco e Nero*.

[4] Man denke an Serien wie *Bonanza* (1959–1973) oder *Rawhide* (1959–1966), wo der junge Clint Eastwood seine Schauspielkarriere begann.

[5] Es lässt sich deshalb vermuten, dass der europäische Western das Produkt der „tv divide" ist, die sich Ende der 1950er Jahre zwischen den USA und Europa manifestiert.

[6] Diesbezüglich betont Sergio Leone oft – nach der Meinung vieler Kritiker –, dass der Western all'italiana als ein bereits fehlgeschlagenes Experiment betrachtet wurde, bis der Erfolg seines Films die Geschichte des Genres in großem Stil umschrieb.

[7] Heute entspricht die Summe rund 70 Millionen Euro. Für eine zusammenfassende Auflistung der größten Einnahmen der Western all'italiana siehe: Maurizio Baroni, „100.000 dollari in sala", in: *C'era una volta il... western all'italiana. Mito e protagonisti*, hrsg. von Roberto Festi, Madonna di Campiglio 2001.

[8] Die Poetik wird ausgiebig in der umfangreichen Literatur zu Leone besprochen. Weitere Literatur: Gilles Cèbe, *Sergio Leone*, Paris 1984; Robert Cumbow, *Once Upon a Time: The Films of Sergio Leone*, London 1987; Philippe Ortoli, *Sergio Leone: une Amérique de légendes*, Paris 1994; Francesco Mininni, *Sergio Leone,*

Giacomo Manzoli

Mailand 1995; Oreste De Fornari, *Sergio Leone: The Great Italian Dream of Legendary America*, Rom 1997 (größtenteils wird der Text von Charles Nopar von 1977 wiedergegeben); Christopher Frayling, *Sergio Leone – Something to Do With Dead*, London/New York 2000, ital. Übers., *Sergio Leone: danzando con la morte*, Mailand 2002; Marcello Garofano, *Tutto il cinema di Sergio Leone*, Mailand 2002; Roberto Donati, *Il cinema di Sergio Leone*, Alessandria 2004.

[9] Gianni Volpi, „Il western italiano: come la copia divenne l'originale e fu riprodotto all'infinito", in: *Sull'industria cinematografica italiana*, hrsg. von Enrico Magrelli, Venedig 1984, S. 133.

[10] Damals arbeiteten sie als Kameramänner. Sie wurden jedoch bekannt als populäre Regisseure, da Balboni das Paar Trinità und Bambino, gespielt von Terence Hill und Bud Spencer, „erfand". Massi hingegen war einer der bekanntesten Repräsentanten des sogenannten „poliziottesco" (Polizeifilms), gemeinsam mit Fernando Di Leo und anderen.

[11] Seinerseits ist er von dem berühmten Roman von Dashiell Hammett „Red Harvest" („Piombo e sangue") von 1929 „inspiriert".

[12] Weitere Informationen über CinemaScope, Techniscope bzw. die Logik der Widerverwertung und des „verbessernden Plagiats" im italienischen Kino dieser Jahre siehe: *L'arte del risparmio: stile e tecnologia. Il cinema a basso costo in Italia negli anni Sessanta*, hrsg. von Giacomo Manzoli und Guglielmo Pescatore, Rom 2005.

[13] Weniger originell im experimentellen Sinne, aber ebenso einflussreich ist die Musik des anderen großen Meisters, der dazu beitrug, den Klangkanon für dieses und für andere populäre Genres zu setzen: Luis Enrìquez Bacalov.

[14] Siehe z. B. Aldo Vigano, „Giochi nel canyon del postmoderno", in: Festi, *C'era una volta il ... western all'italiana* (s. Anm. 7), S. 7–10.

[15] Ich verwende den Begriff „Realismus" im Sinne von Fredric Jameson. Für ihn ist jede Art von Darstellung realistisch, die sich – jenseits des Prinzips der Ähnlichkeit und Wahrscheinlichkeit in Bezug auf die Codices der Darstellung – vornimmt, ein organisches und kohärentes, in gewisser Weise glaubwürdiges Bild der Welt anzubieten. Für Jameson triumphiert folglich der filmische Realismus im klassischen Hollywood-Kino. Vgl. Fredric Jameson, *The Existence of Italy*, in: ders., *Signatures of the Visibile*, New York/London 1992.

[16] Vigano, „Giochi nel canyon del postmoderno" (s. Anm. 14), S. 7.

[17] Andererseits werden ab dem zweiten Kapitel der sogenannten Dollar-Trilogie, *Per qualche dollaro in più* (Für ein paar Dollar mehr, I/E/BRD/Monaco 1965), die Filme von Sergio Leone, wie auch viele andere Spaghetti-Western, von Alberto Grimaldi produziert. Er ist der Eigentümer der PEA, die sich in den 1960er und 1970er Jahren dadurch auszeichnete, dass sie einen großen Teil des feinsten italienischen Autorenkinos, von Pasolini bis Fellini, produziert hatte.

[18] In diesem Sinne lässt sich vielleicht behaupten, dass Sergio Leone es wie kein anderer geschafft hat, eine ziemlich unempfindliche Filmkritik wie die italienische zu zwingen, ihre Position zu überdenken. Dabei muss sie Kategorien Platz machen, die im französischen Bereich bereits breit genutzt wurden (eine Politique des auteurs, die sich auf den Primat der Mise en scène und nicht auf den spezifischen ideologischen Rahmen von Film und Regisseur bezieht).

[19] Aus einer Reihe von Gründen ist der Western sicherlich das Genre, in dem das Verhältnis zwischen den nötigen Investitionen und den erwarteten Einnahmen am günstigsten ist. Mit anderen Worten: Jeder fühlte sich qualifiziert, einen Spaghetti-Western zu produzieren, bei minimalen Kompetenzen und, wegen der hohen Nachfrage, kalkulierbarem Kapitalrisiko (zumal der Western über einen langen Zeitraum hinweg auch eine Modeerscheinung war).

Die exemplarische Geschichte des Western all'italiana

[20] Im Detail: 1964 – 13 Filme; 1965 – 47; 1966 – 62; 1967 – 65; 1968 – 79; 1969 – 37; 1970 – 37; 1971 – 60; 1972 – 55; 1973 – 31; 1974 – 22; 1975 – 13. Vgl. Giré, *Il était une fois* (s. Anm. 1).

[21] François Giré konzentriert sich in seinem grundlegenden Text besonders auf einige ikonografische Themen wie Waffen, Geld, Dynamit, Tiere, Friedhöfe, die Wüste, Frauen und andere. Vgl. Giré, *Il était une fois* (s. Anm. 1), S. 32–62. Gianfranco folgt einer ähnlichen Betrachtungsweise, indem er sein Buch nach Kriterien gliedert, die auf folgenden Themen beruhen: Goldrausch, Nordstaaten und Südstaaten, Revolution, Duelle zwischen Sheriffs und Kopfgeldjägern, „Rückkehr von Odysseus" und weitere. Vgl. Casadio, *Se sei vivo spara!* (s. Anm. 1).

[22] Gianni Volpi z. B. identifiziert „fünf Richtungen, innerhalb derer die Produktion aufgeteilt werden kann": der manieristische Western, der schelmenhafte Western, der politische, der makabre Western, und die, wie er sie nennt, „Ohrfeigen comedy". Vgl. Volpi, „Il western italiano" (s. Anm. 9), S. 139. Gian Piero Brunetta macht auf den unangemessenen Gebrauch aufmerksam, den die „Fremdenlegion" der Westernautoren von der gesamten traditionellen Ikonografie des Genres gemacht hat. Er erkennt jedoch auch an, dass „auf der einen Seite metaphorische Szenarien für die gegenwärtige Geschichte gezeichnet werden, während auf der anderen Seite das Gedächtnis einer jüngeren Vergangenheit hochgehalten wird, die nicht ausgelöscht werden soll". Vgl. Gian Piero Brunetta, *Guida alla storia del cinema italiano: 1905–2003*, Turin 2003, S. 257.

[23] Dies ist so, obwohl die Drehbuchautoren häufig alles andere als unfähig dazu wären: Franco Solinas, z. B., einer der interessantesten Autoren des Kinos zu jener Zeit (er schrieb z. B. *La battaglia di Algeri/Schlacht um Algier*, ALG/I 1966, von Gillo Pontecorvo), hat sich mehr als einmal in diesem Genre verewigt, z. B. mit *La resa dei conti* (*Der Gehetzte der Sierra Madre*, E/I 1966) von Sergio Corbucci und *Quien sabe?* (*Töte Amigo*, I 1966) von Damiano Damiani.

[24] Siehe diesbezüglich die nüchterne Behandlung bei Christian Uva/Michele Picchi, *Destra e sinistra nel cinema italiano. Film e immaginario politico dagli anni '60 al nuovo millennio*, Rom 2006, S. 34–58.

[25] Filmkritik und Filmgeschichtsschreibung teilen die Zweifel über den „para-revolutionären" Charakter von Filmen, die auf der Seite der Unterdrückten gegen die Gewalt des Kapitals zu stehen scheinen; sie werden sehr pronounciert ausgedrückt in: *Stracult. Dizionario dei film italiani*, hrsg. von Marco Giusti, Mailand 2004, S. 295.

[26] Filme für Teenager wurden in Zusammenarbeit mit der Musikindustrie vertrieben, um Musikern wie Gianni Moranti, Bobby Solo, Caterina Caselli, Adriano Celentano, Al Bano und Romina Power und vielen anderen mehr Präsenz zu sichern und zugleich ihren Erfolg zu nutzen. Dieses Genre, das offensichtlich auf den Musicals mit Elvis Presley und anderen beruhte, hatte großen Erfolg in Italien zu Beginn der 1960er Jahre und blieb mindestens bis zur Mitte der 1970er Jahre bestehen.

[27] Umgerechnet würden diese Ziffern heute zwischen 30 und 35 Millionen Euro betragen. Vgl. Baroni, *„100.000 dollari in sala!"* (s. Anm. 7), S. 41–45.

[28] Für einen allgemeinen Überblick zur Situation der Filmproduktion vgl. Volpi, „Il western italiano" (s. Anm. 9), S. 143.

[29] Die unmittelbaren Einnahmen des ersten Films betragen über drei Milliarden, der zweite verdoppelt dies noch. Bei diesen eindrucksvollen Daten (ca. 75 Millionen heutiger Euro, vgl. Baroni, *„100.000 dollari in sala!"* [s. Anm. 7], S. 45) muss man noch bedenken, dass diese Filme Teil der „Tiefengenres" sind, wie sie Vittorio Spinazzola bezeichnet (in *Cinema e pubblico*, Mailand 1974), das heißt, dass diese

Giacomo Manzoli

Filme über Jahre in Kinos im peripheren Markt gezeigt wurden, deren Daten in den offiziellen Statistiken nicht erfasst sind. Die Dauerhaftigkeit des Publikumszuspruchs wird zudem bestätigt durch die außerordentliche Zirkulation des Paares auf den ausländischen Märkten (wo sie mit Sicherheit für über 20 Jahre die italienischen Künstler mit dem größten internationalen Erfolg sind) und der gleichermaßen häufigen Fernsehprogrammierung mit extrem schmeichelhaften Ergebnissen bei den Einschaltquoten, wobei dieses Phänomen mit leichter Abschwächung bis heute anhält.

30 Dies bemerkt schon Massimo Moscati, der Hill die Charakteristik der Intelligenz zuschreibt, im Gegensatz zur Schwerfälligkeit des Bruders. Vgl. Moscati, *Western all'italiana* (s. Anm. 1), S. 97. In Wahrheit erscheint keiner der beiden als wirklich „intelligent": Bei Terence Hill scheint es sich eher um Schlauheit zu handeln, während Spencers Schwerfälligkeit Teil eines Rollenspiels ist, in dem er sich den gefährlichen Einfällen des Bruders widersetzen muss. Auf sich allein gestellt entwickelt auch Spencer Pläne, die funktionieren (z. B. wenn er die Rolle eines Sheriffs übernimmt oder wenn er einen verzweifelten Reisenden spielt, um ein Paar Pferdediebe einzuwickeln).

31 Vgl. diesbezüglich: *... altrimenti ci arrabbiamo! Il cinema di Terence Hill e Bud Spencer*, hrsg. von Marcello Gagliani Caputo, Rom 2006, S. 81–88. Der Text von Gagliani Caputo ist auch die hauptsächliche Quelle für die hier wiedergegebenen Informationen über Hill und Spencer, zusammen mit Marco Bertolino/Ettore Ridola, *Bud Spencer & Terence Hill „Superstar"*, Rom 2002.

32 Giré, *Il était une fois* (s. Anm. 1), S. 234.

33 Stefano Della Casa, „Cinema popolare italiano del dopoguerra", in: *Storia del cinema mondiale. L'Europa, le cinematografie nazionali*, Vol. III, hrsg. von Gian Piero Brunetta, Torino 2000, S. 809. Ein weiterer wichtiger Beitrag von Della Casa zur Geschichte des Genres ist zu finden in seinem *Storia e storie del cinema popolare italiano*, Turin 2001, S. 51–66.

34 Moscati, *Western all'italiana* (s. Anm. 1), S. 94.

35 Raffaele De Berti, „Il teatro del western tra parodia e mitizzazione", in: AAVV, *Il cinema Western*, Alessandria, 2004, S. 213–220.

36 Roy Menarini, *La Parodia nel Cinema italiano. Intertestualità, parodia e comico nel cinema italiano*, Bologna 1999, S. 44–57.

37 Mit „Disfida di Barletta" ist der legendäre Kampf von je 13 italienischen und französischen Rittern am 13. Februar 1503 in der Nähe der Stadt Barletta gemeint. Sieger waren die Italiener, die damit die Beleidigung Italiens durch den Franzosen Charles de la Motte rächten ... (Anm. d. Ü.).

38 Ich erinnere hier daran, dass 1975 ein entscheidendes Jahr in der Geschichte des italienischen Kinos war. Zwischen dem Ende des Jahres und Anfang 1976 wird ein Gesetz verabschiedet, dass den Fernsehmarkt auch den privaten Fernsehsendern zugänglich macht. Das Fernsehen erhält so einen plötzlichen Impuls, das Programmvolumen vermehrt sich abnorm und wird zu großen Teilen mit einem Angebot undifferenziert ausgewählter Filme gefüllt. Die Zahl der Kinobesucher erfährt einen verheerenden Absturz und somit auch die Filmproduktion, die einer Verebbung von mindestens 15 Jahren entgegengeht.

39 Siehe dazu die Erklärung des Regisseurs in: Tonino Valerii, „Il vero e il falso", in: *Tonino Valerii*, hrsg. von Tommaso La Selva, Mailand 1999.

40 Jean-François Lyotard, *La condition postmoderne: rapport sur le savoir*, Paris 1979, ital. Übers. *La condizione postmoderna: rapporto sul sapere*, Mailand 1981.

Aspekte:
Über Musik, Kostüm, Surrealismus und 1968

Peter Moormann

Nino Rota und Ennio Morricone –
Musik im italienischen Film der 1960er Jahre

Die italienische Filmmusik der 1960er Jahre ist durch ein breites Spektrum verschiedener Stilrichtungen gekennzeichnet. Mithilfe eines großen Sinfonieorchesters oder aber präexistenter zeitgenössischer Rock- und Popmusik, mittels tonaler oder atonaler Klangflächen, unter Einsatz eines klassischen Instrumentariums oder synthetischer Tonerzeugung haben die Komponisten versucht, den jeweiligen Anforderungen des Films gerecht zu werden. Denn ebenso wie Fellini, Pasolini, Visconti, Antonioni oder Leone in ihren Werken mit Konventionen brechen und neue ästhetische Ausdrucksformen entwickeln, suchen auch die Filmkomponisten dieser Epoche nach neuen Möglichkeiten der Musikgestaltung. Neben Komponisten wie Piero Piccioni, Giovanni Fusco, Carlo Rustichelli, Armando Trovajoli, Angelo Lavagnino, Renzo Rossellini, Roberto Nicolosi oder Luis Bacalov sind es vor allem Nino Rota und Ennio Morricone, die mit ihren Arbeiten eine Vorreiterstellung einnehmen und großen Einfluss auf ihre Zeitgenossen ausüben. Insbesondere auf diese beiden Tonkünstler lässt sich der Begriff des *auteurs* anwenden, da sie mit ihrem jeweiligen authentischen Personalstil in vielfältiger Weise die Funktion von Filmmusik erneuert haben und somit entscheidenden Anteil an einer neuen Filmästhetik hatten. Die Welten eines Federico Fellini wären undenkbar ohne Rotas Musik, die „zwischen einerseits burlesker Aufmunterung und Zirkusheiterkeit und melancholischer Brechung andererseits"[1] changiert. Ebenso essenziell sind Morricones eingängige Themen und ungewöhnliche Instrumentationen für Leones Italowestern. Bemerkenswert ist, dass sich trotz aller stilistischer Vielfalt und kompositorischer Eigenheiten verschiedene Merkmale herausarbeiten lassen, die typisch für die Musikgestaltung im italienischen Film der 1960er Jahre erscheinen.

Peter Moormann

Zunehmende Autonomie des Scores

Statt in passiver Funktionalität die Ereignisse deskriptiv wiederzugeben, zu kommentieren und dabei dramatische Höhepunkte zu akzentuieren, neigen die Komponisten in den 1960er Jahren dazu, ihre Musik immer stärker vom Bildinhalt abzulösen. Sie richten sich damit gegen eine klassische Filmmusikgestaltung, die nicht nur im Hollywoodkino der Goldenen Ära, sondern auch zur Zeit des Neorealismus in Italien üblich war.[2] Anstelle von kleingliedrigen psychologischen Klanggemälden formulieren sie vielmehr musikalische Grundstimmungen, ohne dabei jedoch ihre Eindringlichkeit zu verlieren.

Ein Grund für diese relative Autonomie liegt in der Kompositionsweise von Filmmusikern wie Morricone. In seiner engen Zusammenarbeit mit Leone entstanden seit *Per qualche dollaro in più* (*Für ein paar Dollar mehr*, I/E/BRD/Monaco 1965) alle Western-Scores bereits im Vorfeld der Produktion.[3] Eine solche „antizipierte Realisierung von Partituren"[4], wie es Sergio Micheli nennt, hat wiederum große Auswirkungen auf die Gestaltung der Bildebene. Leones Wertschätzung gegenüber Morricones Musik ging so weit, dass er den Schnitt und sogar ganze Szenen auf den Rhythmus der Musik abstimmte.[5] Anstatt sich begleitend oder kommentierend im Hintergrund zu halten, schiebt sich Morricones Musik in den Vordergrund und agiert als eigenständige Erzähleinheit, die eine ganz neue Funktion zu erfüllen hat, wie der Komponist selbst betont:

> Music in a film must not add emphasis but must give more body and depth to the story, to the characters, to the language that the director has chosen. It must, therefore, say all that the dialogue, image, effects, etc., cannot say.[6]

Dies bedeutet allerdings nicht, dass Morricones Scores den Zugang des Rezipienten zur Bildebene erschweren.

> Als Paradox (...) könnte behauptet werden, daß Morricone seinen Ruhm als Filmkomponist auf seine ‚partielle' Zugehörigkeit zum Film begründete (auch wenn es in den Augen der meisten Regisseure eine ‚totale' zu sein scheint).[7]

Ähnlich verhält es sich mit der Filmmusik Rotas, die aufgrund ihrer Selbstständigkeit von ihm oftmals „recycled" wurde. Den vielleicht prominentesten Fall stellt das Thema zu Francis Ford Coppolas *The Godfather* (*Der Pate*, USA 1972) dar, das Rota bereits 16 Jahre zuvor für Eduardo de Filippos *Fortunella* (I/F 1958) komponiert hatte und für Coppolas Produktion lediglich verlangsamte und uminstrumentierte. Gerade bei seinen Kompositionen für die Filme Fellinis trifft man auf solche Mehrfachverwendungen, die dazu dienen, ein Netz von Beziehungen zwischen den einzelnen Filmen zu spinnen. Ausgangspunkt für diese Verknüpfungen ist vor allem *La dolce vita* (*Das süße Leben*, I/F 1960), aus dem gleich drei Stücke in späteren Filmen wieder auftauchen. So erklingt das antik anmutende Eingangsthema eine Dekade später erneut in Fellinis *Roma* (*Fellinis Roma*, I/F 1972) und beschwört wiederum den Mythos des Alten Roms. Eine Atmosphäre ausgelassener Oberflächlichkeit verströmt das Stück „Cadillac" ebenfalls in *Otto e mezzo* (*Achteinhalb / 8½*, I/F 1963), und auch das hupenartige Motiv, welches dem Zuschauer in *La dolce vita* das Gefühl von Chaos im nächtlichen Verkehr auf der Via Veneto vermittelt, taucht abermals als Zeichen für Konfusion in *Giulietta degli spiriti* (*Julia und die Geister*, I/F 1965) auf, um in variierter Form auf Giuliettas (Giulietta Masina) spirituelle Fähigkeiten hinzuweisen. Neben solch bereits existenter Filmmusik bedient sich Rota aber auch eigener klassischer Kompositionen aus der Sphäre des Konzertsaals. So wandelt er einen Teil aus seinem Klavierkonzert in ein Thema für *Otto e mezzo* um.[8] Mittels an- und abschwellender Holz- und Blechbläser sowie vorantreibender Streicherrhythmen im Stil eines Cancans vermag das Stück – trotz seiner Präexistenz – perfekt das Gefühl von Schwindel aufgrund der Hitze und hohen Luftfeuchtigkeit in den Bädern des Kurhotels wiederzugeben.

Auch für die Musik zu Viscontis *Il gattopardo* (*Der Leopard*, I/F 1963) verwendet Rota bereits vorhandenes Material. Das Hauptthema des Films entnimmt der Komponist dem dritten Satz („Sostenuto appassionato") seiner viersätzigen „Sinfonia sopra una canzone d'amore".[9] Ebenso wie bei *Otto e mezzo* fügt sich auch in diesem Fall die Musik optimal ein. Da Rota bereits mit seiner Sinfonie in die Klangwelt des späten 19. Jahrhunderts eingetaucht ist und auf Idiome italienischer Opernkomponisten wie Verdi, Puccini oder Bellini zurückgreift, liefert er mit seiner Komposition die perfekte zeitliche Verortung für die Handlung des Films. Geradezu opernhaft wirkt das Hauptthema, das als Ouvertüre während des Vorspanns erklingt, daraufhin den gesamten Film durchzieht und ein letztes Mal beim Abspann angestimmt wird. Die Musik beschwört und feiert eine schon vergangene Zeit, der auch der alternde Fürst von Salina (Burt Lancaster) nachhängt. Der melancholische Grundcharakter der Musik entspricht zugleich dem Gemütszustand des Adligen, der sich janusköpfig zwischen alter und neuer Zeit bewegt. Neben eigenen Kompositionen arrangiert Rota für die Ballsequenz am Ende des Films den „Valzer brilliante" von Giuseppe Verdi. Abgesehen von der zeitlichen Verortung dient die Musik hier jedoch vornehmlich als Kommentar. Die nicht enden wollenden Wiederholungen des Walzers symbolisieren den Stillstand der adligen Gesellschaft Ende des 19. Jahrhunderts, die sich ohne jeden Fortschritt bei diesen Totentänzen im Kreise dreht und sich in einer hermetischen, eigenen Welt zu bewegen scheint. Auch der Gesang bei einem Liederabend in der Villa fungiert als Abgesang auf eine vergangene Zeit. Es ist die Arie „Vi ravviso, o luoghi ameni" des adligen Rodolfo aus Vincenzo Bellinis „La Sonnambula" (1. Akt, sechste Szene), eine Oper aus den 1830er Jahren, mit der die Erinnerung an die alte Zeit hochgehalten wird.

Peter Moormann

Ebenso wie bei der Musik zu den Filmen von Leone, Fellini oder Visconti fällt auch bei Pasolinis Werken die partielle Autonomie der Musik auf. Bereits in seinem Frühwerk *Accattone* (*Accattone – Wer nie sein Brot mit Tränen aß*, I 1961) wird die Tristesse und melancholische Grundstimmung des Films durch den Rückgriff auf präexistente Musik erzeugt. Verschiedene Passagen aus Johann Sebastian Bachs „Matthäuspassion" (BWV 244, 1727) durchziehen den gesamten Film und intensivieren das Gefühl von Trauer und Mitleid. Die Stücke erklingen als reine Instrumentalmusik ohne Chor, die von Carlo Rustichelli eingerichtet wurde. Bereits der Vorspann wird untermalt von dem Schlusschor „Wir setzen uns in Tränen nieder", der wie ein „Leidmotiv" Accattone (Franco Citti) bis zu seinem Tod begleitet. Indem Pasolini auf den Chor verzichtet, verstärkt er den engen melodischen Bezug des Schlusschors zu dem Wiegenlied „Schlafe mein Liebster, genieße die Ruh'" aus dem zweiten Teil des „Weihnachtsoratoriums" (BWV 248, 1734). Geburt und Passionsgeschichte Jesu werden in einem Musikstück zusammengeführt und auf die tragische Hauptfigur des Films projiziert. Von Beginn an wird sein Schicksal musikalisch besiegelt und damit sein Leidensweg und Tod vorweggenommen. „Jetzt geht es mir besser", sind schließlich die letzten Worte Accattones, bevor er stirbt. Der Tod wird zur Erlösung von den Qualen und Ungerechtigkeiten dieser Welt, in der die Zwecklosigkeit, sich gegen das soziale Schicksal aufzubäumen, von Anfang an musikalisch zum Ausdruck gebracht wird. Vergleicht man den Text des Wiegenlieds mit dem des Schlusschors, fallen weitere inhaltliche Parallelen auf. Ist es das neugeborene Jesuskind, das mit der Alt-Arie der Maria in den Schlaf gewogen wird („Schlafe mein Liebster, genieße die Ruh'"), richtet sich der Schlusschor an den gestorbenen Jesus Christus mit ebenso besänftigenden Worten:

> Wir setzen uns mit Tränen nieder / und rufen dir im Grabe zu: / Ruhe sanfte! Sanfte Ruh! / Ruht ihr ausgesognen Glieder, / ruhet sanfte, ruhet wohl! / Euer Grab und Leichenstein / soll dem ängstlichen Gewissen / ein bequemes Ruhekissen / und der Seelen Ruhestatt sein. / Höchst vergnügt schlummern da die Augen ein."

Auch als Accattone von der schweren Arbeit ohne gerechten Lohn nach Hause kommt und nach einer Schlägerei völlig erschöpft einschläft, erklingt dieses „Schlaflied". Bei Pasolini sind es Accattones Glieder, die ausgesaugt werden, sodass die Musik nicht nur der emotionalen Vertiefung des Bildes dient, sondern ebenso zum blasphemischen, sozialkritischen Kommentar wird. Immer wieder lässt Pasolini die erhabene Musik Bachs auf Bilder der Gewalt prallen. Wenn Accattone seine Frau beschimpft und diese später brutal von mehreren Männern niedergeschlagen wird, sich der kraftlose Accattone mit seinen Freunden oder seinem Schwager prügelt, werden diese Szenen stets durch die Musik drama-

Nino Rota und Ennio Morricone

tisch „vertieft" und „ästhetisiert". Zu dieser Kontrapunktik von Bild und Musik bemerkte Pasolini:

> Es entsteht eine Art gegenseitiger Verunreinigung zwischen der Häßlichkeit und der Gewalt des Geschehens und der musikalischen Erhabenheit. Aber gleichzeitig hat sie eine didaktische Aufgabe. Sie wendet sich an den Zuschauer und macht ihn darauf aufmerksam, läßt ihn verstehen, daß er hier nicht eine Schlägerei im neorealistischen, folkloristischen Stil vor sich hat, sondern einen epischen Kampf, der ins Heilige, ins „Religiöse" mündet.[10]

Pasolini selbst nannte diese Form des Musikeinsatzes die „vertikale Anwendung" der Musik, im Gegensatz zur begleitenden, horizontalen Musik.[11]

> Die Musik, deren Quelle auf der Leinwand nicht sichtbar ist – die also aus einem physischen ‚Jenseits' kommt, das von Natur aus ‚tief' ist – durchbricht die flachen oder nur scheinbar tiefen Bilder auf der Leinwand und öffnet sie den unbestimmten und grenzenlosen Tiefen des Lebens.[12]

Ebenso wie bei Morricone oder Rota erweitert die Musik demnach das Gezeigte, anstatt es lediglich zu begleiten.

Das Prinzip vertikal angewendeter Musik findet sich auch in *Edipo Re* (*Edipo Re – Bett der Gewalt*, I/MA 1967). Pasolini montiert drei verschiedene Zeitebenen miteinander, um die Lebensgeschichte seines tragischen Helden zu erzählen – wiederum verkörpert durch Franco Citti. Die Geschichte beginnt mit der Geburt eines kleinen Kindes in der nahen Vergangenheit der 1920er Jahre, wird im Mittelteil in die Antike verlegt, um am Ende plötzlich in die Gegenwart der 1960er Jahre zu springen. Verbunden werden diese Ebenen nicht nur durch die kontinuierlich verlaufende Lebensgeschichte des Ödipus, dessen mythisches Schicksal in die Neuzeit transformiert wird, sondern auch musikalisch. Viermal lässt Pasolini Wolfgang Amadeus Mozarts „Dissonanzen-Quartett" in C-Dur (KV 465, 1785) erklingen. Gleich zu Beginn überhöht es den Moment, in dem die stillende Mutter in die Kamera blickt, als ob sie bereits von dem Schicksal wüsste, das ihren Sohn ereilen wird. Im antiken Mittelteil ertönt es zweimal und kontrastiert die archaisch anmutenden Klänge, die mit altertümlichen einfachen Schlag- und Blasinstrumenten erzeugt werden. Als Ödipus zu einem Seher gebracht wird, erklingt es in einer Bearbeitung mit Flöte, die vorgeblich der Seher selbst spielt, der somit gleichsam aus dem zeitlichen Kontext herausgelöst erscheint. Erzählungsinterne und -externe Musik werden hier ineinander verschränkt, um die Allgegenwärtigkeit seines Schicksals zu betonen. Ein drittes Mal erklingt das Adagio aus Mozarts Streichquartett, als Ödipus realisiert, dass sich sein Schicksal bereits erfüllt hat. Diese Unumgänglichkeit scheint auch der Ödipus der Neuzeit begriffen zu haben, wenn das Stück ein letztes Mal am Ende des Films zu hören ist, als der Erblindete von seinem Begleiter an den Ort seiner Geburt geführt wird und damit der ewig währende schicksalhafte Kreislauf geschlossen wird. Pasolinis Transformation dieses Mythos in die Moderne erfährt in Mozart eine Entsprechung, dessen außergewöhnliche Eröffnung des Einleitungs-Adagios Assoziationen an eine Zwölftonreihe weckt. Denkbar wäre, dass Pasolini gerade dieses Stück ausgesucht hat, weil Mozarts Zeit erkennbar bleibt und die Musik doch über ihre Epoche hinausweist.

In *Satyricon* (*Fellinis Satyricon*, I/F 1969) gelingt es Rota, über Anspielungen an verschiedene Kompositionen der Moderne und der zeitgenössischen Avantgarde eine „vertikale" Position der Musik zum Bild zu realisieren. Für die Szenen im Theater des Vernacchio (Luigi Fanfulla) bemüht Rota Henri Poussers „Trois visages de lièges" (1961), während des Festmahls des Trimalchio (Mario Romagnoli) klingt Anton Webern („Fünf Stücke für Orchester", op. 10, 1929) an, und in anderen Szenen sind Milton Babbitts „Ensemble for Synthesizer" (1962) sowie Max Neuhaus' „Electronics and percussions five realisations" (1964–68) wahrzunehmen.[13] Gerade durch diese modernen Verweise wird die bizarre Atmosphäre der Bilder intensiviert und ein Kontrapunkt zu den sonstigen archaischen Klängen aufgebaut. Doch nicht nur die zeitgenössische Avantgarde, sondern auch ältere Stücke der klassischen Musik finden Eingang in die Filme Fellinis. Aus einer anderen Welt stammt Johann Sebastian Bachs „Toccata und Fuge in d-Moll" (BWV 565, 1707), die in *La dolce vita* Marcello von seinem Freund Steiner in einer Kirche vorgespielt und zuvor mit gewichtigen Worten eingeleitet wird: „Das sind Klänge, die wir nicht mehr zu hören gewöhnt sind. Stimmen aus einer anderen Welt, die in die Tiefe unseres Seins dringen." Gerade in dieser Szene spielt Fellini mit der vertikalen Anwendung von Musik. Sie bildet nicht nur einen Gegenpol zu den seichten, massenkompatiblen Popstücken, die den Score dominieren, sondern auch zu Marcellos Innenleben, der so viel Substanz und Tiefgang kaum ertragen kann.

Ein neues Verhältnis zwischen erzählungsinterner und -externer Musikebene

In Verbindung mit der bereits erörterten Absage an eine klassische Musikgestaltung steht auch das neue Verhältnis zwischen dem erzählungsinternen und -externen Auftreten von Musik. Wie Regisseure à la Fellini auf der Bildebene die klaren Abgrenzungen zwischen filmischer Realität und Traum in Fluss bringen und einen „Realismus ohne Ufer" entstehen lassen, verunsichern Komponisten wie Rota oder Morricone den Zuschauer auf der Tonebene, indem sie das erzählungsinterne und -externe Erklingen der Musik infrage stellen oder

Nino Rota und Ennio Morricone

beide Funktionen ineinander verschwimmen lassen. Einhergehend mit dieser Auflösung klarer Demarkationen ist ein Hang zur Subjektivierung der Musik zu beobachten, die im Innern eines Protagonisten zu erklingen scheint und Aufschluss über sein psychisches Befinden gibt.

Ein Paradebeispiel für die Verunsicherung des Zuschauers bei der Wahrnehmung von Bild und Ton ist Fellinis *Otto e mezzo*. Ebenso wie Fellini mit den verschiedenen Realitätsdimensionen spielt und Szenen der Vergangenheit, der Gegenwart und des Traums miteinander verschmelzen lässt, stellt auch Rota mit seinen eigenen Kompositionen und den adaptierten Musikstücken die klaren Abgrenzungen zwischen der erzählungsinternen und -externen Musik ständig infrage. Nach der fünfminütigen Traum-Exposition ohne jeden Musikeinsatz wird der „Walkürenritt" aus dem dritten Akt von Richard Wagners „Die Walküre" (UA: 1870) – hier in einer Instrumentaleinrichtung – eingeblendet, wenn sich der Regisseur Guido (Marcello Mastroianni) im Bad seines Hotelzimmers befindet. Es folgt ein Schnitt auf die Parkanlage des Kurhotels. Dort flanieren und sitzen verschiedene ältere Frauen und Männer, einige von ihnen winken in die Kamera, die dadurch einen eigenständigen, subjektiven Charakter erhält, als sie die zahlreichen Kurgäste in einem langen Seitwärtsschwenk aufnimmt. Eine Frau bewegt ihren Kopf im Takt der Musik, wodurch dem Zuschauer suggeriert wird, dass die Musik innerhalb der dargestellten Filmwelt erklingt. Dieser Eindruck wird nochmals bestärkt, wenn die Kamera an einem Mann vorbeischwenkt, der als Dirigent auftritt und sogar physiognomische Ähnlichkeiten zu Wilhelm Furtwängler aufweist. Erst dann ist im Hintergrund auf einer Anhöhe die eigentliche Quelle der in der filmischen Welt ertönenden Musik zu erkennen. Ein kleines Orchester mit Klavier spielt für die Gäste, das jedoch niemals in der Lage wäre, die Klangfülle und Instrumentation des Opernabschnitts zu realisieren. Demnach wird dem Betrachter die eigentliche Musik dieser Szene und die dazugehörige Atmo vorenthalten. Ein Ausschnitt („Allegro con brio") aus der Ouvertüre zu Gioachino Rossinis Oper „Il Barbiere di Siviglia" (UA: 1816) erklingt und bricht plötzlich ab, als Guido Claudia (Claudia Cardinale) entdeckt – oder vielmehr erträumt – und den Blick auf sie fixiert, während er seine Sonnenbrille auf die Nasenspitze herunterzieht. Dass das weit entfernt spielende Orchester als Reaktion auf seinen Blick das Spiel aussetzt, erscheint unwahrscheinlich. Somit kann es auch als erzählungsinterne Quelle der Musik ausgeschlossen werden. Vielmehr handelt es sich um die Musik im Kopf des Protagonisten, der sie im Augenblick der Imagination zu vergessen scheint. Erst als ihn eine Krankenschwester mit einem Glas Heilwasser in der Hand anspricht und er in die filmische Realität zurückkehrt, wird diese innere Musik fortgesetzt. Das Rossini-Stück endet unmittelbar vor Beginn des Gesprächs mit einem Intellektuellen. Als Guido einen älteren Herrn erkennt und sie einander freudig begrüßen, ist entspannte Klaviermusik zu hören, die Guidos gelöster Stimmung in Gegenwart seines agilen Gegenübers entspricht. Erst jetzt scheint die eigentliche erzählungsinterne Klangkulisse zu dem Protagonisten vorzudringen. Doch wenig später folgt ein Ausschnitt des „Blumen-Walzers" aus dem zweiten Akt des Balletts „Der Nussknacker" (op. 71, 1892) von Peter Tschaikowsky, der den Auftritt der blumengleich schönen Gloria akzentuiert (und später im Film den einer anderen „Bellissima", die Guidos Interesse zu wecken scheint). Einen weiteren deutlichen Hinweis darauf, dass es sich bei den präsentierten Stücken um die innere Musik des Protagonisten handelt, liefert Fellini, wenn sich Guido mit einer Zeitung in der Hand von der Quasselstrippe Carla (Sandra Milo) abschotten will und dazu die zuvor instrumental präsentierte Rossini-Ouvertüre vor sich hinsummt. Die Musik fungiert für Guido als eine Art Schutzwall, mit dem er sich vor den auf ihn einprasselnden Fragen und Monologen unzähliger Menschen abzuschirmen weiß. Ob es Wagners schmetternde Orchestereinsätze sind, die alle erzählungsinternen Geräusche übertönen oder Rossinis heitere Beschwingtheit, mit der er den verschiedenen Schönheiten gegenübertritt – Guido konstruiert sich jeweils seine eigene akustische Realität. Alle Einsätze klassischer Musik deuten darauf hin, dass der Hauptcharakter seine Umgebung höchst subjektiv und selektiv erlebt, zwischen Erinnerungen, Träumen und der Gegenwart fließend hin und her gleitet.

Ein anderes Beispiel für die Verknüpfung erzählungsinterner und -externer Musik stellt Morricones Komposition für *Per qualche dollaro in più* dar. Das Glockenspiel der Taschenuhr, dessen Ostinato in d-Moll zunächst in der Handlung auftaucht, wird in der Folge durch andere Instrumente überlagert und dann nur noch als Begleitfigur innerhalb der erzählungsextern erklingenden Musik eingesetzt. Verbunden mit schrillen Clustern, surrenden, flirrenden Klängen ertönt es in elektronisch verfremdeter Form, als sich El Indio (Gian Maria Volontè) nach dem Konsum von Marihuana im Rauschzustand an seinen Mord und die Vergewaltigung erinnert. Gleichsam verworren und verschwommen wie die Welt durch das Fenster erscheint, an dem der Regen herunterläuft, tönen die bizarren Klänge, die einen intensiven Einblick in die Innenwelt dieses Psychopathen erlauben. Die Musik gibt die halluzinogene Wirkung wieder, sodass El Indios leibseelische Vorgänge durch eine Art von innerer Musik vermittelt werden. Auch in den folgenden Western-Produktionen setzt sich die Verunsicherung über die Herkunft der Musik fort.

Ähnlich progressiv gestaltet sich der Einsatz der Mundharmonika und des Pfeifens in *Il buono, il brutto, il cattivo* (*The Good, the Bad and the Ugly / Zwei glorreiche Halunken*, I/E 1966). Während der Sequenz im Gefangenenlager wird ein Marschthema zunächst von der Mundharmonika angestimmt und daraufhin in gepfiffener Form übernommen. Abermals wird der Zuschauer über die erzählungsinterne oder -externe Qualität der Musik im Unklaren gelassen. Der Mundharmonikaspieler könnte in der Filmwelt präsent sein, wird jedoch nicht gezeigt. Ebenso könnte das Pfeifen den Gefangenen zugeordnet werden, die im Takt der

Musik marschieren. Doch als ihre Gesichter in Nahsicht erscheinen, sind die Lippen geschlossen. Nach dem gleichen Prinzip gestaltet sich auch die Bläserfanfare, die zu den Bildern des Gefangenenlagers ertönt, ohne dass ein Bläser zu sehen ist. Nur in wenigen Fällen ist die Musikquelle auch im Bild präsent. Die Mundharmonika ist oftmals schon zu hören, bevor der sie Spielende im Bild gezeigt wird.[14] Selbst in den Momenten, in denen die vermeintliche Musikquelle für den Zuschauer sichtbar ist, lässt Morricone an der erzählungsinternen Verortung zweifeln. So sind die Solisten des Gefangenenorchesters keineswegs um Synchronität zu der erklingenden Musik bemüht. Gleiches gilt für *C'era una volta il west* (*Spiel mir das Lied vom Tod*, I/USA 1968). Charles Bronsons Mundharmonikaspiel wirkt hier ebenso unmotiviert wie aufgesetzt. Morricone lässt immer wieder Risse im „realen" Klangraum entstehen, um das Abstrakte, das Künstliche der Szenen zu betonen und die ästhetische Konstruktion auszustellen. Ständig verflüssigt er die traditionellen Grenzen von erzählungsinterner und -externer Musik.

Neue musikalische Ausdrucksformen

War die italienische Filmmusik der 1940er und 1950er Jahre noch überwiegend von Idiomen der Romantik und Spätromantik beeinflusst, wie sie auch die amerikanische Filmmusik jener Zeit bestimmten, finden in die Scores der 1960er Jahre neue Strömungen Eingang, die nicht nur aus dem Bereich der zeitgenössischen Avantgarde, sondern auch aus dem Sektor der Popmusik stammen. Besonders interessant ist es, wie die verschiedenen Komponisten es verstehen, diese beiden konträren Musikrichtungen zu einem neuen Filmmusikstil zu amalgamieren und dabei mit üblichen Genrekonventionen zu brechen. Das klassische sinfonische Orchester wird um elektronisch verstärkte Gitarren und Bässe, Synthesizerklänge und ausgefallenes Schlagwerk erweitert. Zudem ist ein verstärkter Einsatz atonaler Klänge zu beobachten, der einhergeht mit der Anwendung neuer Kompositionsprinzipien. Ideen der seriellen Musik, der Minimal Music oder Musique concrète werden ebenso aufgegriffen wie außereuropäische Musiktraditionen. Neben der Integration dieser verschiedenen Musikstile liegt ein weiteres Gewicht auf präexistenter sowie eigens komponierter Popmusik.

a) Einfluss der Popmusik

Bereits in *La dolce vita* finden sich zahlreiche populäre Songs und Instrumentalstücke, die das damalige Zeitkolorit in all seinen Facetten wiedergeben. So ertönt „Arrivederci Roma" von Renato Rascel, das bereits für das gleichnamige Musical unter der Regie von Roy Rowland aus dem Jahr 1958 eingesetzt wurde. Aus den Jukeboxen und Lautsprechern schallen „Why Wait" und „Patricia", ein Nummer-Eins-Hit der Billboard Charts des kubanischen Musikers und

Peter Moormann

Mambokönigs Damaso Pérez Prado aus dem Jahr 1958. Auch Rotas eigene Kompositionen zu *La dolce vita* greifen die verschiedenen populären Musikströmungen der Zeit auf und spiegeln die Befindlichkeit der italienischen Gesellschaft wider. Bei dem Hauptthema zitiert Rota die „Moritat" von Mackie Messer aus Kurt Weills „Dreigroschenoper" (UA: 1928), der er ein populärmusikalisches Gewand verleiht.[15] Als Kontrast zu den lauten Partys und dem Stadtlärm werden die ruhigen nächtlichen Fahrten und Gespräche von Rotas langsamer Blues- und Jazzmusik untermalt, durch die die melancholische Grundstimmung der Protagonisten intensiviert wird. Dieses Changieren zwischen heiteren und schwermütigen Abschnitten wird besonders deutlich, wenn auf der Feier der Filmschaffenden die träge Tanzmusik inklusive des Hauptthemas von der schnellen dynamischen Rock'n'Roll-Musik abgelöst wird, zu der die Schauspieler und Silvia ausgelassen tanzen. Langeweile und Rausch stehen im ständigen Wechsel. Auch als Marcello mit seinem Vater ein Varieté besucht, werden die Kontraste musikalisch verstärkt. Zu einer „Dompteurnummer" erklingt zunächst der mitreißende „Einzug der Gladiatoren" (op. 86, 1897) des tschechischen Komponisten Julius Fučík. Freudig fühlt sich der Vater an frühere Zeiten erinnert. Blues- und Jazz-Stücke von Walter Donaldson („Lola – Yes Sir, That's My Baby") und Harold Arlen („Stormy Monday") aus den 1920er und 1930er Jahren verstärken das nostalgische Moment. Am Ende des Films erklingt neben dem Hauptthema und anderen populären Instrumentalstücken eine überdrehte Version des amerikanischen Weihnachtslieds „Jingle Bells", die dem sinnlosen Treiben auf der ausschweifenden Party die Spitze gibt.

Eine ebenfalls spezifische Grundstimmung der Zeit geben die verschiedenen Popsongs aus Antonionis *Zabriskie Point* (USA 1970) wieder, die die Fahrt der Angestellten Daria (Daria Halprin) hinaus in die Wildnis begleiten. Unter anderem sind „Crumbling Land" (1970) von Pink Floyd und „You got Silver" (1969) von den Rolling Stones zu hören, die das Gefühl von Freiheit, das durch diese Roadmovie-Szenen bereits vermittelt wird, nochmals signalisieren. Als auch der andere Hauptprotagonist Mark (Mark Frechette) mit einem Flugzeug den Zwängen der Großstadtgesellschaft entflohen ist und die beiden in der unberührten Wildnis ihre scheinbar wiedergewonnene Freiheit mit einem Akt der Liebe feiern, wird dieser in einer traumartigen Sequenz vervielfältigt. Unzählige Paare lieben sich im Staub der Wüste, als wollten sie eins mit der ursprünglichen Natur werden. Ein E-Gitarrensolo erklingt, das in freier Form ein Gefühl von Zeitlosigkeit beschwört und das Irreale der Bilder potenziert. Eine weitere E-Gitarre kommt hinzu. Durch das Duett werden die Eintracht der Liebespaare und ihre freie Liebe symbolisiert. Hall, Bendings (Ziehen oder Dehnen einer Gitarrensaite) und Triller verstärken den schwebenden Charakter, bis nach mehreren Steigerungen ein Ritardando folgt. Am Ende der „Traumszene" ist nur noch eine E-Gitarre zu hören, die auf einem Schlussakkord ständig zwischen

Nino Rota und Ennio Morricone

Dur und Moll wechselt und schließlich auf Moll endet – möglicherweise ein pessimistischer Kommentar zu den Idealen der 1968er-Generation.

Auch Morricone greift die Stilistik der damaligen Popmusik auf, verarbeitet sie jedoch auf eine ganz eigene Art und Weise. Vor allem seine Tätigkeit als Komponist von Unterhaltungsmusik dürfte dabei von entscheidender Bedeutung gewesen sein. Bereits 1953 arbeitete er für den Hörfunk und steuerte ab 1955 für den Fernsehsender RAI die Musik zu Fernsehfilmen und einzelnen Sendungen bei.[16] Bevor Morricone seinen ersten Score für den Kinofilm *Il federale* (*The Fascist*, F/I 1961) von Luciano Salce komponierte, genoss er als Arrangeur zahlreicher Popsongs, die er seit 1958 für die Plattenfirma RCA realisierte, hohes Ansehen. Trotz vielfältiger Anleihen an die musikalische Avantgarde ist seine Filmmusik durch den Gebrauch solcher popmusikalischer Muster für ein breites Publikum leicht zugänglich. Auch Charles Leinberger weist auf diese Tatsache hin:

> To put it briefly, many of the same qualities that made the rock-and-roll of the 1960s commercially successful did the same for Morricone's film music: it was concise, easily remembered, easily recognized, harmonically and formally uncomplicated, yet melodically very original[17]

b) Einbindung neuer Instrumente in das sinfonische Orchester

Der Einfluss der Unterhaltungsmusik wird ebenfalls in der Wahl des Instrumentariums deutlich, das Morricone zur Verwirklichung seiner neuartigen Klangkonzepte einsetzt. Neben akustischen Instrumenten, die innerhalb des klassischen Orchesters zum Einsatz kommen, tauchen bei Morricone auch elektronisch verstärkte Instrumente auf, die der Popmusik entstammen. Gerade durch die ungewöhnliche Kombination beider Instrumentengruppen erhält die Musik ihren eigenständigen Klangcharakter. Gleich zu Beginn des ersten Leone-Westerns *Per un pugno di dollari* (*Für eine Handvoll Dollar*, I/E/BRD 1964) ist eine E-Gitarre zu hören. Dieses Instrument war zwar in der amerikanischen Country- und Western-Musik bereits bekannt, bevor es in den 1960er Jahren das Klangbild der Rock'n'Roll-Musik prägte, fand aber zuvor kaum Verwendung im Western. Als Inspirationsquelle für Morricone können Gruppen wie The Shadows mit dem Titel „Apache" (1960) oder The Ramrods mit einer Cover-Version von „Ghost Riders in the Sky" (1961) gelten, die den Einsatz von E-Gitarren bereits mit Bildern des Wilden Westen verknüpften.[18] Außerdem weisen die Gitarren-Riffs von Gruppen wie The Ventures oder The Tornados aus den frühen 1960er Jahren eine verblüffende Ähnlichkeit zu denen Morricones auf.[19] Ein weiteres musikalisches Vorbild für E-Gitarren-Klänge könnte man in dem James-Bond-Thema (erstmals zu hören im Jahr 1963 in *Dr. No / James Bond jagt Dr. No*, GB 1962) sehen, das auf Monty Norman und

John Barry zurückgeht und in dem das E-Gitarren-Riff ebenfalls von zentraler Bedeutung ist.[20] Morricone selbst kam mit E-Gitarren-Musik spätestens seit seiner Zeit als Arrangeur von Popsongs in Berührung, bei denen die verstärkte Gitarre immer mehr Verwendung fand. Daher stellte ihr Einsatz in der Musik des Westerngenres für Morricone selbst sicherlich kein Novum dar, wenngleich seine Filmmusik einen großen Beitrag dazu leistete, die E-Gitarre in den 1960er Jahren als Standardinstrument in der Filmmusik zu etablieren.[21]

Einen weiteren Bezugspunkt zu Morricones Arrangeurtätigkeit bildet der wortlose Gesang, der sich auch in seinen Bearbeitungen von Popsongs wiederfindet. Für seine Westernkompositionen nutzt der Komponist sowohl die weibliche als auch die männliche Stimme – allerdings mit jeweils unterschiedlichen Funktionen. Während der Gesang von Edda Dell'Orso vor allem der sentimentalen Überhöhung dient und ein hohes Blasinstrument zu imitieren scheint, werden animalisch anmutende Männerstimmen als eine Art Perkussionsinstrument eingesetzt, um die rhythmischen Ideen zu akzentuieren, das Archaische der Orte und Personen wiederzugeben und damit Assoziationen an die indianische Musikkultur zu wecken.[22] Auch in Bezug auf den Einsatz ausgefallener Blas- und Schlaginstrumente – wie Bassokarina, Glocke, Peitsche, Amboss oder Maultrommel – lassen sich Vorläufer aus seiner Zeit als Arrangeur sowie in seinen ersten Filmkompositionen finden. Bereits zu Beginn der 1960er Jahre tauchen sowohl im Arrangement des Stückes „Pastures of Plenty" (1962) von Woody Guthrie für den amerikanischen Sänger Peter Tevis als auch bei der Musik zu *Duello nel Texas* (*Gunfight at Red Sands*, E/I 1963) von Ricardo Blasco sowie dem Score zu *Le pistole non discutono* (*Die letzten Zwei vom Rio Bravo*, E/I/BRD 1964) unter der Regie von Mike Derkins ungewöhnliche Instrumente wie Peitsche, Amboss, Glocken und ein Sechzehntellauf für Blockflöte auf.[23] Diese Songs weisen bereits eine originäre Klangcharakteristik auf, die für die Leone-Western lediglich weiterentwickelt wurde. Treffend bemerkt daher Micheli,

> (...) daß das wahrscheinlich markanteste filmmusikalische Modell der Nachkriegszeit in Wahrheit aus einem vorher bestehenden Arrangementstil erwachsen ist, der für die Unterhaltungsmusik bestimmt war und auf einem Prinzip stilistischer Vermischungen basierte, die ich (Micheli) als Verstädterung des Folk bezeichnen würde.[24]

Auch bei anderen Komponisten ist eine Erweiterung des klassischen Orchesterapparats um moderne Instrumente zu beobachten, die vornehmlich dem Bereich der Populärmusik entnommen worden sind. So setzt Rota immer wieder die Hammondorgel, aber auch E-Gitarren, Schlagzeug und E-Bass ein. Welche klanglichen Auswirkungen bereits die Hinzunahme solcher Instrumente auf den sinfonischen Klang haben kann, beweist Piccioni mit seiner Musik zu *Le mani sulla città* (*Hände über der Stadt*, I/F 1963). Gerade die marcato-gezupften Abwärtsläufe eines E-Basses und die scharfen Einsätze eines Schlagzeugs erzeugen neben den atonalen, tremolierenden Streicherflächen, aggressiven Bläserschlägen und Paukenglissandi eine bedrohliche Klangkulisse, die das politische Chaos ebenso wie die Machenschaften und die Brutalität der Mächtigen in Wirtschaft und Politik musikalisch vorwegnimmt.

Neben den bereits genannten Instrumenten gewinnt die Verwendung von Synthesizerklängen in den 1960er Jahren immer mehr an Bedeutung. Rota greift hierauf vor allem in *Giulietta degli spiriti* zurück, um mithilfe von bizarren Klangflächen Giuliettas fließenden Wechsel zwischen ihrer Traumwelt und ihrem Alltag anzudeuten. Der französische Filmkomponist Georges Delerue setzt in Bertoluccis *Il conformista* (*Der große Irrtum*, I/F/BRD 1970) eiskalte dissonante synthetische Klangcluster gegen expressive Streicher und Holzbläserpassagen in warmen Klangfarben, um die zahlreichen durch Farblicht erzielten Kontraste im Bild zusätzlich musikalisch zu verschärfen. Zu Beginn von Antonionis *Zabriskie Point* entsteht durch die sphärischen Klänge von Pink Floyds avantgardistischen synthetischen Klangflächen eine Stimmung der Benommenheit. Ebenso realitätsverfremdend wie die orange Einfärbung des Vorspanns wirken auch die diversen Synthesizerklänge, die Chorstimmen sowie Streicherklänge imitieren und auf einem meditativen durchgängigen Grundrhythmus schweben. Statt der Atmo zu den Einstellungen, in denen verschiedene Gesichter von Studenten aufgenommen werden, verstärken verfremdete Sprecherstimmen und kurze dissonante Einwürfe den Eindruck, dass die präsentierte Realität höchst subjektiv unter der Wirkung von Drogen wahrgenommen wird. Auch bei Morricone tauchen synthetische Klänge in dieser Funktion auf. In *Per qualche dollaro in più* vermitteln die schrillen, elektronisch verzerrten Klänge den Eindruck des Rauschs oder Drogenentzugs bei El Indio.

c) Einfluss der Avantgardemusik

Abgesehen von den bereits aufgeführten Einflüssen aus dem Bereich der Popmusik finden Kompositionstechniken der damaligen Avantgarde Eingang in die Film-.musik. Insbesondere bei Morricone lassen sich solche Bezüge finden. So weist Micheli auf den Einfluss der seriellen Musik hin, wenn er in Zusammenhang mit Morricones Kompositionstechnik von „Mikrozellen" spricht, die er als „pseudo-seriell" klassifiziert.[25] Dieses logische Verknüpfen einzelner kleinster Bausteine lässt sich insbesondere in seiner Filmmusik für den Italowestern beobachten. In dem Eingangsthema von *Per un pugno di dollari* gesellt sich zu der repetitiven E-Gitarrenfigur eine melodische Zelle von sechs Takten, die gepfiffen wird. Im weiteren Verlauf des Stücks sind es der Galopprhythmus der E-Gitarre und das Glissando einer Panflöte, welche in ihrer archaischen Einfachheit weitere kleine Zellen bilden.

> Part of the compositional process is to arrange these smaller groups in various orders, either consecutively or simultaneously, to achieve different orderings of all twelve pitches (aggregates).²⁶

Bezug nehmend auf das Stück „The Desert" aus *Il buono, il brutto, il cattivo* weist Leinberger auf die tonale Ambiguität hin, die sich durch ein solches „pseudoserielles" Vorgehen ergibt:

> Its use of eleven different pitch classes in the English horn solo (...) suggests the inclusion of serialism, a method that, in its purest form, systematically gives equal emphasis to all twelve pitch classes as a means of avoiding the establishment of a tonal center. Altough Morricone seems to suggest the key of A minor by the use of the A minor piano ostinato, the effect on the listener is one of uncertainty where the cue's true tonality is concerned.²⁷

Charakteristisch für Morricones Western-Scores ist darüber hinaus der regelmäßige Einsatz von kurzen Ostinatofiguren, der sich als Einfluss vonseiten der Minimal Music deuten lässt. Diese Integration war ungewöhnlich in der Filmmusik der 1960er Jahre, sodass auch hier Morricone als einer der Vorreiter gelten kann. Erst im Jahr 1983 realisierte der amerikanische Komponist Philip Glass – als ein Hauptvertreter der Minimal Music – eine rein minimalistische Filmmusik zu Godfrey Reggios *Koyaanisqatsi* (*Koyaanisqatsi – Prophezeiung*, USA 1982).

Selbst die Musique concrète übt Einfluss auf die Musikgestaltung aus, deren Vordenker Pierre Schaeffer und sein Assistent Pierre Henry bereits Ende der 1940er Jahre beim Pariser Rundfunk Geräuschcollagen komponierten. Insbesondere in den Klangrealisationen Morricones für Leone ist dieser Bezug deutlich zu hören. Tierlaute, Schüsse, Kanonenfeuer oder Signalhörner stehen der Musik nun nicht mehr gegenüber, sondern werden in den Score integriert, sodass eine Musik-Ton-Collage entsteht. Der Komponist selbst weist auf das Vorbild der musikalischen Avantgarde hin:

> I come from a background of experimental music which mingled real sounds with musical sounds (...) so I used real sound partly to give a kind of nostalgia that the film had to convey. I also used these realistsic sounds in a psychological way. With *The Good, the Bad and the Ugly*, I used animal sounds – as you say, the coyote sound – so the sound of the animal became the main theme of the movie. I don't know how I had this idea. It's just according to your experiences, and following the musical avant-garde.²⁸

Möglich wird diese Verflechtung erzählungsinterner Geräusche und -externer Musik zu einem fast abstrakten Klangerlebnis durch die in Italiens Filmproduktionen der 1960er Jahre noch übliche Technik der Nachsynchronisation. Exemplarisch für dieses Kompositionsprinzip ist die Integration der Taschenuhrmusik in *Per qualche dollaro in più*, die Morricone fließend von der erzählungsinternen zur -externen Musikebene übergehen lässt. In *Il buono, il brutto, il cattivo* wird das Geräusch eines heulenden Kojoten sogar leitmotivisch zur Charakterisierung eines seiner Protagonisten eingesetzt. Noch experimentierfreudiger bezüglich der Einbindung von Geräuschen als konkrete Klänge zeigt sich Morricone in der Anfangssequenz von *C'era una volta il West*. Ausschließlich durch natürliche Geräusche wie das Wasserrad, den Telegrafen und das tropfende Wasser wird eine musikalische Spannung aufgebaut, die durch den jeweiligen Rhythmus der Geräusche und deren Zusammenspiel entsteht.[29] Als Mortimer (Lee Van Cleef) in *Per qualche dollaro in più* das Plakat mit der ausstehenden Belohnung erblickt, wirkt das Accelerando von Schüssen wie eine innere Musik, die den Anstieg seines Pulses bei dem Blick auf die ausgesetzte Belohnung wiedergibt und gleichzeitig als Imagination der tödlichen Schüsse fungiert. Auch bezüglich der musikalischen Spannungsdramaturgie spielen Geräusche eine zentrale Rolle. Häufig dienen Gewehrschüsse oder Explosionen dazu, die auf der erzählungsexternen Ebene mittels tremolierender Streicher oder dissonanter Klänge aufgebaute Spannung erzählungsintern zu entladen.

Ähnlich komplex wie bei Morricone werden Geräusche als Musique concrète auch in *Zabriskie Point* montiert. Während der Student mit einem Freund durch das Industrieviertel der Großstadt fährt, werden quietschende Bremsen, zischende und hämmernde Maschinen, hupende Autos, ratternde Züge und schrille Sirenen rhythmisch zu einer „Kakophonie der Großstadt" montiert. Dieser „Lärmsmog" vermittelt ein Gefühl von Enge, Druck und Bedrohung und wird – nach der Flucht des Studenten aus dieser lebensfeindlichen Moderne – durch die Stille der weiten, weitestgehend unberührten Wildnis der Wüste kontrastiert. In *Le mani sulla città* ist es der stählerne Klang eines riesigen Schlaghammers, welcher am Ende des Films mit enormer Kraft und unerbittlicher Regelmäßigkeit ein Rohr in den Boden treibt und als perkussive Einleitung für das Hauptthema fungiert, das in seiner Brutalität und Aggressivität auf diese Weise nochmals gesteigert wird. Auch in Viscontis *La caduta degli dei* (*Die Verdammten*, I/CH/BRD 1969) verschmelzen zu den Bildern aus dem Hochofen die hämmernden Rhythmen und Schläge auf Stahl – deren erzählungsinternes Erklingen suggeriert wird – mit den harten Perkussionsinstrumenten und Streichern, die das Gefühl von Chaos und Wahnsinn, Gewalttätigkeit und Gnadenlosigkeit vermitteln und eine „musikalische Hitze" erzeugen, die der Temperatur des flüssigen Stahls gleicht.

d) Dissonanzen und atonale Klänge

Als weiteres modernes Kompositionselement werden häufig dissonante bzw. atonale[30] Klangflächen eingesetzt. Bei Morricone finden sich Strukturen ohne tonales Zentrum in allen Leone-Western wieder, die überwiegend in identischer

Peter Moormann

Funktion auftreten, allerdings in unterschiedlicher Gewichtung. Mithilfe von schrillen Streicher- und Bläserorgelpunkten, sich verdichtenden Klangclustern, die an Kompositionen von György Ligeti erinnern, dissonanten Bläsereinwürfen oder aggressiven Klavierschlägen gelingt es dem Komponisten, insbesondere Spannungs- und Gefahrenmomente zu intensivieren. Bereits in *Per un pugno di dollari* wird bei rund einem Viertel der Musikeinsätze auf solche Klangkulissen zurückgegriffen. Abgesehen von der bereits genannten Spannungssteigerung werden mysteriöse Klangflächen mit dem Ziel einer ironischen Überhöhung verwandt, wenn beispielsweise der Sargmacher (Joseph Egger) sich einbildet, die Stimme eines Geistes – des Namenlosen (Clint Eastwood) im Sarg – zu hören. Im Vergleich zu *Per un pugno di dollari* ist ein Ausbau des atonalen Musikanteils auf 40 Prozent in *Per qualche dollaro in più* zu beobachten. Solch verstörende Klangflächen tauchen in diesem Film dabei nicht mehr nur in Spannungsmomenten auf, sondern dienen auch der Deskription leibseelischer Vorgänge bei El Indio. Scheppernde Klänge werden eingesetzt, um das entstellte und daher fratzenhafte Gesicht des vergeblich Flüchtenden musikalisch zu überhöhen. In Gillo Pontecorvos *Queimada* (*Queimada – Insel des Schreckens*, I/F 1969) dienen Morricone atonale Klänge dazu, den Konflikt zwischen afrikanischer und europäischer Kultur auch in der Musik auszutragen. Dabei verschärfen dissonante Streicher und schrille Orgeleinsätze vor allem den grausamen Anblick der unzähligen Leichen aufseiten der Afrikaner. Unversöhnlich stehen sich am Ende des Films die archaischen afrikanischen Instrumente und die mehrstimmigen Chorflächen gegenüber.

Auch Rota greift immer wieder auf dissonante oder atonale Klangflächen zurück, um die Wirkung emotionaler Extremmomente zu steigern. In *La dolce vita* erzeugt beispielsweise ein verstörender Orgelpunkt mit wechselnden Basstönen eine bizarre Atmosphäre voller Spannung und Reibung, wenn sich Marcello mit seiner Frau im Wagen streitet, der von einem riesigen, grellen Scheinwerfer in der Nacht illuminiert wird. Als Steiners Frau von dem Selbstmord ihres Mannes erfährt, deuten dissonante elektronische Klangflächen ein Gefühl von Ohnmacht an. In *Otto e mezzo* wirken die Synthesizertöne und hohen Pfeifgeräusche ebenso futuristisch wie das riesige Gerüst der Filmkulisse, zu der Guido und die Filmcrew in der Nacht fahren. Solche fremdartigen Klänge kehren auch in *Giulietta degli spiriti* wieder, um das Fantastische ihrer Erscheinungen und Träume zu betonen. Ein Zustand der Benommenheit und Trance intensivieren dissonante Klänge und ekstatische Rhythmen vor allem zu der ausgedehnten Orgienszene in *Satyricon*, die ebenso wie die mythische Filmwelt unwirklich anmuten.

In *La caduta degli dei* gelingt es Maurice Jarre, eine Stimmung des Wahns zu erzeugen. Diese wird sukzessive mithilfe von „fiebrigen" Streichern, deren Dissonanzen ständig zunehmen, sowie schrillen Blechbläsereinwürfen, verschiedenen Schlagwerken und harten Klavierschlägen aufgebaut. Insbesondere die repetierenden Streicherakkorde erinnern an Igor Strawinskys „Le Sacre de Printemps" (UA: 1913). Parallel zur „Krankheit" des Nationalsozialismus und den damit verbundenen Allmachtsfantasien, die immer stärker Gewalt über die Agierenden – zunächst Frederick (Dirk Bogarde) und Sophie (Ingrid Thulin), später aber auch Martin (Helmut Berger) – zu gewinnen scheinen, taucht die „viröse" Musik zunächst schleichend auf, bevor sie ausbricht. Wie ein Fibrom infiltrieren die Dissonanzen mehr und mehr die Komposition, die damit der Bilddramaturgie entspricht. Zunehmend schwitzen die Infizierten, welche nach und nach die Kontrolle über ihren Verstand verlieren und schließlich schweißgebadet in giftgrünes Licht getaucht werden oder mit weiß geschminktem Gesicht, einer Totenmaske gleich, auftreten. Als klangliche Gegenwelt begleiten das infantile Versteckspiel von Martin zunächst naive Melodien der Flöten und des Glockenspiels, in deren Harmlosigkeit aber schon wenig später schnelle, unheilvolle Streicherpizzicati einbrechen, als ob sie das Unheil vorwegnehmen wollten. Streichertremoli und die verzerrte Melodie auf einem verstimmten Klavier geben wenig später Einblick in die Innenwelt des psychisch Kranken, der sich von der Realität abkapselt und in ein kindliches Dasein flüchtet. Die Misstöne nehmen zu, als Martin erfährt, dass das kleine Mädchen, an dem er seine pädophilen Neigungen auslebt, erkrankt ist. Dissonante Bläser, Klavierschläge und Holzbläsereinsätze klingen ebenso „verwirrt" und „angsterfüllt" wie Martin selbst und erlauben einen tiefen Einblick in seine labile Persönlichkeit.

Eine ausschließlich atonale Filmmusik – sieht man von den erzählungsinternen Musikeinsätzen ab – hat Giovanni Fusco für Antonionis *L'eclisse* (*Liebe 1962*, I/F 1962) vorgelegt. Eingesetzt werden Synthesizerorgelpunkte, Bläscluster sowie diverse dodekaphon anmutende Klangreihen des Klaviers. Diese korrespondieren insbesondere gegen Ende des Films mit verschiedenen Bildreihen (beispielsweise Gitterelementen) und bedrohlichen Verkehrsgeräuschen, um die Atmosphäre latenter Gefahr zu intensivieren.

e) Rückgriff auf traditionelle Techniken

Neben den beiden großen Einflussbereichen der zeitgenössischen Pop- und Avantgardemusik greifen die Komponisten zugleich auf traditionelle Stilformen zurück. Dies gilt insbesondere für die Western-Musik von Morricone. Hier ist ein intensiver Einsatz von Molltonarten auszumachen, bei denen oftmals die sechste Stufe ausgespart wird, sodass sich die Themen weder der dorischen noch der äolischen Tonleiter eindeutig zuordnen lassen. Er selbst stellt hierbei einen Bezug zu den gregorianischen Chorälen her, die seine Filmmusik beeinflusst hätten, wodurch sich der altertümliche Charakter einiger Themen erklären lässt.[31] Als weiteren Rückgriff auf traditionelle Techniken kann man den Einsatz der Solotrompete im Mariachi-Stil verstehen, der sich durch schnelles

Vibrato und einen brillanten, scharfen Ton mit harten Akzenten zu Beginn und am Ende jedes Tones auszeichnet. Diese Spielart unterscheidet sich deutlich von anderen Trompetensoli, die in das Orchester eingebunden und genutzt werden, um einen majestätischen Klang zu erzeugen. Mariachi-Soli positioniert Morricone vorwiegend am Ende des jeweiligen Western, wenn es zum finalen Duell zwischen Gut und Böse kommt. Der druckvolle, dominierende Ton der Trompete verleiht der Szene ein südamerikanisches Kolorit und dient daher der lokalen Verortung. Diese Artikulationsweise ist mexikanischen Ursprungs und bis heute auch im Südwesten der USA populär.[32]

Historisierende Anspielungen finden sich ebenfalls in Rotas Filmmusik. Zu den Credits des Vorspanns von *La dolce vita* erklingt ein Thema, das in völligem Kontrast zu der übrigen Musik des Films steht. Die pompöse, antreibende Eingangsmusik wird von einem großen Sinfonieorchester präsentiert und steht in der Tradition klassischer Hollywoodmusik. Zahlreiche Holz- und Blechbläsersignale, Harfenläufe, Ostinatofiguren der Bässe klingen wie Reminiszenzen an die Filmmusik von Miklós Rósza zu den Monumentalfilmen der 1950er Jahre. Dessen Scores zu *Quo Vadis* (*Quo Vadis?*, USA 1951), *Julius Caesar* (USA 1953) und *Ben Hur* (USA 1959) haben – neben der Musik von Dimitri Tiomkin (*The Fall of the Roman Empire*, USA 1964) oder Alex Norths *Spartacus* (USA 1960) und *Cleopatra* (GB/USA/CH 1963) – maßgeblich zu einer Konvention in der musikalischen Darstellung „römischer Musik" beigetragen,[33] obwohl diese keineswegs auf Quellen aus dieser Zeit zurückgreifen konnten. Vielmehr dürften die Hollywoodkomponisten, aber auch Rota, durch Ottorino Respighis „Pini di Roma" (1924) beeinflusst worden sein.[34] Zusätzlich zu diesen Anleihen baut Rota Idiome der fernöstlichen Musik in seine Komposition ein, um beim Zuschauer den archaischen Klangcharakter des Stücks zu verstärken. Gleich in der ersten Einstellung des Films ist die Ruine eines antiken Aquädukts am Rande eines Fußballfelds zu erkennen, die zusammen mit der Vorspannmusik wie ein Relikt aus einer längst vergangenen, glorreichen Zeit – die des Alten Roms – anmutet. Bei *La dolce vita* könnte es sich um einen archäologischen Film handeln, der den Spuren eines verloren gegangenen Kulturerbes nachgeht, das durch die amerikanische Popkultur ersetzt wurde. Insbesondere die zahlreichen amerikanischen Musikstücke legen diesen Schluss nahe.

Sowohl bei Rota als auch bei Morricone lassen sich Bezüge zur italienischen Operntradition herstellen.

> Morricone's scores often consist of short musical pieces, very much like a number opera in which choruses, arias, and recitatives are clearly defined, and therefore continue in the tradition of Verdi and Puccini. In German operatic tradition, by contrast, the music is constantly unfolding and the various sections are not clearly defined, as evident in the music of Wagner.[35]

Nino Rota und Ennio Morricone

Gleiches gilt für Rotas Musik, die ebenso „nummernhaft" aufgebaut ist. Auch die Leitmotiv-Technik, die sich bereits in Claudio Monteverdis Oper „L'Orfeo" (UA: 1607) nachweisen lässt,[36] greifen beide Komponisten auf und entwickeln sie weiter. In *La dolce vita* wird Marcello ein Thema zugeordnet, mit dem Rota die „Moritat" von Mackie Messer – ebenfalls ein Frauenheld – aus Weills „Dreigroschenoper" zitiert. In Rotas verschiedenen Bearbeitungen fehlt der Melodie allerdings immer jede Aggressivität und Agilität. Stattdessen klingt das beschwingte Hauptthema eher belanglos, banal und einlullend. Es wirkt ebenso oberflächlich und sinnentleert wie die Hauptfigur des Films, der das Thema in all ihren Variationen zugeordnet wird – sei es als beschwingte Tanzmusik, verträumt in den Harfen am Trevi-Brunnen oder mit melancholischer Getragenheit von der Gitarre bei Steiner. Auf diese Weise versucht Rota, den jeweiligen Gemütszustand des Protagonisten einzufangen – von heiter über verzaubert bis tief melancholisch.

Im Fall von Morricone werden den Hauptfiguren der Western-Filme keine Leitmotive oder Themen im klassischen Sinn zugeordnet, sondern vielmehr einzelne Leitinstrumente. Einfache Blasinstrumente wie Flöte oder Okarina, deren Motive an Laute aus der Tierwelt angelehnt sind, Mundharmonika oder menschliches Pfeifen nehmen dabei eine zentrale Stellung in der Charakterisierung der Hauptfiguren ein. Micheli versteht diese Instrumentation als Hinweis „auf eine von der Natur beherrschte(n) archaische(n) Zivilisation, in der unter den verschiedenen kohärenten konnotativen Werten der des Individualismus mit einem Unterton freier Anarchie vorherrscht".[37] Aufschlussreich in diesem Zusammenhang ist der Verweis von Joseph Morgenstern auf die chinesische Oper, in der rituelle Geräusche eingesetzt werden, um bestimmte Emotionen zu akzentuieren.[38] Auch bei Morricone finden sich solche emotionalen Zuschreibungen. Während das Sechstonmotiv der Okarina in *Per qualche dollaro in più* einen frivolen Charakter besitzt, ist das Eintonmotiv der Gitarre wesentlich düsterer Natur. Die Reduktion auf ein spezifisches Instrument verwundert umso mehr, wenn man bedenkt, dass die Orchestergröße bei Morricone mit der amerikanischer Studioorchester vergleichbar ist.

In *Per un pugno di dollari* ist der Hauptperson die Flöte mit einem kurzen Abwärtslauf zugeordnet. Obwohl dieser quintolische Lauf als Motiv kaum Ausdruck zu haben scheint, gelingt es Morricone dennoch, über diese Mikrozelle den Held näher zu charakterisieren. Der flotte Abwärtslauf symbolisiert den Witz und die Cleverness der Hauptperson. Assoziationen an das Flötenmotiv Papagenos aus Wolfgang Amadeus Mozarts Oper „Die Zauberflöte" (KV 620, UA: 1791) werden geweckt, wo es in umgekehrter Bewegungsrichtung auf der Flöte gespielt und ebenfalls einer schelmischen Figur zugeordnet wird. In *Per un pugno di dollari* ist es beispielsweise solistisch gleich dreimal zu hören, als sich der Namenlose in aller Seelenruhe mit einer Flasche in der Hand vor dem Salon

Peter Moormann

niederlässt, um als belustigter Beobachter dem von ihm arrangierten Gefangenenaustausch beizuwohnen. Das Motiv betont diesen komischen Augenblick. Des Weiteren wird die Reaktionsschnelligkeit des Helden über das Motiv wiedergegeben. Denn ebenso rasch wie die fünf Töne hintereinander erklingen, feuert der Protagonist seine Kugeln auf die Gegner ab. Als dieser von Roccos Leuten zusammengeschlagen wird, taucht das Motiv in entsprechend verlangsamtem Tempo und mit viel Hall auf, als beschreibe es die kritische leibseelische Verfassung des Protagonisten, der benommen am Boden liegt. Ebenso wie sein Poncho könnte das Flötenmotiv ein Verweis auf eine mexikanische oder indianische Herkunft sein und damit in gleichem Maße wie die Naturlaute der Männerstimmen und das Pfeifen auf das Archaische des Handlungsorts verweisen.

Da in *Per qualche dollaro in più* die Zahl der Hauptfiguren erweitert wurde, sind dementsprechend mehrere Leitinstrumente nachzuweisen. Wiederum ist es ein kurzes Flötenmotiv, das Monco (Clint Eastwood) begleitet und humorvolle Situationen sowie besondere Auftritte der Figur akzentuiert. Mortimers Auftreten wird dabei durch die Maultrommel nicht nur akzentuiert, sondern auch antizipiert. Dem bösen Widersacher El Indio ist das Glockenspiel zugeordnet. Interessant ist, dass Morricone durch ein Glockenensemble zu Beginn des Films, als El Indio befreit wird, das Leitinstrument vorwegnimmt. Sogar einem der Nebendarsteller, dem Buckligen (Klaus Kinski), wird ein Leitinstrument zugesprochen. Das plump anmutende Tubamotiv gibt nicht nur das vorschnelle, unüberlegte Handeln der Figur wieder, sondern könnte auch als Verweis des Komponisten auf die deutsche Herkunft des Schauspielers interpretiert werden und Bezug auf die deutsche Tradition der Blasmusik nehmen. Die fatale Verbundenheit der drei Hauptprotagonisten in *Il buono, il brutto, il cattivo* wird auch musikalisch inszeniert, da allen dreien dasselbe Motiv leitmotivisch zugeordnet wird, allerdings in unterschiedlicher Instrumentation, sodass insbesondere in diesem Film von Leitinstrumenten gesprochen werden kann. Wie in den vorangegangenen Filmen wird mit der von Clint Eastwood gespielten Figur, in diesem Fall „il buono", die Flöte leitmotivisch verknüpft. „Il brutto" (Lee Van Cleef) begleitet den Film über ein Blasinstrument und „il cattivo" (Eli Wallach) seinem Namen nach das ebenso bösartig verzerrte Kojoten-Geheul.

Abgesehen von der italienischen Oper stellt bei Rota vor allem die Zirkus- und Jahrmarktsmusik einen wichtigen Bezugspunkt dar. In *La dolce vita* ist es Fučíks „Einzug der Gladiatoren", der von Rota eingebaut wird, als Marcello mit seinem Vater ein Varieté besucht. Mit Revuemusik wird der letzte Auftritt des Showgirls in einem von Marcellos Träumen aus *Otto e mezzo* untermalt, bevor die Stimmung abermals umkippt und eine traurige Harfenmusik gegen Ende des Traums ertönt. Gleichsam burlesk wie melancholisch wirkt auch die Zirkusmusik der kleinen Kapelle mit dem jungen Marcello als Flötisten am Schluss des Films, wenn sich alle Protagonisten noch einmal zu einem Reigen versam-

Nino Rota und Ennio Morricone

meln und auf dem Außenring einer zirkusgleichen Bühne Hand in Hand tanzen. Auch in *Giulietta degli spiriti* greift Rota auf Zirkusmusik zurück, um die Traumbilder in ihrer Entrücktheit zu bekräftigen.

f) Einbeziehung außereuropäischer Musik

Als Inspirationsquelle werden schließlich außereuropäische Musikstile benutzt. So ist der mythische Mittelteil in *Edipo Re* von fremdartigen Klängen durchzogen, die den Bildern eine archaische Aura zuschreiben. Musikstile unterschiedlichster Kulturen erklingen als eine Art antiker Weltmusik, die auf einfachen, ebenso alten Instrumenten vorgetragen wird. Orientalische Klagegesänge stehen neben afrikanischen Rhythmen, und darüber hinaus sind Anklänge an slawische, rumänische, russische und japanische Volksmusik zu hören.[39] Regelmäßige Trommelschläge, hölzernes Schlagwerk und eine schrille Flöte begleiten Ödipus wie ein Leitmotiv auf seiner Lebensreise. Die Musik klingt, als vertone sie den Gang zum Schafott mit ihrem meditativen, schleppenden Grundrhythmus.

Ein eruptiver, rhythmischer Gesang von Männerstimmen diente Rota wiederum als Vorlage für *Satyricon*, indem er auf die Volksmusik aus Kamerun, Japan, Tunesien, Afghanistan und Tibet zurückgreift,[40] die er zu einem weltmusikalischen Klangkosmos zusammenfügt. Für *Queimada* adaptiert Morricone hauptsächlich afrikanische Klänge. Mithilfe archaischer, ekstatischer Buschtrommeln und repetitiver Gesänge schafft er eine eindringliche musikalische Atmosphäre, welche die tranceartige Wirkung einzelner Szenen nochmals intensiviert. Werden zu Beginn des Films noch Elemente afrikanischer Musik mit europäischen Streichern kombiniert, stehen sich diese am Ende des Films ebenso unvereinbar wie die Kulturen gegenüber.

Fazit

Zusammenfassend lässt sich feststellen, dass sich die italienische Filmmusik in den 1960er Jahren deutlich von der kompositorischen Arbeit klassischer Hollywoodkomponisten oder italienischer Filmmusiker zur Zeit des Neorealismus emanzipiert hat und durch zahlreiche Neuerungen gekennzeichnet ist. Die Komponisten lösen sich von einer passiven Funktionalität des Scores und gewinnen durch eine „vertikale Musikanwendung" relative Eigenständigkeit gegenüber dem Bild, sodass einzelne Stücke sogar für andere Filmmusik wiederverwendet werden können. Neuartig ist das Verhältnis von erzählungsinterner und -externer Musik, deren klare Abgrenzungen aufgelöst und miteinander in Fluss gebracht werden. Die Filmkomponisten brechen mit den traditionellen Kompositionsformen im Stil der Romantik und Spätromantik. Stattdessen öffnen sie sich sowohl populären Mustern als auch avantgardistischen Techniken (der elek-

Peter Moormann

tro-akustischen Musikstile, der Minimal Music bis hin zum späten Serialismus der 1960er Jahre) und nehmen darüber hinaus Einflüsse außereuropäischer Musikstile auf. Einher mit dieser Entwicklung geht die Erweiterung des Instrumentariums um ausgefallenes Schlagwerk, verstärkte Gitarren und synthetische Klangerzeuger.

Dass bei all diesen Innovationen der Filmmusik in den italienischen Produktionen der 1960er Jahre Rota und Morricone von herausragender Bedeutung sind, beweist ihr Einfluss auf andere italienische, aber auch ausländische Komponisten. Beispielhaft ist Morricones Musikgestaltung für den Italowestern. Bereits im Jahr 1966 adaptiert Luis Bacalov für Sergio Corbuccis *Django* (I/E 1966) weitgehend Morricones Klangcharakteristika. Neben dem Einsatz ausgefallener Schlagwerke, E-Gitarre, Trompete und tiefer Klavierschläge erinnern zahlreiche Streicherdissonanzen und atonale Bläsereinsätze stark an Morricones Klangmodule. Sogar die Celesta erklingt innerhalb eines Leitmotivbereichs in Anlehnung an das Glockenspielmotiv aus *Per qualche dollaro in più*. Auch in *Django* entlädt sich die erzählungsextern aufgebaute musikalische Spannung mit dem erzählungsinternen Schuss-Geräusch, das den jeweiligen Musikeinsatz abrupt enden lässt. Morricones musikalische Innovationen im Western erstrecken sich in den 1960er Jahren nicht nur auf inländische Produktionen, sondern halten sogar Einzug in das Ursprungsland des Genres. Als erste zahlreicher amerikanischer Adaptionen seiner neuartigen Musikstandards lässt sich der Score von Dominique Frontiere für Ted Posts *Hang 'Em High* (USA 1968) mit Clint Eastwood – unter Leone zum Western-Helden avanciert – verstehen.

---

[1] Thomas Koebner, „Vorwort", in: *Film und Musik*, hrsg. von Günter Giesenfeld und Thomas Koebner, Marburg 2004, S. 5–7, hier S. 7.
[2] Ein gutes Beispiel hierfür sind die Scores von Renzo Rossellini für die Filme Roberto Rossellinis.
[3] Vgl. Sergio Micheli, *Morricone – Die Musik, das Kino*, Essen 2000, S. 116.
[4] Vgl. ebenda.
[5] Vgl. Robert C. Cumbow, *Once Upon A Time: The Films of Sergio Leone*, Metuchen, New Jersey/London 1987, S. 199.
[6] Ennio Morricone zitiert nach: Harlan Kennedy, „The Harmonious Background", in: *American Film 16* 2 (Februar 1991), S. 39–41, hier S. 41.
[7] Micheli, *Morricone* (s. Anm. 3), S. 116 f.
[8] Vgl. Carlos Colon, *Rota-Fellini. La musica en las peliculas de Federico Fellini*, Sevilla 1981, S. 34.

[9] Vgl. Matthias Keller, *Stars and Sounds. Filmmusik – Die dritte Kinodimension*, Kassel 1996, S. 95 f.
[10] Pier Paolo Pasolini zitiert nach: Otto Schweitzer, *Pier Paolo Pasolini*, Reinbek bei Hamburg 1991, S. 74
[11] Vgl. ebenda.
[12] Pier Paolo Pasolini zitiert nach: Ebenda, S. 74 f.
[13] Vgl. Colon, *Rota-Fellini* (s. Anm. 8), S. 34.
[14] Vgl. Charles Leinberger, *Ennio Morricone's The Good, the Bad and the Ugly. A Film Score Guide*, Lanham, Maryland/Toronto/Oxford 2004, S. 36.
[15] Vgl. Colon, *Rota-Fellini* (s. Anm. 8), S. 56.
[16] Vgl. Micheli, *Morricone* (s. Anm. 3), S. 72 ff.
[17] Leinberger 2004, S. 19 f.
[18] Vgl. Leinberger, *Ennio Morricone's The Good, the Bad and the Ugly* (s. Anm. 14), S. 20.
[19] Vgl. Cumbow, *Once Upon A Time* (s. Anm. 5), S. 204.
[20] Vgl. Randall D. Larson, *Musique Fantastique. A Survey on Film Music in the Fantastic Cinema*, Metuchen, New Jersey/London 1987, S. 327.
[21] Vgl. Leinberger, *Ennio Morricone's The Good, the Bad and the Ugly* (s. Anm. 14), S. 21.
[22] Vgl. ebenda, S. 22 f.
[23] Vgl. Micheli, *Morricone* (s. Anm. 3), S. 113.
[24] Ebenda.
[25] Sergio Micheli, „Ennio Morricone", in: *The New Grove Dictionary of Music and Musicians*, hrsg. von Stanley Sadie, London 2001, S. 145 f., hier S. 146.
[26] Leinberger, *Ennio Morricone's The Good, the Bad and the Ugly* (s. Anm. 14), S. 10.
[27] Ebenda, S. 26.
[28] Ennio Morricone zitiert nach: Ebenda, S. 64 f.
[29] Vgl. Cumbow, *Once Upon A Time* (s. Anm. 5), S. 207.
[30] Bei dem Begriff „atonal" beziehe ich mich auf den ersten Teil der Definition von „Atonality" von Paul Lansky und George Perle: " (...) to describe all music which is not tonal (...)", vgl. *The New Grove Dictionary of Music and Musicians*, hrsg. von Stanley Sadie (s. Anm. 25), S. 133.
[31] Vgl. Leinberger, *Ennio Morricone's The Good, the Bad and the Ugly* (s. Anm. 14), S. 27 ff.
[32] Vgl. ebenda, S. 31 ff.
[33] Vgl. Colon, *Rota-Fellini* (s. Anm. 8), S. 75.
[34] Vgl. Royal S. Brown, *Overtones and Undertones. Reading Film Music*, Berkeley/London 1994, S. 222.
[35] Leinberger, *Ennio Morricone's The Good, the Bad and the Ugly* (s. Anm. 14), S. 17.
[36] Vgl. Hans Ferdinand Redlich, „Der erste Opernkomponist: Claudio Monteverdi und seine ‚Favole d'Orfeo'", in: *Claudio Monteverdi. Orfeo. Christoph Willibald Gluck. Orpheus und Eurydike. Texte, Materialien, Kommentare*, hrsg. von Attila Csampai und Dietmar Holland, Reinbek bei Hamburg 1988, S. 120–127, hier S. 124.
[37] Micheli, *Morricone* (s. Anm. 3), S. 123 f.
[38] Vgl. Joseph Morgenstern, „The Via Veneto Kid", in: *Newsweek* vom 24.7.1967, S. 76.
[39] Vgl. Michael Hanisch (Red.), *Pier Paolo Pasolini. Dokumente zur Rezeption seiner Filme in der deutschsprachigen Filmkritik 1963–85*, Berlin 1994, S. 101.
[40] Vgl. Colon, *Rota-Fellini* (s. Anm. 8), S. 82.

Marisa Buovolo

Zwischen Mieder und Mini

Weiblichkeitsentwürfe im italienischen Film
der 1960er Jahre

Frauenbilder zwischen Alta Moda und Dolce vita

„*La dolce vita* ist zweifellos aus Gefühlen und Emotionen entstanden, die mich damals tief bewegten, wie z. B. aus der Sackmode (...) tatsächlich, das erste, das mir einfällt, ist die Sackmode der Frauen (...) alle Frauen trugen damals Sackkleider."[1] Die Tatsache, dass die Anfänge der italienischen Haute Couture in Rom und die weiblichen Körperbilder jener Zeit die erste Inspirationsquelle für Fellinis *La dolce vita* (*Das süße Leben*, I/F 1960) dargestellt haben, betont die zentrale Bedeutung des engen Wechselverhältnisses zwischen Film und Mode, das auch das italienische Kino der 1960er Jahre stark geprägt hat. Von dem scharfen Blick des Regisseurs wird der Kulturwandel, den die „Capitale" in den späten 1950er Jahren erlebt, durch die Sprache der Mode wahrgenommen, die bei der Inszenierung von Weiblichkeit auf der Bühne des öffentlichen Lebens eine immer bedeutendere Rolle spielte.

Bereits im Jahr 1950 hatte Fellini zusammen mit Ennio Flaiano und Tullio Pinelli an der Idee zu einem Film gearbeitet, der *Moraldo va in città* (*Moraldo geht in die Stadt*) heißen und im Rom seiner Jugend spielen sollte; es sollte darin um die Geschichte eines jungen Mannes gehen, der aus der Provinz nach Rom kommt, um Journalist zu werden. 1958 wurde das alte Filmprojekt überarbeitet, aber Fellini musste bald feststellen, dass die Stadt, die er schon einmal porträtiert hatte, eine ganz andere geworden war.

> Ich holte aus der Schublade *Moraldo va in cittá*, die Fortsetzung der Abenteurer der *Müßiggänger*, die ich mit Pinelli und Flaiano viele Jahre zuvor geschrieben hatte. Wir fingen an, ohne große Begeisterung daran zu arbeiten und bald merkten wir, dass es damit nicht mehr funktionieren konnte. Unsere frühere Geschichte erzählte von einem anderen Rom, von der Stadt, die ich entdeckte, als ich aus Rimini dahin kam. Es gab keine Bohème mehr, so wie es früher war. Es gab keine Künstlergemeinde

Weiblichkeitsentwürfe im italienischen Film

mehr, die ständig am Verhungern war und in den Tag hinein lebte. Es war eine ganz andere Welt. Es gab jetzt den Journalismus und die Fotoreporter, die Motorisierung der Stadtbewohner, die aufkommende ‚café society' (...) und die Sackmode, die Frauen, die in ihren Kleidern wie Vögel, Schmetterlinge oder Kängurus aussahen, wie bizarre Bewohnerinnen einer irrealen Welt.[2]

Scharfsinnig ergreift Fellini die Ästhetisierung der Lebenswelt, die die „Alta Moda Italiana" im Zeitalter der Industrialisierung verbreitete; die neue Lust nach Luxus und das Entstehen einer italienischen Haute Couture, die in dem sich ständig ändernden Alltag den weiblichen Körper in ein schillerndes Experimentierfeld verwandelte, re-inszenierte er durch seinen eigenen Blick in der filmischen Fiktion von *La dolce vita*.

Mode und Film stellen eine vielleicht einzigartige symbiotische Beziehung dar: Beide Medien propagieren Schönheitsideale und Verhaltens- und Lebensmodelle, wenn auch auf unterschiedliche Weise; beide sind Medien der Inszenierung von Identitäten, beide gestalten die menschliche Silhouette immer wieder aufs Neue und vor allem erschaffen beide fiktionale Körper, denn weit davon entfernt den „wahren" Körper zum Ausdruck zu bringen, steht im Mittelpunkt beider Kommunikationssysteme das Spiel mit Masken, die Faszination der Maskerade, ein Spiel, bei dem tradierte Geschlechtsidentitäten normierend inszeniert, aber auch versteckt, parodiert oder sogar aufgelöst werden können.

Die Wechselwirkung zwischen Film und Mode ist komplex und vielschichtig: Im Film verwandelt sich die Alltagskleidung aus der Modewelt in Kostüme, in ein Zeichen, das mit den anderen Zeichen in der gesamten Filminszenierung interagiert, in einen Bedeutungsträger, der durch den Blick der Kamera und den Blick der ZuschauerInnen re-inszeniert wird. Als Bedeutungsträger erweisen sich die Kostüme als wesentliche Bestandteile der Konstruktion und Repräsentation von Geschlechtsidentitäten. Die Mode entwirft Geschlechterbilder, die die gesellschaftlichen Normen und die Geschlechterordnung der jeweiligen Zeit reflektieren, sogar sanktionieren; andererseits spiegeln sich in der Körpergestaltung der Filmfiguren – d. h. Kostüm, aber auch Frisur, Kleidung, Make-up, Accessoires – die Geschlechtermodelle wider, die eine bestimmte Epoche (re)produziert hat. Auch in Zeiten radikaler Veränderungen, wie der Epoche des Wirtschaftswunders in Italien, spielten die zirkulären Austauschprozesse zwischen Mode und Film bei der Definition und Festschreibung von Weiblichkeit eine zentrale Rolle.

In den Frauenbildern aus *La dolce vita* reflektiert sich die Erfolgsgeschichte der italienischen Haute Couture, die in der Nachkriegszeit in Rom begann, als die Stadt zum „Hollywood am Tiber" wurde, zahlreiche amerikanische Filmtycoons nach Cinecittà kamen, um kostengünstige Filme zu produzieren, und die ewige Stadt durch die amerikanische Film- und die aufblühende nationale

Marisa Buovolo

Modeindustrie zum Zentrum einer frenetischen Geschäftstätigkeit und zum Anziehungspunkt des internationalen Jetset wurde. Durch das strategisch koordinierte Zusammenspiel von Kino, Illustrierten und Frauenzeitschriften wurde das Bild des „neuen" Italiens propagiert, als Land, in dem sich antike Traditionen und moderner „guter Geschmack" in den gemeinsamen Wurzeln der edlen Kultur der Renaissance vereinigten. So wurde die neue Haute Couture in historischen Kulissen, auf und in geschichtsbeladenen Piazzen und Gassen präsentiert. Die Mannequins waren sehr oft Gräfinnen und Prinzessinnen, die der neuen, exquisiten Mode eine „adlige" Aura verliehen, aber auch Schauspielerinnen und Filmstars, die für das Auferstehen der Filmstudios von Cinecittà standen und den neuen Glamour verkörperten. Auf ihren durch die Alta Moda gestalteten weiblichen Körpern verdichteten sich kollektive Sehnsüchte und Wunschvorstellungen.

Nicht zufällig begannen in dieser Zeit der „Wiedergeburt" zahlreiche italienische ModedesignerInnen als KostümbildnerInnen fürs Kino zu arbeiten: die Schwestern Fontana – drei aus Parma stammende Schwestern, deren römisches Atelier Ende der 1940er Jahre rasch zum renommierten Zentrum der „Alta Moda Italiana" wurde –, knüpften an die nationale Tradition zeitloser Eleganz und handwerklicher Perfektion an. Mit ihren opulenten Kreationen kleideten sie die internationale Prominenz jener Zeit, First Ladies und Filmstars, ein und statteten eine Hollywood-Sexgöttin wie Ava Gardner nach dem klassischen Schneiderhandwerk italienischer Tradition aus. Für die Gestaltung der Rolle der „barfüßigen Contessa", die Ava Gardner definitiv den Status einer göttlichen Diva verleihen sollte, lehnten sich die drei Schwestern an die klassische Linie römischer Skulpturen und zugleich an die (über)weibliche Silhouette des 19. Jahrhunderts an: opulente Kostüme mit Wespentaille aus elfenbeinfarbenem Seidentaft oder klassisch-raffiniert drapierte Abendkleider in lavendelfarbigem Satin definierten die Konturen des Divakörpers, die in *The Barefoot Contessa* (*Die barfüßige Gräfin*, USA/I 1954, R: Joseph L. Mankiewicz) eine wilde, kapriziöse und von Männern idolisierte Schauspielerin verkörpert, sodass Starpersona und Rolle emblematisch miteinander verschmelzen. Umhüllt von den luxuriösen Roben der Schwestern Fontana wurde Ava Gardner auf der Leinwand zur Inkarnation einer statuenhaften, erhabenen Göttin und als Privatpersona zur Botschafterin der Virtuosität italienischer Schneiderkunst in der Welt. Die drei „kleinen" Handwerkerinnen aus Italien spielten die gleiche Rolle, die bereits die „großen" unter den einflussreichsten Kostümbildnern wie Adrian oder Travis Banton für die Hollywood-Diven der goldenen Zeiten übernahmen.

Auf der Spur der Schwestern Fontana begannen zahlreiche Grafen und Prinzessinnen wie Irene Galitzine, Pino Lancetti oder der aus adliger Familie stammende Modeschöpfer Roberto Capucci ihren „angeborenen" guten Geschmack im exquisiten Design auszudrücken. Ihre Kreationen wurden glanzvoll auf pom-

Weiblichkeitsentwürfe im italienischen Film

pösen Festen präsentiert, bei denen die Mannequins in prachtvollen Palästen erschienen und zu denen sich das internationale Jetset immer wieder traf. Rom avancierte zum glamourösen Zentrum der Alta Moda, Via Veneto wurde zur rauschenden Bühne für die Schönen, Reichen und Berühmten jener Zeit. Die Frauen, in kostbare Roben gekleidet, erschienen mit nostalgischer Wespentaille und reifrockähnlicher Ausformung als Fantasiegeschöpfe, als sinnliche Traumwesen, deren Silhouette von den neuen Meistern der italienischen Haute Couture zum Kunstwerk „modelliert" wurde.

Der Kostümbildner Piero Gherardi ließ sich davon inspirieren, um in *La dolce vita* die mondäne römische „Szene" von Via Veneto meisterhaft durch die Kostüme zu definieren (dafür wurde er mit einem Oscar belohnt), nicht zufällig arbeitete er mit den Schwestern Fontana zusammen. Das legendäre tiefdekolletierte, schulterfreie, im nächtlichen Rom schimmernde Abendkleid, das den überfemininen Körper von Anita Ekberg in der Rolle der Filmdiva Sylvia umspielt – „Mutter und Schwester, Geliebte, Freundin, Engel und Teufel" –, erinnert in der Tat an die „mythisch" ausgestatteten Roben, die Ava Gardner als barfüßige Contessa trug. Aber Gherardi ließ vor allem den neuesten Trend der zeitgenössischen Haute Couture, die Fellini so fasziniert hatte, in seine Modelle einfließen, die Sackmode. Die Körper der schönen, gelangweilten, wohlhabenden Frauen auf der Suche nach immer neuen Kicks, die *La dolce vita* bevölkern, sind oft von lässigen und zugleich schlicht geschnittenen Kostümen umhüllt, die sich deutlich an die „Sacklinie", zu dem Zeitpunkt en vogue, anlehnen.

Der gebürtige Spanier Christobal Balenciaga als eigenwilliger Repräsentant der Pariser Haute Couture soll sie Mitte der 1950er Jahre in Frankreich als Erster lanciert haben. Er entwarf sein eigenes Bild vom weiblichen Körper, setzte nicht die Taille in den Mittelpunkt, sondern gestaltete die weibliche Silhouette aufs Neue: Einen scharfen Kontrast zu den eng geschnürten Frauen der Dekade und dem nostalgischen „New Look" von Christian Dior bildeten seine nüchtern geschnittenen Modelle, bei denen die Taille verschwand und die für ihn typischen Kimonoärmel für Bewegungsfreiheit und Plastizität sorgten. Seine famose Kreation wurde von anderen europäischen Haute-Couture-Häusern vielfach kopiert und variiert. Auch in Italien spielte die nationale Haute Couture bei der neuen Café-Society, die sich zwischen Luxus, Langeweile und Zügellosigkeit bewegte, eine stilbildende Rolle: Glamouröse Schauspielerinnen, reiche Erbinnen oder exzentrische Künstlerinnen inszenierten sich auf der Bühne des „süßen Lebens" in den extravaganten Sackkleidern, die mit weiten Ärmeln und abgerundeten Schultern ausgestattet waren.

Brunello Rondi, der an dem Drehbuch von *La dolce vita* mitwirkte, erklärte, das Sackkleid umspiele den weiblichen Körper einzigartig und lasse ihn wie einen luxuriösen Schmetterling erscheinen; dieses Kleid faszinierte deshalb die Barockfantasien Fellinis auf besondere Weise, denn der durch die Sacklinie ero-

Marisa Buovolo

tisch anziehende, geheimnisvoll verhüllte und verlockend umhüllte Frauenkörper beschwor zugleich in seinen Augen die erschreckende und lebensleere Silhouette eines Skeletts herauf.[3] Das Bild, das Rondi suggestiv evoziert, reflektiert emblematisch das Zusammenspiel von Film und Mode, das in jener Zeit in enger Verbindung mit dem kulturellen zeitgenössischen Diskurs Weiblichkeitskonzepte (re)produzierte und dem Film *La dolce vita* zugrunde legt: Die Frau wurde als künstliche Projektion männlichen Begehrens inszeniert und in ein Traumbild verwandelt. Der reale Körper wurde dabei ausgeblendet. Dennoch ist die (männliche) Angst, dass sich hinter dem Traumbild das erschreckende Nichts des Todes verbirgt, im Film ständig präsent. Die Frauenkörper aus *La dolce vita*, die durch die Sprache der Mode als schöner und vergänglicher Schein definiert werden, erscheinen stets als Produkt fremdbestimmter Blicke – des männlichen Protagonisten Marcello, der aufdringlichen Paparazzi, der nationalen Modeschöpfer und der Kinozuschauer. In den hochraffinierten, in kostbarsten Stoffen realisierten Damenroben kündigen sich bereits die ästhetischen Obsessionen an, die die aufkommenden „donne borghesi" der Gesellschaft des „Booms" charakterisieren, darin zeigt sich bereits die Leere seelenloser, auf Gesellschaftsstücke reduzierter Frauenfiguren der Commedia all'italiana der 1960er Jahre, die in ihren eleganten Kostümen so wie in den Denkschemata deren männlicher Autoren befangen bleiben.

Das ambivalente Mieder des Neorealismus rosa

Die engen, tief geschnittenen Mieder und die figurbetonten, bescheidenen Kleider, die die üppigen Körper der „povere ma belle", Protagonistinnen des *neorealismo rosa* der frühen 1950er Jahre, betonten, gehörten am Ende der Dekade endgültig zur Vergangenheit. Die vitalen, kecken Proletarierinnen und die pfiffigen Frauen aus dem Volk, die sich frech und provokativ gaben, ihre Körperlichkeit offensiv betonten und den Geist eines noch agrarischen und im Grunde sentimentalen Landes ausdrückten, verbreiteten im neuen euphorischen Klima den Duft des trockenen, nur mit Fantasie belegten Brots aus den mageren Nachkriegsjahren. In dem sich rasch modernisierenden Italien zum Beginn des neuen Jahrzehntes verkörpern sie deshalb überholte Weiblichkeitsmodelle, zu viel campagna, zu viel Armut, zu viel Körper-Exzess. Und dennoch, gerade im *neorealismo rosa*, dank einer neuen Einstellung zu ihrem Körper, konnten die jungen Frauen ein neues weibliches Bewusstsein ausdrücken; an ihrer provokativ inszenierten Körperlichkeit haftete etwas Sinnliches, man würde fast sagen Subversives. Sicher, die angestrebte Emanzipation blieb hochambivalent, denn die neue Frau mit der üppig schwellenden Brust wurde als Anschauungsobjekt präsentiert; eine bedrohliche oder „kastrierende" Frau war sie auf keinen Fall, denn sie war – und musste es letztendlich bleiben – ein „anständiges" Mädchen, das die patriarchalische Norm, keine Sexualität außerhalb der monogamen Ehe auszuleben, nicht verletzen durfte. Dennoch forderten die jungen Italienerinnen bei ihrem hemmungslosen Auftreten und bei ihrer Suche nach neuen Rollen im Sozialen womöglich die Normen der machistischen italienischen Gesellschaft heraus, eine Herausforderung, die sich aber im national-populären Genre schlechthin, der Commedia all'italiana, die das zynische Italien des aufkommenden Booms darstellt, rasch verflüchtigt. Dann weg mit den ärmlichen engen Blusen, die die berühmten 1950er-Jahre-BHs „Carioca" fast sprengten; schicke Schneiderkostüme mit bleistiftschmalen Röcken oder dezent figurbetont, kostbare Stoffe und extravagant geschnittene Cocktailkleider sind nun für die Inszenierung der neuen urbanen „donne borghesi" angesagt. Und für die Freizeit, für den Urlaub an den Stränden von Rimini oder Riccione, an denen sich in jener Zeit die kleinbürgerliche Familie tummelte, werden modische Caprihosen und zeitgemäße, aber dezente Bikinis getragen.

Gerade Anfang der 1960er werden die sozialen Körper durch das Pret-à-Porter uniformiert: die begehrten, unerreichbaren Modelle der „Alta Moda", die Kino und Boulevardpresse in der aufkommenden Konsumgesellschaft propagieren, werden erst noch von der vertrauten Schneiderin kopiert. Allmählich entwickeln sich aus den bescheidenen Werkstätten kleine Ateliers, die das gewünschte Maßmodell in Standard-Konfektionen herstellen. In kürzester Zeit sind es dann die Kaufhäuser, die den Maßschneider definitiv verdrängen, das Wirtschaftswunder nivelliert die Frauenkörper, die sich mit den neuen modischen, in den „grandi magazzini" für alle zugänglichen Status-Symbolen schmücken können. Das Land will nach vorne schauen und sich an den neuen Werten der Wohlstandsgesellschaft orientieren, jedermann versucht um jeden Preis, seinen eigenen Traum von Glück und Wohlstand zu erfüllen. Skrupellosigkeit, Gier, Heuchelei, Zynismus sind die katastrophalen Folgen: In der Zeit des Wirtschaftswunders und des sozialen Zerfalls entwickelt sich die Sittenkomödie als Genre, das eine gierige und immer korruptere Gesellschaft bloß stellt, in der ganz besonders die Institution Familie in Trümmer gelegt wird. Im Schatten der durch den Kulturwandel gezeichneten Ehemänner stehen selbstverständlich die Ehefrauen, endgültig domestiziert und in die Privatsphäre gedrängt, festgelegt auf die Rolle frustrierter Kleinbürgerinnen oder gelangweilter Snobs. Die vollbusigen Pizzaiole, die mit ihrem Mann aktiv am Unterhalt der Familie partizipiert hatten, die feurigen Fischverkäuferinnen und die frechen Schneiderinnen des *neorealismo rosa* – sie hatten immerhin einen Job und waren finanziell selbstständig – sind von eleganten Signore verdrängt worden, die allein den neuen Reichtum ihrer Ehemänner zu repräsentieren haben. Die bescheidenen Küchen, in denen noch kurz zuvor gekocht und mit der Familie gemeinsam gegessen wurde, gehören auch zu den mageren Jahren des Wiederaufbaus.

Marisa Buovolo

In den fetten Jahren gibt es nur schlichte Drinks mit ein paar Oliven in geschmackvoll eingerichteten Wohnzimmern. Dort sitzen die Ehefrauen herum, feiern die obligatorischen Partys und stehen nur auf, um den modischen Twist zu tanzen. Sie sind zickig, neidisch, unersättlich und vertreiben sich die Zeit mit sinnlosen Gesellschaftsspielen, sind nur Randfiguren, in modischen Hüllen eingeschlossene leere Geschöpfe. Der (Ehe-)Mann als traumatisierter Antiheld der Übergangsjahre ist der unumstrittene Protagonist der Commedia all'italiana: Es ist der *homo italicus* in seinen tausend Masken, der immer wieder in deren Mittelpunkt steht. Als schmieriger Verführer, zynischer Emporkömmling, skrupelloser Unternehmer oder kaltblütiger Abenteurer, immer wieder porträtiert das Genre männliche Charaktere, die im Zeichen des Exzesses stehen, ständig oszillierend zwischen sexuellen Appetiten und Gier nach Erfolg, zwischen Verlangen nach Geld für begehrenswerte Frauen und Ekel für weniger begehrenswerte (Ehe-)Frauen, denen Geld abgenötigt wird. Der Durchschnittsitaliener – meist von männlichen Drehbuchautoren und Regisseuren entworfen und in Szene gesetzt – steht also im Zentrum der Commedia, die Frau bleibt als hilfloses Opfer von skrupellosen Ehemännern, als frustrierte kleinbürgerliche Ehefrau, als gelangweilte, passive bürgerliche, betrogene und betrügende Gattin fest in den Vorstellungswelten patriarchalischen Denkens gefangen. In ihrem statischen Körperbild – hochtoupierten Haaren, raffinierten Kleidern und eleganten Pumps mit bleistiftdünnem Absatz, dem letzten Zeichen des neuen Hedonismus und zugleich der weiblichen Unbeweglichkeit – reflektiert sich ihre gesellschaftliche Unproduktivität.

Das Hybridgenre „Film a episodi"

Interessanterweise findet sich in einem Film, der zu einem Hybridgenre, einem sogenannten „film a episodi" gehört, *Boccaccio '70* (I/F 1962), ein Ehefrauenporträt, das unter der Regie von Luchino Visconti entstand und das Dilemma des durch die Normen jener Zeit festgelegten weiblichen Rollenbildes hochprovokativ anspricht. Mit dem „Format" des Omnibusfilm bot sich in den 1960er Jahren den großen Namen des italienischen Autorenkinos die Möglichkeit an, sich mit dem national-populären Genre der Commedia all'italiana und der Gesellschaftssatire auseinanderzusetzen und somit ein breiteres Publikum anzusprechen. Und in der Tat alles andere als nur eine von einflussreichen Filmproduzenten entwickelte Strategie gegen die steigenden Kosten und die sinkenden Profite stellte der Omnibusfilm ein fruchtbares Experimentierfeld für die unterschiedlichsten Persönlichkeiten der italienischen Filmszene dar, die zusammenarbeiten, Techniken und Ideen austauschen und, jenseits der von der zeitgenössischen Filmkritik propagierten Dichotomie Autorenkino und populäre Genres, miteinander kommunizieren konnten. Auf der Basis eines bestimmten Themas konnte jeder Autor auf der narrativen wie auf der stilistischen Ebene eigene Motive entwerfen und sich mit den Konventionen des Genres messen. *Boccaccio '70* brachte in der Tat Regisseure wie Visconti, Fellini und De Sica mit einem renommierten „Handwerker" der Commedia all'italiana wie Mario Monicelli zusammen. Alle konnten dank der Hybridisierung der Genrekonventionen, die der Omnibusfilm erlaubte, eine persönliche Auseinandersetzung mit den klassischen Themen der Sittenkomödie – Geschlechterverhältnisse, Sexualität, Ehe und Partnerschaft im Zeitalter des Wirtschaftswunders – zum Ausdruck bringen.

„Arbeitende" Ehefrau im Chanel-Kostüm

Mit der Episode *Il lavoro / Der Job* aus dem Omnibusfilm *Boccaccio '70*, die auf einer Erzählung Guy de Maupassants basiert und an deren Drehbuch ganz entscheidend die renommierte Drehbuchautorin Suso Cecchi D'Amico mitwirkte, übte Visconti eine äußerst scharfe Kritik an der Institution Ehe zur Zeit der kapitalistischen Modernisierung. Sein vielschichtiges Frauenporträt entfaltet sich ganz subtil durch die Sprache der Kostüme. Nicht zufällig schöpft die Episode *Il lavoro* ihre Schärfe aus dem vielleicht einmaligen Zusammentreffen auf dem Set zwischen dem Regisseur Luchino Visconti, der Schauspielerin Romy Schneider und der alternden, aber noch einflussreichen und stilprägenden Modedesignerin Coco Chanel. Die Protagonistin Pupe – von Romy Schneider verkörpert – ist eine großbürgerliche Frau, die entdeckt, dass ihr Ehemann einen Callgirl-Ring frequentiert. Sie beschließt daraufhin, sich ihre ehelichen „Dienste" wie die Luxusprostituierten bezahlen zu lassen, die ihr Mann regelmäßig besucht. Ottavio – von Thomas Milian dargestellt – ist die perfekte Inkarnation eines Ehemannes, ein krankes Kind des Booms, gierig, verlogen, von sexuellen Appetiten getrieben, aber Pupe ist nicht die übliche gelangweilte und passive Ehefrau, die in der Heuchelei einer „gut bürgerlichen" Ehe resigniert.

Emblematisch wird Pupe nicht durch von Prinzessinnen und Grafen entworfene Luxusroben definiert, sondern durch ein unverkennbares Kleidungsstück, das Modegeschichte geschrieben hat, das klassische Chanel-Kostüm. In ihrer ersten Erscheinung liegt die schöne junge Frau auf dem Teppich in ihrer katzenhaften Sinnlichkeit, im grau-blauen Kostüm; sie trägt einen mit einer Riesenperle geschmückten Pillbox-Hut und viel Modeschmuck, der das klassische Chanel-Modell frivol-ironisch stets ergänzt. Die Modedesignerin hatte ihre berühmteste Kreation in den 1950er Jahren entworfen, gerade als sie – siebzigjährig – nach dem langen Exil der Kriegsjahre ihr Comeback nach Paris und in die Modewelt feierte. Das Kostüm entstand als Reaktion auf die regressive Ein-

Marisa Buovolo

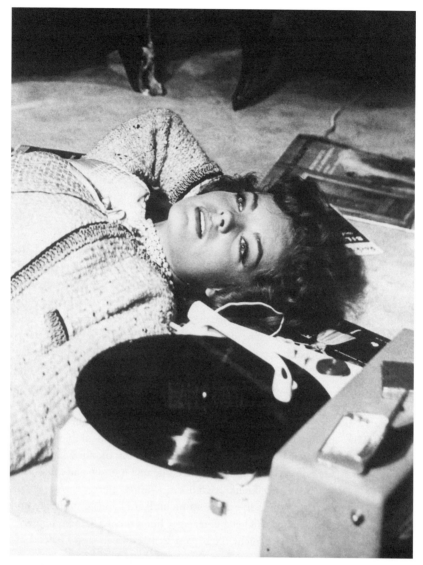

Romy Schneider in *Il lavoro* (*Der Job*, aus dem Omnibusfilm *Boccaccio '70*, I/F 1962).

schränkung für die Frauen, die das Jahrzehnt prägt. „Fischbein-Grässlichkeiten" nannte Coco Chanel Christian Diors New-Look-Kreationen, denn darin war der weibliche Körper in ihren Augen wie eingezwängt. Dass die Frauen erneut in bedrückenden Miedern eingeengt wurden und auf schwindelerregenden Hochschuhen herumstöckeln sollten, machte sie recht wütend, denn für sie

Weiblichkeitsentwürfe im italienischen Film

bedeutete Eleganz stets Bequemlichkeit. Bereits in den 1920er Jahren hatte Mademoiselle Chanel die Frauen aus Korsagen und Zwängen mit ihren für jene Zeit revolutionären Entwürfen befreit: In ihren gerade geschnittenen Röcken, „schlanken" Kostümen und schlichten Hemdblusenkleidern aus Jersey konnten sich die „neuen" Frauen der *roaring twenties* problemlos bewegen und neue Körperfreiheit genießen. Coco Chanel inszenierte sich selbst in ihren provokativen Modellen als kecke und schicke Garçonne und wurde zur Leitfigur einer revolutionären Epoche. Die heute legendären Chanel-Kostüme aus den 1950er Jahren – die gerade geschnittenen, knielangen Röcke und die kastenförmigen Jacken aus weichen, gewebten Jersey- und Tweedstoffen mit vielfarbigen Oberflächen – könnten als eine perfektionierte Version der Modelle aus den 1920er Jahren betrachtet werden: Sie verwiesen auf eine, wie die Mode- und Kunsthistorikerin Anne Hollander beobachtet hat, erotische Selbstbeherrschung und körperliche Freude, die weder Bewegung noch aktives Denken behinderten.[4] Im Gegenteil, sie verliehen der weiblichen Silhouette einen subtilen Dynamismus. Das Kostüm sollte im Alltag eine puristisch-funktionale Uniform für die moderne arbeitende Frau darstellen. Chanel entwarf damit ein Weiblichkeitskonzept, das im scharfen Kontrast zu dem unbeweglichen Frauenbild in den zeitgenössischen Entwürfen der europäischen Haute Couture stand. Und in der Tat spielte Coco Chanel in *Il lavoro* viel mehr als nur die Rolle der Kostümbildnerin, denn die Garderobe, die sie für Romy Schneider als Pupe entwarf, hatte nicht nur die Funktion, die Figur zu charakterisieren; die Kostüme wurden zu (Bedeutungs-)Trägern eines neuen Lebensprojekts für die Dargestellte (Pupe) sowie für die Darstellerin (Romy Schneider). In der Rolle der Pupe vertauschte Romy Schneider die opulenten, mit Stickereien und Spitzenapplikationen versehenen Roben, in die sie als Kaiserin Sissi Mitte der 1950er Jahre eingezwängt wurde, mit dem modernen Chanel-Kostüm, nachdem sie bereits als Privatperson Österreich und dem österreichischen Kino den Rücken gekehrt hatte und in Frankreich in eine neue Identität geschlüpft war.

Aus der pausbackigen, naiven und von unbändiger Lebenslust getriebenen kleinen Romy wurde eine elegante, stilvolle und kühle Pariserin, die sich subtil und gekonnt zu inszenieren wusste. Visconti trug zur Verwandlung der Schauspielerin Romy Schneider wesentlich bei und gab ihr eine radikal neue Filmrolle, die einer selbstbewussten, sexuell aktiven Frau, die die süßliche, „unschuldige" Frische ausstrahlende Sissi definitiv verdrängte. Vielleicht lässt sich in der stark und unabhängig auftretenden jungen Frau aus *Il lavoro* das aufkommende Neue in den Geschlechterverhältnissen ahnen, denn Pupe scheint sich als (Ehe-)Frau aus den weiblichen Rollenanforderungen des zeitgenössischen Genrekinos zu emanzipieren. Sie spielt hier deutlich die Hauptrolle, beherrscht mit ihrer sinnlichen Vitalität die Szene, die Dialoge mit ihrem Ehemann entwickeln sich quasi zu Monologen, sie ist ständig in Bewegung – ihre „Mobilität" wird durch das bequeme Kostüm und die mit dezenten Absätzen ausgestatteten Pumps betont –, im Gegensatz zu Ottavio, der zu einer eher „statischen" Rolle gezwungen wird und auf ihre offensive Haltung nur reagieren kann. Sie gibt eindrucksvoll das vielschichtige Porträt einer verletzten Ehefrau, die mit ihrem Mann spöttisch-herausfordernd ein geschicktes Spiel der Maskerade treibt.

Thomas Milian und Romy Scheider in *Il lavoro* (*Der Job*, aus *Boccaccio '70*, I/F 1962).

Weiblichkeitsentwürfe im italienischen Film

Erst zeigt sie sich selbstbewusst in dem lässigen und schlichten Kostüm, als sie ihm von der Idee erzählt, eine „arbeitende" Ehefrau werden zu wollen. Diese Entscheidung teilt sie gleich auch ihrem Vater am Telefon mit, der ihre Ehe mit Ottavio als „Heirat zwischen zwei Vermögen" – wie Pupe selbst ihren Mann mit Sarkasmus daran erinnert – arrangiert hatte. Dann macht sie sich für einen Abend in der Oper fertig, verwandelt sich Schritt für Schritt in eine elegante Dame und spielt weibliche „Verführung" vor, indem sie die soziale sowie die sexuelle Signifikanz ihrer Selbstinszenierung in der Öffentlichkeit ironisch zur Schau stellt. „Wer geht in die Oper, um das Stück zu sehen?", sagt Pupe provokativ zu Ottavio, während sie in ihr Luxusabendkleid schlüpft. Sie führt alle Phasen des Prozesses ihrer Selbstinszenierung genussvoll vor – vom Baden über das kunstvoll-lockere Frisieren der Haare, Lippenstift auftragen bis hin zum Anziehen des Abendkleids – unter dem gierigen Blick ihres verunsicherten Ehemanns. Schließlich, als sie auf den Theaterabend doch verzichtet, um die aufgeweckte Lust ihres Ehemanns zu befriedigen und dabei ihren neuen „Job" zu üben, ist sie von einem durchsichtigen Negligé aus leuchtender Seide umhüllt, das die Konturen ihres Körpers in der Halbdunkelheit sinnlich zum Vorschein kommen lässt. Es scheint, dass die Protagonistin durchaus zur bewussten Manipulation ihres Erscheinungsbildes fähig ist, was ihren Ehemann deutlich irritiert.

Am Ende erringt Pupe über ihren „willigen" Ehemann, von dem sie „im Voraus" einen Scheck verlangt, einen hochambivalenten Sieg. Sie besitzt zwar die Stärke, die Heuchelei ihrer verlogenen Ehe zu demaskieren und den Einsatz ihres Ehefrau-Körpers schonungslos als reine „Tauschware" zu institutionalisieren, aber sie steht letztendlich in ihrem „Arbeitskleid", dem verführerischen Chanel-Negligé, verletzlich und „nackt" vor der Vollendung ihres „Jobs". Sie ist nicht Subjekt ihrer eigenen Lust, sondern macht sich zum Schauobjekt ihres Ehemanns. Sie schlüpft zwangsweise in die Rolle der „käuflichen" Frau und wird zum Opfer ihrer Selbstinszenierung, denn hinter der Maskerade des kühlen und lasziven Callgirls wird ihre Gebrochenheit sichtbar, eine Träne leuchtet in der letzten Nahaufnahme auf ihrem Gesicht. Trotz ihrer offensiven „Performance" und ihres Anstrebens finanzieller Autonomie in der Ehe muss sie sich schließlich mit der Rolle des Sexualobjekts zufrieden geben und sich der von ihrem Vater sanktionierten Geschlechterordnung unterwerfen. Obwohl Pupe als Frauenfigur Modernität verkörpert und mit ihrer herausfordernden Vitalität das „alte" Ordnungssystem gefährdet, bleibt sie schließlich in dessen Regeln und der patriarchalischen Autorität verankert. Visconti thematisiert Pupes Modernität, indem er ihr eine aktive sexuelle Rolle zuschreibt: Die Kamera erkundet intensiv die Konturen des jungen sinnlichen Körpers der „neuen" Frau, die nicht zufällig von der „neuen" Romy Schneider verkörpert wird. Sie wird so inszeniert, als ob sie mit der Macht ihrer Sexualität bewusst spielte, dennoch ist es gerade ihr „Spiel", das sie am Ende vor ihrem Ehemann angreifbar macht.

Marisa Buovolo

Pupe und ihre Körperbilder konstruieren eine moderne Weiblichkeit, die die Veränderungen in dem Weiblichkeitsmodell der folgenden Dekade in Italien und in ganz Europa bereits ankündigt. Schlaksige junge Frauen beherrschen wenig später die öffentliche Szene und propagieren eine radikal neue Vorstellung vom Körper, denn ihre Knie sind entblößt, die Haare lang und offen, ihr Sexappeal ist bewusst provokativ in Szene gesetzt. Mitte der 1960er Jahre wird die Londoner Modeschöpferin Mary Quant mit ihrem „Mini" zum Leitbild einer aufbrechenden Epoche, in der die Jugend den Ton angibt. Das Zentrum des modischen Interesses verschiebt sich von Rom nach London, die Alta Moda erlebt langsam ihren Abstieg, die Jugendszene von Carnaby Street verdrängt die Jet Society von Via Veneto, das „single girl", das die junge britische Mode propagiert, bewegt sich frei und verfügbar auf den Straßen der Großstadt, ist dynamisch und unabhängig, die kühle und statische Dame der Haute Couture ist definitiv passé.

Von diesen radikalen kulturellen Veränderungen bleibt der italienische Film nicht unberührt. Ein wichtiger Repräsentant des Autorenkinos, Michelangelo Antonioni, verlässt die nationalen Grenzen, geht auf die Suche nach neuen Inspirationsmodellen, findet sie wohl nicht zufällig in der Modewelt von „swinging London" und realisiert *Blow Up* (*Blow-Up*, GB/I/USA 1966).

---

[1] Fabrizio Natalini/Ennio Flaiano, *Una vita al cinema*, Rom 2006, S. 26.
[2] Federico Fellini zitiert nach: Ebenda, S. 28
[3] Vgl. Peter Bondanella, *The Cinema of Federico Fellini*, Princeton 1993, S. 134.
[4] Vgl. Anne Hollander, *Anzug und Eros. Eine Geschichte der modernen Kleidung*, New York/Berlin 1995, S. 212 ff.

Volker Roloff

Zum Surrealismus in italienischen und französischen Filmen der 1960er Jahre

Die Ästhetik des Surrealen im Film

Dass das Kino eine besondere Affinität zur sichtbaren Welt, zur Realität hat und daher dem sogenannten Realismus, der in der Literatur und Kunst des 19. Jahrhunderts entstanden ist, neue Impulse verleiht, gehört seit Kracauer, Balázs und Bazin zu den Topoi der Filmgeschichte und Filmtheorie, die bis in die Gegenwart wirksam sind. So werden die Begriffe „Realismus" und „Neorealismus" als filmtheoretische Konzepte, als Charakterisierung einzelner Epochen, wie z. B. des italienischen Neorealismus im Film, meist unreflektiert übernommen und bestimmen nach wie vor die Handbücher und Nachschlagewerke des Films – sogar in den avanciertesten Filmtheorien, wie z. B. bei Deleuze, der – trotz seiner brillanten Analysen zur „virtualité" und „théâtralité" der Filmbilder[1] – im Blick auf Stroheim und Buñuel von „réalisme" und „néo-réalisme" spricht.[2] Auch dort, wo anstelle eines naiven Realismus vom „effet de réel" die Rede ist, von der „illusion du réel" des Kinos,[3] wird der Begriff Realismus und damit auch der Gedanke eines besonderen Realitätsbezugs des Kinos noch nicht prinzipiell aufgehoben oder infrage gestellt; was im Übrigen problematisch wäre, da auch der Begriff des Surrealen ohne einen ursprünglichen Glauben an eine Realität kaum definierbar ist. Gleichwohl möchte ich in meinem Beitrag folgenden Leitgedanken voranstellen: Das Kino ist ein bevorzugtes Medium, um die Ästhetik des Surrealen zum Ausdruck zu bringen, und diese Ästhetik bestimmt – von den Anfängen der Filmgeschichte bis zur Gegenwart – die Produktion und Rezeption der Filme, das Dispositiv Kino. Unter dieser Voraussetzung geht es in der Filmgeschichte eigentlich immer nur um Metamorphosen des Surrealismus,[4] genauer, um immer neue Versuche, das von Deleuze sogenannte „Kino in unserem Kopf", die Prozesse der Wahrnehmung filmisch zu gestalten, zu differenzieren und zu zerlegen. Es geht um das Illusionäre und Fantasmatische der Wahrnehmung, der Bilder und des Begehrens, um die Grenzen des Sichtbaren und Unsichtbaren, die Wechselbeziehungen und Konfusionen von Traum, Tagtraum und Realität – mit anderen Worten um die filmische und damit intermediale Darstellung des subjektiven *und* kollektiven Imaginären.

Volker Roloff

Die in diesem Band behandelten Filme der 1960er Jahre sind in dieser Hinsicht exemplarisch und richtungsweisend. Sie erweitern den Spielraum der filmästhetischen Reflexion, d. h. einer intermedialen „ars combinatoria", die schon seit Beginn des 20. Jahrhunderts die Ästhetik des Surrealen mit filmischen und theatralen Experimenten verbindet; z. B., noch vor Breton, bei Apollinaire, dessen Theaterästhetik und -praxis nicht nur den Begriff der Surrealität entwickelt, sondern zugleich auch das Konzept einer ‚ars combinatoria', vor allem durch neue Spielformen und Darstellungsmittel wie Simultaneität, Ubiquität, Dynamisierung, Schnelligkeit, durch die Neigung zum Grotesken und Farcenhaften, durch neue Formen des Dekors, der Kostüme und Choreografie.[5] Die Theaterstücke selbst tendieren zur filmischen Darstellungsweise. Aus dieser neuen Allianz – so notiert Apollinaire 1917 im Bezug auf Cocteaus „Parade" – sei „une sorte de sur-réalisme" entstanden,[6] im Übrigen der erste Beleg für diesen Begriff. Damit inspiriert Apollinaire, wie hier nur angemerkt werden kann, auch frühe filmästhetische Reflexionen, Experimente und Szenarios von Epstein, Cendrars, Cocteau und Buñuel.[7] Hier entsteht mit deutlichem Bezug zu den Filmen von Méliès und zur frühen Slapstick Comedy eine Ästhetik des Surrealen, die Bretons „Manifeste du surréalisme" voraus ist, die den Breton'schen Surrealismus überdauert und darüber hinaus, wie ich glaube, in immer neuen Metamorphosen verschiedene Phasen der Filmgeschichte bis zur Gegenwart prägen wird.

Von den Historiografen des surrealistischen Films haben meines Wissens bisher nur Ado Kyrou und mit Einschränkungen Michael Gould das erstaunlich breite Spektrum und immer wieder innovatorische Potenzial der surrealistischen Filme und ihrer Ästhetik erkannt und z. T. schon berücksichtigt;[8] während die meisten Filmhistoriker, auch Spezialisten wie Virmaux, Kovacs, Sadoul u. a., in einem merkwürdigen Purismus den Surrealismus nur auf einzelne Filme der 1920er und 1930er Jahre beschränken möchten.[9] Kurioserweise erreichen z. B. bei Virmaux nicht einmal die frühen Filme von Buñuel, Dalí, Man Ray, Dulac, Artaud oder Cocteau das vermeintliche Ideal einer surrealistischen Filmkunst.

Es erscheint zweckmäßig, zwischen dem engen, auf Exklusivität bedachten Kreis der Surrealisten um Breton und einer Ästhetik des Surrealen zu unterscheiden, die nicht nur im Bereich des Films sehr viel weiter reicht, die sich kontinuierlich und diskontinuierlich weiterentwickelt und bis in die Gegenwart in die verschiedensten Formen und Genres des Films eindringen kann, diese gleichsam infiltriert und subvertiert. Erst in dem Maße, in dem man sich von den gewohnten Periodisierungen, den historischen und auch nationalen Abgrenzungen löst, also, ganz im Sinne des Surrealismus, Passagen, Grenzüberschreitungen und damit zugleich neue Kombinationen, Zwischenräume und Interferenzen entdeckt, findet man auch den Zugang zu neuen Spielformen des Surrealismus, einer Ästhetik des Surrealen, die u. a. in den italienischen und französischen Filmen der 1960er Jahre besonders auffällig ist.[10] Es geht im Folgen-

Zum Surrealismus in italienischen und französischen Filmen

den aber nicht um neue Definitionen oder gar „Einflüsse", auch nicht um neue Terminologien der Filmgeschichte, zumal solche Bezeichnungen, wie Paul de Man im Blick auf die traditionelle Literaturgeschichtsschreibung anmerkt, eher als „Metaphern für figurale Muster" eine Rolle spielen und kaum historische Realität erfassen können.[11] Dieser Vorbehalt schließt aber nicht aus, bestimmte Figuren einer Ästhetik des Surrealen anzudeuten und zu skizzieren, wobei ich den Begriff „figure" im Anschluss an Barthes und Lyotard in einer (filmästhetisch) erweiterten Perspektive verwende.[12] Auch schon Auerbach betont das Spielerische und die Sinnlichkeit der Figura, den Gestaltwandel, die Nähe zu Traumbildern,[13] und Lyotard erläutert „le figural comme opacité", „démenti à la position du discours",[14] als Gegenposition zum diskursiven Denken und verweist dabei, ähnlich wie Foucault und Barthes, auf surrealistische Vorbilder. Ein solcher Begriff der „figure", der sprachliche wie auch sinnliche Gestalt und Bewegung verbindet, betrifft als intermediale Kategorie besonders auch filmische Darstellungsweisen. Die figurale Ästhetik entfaltet sich im Zwischenraum von Bildern und Texten, im Spiel mit den jeweils neuen Medien und Künsten; und erscheint als intermedialer Prozess, der traditionelle Trennungen von Bild und Wort auflöst, zugleich aber die Kontingenzen, Brüche und Spannungen im Zusammenspiel der verschiedenen Sinne und Künste verdeutlicht. Es sind vor allem die Surrealisten, die seit Apollinaire, Buñuel, Dalí, Cocteau und anderen das neue Medium des Films als eine Domäne dieser figuralen, intermedialen Ästhetik entdeckt haben. Um einen Maßstab zu gewinnen, möchte ich zunächst die folgenden Merkmale einer in diesem Sinne erweiterten surrealen Filmästhetik andeuten: Figuren und Stichpunkte, die einerseits an frühe Vorbilder der surrealistischen Filmkunst anknüpfen, andererseits aber auch schon Metamorphosen und Variationen des Surrealismus der Nouvelle Vague und der italienischen Filme der 1960er Jahre berücksichtigen.

1. Traumästhetik

Die Traumästhetik und Traumanalogie des Films, „esta locura por los sueños", wie Buñuel es nennt, ist, wie er hinzufügt, frei von dem Versuch die Träume auch zu deuten: „El cine es el mejor medio para expresar el mundo de los sueños"[15] – d. h. die surrealistische Traumästhetik, gerade darin liegt ihre Subversivität, löst sich, mehr oder weniger spielerisch, von einer psychoanalytischen Hermeneutik, die die *Bedeutung* der Traumbilder entschlüsseln möchte. Surrealistisch ist indes die Entdeckung der Theatralität und Filmanalogie des Traums, der Kontingenz und Spielfreude, und damit auch der intermedialen Struktur der Träume. Die Traumästhetik des Surrealisten ist daher nicht, wie oft unterstellt wird, an die Freud'sche Mythologie des Unbewussten gebunden.[16]

Volker Roloff

2. Spielformen des Imaginären

Ein weiteres Merkmal der Ästhetik des Surrealen ist die Relativierung traditioneller Oppositionen bis hin zur Auflösung der Dichotomien, wie real/imaginär, sichtbar/unsichtbar, bewusst/unbewusst, aktuell/virtuell, authentisch/inszeniert, vernünftig/wahnsinnig. Mit den Versuchen, die Grenzen der Sinne, des Sichtbaren, Sagbaren, Hörbaren zu verschieben und zu überschreiten, verbindet sich die Ausweitung der Domäne des Imaginären, und damit der Zweifel an dem Begriff der Realität. Buñuel spricht im Blick auf seine Filme von dem „equilibrio inestable e invisible entre lo racional y lo irracional"[17]. Auffällig ist, dass die schon im frühen Surrealismus favorisierten Spielformen des Imaginären besonders seit den 1950er Jahren erneut ins Spiel gebracht werden, sowohl im Medium von Literatur, Film und Theater, aber auch in philosophischen Diskursen, u. a. im Rahmen einer existenzialistisch aktualisierten Phänomenologie, in Sartres „L'imaginaire" und bei Merleau-Ponty, der von der „texture imaginaire du réel" spricht, ebenso wie (z. B. bei Edgar Morin) in der Filmtheorie, in der Bildästhetik und Literaturtheorie.[18]

3. Zwischenräume, Bruchstellen

Wenn das Sehen, wie bei Merleau-Ponty, verstanden wird als „ein Geschehen, das sich zwischen Sehendem, Sichtbarem und Mitsehendem abspielt"[19], so steckt darin nicht nur, avant la lettre, im Prinzip schon die Vorstellung des *Dispositivs*, der spezifischen, für das Kino relevanten Anordnung des Sehens, in der sich die Spannung zwischen Sichtbarem und Unsichtbarem entfaltet, sondern auch schon die besondere Erfahrung des unsichtbaren Zwischen, die Entdeckung der Zwischenräume und Bruchstellen zwischen Bild, Ton und Sprache, des *interstice*, das sich „im Dialog zwischen Filmbild und seinem imaginären Projektionsraum entwirft"[20]. So kann man die filmischen Spielräume des Imaginären, im Anschluss an Walburga Hülk, als Szenerien der Sinne begreifen, die Bruchstellen zwischen Körper und Geist, Eigenen und Anderen, innen und außen markieren.[21] Auch hier geht es um Versuche, die – besonders von den Surrealisten – schon früh erkannte und filmisch oder fotografisch erkundete Intermedialität neu zu sehen und zu reflektieren.

4. Schaulust und Theatralität

Wenn man das Imaginäre als ein kollektives und zugleich subjektives Museum der Bilder, Träume, Mythen, der Erinnerungen und Visionen ansieht, so kann man das Medium Film als einen Versuch ansehen, die Form und Struktur der

Zum Surrealismus in italienischen und französischen Filmen

Träume, vor allem ihre Theatralität in bewegte Bilder zu verwandeln; das Imaginäre und die Faszination des Imaginären werden hier in besonders anschaulicher Weise zur *Suche* nach dem Bild, zu einem unendlichen offenen Spiel, einem Szenario der Schaulust und des nie erfüllbaren Begehrens. Die Experimente der Surrealisten sind Anschauungsbeispiele für diesen spielerischen Umgang mit Bildtraditionen, der ständigen Verwandlung, Transformation, Substitution und Neugestaltung, aber auch des Vergessens, des Gleitens und Entgleitens der Bilder, und damit auch ihrer ursprünglichen Bedeutung.[22] Das Kino erscheint daher als ein Ort der reflektierten Schaulust, und damit der Illusion und Desillusion, des Engaño und Desengaño, mit andern Worten der Konstruktion und Dekonstruktion der Bilder der Einbildungskraft. Vor allem die spanischen Surrealisten wie Valle-Inclán, Buñuel, Dalí, Lorca und auch Picasso[23] haben die karnevalesken und grotesken Elemente, die Ironie dieser Schau-Spiele hervorgehoben, die Inszenierung und Maskerade, die insbesondere das Verhältnis von Körper und Bild bestimmt. Auch die italienischen Regisseure wie Fellini, Antonioni und in Frankreich z. B. Godard und Malle sind schon seit den 1950er und 1960er Jahren dabei, neue Spielformen des Grotesken und Karnevalesken im Film zu entdecken und damit die Ästhetik des Surrealen zu erneuern und zu erweitern. Zur Schaulust und Theatralität der filmischen Medien gehören ein teils fantasmatisches, teils ironisch-spielerisches Umkreisen des „Rätsels der Begierde" (Dalí), die Faszination und Reflexion des *theatrum mundi*, der Maskeraden, der grotesken Inversion der gesellschaftlichen Hierarchien, aber auch der Geschlechterrollen – und damit die Freude an Umkehrspielen, an der Subversion der Macht. Darin steckt im Übrigen auch ein gesellschaftskritisches Potenzial, das nicht mehr an dogmatische Realismus-Konzepte gebunden ist, sondern sich am besten im Rahmen einer Ästhetik des Surrealen entfalten kann.

Antonioni und die Filme der Nouvelle Vague

Bei Antonioni finden sich, paradigmatisch für die Tendenzen der 1960er Jahre, die angedeuteten Figuren einer Ästhetik des Surrealen, vor allem die Surrealisierung gewohnter Wahrnehmungsweisen, damit auch filmischer Erzählformen. Ein typisches Beispiel bietet *Blow Up* (*Blow-Up*, GB/I/USA 1966); hier geht es um die Grenze von Realität und Imagination, Sichtbarem und Unsichtbarem, um das Fantasmatische der Wahrnehmung und Schaulust, sowie um die Reflexion des Dispositiv Films und nicht zuletzt um neue Spielformen der Intermedialität, um Zwischenräume zwischen Literatur, Fotografie und Film. Der filmische Dialog mit dem Text von Cortázar „Las babas del diablo" ist darauf angelegt, den Glauben an eine fotografisch fixierbare Realität aufzulösen. Wichtig ist, sowohl für die Erzählung von Cortázar wie auch für den Film von Antonioni, dass der Glaube an eine fotografisch und auch filmisch erfassbare dokumentarische Realität, damit auch der Glaube an die Auflösbarkeit des Rätsels zunächst einmal – mit einiger Dramatik – veranschaulicht wird, um diesen Glauben dann umso deutlicher ad absurdum zu führen. Die Surrealisierung ist umso wirksamer, je mehr der Glaube an eine rekonstruierbare Realität noch Bestand hat. Darin liegt auch die Differenz zu jenen frühen surrealistischen Filmen, die sich von vornherein nur in der Sphäre des Imaginären und Traumatischen bewegen. Dass dieser Prozess der Irrealisation und Surrealisierung zugleich auch mit der Identitätssuche und Wahrheitssuche des Künstlers und der Autoreflexion der filmischen Verfahrensweisen verbunden ist, hat besonders Roland Barthes in seinem Essay über Antonioni hervorgehoben. Er betont bei Antonioni das Entgleiten des Sinns, die Aufhebung der psychologischen Unbeweglichkeit des Realismus: „Cette fuite du sens, qui n'est pas son abolition, vous permet d'ébranler les fixetés psychologiques du réalisme (...)."[24] Typisch für Antonioni sei eine „Kunst des Zwischenraums" („un art de l'interstice")[25] und die Fragilität des Künstlers, die Faszination und Eindringlichkeit seines Blicks. Schon der literarische Prätext von Cortázar löst – durch die Dynamik des Erzählens selbst – den Realitätsanspruch der Fotografie auf und zeigt den Fotografen als Künstler, Voyeur und Tagträumer. Antonionis Film reflektiert, wie Karl Prümm zeigt, das Verhältnis von Fotografie und Film: „Der Film hat die Fotografie aus ihrer Erstarrung gelöst um den Preis, dass der Augenblick sich im Fluss der Bewegung zu verflüchtigen droht."[26] Damit werden auch die medialen Grenzen nicht nur zwischen Fotografie und Malerei, sondern auch zwischen Text und Film fließend bis hin zur Austauschbarkeit. Begriffe wie Mimesis, Kausalität, Kontinuität und damit auch Identität werden fragwürdig; das Atelier von *Blow Up* wird – als Heterotopie im Sinne Foucaults – zum paradoxen Abbild und Zerrbild einer nicht mehr erkennbaren und rekonstruierbaren Außenwelt, der nicht mehr auffindbaren Grenze von Realität und Imagination, der Fusion von „Tag- und Traumsphäre".[27]

Der Kultfilm von Antonioni hat nicht nur Regisseure der Nouvelle Vague inspiriert, sondern hat selbst schon französische und italienische Vorläufer und Parallelen; z. B. Fellinis *Otto e mezzo* (Achteinhalb / 8½, I/F 1963) und Robbe-Grillets und Resnais' *L'année dernière à Marienbad* (Letztes Jahr in Marienbad, F/I/BRD/A 1961). Diese Filme zeigen, wenn auch mit unterschiedlichen Figuren und Verfahrensweisen, ebenfalls den Prozess der Surrealisierung und damit zugleich das Dispositiv Kino – sie spielen, reflektierend und ironisch, mit der Realitätsillusion, mit der Schaulust und den Erwartungen des Zuschauers. Wir sehen in *L'année dernière à Marienbad* eine versteinerte, labyrinthische Szenerie, „bevölkert mit einer lebendig-toten Gesellschaft", die – so Koebner – „wie in einem Traum agiert, aus dem es kein Erwachen gibt"[28]. Es bleibt fraglich, ob es sich um innere, erinnerte, wirkliche oder fiktive Bilder handelt. Es

Zum Surrealismus in italienischen und französischen Filmen

geht – so Scarlett Winter – um die Reflexion filmischer Fantasie, um Spiegelungen des filmischen Dispositivs selbst: „Das spiegelnde Auge wird zum magischen Ort visionärer Bildprojektion und Bildreflexion", und es entsteht ein offener intermedialer Spielraum, in den sich verschiedene Medien „einschreiben und gegenseitig bespiegeln"[29]. Der Film vermittelt in enger Anlehnung an surrealistische Vorbilder – Cocteau, Buñuel, Magritte und andere – eine Ästhetik des Surrealen, die die raumzeitliche Linearität und Logik aufgelöst und in der die „Unterscheidung zwischen Bewegung und Stillstand, Gegenwart und Vergangenheit, Realität und Virtualität aufgehoben" ist: Der Zuschauer gerät in ein labyrinthisches Spiegelspiel, einen Ort und Nicht-Ort der „Simulation und Vexierbilder, der Täuschungen, Traumbilder, Schatten und Gespenster"[30]. So erscheint *L'année dernière à Marienbad* als ein Musterbeispiel für die vergebliche Suche nach einer Wirklichkeit, nach Bedeutung und Identität: für Merleau-Pontys „Chiasmus" des Sehens ebenso wie für Deleuzes Interpretation des *image-temps*, des Zeitbildes, das das Bewegungsbild auflöst. Der Regisseur als Zuschauer entwickelt, so formuliert es Winter, eine „traumanaloge visionäre Schaulust", bei der sich „die Grenzen von Realität und Fiktion verschieben und verkehren und der träumende Blick des Zuschauers die Bühne des Unheimlichen hinter den Bildern betritt".[31] Der Film ist paradigmatisch für eine Aktualisierung der surrealistischen „ars combinatoria" in den 1960er Jahren, die einerseits, wie auch *Blow Up*, die Nähe des zeittypischen Theaters des Absurden erkennen lässt, andererseits aber auch auf barocke Szenarien des Traumspiels, des engaño, der Trugbilder und Labyrinthe zurückgreift.

Während Resnais eher das Unheimliche und Rätselhafte einer solchen Ästhetik des Surrealen hervorhebt, findet man z. B. bei Buñuel und Fellini zugleich auch die karnevalesken, spielerischen und spektakulären Elemente dieser Tradition, die Darstellung und Reflexion der Schaulust: surreale Spielformen und Experimente, die schon in der frühen Phase des Surrealismus eine Rolle spielen; die grotesken Bildwelten und Traumspiele von Hieronymus Bosch bis hin zu Goya tauchen wieder auf, werden erneut aktualisiert.

Buñuel

Dass Buñuels Gesamtwerk sowohl die Kontinuität als auch die Metamorphosen des Surrealismus exemplarisch zum Ausdruck bringt und dass vor allem das filmische Spätwerk Buñuels seit den 1960er Jahren, aber auch schon in der mexikanischen Zeit, die verschiedenen Tendenzen der surrealistischen Filmkunst repräsentiert und resümiert, bedarf (nach den Studien z. B. von Neumeister, Heller, Borsò, Winter, Albersmeier u. a.)[32] kaum noch neuer Belege. Alle hier genannten Merkmale der filmischen Ästhetik des Surrealen, die Traumästhetik, die

Volker Roloff

reflektierte Intermedialität, die Schaulust, die Freude am Grotesken und vor allem verschiedene Formen der Konfusion von Traum und Wirklichkeit finden sich in immer neuen Varianten in Buñuels Filmen. Buñuel selbst hat, trotz seiner Skepsis gegenüber bestimmten Utopien des Surrealismus, seine Neigung zum Surrealismus nie infrage gestellt; auch nicht in einer Zeit, in der der Realismus oder Neorealismus die filmästhetischen Diskurse und Produktionen bestimmten. In einem Vortrag aus dem Jahre 1958 in Mexiko hebt er programmatisch (z. T. mit direkten Zitaten von Cocteau) den Film als Instrument der Poesie hervor, als „Befreiung und Subversion der Realität", als das beste Instrument, die Welt der Träume und Emotionen zum Ausdruck zu bringen.[33] Die neorealistischen Filme der Italiener seien, mit wenigen Ausnahmen, wie z. B. *Ladri di biciclette* (*Fahrraddiebe*, I 1948), nicht in der Lage, das „Mysterium und das Fantastische" der Realität selbst darzustellen. Der Film habe vielmehr, ganz im Sinne surrealistischer Prämissen, die Möglichkeit, die greifbare Wirklichkeit zu erweitern und neu zu sehen.[34] Schon Octavio Paz als einer der wichtigsten lateinamerikanischen Interpreten des Surrealismus hat erkannt, dass Filme wie *Los olvidados* (*Die Vergessenen*, MEX 1950) den von ihm sogenannten „superrealismo" keineswegs aufgeben, sondern nur neu konzipieren: Die „forma traditional del relato", die scheinbare Rückkehr zu traditioneller Narrativität in diesem Film sei vielmehr nur ein Mittel, um das Imaginäre – *las imagines irrationales*, das Abgründige der sogenannten Realität – umso wirksamer in Szene zu setzen.[35] Sogar Bazin hat dies in einem Essay über Buñuel aus dem Jahr 1951 gespürt, auch wenn er in der zeittypischen Weise von dem Begriff „surréalisme" abrücken möchte: „Le surréalisme de Buñuel n'est que le souci d'atteindre le fond de la réalité."[36]

Dabei betont Bazin zu Recht die „tradition espagnole" bei Buñuel, „ce goût de l'horrible, le sens de la cruauté, cette recherche des aspects extrêmes de l'être."[37] Damit deuten Paz und z. T. auch Bazin schon in den 1950er Jahren auf die wichtigsten Merkmale jener Metamorphosen des Surrealismus, die die Filmkunst Buñuels insbesondere in den 1960er und 1970er Jahren kennzeichnen: auf eine vom frühen Surrealismus abweichende Erzählfreude, die Rückkehr z. B. zu romanesken Vorlagen, meist Romanen des 19. Jahrhunderts, z. B. von Galdós, Pierre Louÿs, Mirbeau, die aber nur umso prägnanter und verwirrender die Kontingenz, die Brüche und Störungen der Kausalität und Rationalität vorführen und so die Erzählprinzipien des 19. Jahrhunderts auflösen – schon in *Nazarín* (*Nazarin*, MEX 1959) und *Tristana* (F/I/E 1970) und dann in *Le Charme discret de la bourgeoisie* (*Der diskrete Charme der Bourgeoisie*, I/F/E 1972), *Cet obscur objet du désir* (*Dieses obskure Objekt der Begierde*, F/E 1977), oder *Fantôme de la liberté* (*Das Gespenst der Freiheit*, I/F 1974); Filme, die in raffinierter Weise mit den Erwartungen und Fantasien der Zuschauer spielen.[38] Alle Filme des Spätwerks Buñuels sind in diesem Sinne Steigerungsformen surrealistischer Subversivität und knüpfen zugleich an spanische Traditionen der Prämoderne, des

Zum Surrealismus in italienischen und französischen Filmen

Grotesken und Karnevalesken an, insbesondere an Motive und Erzählstrukturen des pikaresken Romans, die als solche das Episodische und Zufällige der Existenz und das Groteske der Gesellschaft zum Ausdruck bringen. Nicht nur in dieser Hinsicht sind Parallelen zu *La strada* (*La strada – Das Lied der Straße*, I 1954) und weiteren Filmen Fellinis evident.

Meine Überlegungen zur Aktualität des Surrealismus in Filmen der 1960er Jahre konnten und wollten nur einige Stichpunkte und Anregungen vermitteln. Dahinter steckt indes der Gedanke, dass der Surrealismus im 20. Jahrhundert und in der Gegenwart nicht abgeschlossen ist und in der Filmgeschichte und Filmästhetik neu zu bedenken ist. Es geht dabei weniger um neue Begriffe oder Kapitel der traditionellen Filmgeschichte, sondern, wie Godard es nennt, um eine „Geschichte jenes Sehens (...) das sich mit dem Kino, das die Dinge zeigt, entwickelt hat, und die Geschichte der Blindheit, die daraus entstanden ist".[39] Godards Konzept einer nicht mehr chronologischen, sondern archäologischen Geschichte des Kinos ist – wie Godards Filme selbst – ein Produkt jener Ästhetik des Surrealen, die besonders in den 1960er Jahren den *nouveau regard* der Regisseure der Nouvelle Vague bestimmt.

---

[1] Gilles Deleuze, *L'image-temps. Cinéma 2*, Paris 1985, bes. Kap. IV, „Les cristaux du temps", S. 76 ff.

[2] Gilles Deleuze, *L'image-mouvement. Cinéma 1*, Paris 1983, S. 174 ff; vgl. auch Deleuze, *L'image-temps* (s. Anm. 1), S. 10 ff. zum „néo-réalisme" der Italiener.

[3] André Bazin, *Qu'est-ce que le cinéma?*, Paris 1997, zur „illusion du réel" vgl. S. 269 („L'école italienne").

[4] Vgl. Volker Roloff, „Metamorphosen des Surrealismus in Spanien und Lateinamerika: Medienästhetische Aspekte", in: *Spielformen der Intermedialität im spanischen und lateinamerikanischen Surrealismus*, hrsg. von Uta Felten und Volker Roloff, Bielefeld 2004, S. 13–34.

[5] Vgl. Jürgen Grimm, *Das avantgardistische Theater Frankreichs 1895–1930*, München 1982, S. 85 ff.; zum Begriff der „ars combinatoria" vgl. Hans Holländer, „Ars inveniendi et investigandi: zur surrealistischen Methode", in: *Surrealismus*, hrsg. von Peter Bürger, Darmstadt 1982, S. 244–312.

[6] Vgl. Jürgen Grimm, *Das avantgardistische Theater Frankreichs 1895–1930* (s. Anm. 5), S. 93, dort auch das Apollinaire-Zitat.

[7] Vgl. dazu besonders Franz-Josef Albersmeier, *Theater, Film und Literatur in Frankreich, Medienwechsel und Intermedialität*, Darmstadt 1992, S. 83 ff.

[8] Ado Kyrou, *Le surréalisme au cinéma*, 2. Aufl., Paris 1986; Michael Gould, *Surrealism and the Cinema*, New York/London 1976.

[9] Alain et Odile Virmaux, *Les surréalistes au cinéma*, 2. Aufl., Paris 1988; Yves Kovacs, *Surréalisme et cinéma: Etudes cinématographiques*, 38–39 (I), 40–42 (II), Paris 1965; Georges Sadoul, *Histoire générale du cinéma*, 2. Aufl., Paris 1973–1975.

Volker Roloff

[10] Vgl. dazu z. B.: *Körper-Ästhetik-Spiel, Zur filmischen ‚écriture' der Nouvelle Vague*, hrsg. von Scarlett Winter und Susanne Schlünder, München 2004; Scarlett Winter, *Robbe-Grillet, Resnais und der neue Blick*, Heidelberg 2007.

[11] Vgl. Paul de Man: „Die Terminologie traditioneller Literaturgeschichte als Abfolge von Zeitaltern oder literarischen Bewegungen bleibt nur brauchbar, wenn die Bezeichnungen als das gesehen werden, was sie sind: ziemlich unausgearbeitete Metaphern für figurale Muster eher denn historische Ereignisse oder Aktionen". Paul de Man zitiert nach: Harro Müller: „Kleist, Paul de Man und Dekonstruktion. Argumentative Nachstellungen", in: *Diskurstheorie und Literaturwissenschaft*, hrsg. von Jürgen Fohrmann und Harro Müller, Frankfurt/M. 1988, S. 89.

[12] Vgl. Roland Barthes, *Fragments d'un discours amoureux*, Paris 1977, S. 4; François Lyotard, *Discours, figure*, Paris 1971, S. 13 ff.

[13] Erich Auerbach, „Figura", in: ders., *Gesammelte Aufsätz zur romanischen Philologie*, Bern 1967, S. 55–96, hier S. 61 ff.

[14] Lyotard, *Discours, figure* (s. Anm. 12), S. 13.

[15] Luis Buñuel, *Mi último suspiro*, Madrid 2000, S. 105; vgl. auch Luis Buñuel, „Der Film als Instrument der Poesie", in: ders., *Die Flecken der Giraffe*, Berlin 1991, S. 142–148, hier S. 142.

[16] Vgl. dazu jetzt auch: *„Esto locura por los sueños". Traumdiskurs und Intermedialität in der romanischen Literatur- und Mediengeschichte*, hrsg. von Uta Felten, Michael Lommel, Isabel Maurer-Queipo, Nanette Rißler-Pipka und Gerhard Wild, Heidelberg 2005.

[17] Max Aub, *Conversaciones con Buñuel*, Madrid 1984, S. 60.

[18] Vgl. Jean-Paul Sartre, *L'imaginaire. Psychologie phénoménologique de l'imagination*, Paris 1940; Maurice Merleau-Ponty, *Phénoménologie de la perception*, Paris 1945; Edgar Morin, *L'homme et le cinéma*, Paris 1950.

[19] Vgl. Winter, *Robbe-Grillet, Resnais* (s. Anm. 10), S. 45.

[20] Zum Begriff des *interstice* in der Filmtheorie vgl.: Deleuze, *L'image-temps* (s. Anm. 2), S. 234 ff.; sowie Scarlett Winter, „Intermediale Experimente. Godards Bildästhetik im Wechselspiel von Kino, Fernsehen und Video", in: *Godard intermedial*, hrsg. von Volker Roloff und Scarlett Winter, Tübingen 1997, S. 25–41, hier S. 32.

[21] Vgl. Walburga Hülk, „Leibgericht. Herzstücke für eine Anthropologie in den Literaturwissenschaften", in: *Romanische Forschungen* 111 (1999), S. 1–20.

[22] Vgl. Hans Belting, *Bild-Anthropologie: Entwürfe für eine Bildwissenschaft*, München 2001, S. 12, S. 71 ff.

[23] Vgl. Roloff, „Metamorphosen des Surrealismus" (s. Anm. 4), S. 27 ff.

[24] Roland Barthes, „Cher Antonioni ...", in: ders., *Oeuvres complètes tome III*, Paris Jahr, S. 1208–1212, hier S. 1209.

[25] Ebenda, S. 1210.

[26] Karl Prümm, „‚Suspense', ‚Happy-End' und tödlicher Augenblick. Überlegungen zur Augenblicksstruktur mit einer Analyse von Michelangelo Antonionis ‚Blow Up'", in *MUK 23* (1983), S. 15–32, hier S. 10.

[27] Julia Margarita Gerdes, „Blow Up", in: *Filmklassiker*, Bd. 3, hrsg. von Thomas Koebner, Stuttgart 1995, S. 80–88, hier S. 86.

[28] Thomas Koebner, „Letztes Jahr in Marienbad", in: *Filmklassiker*, Bd. 2, hrsg. von Thomas Koebner, Stuttgart 1995, S. 447–451, hier S. 449.

[29] Winter, *Robbe-Grillet, Resnais* (s. Anm. 10), S. 121.

[30] Ebenda, S. 128.

[31] Ebenda, S. 136.

[32] Vgl. z. B. die Beiträge von Vittoria Borsò, Sebastian Neumeister, Franz-Josef Albersmeier in *Luis Buñuel. Film-Literatur-Intermedialität*, hrsg. von Ursula Link-Heer und Volker Roloff, Darmstadt 1994; Scarlett Winter, „Obskure Augen-Lust. Vom Aufschub des Begehrens in Buñuels ‚Cet obscur objet du désir'", in: *Schauspiele des Begehrens. Das Kino in unseren Köpfe*, Siegen 2000, S. 57–72; Heinz-B. Heller, „Die diskrete Subversion der Bourgeoisie. Beobachtungen und Anmerkungen zum Spätwerk des Luis Buñuel", in: *Autorenfilme*, hrsg. von Thomas Koebner, Münster 1990, S. 71–90.
[33] Buñuel, „Der Film als Instrument der Poesie" (s. Anm. 15), S. 142.
[34] Ebenda, S. 147.
[35] O. Paz, zitiert in Augustin Sánchez Vidal, *Luis Buñuel. Obra cinematográfica*, Madrid 1984, S. 125.
[36] André Bazin, *Le cinéma de la cuauté*, Paris 1975, S. 75.
[37] Bazin, *Le cinéma de la cuauté* (s. Anm. 36), S. 76.
[38] Vgl. Heller, „Die diskrete Subversion der Bourgeoisie" (s. Anm. 32), S. 79.
[39] Jean-Luc Godard, *Einführung in eine wahre Geschichte des Kinos*, Frankfurt/M. 1984, S. 166f.

Giovanni Spagnoletti

1968 und das italienische Kino

Es wäre engherzig, für das italienische Kino der 1968er jene Kriterien zu verwenden, die Luc Moullet vor Jahren aus Anlass einer umfangreichen Retrospektive der Viennale anhand (aber nicht nur) des französischen Kinos herauskristallisiert hat, um die 68er-Bewegung im Bereich der Kinematografie zu charakterisieren.[1] Bekanntlich gab es kein Beispiel, das mit dem von Jean-Luc Godard vergleichbar wäre – dem Filmemacher, der diesen „magischen Moment" der Geschichte am kreativsten genutzt hat, im Gegensatz zum Schweigen von Alain Resnais,[2] während die intellektuelle und produktive Dynamik unseres Landes einen anderen Weg gegangen ist. Vielmehr hat Italien, wie man weiß, einen eigenen filmischen Weg beschritten, da es seine filmische Revolution bereits zur Zeit des Neorealismus vollbracht hatte – mit der Folge, dass es zu Beginn der 1960er Jahre keine „politique des auteurs" im Sinne des französischen Wortgebrauchs (wenn überhaupt, dann nur eine katastrophale „Politik der Produzenten") und auch keine echte Nouvelle-Vague-Bewegung gab.

Diese große Abweichung vom europäischen (oder lateinamerikanischen) Modell hat bewirkt, dass die Dimensionen des Phänomens von 1968 nur sehr begrenzt in der italienischen Spielfilmproduktion in Erscheinung traten, mit Ausnahme einiger Beiträge des militanten oder des experimentellen Kinos, die mit der studentischen (und Arbeiter-)Bewegung eine fruchtbare, allerdings begrenzte symbiotische Beziehung aufgenommen haben. Schließt man die kommerziellen Filme aus, die auf den Zeitgeist äußerlich Bezug nahmen (z. B. *Contestazione generale / Let's Have a Riot*, I 1970, R: Luigi Zampa, oder *Mordi e fuggi / Schmutziges Wochenende*, I/F 1973, R: Dino Risi), so ist die Liste von Autorenfilmen, die auf die eine oder andere Weise den Kriterien von Luc Moullet entsprechen, nicht umfangreicher als die Finger zweier Hände. Zu ihnen gehören die Episoden aus dem Omnibus-Film *Amore e rabbia* (*Liebe und Zorn*, I/F 1969) von Bernardo Bertolucci (*Agonia*, mit dem Living Theater) und von Marco Bellocchio (*Discutiamo, discutiamo*, eine Art prophetische Radiographie der übermächtigen Redefertigkeit der Studentenbewegung) – zwei Schmuckstücke bis heute; die großzügigen, aber nicht gelungenen *Partner* (I 1968) von Bertolucci und *Sotto il segno dello scorpione* (*Im Zeichen des Skorpions*, I 1969) der Brüder Taviani wirken aus der zeitlichen Distanz blass und sind von Dialogen über-

1968 und das italienische Kino

schattet (vor allem der Letztgenannte), die Ideologie im nervenden Übermaß absondern; der nicht rostende *Dillinger è morto* (*Dillinger ist tot*, I 1969) von Marco Ferreri, eine der besten Hervorbringungen des italienischen Kinos jener Jahre, oder auch das nicht glänzende „amerikanische Abenteuer" von Michelangelo Antonioni in *Zabriskie Point* (USA 1970). Hier halten wir inne, die Liste scheint ausgeschöpft zu sein, da sich die „engagierte" Filmproduktion in der Nähe der traditionellen linken Parteien (PCI und PSI) nicht durch formale Innovation auszeichnete und so das Hauptobjekt der Polemik der '68er war, die sie als bürgerlichen Revisionismus abstempelten. Dies bezieht sich zum Beispiel auf die politischen Filme von Elio Petri (das herausragende *Indagine su un cittadino al di sopra di ogni sospetto/Ermittlungen gegen einen über jeden Verdacht erhabenen Bürger*, I 1970, und *La classe operaia va in paradiso / Die Arbeiterklasse geht ins Paradies*, I 1971, beide nach Drehbüchern von Ugo Pirro und heute wieder aufgewertet) wie auf – eher bescheidene – „engagierte" Filme wie *I cannibali* (*The Cannibals*, I 1970) von Liliana Cavani und *Lettera aperta ad un giornale della sera* (*Open Letter to the Evening News*, I 1970) von Citto Maselli oder – noch schlimmer – auf die Arbeiten von Salvatore Samperi (*Grazie zia / Des Teufels Seligkeit*, I 1968, *Cuore di mamma / Mother's Heart*, I 1969), die intellektuell-erotische Stimmungen ausschwitzen. Zusammengefasst scheint also das sogenannte „Kino der Krise" von Pasolini, Bellocchio, Bertolucci, den Brüdern Taviani und anderen bereits in der Mitte der 1960er Jahre für Italien den verbreiteten ästhetisch-politischen Wunsch nach dem allgemeinen „Generalprotest", wie er dann in den französischen Mai mündet, besser und kreativer ausgeschöpft (und/oder vorweggenommen) zu haben.

In Anbetracht dieser Sachlage wird, wenn man Filmemacher und Kritiker mit dem heutigen zeitlichen Abstand befragt, die vorherrschende Tendenz der Verneinung eines „1968er-Kinos" immer deutlicher, zumindest für Italien.[3] Weil es, wie einige argumentieren, zwischen dem Kinobereich und der Studentenbewegung fast nur instrumentelle Kontakte gab, ein paar flüchtige und argwöhnische gegenseitige Ausforschungen. Dieser fehlende Austausch, so meint z. B. Alberto Grifi, hat in einigen Filmen oberflächliche Spuren hinterlassen, in denen die Gesichter der Revolte eingefroren und zu Stereotypen reduziert sind, weil sie ihrer kontextuellen Wahrheit beraubt sind, der konkreten und chaotischen Schönheit ihrer Geburt (und ihres Todes) von einem Tag zum anderen, wie es der reinsten und nicht reduzierbaren Form des „Fantasie an die Macht"-Slogans entsprach. Es ließe sich also schlussfolgern, dass, während Dokumente oder Filmschnipsel von Amateuren aus der erlebten Geschichte noch heute die Kraft des Zeitdokumentes besitzen,[4] die '68er-Filme eher als meta-historische Metaphern denn als Spiegel einer Epoche erscheinen. Es ist ein Beweis dafür, dass die Geschichte immer zwischen dem einen und dem nächsten Bildkader verläuft (und entwischt) und dass sich eine Bewegung nicht einfach so einfangen, beschreiben, verklei-

Giovanni Spagnoletti

nern, sondern nur „leben" lässt. Eine „Bewegung" oder eine kollektive Erfahrung wie die der „studentischen Revolte" basiert in der Tat auf einer zerbrechlichen Alchemie, der Formwerdung einer Ideenkonstellation, die binnen kurzer Zeit verschiedene Individualitäten in einer gemeinsamen Richtung vereint: Um das zu erklären, genügt also weder eine Beschreibung der gesellschaftlichen Phänomene, die dazu geführt haben, noch die Rückverfolgung ihrer Entwicklungsphasen. Diesen spontanen Prozess im Nachhinein zu „lesen", scheint immer ein grausames Unterfangen zu sein. Gegen diese reduktionistische These kann man jedoch einwenden, dass das Kino seinerseits eine eigene Realität zweiten Grades besitzt, die im Stande ist, die Bilder- und Vorstellungswelt einer Epoche zu beeinflussen. Marco Bellocchio erinnert zu Recht:

> Auch wenn ich einer der am wenigsten ‚godardschen' Regisseure in Italien bin, so muss ich doch zugeben, dass ein Film wie *La chinoise* (*Die Chinesin*, F 1967) für mich das konkrete Beispiel einer Erfahrung gewesen ist, in der versucht wurde, Revolution und Form zu verbinden, die Vereinigung beider mit beachtlicher Freizügigkeit und Unvoreingenommenheit zu versuchen. Doch hat der Film mich stärker durch seine Freiheit in Bezug auf revolutionäre Themen als durch seine ästhetischen Ergebnisse beeindruckt.[5]

Betrachtet man die Beziehung der italienischen Filmemacher zum „globalen Protest" von innen heraus, so ist das, was nach Jahren zum Vorschein tritt, dem eigentlichen Geist jener Bewegung paradoxerweise sehr nahe: Es gibt so viele 1968er wie es persönliche und künstlerische Erfahrungen gibt, die es durchlebt haben, denn dieser „magische Moment" hat sich als eine offene Hypothese herausgebildet, als eine Revolte in Form einer Frage, als eine Analyse ohne die Möglichkeit einer Synthese. Vergrößern wir also unser Blickfeld, um das zu fotografieren, was das Herstellungsmerkmal jenes gesellschaftlich-politischen Phänomens zu sein scheint; die Vitalität, die unwiderstehliche Kraft der Utopie, das unbeugsame antagonistische Bewusstsein, das am Ursprung der studentischen Protestbewegung stand (und ebenso der unmittelbar folgenden großen Arbeiterkämpfe von 1969).

Von dieser Basis aus richten wir einen zweiten, weniger hektischen Blick auf das Kino, indem wir das sogenannte „kleine" Kino betrachten, wobei sich herausstellt, dass die Beziehung des italienischen Kinos zur '68er-Bewegung reicher und artikulierter ist, als sie beim ersten Blick auf die zuvor genannten und bereits ausgiebig erforschten Filme erscheint.[6]

Giulio Questi zum Beispiel weist eine exzentrische und zugleich manieristische Persönlichkeit auf, die zwischen Erotik, politischer Militanz (auch von der Freundschaft und Zusammenarbeit mit dem Cutter und Drehbuchautor Kim Arcalli beeinflusst) und der Suche nach neuen Formen (beeinflusst von Mauro

1968 und das italienische Kino

Bolognini) oszilliert. Wenn er noch in *Il passo* (der dritten Episode von *Amori pericolosi*, I/F 1964) eine Geschichte übers „Gehörntsein" erzählt, die in einem Freiraum zwischen Commedia all'italiana und Nouvelle Vague angesiedelt ist, so sind die Ziele seiner Polemik in *La morte ha fatto l'uovo* (*Die Falle*, I/F 1968) bereits besser definiert. Anhand einer recht unwahrscheinlichen Kriminalgeschichte bringt er eine Kritik an der modernen Vermassung (am Beispiel einer Geflügelzucht), an der Lage des Bürgertums und der Arbeiterrevolte ein, die zwar wenig Herbert Marcuse verdankt, aber doch weit weg ist vom Grotesken in den Formeln der Komödien jener Zeit.

Noch origineller ist die Kritik im ersten (und letzten) Spielfilm von Sandro Franchina, *Morire gratis* (I 1968), einem ungewöhnlichen Roadmovie auf der Linie der Unruhen von 1968, das während einer Autoreise von Rom nach Paris entfaltet wird. Die Protagonisten sind eine Wölfin aus Gips – bildliches Leitmotiv des Films –, in der Drogen versteckt sind, sowie die schöne (und etwas oberflächliche) Karen Blanguernon und der „Alleinunterhalter" Franco Angeli, der im Leben und im Film Maler ist. Der Film lehnt sich nicht an den respektlosen Blick von *Il sorpasso* (*Verliebt in scharfe Kurven*, I 1962) von Dino Risi an, sondern eher an die existenziellen Zweifel von Michelangelo Antonioni. *Morire gratis* beeindruckt besonders im zweiten Teil, wo es ihm durch die Figurenzeichnung gelingt, dem Zuschauer ein tiefes Gefühl der Leere und der Wut zu vermitteln, ganz unabhängig von den Abschweifungen und narrativen Umwegen, auf denen er aufgebaut ist (Frauen, Politik, Drogen, Kunst etc.). Costanzo Costantini vermutet richtig, wenn er schreibt:

> Alles geschieht grundlos, ohne Rechtfertigung, im Stil der Figuren von Jack Kerouac, dem Propheten der Beatniks: Die beiden jungen Leute essen, besaufen sich, machen Liebe, rennen wie verrückt herum und hinterlassen eine Tabula rasa. Ohne Vergangenheit und ohne Zukunft (...).[7]

Giulio Questi und Sandro Franchina sind zwei Grenzgänger des Kinos, der eine zwischen Dokumentarfilm und Genrekino, der andere zwischen bildender Kunst und Dokumentarfilm. Die wohl interessanteste Persönlichkeit kommt im Übergang zu den Jahren des Protestes auf, Romano Scovolini.[8] Dies nicht so sehr, weil seine Arbeit an der Schnittstelle zwischen Underground-Praxis und dem kommerziellen Kino liegt, sondern wegen der Qualität seiner ersten Werke. Gemeint ist damit nicht in erster Linie *Stato d'assedio* (*Besieged*, I 1969), der auf dem Filmfestival von Venedig in der Sektion „Tendenzen des italienischen Kinos" vorgestellt und von der damaligen Kritik nicht zu Unrecht vernichtet wurde, sondern die beiden vorangegangenen Spielfilme, die kürzlich wiederentdeckt und als Video herausgegeben wurden. Sein Erstlingswerk beeindruckt am meisten, *A mosca cieca* (*Blindekuh*, I 1966).[9] Thematisch nimmt es auf beeindruckende

Giovanni Spagnoletti

Weise die Polemik gegen die Verdinglichung der Konsumgesellschaft aus *Dillinger è morto* von Marco Ferreri vorweg: Ein Jugendlicher stiehlt aus einem Auto an der Piazza Venezia eine Pistole, ob aus Zufall oder als Mutprobe, wer weiß? Nach einer Serie banaler Alltagsbegegnungen mit Freunden, der Freundin und dem Vater bringt er ebenso aus Zufall den „Massen-Menschen" um, einen beliebigen Bürger, der nach einem Spiel aus dem Olympiastadion kommt. Die (anarchische?, surreale?) Geste ist ebenso radikal wie die fast zeitgleiche von Marco Bellocchio (*I pugni in tasca / Die Fäuste in der Tasche*, I 1965; *La Cina è vicina / China ist nahe*, I 1967), doch hat sie eine noch subversivere Kraft, da sie völlig abstrakt, „unmotiviert" ist, es ist pure Wut oder eine, wie der Regisseur heute meint, „individuelle Revolte, aber keine echte Revolte, sondern eher eine Nullbock-Einstellung". Dies drückt sich sowohl in Zitaten des Absurden nach Beckett aus (der Autor wird am Schluss des Films in einem Zwischentitel zitiert), wie in der Ausarbeitung einer Underground-Technik, die durch eine alogische und auf Wiederholungen aufbauende Montage, eine sehr bewegliche und raffinierte Kameraarbeit und nicht zuletzt durch ein Schwarz-Weiß-Material auf 16 mm unterstrichen wird, das dann auf 35 mm aufgeblasen wird.

Auf der gleichen Linie wie dieser erste „Antifilm" (Scavolini) liegt auch der darauffolgende *La prova generale* (*The Dress Rehearsal*, I 1968). Es ist erneut eine unabhängige Produktion, die von Carlo Cecchi (aber auch von Lou Castel, Frank Wolf, Leopoldo Trieste, Alessandro Haber, Maria Monti etc.) interpretiert und von der italienischen Zensur verfolgt wird. In diesem zweiten, fast völlig dialogfreien Langspielfilm mischt Scavolini die Karten ein wenig anders, insbesondere was den Stil angeht: Er lässt den Underground-Stil hinter sich, wird feierlich und theatralisch, setzt Farbe ein und vervielfacht die Figuren, die eine „Generalprobe" im Leben einer Schauspieltruppe erzählen – die Probe einer Aufführung, die nie ihre Premiere auf der Bühne erleben wird. Den Anreiz zu diesem Puzzle liefern erneut das Theater des Absurden und die surrealistische Ästhetik, der politische Horizont ist jedoch jetzt der des Protestes, dessen Stimmung sich in aller Schärfe durch den gesamten Film zieht. Auch wenn *La prova generale* das visuelle Talent des Filmemachers bestätigt, so offenbart er doch zugleich einen tiefen Synkretismus und einen minderen Grad an Originalität. Der Film bietet alles, was damals „gängig" war: Godard (sehr viel), das Metakino (einige Szenen spielen auf dem Set eines Western all'italiana) und das Eigenzitat (in einem Synchronstudio sieht man im Hintergrund Ausschnitte aus *A mosca cieca*), aber auch die Parodie und das Groteske (z. B. die Szene des falschen Blinden, der von der Grausamkeit des Krieges spricht). Auch wenn, wie im Vorspann angegeben, der Film direkt aufgenommen wurde, so gehört gerade der Ton mit einem stark theatralischen Sprechstil, der nicht einmal im Inhalt des Films begründet ist, zu den Schwachpunkten des Films, so wie auch die Dialoge der „Protestierer" nicht immer besonders überzeugend sind.

1968 und das italienische Kino

Im einzigen Versuch Edoardo Brunos – militanter Kritiker und Direktor der Zeitschrift *Filmcritica*, eine jener Filmzeitschriften, die deutlich auf der Seite der Studentenproteste standen – finden wir hinter der Kamera erneut Renato Scavolini (diesmal als Kameramann) und Carlo Cecchi als Koprotagonist.[10] Gewiss ist *La sua giornata di gloria* (*Glory Day*, I 1969) dicht bepackt mit endlosen Diskussionen und Ideologismen, die heute nur schwer „verdaulich" sind, es ist aber auch in vielerlei Hinsicht eine außergewöhnliche Dokumentation des Klimas und der Stimmung von 1968 in Rom. Der Film beginnt mit einem ideologischen Vorwort von Pierre Clementi über die Rolle des Kinos und der Schauspieler während einer kreisförmigen Kamerafahrt über das Forum Romanum, eine Sequenz, die dem zeitgleichen *Partner* entliehen zu sein scheint. Indem er die Kapiteleinteilung Brechts benutzt (von dessen Theater und *Verfremdung* er sich stark unterscheidet), imaginiert der Film von Edoardo Bruno eine Gesellschaft, die von der repressiven Gewalt einer Spezialpolizei gegen den Widerstand einer revolutionären Bewegung erschüttert wird. Diese fantastisch-politische Erzählung, die durch eine leere Tonspur noch gespenstischer wirkt (mangelnde technische Mittel oder bewusste Künstlichkeit?), ist mit endlosen Debatten über revolutionäre Kunst und die richtige Guerillastrategie durchwoben, während zugleich das Thema des Verräters und des Helden zum Vorschein kommt, das bald darauf Bernardo Bertolucci wieder aufnehmen wird, der es frei einer Erzählung von Borges entnimmt und in *La strategia del ragno* (*Die Strategie der Spinne*, I 1970) mit weit größerer kinematografischer Kraft in Szene setzt. Abgesehen von den Zitationen Godards und dem respektlosen Anklang an den „Situationismus" (dessen Manifest an die Studenten gemeinsam mit dem „18. Brumaire" von Karl Marx in einem Zwischentitel zitiert wird), zeichnet sich *La sua giornata di gloria* durch zwei gelungene Kinoaugenblicke aus: ein scharf gezeichnetes Finale, in dem eine Standkamera den Verräter zeigt, wie er die Freundin des Freundes umarmt, anstatt an einer revolutionären (und selbstmörderischen) Aktion teilzunehmen, die er selbst der Gruppe vorgeschlagen hat; und die recht grausame Sequenz, in der der Leiter der Polizei den naiven und dummen Revolutionär-Protagonisten „verführt".

Edoardo Bruno ist jedoch nicht der einzige Kritiker, der zur Zeit der Studentenrevolte sein Spielfilmdebüt gibt. Maurizio Ponzi, Redakteur einer anderen römischen Zeitschrift, *Cinema & Film*, die aus einer Abspaltung von *Filmcritica* hervorging, aber ebenfalls der 1968er Bewegung nahestand, dreht *I visionari* (*The Visionaries*, I 1968), nachdem er eine Reihe von Filmporträts italienischer Regisseure (Pasolini, Rossellini, Visconti) gemacht hatte. Es ist eine Dreiecksliebesgeschichte zwischen einem Regisseur, einem Schauspieler und einer Schauspielerin, die von beiden Männern geliebt wird. Die Geschichte spielt während einer Inszenierung von „Die Schwärmer", einem Theaterstück von Robert Musil. Viele Zitate von Dreyer, Lang oder dem deutschen Expressionismus sind im Film zu finden. In einer seiner Rezensionen stellt ihn Pier Paolo Pasolini neben *Partner*, da in beiden Filmen „der ideologische Protagonist das Theater ist"[11]. Trotz aller guten Vorsätze führt der „theatralische" Weg, den Ponzi (und Bertolucci) vorschlagen, in eine Sackgasse, und die Ergebnisse haben nicht das Gewicht, um der beabsichtigten Polemik gegen den – tatsächlich oder vermutlich – oberflächlichen kommerziellen italienischen Film gerecht zu werden. Durch das Angebot „hoher" Modelle und die Fleischlosigkeit der Erzählung bleibt dem Film wenig Substanz, sodass er zu einer allzu abstrakten und sterilen Darstellung der Beziehung Kunst/Leben verkümmert, die kontrapunktisch von den (langen) Aufnahmen des Musil'schen Stückes begleitet wird. „Die Visionäre sind Menschen, die nur von Salz leben möchten", sagt die Figur des Regisseurs (gespielt von Jean-Marc Bory): ein Satz, der paradoxerweise auch auf Maurizio Ponzi anwendbar scheint.

I visionari ist trotz all seiner Fehler ein raffinierter Film, der die Atmosphäre der Zeit auf eine mittelbare und fast indirekte Weise wiedergibt, ganz im Gegensatz zu *Il gatto selvaggio* (*The Wildcat*, I 1969), der das Thema direkt und aus dem Inneren der Jugendproteste und der Revolution aufgreift. Produziert von dem „unabhängigen" Giuliani G. De Negri (wie auch die Brüder Taviani und der Debütfilm von Ponzi) für die Kooperative „21 März", nimmt der Erstlingsfilm von Andrea Frezza mit (seltsamer) Luzidität den terroristischen Abweg wahr, wie er in einem extremen Teil der Studentenbewegung vollzogen wird. Bereits in der ersten Szene wird, ähnlich einem orientalischen Ritual, Lorenzo, ein kommunistischer Architekt (Symbol der vergangenen Zeit), von seinem jungen Schüler Marco mit einer Pistole ermordet. Carlo Cecchi spielt Marco, wohl der charakteristischste Schauspieler des italienischen 1968. Marco scheint der Zwillingsbruder von Bertoluccis Fabrizio aus *Prima della rivoluzione* (*Vor der Revolution*, I 1964) zu sein, nur der heißen Situation der Studentenrevolte zeitlich angepasst. Allerdings hat er keine Hamlet'schen Zweifel mehr darüber, was zu tun ist (er geht vielmehr direkt zur Aktion mit Bomben und Morden über), doch martert ihn ein gigantischer, ungelöster Ödipus-Komplex und das Verlangen nach einer spirituellen Vaterfigur, die er an einer bestimmten Stelle des Films auch finden wird. Ähnlich wie in anderen Filmen dieser Jahre zeigt auch *Il gatto selvaggio* ein künstlerisches Milieu (das der Architekten) und Innenräume mit Kunstwerken und Bildern (von der Klassik bis zur Moderne); dabei sind viele politisch-philosophische Diskussionen zu hören und Schilder mit effektvollen Sätzen (ganz im Stile Godards, zuweilen auch mit ganz kryptischen Slogans) zu lesen. Halb-dokumentarische Aufnahmen von der Besetzung der Fakultät für Architektur in Rom wechseln mit Szenen ab, die (ganz wie in *Partner*) die minutiöse Zubereitung eines Molotow-Cocktails zeigen, den Marco gegen die Polizei verwendet, oder die Herstellung einer Minibombe, mit der der Protagonist einen amerikanischen Offizier, der nach Vietnam verlegt werden soll, in die Luft

1968 und das italienische Kino

sprengt. Es fehlt natürlich nicht eine Beschreibung der großbürgerlichen Dekadenz, aus deren Umgebung der junge Mann stammt, und das Ganze wird noch mit Andeutungen einer lesbischen Beziehung garniert. Insgesamt werden die 77 Minuten des Films von Dostojewski-Anklängen (die viel gröber sind als die in *Partner*) und einer Zeichnung des Protagonisten als Übermenschen dominiert, die sich eher für einen schlecht interpretierten Nietzsche eignet als für die kollektiven Ideen der Studentenbewegung nach Marx und Marcuse. In der (in wie weit bewussten?) Beschreibung einer totalen Verwirrung von Ideen und Gefühlen birgt *Il gatto selvaggio* bis heute vor allem in einigen Schlüsselszenen (z. B. dem Mord an dem Architekten zu Beginn des Films) eine dunkle Kraft, darüber hinaus allerdings hat der Film meiner Ansicht nach versagt.[12]

Eine (kleine) positive Lanze soll hingegen für *Escalation* (I 1968) gebrochen werden, der seinerzeit mit sehr widersprüchlichen Urteilen aufgenommen und dem unterstellt wurde, lediglich auf den aktuellen Markt zu schielen (ein Verdacht, der eher auf die Filme von Salvatore Samperi zutreffen würde). Der 25-jährige Roberto Faenza, der seinen Abschluss am Centro Sperimentale di Cinematografia in Rom gemacht hatte, scheint die „zornige" Lehre von Marco Bellocchio und vor allem des englischen Free Cinema gut verdaut zu haben. Nicht aus Zufall spielt der Anfang des Films im Swinging London mit viel Pop, Sitar und Buddhismus, wohin sich der missratene Sohn eines Industriellen aus Norditalien geflüchtet hat, der sich der Familiengeschäfte und der väterlichen Ölfabrik nicht annehmen will. Es beginnt eine Brecht'sche Fabel über die Veränderung (die *Eskalation* des Titels) des Mannes von einem jungen Hippie zu einem erbarmungslosen Kapitalisten dank der diabolischen Kur einer eiskalten „Psychonutte" mit nazistischen Ideen, die wiederum von dem jungen Mann zur Vergeltung erschossen (und gemalt) wird. Die Satire auf die Konsumgesellschaft und das Bürgertum ist simpel und wenig beißend, zumindest im Vergleich zu anderen Beispielen des „zornigen" Kinos wie Bellocchios *Pugni in tasca* oder *Morgan, a Suitable Case for Treatment* (*Protest*, GB 1966) von Karel Reisz. Vielleicht nagen die vielen narrativen Umwege an der korrosiven Kraft des Films, aber Roberto Faenza zeigt in seinem Erstlingsfilm eine große Liebe zum Detail (vor allem für die Innenausstattungen, die von besonderem Interesse bleiben) und eine ungewöhnliche Fähigkeit für Effektszenen (z. B. die eindrucksvolle Schlusssequenz: das Begräbnis der Frau im Dixielandstil vor dem Hintergrund einer Industrielandschaft).

Elektroschocks und Heilanstalten tauchen in *Escalation* wie Schreckgespenster (und Waffen der Bourgeoisie) auf, da das Thema Geisteskrankheit und ihre Heilung, über den direkten gesellschaftlich-politischen Protest hinaus, eines der charakteristischsten Momente der 1968er ist. *Diario di una schizofrenica* (*Diary of a Schizofrenic Girl*, I 1968) ist der seinerzeit wohl bekannteste italienische Film zu diesem Thema. Es war nicht einfach, das Buch von Marguerite Andrée

Giovanni Spagnoletti

Séchehaye[13], ein „poetisches Werk", das sowohl humanes Dokument als auch wissenschaftlicher Text ist, umzusetzen. Nelo Risi hat mit der Beratung von Franco Fornari, dem Vater der italienischen Anti-Psychiatrie, eine objektive Darstellung des klinischen Falles gewählt, eine Darstellung von außen, die in der Gegenwart angesiedelt ist und in einer Schweizer Klinik in Luzern stattfindet. Das Problem des Films ist jedoch nicht die zeitliche Verschiebung, sondern die Spannung zwischen dem behandelten Thema und dem gewählten Stil, der zu „handwerklich gemeißelt" wirkt (Lorenzo Pellizzari). Die große formale Sorge um Bildkader und Farbe, die Verwendung von Rückblenden, welche das kranke Mädchen zeigen, beißen sich mit der erzählten Geschichte. Die medizinischen Erklärungen der Schizophrenie durch eine Kommentarstimme, eine gewisse (durchaus auch unvermeidliche) Vereinfachung der Probleme und eine zu einfache Gleichsetzung von Psychiatrie und Politik tragen dazu bei, dem Film einen sehr didaktischen Charakter zu geben und seinen Erfolg infrage zu stellen. Ein Beispiel dafür ist das auffällige Happy End, in dem (mit reichlich Freud-Zitaten) festgestellt wird, dass der Kranke zur Gesellschaft gehört und nicht in die Kliniken der traditionellen Psychiatrie!

Neben Marco Bellocchio, der einen nennenswerten Beitrag zur Beleuchtung der dumpfen Welt der „geschlossenen Anstalten" geleistet hat, ist Giovanni Da Campo zu nennen. Dessen Erstlingswerk *Pagine chiuse* (*Closed Pages*, I 1969) ist Valerio Zurlino gewidmet und wählt einen stark dokumentarischen Erzählstil, der dem von Ermanno Olmi verwandt ist und bereits mit der Zugfahrt beginnt (auf der der Vorspann läuft), die den jungen Protagonisten in eine Priesterschule bringt, für die ihn die Familie bestimmt hat. Was folgt, findet in einem klaustrophobischen Universum statt und stellt die anfängliche (schüchterne) Anpassung des Protagonisten an die Umgebung und anschließend seine (offene) Revolte gegen die erdrückende Institution dar. Es ist die Geschichte einer *Bildung*, die sehr weit entfernt ist von jener literarischen (und nur wenig früheren) in *Der junge Törless* (BRD/F 1966), gedreht von Volker Schlöndorff auf der Grundlage des berühmten Textes von Robert Musil. Die raue Fotografie und das Spiel vieler nichtprofessioneller Schauspieler verleihen *Pagine chiuse* den gleichzeitig ruhigen und bedrohlichen Ton einer langsamen Implosion. In dieser wachsen die Bitterkeit und der Sinn für Widerstand eines Jungen von elf Jahren, der sich instinktiv gegen die ungerechte Gesellschaft der Großen wehrt (den Pfarrer, der ihm fortwährend Vorwürfe macht, den Vater, der ihn verlassen hat). „Ich habe keine Lust, gewissen Leuten die Wahrheit zu sagen", sagt der Protagonist zu einem Zimmergenossen. Doch hier hört auch schon die stille Revolte eines ruhigen Subversiven im Schatten des Altars auf, dem am Ende des Films in einer sehr wirksamen Szene von einem der besonders unnachgiebigen Priester die erste Kommunion verweigert wird. An dieser Stelle – in einem symbolischen Finale – reagiert der Junge und verlässt die Kirche, wo-

Die exemplarische Geschichte des Western all'italiana

bei er sich auf den Weg macht in die Freiheit hinter einem geschlossenen Vorhang, wo ihn eine andere, bessere Welt erwartet. Dies ist der einzige Bruch, das einzige Ereignis in einem ebenso schönen wie in einer geradlinigen Erzählung konstruierten Film.

Es ist Zeit für eine Zusammenfassung, wie vorläufig sie auch sein mag. Das 1968 des italienischen Kinos hat, trotz vieler Unsicherheiten und zu vieler Wunschvorstellungen, meiner Ansicht nach doch einige Ergebnisse hervorgebracht, auch ganz unabhängig von den weltbekannten Filmen, die ich hier nicht analysiert habe. Würde man den Horizont dieser Untersuchung ausweiten, dürfte sich wahrscheinlich der Eindruck verstärken, dass dieser „magische Moment" zu einer nicht kleinen Vielfalt von Filmen und Poetiken geführt hat. Es kam vielleicht kein Meisterwerk zustande, aber viele unterschiedliche Ansätze und interessante Keimlinge. Was mir alles in allem nicht wenig zu sein scheint.

---

[1] *That Magic Moment. 1968 und das Kino*, hrsg. von Luc Moullet, *L'esprit de Mai* in Viennale, Vienna International Film Festival, Wien 1998, S. 7–17. In seinem Aufsatz fasst der französische Cineast und Kritiker wie folgt einige markante Punkte des 1968er Kinos zusammen: 1) Überwindung, Tabula rasa der Ideen und Formen der Vergangenheit mit der daraus folgenden Verweigerung der dem kommerziellen Kino eigenen Narration und Darstellungsweise; 2) Vorliebe für kreisförmige Strukturen, die Wiederholung, den Minimalismus des auf der Leinwand dargestellten Lebens; 3) Einheit des Ortes und in sich geschlossene Milieus, die Darstellungen von kleinen, isolierten Gruppen; 4) Praxis des „Kinos im Kino" mit der Enthüllung der Funktionsweise der Fiktion; 5) neue Wege des Dokumentarfilms und des militanten Kinos, die sich durch schnelle und nicht unterbrochene Aufnahmen charakterisieren; 6) die Utopie, nach der alle Filme machen können, z.B. indem sie autonome und unabhängige Produktionsfirmen gründen wie die Zanzibar (1968–70) von Silvina Boissonas.
Neben diesem Beitrag (und dem stark autobiografischen des amerikanischen Kritikers Jonathan Rosenbaum) stammen die anderen von zehn Cineasten (z.B. Jancsó, Godard, Mekas, Rivette, Warhol, Rocha), die sich gleichmäßig in Zeitdokumente und Beobachtungen zum Thema aus 30 Jahren Abstand gliedern. Allen gemeinsam sind ein sachlicher Geist und der Wille, die Ereignisse zu durchdringen, ohne der Nostalgie oder Enttäuschung Raum zu geben.

[2] Ebenda, S. 14ff. Der Filmemacher war Teil des Kollektivs, das 1967 den militanten Film *Loin du Viêtnam* (*Fern von Vietnam*, F 1967) drehte.

[3] Vgl. den umfangreichen Sonderteil „Il sessantotto che non c'è", in: *Close-Up* 5, (November–Januar 1999), S. 48–79, mit Interviews von Silvano Agosti, Marco Bellocchio, Goffredo Fofi, Alberto Grifi, Francesco Maselli, Paolo und Vittorio Taviani und Beiträgen von Serafino Murri, Giovanni Spagnoletti, Stefano Capellini, Bruno Di Marino, Roberto Pisoni und Francesca R. Vatteroni.

Giovanni Spagnoletti

[4] Vergleiche z. B. die kolossale Aufarbeitung, die Silvano Agosti für das italienische Fernsehen mit dem Kompilationsprogramm *1968–1998 Trent'anni di oblio* (I 1998) geleistet hat.

[5] *Il dovere di non ripetersi. Intervista a Marco Bellocchio*, hrsg. von Giovanni Spagnoletti, Serafino Murri, Stefano Cappellini in: *Close-Up* 5 (s. Anm. 3), S. 57.

[6] Einen umfangreichen Überblick zum Kino der 1968er bietet der schöne Aufsatz von Lino Miccichè, „Verso il '68 e oltre", in: ders., *Il cinema italiano degli anni '60*, Venedig 1975, S. 256–287.

[7] Artikel von Costanzo Costantini, in: *Ragazza pop* 28 (Oktober 1966); jetzt in: *Viaggio in Italia. Gli anni 60 al cinema*, hrsg. von Adriano Aprà, Cesare Biarese und Stefania Parigi Rom 1991, S. 110. Zu Franchina und seinen Filmen siehe: *Sandro Franchina*, hrsg. von Alessandra Franchina, Daniel Franchina und Enrico Ghezzi, Torino Film Festival, Turin 2000.

[8] Vgl. Bruno Di Marino, *Sguardo Inconscio Azione. Cinema sperimentale e underground a Roma (1965–1975)*, Rom, 1999, S. 95–103; und das Dossier von *Carte di cinema* 6 (2000): Vito Contento, „*L'omicida di una società omicida*", mit einer Filmografie von Scavolini; *Il rovesciamento fra menzogna e realtà*; Begegnung zwischen Enrico Ghezzi und Romano Scavolini bei „Anteprimaannozero".

[9] *A mosca cieca* dauerte anfangs drei Stunden und wurde auf eine Dauer von 100 Minuten heruntergeschnitten und auf vielen Festivals wie Pesaro und Berlin gezeigt. Der Film, der heute lediglich in einer einstündigen Fassung zu sehen ist, unterlag seinerzeit einer harten Zensur von Seiten des Staates, was ihm den Vertrieb außerhalb alternativer Kreise unmöglich gemacht hat. Für weitere Details siehe die Arbeit von Di Marino, *Sguardo Inconscio Azione* (s. Anm. 8).

[10] Siehe z. B. die Rede von Ciriaco Tiso, „‚A nome del collettivo di *Filmcritica*': Cinema poetico/politico o la politicità del film", erneut veröffentlicht, zusammen mit anderen „militanten" Dokumenten, die das Kino betreffen (darunter: Guido Aristarco, „Quale film politico?" für die Zeitschrift *Cinema Nuovo*), in: Vincenzo Camerino, *Il cinema e il '68*, Manduria 1998, S. 96 ff.

[11] Siehe die Rezension von Pier Paolo Pasolini in: *Tempo* vom 26.10.1968; jetzt in: *Viaggio in Italia. Gli anni 60 al cinema*, hrsg. von Adriano Aprà u. a. (s. Anm. 7), S. 165.

[12] Piero Arlorio lässt kein gutes Haar an *Il gatto selvaggio*, während er *I visionari* mit viel Umsicht rettet. Vgl. Piero Arlorio, „21 marzo: nebbia", in: *Ombre Rosse* 6 (1969), S. 56. Eine Seite danach ist der Verriss von *Partner* zu lesen, „ein Nichts und ein gefährlicher Film". Vgl. Piero Arlorio und Paolo Bertetto, „Il manifesto dell'impotenza", in: Ebenda, S. 57 ff.
Gegenteiliger Meinung zu *Il gatto selvaggio* ist Lino Miccichè. Er betrachtet ihn als den „ernsthaftesten Film, den das italienische Kino zum Thema der Protestbewegung hervorgebracht hat (...) Der größte Wert von *Il gatto selvaggio* liegt darin, dass er voll und ganz an der ‚Bewegung' teilnimmt und sie weder in einen abstrakten Erneuerungsmythos noch in ein clever konsumierbares Ritual verwandelt, sondern in einer nachdenklich dialektischen Sicht mit kritischem Augenmaß verbleibt, also auch diesem Gegenstand gegenüber eine materialistische und dialektische Methode anwendet." Vgl. Lino Miccichè, „Verso il '68 e oltre" (s. Anm. 6), S. 276 f.

[13] In seiner generell positiven Rezension des Films erinnert Lorenzo Pellizzari unter anderem daran, dass der Psychiater Cesare Musatti konkrete Vorbehalte gegenüber der Verfilmbarkeit des Tagebuches von Séchehaye ausgedrückt hatte. Vgl. Lorenzo Pellizzari, „Diario di una schizofrenica", in: *Cinema Nuovo* 198 (März–April 1969).

Anhang

Irmbert Schenk

Kleine Chronik des italienischen Films in den 1960er Jahren

1960

La dolce vita / Das süße Leben, I/F 1960 (Fellini) 3.2.1960 (2.220[1])
L'avventura / Die mit der Liebe spielen, I/F 1960 (Antonioni) 29.6.1960 (341)
Era notte a Roma / Es war Nacht in Rom, I/F 1960 (Rossellini) 31.7.1960 (209)
Rocco e i suoi fratelli / Rocco und seine Brüder, I/F 1960 (Visconti) 6.9.1960 (1.671)
Il rossetto / Unschuld im Kreuzverhör, I/F 1960 (Damiani) 16.9.1960
La ciociara / ... Und dennoch leben sie, I/F 1960 (De Sica) 22.12.1960 (1.563)

Un amore a Roma / Liebesnächte in Rom, I/F/BRD 1960 (Risi)
Il bell'Antonio / Der schöne Antonio, I/F 1960 (Bolognini)
La maschera del demonio / Die Stunde wenn Dracula kommt, I 1960 (Bava)
Il mattatore / Der Meistergauner, I/F 1960 (Risi)
Tutti a casa / Der Weg zurück, I/F 1960 (Comencini)
Banditi a Orgosolo / Die Banditen von Orgosolo, I 1960 (De Seta)

Dazu Filme von Puccini, Maselli, Lattuada, Salce, Comencini, Cottafavi, Zampa u.a.

10.393 Kinosäle, 744.781.000 verkaufte Karten à 162 Lit. im Mittel, 168 neue ital. Produktionen + 336 ausländische, Filmzirkulation: 6.650, davon 1.890 ital. inkl. Koproduktion und 3.219 aus USA

1961

La notte / Die Nacht, I/F 1961 (Antonioni) 24.1.1961
Viva l'Italia!, I/F 1961 (Rossellini) 2.2.1961

[1] Kasseneinnahmen in Millionen Lire

Kleine Chronik des italienischen Films in den 1960er Jahren

La ragazza con la valigia / Das Mädchen mit dem leichten Gepäck, I/F 1961 (Zurlini) 9. 2. 1961

Kapò, YU/F/I 1961 (Pontecorvo) 17. 4. 1961

La viaccia / Das Haus in der Via Roma, I/F 1961 (Bolognini) Mai 1961

Accattone / Accattone – Wer nie sein Brot mit Tränen aß, I 1961 (Pasolini) 31. 8. 1961

Divorzio all'italiana / Scheidung auf italienisch, I 1961 (Germi) 20. 9. 1961

Vanina Vanini / Der furchtlose Rebell, I/F 1961 (Rossellini) 12. 10. 1961

Una vita difficile / Das Leben ist schwer, I 1961 (Risi) 19. 12. 1961

La giornata balorda / Es geschah in Rom, I/F 1961 (Bolognini)

A porte chiuse / Blumen für die Angeklagte, I 1961 (Risi)

I due marescialli / The Two Marshals, I 1961 (Corbucci)

Ercole al centro della terra / Vampire gegen Herakles, I 1961 (Bava)

Il Giudizio universale / Das Jüngste Gericht findet nicht statt, I/F 1961 (De Sica)

Gli invasori / Das Königsmahl, I/F 1961 (Bava)

Dazu Filme von Castellani, Lizzani, Cottafavi, Pietrangeli, Salce, Loy, Giannetti, Lattuada, Damiani, Comencini, Montaldo u. a.

1962

Il Colosso di Rodi / Der Koloß von Rhodos, E/I/F 1962 (Leone) 26. 1. 1962

Boccaccio '70, I/F 1962 (De Sica, Fellini, Monicelli, Visconti) 22. 2. 1962

Salvatore Giuliano / Wer erschoß Salvatore G.?, I 1962 (Rosi) 28. 2. 1962

Senilità / Careless, I/F 1962 (Bolognini) 8. 3. 1962

Mondo cane / A Dog's Life, I 1962 (Cavara, Jacopetti) 30. 3. 1962

L'eclisse / Liebe 1962, I/F 1962 (Antonioni) 12. 4. 1962

Anima nera / Schwarze Seele, I/F 1962 (Rossellini) 12. 8. 1962

Le italiane e l'amore / Die Italienerin und die Liebe, I/F 1962 (Konzept: Zavattini, R: Ferreri u. a.) 17. 8. 1962

Mamma Roma, I 1962 (Pasolini) 31. 8. 1962

Cronaca familiare, F/I 1962 (Zurlino) September 1962

L'assassino / Trauen Sie Alfredo einen Mord zu?, I/F 1962 (Petri) 5. 10. 1962

Il posto / Il posto – Der Job, I 1962 (Olmi) 15. 10. 1962

I sequestrati di Altona / Die Eingeschlossenen von Altona, I/F 1962 (De Sica) 30. 10. 1962

Risate di gioia / Dieb aus Leidenschaft, I 1962 (Monicelli) 30. 11. 1962

Il sorpasso / Verliebt in scharfe Kurven, I 1962 (Risi)

Kleine Chronik des italienischen Films in den 1960er Jahren

Agostino, I 1962 (Bolognini)
La commare secca / Der Knochenmann, I 1962 (Bertolucci)
Un uomo da bruciare / Gebrandmarkt, I 1962 (Orsini, P. u. V. Taviani)
Il mare / The Sea, I 1962 (Patroni Griffi)

1963

La donna nel mondo / Alle Frauen dieser Welt, I 1963 (Jacopetti) 30. 1. 1963
Otto e mezzo / Achteinhalb / 8½, I/F 1963 (Fellini) 14. 2. 1963
RoGoPaG, I/F 1963 (Pasolini, Rossellini, Rossi, Godard) 19. 2. 1963
I giorni contati, I 1963 (Petri) 8. 3. 1963
I fidanzati, I 1963 (Olmi) 25. 3. 1963
Il gattopardo / Der Leopard, I/F 1963 (Visconti) 28. 3. 1963
L'ape regina / Die Bienenkönigin, I/F 1963 (Ferreri) Mai 1963 F
I basilischi / Die Basilisken, I 1963 (Wertmüller) 2. 9. 1963
I compagni / Die Peitsche im Genick, I/F/YU 1963 (Monicelli) 25. 10. 1963
I mostri / 15 From Rome, I/F 1963 (Risi) 26. 10. 1963
Chi lavora è perduto / Wer arbeitet ist verloren, I/F 1963 (Brass) 5. 12. 1963
Ieri, oggi, domani / Gestern, heute und morgen, I/F 1963 (De Sica) 19. 12. 1963

La marcia su Roma / March on Rome, I/F 1963 (Risi)
La corruzione / Corruption, I/F 1963 (Bolognini)
Il giovedì / Der Donnerstag, I 1963 (Risi)
Gli onorevoli, I 1963 (Corbucci)
La ragazza che sapeva troppo / The Girl Who Knew too Much, I 1963 (Bava)
La ragazza di Bube / Bebo's Girl, I/F 1963 (Comencini)
Il successo / The Success, I 1963 (Morassi, Risi)
Il tre volti della paura / Die drei Gesichter der Furcht, I/F/USA 1963 (Bava)
Le mani sulla città / Hände über der Stadt, I/F 1963 (Rosi)
La donna scimmia / The Ape Woman, I/F 1963 (Ferreri)

1964

Alta infedeltà / Ehen zu dritt, I/F 1964 (Rossi, Petri, Monicelli, Salce) 22. 1. 1964
Sedotto e abbandonata / Verführung auf italienisch, I/F 1964 (Germi) 30. 1. 1964
Sei donne per l'assassino / Blutige Seide, I/Monaco/F/BRD 1964 (Bava)
    14. 3. 1964
Prima della rivoluzione / Vor der Revolution, I 1964 (Bertolucci) 12. 5. 1964 (29)

Kleine Chronik des italienischen Films in den 1960er Jahren

Per un pugno di dollari / Für eine Handvoll Dollar, I/E/BRD 1964 (Leone = Bob Robertson) 27. 8. 1964 (3.182)
Il deserto rosso / Die rote Wüste, I/F 1964 (Antonioni) 4. 9. 1964 (423)
Il vangelo secondo Matteo / Das erste Evangelium Matthäus, I/F 1964 (Pasolini) 4. 9. 1964 (449)
La mia signora / My Wife, I 1964 (Comencini u. a.) 29. 10. 1964
Matrimonio all'italiana / Hochzeit auf italienisch, I/F 1964 (De Sica) 18. 12. 1964 (2.378)

La calda vita / The Warm Life, I/F 1964 (Vancini)
Tre notti d'amore / 3 Liebesnächte, I 1964 (Comencini u. a.)

10.410 Kinosäle, 682.985.000 verk. Karten à 221 Lit., 315 neue ital. Film inkl. Koprod., neue ausländ. 302, Zirkulation: 7.319 Filme, davon 2.447 ital. inkl. Koprod. und 3.167 USA

1965

Le bambole / Die Puppen, I/F 1965 (Comencini, Risi u. a.) 27. 1. 1965
I tre volti / Die drei Gesichter einer Frau, I 1965 (Indovina, Antonioni, Bolognini) 12. 2. 1956
Il momento della verità / Augenblick der Wahrheit, I/E 1965 (Rosi) 3. 3. 1965
Questa volta parliamo di uomini / Diesmal sprechen wir über Männer, I 1965 (Wertmüller) 16. 3. 1965
Comizi d'amore / Das Gastmahl der Liebe, I 1965 (Pasolini) 5. 5. 1965
Casanova '70, I/F 1965 (Monicelli) 20. 7. 1965
Vaghe stelle dell'Orsa / Sandra – Die Triebhafte, F/I 1965 (Visconti) 16. 9. 1965
Giulietta degli spiriti / Julia und die Geister, I/F 1965 (Fellini) 22. 10. 1965
I Pugni in tasca / Mit der Faust in der Tasche, I 1965 (Bellochio) 31. 10. 1965
Per qualche dollaro in più / Für ein paar Dollar mehr, I/E/BRD/Monaco 1965 (Leone) 18. 12. 1965
Made in Italy, I/F 1965 (Loy) 22. 12. 1965

I complessi / Complexes, I/F 1965 (Risi et el.)
La decima vittima / Das zehnte Opfer, I/F 1965 (Petri)
Il gaucho / The Gaucho, I/ARG 1965 (Risi)
Signore & Signori / Aber, aber, meine Herren . . ., I/F 1965 (Germi)

Kleine Chronik des italienischen Films in den 1960er Jahren

1966

L'armata Brancaleone / *Die unglaublichen Abenteuer des hochwohllöblichen Ritters Branca Leone*, I/F/E 1966 (Monicelli) Mai 1966
Uccelacci e uccelini / *Große Vögel, kleine Vögel*, I 1966 (Pasolini) 4. 5. 1966
Caccia alla volpe / *Jagt den Fuchs*, I/USA/GB 1966 (De Sica) 8. 9. 1966
Operazione San Gennaro / *Unser Boss ist eine Dame*, I/F/BRD 1966 (Risi) 25. 11. 1966
Blow Up / *Blow-Up*, GB/I/USA 1966 (Antonioni) 18. 12. 1966
Incompreso / *Misunderstood*, I/F 1966 (Comencini) 19. 12. 1966

Adulterio all'italiana / *Seitensprung auf italienisch*, I 1966 (Festa Campanile)
Africa addio / *Adios Africa*, I 1966 (Jacopetti)
La battaglia di Algeri / *Schlacht um Algier*, ALG/I 1966 (Pontecorvo)
Il buono, il brutto, il cattivo / *The Good, the Bad and the Ugly* / *Zwei glorreiche Halunken*, I/E 1966 (Leone)
Django, I/E 1966 (Corbucci)
Operazione paura / *Die toten Augen des Dr. Dracula*, I 1966 (Bava)
Una questione d'onore / *Ehrensache*, I/F 1966 (Zampa)
La prise de pouvoir par Louis XIV / *Die Machtergreifung Ludwigs des XIV.*, F 1966 (Rossellini)

1967

A ciascuno il suo / *Zwei Särge auf Bestellung*, I 1967 (Petri) 22. 2. 1967
Il padre di famiglia / *The Head of the Family*, I/F 1969 (Loy) 28. 5. 1969
Le streghe / *Hexen von heute*, I/F 1967 (Bolognini, De Sica, Pasolini, Visconti u. a.) 22. 7. 1967
Edipo Re / *Edipo Re – Bett der Gewalt*, I/Marocco 1967 (Pasolini) 3. 9. 1967
La Cina è vicina / *China ist nahe*, I 1967 (Bellocchio) 22. 9. 1967
Lo straniero / *Der Fremde*, I/F/ALG 1967 (Visconti) 14. 10. 1967
C'era una volta ... / *Die schöne Isabella*, I/F 1967 (Rosi) 1. 11. 1967

L'immorale / *Unmoralisch lebt man besser*, I/F 1967 (Germi)
Non stuzzicate la zanzara / *Don't Sting the Mosquito*, I 1967 (Wertmüller)

Kleine Chronik des italienischen Films in den 1960er Jahren

1968

Italian Secret Service, I/F (Comencini) 5. 2. 1968 (1.182)
Il giorno della civetta / Der Tag der Eule, I/F 1968 (Damiani) 17. 2. 1968
Cappriccio all'italiana / Caprice Italian Style, I 1968 (Monicelli, Pasolini u. a.) 13. 4. 1968 (189)
Toby Dammit (Fellinis Teil aus dem Omnibusfilm *Histoires extraordinaires / Außergewöhnliche Geschichten*, I/F 1968) 17. 5. 1968
L'arcidiavolo / The Devil in Love, I 1968 (Scola) 3. 7. 1968
Teorema / Teorema – Geometrie der Liebe, I 1968 (Pasolini) 4. 9. 1968 (915)
Il grande silenzio / Leichen pflastern seinen Weg, F/I 1968 (Corbucci) 19. 11. 1968
La rivoluzione sessuale / The Sexual Revolution, I 1968 (Ghigne) 21. 11. 1968
Amanti / Der Duft deiner Haut, I/F 1968 (De Sica) 19. 12. 1968 (823)
C'era una volta il west / Spiel mir das Lied vom Tod, I/USA 1968 (Leone) 21. 12. 1968 (2.503)

Il medico della mutua / Be Sick . . . It's Free, I 1968 (Zampa) (3.032)
Diabolik / Gefahr: Diabolik!, I/F 1968 (Bava)
Escalation, I 1968 (Faenza)
Il Profeta / The Prophet, I 1968 (Risi)
Romeo e Giulietta / Romeo und Julia, GB/I 1968 (Zeffirelli)
Straziami, ma di baci saziami / Torture Me But Kill Me With Kisses, I/F 1968 (Risi)

9.874 Säle, 559.933.000 Karten à 305 Lit., 262 neue ital. Prod. inkl. 126 Koprod., 336 neue ausländ. Filme, Zirkulation: 7.775, davon 3.000 ital. inkl. Koprod. und 3.026 aus USA

1969

Dillinger è morto / Dillinger ist tot, I 1969 (Ferreri) 23. 1. 1969
Fräulein Doktor, I/YU 1969 (Lattuada) 24. 1. 1969
Galileo / Galileo Galilei, I/Bulgarien 1969 (Cavani) 14. 2. 1969
La ragazza con la pistola / Mit Pistolen fängt man keine Männer, I 1969 (Monicelli) 7. 3. 1969
Amore e rabbia / Liebe und Zorn, I/F 1969 (Bellochio, Bertolucci, Pasolini, Godard, Bellocchio) 29. 5. 1969
Serafino / Adriano, der Schürzenjäger, I/F 1969 (Germi) Juli
Porcile / Der Schweinestall, I/F 1969 (Pasolini) 31. 8. 1969
Satyricon / Fellinis Satyricon, I/F 1969 (Fellini) 3. 9. 1969
Il commissario Pepe / Police Chief Pepe, I 1969 (Scola) 24. 9. 1969

Kleine Chronik des italienischen Films in den 1960er Jahren

La caduta degli dei / Die Verdammten, I/CH/BRD 1969 (Visconti) 14. 10. 1969
Il giovane normale / Normal Young Man, I 1969 (Risi) 29. 11. 1969
Medea, I/BRD/F 1969 (Pasolini) 27. 12. 1969

Infanzia, vocazione e prime esperienze di Giacomo Casanova, veneziano / Kindheit, Berufung und erste Erlebnisse des Venezianers Giacomo Casanova, I 1969 (Comencini)
Queimada / Queimada – Insel des Schreckens, I/F 1969 (Pontecorvo)
Vedo nudo, I 1969 (Risi)

1970

Zabriskie Point, USA 1970 (Antonioni) 9. 2. 1970
I girasoli / Sonnenblumen, I/F/SU 1070 (De Sica) 14. 3. 1970
Il conformista / Der große Irrtum, I/F/BRD 1970 (Bertolucci) Juni 1970
L'invitata / Uninvited, I/F 1970 (De Seta) 31. 10. 1970
Il giardino dei Finzi-Contini / Der Garten der Finzi Contini, I/BRD 1970 (De Sica) 4. 12. 1970
Le coppie / The Couplets, I 1970 (De Sica, Monicelli u. a.) 23. 12. 1970

Cinque bambole per la luna d'agosto / Five Dolls For an August Moon, I 1970 (Bava)
Dramma della gelosia – Tutti i particolari in cronaca / Eifersucht auf italienisch, I/E 1970 (Scola)
Indagine su un cittadino al di sopra di ogni sospetto / Ermittlungen gegen einen über jeden Verdacht erhabenen Bürger, I 1970 (Petri)
Lettera aperta ad un giornale della sera / Open Letter to the Evening News, I 1970 (Maselli)
Metello, I 1970 (Bolognini)
Ostia, I 1970 (Citti)
Il rosso segno della follia / Red Wedding Night, I/E 1969 (Bava)
Sacco e Vanzetti / Sacco und Vanzetti, I/F 1970 (Montaldo)
Uomini contro / Bataillon der Verlorenen, I/YU 1970 (Rosi)

Autorinnen und Autoren

Matthias Bauer, geb. 1962, Promotion und Habilitation zu literatur- und wissenschaftshistorischen Themen; zahlreiche Publikationen zur Romantheorie, Erzählforschung und zum Film; zuletzt erschienen: *Berlin. Medien- und Kulturgeschichte einer Hauptstadt im 20. Jahrhundert*, Tübingen 2007. Lehrtätigkeiten an den Universitäten Mainz, Basel und Flensburg.

Rada Bieberstein, 1979, wissenschaftliche Mitarbeiterin am Seminar für Filmwissenschaft der Johannes Gutenberg-Universität Mainz; sie promovierte zum zeitgenössischen italienischen Kino (erscheint 2008); aktuelle Forschungsinteressen: Genderdarstellungen im Film, Kinder und Jugendliche im Film, Regisseurinnen, Entwicklung des bulgarischen Kinos zwischen Zentrum und Peripherie, Kinoindustrie.

Peter Bondanella, Professor für komparatistische und italienische Literaturwissenschaft und Filmstudien an der Indiana University, USA, emeritiert; Schwerpunkt italienische Filmgeschichte; filmhistorische Publikationen u. a.: *The Cinema of Federico Fellini*; *The Films of Roberto Rossellini*; *The Films of Federico Fellini*; *Hollywood Italians*; *Italian Cinema from the Silent Era to the Present*; *Italian Neorealist Cinema*.

Hans Richard Brittnacher, geb. 1951, Professor am Institut für deutsche Philologie der Freien Universität Berlin; zahlreiche Veröffentlichungen zur Intermedialität des Phantastischen und Schrecklichen, zur Literatur des 18. und 19. Jahrhunderts sowie zur Zigeuner- und Alteritätsforschung; zuletzt erschienen: *Labyrinth und Spiel. Umdeutungen eines Mythos*, hrsg. von H. R. Brittnacher und R.-P. Janz, Göttingen 2006.

Marisa Buovolo, Dottore der Soziologie, lebt in Hamburg und arbeitet als freie Publizistin und freie Dozentin an verschiedenen deutschen Hochschulen (Mainz, Ludwigsburg, Hamburg, Lüneburg, ifs Köln) und an Modeakademien (AMD – Akademie für Mode und Design Hamburg, Berlin, München und Düsseldorf); Forschungsschwerpunkte: italienisches Kino der Gegenwart, Inszenierungsformen von Weiblichkeit im Film und Film und Mode/Mode im Film.

Autorinnen und Autoren

Mariapia Comand, Professorin für italienische Filmgeschichte und Filmtheorie an der Universität Udine; Redakteurin der Zeitschrift Bianco e Nero; Bücher u. a.: *L'immagine dialogica. Intertestualità e interdiscorsivismo nel cinema*, 2001, *Dino Risi: Il sorpasso*, 2002, *Sulla carta. Storia e storie della sceneggiatura in Italia*, 2006, *Cinema europeo* (mit Roy Menarini), 2006.

Giorgio De Vincenti, Professor für Geschichte und Kritik des Films an der Universität Rom III (mit dem Schwerpunkt moderner Film), Direktor der Abteilung Comunicazione e Spettacolo; Herausgeber von Band X der *Storia del Cinema Italiano (1960–1964)*; Publikationen u. a.: *Il cinema e i film. I Cahiers du Cinéma*; *Il concetto di modernità nel cinema*; *Jean Renoir. La vita, i film*.

Ulrich Döge, geb. 1960, freier Autor und Rechercheur, Diplom-Politologe, Theaterwissenschaftler mit dem Schwerpunkt Filmwissenschaft, 2002 Promotion zum italienischen neorealistischen Film; Publikationen zur internationalen Filmgeschichte; zuletzt erschienene Monografie: *Kulturfilm als Aufgabe. Hans Cürlis (1889–1982)*, Berlin 2005; lebt in Berlin.

Mariagrazia Fanchi, Professorin für Kulturgeschichte der audiovisuellen Medien an der Katholischen Universität Mailand; Schwerpunkt: Geschichte des Filmzuschauers und der Medienrezeption in Italien; Publikationen u. a.: *La famiglia in televisione, la famiglia con la televisione*; *Identità mediatiche: televisione e cinema nelle storie di vita di due generazioni*; *Spettatore*.

Uta Felten, geb. 1967, Professorin für Romanische Literaturwissenschaft an der Universität Leipzig, Forschungsschwerpunkte im Bereich der französischen, italienischen und spanischen Literatur- und Medienwissenschaft; Veröffentlichungen u. a. zum spanischen Surrealismus, zum modernen Kino in Frankreich und Italien, zur Medien- und Wahrnehmungsästhetik bei Marcel Proust; lebt in Berlin.

David Forgacs, Professor am University College London in der Abteilung Italienisch der Humanities, Schwerpunkt: Kulturgeschichte des modernen Italien und Filmgeschichte; Publikationen u. a.: *Italian Cultural Studies*, *L'industrializzazione della cultura italiana*; *The Gramsci Reader*; *Rome Open City*; *Roberto Rossellini: Magician of the Real*.

Norbert Grob, geb. 1949, Professor für Mediendramaturgie an der Johannes Gutenberg-Universität Mainz, Autor, Kritiker, Essayist; filmhistorische Bücher als Autor und Herausgeber über Samuel Fuller, Nicholas Ray, Wim Wenders, Otto Preminger, Erich von Stroheim und William Wyler, über „Filmgenres: Western",

Autorinnen und Autoren

„Road Movies" und (demnächst) „Filmgenres: Film noir"; über 20 filmische Essays fürs Fernsehen des WDR, Köln; lebt in Mainz und Berlin.

Bernhard Groß, Wissenschaftlicher Mitarbeiter am Seminar für Filmwissenschaft der FU Berlin und am DFG-Sonderforschungsbereich 626 „Ästhetische Erfahrung im Zeichen der Entgrenzung der Künste" der FU Berlin im Projekt „Die Politik des Ästhetischen im westeuropäischen Kino"; Publikationen (u. a.): *Figurationen des Sprechens. Pier Paolo Pasolini*, Berlin 2008.

Heinz-B. Heller, geb. 1944, Professor für Medienästhetik und Mediengeschichte an der Philipps-Universität Marburg; Gastprofessuren in Austin/TX, Kairo und Moskau; zahlreiche Veröffentlichungen v. a. zur deutschen und internationalen Filmgeschichte, zur Theorie des Films, zum Dokumentarismus in Film und Fernsehen, zu Problemen und Aspekten der Drehbuchpraxis, zum Komplex „Intermedialität".

Hermann Kappelhoff, geb. 1959, Professor am Seminar für Filmwissenschaft der FU Berlin; 2001 Habilitation mit einer Arbeit über das Melodramatische des Kinos als Paradigma einer Theorie der künstlichen Emotionalität; zahlreiche Publikationen zur Ästhetik, Theorie und Geschichte audiovisueller Bildformen; Leiter des Teilprojekts „Die Politik des Ästhetischen im westeuropäischen Kino" im SFB 626 der DFG.

Thomas Koebner, geb. 1941, Professor für Filmwissenschaft an der Johannes Gutenberg-Universität Mainz, emeritiert; zahlreiche Veröffentlichungen zur deutschen Literatur des 18., 19. und 20. Jahrhunderts, zum Musiktheater, zur Filmgeschichte und zum Fernsehfilm; Begründung etlicher Fachorgane, ferner mehrerer Buchreihen; Herausgabe vieler Sammelwerke; lebt in München.

Giacomo Manzoli, Professor für Geschichte des italienischen Films an der Universität Bologna; Dozent an der Universität Urbino und der Katholischen Universität Mailand; Redaktionsmitglied von *Bianco & Nero*. Publikationen u. a. über Pier Paolo Pasolini, Dario Argento und Film und Literatur.

Roy Menarini, Professor für Filmgeschichte an der Universität Udine, Schwerpunkt Europäisches Kino; leitet die Zeitschrift *Cinergie*, Mitarbeiter des *Corriere della Sera*; Publizierte u. a. über das amerikanische Gegenwartskino, über die Parodie im italienischen Kino, über populäre Filmgenres und über Filmkritik.

Peter Moormann, geb. 1979, Promotion zum Thema *Die Spielberg-Variationen – Steven Spielberg und sein Komponist John Williams*, aktuelle Publikation: „Blue

Autorinnen und Autoren

Notes bei Eastwood. Die Rolle der Musik im Œuvre des Regisseurs, Sängers und Komponisten", in: *Clint Eastwood*, hrsg. von Thomas Koebner und Fabienne Liptay, München 2007; lebt in Berlin.

Elisabeth Oy-Marra, geb. 1959, Professorin für Kunstgeschichte an der Johannes Gutenberg-Universität Mainz; zahlreiche Veröffentlichungen zur italienischen Kunstgeschichte der Renaissance und des Barock; zuletzt: *Profane Repräsentationskunst in Rom von Clemens VIII. Aldobrandini bis Alexander VII. Chigi. Studien zu Funktion und Semantik römischer Deckenfresken im höfischen Kontext*, Berlin 2005; lebt in Mainz.

Francesco Pitassio, Professor für Filmgeschichte an der Universität Udine; Kodirektor der Filmstudien-Konferenz Udine; Chefredakteur der Zeitschrift *Cinema & Cie*; Publikationen u. a.: *Scrittura e immagine*; *Sergio Tofano. Il cinema a merenda*; *Ombre silenziose. Teoria dell'attore cinematografico negli anni venti*; *Maschere e marionette. Il cinema ceco e dintorni*; Attore/Divo.

Veronica Pravadelli, Professorin für Filmgeschichte an der Universität Rom III. Studium und Dozentin an der Indiana University, USA; Bücher u. a.: *Il cinema di Luchino Visconti*; Performance, *Rewriting, Identity. Chantal Akerman's Postmodern Cinema*; *Alfred Hitchcock: Notorious*; *La grande Hollywood. Stili di vita e di regia nel cinema classico americano*.

Karl Prümm, geb. 1945, Professor für Medienwissenschaft an der Philipps-Universität Marburg; zahlreiche Veröffentlichungen zur Literatur des 19. und 20. Jahrhunderts, zur Geschichte, Ästhetik und Theorie des Films, der Fotografie und des Fernsehens; Mitherausgeber der Zeitschriften *Medienwissenschaft*, *Rezensionen* und *Augenblick*; Initiator und Organisator des Marburger Kamerapreises/Marburger Kameragespräche.

Josef Rauscher, geb. 1950, Professor der Philosophie in Mainz, Veröffentlichungen in den Bereichen Ethik, Ästhetik und Sprachphilosophie; in Zusammenhang mit letzteren Interessengebieten auch verschiedene Aufsätze zu Fragen des Films.

Volker Roloff, geb. 1940, Professor für Romanische Literaturwissenschaft an der Universität Siegen, mit Schwerpunkt im Bereich der französischen und spanischen Literatur und der romanischen Kultur- und Medienwissenschaft; aktuelle Arbeitsbereiche: Theorie und ästhetische Praxis der Intermedialität; europäische Avantgarden (Schwerpunkt Frankreich und Spanien); Proust; französische und spanische Theater- und Filmgeschichte.

Autorinnen und Autoren

Irmbert Schenk, Professor für Medienwissenschaft an der Universität Bremen. Arbeiten zur italienischen Literatur- und Theatergeschichte; Arbeitsschwerpunkt: Deutsche und europäische Filmgeschichte; Bücher als Hrsg. oder Autor u. a.: *Filmkritik*; *Dschungel Großstadt*; *Erlebnisort Kino*; *Experiment Mainstream?*; *Kino und Modernisierung*.

Pierre Sorlin, Professor für Soziologie der audiovisuellen Medien an der Sorbonne Nouvelle, Paris, und Forscher am Istituto Parri in Bologna; Publikationen u. a.: *The Film in History. Restaging the Past*; *European Cinemas, European Societies*; *Mass Media*; *Italian National Cinema*; *Dreamtelling*; *L'immagine e l'evento*.

Giovanni Spagnoletti, Professor für Filmgeschichte an der Universität Rom Tor Vergata (mit einem Schwerpunkt auf der deutschen Filmgeschichte); Direktor des Filmfestivals von Pesaro; Mitarbeiter italienischer und deutscher Zeitschriften und Zeitungen; Koautor einer deutschen Fernsehdokumentation über Bernardo Bertolucci; zahlreiche Buch- und Aufsatzveröffentlichungen.

Marcus Stiglegger, geb. 1971, lehrt Filmwissenschaft an der Johannes Gutenberg-Universität Mainz; zahlreiche Buchpublikationen und -beiträge über Filmästhetik, Filmgeschichte und Filmtheorie; Habilitation: *Ritual & Verführung. Schaulust, Spektakel & Sinnlichkeit*, Berlin 2006; Herausgeber des Print- und Onlinemagazins *:Ikonen:*; schreibt regelmäßig für die Magazine *epd Film, Filmdienst, Testcard* und *Splatting Image*.

Anita Trivelli, Professorin für Filmwissenschaft an der Universität Pescara, Dozentin an der Universität Rom III. Studien und Forschungsaufenthalte in Nordeuropa und den USA; Bücher u. a.: *L'altra metà dello sguardo*; *Sulle tracce di Maya Deren. Il cinema come progetto e avventura*; in Arbeit ist ein Buch über Jane Campion.

Martin Zenck, geb. 1945, Universitäts-Professor für Musikwissenschaft mit den Schwerpunkten für Neue Musik und Ästhetik an der Universität Würzburg; neueste Publikationen: „Politisches Denken und Transkulturalität in Klaus Hubers Oper ‚Schwarzerde' nach Ossip Mandelstam", in: *Musik-Konzepte. Neue Folge. Klaus Huber* (H. 137/138), hrsg. von Ulrich Tadday, München, S. 75–106.

Namenregister

A

Adorno, Theodor W. S. 85, 89, 133, 140, 250
Adrian S. 472
Agamben, Giorgio S. 233, 240
Agnelli, Giovanni S. 26
Agosti, Silvano S. 47, 503 f.
Aischylos S. 46
Albersmeier, Franz-Josef S. 489, 491, 493
Alberti, Leon Battista S. 299
Aldrich, Robert S. 390
Allen, Woody S. 167, 171–174
Altman, Rick S. 402, 410
Amendola, Mario S. 396
Amerio, Piero S. 97
Amico, Gianni S. 296
Anceschi, Luciano S. 41
Anderson, Lindsay S. 141
Andreotti, Giulio S. 331, 340
Andress, Ursula S. 376
Angelopoulos, Theo S. 254
Anne von Österreich S. 302
Antonioni, Michelangelo S. 5, 10, 12 ff., 29 f., 34, 36, 44 f., 48, 65, 67–77, 79, 81 ff., 85–104, 106–128, 134, 151, 182, 202 f., 209, 211, 239, 254, 256, 277, 297, 344, 365, 394, 447, 456, 459, 463, 482, 487 f., 492, 495, 497, 507 f., 510 f., 513
Aprà, Adriano S. 38, 296, 308 f., 504
Apollinaire, Guillaume S. 484 f., 491
Aragon, Louis S. 140
Aretino, Pietro S. 344
Argentieri, Mino S. 38, 288, 310

Argento, Dario S. 403, 405, 408, 412, 415, 417, 419, 423–426, 517
Aristarco, Guido S. 86 f., 110, 202 f., 212, 317, 366, 504
Aristoteles S. 101, 110, 299
Arlen, Harold S. 456
Arlorio, Piero S. 504
Aroldi, Piermarco S. 61
Artaud, Antonin S. 484
Aub, Max S. 492
Auerbach, Erich S. 266, 485, 492
Auger, Claudine S. 422
Augustinus S. 47
Avedon, Richard S. 124

B

Babbitt, Milton S. 452
Bacalov, Luis Enrìquez S. 442, 447, 468
Bach, Carl Philip Emanuel S. 259
Bach, Johann Sebastian S. 139, 231, 247, 288 f., 450, 452
Bachelard, Gaston S. 228, 239
Bachmann, Ingeborg S. 264
Bachtin, Michail S. 239
Bacon, Francis S. 260, 299
Bacon, Henry S. 201, 212 f.
Balázs, Béla S. 218, 224, 420, 426, 483
Balboni, Enzo S. 429, 433, 442
Balcazar, Alfonso S. 382, 390
Baldi, Alfredo S. 410
Baldi, Ferdinando S. 435, 439
Baldi, Gian Vittorio S. 47, 296, 309
Balsam, Martin S. 339 f.
Bano, Al S. 443

Namenregister

Banton, Travis S. 472
Baragli, P. E. S. 62
Baran, Paul A. S. 37
Baranski, Zygmunt G. S. 37
Barbagallo, Francesco S. 37
Barboni, Enzo (= Clucher, E. B.) 436, 439
Bardot, Brigitte S. 360, 364
Barker, Lex S. 427
Barrault, Marie-Christine S. 173
Barry, John S. 458
Barthes, Roland S. 41 f., 74, 87, 90, 92, 95, 98, 485, 488, 492
Baudrillard, Jean S. 125, 128
Bauer, Matthias S. 5, 99, 515
Bauman, Zygmunt S. 88 f.
Bava, Eugenio S. 413
Bava, Lamberto S. 415, 425 f.
Bava, Mario S. 14, 402 f., 405, 408, 412–426, 507
Bazin, André S. 12, 32, 38, 214, 220, 224, 317 ff., 328 f., 441, 483, 490 f., 493
Beatrice, Luca S. 390
Becker, Tim S. 266
Beckett, Samuel S. 140, 498
Bellini, Vincenzo S. 449
Bellocchio, Marco S. 14, 29, 47, 494 ff., 498, 501–504, 511 f.
Belting, Hans S. 492
Benigno, Francesco S. 357
Bergala, Alain S. 308
Bergemann, Carsten S. 4, 17
Berger, Helmut S. 463
Berger, John S. 119, 128
Berghahn, Wilfried S. 79, 86, 88
Bergman, Ingmar S. 74, 142
Bergman, Ingrid S. 297
Bergson, Henri S. 201
Berman, Marshall S. 37
Bernabei, Ettore S. 33 f., 43
Bernardi, Sandro S. 410
Bernhard, Ernst S. 142
Bernstein, Leonard S. 264
Bertetto, Paolo S. 213, 504

Bertolucci, Bernardo S. 14, 29, 47, 76, 86, 244 f., 248, 254 ff., 296, 459, 494 f., 499 f., 509, 512 f., 519
Bettetini, Gianfranco S. 400
Betti, Laura S. 269
Bianchi, Giorgio S. 396 f.
Biancofiore, Angela S. 239
Biarese, Cesare S. 504
Bieberstein, Rada S. 7, 17, 344, 515
Billard, Pierre S. 86
Bini, Alfredo S. 43, 243, 269, 288
Bizzaro, Salvatore S. 343
Blanguernon, Karen S. 497
Blasco, Ricardo S. 458
Blasetti, Alessandro S. 396
Bloch, Ernst S. 87
Blue, James S. 310
Blümlinger, Christa S. 240
Boatto, Alberto S. 128
Boccaccio, Giovanni S. 168
Boetticher, Budd S. 430
Bogarde, Dirk S. 463
Böhme, Gernot S. 88
Böhme, Hartmut S. 86, 88, 259, 266
Bolognini, Mauro S. 353, 497, 507–511, 513
Bondanella, Peter S. 6, 156, 177, 310, 318, 328 f., 482, 515
Bondarchuk, Sergej S. 214
Boneschi, Marta S. 357
Bonfatti, Liliana S. 365
Bonfigli, L. S. 62 f.
Bonicelli S. 139
Bonitzer, Pascal S. 92, 94, 98
Bontemps, Jacques S. 310
Bordwell, David S. 208, 213
Borsò, Vittoria S. 489, 493
Bory, Jean-Marc S. 500
Bosch, Hieronymus S. 489
Bourdieu, Pierre S. 88
Bragaglia, Carlo Ludovico S. 391, 396, 434
Bramieri, Gino S. 395
Braña, Frank S. 382
Brass, Tinto S. 296, 509

Namenregister

Brassaï (= Gyula Halász) S. 124
Braudy, Leo S. 213
Braunschweig-Kühl, Ilka S. 277
Brecht, Bertolt S. 301, 322, 333, 499, 501
Brenez, Nicole S. 240
Breton, André S. 484
Brice, Pierre S. 427
Brittnacher, Hans-Richard S. 7, 330, 515
Bronson, Charles S. 390, 455
Brown, Royal S. S. 469
Bruce, Lenny S. 170
Brunetta, Gian Piero S. 38, 60, 63, 331, 342, 443 f.
Brunette, Peter S. 310 f.
Bruno, Edoardo S. 499
Bruno, Salvatore S. 34
Brütsch, Matthias S. 240
Buchka, Peter S. 256
Buñuel, Luis S. 74, 88, 142, 266, 483–487, 489 f., 492 f.
Buongiorno, Mike S. 397 ff.
Buovolo, Marisa S. 4, 8, 470, 515
Bürger, Peter S. 213, 491
Burton, Richard S. 158
Burton, Tim S. 419
Burzer, Katja S. 278
Bussinot, Roger S. 128
Butor, Michel S. 41

C

Cadel, Francesca S. 239
Cage, Nicholas S. 175
Caiano, Mario S. 382, 405, 407, 428
Cain, James L. S. 423
Calabretto, Roberto S. 240, 266
Caldrino, Orio S. 357
Callas, Maria S. 264 f., 267
Callegari, Giuliana S. 212
Calvino, Italo S. 41
Calzavara, E. S. 62 f.
Camerini, Mario S. 366, 413
Camerino, Vincenzo S. 504
Campagnoli, Edy S. 397, 399
Campanile, Pasquale Festa S. 439 (= Festa Campanile)

Campardo, Adelino S. 355
Camus, Albert S. 73 f., 84, 87 f.
Canale, Gianna Maria S. 379
Cannavale, Enzo S. 439
Canova, Gianni S. 400 f., 411
Cantanfora, Antonio S. 439
Caparra, Valerio S. 365
Capdénac, Michel S. 309
Capelle, Anne S. 310
Capellini, Stefano S. 503
Caplan, Patricia S. 357
Capucci, Roberto S. 472
Cardinale, Claudia S. 4, 221, 390, 453
Carlorosi, Silvia S. 239
Carnimeo, Giuliano S. 381, 432
Carotenuto, Mario S. 395
Carpenter, John S. 417, 419
Carpi, Fabio S. 110
Carraro, Andrea S. 282
Carroll, Lewis S. 168
Cartier-Bresson, Henri S. 124
Casadei, Yvonne S. 171
Casadio, Gianfranco S. 441, 443
Caselli, Catherina S. 443
Casetti, Francesco S. 61, 410
Cassar, Carmel S. 357
Cassola, Carlo S. 46
Castagna, Alberto S. 441
Castel, Lou S. 498
Castellani, Renato S. 365, 508
Castellano und Pipolo S. 393
Castellano, Franco S. 439
Castellitto, Sergio S. 166
Castronovo, Valerio S. 36
Cavallaro, G. B. S. 62
Cavani, Liliana S. 29, 495, 512
Cayattes, André S. 343
Cèbe, Gilles S. 441
Cecchi, Carlo S. 498 ff.
Cecchi D'Amico, Suso S. 477
Celant, Germano S. 201
Celentano, Adriano S. 443
Celli, E. S. 62 f.
Cerchio, Fernando S. 393
Cesareo, Giovanni S. 32

Namenregister

Chandler, Raymond S. 423
Chanel, Coco S. 477 ff.
Chaplin, Charles S. 285, 396
Chatman, Seymour S. 86 ff., 98
Chazal, Robert S. 312
Cherubini, Luigi S. 263 f., 267
Chiari, Walter S. 393, 395 f., 398, 439
Chion, Michel S. 240
Chopin, Frédéric S. 334
Christie, Agatha S. 418
Ciampi, Antonio S. 54, 59
Ciardi, Roberto Paolo S. 277
Cifariello, Antonio S. 393
Ciment, Michel S. 343
Cipriani, Ivano S. 32
Citti, Franco S. 240, 249, 450 f., 513
Clucher, E. B. (= Enzo Barboni) S. 436, 439 f.
Cobelli, Giancarlo S. 399
Coby, Michael (= Adam Edel) S. 439
Cochran, Steve S. 72
Cocteau, Jean S. 484 f., 489 f.
Cohen, Marshall S. 213
Colbert, Jean-Baptiste S. 303 f.
Coleman, Cy S. 167
Colizzi, Giuseppe S. 435 f., 439
Collet, Jean S. 310
Colombo, Fausto S. 57, 61 f., 394, 400
Comand, Mariapia S. 7, 358, 400, 516
Comencini, Luigi S. 13, 49, 366 f., 394 ff., 507–511, 513
Comenius, Johann Amos S. 294, 299
Condon, Bill S. 419
Contaminé, Jean S. 300
Cooper, Chris S. 42, 176
Copernicus S. 299
Coppola, Francis Ford S. 213 f., 338, 448
Corbucci, Sergio S. 14, 382, 390, 393, 396 ff., 406, 432 ff., 439 f., 443, 468, 508 f., 511 f.
Corman, Roger S. 415
Corneille, Pierre S. 263
Cornwall, Patricia S. 423
Corsi, Barbara S. 59 f., 309

Cortázar, Julio S. 487 f.
Corte, Gianni Bercelloni S. 289
Cortese, Valentina S. 169
Costa, Mario (= John Fordson) S. 428
Coste, Christiane S. 301
Cottavi, Vittorio S. 296
Cotten, Joseph S. 418
Couperin, François S. 259
Crainz, Guido S. 21, 36 f.
Crespi, Giovanni S. 26
Cristaldi, Franco S. 43
Crowther, Bosley S. 310
Csampai, Attila S. 469
Cuccu, Lorenzo S. 98
Cumbow, Robert S. 441, 468 f.
Cuny, Alain S. 139, 153
Curtiz, Michael S. 404
Cusack, John S. 175

D
D'Agostini, Paolo S. 365
D'Amico, Masolino S. 366
D'Annunzio, Gabriele S. 212
D'Anza, Daniele S. 395
Da Campo, Giovanni S. 502
Da Pontormo, Jacopo S. 269, 271 f., 274–278, 287, 289
Dalí, Salvador S. 484 f., 487
Dalla, Lucio S. 435
Dallamano, Massimo S. 429
Damiani, Damiano S. 7, 13, 46, 313, 330, 391, 396, 433, 443, 507 f., 512
Dante Alighieri S. 158, 161, 165, 167 f.
Dante, Joe S. 419
Danto, Arthur C. S. 247, 256
Darwin, Charles Spencer S. 175, 299
De Berti, Raffaele S. 438, 444
De Berti, Ugo S. 410
De Bosio, Gianfranco S. 49
De Cervantes, Miguel S. 439
De Chomón, Segundo S. 413
De Filippo, Peppino S. 359, 396, 398
De Fornari, Oreste S. 366, 390, 442
De Goya, Francisco S. 489
De la Loma, José Antonio S. 393

Namenregister

De la Rochefoucauld, George-Dominique S. 310
De Laurentiis, Dino S. 29, 387, 390
De Lauretis, Teresa S. 201
De Man, Paul S. 485, 492
De Martino, Ernesto S. 42, 286, 290
De Maupassant, Guy S. 416, 477
De Mauro, Tullio S. 41
De Motteville, Madame S. 304
De Negri, Giuliani S. 500
De Niro, Robert S. 164
De Poliolo, Dorothy S. 30
De Rita, Giuseppe S. 34
De Robertis, Francesco S. 328
De Sade, Marquis, S. 420
De Santis, Giuseppe S. 49, 316
De Saussure, Ferdinand S. 41
De Secondat Montesquieu, Charles S. 299
De Seta, Vittorio S. 13, 29, 47, 203, 507, 513
De Sica, Vittorio S. 12, 33 f. 49, 145, 317, 329, 349, 367, 398, 407, 413, 477, 507–513
De Vincenti, Giorgio S. 5, 35 f., 38 f., 60, 213, 288, 400, 408, 410 f., 516
Del Valle-Inclán, Ramòn S. 487
Delerue, Georges S. 459
Deleuze, Gilles S. 90–93, 96 ff., 186, 201, 218, 222 ff., 232, 483, 489, 491 f.
Dell'Orso, Edda S. 458
Della Casa, Stefano S. 404, 410, 438, 444
Della Francesca, Piero S. 235
Della Volpe, Galvano S. 41
Delon, Alain S. 30, 77, 108, 204
Deodato, Ruggero S. 403, 417, 439
Derkins, Mike S. 458
Derrida, Jacques S. 88, 97 f.
Descartes, René S. 299
Dewey, John S. 338
Di Bondone, Giotto S. 256, 287, 289
Di Carlo, Carlo S. 87, 97, 127
Di Chiara, Francesco S. 411

Di Giammatteo, Fernaldo S. 311
Di Leo, Fernando S. 442
Di Marino, Bruno S. 503 f.
Di Martino, Alberto S. 432
Di Venanzo, Gianni S. 172, 323
Dior, Christian S. 473, 478
Döge, Ulrich S. 4, 7, 293, 328, 516
Domarchi, Jean S. 201, 308
Donaldson, Walter S. 456
Donati, Roberto S. 442
Doniol-Valcroze, Jacques S. 201
Dostojewski, Fjodor M. S. 197, 501
Douglas, Michael S. 166
Doyle, Arthur Conan S. 422
Dreyer, Carl Theodor S. 249, 285, 404, 415, 499
Duflot, Jean S. 262, 264, 266
Dulac, Germaine S. 484
Duncan, Paul S. 87
Dyer, Richard S. 390

E
Eastwood, Clint S. 380 f., 384 f., 436, 441, 462, 466, 468, 518
Eco, Umberto S. 26, 32, 37, 41 f., 68, 75, 86 f., 112, 241, 423
Egger, Joseph S. 462
Einstein, Albert S. 299
Ekberg, Anita S. 133, 137 f., 145, 158 f., 348, 473
Elia, A. S. 62
Elizabeth II. S. 22
Elsaesser, Thomas S. 207, 213
Emmer, Luciano S. 365
Emmerich, Wolfgang S. 342
Enzensberger, Hans Magnus S. 329
Erlanger, Philippe S. 303, 310 f.
Euripides S. 263 f.

F
Fabbri, Paolo S. 400
Fabrizi, Aldo S. 396
Faenza, Roberto S. 501, 512
Faldini, Franca S. 177, 255 f.
Fanchi, Mariagrazia S. 5, 50, 61, 516

525

Namenregister

Farassino, Alberto S. 410
Feldhaus, André S. 17
Fellini, Federico S. 4, 6, 10, 12ff., 27, 29, 48, 74, 79, 112, 129, 131, 133–137, 139f., 142, 144ff., 148–177, 182, 243, 297, 365, 394, 407, 418, 442, 447–450, 452ff., 468–471, 473, 477, 482, 487ff., 491, 507–510, 512, 515
Felten, Uta S. 5, 90, 491f., 516
Ferrara, Abel S. 425
Ferrara, Giuseppe S. 339
Ferraù, Allessandro S. 50, 60
Ferreri, Marco S. 13, 29, 392, 495, 498, 508f., 512
Ferrero, Adelio S. 288, 290
Ferroni, Giorgio S. 403
Ferzetti, Gabriele S. 93, 99, 107
Festa Campanile, Pasquale (= Campanile, Pasquale Festa) S. 439, 511
Festi, Roberto S. 441f.
Fidani, Demophilo S. 382, 432
Finter, Helga S. 267
Fiore, Elena S. 164
Fiorentino, Rosso S. 269f., 272ff., 276ff., 287
Fischer, Robert S. 224, 328
Flaiano, Ennio S. 167, 470, 482
Flaubert, Gustave S. 110, 215
Fleischer, Richard S. 390
Fofi, Goffredo S. 177, 255f., 503
Fohrmann, Jürgen S. 492
Foldi, Erzsebet S. 171
Fonda, Henry S. 385, 390, 440f.
Fontana S. 472f.
Fontanella, Luigi S. 289
Ford, John S. 381, 384, 430, 440
Fordson, John (= Mario Costa) S. 428
Forest, Mark S. 379
Forgacs, David S. 5, 21, 57, 62, 213, 516
Fornari, Franco S. 502
Fortichiari, Valentina S. 38
Fortini, Franco S. 41
Fortuna, Loris S. 346
Fosse, Bob S. 162, 167, 170ff.

Foucault, Michel S. 42, 88, 91, 96ff., 485, 488
Franchi, Franco S. 393, 397, 439
Franchina, Alessandra S. 504
Franchina, Daniel S. 504
Franchina, Sandro S. 497, 504
Francisi, Pietro S. 390, 414
Franck, César S. 211f.
Frank, André G. S. 24, 37
Franklin, David S. 277
Frayling, Christopher S. 390, 441f.
Frechette, Mark S. 456
Freda, Riccardo S. 403, 406, 408, 413f.
Fregonese, Hugo S. 432
Freitag, Gretel S. 240, 266
Freud, Sigmund S. 82, 147, 485
Frezza, Andrea S. 500
Frontiere, Dominique S. 468
Fučík, Julius S. 456, 466
Fuhrmann, Manfred S. 110
Fulci, Lucio S. 393, 397, 403, 408, 425
Fuller, Samuel S. 431, 516
Fusco, Giovanni S. 86, 447, 463

G
Gadda, Carlo Emilio S. 41
Gagliani Caputo, Marcello S. 444
Galitzine, Irene S. 472
Gallagher, Tag S. 309ff.
Galli della Loggia, Ernesto S. 36
Galluzzi, Francesco S. 240, 277f.
Gambetti, Giacomo S. 267
Gandhi, Mahatma S. 286
Garaudy, Roger S. 140
Garbuglia, Mario S. 208
Garcia Lorca, Federico S. 487
Gardner, Ava S. 472f.
Garibaldi, Giuseppe S. 209, 220
Garofano, Marcello S. 442
Garrone, Sergio S. 432
Garroni, Emilio S. 41
Garzanti, Aldo S. 266f.
Gassman, Vittorio S. 45, 347, 361, 398f., 439
Gebauer, Günther S. 266

Namenregister

Geiger, Rod S. 299
Gemma, Giuliano S. 385f., 390, 432
Genette, Gérard S. 41
Gerdes, Julia S. 492
Germani, Gaia S. 399
Germi, Pietro S. 7, 12f., 34, 313, 344–357, 366, 393f., 508–512
Gherardi, Piero S. 157, 161, 177, 473
Ghezzi, Enrico S. 504
Giacovelli, Enrico S. 366, 389, 397, 400f.
Giambellino (= Giovanni Belini) S. 287
Giannetti, Alfredo S. 508
Giarrizzo, Giuseppe S. 357
Gide, André S. 110
Gieri, Manuela S. 342f.
Giesenfeld, Günter S. 343, 468
Gili, Jean A. S. 366
Ginsborg, Paul S. 37
Giotto di Bondone S. 256, 287, 289
Girard, René S. 99, 110, 239, 265, 267
Giré, Jean-François S. 432, 438, 441, 443f.
Girolami, Marino S. 393, 395f.
Girotti, Mario (= Terence Hill) S. 434f.
Giuliano, Salvatore S. 324f., 330, 332f.
Glas, Gabriele S. 38
Glass, Philip S. 460
Gledhill, Christine S. 213
Godard, Jean-Luc S. 74, 117, 141, 202f., 211, 222, 224, 258, 262, 266, 269, 298, 303, 328, 376, 487, 491–494, 496, 498ff. 503, 509, 512
Goddard, Victoria S. 353, 357
Goethe, Johann Wolfgang S. 258
Goldmann, Lucien S. 41
Gora, Claudio S. 340
Gordon, Robert S. 239
Gould, Michael S. 484, 491
Grafe, Frieda S. 219, 223f.
Gramsci, Antonio S. 41, 201, 204f., 207, 213, 337
Grande, Maurizio S. 361, 366, 389
Granger, Farley S. 189
Granger, Steward S. 432

Grasso, Aldo S. 38
Graziosi, Maurizio Cesare S. 441
Grazzini, Giovanni S. 312, 351, 357
Greco, Cosetta S. 365
Green, Naomi S. 208, 213
Greenaway, Peter S. 162, 165
Gregor, Ulrich S. 86, 312, 328
Greimas, Algirdas Julien S. 410
Grilli, Adriano S. 410
Grimaldi, Alberto S. 442
Grimm, Jürgen S. 491
Grob, Norbert S. 4, 6, 214, 516
Groß, Bernhard S. 6, 227, 517
Gruault, Jean S. 303, 310f.
Guareschi, Giovanni S. 133
Guazzoni, Enrico S. 413
Gui, Vittorio S. 264
Gutenberg, Johannes S. 299
Guthrie, Woody S. 458
Guttuso, Renato S. 337
Gyory, Michel S. 38

H
Haber, Alessandro S. 498
Habermas, Jürgen S. 24, 37
Halliday, Jon S. 255, 289
Halprin, Daria S. 456
Hammett, Dashiel S. 423, 442
Hancock, Herbie S. 121
Hanin, Roger S. 30
Hanisch, Michael S. 469
Harper, Jessica S. 173
Harris, Richard S. 381
Harris, Thomas S. 423
Heartfield, John S. 343
Hediger, Vincenz S. 240
Heidegger, Martin S. 47, 248, 255
Heller, Heinz-B. S. 7, 315, 489, 493, 517
Helmholtz, Heinrich S. 299
Hemmings, David S. 99f., 102, 423f.
Hennemeyer, Anaïs S. 17
Henry, Pierre S. 460
Henze, Hans Werner S. 187–190, 198, 201

527

Namenregister

Hill, Terence (= Mario Girotti) S. 391, 435 ff., 439 f., 442, 444
Hills, Matt S. 410
Hilton, George S. 432
Hitchcock, Alfred S. 125, 131, 222, 416, 431, 518
Hobsbawm, Eric J. S. 37
Hoffmann, Ernst Theodor Amadeus S. 419
Hofmannsthal, Hugo von S. 123, 128
Höhnle, Marc S. 17
Holland, Dietmar S. 469
Hollander, Anne S. 479, 482
Holländer, Hans S. 491
Holthaus, Katrin S. 266
Horaz S. 299
Horn, Klaus S. 86
Hovald, Patrice S. 310
Hoveyda, Fereydoun S. 308, 310
Huerta, Chris S. 439
Hülk, Walburga S. 486, 492
Hunt, Leon S. 410
Hüppauf, Bernd S. 342

I

Ingrassia, Ciccio S. 393, 397, 439
Iquino, Ignazio S. 382

J

Jacopetti, Gualtiero S. 508 f., 511
Jameson, Fredric S. 442
Jamieson, Kathleen Hall S. 400 f.
Jancovich, Mark S. 410
Jancsó, Miklos S. 503
Jansen, Peter W. S. 87, 98, 110, 127, 239, 254, 328 f., 342
Jarmusch, Jim S. 254
Jarre, Maurice S. 462
Jauß, Hans Robert S. 88
Johnson, Lyndon S. 24
Jones, Gareth Stedman S. 24, 37
Jonze, Spike S. 167, 175
Joppolo, Beniamino S. 303
Joyce, James S. 41, 110
Jung, Carl Gustav S. 147

K

Kael, Pauline S. 169
Kafka, Franz S. 140
Kammerer, Peter S. 253, 256
Kant, Immanuel S. 41, 88
Kappelhoff, Hermann S. 6, 181, 228, 239 f., 517
Karloff, Boris S. 416, 422
Kaufman, Charlie S. 175 f.
Keener, Catherine S. 175
Keitel, Harvey S. 424
Keller, Matthias S. 469
Kennedy, John F. S. 24, 398, 401, 434
Kessler, Alice und Ellen S. 399
Kezich, Tullio S. 155, 177
Kiefer, Bernd S. 259, 266
Kinski, Klaus S. 432, 466
Klein, William S. 124
Klimke, Christoph S. 240
Klimowsky, Leon S. 428
Koch, Gertrud S. 239
Koch, Michelle S. 4, 17
Kock, Bernhard S. 127
Koebner, Thomas S. 1, 3–6, 15, 17, 110, 131, 266, 343, 468, 488, 492 f., 517 f.
Kon, Satoshi S. 425
Koscina, Sylvia S. 159
Kotulla, Theodor S. 86, 111, 201, 246 f. 255, 328
Kovacs, Yves S. 484, 491
Kracauer, Siefried S. 317, 483
Kubrick, Stanley S. 214
Kuon, Peter S. 278
Kurosawa, Akira S. 418, 429
Kustow, Michael S. 312
Kyrou, Ado S. 484, 491

L

L'Herbier, Marcel S. 309
Lacan, Jacques S. 42
Lagny, Michèle S. 311
Laing, Ronald S. 42
Lanaro, Silvio S. 36
Lancaster, Burt S. 217, 449

Namenregister

Lancetti, Pino S. 472
Lancia, Enrico S. 411
Landy, Marcia S. 213
Lang, Fritz S. 222, 306, 499
Lange, Jessica S. 170
Larson, Randall D. S. 496
Lash, Scott S. 37
Lattuada, Alberto S. 353, 365f., 507f., 512
Laura, Ernesto S. 58
Lavagnino, Angelo S. 447
Lavi, Daliah S. 417, 422
Le Nôtre, André S. 304
Leclerc, Georges S. 306
Lee, Christopher S. 416f.
Leibniz, Gottfried Wilhelm S. 299
Leinberger, Charles S. 457, 460, 469
Lenssen, Claudia S. 87f., 98, 110, 127f.
Lenzi, Umberto S. 403, 425
Leone, Sergio (= Robertson, Bob) S. 14, 35, 46, 52, 380ff., 385f., 390f., 393, 428–431, 433, 436, 439–442, 447f., 450, 457f., 460f., 468, 508, 510ff.
Leopardi, Giacomo S. 211f.
Leprohon, Pierre S. 110
Lev, Peter S. 389
Levi, Carlo S. 343
Lévy-Strauss, Claude S. 42
Ligeti, György S. 462
Lizzani, Carlo S. 12, 35, 49, 365, 433, 508
Lodato, Nuccio S. 212
Lodato, Tiziana S. 167
Lollobrigida, Gina S. 159, 372
Lombardo, Goffredo S. 43, 210
Lommel, Michael S. 492
Longhi, Roberto S. 268, 285, 290
Loren, Sophia S. 159, 359
Losey, Joseph S. 203
Louÿs, Pierre S. 490
Loy, Nanni S. 49, 339, 399, 508, 510f.
Loyola, Roberto S. 419
Lucas, Tim S. 422, 426
Luciano, Lucky S. 338

Ludwig XIV. (von Frankreich) S. 301–304, 307, 310f., 511
Lumley, Robert S. 37
Lupo, Michele S. 390, 393, 397, 433, 439
Luttazzi, Lelio S. 399
Lynch, David S. 418, 425
Lyotard, Jean-François S. 69, 86, 88f., 208, 213, 441, 444, 485, 492

M
Macario S. 395f.
Macchitella, Carlo S. 38
Magaletta, Giuseppe S. 240, 266
Maggio, Pupella S. 166
Magni, Luigi S. 439
Magrelli, Enrico S. 442
Magritte, René S. 489
Maheu, René S. 294
Makavejev, Dusan S. 203
Malden, Karl S. 424
Malkovich, John S. 175
Malle, Louis S. 487
Mancini, Michele S. 240
Mangano, Silvana S. 159, 261
Mankiewicz, Joseph L. S. 158, 472
Mann, Thomas S. 140, 185
Mantegna, Andrea S. 268
Manzoli, Giacomo S. 8, 410, 427, 442, 517
Mao Tse Tung S. 431
Marchesini, Alberto S. 240, 277f.
Marchio, Fernando S. 357
Marcus, Millicent S. 328
Marcuse, Herbert S. 497, 501
Mardore, Michel S. 312
Margadonna, Ettore Maria S. 365
Margheriti, Antonio S. 390, 403, 408, 410
Marrocchi, Riccardo S. 390
Martelli, Otello S. 161, 172, 177
Martino, Sergio S. 417, 425
Martinoli, Gino S. 33
Marx, Karl S. 24, 37, 70, 246, 250, 308, 499, 501
Masaccio S. 287, 289

Namenregister

Maselli, Francesco S. 12, 365, 503, 507, 513
Masina, Giulietta S. 147, 449
Massari, Lea S. 99
Massi, Stelvio S. 429, 442
Mastrocinque, Camillo S. 397, 406
Mastroianni, Marcello S. 80, 135, 138, 142f., 158, 162, 173, 346, 349, 376, 385, 453
Matarazzo, Raffaello S. 360, 434
Mathijs, Ernest S. 410
Mattoli, Mario S. 393, 396f.
Mature, Victor S. 391
Maurer-Queipo, Isabel S. 492
Mauriac, Claude S. 41
May, Karl S. 375, 390, 427
Mazarin, Kardinal S. 302ff., 311
Mazursky, Paul S. 167ff.
Mazzola, Claudio S. 343
McKee, Robert S. 175f.
McLuhan, Marshall S. 32, 38
Meissel, Gerhard S. 310
Mekas, Jonas S. 503
Melancos, Mirco S. 38
Méliès, Georges S. 484
Menarini, Roy S. 7, 63, 392, 400, 411, 439, 444, 516f.
Mendix, Xavier S. 410
Menghi, Jenner S. 289
Merleau-Ponty, Maurice S. 486, 489, 492
Mersch, Dieter S. 266
Metz, Christian S. 202f., 212f.
Meyer-Gosau, Frauke S. 342
Meyrowitz, Joshua S. 37
Micciché, Lino S. 13, 37, 97f., 212, 504
Micheli, Sergio S. 448, 458f., 465, 468f.
Miles, Sarah S. 99–103, 110f., 120
Milian, Tomas S. 432f., 477, 480
Miller, Henry S. 156
Milo, Sandra S. 147, 170, 454
Mina S. 346
Minas, Günther S. 240

Mininni, Francesco S. 441
Minkowski, Eugène S. 331
Mirbeau, Oktave S. 490
Mitchell, Cameron S. 390, 425
Mitchum, James S. 390
Mizoguchi, Kenji S. 285
Modugno, Domenico S. 397
Monaco, Eitel S. 50, 59
Monicelli, Mario S. 45, 296, 349, 360, 366, 477, 508–513
Montaldo, Giuliano S. 49, 339, 508, 513
Monteleone, Franco S. 309
Monteverdi, Claudio S. 465, 469
Monti, Maria S. 498
Moore, Barrington S. 25, 37
Moormann, Peter S. 8, 447, 517
Moranti, Gianni S. 443
Moravia, Alberto S. 46, 82, 88, 90, 93, 97, 127f., 253, 256
Morcellini, Mario S. 37
Moreau, Jeanne S. 75, 80, 92
Morgenstern, Joseph S. 465, 469
Morin, Edgar S. 42, 92, 98, 218, 224, 437, 486, 492
Moro, Aldo S. 39f., 165
Morricone, Ennio S. 8, 259, 341, 380, 391, 429, 447ff., 451f., 454f., 457–469
Moscati, Massimo S. 438, 441, 444
Moullet, Luc S. 494, 503
Mozart, Wolfgang Amadeus S. 257–260, 262f., 451f., 465
Müller, Harro S. 492
Murgia, Tiberio S. 393, 395
Murri, Serafino S. 289, 503f.
Musante, Tony S. 340
Musatti, Cesare S. 504
Musil, Robert S. 86, 499f., 502
Mussolini, Benito S. 142, 146, 310
Musu, Antonio S. 29

N
Naldini, Nico S. 289
Napoletano, Riccardo S. 366

Nappa, Roberto S. 289
Natalini, Fabrizio S. 482
Nau, Peter S. 310
Needham, Gary S. 423–426
Nero, Franco S. 340f., 432
Neuhaus, Max S. 452
Neumeister, Sebastian S. 489, 493
Nicholls, Peter S. 421, 426
Nicholson, Jack S. 69, 84
Nicolodi, Daria S. 422
Nicolosi, Roberto S. 447
Nietzsche, Friedrich S. 82, 105, 264, 501
Nixon, Richard S. 398, 401
Noël, Magali S. 393
Nono, Luigi S. 266
Norman, Monty S. 457
North, Alex S. 464
Noto, Paolo S. 411
Nowell-Smith, Geoffrey S. 87, 204, 213

O
Odin, Roger S. 410
Oliver, Jos S. 309
Olmi, Ermanno S. 13, 47, 203, 502, 508f.
Orfei, Moira S. 393
Orsini, Valentino S. 347, 509
Ortolani, Riz S. 340f.
Ortoleva, Peppino S. 37
Ortoli, Philippe S. 441
Overbey, David S. 328
Oy-Marra, Elisabeth S. 6, 266, 268, 518

P
Pabst, Georg Wilhelm S. 239, 413
Palmer, Leland S. 171
Panelli, Paolo S. 393
Pani, Corrado S. 346
Panofsky, Erwin S. 241, 255
Parolini, Gianfranco S. 432f.
Pasolini, Pier Paolo S. 6f., 14, 29, 34, 38, 40f., 43f., 47, 91, 112, 182, 225, 227ff., 231–237, 239–270, 272f., 275–290, 297f., 309, 433, 442, 447, 450ff., 469, 495, 499f., 504, 508–512, 517
Pastrone, Giovanni S. 413
Patroni Griffi, Giuseppe S. 509
Patte, Jean-Marie S. 301, 310
Pavone, Rita S. 435
Paz, Octavio S. 490, 493
Pecorari, Mario S. 411
Pedersoli, Carlo (= Bud Spencer) S. 436
Peirce, Charles Sanders S. 111
Pellizzari, Lorenzo S. 288, 502, 504
Penn, Irving S. 124
Perinelli, Aldo S. 288
Perrella, Giuseppe S. 240
Pescatore, Guglielmo S. 410, 442
Petraglia, Sandro S. 47
Petrarca, Francesco S. 168
Petri, Elio S. 13, 46, 339, 376, 495, 508–511, 513
Petroni, Giulio S. 395
Petronius Arbiter S. 139, 149, 152, 154, 165
Petrucci, A. S. 62
Philippe, Claude-Jean S. 310, 312
Picasso, Pablo S. 140, 159f., 487
Picchi, Michele S. 443
Piccioni, Piero S. 334, 341, 447, 458
Pierotti, Federico S. 410
Pillitteri, Paolo S. 357
Pinelli, Tullio S. 167, 470
Pink Floyd S. 82, 121, 456, 459
Pirandello, Luigi S. 88, 167, 169, 174
Pirro, Ugo S. 495
Piselli, Stefano S. 390
Pisoni, Roberto S. 503
Pitassio, Francesco S. 7, 402, 410f., 518
Poe, Edgar Allan S. 146, 419, 422
Polanski, Roman S. 142
Pollack, Sydney S. 343
Polselli, Renato S. 406
Pontecorvo, Gillo S. 29, 49, 443, 462, 508, 511, 513
Popovici, Adrien S. 309

531

Namenregister

Poppi, Roberto S. 411
Porro, Renato S. 36f.
Post, Ted S. 468
Pousseur, Henri S. 452
Power, Romina S. 443
Prado, Damaso Pérez S. 456
Praturlon, Pierluigi S. 158f.
Pravadelli, Veronica S. 6, 202, 213, 518
Praz, Mario S. 419, 421
Presley, Elvis S. 443
Price, Vincent S. 172
Proust, Marcel S. 110, 211f., 516, 518
Provenzano, Roberto S. 411
Prümm, Karl S. 6, 113, 488, 492, 518
Puglisi, Aldo S. 351, 354
Pupillo, Massimo S. 406

Q
Quaglietti, Lorenzo S. 59f.
Quant, Mary S. 482
Quaresima, Leonardo S. 87
Questi, Giulio S. 496f.

R
Rabelais, François S. 437
Rampling, Charlotte S. 173
Ramrods, The S. 457
Randone, Salvo S. 150
Rascel, Renato S. 395, 455
Rauscher, Josef S. 6, 241, 518
Ray, Man S. 484
Ray, Nicholas S. 430, 516
Redgrave, Vanessa S. 111, 120
Redlich, Hans Ferdinand S. 469
Reed, Dean S. 439
Reeves, Steve S. 379, 390
Reggio, Godfrey S. 460
Regnoli, Piero S. 405
Reiking, Anne S. 170
Reinl, Harald S. 375, 427, 432
Reisz, Karel S. 141, 501
Renoir, Jean S. 32, 38, 222, 516
Renzi, Renzo S. 311

Resnais, Alain S. 33, 36, 74, 142, 202, 488f., 492, 494
Respighi, Ottorino S. 464
Rhodes, John David S. 240
Ricci, Tonino S. 439
Richardson, Robert S. 159, 177
Richardson, Tony S. 141
Riedt, Heinz S. 266
Riesman, David S. 131f.
Rieupeyrou, Jean Louis S. 441
Rilke, Rainer Maria S. 76
Rimbaud, Arthur S. 260
Rinaldi, Rinaldo S. 239
Risi, Dino S. 7, 13, 34, 44f., 313, 347, 349, 358–363, 365f., 378, 398f., 494, 497, 507–513, 516
Risi, Nelo S. 502
Rißler-Pipka, Nanette S. 492
Riva, Mario S. 397
Rivette, Jacques S. 300, 303, 308, 503
Robards, Jason S. 390
Robbe-Grillet, Alain S. 41, 488, 492
Robertson, Bob (= Sergio Leone) S. 428, 510
Robertson, Patrick S. 37
Rocha, Glauber S. 503
Rocherau, Jean S. 312
Rohdie, Sam S. 248, 256, 285, 289
Rohrwasser, Michael S. 343
Rojas, Alfonso S. 382
Roloff, Volker S. 8, 483, 491ff., 518
Romagnoli, Mario S. 452
Roman, Leticia S. 416, 423
Romanino, Girolamo S. 268
Romero Marchent, Joaquin Luis (José) S. 382, 428
Romero Marchent, Rafael S. 382
Romi, Yvette S. 310f.
Roncoroni, Stefano S. 312
Rondi, Brunello S. 473f.
Rondolino, Gianni S. 212
Rosenbaum, Jonathan S. 503
Rosi, Francesco S. 7, 12f., 23, 203, 313, 315, 319f., 322–325, 327–334, 336–339, 341ff., 508–511, 513

Namenregister

Rositi, Franco S. 58, 63
Ross, Lillian S. 159
Rossellini, Renzo S. 447, 468
Rossellini, Roberto S. 7, 12f., 29, 32f., 38, 44f., 47, 49, 222, 267, 269, 291, 293–312, 315f., 328, 413, 447, 468, 499, 507ff., 511, 515f.
Rossi, U. S. 61ff.
Rossini, Gioachino S. 453f.
Rostow, Walt Whitman S. 24, 37
Rota, Nino S. 8, 214, 341, 447ff., 451ff., 456, 458f., 462, 464–469
Rotunno, Giuseppe S. 149, 171, 208, 210, 214
Rousseau, Jean-Jacques S. 155, 299
Roversi, Luca S. 41
Röwekamp, Burkhard S. 328
Rowland, Roy S. 455
Rozier, Jacques S. 203
Rubin, Patricia S. 275, 278
Rulli, Stefano S. 47
Rustichelli, Carlo S. 352, 447, 450

S

Sadoul, Georges S. 484, 491
Saint-John Perse S. 140
Salce, Luciano S. 349, 366, 392, 457, 507ff.
Salgari, Emilio S. 46
Samperi, Salvatore S. 495, 501
Sancho, Fernando S. 382
Sandrelli, Stefania S. 348, 351, 354
Sanguinetti, Gianfranco S. 41
Sarraute, Nathalie S. 41
Sartre, Jean-Paul S. 73, 84, 87f., 154, 486, 492
Saurel, René S. 312
Savallas, Telly S. 418
Saxon, John S. 423f.
Sayer, Derek S. 37
Scavolini, Romano S. 498f., 504
Scelba, Mario S. 332
Schaeffer, Pierre S. 460
Scharold, Irmgard S. 278
Schaub, Martin S. 111

Schenk, Irmbert S. 1, 3, 5, 8, 15, 17, 67, 88, 507, 519
Schiller, Friedrich S. 135
Schlöndorff, Volker S. 502
Schneider, Alexandra S. 240
Schneider, Maria S. 86
Schneider, Romy S. 477ff., 481
Schneider, Steven J. S. 426
Schrader, Paul S. 425
Schüfftan, Eugen S. 300, 305f., 311
Schumacher, Joel S. 162, 166, 173
Schütte, Wolfram S. 87, 98, 110, 127, 239, 247, 254, 315, 328f., 342
Schweitzer, Otto S. 243, 255, 266f., 469
Sciascia, Leonardo S. 46, 334
Scola, Ettore S. 512f.
Scorsese, Martin S. 162ff., 418f., 425
Scott, Ridley S. 417
Secchiaroli, Tazio S. 158
Séchehaye, Marguerite Andrée S. 502, 504
Seeßlen, Georg S. 422, 426
Seiler, Alexander S. 329, 342f.
Sesti, Mario S. 357
Shadows, The S. 457
Shelley, Mary W. S. 419
Siciliano, Mario S. 432
Siclier, Jacques S. 310, 312
Sierek, Karl S. 240
Simmel, Georg S. 123, 128
Simon, Neil S. 167
Simonelli, Giorgio S. 393, 396f., 401
Siti, Walter S. 288
Smith, Gary Allen S. 390
Smith, Paul S. 439
Sobchak, Vivian S. 228, 239
Sokrates S. 299
Solaroli, Libero S. 50, 60
Soldani, Simonetta S. 37
Sollima, Sergio S. 381, 391, 433
Solmi, Andrea S. 390
Solo, Bobby S. 443
Sommer, Elke S. 418, 422
Sontag, Susan S. 111
Sordi, Alberto S. 323, 359, 398

533

Namenregister

Sorlin, Pierre S. 7, 316, 328, 371, 519
Spagnoletti, Giovanni S. 8, 494, 503f., 519
Spencer, Bud (= Carlo Pedersoli) S. 391, 436–439, 442, 444
Spinazzola, Vittorio S. 49, 62, 366, 407, 411, 443
Sprenger, Fokko S. 17
Squitieri, Pasquale S. 7, 330, 339ff.
Staig, Lawrence S. 441
Stamp, Terence S. 148
Starobinski, Jean S. 41
Steele, Barbara S. 405, 415, 421
Stegani, Giorgio S. 391
Steiger, Rod S. 333f. 342, 391
Steinberg, Leo S. 277
Steno (= Steno E. Monicelli = Mario Monicelli) S. 393, 395f., 439
Sterne, Laurence S. 113
Stevenson, Robert Louis S. 419
Stiglegger, Marcus S. 8, 412, 519
Stone, Oliver S. 425
Stone, Sharon S. 173
Strich, Christian S. 155
Sutherland, Donald S. 168
Szasz, Thomas S. 42

T
Tambroni S. 46
Tarantino, Quentin S. 419, 425
Taranto, Nino S. 396
Tarkowskij, Andrej S. 266
Taviani, Paolo und Vittorio S. 14, 47, 347, 494f., 500, 503, 509
Taylor, Elizabeth S. 158
Tessari, Duccio S. 429
Tevis, Peter S. 458
Thébaud, Jean-Loup S. 213
Thulin, Ingrid S. 463
Tinazzi, Giorgio S. 86f., 98
Tiomkin, Dimitri S. 464
Tiso, Ciriaco S. 504
Togliatti, Palmiro S. 337
Tognazzi, Ugo S. 45, 392–396
Tolstoi, Alexei S. 416

Tolstoi, Leo S. 258, 260
Tomasi di Lampedusa, Giuseppe S. 207, 209
Tornatore, Giuseppe S. 162, 166, 346, 352, 357
Tosi, Piero S. 208
Totò S. 247, 372, 393, 396f.
Tourneur, Jacques S. 414
Tovey, Brian S. 277
Trieste, Leopoldo S. 166, 498
Trintignant, Jean-Louis S. 362
Trivelli, Anita S. 7, 279, 519
Tröhler, Margrit S. 240
Trovajoli, Armando S. 399, 447
Truffaut, François S. 74, 167, 169, 203, 303, 405
Tschaikowsky, Peter S. 454
Tschechow, Anton S. 416
Tudor, Andrew S. 408, 411
Turi, Gabriele S. 37
Twain, Mark S. 168

U
Ungari, Enzo S. 255f.
Urzì, Saro S. 351
Uva, Christian S. 443

V
Valeri, Franca S. 359
Valerii, Tonino S. 391, 433, 440, 444
Valey, Maurice S. 311
Valle-Inclán, Ramòn del S. 487
Valli, Alida S. 189
Van Cleef, Lee S. 380, 382, 384ff., 388, 432, 461, 466
Van Gennep, Arnold S. 260f.
Van Gogh, Vincent S. 131
Vancini, Florestano S. 49, 339, 510
Vanel, Charles S. 334f.
Vanzina, Stefano S. 390
Vasari, Giorgio S. 275, 278
Vatteroni, Francesca R. S. 503
Vattimo, Gianni S. 27f., 37
Vedova, Emilio S. 266
Ventura, Lino S. 335, 338

Namenregister

Verdi, Giuseppe S. 189–192, 194, 198, 214, 449, 464
Verdon, Gwen S. 167
Verdone, Mario S. 312
Vergil S. 299
Vianello, Raimondo S. 392–396, 439
Vigano, Aldo S. 365, 442
Viganò, Dario S. 62 f.
Villaggio, Paolo S. 439
Villelaur, Anne S. 312
Vincendeau, Ginette S. 390
Viola, Franca S. 354
Virmaux, Alain und Odile S. 484, 491
Visconti, Luchino S. 6, 10, 12 f., 15, 29, 46, 48, 74, 86, 112, 145, 179, 181–189, 191 f., 194 f., 198, 201–224, 297, 315, 328, 339, 394, 423, 434, 447, 449, 450, 461, 476 f., 479, 481, 499, 507–512, 518
Vitti, Monica S. 75, 77 f., 93, 99, 107 f.
Vittoria, Albertina S. 37
Vogt, Jochen S. 343
Vohrer, Alfred S. 375, 432
Volonté, Gian Maria S. 338, 380 f., 384 ff., 391, 454
Volpi, Gianni S. 442 f.
Voltaire S. 299, 335
Von Keitz, Ursula S. 240
Von Kleist, Heinrich S. 257, 265, 267, 492
Von Lucadou, Julia S. 17
Von Stroheim, Erich S. 214, 222, 516
Von Sydow, Max S. 335, 337, 341
Vorauer, Markus S. 343

W

Wagner, Birgit S. 278
Wagner, Richard S. 185, 273, 453 f., 464
Wagstaff, Christopher S. 390
Wallach, Eli S. 432, 466
Walsh, Raoul S. 413
Warhol, Andy S. 503
Watt, James S. 299
Weber, Max S. 24, 37
Webern, Anton S. 452
Weill, Kurt S. 456, 465
Weisser, Thomas S. 390, 441
Welles, Orson S. 40, 169, 222, 269, 272–276, 342
Wenders, Wim S. 76, 95, 516
Wenzel, Horst S. 239
Wertmüller, Lina S. 14, 29, 162 ff., 171, 357, 509 ff.
Wild, Gerhard S. 492
Wilder, Billy S. 360, 395
Williams, Tony S. 441
Willis, Gordon S. 172
Winter, Scarlett S. 489, 492 f.
Witte, Karsten S. 113, 127, 239 f.
Woebs, Raphael S. 266
Wolf, Frank S. 498
Wolf, Mauro S. 392, 400
Wuss, Peter S. 86
Wyke, Maria S. 390
Wyler, William S. 49, 158, 516

Y

Yardbirds S. 121

Z

Zabagli, Franco S. 288
Zampa, Luigi S. 366 f., 435, 494, 507, 511 f.
Zanni, Federico S. 289
Zavattini, Cesare S. 12, 33, 38, 47, 288, 316 f., 328, 358, 365, 508
Zeffirelli, Franco S. 512
Zenari, Alessandro S. 411
Zenck, Martin S. 6, 257, 266 f., 519
Zingarelli, Italo S. 436, 440
Zurlini, Valerio S. 12, 508

535

Film-Konzepte

Herausgegeben von Thomas Koebner und Fabienne Liptay

»Der Zeitschrift könnte es gelingen, zur ›Neuen Rundschau‹ der deutschsprachigen Filmpublizistik zu werden.«
Süddeutsche Zeitung

Die Reihe »Film-Konzepte« bietet neue Ansichten und überraschende Einsichten zu Personen und Themen des nationalen und internationalen Films. Regisseure sowie Schauspielerinnen und Schauspieler stehen im Mittelpunkt der Hefte sowie aktuell wahrgenommene Themen, die entweder in der Gegenwart oder in der Filmgeschichte angesiedelt sind.

Die Reihe »Film-Konzepte« erscheint mit vier Nummern im Jahr. Die Hefte können einzeln oder im vergünstigten Abonnement bezogen werden. Das Jahresabonnement kostet € 46,–. Gegen Vorlage einer gültigen Studienbescheinigung gibt es »Film-Konzepte« auch im vergünstigten UN!-ABO für Studierende. Der Preis beträgt € 33,– jährlich.

UN!-ABO

et+k
edition text+kritik

Levelingstraße 6a
81673 München

info@etk-muenchen.de
www.etk-muenchen.de